Essai sur la notion d'exécution contractuelle

Logiques Juridiques

Collection fondée par Gérard Marcou

Le droit n'est pas seulement un savoir, il est d'abord un ensemble de rapports et pratiques que l'on rencontre dans presque toutes les formes de sociétés. C'est pourquoi il a toujours donné lieu à la fois à une littérature de juristes professionnels, produisant le savoir juridique, et à une littérature sur le droit, produite par des philosophes, des sociologues ou des économistes notamment.

Parce que le domaine du droit s'étend sans cesse et rend de plus en plus souvent nécessaire le recours au savoir juridique spécialisé, même dans des matières où il n'avait jadis qu'une importance secondaire, les ouvrages juridiques à caractère professionnel ou pédagogique dominent l'édition, et ils tendent à réduire la recherche en droit à sa seule dimension positive. À l'inverse de cette tendance, la collection « Logiques juridiques » des éditions L'Harmattan est ouverte à toutes les approches du droit. Tout en publiant aussi des ouvrages à vocation professionnelle ou pédagogique, elle se fixe avant tout pour but de contribuer à la publication et à la diffusion des recherches en droit, ainsi qu'au dialogue scientifique sur le droit. Comme son nom l'indique, elle se veut plurielle.

Dernières parutions

Abuhamoud ALSHIABANI, *La démocratie en droit international, Étude critique sur le statut juridique de la démocratie en droit interntional et la légitimité de l'imposer par la force,* 2017.

Vasiliki KALIMERI, *Le conseil de l'europe et les collectivités territoriales, contribution à l'étude de l'autonomie locale,* 2017.

Marjorie BRUSORIO AILLAUD, *La responsabilité civile des enseignants en cas d'accident scolaire,* 2017.

Gabriel ECKERT et Jean-Pierre KOVAR, *Les objectifs de la régulation économique et financière,* 2017.

Pierre-Alexis BLEVIN, *Les micro-États européens*, 2016.

Danièle AZÉBAZÉ LABARTHE, *Quelle nouvelle politique de l'énergie pour l'Union européenne ?,* 2016

Constance CASTRES SAINT-MARTIN, *Les conflits d'intérêts en arbitrage commercial international,* 2016.

Daphne AKOUMIANAKI, *Les rapports entre l'ordre juridique constitutionnel et les ordres juridiques européens. Analyse à partir du droit constitutionnel grec*, 2016.

Boris BARRAUD, *La Recherche juridique. Sciences et pensées du droit*, 2016.

Isabelle Alvarez

Essai sur la notion d'exécution contractuelle

L'Harmattan

5-7, rue de l'Ecole-Polytechnique, 75005 Paris

http://www.editions-harmattan.fr

ISBN : 978-2-343-12604-3
EAN : 9782343126043

Sommaire

PARTIE I – LA DÉTERMINATION DE LA NOTION D'EXÉCUTION CONTRACTUELLE

TITRE I – L'APPROCHE CONCEPTUELLE DE L'EXÉCUTION CONTRACTUELLE

CHAPITRE I – Les fondements du caractère obligatoire de l'exécution du contrat

CHAPITRE II – Les qualités substantielles de l'exécution contractuelle

TITRE II – L'APPROCHE STRUCTURELLE DE L'EXÉCUTION DU CONTRAT

CHAPITRE I – La dimension spatiale et temporelle de l'exécution contractuelle

CHAPITRE II – Les acteurs de l'exécution contractuelle

PARTIE II – L'APPRÉCIATION DE L'EXÉCUTION DU CONTRAT

TITRE I – L'EXÉCUTION CONVENUE

CHAPITRE I – La recherche de l'exécution volontaire

CHAPITRE II – L'encouragement de l'exécution volontaire

TITRE II – L'EXÉCUTION CONTRARIÉE

CHAPITRE I – L'exécution contrainte

CHAPITRE II – L'inexécution efficace

Principales abréviations

aff. : affaire
al. : alinéa
APD : Archives de la philosophie du droit
API : Annales de la propriété industrielle
art. : article
art. préc. : article précité
ass. plén. : Assemblée plénière de la Cour de cassation
Bull. civ. I, II, III : Bulletin des arrêts de la Cour de cassation 1re, 2e, 3e chambre civile
Bull. civ. IV : Bulletin des arrêts de la Cour de cassation chambre commerciale
Cass. : Cour de cassation
C. civ. : Code civil
CA : Cour d'appel
Cah. dr. entrepr. : Cahiers de droit de l'entreprise (supplément de la Semaine juridique, édition entreprise)
CCC : Revue contrats concurrence consommation
Cf. : *confer* (rapprochez)
ch. mixte : Cour de cassation, chambre mixte
chron. : chronique
civ. 1ère, 2ème, 3ème : Cour de cassation, Chambre civile 1ère, 2ème, 3ème
CJCE : Cour de justice des communautés européenne
coll. : collection
Com. : Cour de cassation, Chambre commerciale
comm. : commentaire
concl. : conclusion
contra : en sens contraire
Crim. : Cour de cassation, Chambre criminelle
D. : Recueil Dalloz
D. aff. : Dalloz Affaires
DH : Recueil hebdomadaire Dalloz
D.-L. : Décret-Loi
DP : Recueil périodique Dalloz
doctr. : Doctrine
éd. : édition
Epx. : époux
et s. : et suivants
fasc. : fascicule
Gaz. Pal. : Gazette du Palais
Gaz. trib. : Gazette du tribunal
in : dans
infra : ci-dessous
Ibid. : Ibidem (ici même)
IR : informations rapides (Dalloz)
Itée : limitée
J.Cl. : Juris-Classeur
JCP : Juris-Classeur, la Semaine Juridique
JCP-E : Juris-Classeur, la Semaine Juridique édition entreprise
JCP-G : Juris-Classeur, la Semaine Juridique édition générale

JCP-N : Juris-Classeur, la Semaine Juridique édition notariale
Juris-Data : Juris-Data (banque de données juridiques)
JO : Journal officiel
jurispr. : jurisprudence
LGDJ : Librairie générale de droit et de jurisprudence
loc. cit. : *loco citato* (à l'endroit cité)
maj : mise à jour
n° : numéro
obs. : observation
op. cit. : *opere citato* (dans l'œuvre cité)
p. : page
pan. : panorama
passim : dans l'ensemble
préf. : préface
PA : Les Petites Affiches
PUF : Presse Universitaire de France
PUAM : Presse Universitaire d'Aix-Marseille
Rec. : recueil
RDC : Revue des contrats
Rép. Civ. : Répertoire civil Dalloz
Rép. Déf. : Répertoire général du notariat Defrénois
Req. : Chambre des requêtes de la Cour de cassation
RC DIP : Revue critique de droit international comparé
RD imm. : Revue de droit immobilier
RDC : Revue droit des contrats
RLDC : Revue Lamy droit civil
RIDC : Revue internationale de droit comparé
Rev. pro. co. : Revue des procédures collectives
RRJ : Revue de la recherche juridique (Droit prospectif)
RTD civ. : Revue trimestrielle de droit civil
RTD com. : Revue trimestrielle de droit commercial
Rapp. : rapport
s. : suivant
S. : Sirey
soc. : Cour de cassation, Chambre sociale
somm. : sommaire
spéc. : spécialement
supra : ci-dessus
t. : tome
Th. ou th. : thèse
TGI : Tribunal de grande instance
TI : Tribunal d'instance
Trib. Civ. : Tribunal civil
Trib. Com. : Tribunal commercial
Trib. Confl. : Tribunal des conflits
Trib. Corr. : Tribunal correctionnel
V. : voir
vol. : volume

Introduction générale

1. Essai sur la notion d'exécution contractuelle – « Deux simples mots, notion, exécution, dont on aimerait qu'ils fussent simples »[1]. Lors d'un colloque portant sur l'exécution, le professeur Théry amorçait ses propos par cette formule qui sous-entend aisément combien l'association de ces deux termes est complexe.

En effet, malgré la multiplicité des sources abordant cette phase contractuelle, trouver une réelle définition n'est pas pour autant chose facile. Il suffit de se référer à n'importe quel ouvrage de droit des obligations[2] pour trouver une partie relative à l'exécution du contrat.

Néanmoins, les écrits juridiques, certes nombreux sur le sujet, se bornent à relever les règles encadrant cette étape fondamentale du contrat ou à lister les différentes formes que cette dernière peut revêtir. Pourtant, lorsqu'il s'agit de la définir, aucune disposition ne permet d'en ébaucher les contours.

2. Les définitions portent principalement sur des comportements négatifs. Ainsi, il est facile d'identifier par exemple la faute, l'imprudence ou encore l'inexécution contractuelle. En revanche, lorsqu'il s'agit de définir un comportement positif comme la bonne foi ou plus particulièrement l'exécution contractuelle, la démarche est plus floue.

Il n'existe d'ailleurs aucune étude d'ensemble de cette notion, si ce n'est le colloque qui fut organisé sur le thème de l'exécution en 1999[3]. Là encore, si les juristes ont abordé différents aspects de l'exécution, notamment en comparant divers systèmes juridiques, aucune définition de la notion d'exécution contractuelle n'a émergé de ce débat doctrinal. Dès lors, il

---

[1] Ph. THÉRY, « *Rapport introductif : La notion d'exécution* », in *L'exécution*, XXIIIe Colloque des Instituts d'Études Judiciaires, Lyon, 19 et 20 novembre 1999, L'Harmattan, 2001, p. 9.

[2] Par ex. : FABRE-MAGNAN, *Droit des obligations, 1 – Contrat et engagements unilatéraux*, PUF, coll. Thémis droit, 2e éd. maj, 2010, « SOUS-PARTIE III, L'EXÉCUTION DU CONTRAT », p. 463 ; D. MAINGUY et J.-L. RESPAUD, *Droit des obligations*, Ellipses, coll. Cours magistral, 2008, « Chapitre 3, L'exécution du contrat », p. 147 ; M. POUMARÈDE, *Droit des obligations*, Montchrestien, Lextenso éditions, coll. Cours, 2e éd., 2012, « Chapitre 8 – L'exécution du contrat », p. 233.

[3] *L'exécution*, XXIIIe Colloque des Instituts d'Études Judiciaires, Lyon, 19 et 20 novembre 1999, L'Harmattan, 2001.

convient de s'interroger sur le fait de savoir s'il est réellement possible d'appréhender l'exécution contractuelle en tant que notion juridique.

3. Notion ou concept – Chercher à distinguer la notion du concept peut paraître excessif, d'autant que les dictionnaires les tiennent principalement pour équivalents. Il est toutefois possible d'observer une certaine nuance entre les deux termes.
Dans le langage courant[4], tout d'abord, un *concept* est une représentation mentale générale et abstraite d'un objet stabilisé dans une communauté de savoirs à un moment déterminé. La *notion* est, quant à elle, une connaissance intuitive, générale, qui synthétise les caractères essentiels d'un objet, mais ne prétend pas à la scientificité. Certains auteurs ont également indiqué que la *notion* est un terme « plus vague que concept »[5] ou en tout cas défini avec beaucoup moins de rigueur[6], notamment quant à la détermination de son contenu. En d'autres termes, si « le concept de concept semble désigner le niveau d'abstraction plus élevé »[7], la *notion* ne peut être « enfermée dans la forme canonique d'une définition »[8]. Cette dernière, le plus souvent, « n'a pas la calme évidence de la stabilité des objets du monde sensible. Elle est de nature conventionnelle, quelle que soit la variété des raisons, des motivations et des cohérences conceptuelles qui la justifient. Dans bien des cas ce qu'il faut considérer comme une notion, c'est un développement et ce développement n'est pas une donnée, mais une construction, parce qu'il n'y a pas un "quelque chose" qui se développe, identique sous la mutabilité du temps »[9]. Ainsi, si le droit « tel que la science juridique ne cesse de l'élaborer, correspond, du plus abstrait au plus concret, à une chaîne de concept »[10], l'exécution apparaît davantage comme une notion, c'est-à-dire une construction.

4. Il n'existe pas non plus de définition légale propre à la notion d'exécution contractuelle, bien que tel ne soit pas notre objectif. Le professeur Meyer a

---

[4] S.-G. CHARTRAND et G. DE KONINCK, « *La clarté terminologique pour plus de cohérence et de rigueur dans l'enseignement du français (suite)* », in Québec *français*, 2009, p. 154.
[5] M. GRAWITZ, *Lexique des sciences sociales*, Dalloz, 8e éd., 2004, V° « Notion ».
[6] M. GRAWITZ, *Lexique des sciences sociales*, *op. cit.*, V° « Concept ».
[7] X. BIOY, « *Notions et concepts en droit : interrogations sur l'intérêt d'une distinction...* », in *Les notions juridiques*, Economica, 2009, G. TUSSEAU (dir.), p. 23.
[8] S. AUROUX, « *La notion de notion* », in *Encyclopédie de philosophie universelle, tome 2 : les notions philosophiques*, PUF, 1990, S. AUROUX (dir.), p. 11.
[9] S. AUROUX, « *La notion de notion* », art. préc., p. 12.
[10] D. BOURSIER, « *Une analyse lexicométrique de la décision juridique. Règles, standards et argumentation* », in *Droit et cultures*, Rev. trim. d'anthropologie et d'histoire, L'Harmattan, 2002/1, p. 105, spéc. p. 118.

d'ailleurs clairement énoncé qu'« il n'est pas toujours judicieux pour un texte normatif de procéder à des définitions qui enfermeraient dans un cadre trop restrictif ou trop figé l'institution qu'il s'agit de réglementer. La définition et, d'une manière générale, la conceptualisation doivent être davantage l'œuvre de la doctrine, voire de la jurisprudence »[11].

5. En définitive, parler de *notion* d'exécution consiste à indiquer que cette étude porte sur un objet général et abstrait, en prise avec la réalité et certaines valeurs qui sont le résultat d'une démarche empirique et inductive. Le professeur Jarrosson, dans sa thèse sur la notion d'arbitrage, précisait que l'étude d'une "notion" n'impose pas seulement de se mouvoir dans la sphère de la spéculation pure, mais de partir de la réalité pour mieux y revenir[12]. Or, l'exécution est une réalité. Au vu de ce constat, l'étude de la notion d'exécution contractuelle se justifie.

6. Conceptualisation des faits ? – Afin d'intégrer la sphère du Droit, est-il opportun d'ouvrir le débat sur la question de savoir si les faits ont ou non besoin d'être conceptualisés ? Il s'agirait de « qualifier la situation par rapport aux faits auxquels le droit positif attache des conséquences juridiques. Il faut ainsi confronter les faits établis à des cas de figure, à des concepts, régis par des règles de droit pour connaître ceux auxquels ils s'identifient et donc les règles juridiques qui doivent leur être appliquées »[13]. En outre, l'exécution contractuelle n'a pas d'effets juridiques par ses qualités intrinsèques. C'est la norme qui lui assigne une acception particulière. Par exemple, les normes juridiques sanctionnent le défaut d'exécution. Ainsi, la norme attribue à l'exécution la qualité particulière qui lui manque en lui donnant, dès lors, une signification propre et en précise son contenu et les effets qui y sont attachés.
Néanmoins, il semble que cette présentation de l'exécution contractuelle répond moins à un besoin de "concept" factuel, qu'à celui de standard juridique. Par exemple, la bonne foi, la faute, etc., sont de tels standards éprouvés par la jurisprudence et auprès desquels on mesure tel fait à l'aune de tels standards.

7. Par ailleurs, de la définition de la notion d'exécution découlent celles de contenu obligationnel, de contrat, de contraintes, d'exécution forcée ou bien encore d'inexécution qui peuvent également être confrontées à celle de la

---

[11] P. MEYER, *OHADA, Droit de l'arbitrage*, Bruylant, 2002, p. 22.
[12] Ch. JARROSSON, *La notion d'arbitrage*, LGDJ, coll. Biblio. de dr. privé, tome 198, 1987, préf. B. OPPETIT.
[13] J.-L. BERGEL, *Théorie générale du droit*, Dalloz, coll. Méthode du droit, 4e éd., 2003, n°275, pp. 318-319.

responsabilité contractuelle. Plus largement, il s'agit de définir ce mécanisme fondamental inhérent à tout contrat.
L'étude de la notion d'exécution se place assurément au cœur du contrat. Elle témoigne des motivations qui conditionnent les parties à recourir au contrat pour encadrer leurs échanges. L'intérêt de cette étude consiste à cerner les contours et les caractères de la notion d'exécution contractuelle pour pouvoir ensuite distinguer les différentes formes qu'elle endosse. Ainsi, il est possible d'en apprécier les conséquences vis-à-vis des parties ou même directement dans notre approche contemporaine du droit des contrats.

8. Réforme – Après dix années de travaux, d'avant-projets et de consultations, l'annonce faite par le président Jacques Chirac en 2004, à l'occasion du bicentenaire du Code Napoléon, a enfin abouti grâce à la publication de l'ordonnance 2016-131 du 10 février 2016. Ce Code civil rénové répond à un besoin de « moderniser, de simplifier, d'améliorer la lisibilité, de renforcer l'accessibilité du droit [...] commun des contrats, du régime général des obligations et du droit de la preuve, de garantir la sécurité juridique et l'efficacité de la norme »[14]. L'exigence d'une « efficacité de la norme » est donc expressément posée par cette réforme. Mais une fois encore, l'exécution contractuelle n'est pas définie. Elle est présentée à travers son contraire : l'inexécution contractuelle[15]. Cette nouvelle section du Code civil a le mérite de regrouper les règles relatives à l'inexécution jusque-là éparpillées ou reconnues par la jurisprudence. Si les nouvelles dispositions relatives à l'inexécution sont plus étoffées et plus complètes, comprenant même quelques innovations majeures, il n'en demeure pas moins qu'il est impossible de déterminer avec précision ce à quoi correspond l'exécution contractuelle. L'extinction des obligations est d'ailleurs traitée dans une partie distincte[16]. Force est de constater qu'en distinguant l'exécution du contrat de l'extinction des obligations, la réforme du droit des contrats de 2016 semble, toutefois, consacrer le fait qu'exécution du contrat et exécution des obligations ne sont pas des notions équivalentes. Ce constat amène un fort besoin de conceptualiser l'exécution contractuelle afin d'en apporter une analyse objective et constructive.

---

[14] Article 8 de la loi n°2015-177 du 16 février 2015 donnant mission au Gouvernement, dans un délai d'un an et par voie d'ordonnance, de prendre toutes les mesures relevant du domaine de la loi pour réformer le droit des obligations, à l'exclusion de la responsabilité civile extra-contractuelle qui devrait faire l'objet d'une réforme distincte.
[15] Articles 1217 à 1218 du Code civil, dans la Section V du Chapitre IV : Les effets du contrat, du Sous-titre 1er : Le contrat, du Titre III : Des sources des obligations.
[16] Articles 1342 à 1351-1 du Code civil, dans un Chapitre IV, du Titre IV : Du régime général des obligations.

9. Cette réflexion sur la notion d'exécution contractuelle fait notamment suite à la mutation conceptuelle qui s'est opérée dans l'analyse du contrat (I). Cette dernière a entre autres permis à l'analyse économique du droit de s'insérer dans la sphère d'étude du contrat (II). Conséquemment, la prise en considération de la dimension économique du contrat a eu de nombreuses répercussions quant à l'appréciation de son exécution (III).

I. La mutation conceptuelle du contrat

10. Évolution de la conception du contrat – Traditionnellement, les civilistes envisagent le contrat à travers la promesse. Autrement dit, le contrat se définit par l'engagement pris par chacune des parties à l'égard de l'autre[17]. Cette conception individualiste du contrat – faisant de celui qui s'oblige, celui qui exécute – se retrouve dans les différentes dispositions du Code civil. Il en résulte une certaine confusion entre l'exécution du contrat et l'exécution des obligations.

En effet, l'exécution est tantôt présentée comme l'« accomplissement, par le débiteur, de la prestation due » ou bien encore comme « le fait de remplir son obligation »[18]. Ainsi, pour certains auteurs, l'intérêt de l'étude de l'exécution se borne à son effet créateur d'obligation, rendant parfaitement impropre le fait d'user de la notion même d'exécution contractuelle.

Dans ces conditions, le contrat n'aurait pour seul effet que de créer des obligations ; seules celles-ci feraient l'objet d'une exécution de la part du débiteur[19]. Conséquemment, la satisfaction du créancier reposerait uniquement sur le comportement du débiteur. Or, le contrat fait naître de nombreux effets. Certains desdits effets correspondent à des obligations à exécuter. Mais les autres effets ne sont-ils pas également soumis à une exécution ? En d'autres termes, le transfert de propriété, le terme ou bien la condition sont-ils subordonnés à une exécution identique à celle des obligations ?

---

[17] Ph. RÉMY, « *Ouverture* », in *Les concepts contractuels français à l'heure des Principes européens des contrats*, R. RÉMY-CORLAY et D. FENOUILLET (dir.), Dalloz, coll. Thèmes et commentaires, 2003, p. 12.

[18] G. CORNU (dir.), *Vocabulaire juridique, Asso. Henri Capitant*, PUF, coll. Quadrige, 8e éd., 2009, V° «Exécution ».

[19] Par ex. : Ph. DELEBECQUE et F.-J. PANSIER, *Droit des obligations, Régime général*, LexisNexis, coll. Cours, 6e éd., 2012, « Troisième partie, Extinction de l'obligation », p. 239 ; Ph. MALAURIE, L. AYNÈS et Ph. STOFFEL-MUNCK, *Les obligations*, Defrénois, coll. Droit civ., 3e éd., 2007, « Livre I, Extinction des obligations », p.593 ; Ph. MALINVAUD, *Droit des obligations*, Litec, coll. Manuel, 10e éd., 2007, « chapitre 2 : L'exécution des obligations », p. 571 ; Fr. TERRÉ, Ph. SIMLER et Y. LEQUETTE, *Droit civil, Les obligations*, Dalloz, coll. Précis, 8e éd., 2002, « Titre 4, Extinction des obligations », p. 1221.

En définitive, ce n'est pas tant l'exécution des obligations qu'il convient d'aborder, mais plutôt l'exécution du contrat en lui-même qu'il est nécessaire d'appréhender juridiquement.

11. De plus, l'analyse subjective du rapport d'obligation a pour conséquence l'adoption d'une approche essentiellement pathologique du contrat. L'étude de son exécution a été délaissée au profit de celle portant sur les conséquences de son inexécution. À ce jour, il est à déplorer un certain désintérêt pour les modalités d'exécution du contrat, questions qui en pratique soulèvent pourtant de nombreuses difficultés[20].

12. Analyse dynamique du contrat – Grâce aux récents développements en matière de droit des contrats, le point de vue strictement individuel du contrat a cédé face à la prise en considération de l'opération générale que les parties se proposent de réaliser.
Ce mouvement a notamment été initié par le professeur Ancel ; en dénonçant la confusion classique de l'acte et de ses effets, cet auteur a matérialisé le contrat dans une dimension dépassant les obligations qu'il produit[21]. Le doyen Pimont a poursuivi cette voie, dans son étude de l'économie du contrat, indiquant que la « structure du contrat s'émancipe du vêtement technique de l'obligation et acquiert une forme autonome »[22].

13. Approche de l'exécution par les voies d'exécution – D'une manière générale, évoquer l'exécution renvoie à l'étude du droit de l'exécution. Il s'agit d'aborder ce droit, du point de vue des professionnels des saisies, par le biais des voies d'exécution. Parfois, le droit de l'exécution s'apprécie selon le créancier. Il s'agit alors d'une étude sur son droit de recouvrer sa créance[23]. Le point de vue adopté ici est alors subjectif. De même que lorsque l'on aborde le droit de l'exécution selon le débiteur, l'objectif est alors de protéger ses intérêts[24].

---

[20] V. not. C. DUPARC, « *L'ordre de l'exécution des obligations contractuelles* », RRJ 2005, p. 137 ; B. GRIMONPREZ, *De l'exigibilité en droit des contrats*, LGDJ, coll. de la Fac. de dr. et des sc. soc. de Poitiers, 2006, préf. Cl. OPHÈLE.

[21] P. ANCEL, « *Force obligatoire et contenu obligationnel du contrat* », RTD civ. 1999, p. 771.

[22] S. PIMONT, *L'économie du contrat*, PUAM, coll. Insitut dr. des aff., 2004, préf. J. BEAUCHARD, n°15, p. 24.

[23] J.-C. WOOG, M.-C. SARI et S. WOOG, *Stratégie contentieuse du créancier*, Dalloz, 2e éd., 2006.

[24] S. S. KUATÉ TAMEGHE, *La protection du débiteur dans les procédures individuelles d'exécution*, L'Harmattan éd., coll. Logiques juridiques, 2005, préf. J.-Fr. OVERSTAKE.

Le professeur Cayrol[25] propose une approche quelque peu différente et beaucoup plus attrayante, adoptant un point de vue objectif : celui de la réalisation effective du droit[26].

14. "Effectivité" du droit – L'"effectivité" du droit correspond à « la production, par la norme juridique, d'effets compatibles avec les finalités que celle-ci poursuit, qu'il s'agisse d'effets concrets ou symboliques, d'effets juridiques ou extra-juridiques, d'effets prévus ou non, désirés ou non, immédiats ou différés »[27].
Raisonner en termes d'effectivité appartient en général davantage à la sociologie ou à l'économie qu'au droit. En effet, le juriste s'intéresse à l'existence d'un droit. Si sa réalité est avérée, il convient de se pencher sur son exécution afin de savoir si elle est correcte ou non. Lorsque l'exécution a eu lieu, le droit est alors considéré comme étant effectif. À l'inverse, il ne le serait pas en cas d'inexécution.
Le droit, à l'inverse de la sociologie ou de l'économie, s'intéresse donc plutôt à l'exécution qu'à l'effectivité, distinguant même un droit objectif de l'exécution du droit subjectif à l'exécution.

15. Droit objectif de l'exécution – Le droit objectif de l'exécution s'entend des règles dont l'objectif est la réalisation du droit. Tel est le cas notamment de l'article 1222 du Code civil qui dispose que : « *Après mise en demeure, le créancier peut aussi, dans un délai et à un coût raisonnables, faire exécuter lui-même l'obligation ou, sur autorisation préalable du juge, détruire ce qui a été fait en violation de celle-ci. Il peut demander au débiteur le remboursement des sommes engagées à cette fin. Il peut aussi demander en justice que le débiteur avance les sommes nécessaires à cette exécution ou à cette destruction.* ». Il s'agit de l'exécution dite « aux dépens ». Même si ce droit de l'exécution commence à intéresser une partie de la doctrine, il n'en demeure pas moins à l'état d'ébauche puisqu'il n'existe malheureusement pas encore de Code général de l'exécution.
En revanche, le droit à l'exécution[28] est reconnu par le droit contemporain. Ce dernier, considéré comme fondamental en raison de sa consécration par

---

[25] N. CAYROL, *Droit de l'exécution*, LGDJ, coll. Domat dr. Privé, 2013, spéc. n°3 et s., p. 11 et s.

[26] W. BARANÈS et M.-A. FRISON-ROCHE, « *Le souci de l'effectivité du droit* », D. 1996, p. 301.

[27] Y. LEROY, « *La notion d'effectivité du droit* », Dr. et soc., 2011/3, p. 175.

[28] F. FERRAND, « *La fondamentalisation de l'exécution forcée* », in *Le droit de l'exécution forcée : entre mythe et réalité*, C. BRENNER (dir.), EJT, 2007, p. 13.

la Cour européenne des droits de l'homme[29] et le Conseil constitutionnel[30], devient hiérarchiquement supérieur à d'autres droits. Dès lors, il s'agit d'un avantage « directement relatif à la personne qui en est attributaire plus que titulaire. Le droit fondamental est un attribut, tandis que le droit subjectif est un pouvoir »[31]. Ainsi, à la différence d'un droit subjectif ordinaire, le droit fondamental est inconditionné. Il peut être invoqué par tout un chacun, car il est un attribut de la personne. Reste à déterminer où se situe l'exécution du contrat.

---

[29] Cour EDH, 19 mars 1997, req. n°18357/91, *arrêt Hornsby c/ Grèce*, la Cour érige le droit à l'exécution en un droit de l'homme au sens de l'article 6-1 de la Convention de sauvegarde des droits de l'homme et des libertés fondamentales.

[30] Cons. constit., 4 juillet 1989, n°89-254 DC, Rec. p. 41. V. égal., Cons. constit., 10 juin 1998, n°98-401 DC, Rec. p. 258 ; AJDA 1998, p. 540 et p. 495, note J.-E. SCHOETTL ; D. 2000, p. 60, obs. L. FAVOREU ; RTD civ. 1998, p. 796, obs. N. MOLFESSIS et 1999, p. 178, obs. J. MESTRE.
Par la suite : Cons. constit., 23 juillet 1999, n°99-416 DC, AJDA 1999, p. 738 et p. 700, note J.-E. SCHOETTL ; D. 2000, p. 422, obs. L. GAY et p. 265, obs. L. MARINO et p. 423, obs. M. FATIN-ROUGE ; RTD civ. 1999, p. 724, obs. N. MOLFESSIS ; Rec. p. 100 - Cons. constit., 13 janvier 2000, n°99-423 DC, D. 2001, p. 1837, obs. V. BERNAUD ; Rec. p. 33 - Cons. constit., 7 décembre 2000, n°2000-436 DC, AJDA 2001, p. 18, note J.-E. SCHOETTL ; D. 2001, p. 1840, obs. L. FAVOREU et p. 1841, obs. M. FATIN-ROUGE ; Rec. p. 176 - Cons. constit., 27 novembre 2001, n°2001-451 DC, D. 2002, p. 1950, obs. D. RIBES ; Rec. p. 145 - Cons. constit., 12 janvier 2002, n°2001-455 DC, AJDA 2002, p. 1163, étude F. RENEAUD ; D. 2003, p. 1129, obs. L. GAY ; D. 2002, p. 1439, chron. B. MATHIEU ; Rev. sc. crim. 2002, p. 673, obs. V. BÜCK et p. 674, obs. V. BÜCK ; Rec. p. 49 - Cons. constit., 27 décembre 2002, n°2002-464 DC, AJDA 2003, p. 684, note V. OGIER-BERNAUD ; D. 2003, p. 1071, obs. V. OGIER-BERNAUD ; Rec. p. 583 - Cons. constit., 13 janvier 2003, n°2002-465 DC, D. 2003, p. 642 et p. 638, chron. B. MATHIEU ; D. 2004, p. 1280, obs. V. OGIER-BERNAUD ; GADT, 4e éd. 2008, n°179-181 ; Rec. p. 43 - Cons. constit., 12 février 2004, n°2004-490 DC, D. 2005, p. 1132 et p. 1125, obs. V. OGIER-BERNAUD et C. SEVERINO ; RFDA 2004, p. 248, étude J.-E. SCHOETTL ; Rec. p. 41 - Cons. constit., 22 juillet 2005, n°2005-521 DC, D. 2006, p. 826, obs. V. OGIER-BERNAUD et C. SEVERINO ; Rec. p. 121 - Cons. constit. 29 juillet 2005, n°2005-523 DC ; Rec. p. 137 - Cons. constit., 29 décembre 2005, n°2005-530 DC, AJDA 2006, p. 13 ; D. 2006, p. 826, obs. V. OGIER-BERNAUD et C. SEVERINO ; Rec. p. 168 - Cons. constit., 14 décembre 2006, n°2006-544 DC, AJDA 2007, p. 1643, note P. LUPPI ; D. 2007, p. 1166, obs. V. BERNAUD, L. GAY et C. SEVERINO ; RFDA 2007, p. 134, étude J.-E. SCHOETTL : JO 22 décembre 2006, p. 19356 - Cons. constit., 16 août 2007, n°2007-556 DC, D. 2007, p. 3033, obs. E. DOCKÈS, F. FOUVET, C. GÉNIAUT et A. JEAMMAUD ; D. 2008, p. 2025, obs. V. BERNAUD et L. GAY ; RFDA 2007, p. 1283, chron. A. ROBLOT-TROIZIER : JO 22 août 2007, p. 13971. - Cons. constit., 7 août 2008, n°2008-568 DC, D. 2008, p. 2064 ; D. 2009, p. 1852, obs. V. BERNAUD et L. GAY : JO 21 août 2008, p. 13089 - Cons. constit., 18 mars 2009, n°2009-578 DC, AJDA 2009, p. 509 ; D. 2009, p. 799, obs. Y. ROUQUET ; D. 2010, p. 1508, obs. V. BERNAUD et L. GAY ; Constitutions 2010, p. 109, obs. A. BARILARI : JO 27 mars 2009, p. 5445 - Cons. constit., 19 novembre 2009, n°2009-592 DC, D. 2010, p. 1508, obs. V. BERNAUD et L. GAY : JO 25 novembre 2009, p. 20223.

[31] J.-L. SOURIOUX, « *À la recherche de la notion de droit fondamental* », in *Par le droit, au-delà du droit*, J.-L. SOURIOUX, LexisNexis, 2011, p. 196.

Le recours à des notions économiques dans l'étude du contrat tente d'apporter des éléments de réponses quant à l'approche à épouser.

16. Réserves quant au recours à des notions économiques – Le raisonnement communément adopté par les juristes diffère beaucoup de la logique inhérente à la science économique. Alors que le droit adopte un mode de raisonnement dogmatique et déductif, l'économie préfère une démarche inductive et téléologique[32].

Néanmoins, si les économistes n'ont eu de cesse de s'intéresser aux matières juridiques, la doctrine juridique majoritaire demeure, de façon générale, réticente à intégrer toute dimension économique dans la méthode juridique d'interprétation de la norme. Ces résistances à l'interdisciplinarité semblent découler d'une certaine domination du positivisme juridique dérivé en légalisme. Ce dernier véhicule l'idée d'une autonomie du droit, assimilé à la norme, et des fondements mêmes de la norme[33].

17. La période contemporaine a tout de même entrouvert ses portes à travers la mise en place d'un ordre juridique économique, développé principalement par le droit de la concurrence et le droit de la consommation. Les civilistes sont toutefois plus réfractaires à l'intégration de notions économiques dans leur analyse, car le droit civil est avant tout fondé sur des principes moraux. Ainsi, l'intérêt économique ne saurait interférer dans le raisonnement juridique. L'inverse reviendrait à considérer que les préceptes de justice sociale et de liberté sont au service de la poursuite d'un objectif économique.

18. La confrontation de données économiques au droit s'avère dès lors délicate, notamment en raison du scepticisme ambiant qui règne au sein de la doctrine civiliste. Cette méfiance est toutefois compréhensible puisqu'il n'existe concrètement aucun outil de mesure, aucun sondage, pas d'enquêtes ni même d'outils sociologiques permettant de donner corps à ces éléments économiques.

La difficulté consiste alors à démontrer que la réalité économique ne saurait être envisagée comme un élément pouvant être intégré au raisonnement juridique, mais plutôt comme une résultante de l'engagement contractuel.

---

[32] M.-A. FRISON-ROCHE, « *L'État, le marché et les principes du droit interne et communautaire de la concurrence* », PA 1995, p. 4, spéc. n°21.

[33] E. SUSSET, « *Les enjeux de l'analyse économique du droit* », in *L'Économie du droit dans les pays de droit civil : quelle place pour l'économie dans la construction des règles juridiques ?,* Colloque CREDES, Univ. Nancy II, 28-29 juin 2000, Labyrinthe 2001/2, n°9, Hermann éd., p. 111.

19. Nier la fonction économique du contrat revient à récuser la réalité contractuelle. En effet, le contrat, qui sert de base à la plupart des échanges, est doté d'une finalité économique. Il convient d'en tenir compte dans le cadre de son analyse, d'autant plus lorsqu'il est question d'étudier la phase d'exécution.

Les effets juridiques du contrat ne dépendent pas obligatoirement de son efficacité économique, mais il est impossible de contester cette dimension du contrat. Au demeurant, le professeur Oppetit souligne ce fait en indiquant que « ce serait une grave erreur que de sous-estimer l'importance de "l'économique" dans une vue réaliste du Droit civil »[34]. Un autre auteur considère également que l'« idée d'entretenir un tel compartimentage entre la perspective économique et stratégique semble aller trop loin lorsqu'elle conduit à refuser de conférer toute dimension de justice ou de morale à une opération imprégnée de quelques considérations économiques »[35]. Il convient alors de se tourner vers les outils économiques à notre disposition pour observer quelle plus-value ils peuvent apporter à l'analyse de l'exécution contractuelle.

II. L'apport de l'analyse économique du droit à l'étude de la notion d'exécution contractuelle

20. Émergence de l'analyse économique du droit – La quête de nouveaux fondements permettant d'expliquer le phénomène contractuel[36] a incité certains auteurs à rechercher l'inspiration dans d'autres systèmes juridiques, et plus particulièrement, dans celui de la *common law*. C'est le début de l'intérêt français pour l'analyse économique du droit.

La complémentarité entre le droit et l'économie n'est pas nouvelle. L'ouvrage de M. Friedman débutait d'ailleurs par une interrogation : « Qu'est-ce que la science économique a à voir avec le droit ? »[37]. Cette question est fondamentale pour comprendre l'intérêt de ne pas exclure totalement les méthodes de l'analyse économique du droit dans l'identification et la gestion de la phase contractuelle essentielle, celle de l'exécution du contrat.

---

[34] B. OPPETIT, « *Le rôle du juge en présence des problèmes économiques en droit civil français* », in *Le rôle du juge en présence des problèmes économiques*, Asso. Henri Capitant, Dalloz, tome 22, 1970, p. 185, spéc. p. 186.

[35] A.-J. KERHUEL, *L'efficience stratégique du contrat d'affaires, Un champ d'action de la liberté contractuelle*, PUAM, Institut de dr. des aff., 2010, préf. J. MESTRE, n°6, p. 21.

[36] C. GUELFUCCI-THIEBIERGE, « *Libres propos sur la transformation du droit des contrats* », RTD civ. 1997, p. 357.

[37] D. FRIEDMAN, *Law's Order : What Economics has to do with Law and why it matters* (L'ordre juridique : qu'est-ce que l'économie a à voir avec le droit et pourquoi la question est importante), Princeton University Press, 2000.

21. Ce mouvement doctrinal, né aux États-Unis et fondé sur le modèle néo-classique, a pour objet « d'appliquer les méthodes et les concepts économiques à l'étude du droit et de mettre l'accent sur les effets économiques des règles juridiques. [Il] repose sur l'idée générale que l'ensemble des règles de droit sont ou doivent être orientées vers la maximisation des satisfactions individuelles et la recherche de solutions économiques les plus efficaces, l'homme étant un être rationnel qui cherche à effectuer le choix optimal dans une situation de contraintes données et qui accroît ainsi, par son calcul, l'utilité générale de la société »[38].
Il s'agit d'un domaine d'investigation dans lequel les outils économiques servent à appréhender et analyser les phénomènes juridiques. L'orientation de l'analyse économique du droit est résolument positive, car elle cherche à comprendre les règles et les institutions juridiques. Sa principale préoccupation se rapporte à l'évaluation économique de l'efficience du droit. L'efficacité est alors perçue comme la finalité du droit ainsi qu'un critère d'opportunité de la norme. En d'autres termes, « les comportements individuels doivent contribuer à satisfaire les exigences de ce critère d'efficacité de la règle juridique fondée sur l'idée de maximisation des richesses »[39].

22. Adopter l'analyse économique comme outil d'observation du droit des contrats se présente d'une part comme un concurrent de l'analyse morale et d'autre part, elle permet de mieux cerner le phénomène contractuel ainsi que d'en distinguer les contours, ou du moins d'offrir une analyse alternative. En effet, selon le droit civil, le contrat est un accord de volonté destiné à produire des effets de droit[40] ; il existe alors autant de contrats que la volonté peut l'envisager. En revanche, d'un point de vue purement économique, le contrat se révèle avant tout être un moyen d'échange. Il est alors envisagé comme un instrument permettant de pallier les carences du marché. Selon cette acception économique, seuls les contrats commerciaux sont pris en compte. Or, il apparaît évident que de nombreux contrats sont conclus en dehors de la sphère commerciale.

23. Néanmoins, recourir à l'analyse économique du droit en tant que lien entre le droit et l'économie permet de saisir l'ensemble des contrats, quelle

---

[38] C. PÉRÈS, « *Rapport introductif* », in *L'efficacité économique en droit*, S. BOLLÉE, Y.-M. LAITHIER et C. PÉRÈS (dir.), Economica, coll. Études juridiques, tome 33, 2010, spéc. n°2, p. 2-3.
[39] A. CATHIARD, *L'abus dans les contrats conclus entre professionnels : L'apport de l'analyse économique du contrat*, PUAM, coll. Institut dr. des aff., 2006, préf. X. LAGARDE, n°7, pp. 22-23.
[40] J. GHESTIN, « *La notion de contrat* », D. 1990, p. 147.

que soit leur nature. Ainsi, qu'ils soient ou non commerciaux, les contrats sont envisagés comme des outils servant à constater, à encadrer une opération économique.

24. L'analyse économique du contrat se base alors sur la thèse de l'individualisme méthodologique qui prend pour point de départ l'opérateur économique, qu'elle postule rationnel. Cette méthode alternative d'analyse propose une approche fonctionnelle du droit et juge les règles en fonction de leurs effets. En conséquence, la perspective économique permet d'acquérir assez de recul sur la matière juridique pour en apprécier l'efficacité.

25. Distinction analyse économique du droit et droit économique – Le droit économique[41] est une spécialisation au même titre que le droit du travail ou le droit des biens, ou encore le droit communautaire et le droit commercial. Dans cette hypothèse, le juriste ne s'intéresse qu'aux normes et aux lois applicables en matière économique. Le professeur Frison-Roche et le professeur Terré proposent de définir le droit économique comme « l'ensemble des règles ayant pour objet l'activité économique au sens large, aussi bien l'activité des agents que l'organisation des marchés des biens et des services ou des marchés financiers, la réglementation étatique, la redistribution des richesses par la tarification ou la fiscalité, la répression des comportements économiques nocifs, l'organisation des rapports de pouvoir au sein de l'économie, etc. »[42].

26. L'analyse économique du droit est une entreprise profondément différente[43]. Il s'agit d'un point privilégié d'observation des interactions entre droit et économie[44]. Par définition, elle permet d'appliquer les outils du raisonnement économique à des domaines du droit qui ne portent pas explicitement sur des relations économiques[45] : celle-ci est avant tout une méthode, qui neutralise la spécificité du droit pour mieux révéler l'effet

---

[41] V. notamment, C. CHAMPAUD, « *Contribution à la définition du droit économique* », D. 1967, chron., p. 215 ; G. FARJAT, *Pour un droit économique*, PUF, coll. Les voies du droit, 2004 ; Ch. JAMIN, « *Économie et Droit* », in *Dictionnaire de la culture juridique*, D. ALLAND et S. RIALS (dir.), PUF-Lamy, 2003, p. 578.

[42] M.-A. FRISON-ROCHE et Fr. TERRÉ, « *Sociologie du droit économique* », in *L'année sociologique*, vol. 49, 1999.

[43] B. LEMENNICIER, *Économie du droit*, Cujas, coll. Théories économiques, 1991, p. 9.

[44] G. MAÎTRE, *La responsabilité civile à l'épreuve de l'analyse économique du droit*, LGDJ, coll. Droit & Économie, 2005, préf. H. MUIR WATT, n°8, p. 10.

[45] B. LEMENNICIER, *Économie du droit*, *op. cit.*, p. 9.

économique de celui-ci[46]. L'analyse économique du droit a donc pour vocation d'étudier le droit par le prisme de l'économie[47].
Au lieu de se cantonner aux frontières, une idée nouvelle est apparue visant à démontrer que les sciences économiques peuvent apporter un regard nouveau et indispensable sur les institutions juridiques[48]. C'est aux États-Unis que cette analyse s'est, le plus tôt et le plus profondément, enracinée au travers du mouvement *Law and Economics*[49].

27. Distinction analyse économique du droit et économie du droit – La science économique distingue deux cadres d'analyse. Tout d'abord, nous trouvons une étude qui s'effectue par rapport à un domaine particulier ou à un sujet précis. Autrement dit, dans l'ensemble des activités humaines, certaines sont économiques. L'économie s'intéresse alors à ces phénomènes comme la formation, la distribution ou encore la consommation des richesses. C'est ce que nous pouvons appeler l'économie du droit, c'est-à-dire une étude des problèmes économiques qui sont influencés par le droit, les normes, les institutions. Par exemple, le problème du coût social et de l'allocation optimale des ressources présenté par M. Coase est un problème d'économie, un problème d'efficacité. L'optimum dépend de la règle.
À côté de cela, le cadre d'analyse de l'économie peut également se porter directement sur la méthode. Il s'agit d'une technique d'approche des problèmes humains et sociaux. Ici, c'est l'ensemble des activités qui sont susceptibles d'être étudiées. L'économie devient donc une manière d'étudier l'ensemble des problèmes existants dans notre société.
C'est cette seconde approche qui a donné naissance à l'analyse économique du droit dont les outils sont : la rationalité, la maximisation, les profits, etc. L'économie du droit et l'analyse économique du droit sont donc des notions empreintes de quelques nuances.

28. Analyse économique du droit appliquée au droit des contrats – L'économie et le droit des contrats entretiennent des rapports coutumiers, issus d'un double mouvement : « Si elle est perçue comme un instrument

---

[46] M.-A. FRISON-ROCHE, « *Pourquoi se soucier de l'analyse économique du droit ? Le point de vue d'un juriste* », in *Lettre de la Mission de recherche Droit et Justice*, n°17, 2004, p. 11.
[47] E. MACKAAY, « *La règle juridique observée par le prisme de l'économiste* », RIDE 1986, p. 43.
[48] Fr. TERRÉ, *Introduction générale au droit*, Dalloz, coll. Précis, 6e éd., 2003, n°362.
[49] Cl. FLUET, « *L'analyse économique du droit* », Rv. d'Économie appliquée, t. XLIII, n°3, 1990, p. 53 et s.

additionnel, non exclusif, de l'analyse juridique, l'approche économique présente le plus grand intérêt »[50].
Au départ, les économistes ne se sont pas intéressés au contrat en tant qu'objet juridique. Leur ambition était de développer une représentation plus pertinente d'une économie de marché que celle dont ils disposaient alors[51]. Puis, envisagé comme un instrument d'échange, le contrat a éveillé l'intérêt des économistes en ce qu'il sert de fondement à l'interaction entre les individus. Dès lors, l'économie a amorcé son intérêt pour le droit des contrats, le considérant comme étant à l'évidence un domaine dans lequel de nombreuses contributions d'analyse économique peuvent être faites : « Le phénomène contractuel est en effet un objet qui se prête naturellement à une théorisation économique : un instrument d'échange, il est aussi lié à la question centrale, pour les économistes, de la coordination des actions individuelles »[52]. Le contrat est devenu, finalement, la partie du droit avec laquelle l'économiste a le plus d'affinités.

29. Le cœur du contrat est l'échange volontaire, et celui-ci est le point central de l'économie, car il fonde le marché par une procédure de coordination des plans individuels qui est à la base de tout ordre social[53]. Dans cette perspective, le contrat, « parce qu'il est lié à une activité spécialement identifiée, est une réponse à un besoin économique et à un besoin durable, mais évolutif »[54]. Sur un plan pratique, les économistes considèrent que « le contrat n'est pas l'apanage du juriste, mais de l'opérationnel. Le juriste est chargé uniquement de mettre en musique une relation économique prédéfinie et amorcée par l'opérationnel »[55].

30. Si la doctrine juridique met l'accent sur la formation du contrat ou ses conditions de validité, l'analyse économique place en priorité son curseur sur la question de l'exécution des obligations contractuelles[56]. Alors que, « le regard que porte le juriste sur le Droit des obligations conventionnelles est

---

[50] M. FONTAINE, « *Fertilisations croisées du droit des contrats* », in *Le contrat au début du XXIe siècle, Études offertes à J. GHESTIN*, LGDJ, 2001, p. 347, spéc. n°8.
[51] É. BROUSSEAU, « *La sanction adéquate en matière contractuelle : une analyse économique* », PA 2005, n°99, p. 43.
[52] Th. KIRAT et Fr. MARTY, *Économie du droit et de la réglementation*, Gualino, 2007, p. 39.
[53] B. LEMENNICIER, *Économie du droit, op. cit.*, p. 9.
[54] F. DEBOISSY et G. WICKER, « *Droit du contrat et droit du marché : éléments pour une problématique* », RDC 2006, n°4, p. 1321.
[55] J.-M. CRÉVOULIN, « *Regards croisés sur les clauses aménageant les obligations et les clauses relatives à la responsabilité* », Table ronde, RLDC 2008, n°46 (suppl.), p. 59.
[56] Th. KIRAT et Fr. MARTY, *Économie du droit et de la réglementation, op. cit.*, p. 45.

généralement d'un pessimisme manifeste »[57], l'économiste envisage son potentiel de rentabilité et d'efficacité. Les deux matières peuvent ainsi être étroitement liées afin d'obtenir la meilleure analyse possible de la réalité contractuelle.

31. Le « droit ne se contente plus d'être glose des textes, connaissance des lois, art de les faire ricocher les uns sur les autres, de les interpréter, de les étendre, de les restreindre, de les tourner ; il aspire à devenir, au moins dans l'une de ses branches, science d'observation, voire d'expérimentation. Il aspire à saisir, par-delà les textes, les phénomènes juridiques »[58]. En effet, comme le souligne Mme Kerhuel[59] dans son étude sur l'efficience stratégique du contrat d'affaires, il convient toutefois de distinguer l'idée de « traduction juridique » de celle de « juridicisation » d'un concept économique. Selon cet auteur, la « « traduction juridique » vise essentiellement à adopter des termes propres à la terminologie juridique pour faire correspondre la réalité juridique à la réalité économique envisagée. L'idée de « juridicisation » implique, quant à elle, une véritable intégration du concept économique au droit[60].

32. Par ailleurs, envisager le recours à de notions économiques dans la perspective du droit des contrats n'équivaut pas à considérer que le régime des contrats puisse être guidé par leur fonction économique, car cela reviendrait à octroyer au phénomène économique la capacité de produire des effets juridiques. Or, cette affirmation est incompatible avec les impératifs de justice et de sécurité juridique.
Ce qu'il convient d'étudier c'est la capacité du contrat en tant qu'instrument juridique, à répondre à des besoins, et à traduire de façon adéquate en termes juridiques la logique économique d'une opération particulière. Le contrat est la traduction juridique d'un besoin économique.

---

[57] G. PIETTE, *La correction du contrat*, PUAM, coll. Institut dr. des aff., 2 vol., 2004, préf. M. MENJUCQ, n°1, p. 17.

[58] J. CARBONNIER, *Flexible Droit, pour une sociologie du droit sans rigueur*, LGDJ, 10e éd., 2001, p.415.

[59] A.-J. KERHUEL, *L'efficience stratégique du contrat d'affaires, Un champ d'action de la liberté contractuelle*, *op. cit.*

[60] A.-J. KERHUEL, *L'efficience stratégique du contrat d'affaires, Un champ d'action de la liberté contractuelle*, *op. cit.*, n°7, p. 23 et note 34 citant, J.-F. OVERSTAKE, *Essai de classification des contrats spéciaux*, LGDJ, coll. Biblio. de dr. privé, tome 267, 1969, préf. J. BERTHE DE LA GRESSAYE, spéc. p. 18.

III. Les conséquences de la prise en compte de la dimension économique du contrat sur son exécution

33. Dimension économique de l'opération contractuelle – Intégrer des notions économiques dans l'étude du contrat a permis de mettre en évidence le fait que son élément central réside dans l'opération économique voulue par les parties. Dès 1994, le professeur Stoffel-Munck énonçait que le contrat, « avant d'être du droit, est avant tout la réalisation d'une opération économique »[61]. C'est la réalisation de cette dernière qui apportera la satisfaction au créancier ainsi qu'au débiteur.
Si la satisfaction est essentiellement analysée du point de vue du créancier, en ce sens où il obtient du contrat ce qu'il en escomptait, le débiteur n'est pas en reste. Manifestement, ce dernier a accepté de se lier par un contrat uniquement parce que l'opération économique revêt pour lui un intérêt, certes différent de lui du créancier, mais économiquement équivalent. *Ipso facto*, sa satisfaction peut au moins résider dans sa libération.
La réalisation de l'opération économique, quelle que soit la méthode pour y parvenir, est alors qualifiée de satisfactoire.

34. Conception finaliste du contrat – Dans sa thèse, M. Arteil propose d'adopter une analyse finaliste du contrat pour comprendre sa dimension économique et l'intérêt des parties à la voir réalisée. Il considère que, dans une telle approche du contrat « tournée essentiellement vers la réalisation de l'opération économique définie et recherchée par les parties, la notion d'exécution prend nécessairement une ampleur nouvelle. C'est l'efficacité du contrat qui devient centrale de sorte que l'attention se porte, non plus sur le débiteur, mais sur la prestation constituant le seul véritable objet de l'obligation »[62].
Cette conception finaliste du contrat permet en définitive « d'insuffler au contrat un dynamisme nouveau, où sécurité juridique et efficience tendent à s'accorder et à s'ajuster conformément à un équilibre n'excluant pas la prise en compte, accessoirement, des enjeux du contrat, qu'ils soient d'ordre économique ou juridique »[63]. Mme Kerhuel ajoute qu'ainsi, l'« émergence

---

[61] Ph. STOFFEL-MUNCK, *Regards sur la théorie de l'imprévision, vers une souplesse contractuelle en droit privé français contemporain*, PUAM, 1994, av.-propos A. SÉRIAUX, préf. R. BOUT, spéc. n°128. – *Contra* : L. CADIET, « *Interrogations sur le droit contemporain des contrats* », in *Le droit contemporain des contrats*, Economica, 1987, n°45, p. 33 : « Le critère tiré de l'objet économique ne sert à rien du point de vue des familles de contrats car il n'explique rien ».
[62] D. ARTEIL, *L'exécution du contrat par un non-contractant*, LGDJ, coll. de la Fac.de dr. et des sc. soc. de Poitiers, 2006, Préface R.-N. SCHÜTZ, n°44, p. 34.
[63] A.-J. KERHUEL, *L'efficience stratégique du contrat d'affaires, Un champ d'action de la liberté contractuelle*, *op. cit.*, n°722, p. 505.

de nouveaux besoins économiques liés aux évolutions de l'environnement a largement suscité l'intérêt des praticiens pour le développement de techniques contractuelles toujours mieux adaptées aux fins recherchées. Il s'agit en définitive de promouvoir l'efficience dans son sens organisationnel, en reconnaissant la création par le contrat d'un cadre stable, dans lequel les décisions économiques peuvent effectivement se réaliser. Telle est la nature de l'efficience visée par les parties »[64].

35. Vers une exécution efficace – En se référant à la définition fournie par le *Littré*, nous constatons qu'est efficace ce qui produit l'effet attendu. Il convient alors se poser les questions suivantes : quel est l'effet recherché ? Appliquée au contrat, quelle est la conséquence souhaitée par les parties ? Même si le contrat organise de nombreux effets juridiques, le but commun aux parties consiste toujours à en obtenir le bénéfice.

Dans les écrits économiques et dans l'analyse économique du droit, le terme "efficacité" est souvent employé comme la traduction du terme anglais "*efficiency*", qui dans leur discours s'entend « d'un état de l'économie où aucun réarrangement des ressources ne permettrait d'améliorer le bien-être collectif, tous les gains possibles d'échange ayant été réalisés »[65]. En d'autres termes, l'*efficiency* désigne le rapport entre les moyens déployés et les résultats obtenus grâce à une combinaison de facteurs correspondant à « l'adaptation des moyens les moins coûteux aux fins les plus utiles »[66]. Ce terme est généralement réservé à l'appréhension de résultats de nature économique[67]. De ce fait, l'*efficiency* est un concept qui trouve à s'appliquer principalement dans les domaines ayant un enjeu économique.

36. Dans la doctrine française, les termes efficience et efficacité sont souvent employés, mais confondus. Ils sont d'ailleurs régulièrement qualifiés par l'adjectif économique afin de bien les distinguer du sens courant[68]. Lorsque les juristes ont recours à ce terme, c'est principalement pour désigner la qualité de ce qui produit l'effet que l'on attend. Alors que l'efficacité « est un mode d'appréciation de l'adéquation du moyen employé à la fin

---

[64] A.-J. KERHUEL, *L'efficience stratégique du contrat d'affaires, Un champ d'action de la liberté contractuelle*, *op. cit*, n°722, p. 505.

[65] E. MACKAAY, « *L'efficacité du contrat – une perspective d'analyse économique du droit* », in *L'efficacité du contrat*, G. LARDEUX (dir.), Dalloz, coll. Thèmes commentaires, 2011, actes du colloque Aix-Marseille III, 11 juin 2010, p. 31.

[66] R. REVOL (dir.), *Dictionnaire de Sciences économiques et sociales*, Hachette, 2012, spéc. p. 136.

[67] M. LAKEHAL, *Dictionnaire d'économie contemporaine et des principaux faits politiques et sociaux*, Vuibert, 3ème éd., 2002, spéc. p. 288.

[68] S. BOLLÉE, Y.-M. LAITHIER et C. PÉRÈS (dir.), *L'efficacité économique en droit*, Economica, coll. Études juridiques, tome 33, 2010.

poursuivie »[69] et qui ne préjuge pas de la nature de la fin poursuivie, l'efficience consiste à « porter [un] jugement sur le caractère approprié ou proportionné du moyen. Le terme "efficient" revêt donc un sens propre lorsqu'il qualifie un moyen qui atteint le résultat souhaité au moindre coût »[70]. Comme le précise le professeur Pérès, une « règle efficiente est donc économiquement efficace lorsqu'elle permet la meilleure allocation des ressources »[71]. En définitive, l'efficience correspond plus largement à « l'optimisation des moyens utilisés pour obtenir un résultat »[72].

37. La difficulté dépend alors de la capacité à déterminer le critère permettant de définir la meilleure allocation possible des ressources, celle qui est donc économiquement efficace.
Une partie de la doctrine économique a pris pour socle de référence le critère de *Kaldor-Hicks*. Celui-ci indique que l'acte économiquement efficace correspond à celui qui améliore la situation d'au moins un individu alors même qu'il amoindrit celle des autres, c'est-à-dire lorsque le gain ainsi créé est supérieur à la valeur des pertes subies. L'exécution du contrat serait alors considérée comme efficace si au moins l'une des parties améliore sa situation. Il s'agit dans ce cas d'estimer l'exécution comme étant efficace quand elle apporte, principalement, satisfaction au créancier.
D'autres économistes ont jugé préférable d'opter pour le critère de *Pareto* selon lequel, l'optimum est atteint lorsqu'il s'avère impossible de réaliser une allocation de ressources telle que la situation d'un individu s'améliore sans que celle-ci n'entraîne pour autant la détérioration d'aucune autre partie. Dans cette perspective à laquelle nous adhérons, les attentes contractuelles du créancier et du débiteur sont prises en compte à égalité. L'exécution du contrat est Pareto efficiente si elle apporte un bénéfice à chacune des parties. L'objectif de tout contractant est donc d'aboutir à la réalisation d'une opération économique Pareto efficiente.

38. Opposition analyse morale et analyse économique – Sur un plan conceptuel, le droit privé français se fonde principalement sur une certaine dimension morale et sociale, empêchant d'avoir pour objectif exclusif l'efficacité ou l'efficience économique. Le droit ne peut en effet se limiter à rechercher l'utile, c'est-à-dire apporter des solutions à des problèmes

---

[69] Y.-M. LAITHIER, *Étude comparative des sanctions de l'inexécution du contrat*, LGDJ, coll. Biblio. de dr. privé, tome 419, 2004, préf. H. MUIR-WATT, n°8, p. 20.
[70] A.-L. SIBONY, *Le juge et le raisonnement économique en droit de la concurrence*, LGDJ, coll. Droit et économie, 2008, préf. G. CANIVET, n°113, p. 88, note 184.
[71] C. PÉRÈS, « *Rapport introductif* », art. préc., n°6, p. 9.
[72] P. LOUART, *Encyclopédie de la gestion et du management*, R. LE DUFF (dir.), Dalloz, 1999, V° « Efficience ».

concrets. Il doit aussi poursuivre le juste, en atteste le choix des expressions : bonne foi, cause, faute, responsabilité, etc. Dans l'analyse de ces concepts et dans leur application jurisprudentielle, il ressort une opposition conceptuelle entre l'analyse morale et l'analyse économique. Le traitement réservé à la promesse de contracter[73], au dol de l'acheteur[74], à l'imprévision[75] ou encore à la thèse de la violation efficace du contrat[76] atteste de cette divergence.

---

[73] La question de la rétractation suscite depuis longtemps des débats houleux au sein de la doctrine et la jurisprudence. Certains auteurs considèrent que le promettant a donné son consentement au contrat définitif au jour de la promesse de sorte qu'il ne peut se rétracter. La promesse est donc susceptible de faire l'objet d'une exécution forcée. À l'inverse, il est possible de considérer que le promettant n'a pas donné son consentement au contrat définitif, mais qu'il s'est engagé à une obligation de faire, celle de maintenir son offre, susceptible dès lors d'une inexécution. C'est cette seconde approche qui a été retenue par la Cour de cassation, par opposition à la doctrine majoritaire : V. not., P. ANCEL, « *Force obligatoire et contenu obligationnel du contrat* », art. préc., spéc. n°21 ; R.-N. SCHÜTZ, « *L'exécution des promesses de vente* », Rép. Def. 1999, art. 37021, p. 833, spéc. n°10-11 ; Ph BRUN, « *Le droit de revenir sur son engagement* », in Que reste-t-il de l'intangibilité des conventions ?, Dr. et partim., n°60, 1998, p. 78. Cette jurisprudence a été initiée en 1993 par une décision admettant que le promettant puisse rétracter son engagement de vendre tant que l'option n'a pas été levée : Cass. civ. 3ème, 15 décembre 1993, Bull. civ. III, n°174, JCP-N 1995, II, p. 22366, note D. MAZEAUD ; D. 1994, p. 507, note F. BÉNAC-SCHMIDT et somm. p. 230, obs. O. TOURNAFOND ; D. 1995, somm. p. 88, obs. L. AYNÈS ; RTD civ. 1994, p. 588, note J. MESTRE ; Rép. Def. 1994, art. 35845, obs. Ph. DELBECQUE. – Cf. égal., Cass. civ. 3ème, 11 mai 2011, D. 2011, p. 1457, note D. MAZEAUD ; Cass. com., 13 septembre 2011, D. 2012, p. 130, note A. GAUDEMET, CCC 2011, n°253, note L. LEVENEUR ; A. TERRASON DE FOUGÈRES, « *Sanction de la rétractation de promettant avant la levée de l'option* », JCP-N 1995, I, p. 194 ; F. COLLART-DUTILLEUL, « *Les contrats préparatoires à la vente d'immeuble, les risques de désordre* », Dr. et partim. 1995, p. 58 ; D. STAPYLTON-SMITH, « *La promesse unilatérale de vente a-t-elle encore un avenir ?* », AJPI 1996, p. 568 ; R.-N. SCHÜTZ, « *L'exécution des promesses de vente* », art. préc.

39. Complémentarité droit et économie – Cependant, admettre d'une part que la finalité du droit se contente d'atteindre un objectif de justice, et d'autre part, qu'à l'inverse celui de l'économie se limiterait uniquement à l'utilité révèle un aspect on ne peut plus caricatural. En effet, ces deux matières recèlent, en raison de leur nature propre, de nombreuses richesses s'élevant au-delà de la simple opposition de l'utile et du juste.
Au demeurant, le droit n'offre pas toujours des solutions justes, en atteste le principe de la réparation intégrale du préjudice : un débiteur ayant commis une faute minime, mais entraînant un préjudice considérable devra intégralement le réparer, quitte à mettre la clé sous la porte ; un débiteur ayant commis une énorme faute, mais dont le préjudice est faible n'aura qu'une infime indemnisation à verser. Est-ce là une vision conforme de la justice ?
En outre, l'idée de morale n'est pas complètement étrangère à l'analyse économique. Par exemple, une exécution de bonne foi est économiquement considérée comme plus efficace que son opposé et doit dès lors être encouragée.

---

[74] Le dol de l'acheteur de l'interrogation qui a émergé dans la jurisprudence, à savoir si l'exigence de contracter de bonne foi interdit de faire une "bonne affaire" au détriment d'autrui ? En 1996, un dirigeant de société avait acquis les titres d'un associé sans l'informer d'un projet qui renchérissait considérablement leur prix. Il fut condamné sur le fondement d'un devoir général de bonne foi du dirigeant à l'égard de ses associés : Cass. com., 27 février 1996, Bull. civ. IV, n°65, D. 1996, p. 518, note Ph. MALAURIE, JCP 1996, p. 22665, note J. GHESTIN et somm. p. 342, obs. R. HALLOUIN, RTD civ. 1997, p. 114, obs. J. MESTRE. L'affaire *Baldus* avait relancé le débat. En l'espèce, un passionné, et connaisseur en matière de photographie, avait acquis aux enchères publiques des photographies signées Baldus. Le vendeur était revenu, pour une nouvelle vente au même prix, vers l'acquéreur qui entre temps les avait revendues avec un profit considérable. Le vendeur a tenté d'obtenir la nullité des secondes ventes en raison du dol de l'acheteur. Mais la Cour de cassation avait estimé qu'« *aucune obligation d'information ne pesait sur l'acheteur* » : Cass. civ. 1ère, 3 mai 2000, Bull. civ. I, n°131, JCP 2000, I, p. 272, obs. G. LOISEAU, CCC 2000, n°140, obs. L. LEVENEUR, Rép. Def. 2000, p. 1110, obs. Ph. DELEBECQUE et D. MAZEAUD, RTD civ. 2000, p. 566, obs. J. MESTRE. La Cour de cassation semble avoir définitivement tranché le débat en 2007 estimant que : « *l'acquéreur, même professionnel, n'est pas tenu d'une obligation d'information au profit du vendeur sur la valeur du bien acquis* » : Cass. civ. 3ème, 15 novembre 2000, CCC 2001, n°23, obs. L. LEVENEUR, Rép. Def. 2001, p. 243, obs. É. SAVAUX, JCP 2001, I, p. 301, obs. Y.-M. SERINET.
[75] V. not., *infra* n°327 : « Théorie de l'imprévision ».
[76] V. *infra* n°946 et s. : « L'inexécution satisfactoire ».

40. Somme toute, opposer frontalement la dimension économique à la dimension morale du droit des obligations est inepte[77]. Il ne s'agit pas d'abandonner l'un pour adopter l'autre, mais bien de combiner les analyses, qu'elles soient juridiques ou économiques, afin d'obtenir la vision la plus réaliste possible de l'état du droit, et plus particulièrement de ce qui nous intéresse : l'exécution du contrat.

En effet, chaque partie entend normalement faire un gain grâce au contrat. Si le but commun des parties tend à l'obtention du bénéfice du contrat, alors ce gain escompté dépend *a fortiori* de son exécution. Friedrich Carl von Savigny considérait que l'attente des parties se concentre sur l'accomplissement de l'obligation[78]. Cette réflexion revient à estimer qu'un contrat est considéré comme efficace dès lors qu'il se voit exécuté. Mais peut-on aller jusqu'à dire que toutes les exécutions sont efficaces ?

41. En cas d'exécution en nature, il paraît évident que l'exécution est efficace puisqu'elle correspond aux attentes des parties. Ils ont contracté afin d'obtenir cette exécution en nature.

En l'absence d'exécution volontaire, l'exécution forcée en nature paraît également être une exécution contractuelle efficace. En effet, malgré le manque de diligence du débiteur envers ses engagements et grâce à l'intervention du juge, le créancier finit par obtenir le bénéfice du contrat. Or, parler en termes d'efficacité de l'exécution entraîne la compréhension suivante : l'exécution forcée en nature n'est peut-être pas la forme d'exécution la plus optimale pour obtenir le bénéfice du contrat.

42. Par ailleurs, plutôt que de se lancer dans une procédure judiciaire coûteuse, le créancier peut préférer avoir recours à des solutions plus faciles et moins onéreuses à mettre en œuvre. Le professeur Lardeux l'a très justement illustré dans ses propos sur l'efficacité du contrat : « Ce qui compte n'est plus alors de peser et soupeser les responsabilités respectives

---

[77] D. MAZEAUD, « *Le droit des obligations et l'efficacité économique* », in *L'efficacité économique en droit*, S. BOLLÉE, Y.-M. LAITHIER et C. PÉRÈS (dir.), Economica, coll. Études juridiques, tome 33, 2010, n°6, p. 71. Pour illustrer ses propos, l'auteur cite notamment l'exemple du droit de la consommation : « Traditionnellement présenté par ses détracteurs comme un droit exclusivement animé par des préoccupations d'ordre social de protection des faibles, le droit de la consommation ne peut pourtant pas être réduit à cette vision simpliste. Il n'appréhende pas seulement le consommateur comme un être insouciant et immature qu'il convient de protéger contre la tentation du contrat et le vice de séduction imputable aux professionnels, mais aussi comme un acteur de l'économie. Ce faisant, le droit de la consommation tend moins alors à protéger le consommateur que la consommation, appréhendée comme un maillon de la chaîne de l'activité économique ».

[78] F. C. von SAVIGNY, *Traité de droit romain*, tome VIII, 1860, trad. Ch. GUÉNOUX, Panthéon-Assas éd., coll. Les introuvables, rééd. 2002, p. 206.

de chacun ainsi que de maintenir, coûte que coûte, le contrat en tant qu'il est engagement, mais, en lieu et place des inconvénients d'une procédure judiciaire, d'offrir au créancier des remèdes rapides et certains qu'il choisira au mieux de ses intérêts économiques. Il ne s'agit plus d'assurer le meilleur équilibre possible entre des intérêts divergents, d'adopter la sanction la plus juste déterminée en fonction de l'idéal du maintien du contrat, mais d'apporter au créancier des remèdes à une situation qui, économiquement, ne lui apporte plus les bénéfices qu'il en escomptait. Le contrat est alors un simple instrument au service des échanges économiques ; le respect des engagements qu'il contient n'est plus une fin en soi »[79].
Il est légitime de penser que si le contrat, son *instrumentum*, s'avère défaillant, alors vouloir l'abandonner au profit d'autres solutions plus efficaces est la solution la plus raisonnable. De même, en cas de changements soit dans les circonstances économiques, soit dans les attentes des parties, l'exécution en nature n'est plus forcément souhaitée, de sorte que l'intervention du juge n'apparaît plus comme nécessaire.

43. Il en ressort que si l'efficacité juridique commande de sauver le contrat, l'efficacité économique exige de sauver le bénéfice. À la devise « loyauté, solidarité, fraternité »[80] répondrait celle conjuguant « rapidité, sécurité et simplicité »[81]. La question qui demeure tient au fait de savoir s'il existe une hiérarchie entre l'efficacité juridique et l'efficacité économique, ou si elles sont cumulables ou au contraire exclusives l'une de l'autre. Toutes ces interrogations reposent sur une même base, à savoir : qu'est-ce que l'exécution contractuelle ?
Pour répondre à cette interrogation, il est nécessaire de recourir à une étude dynamique qui s'intéresse à l'efficacité des échanges, permettant ainsi d'aborder le contrat comme un outil fonctionnel orienté vers la réalisation d'un objectif concret. Il est ainsi opportun de rechercher si le contrat comporte en lui-même un ressort permettant de valoriser la bonne exécution.

44. Une partie de la doctrine présente également l'exécution contractuelle tout simplement comme l'opposé de l'inexécution : tout ce qui n'est pas de l'inexécution serait de l'exécution. Cela revient à dire que tout ce qui n'est pas noir est forcément blanc ou bien encore que tout ce qui n'est pas interdit

---

[79] G. LARDEUX, « *Droit positif et droit prospectif de l'unilatéralisme dans le contrat* », in *L'efficacité du contrat*, G. LARDEUX (dir.), Dalloz, coll. Thèmes commentaires, 2011, actes du colloque Aix-Marseille III, 11 juin 2010, p. 3.
[80] D. MAZEAUD, « *Loyauté, solidarité, fraternité : la nouvelle devise contractuelle !* », in L'avenir du droit, *Mélanges en hommage à Fr. TERRÉ*, Dalloz, 1999, p. 603.
[81] G. LARDEUX, « *Droit positif et droit prospectif de l'unilatéralisme dans le contrat* », art. préc., p. 3.

est autorisé. Cette vision manichéenne est toutefois simpliste. En effet, entre l'inexécution et l'exécution, entre le noir et le blanc, la frontière est-elle réellement étanche ? N'existe-t-il pas finalement une zone qui serait plutôt grise ? Plus simplement, l'exécution d'un contrat se contente-telle d'être le pendant de l'inexécution ?
Ceci posé, tout l'enjeu de cette réflexion consiste à définir la phase essentielle du contrat à savoir son exécution.

45. L'intérêt de cette étude est de démontrer qu'en se positionnant du côté de la réalité contractuelle il est possible d'apporter un complément à l'analyse classique du Droit des contrats, notamment grâce à l'analyse économique du droit. Ainsi, définir l'exécution contractuelle permet de comprendre le comportement des opérateurs et même de mesurer l'efficacité des règles appliquées dans ce domaine afin d'identifier une sorte de bonne exécution.

46. Plan – Si définir l'inexécution contractuelle semble aisée puisqu'elle renvoie à l'idée de faute, de mauvaise action ou bien de défaillance, savoir ce qu'est l'exécution contractuelle n'est pas aussi évident.
Pour comprendre l'exécution contractuelle, il est important de l'envisager en tant que notion. Ce terme vient du latin *notio* qui signifie "apprendre à connaître". Aussi, pour apprendre à connaître l'exécution contractuelle il est nécessaire de définir les contours de cette notion pour pouvoir analyser les différents aspects qu'elle peut revêtir. Ainsi, cette abstraction entrera de plain-pied dans la réalité juridique.

47. En observant les principaux éléments de l'exécution ainsi que ses modalités, il est possible de constater que l'exécution ne peut être réduite à celle des obligations issues du contrat. Ce dernier, envisagé en tant que support à une opération économique voulue par les parties, permet de mettre en évidence le fait que l'exécution est tournée vers la réalisation de cette opération. Dès lors, l'analyse de la structure des règles régissant cette réalisation permet de comprendre que la dimension spatiale ou encore temporelle, principalement envisagée lors de la formation du contrat, influence directement la réalisation de l'opération économique. Il résulte également de ce constat que cette réalisation n'est pas l'apanage des seules parties contractantes.

48. Néanmoins, se limiter à cette seule définition serait une erreur. En effet, pour apprendre à connaître l'exécution contractuelle il est également nécessaire d'évaluer les différentes formes qu'elle revêt, car c'est l'appréciation de ces divers aspects qui fait de l'exécution contractuelle une notion juridique à part entière. L'exécution contractuelle ne peut se réduire à un simple fait : exécution accomplie ou non-exécution. La complexité de cette opération et la spécificité des règles qui lui sont applicables nécessitent un examen approfondi. Ainsi, l'étude à travers une exécution contractuelle qui peut être convenue ou contrariée permet de mettre l'accent sur le deuxième élément fondamental de l'exécution contractuelle à savoir la satisfaction des parties.

49. Tout contrat est effectivement conclu dans le but d'octroyer un bénéfice aux parties. Lorsque la réalisation de l'opération économique aboutit à ce résultat, elle est alors considérée comme étant satisfactoire. De ce constat découle une pluralité de conséquences.
D'abord, il est possible d'affirmer que l'exécution contractuelle, peu importe la forme du contrat, obéit à un double impératif : la réalisation de l'opération économique et la satisfaction des parties. Il en résulte que la frontière entre l'exécution du contrat, envisagée classiquement à travers le paiement, et la satisfaction des parties n'est pas hermétique. Les parties peuvent obtenir satisfaction par des moyens détournés tels que l'exécution forcée. L'inexécution ou la rupture des relations contractuelles dans certaines circonstances peuvent également être préférées. D'ailleurs, il existe de nombreuses hypothèses démontrant qu'une mauvaise exécution peut tout à fait être satisfactoire[82]. En conséquence, nous constatons qu'entre la zone d'exécution et celle de l'inexécution, il existe une zone intermédiaire, l'exécution efficace.
L'exécution est considérée comme étant efficace dès lors qu'elle réunit deux éléments : la réalisation de l'opération économique et la satisfaction des parties. Lorsqu'un élément est manquant ou simplement différent, il ne s'agit pas inéluctablement d'une inexécution, mais simplement d'une exécution moins efficace. *In fine*, une distinction se dégage entre une exécution dite subjective qui s'intéresse à la satisfaction des parties et une exécution plus objective, tournée vers l'intérêt du marché.

50. L'esquisse d'une définition de la notion d'exécution contractuelle tend « à montrer que l'ensemble des effets du contrat s'explique mieux par l'idée de satisfaction d'une utilité économique que par l'application de principes jugés supérieurs »[83]. Ce constat permet d'ébaucher les contours de la notion d'exécution contractuelle (partie I). En toute hypothèse, le concept

---

[82] V. pas ex. les offres gratuites de surclassement : le client réserve une chambre classique pour un montant X, cependant l'hôtel lui fournit une suite. Il ne s'agit pas d'une exécution contractuelle conforme. Néanmoins, la mauvaise exécution étant profitable au client, il n'y aura pas de sanctions. Les exemples sont nombreux en matière de construction où un défaut d'exécution peut être satisfactoire ou simplement non signalé. Notons également que dans de nombreuses hypothèses, lorsque l'exécution contractuelle ne correspond pas exactement aux stipulations initiales, le créancier peut décider de ne pas poursuivre le débiteur par crainte de se lancer dans une procédure judiciaire.

[83] S. PIMONT, *L'économie du contrat*, *op. cit.*, n°591, p. 370.

d'efficience énoncé ci-dessus « désigne essentiellement le processus de mise en œuvre des moyens et son optimisation au regard des objectifs visés »[84]. L'appréciation des différentes formes que l'exécution du contrat est susceptible de revêtir permet de cerner celles qui sont satisfactoires et efficaces de celles qui ne le sont pas ou qui n'endossent qu'un seul des deux critères (partie II).

[84] A.-J. KERHUEL, *L'efficience stratégique du contrat d'affaires, Un champ d'action de la liberté contractuelle*, *op. cit.*, n°11, p. 27.

PREMIÈRE PARTIE

LA DÉTERMINATION DE LA NOTION D'EXÉCUTION CONTRACTUELLE

51. Fonction déterminative – La question de la détermination de l'exécution contractuelle est ambivalente. En filigrane, entre objectivisme et subjectivisme, l'essence du phénomène contractuel suscite des interrogations.
La définition du contrat peut se faire d'une façon subjective, comme un accord de volontés libres et éclairées. C'est la conception retenue par les rédacteurs du Code civil. Le contrat peut également s'envisager d'une façon objective, comme le préalable à un échange ou à une organisation économique. Selon l'approche retenue du contrat, la perception de l'exécution s'en trouve modifiée.

52. Le droit français possède un caractère profondément libéral[85], en atteste l'importance des principes de liberté contractuelle et d'autonomie de la volonté. La théorie générale du contrat repose sur le dogme de l'accord de volonté donnant naissance aux obligations. Mme Kerhuel[86] présente de manière très juste son raisonnement en faveur de la primauté du consensualisme. Ce dernier aborde le contrat sous l'égide de l'accord de volontés. Les objectifs poursuivis par les parties, à l'instar des motifs, sont alors indifférents. Ils concèdent néanmoins une exception à savoir l'insertion d'une clause expresse les intégrant ainsi au contrat.

53. À l'inverse, n'envisager le contrat qu'en raison dc sa finalité économique reviendrait à ne plus l'apprécier comme un lien de droit, mais comme un

[85] Cf. A. BÜRGE, « *Le Code civil et son évolution vers un droit imprégné d'individualisme libéral* », RTD civ. 2000, p. 1 ; J.-F. KRIEGK, « *Le bicentenaire du Code civil, "péristyle de la législation française"* », Gaz. Pal. 3 janvier 2004, n°3, p. 2.
[86] A.-J. KERHUEL, *L'efficience stratégique du contrat d'affaires, Un champ d'action de la liberté contractuelle, op. cit.*

bien[87]. Or, si la dimension objective du contrat prend le pas sur son subjectivisme, cela revient à le déconnecter de la réalité et lui fait perdre toute son étendue incitative pour l'exécutant. La référence au consensualisme doit donc s'imposer, ne serait-ce que pour assurer la sécurité juridique du contrat. Il en résulte que l'« accord devient alors un fait objectif qui constitue la référence pour déterminer les objectifs des parties et ce, quelle que soit l'évolution de l'intérêt que chacune des parties veut poursuivre »[88].

54. Cependant, le contrat ne saurait être le lieu de la satisfaction d'intérêts purement personnels, au détriment du bien-être social[89]. D'ailleurs, l'évolution du droit contemporain des contrats tend vers une relativisation du contenu contractuel. Les écrits relatifs à la crise du contrat[90] en attestent. En définitive, selon la conception retenue, l'application des règles varie.

55. La première étape de cette étude a pour ambition de clarifier la capacité de la notion d'exécution à justifier l'application de règles spéciales. Plus exactement, il s'agit de vérifier son aptitude à identifier les circonstances dans lesquelles il est possible de l'appliquer. La recherche historique, par exemple, s'est révélée favorable à la construction de la notion d'exécution afin d'asseoir sa définition dans notre droit. Cette leçon est précieuse, car elle offre de nouvelles perspectives d'analyse qui conduisent à révéler la fonction que continue aujourd'hui de remplir la notion d'exécution au sein de notre droit français.

56. Notion d'exécution – Comme toute notion juridique, l'exécution contractuelle nécessite une délimitation de ses contours pour en apprécier le sens. Il convient d'identifier les différents concepts qui gravitent autour de

---

[87] L'obligation est appréhendée, dans l'ordonnance de réforme du droit des obligations n°2016-131, davantage comme un bien que comme un lien. Cette nouvelle construction conforte l'autonomie du régime des obligations : M. MEKKI, « *L'ordonnance n°2016-131 du 10 février 2016 portant réforme du droit des contrats, du régime général et de la preuve des obligations. Le volet régime des obligations et de la preuve : parfaire un peu et refaire beaucoup* », D. 2016, p. 608, §1.

[88] A.-J. KERHUEL, L'efficience stratégique du contrat d'affaires, Un champ d'action de la liberté contractuelle, *op. cit*, n°97, p. 99.

[89] E. GOUNOT, « *La liberté des contrats et ses justes limites* », in Semaine Social de France 1938, *La liberté et les libertés dans la vie sociale*, 30e session Rouen, spéc. p. 334.

[90] C. GUELFUCCI-THIBIERGE, « *Libres propos sur la transformation du droit des contrats* », art. préc., p. 357 ; S. LE GAC-PECH, *La proportionnalité en droit privé des contrats*, LGDJ, coll. Biblio. de dr. privé, tome 335, 2000, préf. H. MUIR WATT ; G. LEWKOWICZ et M. XIFARAS (dir.), *Repenser le contrat*, Dalloz, coll. Méthodes du droit, 2009 ; Ch. JAMIN et D. MAZEAUD (dir.), *La nouvelle crise du contrat*, Dalloz, coll. Thèmes et commentaires, 2012.

l'exécution, ceux-là mêmes qui ont permis l'édification de la notion d'exécution. En d'autres termes, il s'agit de rechercher sa construction originelle dans notre droit, de qualifier les situations juridiques et découvrir leurs divers aspects (titre I). Cette approche conceptuelle est un préalable nécessaire à l'examen des règles juridiques qui structurent cette notion (titre II).

TITRE I

L'APPROCHE CONCEPTUELLE DE L'EXÉCUTION CONTRACTUELLE

57. Approche conceptuelle – L'approche conceptuelle résulte de l'observation de la réalité que l'on cherche à comprendre, à théoriser. Il convient d'examiner l'ensemble des données relatives au même sujet afin d'établir les liens qui en découlent.
Pendant longtemps, l'exécution ne s'analysait qu'au travers de ses obligations. Certains auteurs considéraient d'ailleurs que le contrat épuise ses effets dans la création d'obligations, de sorte que seules ses dernières font l'objet d'une exécution. Une partie de la doctrine était même allée jusqu'à nier l'existence de l'exécution du contrat.
Le projet de réforme du droit des contrats faisait référence à la création des « effets de droits ». Cependant, cette innovation a été abandonnée, faisant du contrat un accord « destiné à créer, modifier, transmettre et éteindre des obligations ». Ce choix du législateur consistant à rétablir le lien entre contrat et obligations est regrettable. D'une part, il s'agit d'un choix peu cohérent avec le reste de l'ordonnance qui ne raisonne plus par rapport à la trilogie classique des obligations de donner, faire ou ne pas faire. D'autre part, le manque de cohérence ressort également vis-à-vis de l'acte juridique qui est défini par ses effets de droits[91]. Enfin et surtout : il s'agit là d'une vision réductrice du contrat qui produit des effets au-delà des seules obligations. Cette définition ne permet par d'englober toutes les « nouvelles fonctions du contrat »[92].

---

[91] Article 1100-1 c.civ. : « *Les actes juridiques sont des manifestations de volonté destinées à produire des effets de droit. Ils peuvent être conventionnels ou unilatéraux. Ils obéissent, en tant que de raison, pour leur validité et leurs effets, aux règles qui gouvernent les contrats* ».
[92] M. MEKKI, « *L'ordonnance n°2016-131 du 10 février 2016 portant réforme du droit des contrats, du régime général et de la preuve des obligations. Le volet régime des obligations et de la preuve : parfaire un peu et refaire beaucoup* », art. préc., p. 608, §7.

En effet, la "crise du contrat"[93], qui a agité les débats contemporains en la matière, a mis en lumière la distinction qui s'opère entre les effets des obligations et les effets du contrat. Si ce dernier revendique un effet créateur d'obligation, il est beaucoup trop réducteur de le limiter à celui-ci. L'évolution historique de la conception de l'exécution, ainsi que l'émergence de nouveaux outils d'analyse ont permis de faire ressortir une approche plus objective du contrat et notamment de son exécution.

58. Ainsi, l'approche conceptuelle de l'exécution exige, dans un premier temps, de déterminer les fondements de son caractère obligatoire (chapitre I), avant de s'intéresser, dans un second temps, aux qualités substantielles que revêt ce phénomène contractuel (chapitre II).

---

[93] V. not., Ch. JAMIN et D. MAZEAUD (dir.), *La nouvelle crise du contrat*, *op. cit.*

CHAPITRE I

LES FONDEMENTS DU CARACTÈRE OBLIGATOIRE DE L'EXÉCUTION DU CONTRAT

59. Double sens du mot contrat – Dans son acception première, le contrat est une convention ayant pour objet la création d'une obligation[94]. Il se définit donc par rapport à son objet. La convention, dont le contrat n'est qu'une espèce, se présente comme un accord de volonté destiné à produire des effets de droit[95]. À partir de la conjonction de ces deux définitions, le contrat apparaît comme un acte obligatoire, un acte créateur d'un rapport d'obligation. Mais il est avant tout un accord de volonté entre une ou plusieurs personnes : il s'agit donc d'un accord obligatoire. La question est alors de savoir quel sens donner à ce terme obligatoire ?

60. Fondement de la force obligatoire de l'accord de volonté – Dès lors qu'un contrat a été valablement conclu, il a force obligatoire. C'est ce qu'énonce le fameux article 1134 du Code civil, repris par le nouvel article 1103 disposant désormais que : « *Les contrats légalement formés tiennent lieu de loi à ceux qui les ont faits* ». La conclusion du contrat fait donc naître, en principe, l'obligation d'exécuter le contrat. Le professeur Jestaz souligne à ce propos que, « les raisonnements les plus savants ramènent toujours à l'euclidien principe de la force obligatoire des conventions, à cet axiome métapositif que la volonté oblige. Mais aucun ne va plus loin et le mystère demeure de savoir ce qui peut bien exister ou s'il existe seulement quelque chose au-delà de l'insondable article 1134 du Code civil »[96]. En effet, si la doctrine civiliste a consacré la volonté comme source de droit, la volonté ne suffit pas à elle seule à justifier la force obligatoire des

[94] G. CORNU (dir.), *Vocabulaire juridique*, *op. cit.*, V° « Contrat ».
[95] G. CORNU (dir.), *Vocabulaire juridique*, *op. cit.*, V° « Convention ».
[96] P. JESTAZ, « *L'obligation et la sanction : à la recherche de l'obligation fondamentale* », in *Mélanges Pierre Raynaud*, Dalloz, 1985, p. 273.

conventions. Les contrats consensuels n'apparaissent qu'à la fin du IIe siècle avant J. C.[97].

61. Antérieurement, les contrats étaient formalistes. Le droit romain avait recours aux contrats réels[98], *litteris* ou *verbis*. Leur validité n'était pas soumise au principe du consensualisme, mais ils devaient respecter une certaine procédure : remise de la chose, inscription sur un registre et échange de paroles solennelles[99]. Par la suite, le consentement a progressivement gagné en importance : la force obligatoire des conventions résulte du seul échange des consentements.

62. Fondement du caractère obligatoire de l'exécution du contrat – Si l'accord des volontés fait naître le contrat, la question demeure entière quant au fait de savoir ce qui sert de fondement au caractère obligatoire de l'exécution du contrat. Définir les fondements du caractère obligatoire de l'exécution du contrat est laborieux, car il ne s'agit pas d'une notion autonome. La construction de cette notion s'est faite en parallèle de l'évolution de différents concepts (section I). Appréhender l'émergence d'un cadre structurel à l'exécution contractuelle permet alors d'en cerner les objectifs (section II).

SECTION I – LA CONSTRUCTION DE LA NOTION D'EXÉCUTION DU CONTRAT

63. Effets du contrat – La notion d'exécution contractuelle a fait l'objet d'une véritable construction juridique.
L'affirmation selon laquelle l'obligation d'exécuter le contrat naît en principe dès sa conclusion trouve son origine dans les fondements mêmes de l'exécution. L'obligation d'exécuter le contrat concernait initialement son contenu obligationnel, c'est-à-dire les obligations qu'il a créées. Cette création d'obligations est l'un des effets du contrat. D'autres effets sont automatiques ; ils se produisent sans que les parties n'aient à intervenir, comme c'est le cas pour le transfert de propriété dans le cadre d'une vente.

---

[97] J.-Ph. LEVY, « *Le consensualisme et les contrats, des origines au Code civil* », Rev. sc. morales et politiques, 1995, p. 209, spéc. p. 211 ; J. GAUDEMET, *Droit privé romain,* Montchrestien, 2e éd., 2000, spéc. p. 261 et s.
[98] Le contrat réel a fait son entrée dans le Code civil, grâce à la réforme, à l'article 1109 alinéa 3 : « *Le contrat est réel lorsque sa formation est subordonnée à la remise d'une chose* ».
[99] J.-Ph. LEVY, « *Le consensualisme et les contrats, des origines au Code civil* », art. préc., p. 210.

64. Construction de la notion d'exécution – L'émergence de nouveaux concepts juridiques, inspirés de la pratique contractuelle, du droit de *common law* ou encore de l'analyse économique du droit, met en avant l'évolution de la notion même d'exécution contractuelle. Ces nouvelles théories, dont l'objectif est de coller au mieux à la réalité contractuelle, sont apparues comme de véritables outils au service d'une définition conceptuelle de l'exécution. Au-delà de la simple exécution des obligations, c'est le contrat dans son entier qui doit faire l'objet d'une exécution. De plus, il est communément admis qu'il ne contient pas uniquement des obligations consenties par les parties lors de sa formation[100]. Aussi, faut-il comprendre les origines de l'exécution (paragraphe I) à travers l'évolution de sa prise en compte, pour pouvoir en tirer les conséquences nécessaires à l'appréhension du caractère obligatoire de l'exécution contractuelle (paragraphe II).

§1 – L'évolution de la conception de la notion d'exécution du contrat

65. Présentation – L'exécution contractuelle n'est certes pas une notion récente, mais sa conception a largement évolué au fil du temps. Cette notion a toujours été négligée par les civilistes. À cause de cette indifférence, les contours de ladite notion sont longtemps restés flous.

66. Initialement, l'exécution n'était envisagée qu'à travers celle des obligations. En effet, la doctrine considérait que la création d'obligation était l'unique effet du contrat. Seules les obligations pouvaient faire l'objet d'une exécution. Cependant, l'adoption d'une vision finaliste du contrat – intégrant la dimension économique de la prestation contractuelle – a permis de cerner les contours de la notion d'exécution au plus proche de la réalité contractuelle. L'idée d'une exécution du contrat a commencé à poindre durant la période contemporaine (A).

67. La prise en compte de l'exécution ne s'est pas accomplie de manière isolée. Elle a notamment été possible grâce à l'évolution opérée en parallèle de la conception d'autres notions, précisément de l'obligation et du contrat. L'obligation a tout d'abord fait l'objet de toutes les attentions. Elle était envisagée, au départ, comme intrinsèquement liée à une certaine idée de contrainte. Puis, l'obligation est apparue comme un droit à une certaine prestation. Enfin, l'émergence du concept de dépersonnalisation de l'obligation aux côtés de la notion d'économie du contrat a permis

---

[100] M. MEKKI, « *Les incidences du mouvement de contractualisation sur les fonctions du contrat* », in S. CHASSGNARD-PINET et D. HIEZn (dir.), *La contactualisation de la fonction normative*, Dalloz, coll. Thème et commentaires, 2008, p. 323 et s.

d'envisager non plus l'exécution de l'obligation, mais directement celle du contrat (B).

A. L'émergence de la prise en considération de la notion d'exécution du contrat

68. Étymologie du terme exécution – Le terme exécution puise ses origines du verbe *exsequor* dont le sens est très large. Il signifie : aller jusqu'au bout, poursuivre en justice ou non, venger, accomplir. Le dictionnaire de Vocabulaire juridique[101] ne permet pas d'approfondir la définition puisqu'il nous en donne trois principales significations. En premier lieu, l'exécution s'entend de l'accomplissement par le débiteur de la prestation due. Cela renvoie directement à la notion de paiement. En ce qui concerne sa seconde conception, l'exécution est envisagée plus généralement comme la réalisation effective des dispositions d'une convention ou d'un jugement. Enfin, par extension, l'exécution est considérée en tant que sanction coercitive. Ainsi, comme l'indique le professeur Théry, le « vocabulaire nous révèle encore que le mot ne paraît s'animer que flanqué d'un adjectif ou d'un complément »[102]. Interpréter simplement la notion d'exécution semble alors inadapté. Il convient de lui adjoindre un complément pour en mesurer toute sa portée. Ainsi, il est nécessaire de s'interroger sur la définition à retenir de l'exécution contractuelle.

69. La structure des règles d'exécution – Les règles concernant l'exécution du contrat n'existent que si elles ont un moyen d'être mises en œuvre. Comme le souligne Me Penin dans sa thèse sur la distinction entre la formation et l'exécution du contrat, cette dernière « est la mise en œuvre d'un devoir juridique, le présupposé de la règle d'exécution s'accompagne nécessairement du contrat qui est la référence »[103]. Son étude met en avant le caractère général, abstrait et impersonnel des règles de droit par opposition à la norme d'exécution du contrat qui se traduit par la réalisation de la prestation, c'est-à-dire une norme spéciale, concrète et personnelle. À travers l'exécution, le droit passe dans les faits. On constate que les règles d'exécution sont en fait une réglementation des effets du contrat. L'auteur conclut que les « règles d'exécution se caractérisent par leur fonction qui est la réglementation de l'efficacité de la norme contractuelle c'est-à-dire sa

---

[101] G. CORNU (dir.), *Vocabulaire juridique*, *op. cit.*, V° « Exécution ».
[102] Ph. THÉRY, « *Rapport introductif : la notion d'exécution* », art. préc., p.10.
[103] O. PENIN, *La distinction de la formation et de l'exécution du contrat, Contribution à l'étude du contrat acte de prévision*, LGDJ, coll. Biblio. de dr. privé, tome 535, 2012, préf. Y. LEQUETTE, n°35, p. 20.

réalisation, sa mise en œuvre »[104]. Au vu de ces propos, l'exécution contractuelle s'apparente à la réalisation de l'objectif contractuel fixé par les parties. Pourtant, dans de nombreux écrits, les effets de l'exécution et ceux du contrat se confondent.

70. Confusion du contrat et de ses effets – Selon certains auteurs, « dire que le contrat a force obligatoire, c'est dire que les parties sont tenues d'exécuter les obligations nées du contrat »[105]. Dans de nombreux ouvrages de Droit des obligations, le contrat est présenté comme l'élément générateur d'une force obligatoire à partir de laquelle découlerait l'obligation pour les parties d'exécuter leurs engagements contractuels[106]. L'obligation n'a de sens que parce qu'elle découle de la volonté et de l'ordre juridique. Et ce raisonnement est valable dans les deux sens : le contrat crée des obligations, il a donc force obligatoire. La force obligatoire du contrat devient le synonyme de l'exécution des obligations. En accordant leurs volontés, les parties créent une nouvelle norme juridique. Cela revient à dire que le contrat épuise ses effets dans la création d'obligations[107]. Le Code civil lui-même relayait cette idée dans sa présentation du titre III du livre III, intitulé « *Des contrats ou des obligations conventionnelles en général* ». L'utilisation de la conjonction « ou » semblait d'ailleurs indiquer que « l'obligation conventionnelle » était le parfait synonyme du terme « contrat ». La confusion[108] se poursuivait par la succession du chapitre 3 sur « l'effet des conventions » au chapitre 2 consacré aux « conditions essentielles pour la validité des conventions » laissant supposer que le

---

[104] O. PENIN, *La distinction de la formation et de l'exécution du contrat, Contribution à l'étude du contrat acte de prévision*, *op. cit.*, n°41, p. 23.

[105] P. ANCEL, « *Force obligatoire et contenu obligationnel du contrat* », art. préc., n°1, p. 771.

[106] G. MARTY et P. RAYNAUD, *Droit civil, Les obligations*, tome 1, *Les sources*, Sirey, 2e éd., 1988, n°246, p. 258 : « Pourvu que le contrat se soit valablement formé, il s'impose aux parties : le créancier pourra exiger l'exécution de l'obligation convenue ». – H. L. et J. MAZEAUD et Fr. CHABAS, *Leçons de Droit civil*, tome 2, vol. 1, *Obligation, théorie générale*, Montchrestien, 9e éd., 1998, n°720, p. 844 : « le débiteur est tenu, obligé (obligatus), d'exécuter la prestation due. Une obligation à l'exécution de laquelle le débiteur pourrait se soustraire, serait dénuée de portée ». – J. FLOUR , J.-L. AUBERT et E. SAVAUX, *Droit civil*, t. 1, *L'acte juridique*, 13e éd., Sirey, 2008, n°377, p.339 : la force obligatoire « ne signifie pas seulement que le débiteur est tenu d'exécuter ses obligations et qu'il y sera éventuellement contraint par l'autorité publique, qui veille au respect des contrats comme à l'observation de la loi. Elle signifie, en outre, que les obligations qui doivent ainsi être exécutées sont, en principe, *toutes celles*, mais seulement celles, qu'ont voulues les parties ».

[107] J. GHESTIN, M. BILLIAU et Ch. JAMIN, *Traité de droit civil, Les obligations, Les effets du contrat*, LGDJ, 2e éd., 1994, n°2.

[108] D. ARTEIL, *L'exécution du contrat par un non-contractant*, *op. cit.*, n°10, p. 7. – J. CARBONNIER, *Droit civil*, tome 4, *Les obligations*, PUF, coll. Thémis droit privé, 22e éd., 2000, n°113.

contrat s'efface derrière les obligations qu'il produit. De nombreux auteurs ont ainsi suivi cet amalgame entre le contrat et les obligations qu'il engendre, relayant l'exécution du contrat à la simple exécution des obligations qu'il contient[109]. Le professeur Libchaber indique même qu'« il faut châtier notre vocabulaire : le contrat ne s'exécute pas puisqu'il opère en un trait de temps, en ses effets, ce sont ses obligations qui s'exécutent »[110]. D'ailleurs, le dictionnaire de la culture juridique présente aussi l'exécution comme « la réalisation d'une obligation »[111].
La réforme du droit des contrats de 2016 n'a pas atténué cette confusion. Certes, le nouveau plan retenu dans le Code civil distingue les effets du contrat du régime général des obligations, mais aucune référence n'est faite à l'exécution. Seule l'inexécution reste envisagée.

71. Remise en cause de l'exécution même du contrat – Dans ces conditions, il devient inapproprié de parler d'exécution du contrat : « L'acte juridique ne donne pas lieu à exécution, il ne fait que produire des effets créateurs d'obligations. La seule question qui se pose pour l'acte est alors celle de sa validité. S'il est valablement formé, le contrat produit les effets qui lui sont propres : faire naître des obligations. Une fois nées, ces dernières vont en quelque sorte occulter l'acte qui les a créées et pour désigner la phase dynamique de réalisation de l'opération, on parle d'exécution des obligations »[112]. Un autre auteur indique, par exemple, que « l'obligation d'exécuter le contrat concerne le contenu obligationnel du contrat, c'est-à-dire les obligations créées par le contrat »[113]. Ainsi, « l'exécution s'applique en réalité plus aux obligations du contrat qu'au contrat lui-même »[114].
L'effet spécifique du contrat est donc la production d'obligations. Il ne sert à rien d'autre qu'à « mettre au monde des obligations, il s'épuise dans cette fonction »[115].

---

[109] Voir notamment, E. GAUDEMET, *Théorie générale des obligations*, Dalloz, Dalloz, réimpress. de l'éd. de 1937, 2004, p. 346 : « L'effet essentiel de l'obligation est d'engendrer un droit à l'exécution, sanctionné par le droit de contraindre à exécuter ». – R. CABRILLAC, *Droit des obligations*, Dalloz, coll. Cours, 11e éd., 2014, n°429, p. 343 et s.

[110] R. LIBCHABER, « *Réflexions sur les effets du contrat* », in *Propos sur les obligations et quelques autres thèmes fondamentaux du droit, Mélanges offerts à J.-L. AUBERT*, Dalloz, 2005, p. 210 et s.

[111] D. ALLAND et S. RIALS (dir.), *Dictionnaire de la culture juridique*, PUF, 2003, V° Exécution, p.678.

[112] D. ARTEIL, *L'exécution du contrat par un non-contractant*, *op. cit.*, n°11, pp. 7-8.

[113] M. FABRE-MAGNAN, *Droit des obligations*, 1- *Contrat et engagement unilatéral*, *op. cit.*, p. 465.

[114] J.-L. AUBERT, *Le contrat*, Dalloz, coll. Connaissance du droit, 3e éd., 2005, p.125.

[115] R. LIBCHABER, « *Réflexions sur les effets du contrat* », art. préc., p.219.

72. Prise en compte du contrat dans son ensemble – Suivant cette analyse, très fréquente en doctrine, l'exécution porterait sur les obligations et non sur le contrat lui-même. Cependant, cette conception de l'exécution est erronée. Tout d'abord, d'un point de vue méthodologique, il est possible de séparer l'effet du contrat de celui des obligations[116]. Jean-Étienne-Marie Portalis avait d'ailleurs initialement distingué ces deux notions dans le Code civil[117]. De surcroît, le contrat est, certes, créateur d'obligations, mais en cette capacité ne réside pas son unique fonction. Il peut également produire d'autres effets de droit comme la création ou le transfert de droit réel. Ensuite, d'un point de vue conceptuel, le contrat ne peut être désormais envisagé uniquement d'un point de vue individuel à travers le seul échange des promesses entre les parties. Il convient d'étudier le contrat dans son entier, à travers l'économie générale de l'opération qu'il se propose de réaliser[118].

73. Intégration d'éléments économiques – Il est en effet classique d'affirmer que le droit français, sous l'impulsion des canonistes, est empreint d'une vision morale du contrat. Néanmoins, en intégrant des éléments économiques dans la perception que les civilistes se font du contrat, il convient d'adopter « une conception essentiellement économique du contrat où la force obligatoire n'est plus fondée sur le principe moral de la fidélité à la parole donnée, mais sur la rationalité économique de l'opération convenue »[119]. L'efficacité économique imprègne d'ailleurs l'ensemble de l'ordonnance n°2016-131 de réforme du droit des contrats, du régime général et de la preuve des obligations.

---

[116] N. RONTCHEVSKY, *L'effet de l'obligation*, Economica, coll. Droit civil, 1998, préf. A. GHOZI, *passim* – J. FLOUR et J.-L. AUBERT, *Droit civil, Les obligations*, tome 1, *L'acte juridique*, Armand Colin, coll. U., 7e éd., 1996, n°373 : « Pour donner une vue complète des effets du contrat, il faudrait les étudier en deux temps. En premier lieu, et par définition, le contrat a pour effet de créer des obligations, soit à la charge de l'une des parties, soit à la charge de chacune d'elles, suivant qu'il est unilatéral ou synallagmatique. En second lieu, ces obligations ont, à leur tour, des effets ». – A. WEILL et Fr. TERRÉ, *Droit civil, Les obligations*, Dalloz, coll. Précis, 4e éd., 1986, n°343 : « Théoriquement on doit et on peut distinguer l'effet du contrat et l'effet des obligations ». La doctrine classique prenait d'ailleurs bien soin de distinguer les effets des obligations et les effets des contrats : V. par exemple, Ch. AUBRY et Ch. F. RAU, *Cours de droit civil français, d'après la méthode de Zachariae*, 8 volumes, Techniques S. A éd., 1869-1879, tome 4, 1871, spéc. p.135 où figure un titre *Des effets juridiques des obligations*, et p.478 où figure un titre *Des effets juridiques des contrats* ; E. GAUDEMET, *Théorie générale des obligations*, Dalloz, réimpress. de l'éd. de 1937, 2004, p. 200, où l'auteur examine les effets des contrats et p.345 où l'auteur présente les effets des obligations.

[117] J.-É.-M. PORTALIS, *Discours préliminaire du premier projet de Code civil*, 1801.

[118] S. PIMONT, *L'économie du contrat*, *op. cit.*, *passim*.

[119] Ph. STOFFEL-MUNCK, « *Le contrôle a posteriori de la résolution unilatérale* », Dr. et partr., mai 2004, p. 75.

74. Approche finaliste du contrat – Il est possible de s'accorder pour dire, comme le souligne M. Arteil, que cette « analyse plus dynamique s'intéresse à l'efficacité des échanges et aborde le contrat comme une norme fonctionnelle orientée vers la réalisation d'un objectif concret »[120]. En adoptant cette conception finaliste du contrat, celui-ci retrouve une place centrale reléguant les obligations dans leur rôle d'instruments techniques au service de l'opération économique à réaliser. Le contrat permet de fixer l'objectif à atteindre. Il est « l'incarnation juridique et purement formelle d'une opération économique »[121]. Une telle approche du contrat met en évidence la finalité économique visée par les parties dont l'opération économique devient la raison d'être du contrat. Le professeur Frison-Roche en conclut que « l'échange des consentements (...) évoque (...) l'autre échange, éminemment intéressé : l'échange économique dont le contrat est la forme juridique »[122]. Cette approche finaliste du contrat se veut plus réaliste puisque le contrat est moins perçu comme un échange de consentements que comme un échange de promesses[123]. Cela revient à dire que le contrat est davantage un engagement qu'une simple acceptation. En définitive, les contrats « ne sont que la traduction juridique des fonctions économiques les plus usuelles »[124].

75. Finalité économique du contrat[125] – Il est possible de reprocher au raisonnement économique du contrat de ne concerner que les échanges impliquant par conséquent, une réciprocité des prestations. Cependant, même si d'un point de vue historique cette affirmation est fondée, d'un point de vue pratique, la critique n'en est pas moins vraie. L'analyse économique est souvent invoquée pour les contrats synallagmatiques, ou plus largement, les contrats onéreux. Néanmoins, l'approche économique peut tout à fait servir à l'analyse des contrats unilatéraux quand bien même ils seraient gratuits[126]. En effet, tout contrat, fût-il à titre gracieux, donne lieu à un transfert de valeurs dès lors qu'il engendre des obligations. Puisque

---

[120] D. ARTEIL, *L'exécution du contrat par un non-contractant, op. cit.*, n°12, p. 8.

[121] A. ARSAC-RIBEYROLLES, *Essai sur la notion d'économie du contrat*, Th. Clermont I, 2005, n°508, p. 294.

[122] M.-A. FRISON-ROCHE, « *Remarques sur la distinction de la volonté et du consentement en droit des contrats* », RTD civ. 1995, n°8, p. 573.

[123] M. VILLEY, « *Préface historique aux notions de contrat* », in APD, tome 13, *Sur les notions du contrat*, Sirey, 1968, spéc. p.10.

[124] J.-M. POUGHON, « *Une constante doctrinale : l'approche économique du contrat* », Droits, Revue Française de Théorie Juridique – Le contrat, n°12, 1990, p. 58.

[125] Sur l'importance de la fonction économique du contrat, V. M.-E. ANCEL, *La prestation caractéristique du contrat*, Economica, coll. Recherches juridiques, 2002, n°149, p. 104.

[126] N. DISSAUX, *La qualification d'intermédiaire dans les relations contractuelles*, LGDJ, 2007, coll. Biblio. de dr. privé, tome 485, préf. Ch. JAMIN, n°559, p.254.

l'obligation est non seulement un lien entre deux ou plusieurs personnes, mais aussi un bien[127], elle possède forcément une valeur patrimoniale. Ainsi, l'analyse économique de la réalité contractuelle peut s'attacher au transfert de valeurs pour tout type de contrat. Même le contrat de donation possède une finalité économique dont l'analyse permet de rendre compte le plus objectivement possible de la réalité de cette opération contractuelle. Il est vrai que le contrat de donation, défini à l'article 894 du Code civil comme « *un acte par lequel le donateur se dépouille actuellement et irrévocablement de la chose donnée en faveur du donataire qui l'accepte* », engendre simplement une obligation de donner à la charge du donateur. Toutefois, cette obligation correspond à une valeur et s'il n'y a pas réciprocité des prestations, il n'en demeure pas moins qu'un transfert de valeurs s'effectue puisqu'une personne s'appauvrit au bénéfice d'une autre. L'un donne et l'autre reçoit. La valeur contenue dans le patrimoine d'une personne est transférée dans celui du bénéficiaire de la donation.

76. En tenant compte de la fonction économique de l'acte de manière globale et concrète, le juge peut apprécier au plus vrai si l'exécution est conforme à l'économie voulue par les parties[128]. On en vient à déduire que tout contrat possède donc une finalité économique. Déceler la substance économique d'une obligation ne tend pas à oublier l'appréciation juridique de l'opération, mais simplement d'en cerner les caractères au plus près de la réalité.

77. Obligation et contrat - La matière d'un contrat se définit par l'accord de volontés lui-même, c'est-à-dire « un phénomène impalpable et immatériel

---

[127] E. GAUDEMET, *Théorie générale des obligations*, *op. cit.*, 2004, p.12 et s.

[128] V. par exemple, sur le paiement d'un loyer en vue de la création d'une activité commerciale viable autour de la fourniture de cassettes vidéo : Cass. civ. 1ère, 3 juillet 1996, Rép. Déf. , 1996, p. 1015, obs. Ph. DELEBECQUE ; D. 1997, p. 500, note Ph. REIGNÉ ; JCP, 1997, I, 4015, n°4, obs. F. LABARTHE. - Sur le paiement d'un prix en contrepartie de la livraison rapide d'un plis : Cass. com., 22 octobre 1996, affaire « Chronopost », CCC 1997, comm. n°24, obs. L. LEVENEUR ; D. 1997, p. 121, note A. SÉRIAUX et somm. Cass. com., p. 175, obs. Ph. DELEBECQUE ; Rép. Déf. , 1997, p. 333, obs. D. MAZEAUD ; JCP-G, 1997, I, p. 4002, obs. M. FABRE-MAGNAN et p. 4025, obs. G. VINEY ; Ph. DELEBECQUE, « *Que reste-t-il du principe de validité des clauses de responsabilité ?* », D. aff. 1997, p. 235 ; « *Transport rapide, redéfinir le retard* », BTL, 1999, n°2793 ; Ch. LARROUMET, « *Obligation essentielle et clause limitative de responsabilité* », D. 1997, chron., p. 145. - Sur le paiement d'un loyer financièrement compensé par l'obtention de redevances publicitaires en contrepartie de la location de matériel vidéo servant à diffuser des publicités : Cass. com. 15 février 2000, JCP-E 2001, p. 320, n°7 et s., note J.-B SEUBE ; Rép. Déf. 2000, art. 37237, n°66, p. 1118, note D. MAZEAUD ; RTD civ. 2000, p. 325, obs. J. MESTRE et B. FAGES. - Sur le transfert de propriété d'un bien en contrepartie de la reprise des dettes d'une société : Cass. civ. 3ème, 3 mars 1993, Bull. civ. III, n°28, JCP-G 1994, I, p. 3744, n°1 et s., note M. FABRE-MAGNAN ; Rép. Déf. , 1993, p. 927, note Y. DAGORGNE-LABBÉ ; RTD civ. 1994, p. 124, obs. P.-Y. GAUTIER.

qui ne peut trouver corps que dans une notion permettant une appréhension globale »[129]. En d'autres termes, « la création de règles juridiques par un accord de volontés est le trait commun de tous les contrats dont elle constitue ainsi le critère spécifique. Le contrat doit être destiné à produire des effets de droit, condition nécessaire pour donner aux volontés leur pleine signification. Il a pour effet, au plan hiérarchique qui est le sien, de créer des normes juridiques »[130]. Or, cette norme produite par le contrat ne peut se réduire au simple objet de l'obligation. Par exemple, dans un contrat de vente, il est impossible de dire que l'objet d'une de ses obligations est la matière du contrat lui-même. La vente est un contrat synallagmatique qui crée des obligations à la charge du vendeur – transférer la propriété d'une chose et offrir une garantie – et à la charge de l'acheteur – payer le prix et retirer la chose. La distinction entre la matière du contrat et celle des obligations paraît évidente. Donc, « s'il est vrai de dire que l'objet de l'obligation est en même temps l'objet du contrat, la réciproque n'est pas exacte »[131]. D'ailleurs, si l'on compare la cession d'une créance avec celle d'un contrat synallagmatique, nous remarquons que la première cession porte sur la seule valeur économique que représente l'objet de l'obligation, c'est-à-dire ce qui est dû par le débiteur, alors que la seconde cession porte sur la structure complète des effets de droits à savoir l'ensemble des créances et des dettes qui représente l'utilité économique de l'acte[132]. Céder une obligation n'est donc pas la même chose que céder un contrat. Pour autant, le contrat n'est pas le seul élément doté d'une finalité économique. L'obligation engendrée par le contrat exprime également une fonction économique.

78. Le contrat se définissait tout d'abord comme un acte générateur d'obligations. Cette analyse était tournée vers la personne du débiteur, car celui qui est obligé est celui qui exécute. Mais la définition du contrat a largement évolué pour parvenir jusqu'à nous sous une forme différente.

79. Sous l'influence grandissante de l'analyse économique du droit, qui favorise une redécouverte du contrat, l'exécution contractuelle a été abordée de façon moins subjective, mettant davantage l'accent sur la satisfaction du créancier. Comme le précise M. Arteil, la « notion d'opération contractuelle tend ainsi à s'imposer et la réalisation de son objet économique devient une

---

[129] S. PIMONT, *L'économie du contrat*, *op. cit.*, n°165, p. 115.
[130] J. GHESTIN, Ch. JAMIN et M. BILLIAU, *Traité de droit civil,* tome III, *Les obligations - Les effets du contrat*, LGDJ, 3ème éd., 2001, n°1, p. 1.
[131] C. ACCARIAS, *Précis de droit romain*, tome 2, Cotillon, Paris, 3ème éd., 1882, note n°2, p. 231.
[132] S. PIMONT, *L'économie du contrat*, *op. cit.*, n°172, p. 118.

considération essentielle »[133]. L'étude du contrat a donc débuté par une prise en compte très marquée de la personne du débiteur pour dériver vers la prise en compte de la réalisation de l'opération économique et la satisfaction du créancier de sorte que l'analyse individualiste traditionnelle du contrat a cédé le pas à une approche plus finaliste du contrat. Le glissement de l'exécution de l'obligation à l'exécution du contrat a été permis notamment grâce à la dépersonnalisation du rapport d'obligation.

B. De l'exécution de l'obligation à l'exécution du contrat

80. Origines romaines de l'obligation – Le mot *obligation* vient du préfixe *ob* qui signifie : devant, pour, en échange de, à cause de, et du verbe *ligare* qui correspond à l'idée d'attacher, de lier. L'obligation est quelque chose dont on ne peut se soustraire sans conséquence. L'individu est contraint de faire l'action à laquelle il s'est obligé, même s'il ne le souhaite plus. L'idée de contrainte est donc très importante dans la définition de l'obligation. Cette idée se retrouvait déjà à l'époque de l'Empire romain où l'obligation était un *vinculum juris*, c'est-à-dire un lien de droit, les *vinculi* étant également les chaînes ou les fers permettant de retenir un prisonnier. Le lien de droit identifié par l'obligation n'est pas un lien entre une personne et une chose comme le droit de propriété, mais un lien interpersonnel. En vertu de ce lien, l'une des personnes, le créancier, peut exiger de l'autre, le débiteur, une prestation ou une abstention. Le débiteur est mis en avant dans cette approche puisqu'il apparaît comme l'exécutant désigné. L'exécution, ainsi envisagée, est davantage le fait du débiteur que la réalisation objective de la prestation. L'exécution nécessite donc l'intervention d'une personne. Le droit français a conservé cette approche subjective du rapport d'obligation. Différentes analyses de l'obligation se sont affrontées au sein de la doctrine.

81. Analyse dualiste de l'obligation – Une partie de la doctrine a stigmatisé l'obligation par son aspect dualiste : un rapport d'obligation assorti d'un pouvoir de contrainte[134]. Les contractants sont tenus d'exécuter leurs obligations sous peine d'y être contraints par la puissance publique. Nous trouvons en premier lieu, un lien juridique entre deux ou plusieurs personnes. Ce lien de droit implique une matérialisation de la relation entre les parties se traduisant par une soumission du débiteur au créancier puisqu'il est tenu d'exécuter ce qu'il doit. Le créancier dispose généralement du recours à la force publique pour le contraindre à s'exécuter. En effet,

---

[133] D. ARTEIL, *L'exécution du contrat par un non-contractant*, *op. cit.*, n°33, p. 25.

[134] A.-S. DUPRÉ-DALLEMAGNE, *La force contraignante du rapport d'obligation (Recherche sur la notion d'obligation)*, PUAM, 2004, préf. Ph. DELEBCQUE, n°2, p. 19.

l'obligation nécessite la réunion de deux éléments, à savoir une dette et une contrainte. Notons tout de même qu'il existe des hypothèses où la dette est sans contrainte, comme c'est le cas des obligations naturelles[135], c'est-à-dire qu'elles sont insusceptibles d'exécution forcée. Ces dernières ont été consacrées suite à la réforme, à l'article 1100 alinéa 2 du Code civil qui dispose que : « *Elles peuvent naître de l'exécution volontaire ou de la promesse d'exécution d'un devoir de conscience envers autrui* ». Cet article valide la possibilité de transformer une obligation naturelle en obligation civile. Mais le débiteur est uniquement tenu par une exécution spontanée. Inversement, il existe des contraintes sans dettes comme c'est le cas, par exemple, pour la caution qui se voit dans l'obligation de rembourser une dette qu'elle n'a pas elle-même contractée. Cette dualité a été théorisée au sein de la doctrine juridique à travers les notions romaines de *debitum* et d'*obligatio*, ou encore la distinction entre l'obligation à la dette et la contribution à la dette[136], ou enfin entre le lien substantiel et le droit de poursuite[137].

82. Cette division, présente dès l'Antiquité, s'est surtout vue développée par les doctrines allemandes de la fin du XIXe siècle. À l'origine, les théoriciens allemands étaient partagés entre une théorie volontariste, pour laquelle l'obligation repose sur la seule exécution volontaire du débiteur, et une autre conception, élaborée en réaction à celle-ci, considérant l'essence de l'obligation comme résidant dans le pouvoir de contrainte dont le créancier disposait à l'égard de la personne du débiteur[138].

83. Bernhard Windscheid[139] et Rudolf Shom[140], instigateurs de la théorie volontariste, ne voyaient dans l'obligation qu'un devoir du débiteur d'accomplir sa prestation. Ce devoir, envisagé au sens moral du terme, se détachait de toute idée de contrainte. Le créancier, dénué du pouvoir de

---

[135] J. CARBONNIER, *Droit civil*, tome 4, *Les Obligations*, *op. cit.*, 2000, n°7 et n°9, p. 26 et s. et p. 31 et s. ; Ph. MALINVAUD, *Droit des obligations*, *op. cit.*, 2007, n°28 et s., p. 14 et s.
[136] E. GAUDEMET, *Étude sur le transport de dette à titre particulier*, Th. Paris, 1898, p.8 ; v. également du même auteur, *Théorie générale des obligations*, *op. cit.*, p.14 où il fait référence à la distinction entre la dette (point de vue économique) et l'obligation (point de vue personnel et moral). L'auteur précise qu'il ne s'agit pas de deux choses distinctes, mais de deux points de vue différents.
[137] M. BÉHAR-TOUCHAIS, « *Le banquier et la caution face à la défaillance du débiteur* », RTD civ. 1993, p.737.
[138] G. FOREST, *Essai sur la notion d'obligation en droit privé*, Dalloz, coll. Nvlle Biblio. de Thèses, vol. 116, 2012, préf. F. LEDUC, n°46 et s, p.38 et s.
[139] B. WINDSCHEID, *Lehrbruch des Pandektenrechts*, tome II, Francfort, 1906.
[140] R. SHOM, « *Des Begriff des Forderungrechts* », Grünhut's Zeitschrift n°4, 1877, p.457 et s.

contrainte, disposait alors uniquement du pouvoir de recevoir la prestation en vertu de sa créance. Toute cette théorie repose sur la seule volonté du débiteur puisque tous « les moyens de contrainte qu'il peut utiliser se situent en dehors du rapport d'obligation, car il s'agit de sanctions de nature publique »[141].

84. S'appuyant sur les travaux de Ernst Immanuel Bekker[142], Alois von Brinz[143] fut en mesure de renverser cette perspective, défendant l'idée que l'obligation ne peut s'envisager qu'à partir de sa sanction. Ainsi, l'essence de l'obligation n'est pas le devoir du débiteur, mais davantage la possibilité d'une coercition. Suivant cette acception, l'obligation se décompose alors en deux préceptes : la *Schuld* et la *Haftung*[144].[145] La *Schuld* fait référence à l'établissement d'un rapport de dette, dépourvu de tout appareil de contrainte. La *Haftung* marque l'existence d'un rapport de responsabilité en vertu duquel une chose ou une personne se trouve « assujettie(s) à la domination d'une autre personne, comme garantie de la réalisation d'un évènement quelconque »[146].

85. S'inspirant de cette conception, le juriste belge Georges Cornil fut l'un des premiers à moderniser l'analyse dualiste de l'obligation. Selon cet auteur, « dans toute obligation, il incombe au débiteur de faire une prestation, et il appartient au créancier de recevoir cette prestation. Le devoir de prester et le droit corrélatif de recevoir dérivent d'un rapport que l'on peut qualifier de rapport de dette ou *debitum*, ce terme *debitum* évoquant les deux faces de ce rapport bilatéral, tant le *habere debere* du créancier, que le

---

[141] G. FOREST, *Essai sur la notion d'obligation en droit privé*, *op. cit.*, n°47, p.39.

[142] E. J. BEKKER, *Die Aktionen des römischen Privatrechts*, Berlin, 2 vol., 1871-1873.

[143] A. von BRINZ, *Kritische Blätter zivilistischen Inhalts*, Erlangen, 1853 ; « *Der Begriff obligatio* », in *Grünhut's Zeitschrift für das privat und öffentliche Recht der Gegenwart*, 1874, n°1, p.11 et s.; *Lehrbruch des Pandekten*, , vol. II-1, Erlangen, 2e éd., 1879; « *Obligation und Haftung* », Archif für die Civilistische Praxis, n°70, 1886, p.371 et s.

[144] A. von BRINZ, « *Der Begriff obligatio* », *op. cit.*, n°1, p. 11 et s. – V. J.-Ph. LÉVY et A. CASTALDO, *Histoire du droit civil*, Dalloz, coll. Précis, 2002, n°436, p. 644 ; J. MAILLET, *La théorie de Schùld et Haftung en droit romain, Exposé et examen critique*, Th. Aix-en-Provence, 1944, p. 227 ; F. K. COMPARATO, *Essai d'analyse dualiste de l'obligation en droit privé*, Dalloz, 1964 ; J. PELET, *La théorie dualiste de l'obligation et son application au droit suisse*, Th. Lausanne, 1937.

[145] E. A. POPA résume cette pensée en indiquant que : « dire que la personne obligée (…), responsable, ce n'est pas dire qu'on attend d'elle la prestation à laquelle elle est tenue, mais que ce sera la chose (Ding) à laquelle, comme à un otage ou à un gage, le créancier pourra avoir recours en cas de non-accomplissement de la prestation », in *Les notions de "debitum" (Schuld) et d'"obligatio" (Haftung) et leur application en droit français moderne*, Th. Paris, E. Muller éd., 1935, n°33, p. 52.

[146] F. K. COMPARATO, *Essai d'analyse dualiste de l'obligation en droit privé*, *op. cit.*, n°6, p.12-13.

praestere debere du débiteur. Le rapport bilatéral, ainsi entendu sous le nom de dette ou *debitum*, n'implique en soi aucune puissance ou maîtrise destinée à provoquer par voie de contrainte l'exécution de la prestation que le débiteur doit fournir et que le créancier doit recevoir. Pour que l'exécution de la prestation soit assurée par l'exercice éventuel d'une contrainte, il faut qu'au rapport de dette s'adjoigne un rapport de puissance du créancier : une contrainte n'est possible que moyennant l'assujettissement de quelqu'un ou de quelque chose au pouvoir du créancier. Or, c'est précisément cette idée d'assujettissement ou d'enchaînement qu'évoque le terme *obligatio*, alors que par contre pareille idée est complètement étrangère au terme *debitum* »[147].

86. Les professeurs Henri, Léon et Jean Mazeaud ainsi que le professeur François Chabas avaient repris la présentation de cette distinction en indiquant : « 1° La *Schuld* (dette, *debitum*) est un devoir juridique qui impose l'exécution d'une prestation, le paiement. Si le paiement est exécuté, la *Schuld* disparaît. Lorsque l'obligation est inexécutée, la *Haftung* apparaît. 2° La *Haftung* est la contrainte qui permet au créancier, en cas d'inexécution de la dette, de passer à l'exécution forcée en s'en prenant à la personne ou à la chose qui répond à la dette : le débiteur lui-même, une caution, un gage, une hypothèque »[148].

87. Le juriste brésilien, Fábio Konder Comparato avait également exposé cette théorie en veillant à rappeler que l'obligation « se compose de deux éléments : la relation de créance et de dette (schuld) que nous appellerons devoir, et la relation de contrainte et de responsabilité (haftung) que nous appellerons engagement »[149].

88. Nous constatons donc que l'obligation repose sur deux éléments distincts : un devoir et un pouvoir de contrainte. Selon cette théorie, « le devoir désigne la prestation que le débiteur est tenu de fournir et le créancier tenu de recevoir ; le pouvoir de contrainte vise quant à lui les moyens dont

---

[147] G. CORNIL, « *Debitum et obligatio. Recherches sur la formation de la notion d'obligation romaine* », *Mélanges Paul Frédéric Girard*, tome 1, Paris, 1912, pp. 199-263, spéc. p.200.

[148] H., L. et J. MAZEAUD et Fr. CHABAS, *Leçons de Droit civil*, tome 2, 1er volume, *Obligations, théorie générale*, *op. cit.*, 1998, n°9, p. 7. – V. également, E. CHEVREAU, Y. MAUSEN et C. BOUGLÉ, *Introduction historique au droit des obligations*, Litec, coll. cours, 2007, n°8, p. 11 et s. ; M. FABRE-MAGNAN, *Droit des obligations*, tome 1, *Contrat et engagement unilatéral*, *op. cit.*, 2010, pp. 19-20.

[149] F. K. COMPARATO, *Essai d'analyse dualiste de l'obligation en droit privé*, *op. cit.*, n°3, p.2.

dispose le créancier afin d'obtenir l'exécution de la prestation due ou, à tout le moins, une satisfaction équivalente »[150].

89. Nuances – Sans rejeter la conception dualiste de l'obligation, certains auteurs[151] ont apporté quelques nuances dans l'analyse de l'obligation devoir/pouvoir. Ainsi, le professeur Leduc révèle clairement que : « le *debitum*, c'est la relation de créance et de dette envisagée du point de vue de sa substance économique. Aussi bien, l'appelle-t-on également le lien substantiel. C'est l'obligation envisagée en tant que valeur patrimoniale, en tant que bien. Plus précisément, le rapport d'obligation envisagé comme *debitum* a pour objet l'avantage économique que va procurer l'exécution de la prestation due ; pour le créancier, celui qui a le droit de profiter de cet avantage économique et pour le débiteur, celui qui doit supporter in fine le poids du sacrifice que représente l'exécution de la prestation (contribution à la dette). L'*obligatio*, c'est le rapport d'obligation considéré d'un point de vue strictement juridique, comme lien impersonnel, lien de sujétion. L'obligation consiste en un droit de poursuite, le droit d'exiger, au besoin par la contrainte, l'exécution de la prestation due »[152]. Selon cet auteur, le *debitum* correspond à l'aspect objectif de l'obligation, envisagée comme un bien. L'histoire de l'obligation est en effet marquée par la reconnaissance progressive de son caractère patrimonial[153], permettant de l'envisager comme un bien. L'*obligatio*, quant à elle, s'associe à une approche subjective souscrivant à l'identification de l'obligation comme un lien.

90. Obligation entre bien et lien – La dualité mise en avant par cette théorie est donc celle de l'obligation bien/lien. Cette observation assimile la

[150] N. DISSAUX, *La qualification d'intermédiaire dans les relations contractuelles*, *op. cit.*, n°565, p.257.
[151] Ph. MALAURIE, L. AYNÈS et Ph. STOFFEL-MUNCK, *Droit civil, Les Obligations*, Defrénois, 5ème éd., 2011 ; E. GAUDEMET, *Théorie générale des obligations*, 2004, *op. cit.*
[152] F. LEDUC, « *Réflexions sur la convention de prête-nom, contribution à l'étude de la représentation imparfaite* », RTD civ. 1999, p. 283 et s., spéc. n°23, p. 300-301.
[153] V. notamment, E. GAUDEMET, *Théorie générale des obligations*, 2004, *op. cit.*

distinction du *debitum* et de l'*obligatio* à celle opposant les approches objectives et subjectives de l'obligation[154].

Dans sa première acception, le *debitum* s'entend du pouvoir d'exiger l'exécution de l'obligation. L'*obligatio* s'apparente davantage à un moyen de garantir cette exécution. L'*obligatio* vient ainsi au secours du *debitum* puisque l'*obligatio* ne vise que les moyens mis à la disposition du créancier afin de pouvoir exiger d'un débiteur récalcitrant l'exécution de la prestation due. Autrement dit, « un créancier qui n'a que le *debitum* n'est pas privé du droit d'exiger, mais des prérogatives de nature à lui garantir la réalisation de son exigence. L'*obligatio* est un pouvoir de contrainte qui suppose une réticence de la part du débiteur »[155].

91. Le professeur Jean Deruppé écrivait d'ailleurs à ce titre que cette théorie dualiste de l'obligation traduit la duplicité « des pouvoirs qui sont accordés au créancier : d'une part, le pouvoir qui lui permet d'exiger du débiteur l'exécution de la prestation, et, d'autre part, les pouvoirs qui le garantissent contre les conséquences de l'inexécution, qui lui assurent la sécurité des satisfactions poursuivies »[156].

Que ce soit pour le *debitum* ou l'*obligatio*, dans les deux cas il y a pouvoir. Cependant, l'objet n'est pas le même. Pour le *debitum* il s'agit du pouvoir

---

[154] Les deux analyses peuvent s'entremêler. V. par exemple, N. M. K. GOMAA, *Théorie des sources de l'obligation*, LGDJ, coll. Biblio. de dr. privé, tome 88, 1968, préf. J. CARBONNIER, n°286, p.254 : « nous acceptons l'analyse dualiste, en ce sens que l'obligation se décompose en deux éléments : le devoir, est l'élément qui représente l'aspect économique de l'obligation, il représente le mouvement survenu dans le patrimoine des parties, mouvement vers le haut ou vers le bas dans les éléments actifs ou passifs du patrimoine, selon le cas, il représente la fixation du contenu de l'obligation et il s'agit ici du devoir juridique, c'est-à-dire d'un rapport existant conformément à une règle de droit objectif. Si le débiteur exécute volontairement sa prestation, il ne peut pas la révoquer sous prétexte de l'enrichissement sans cause ou du paiement de l'indu. Il s'agit encore d'un rapport subjectif personnel, puisqu'il s'établit entre telle et telle personne à propos de telle prestation. Le devoir représente l'obligation dans son état statique. La contrainte : c'est le second élément de l'obligation. C'est l'élément dynamique qui représente l'obligation en état de mouvement. C'est l'élément de la force, de la puissance. C'est l'élément autoritaire et spirituel. Il consiste dans la possibilité du recours à la force publique pour assurer l'exécution, en cas de besoin, malgré la volonté du débiteur. À défaut de cet élément, l'exécution dépendrait exclusivement de la volonté du débiteur ; il n'y aurait pas d'obligation. Peut-être y aurait-il un rapport moral, religieux, d'amitié ou un devoir juridique sans garantie, sans qu'il y ait possibilité d'en appeler à la force publique pour en assurer l'exécution (l'obligation naturelle). Enfin, il faut souligner que la contrainte est un rapport subjectif personnel, puisqu'il s'agit de l'agression exercée par telle personne contre telle autre, qui a comme objet tel patrimoine ou telle chose, pour assurer l'exécution de telle prestation ou de son équivalent ».

[155] N. DISSAUX, *La qualification d'intermédiaire dans les relations contractuelles*, *op. cit.*, n°596 et 597, pp.272-273.

[156] J. DERUPPÉ, *La nature juridique du droit du preneur à bail et la distinction des droits réels et des droits de créance*, Th. Toulouse, 1952, n°253, p.288.

d'exiger l'exécution alors que pour l'*obligatio*, c'est le pouvoir de garantir l'exécution.

92. Analyse moniste de l'obligation – L'analyse dualiste de l'obligation n'a eu que très peu d'écho en France à ce jour. Les professeurs Gabriel Marty et Pierre Raynaud notaient d'ailleurs à ce propos que « la doctrine française attache peu d'importance à une distinction dont on ne peut dire qu'elle soit véritablement entrée dans la conception française de l'obligation »[157]. Ainsi, d'autres auteurs ont préféré se tourner vers une analyse moniste de l'obligation où la contrainte est « une conséquence du fait que l'obligation est un rapport de droit, un rapport juridiquement sanctionné »[158]. La conception classique présente l'obligation comme un « lien de droit (*vinculum juris*) par lequel une ou plusieurs personnes, le ou les débiteurs, sont tenus d'une prestation (fait ou abstention) envers une ou plusieurs autres – le ou les créanciers »[159]. Cette définition commune de l'obligation trouve son origine dans l'ancien droit romain.

93. Grégoire Forest indiquait qu'elle « est au départ un lien objectif enserrant le débiteur dans une nécessité de payer »[160]. Cette idée présentant le paiement comme étant dû sous la menace « d'une violence dont la collectivité publique contrôle de plus en plus les méthodes et le déclenchement »[161], inspire les Institutes de Justinien au VIe siècle. Il est alors possible de fixer une définition plus précise de l'obligation : « *obligatio est juris vinculum, quo necessitate adstringimur alicujus solvendae rei, secondum nostrae civitatis jura* »[162]. Cette conception est devenue la base de la notion employée actuellement en droit positif.

94. Obligation unitaire – Cependant, pour que le créancier soit véritablement pris en considération, il faudra attendre que les juristes du XIXe siècle mêlent le droit et le lien pour aboutir au concept de l'« obligation unitaire au sein de laquelle la créance et la dette sont comme l'envers et l'avers d'une même médaille »[163]. L'obligation apparaît alors

---

[157] G. MARTY et P. RAYNAUD, *Droit civil, Les obligations*, tome 1, *Les sources*, 1988, *op. cit.*, n°2.
[158] N. M. K. GOMAA, *Théorie des sources des obligations*, *op. cit.*, p. 251.
[159] G. PIERI, « *Obligation* », in *Vocabulaire fondamental du droit*, APD 1990, tome 35, p.221 et s.
[160] G. FOREST, *Essai sur la notion d'obligation en droit privé*, *op. cit.*, n°245, p.167.
[161] G. FOREST, *Essai sur la notion d'obligation en droit privé*, *op. cit.*, n°245, p.167.
[162] Inst. III, 13 pr. : « *L'obligation est le lien de droit par lequel nous sommes astreints à la nécessité de payer quelque chose à quelqu'un selon le droit de notre cité* ».
[163] G. FOREST, *Essai sur la notion d'obligation en droit privé*, *op. cit.*, n°245, p.168.

comme un lien de droit permettant "d'exiger". Plus précisément, du point de vue du créancier, le débiteur est placé sous son autorité.
Le professeur Jean-Louis Gazzaniga précisait que la « dépendance est l'élément déterminant, et comme il paraît le seul, on parle de conception unitaire ou moniste de l'obligation »[164].

95. Distinction de l'objet de l'obligation et de l'objet du contrat – Dans un second temps, les auteurs se sont davantage intéressés à l'obligation comme un droit à une certaine prestation. En opposant l'objet de l'obligation et l'objet du contrat, « c'est alors l'objet du contrat, entendu comme l'opération juridique réalisée par les parties, qu'il faut prendre en compte. Seule, en effet, une approche globale permet de comparer les prestations [...] »[165]. Ce deuxième aspect est certainement sa caractéristique principale avant même d'être un droit contre une personne.

96. Le contrat a pour effet de créer une ou plusieurs obligations, lesquelles ont pour objet une certaine prestation, considérée en elle-même. La prestation ne concorde pas à la nature revendiquée par l'objet du contrat. Ce dernier désigne quant à lui, l'opération juridique réalisée par les parties, observée non plus dans ses éléments, mais dans son ensemble. Ainsi compris, l'objet du contrat peut combiner divers éléments, dans le respect de l'ordre public et des bonnes mœurs.

97. Il est parfois enseigné que la notion d'objet du contrat se fond dans celle d'objet de l'obligation. Dès lors, si la prestation est illicite, l'obligation dont elle est l'objet serait nulle et l'ensemble du contrat se verrait anéanti.

98. Cette conception selon laquelle l'objet du contrat ferait double emploi avec l'objet de l'obligation apparaît néanmoins assez réductrice. Il ne faut pas négliger l'existence de prestations, qui prises séparément sont licites, mais dont la combinaison rend l'opération économique illicite. Par exemple, transférer son sang ou payer une somme d'argent sont des prestations tout à fait licites. En revanche, la conjonction des deux est interdite. Seul le don anonyme et gratuit de sang est autorisé[166]. Confondre l'objet du contrat et

---

[164] J.-L. GAZZANIGA, *Introduction historique au droit des obligations*, PUF, coll. Droit fondamental, 1992, n°8, p.19.
[165] Fr. TERRÉ, Ph. SIMLER et Y. LEQUETTE, *Droit civil, Les obligations*, 2002, *op. cit.*, n°301, p. 304.
[166] Loi n°52-854 du 21 juillet 1952 sur l'utilisation thérapeutique du sang humain, de son plasma et de leurs dérivés, devenue l'article L. 1221-1 du Code de la santé publique : « *La transfusion sanguine s'effectue dans l'intérêt du receveur et relève des principes éthiques du bénévolat et de l'anonymat du don, et de l'absence de profit, dans les conditions définies par le présent livre* ».

l'objet des obligations revient à confondre l'effet du contrat et l'effet des obligations[167].

99. En définitive, nous trouvons l'objet de la prestation qui désigne la chose fournie par l'une des parties au contrat et transmise à l'autre partie. Il s'agit de la chose énoncée antérieurement à l'article 1126 du Code civil : « *tout contrat a pour objet une chose qu'une partie s'oblige à donner, ou qu'une partie s'oblige à faire ou à ne pas faire* ». La réforme du droit des contrats a supprimé la trilogie classique des obligations de donner, faire ou ne pas faire.
L'objet de la prestation se distingue ensuite de l'objet de l'obligation, qui correspond à l'engagement pris. Le débiteur s'engage à donner quelque chose, à faire ou à ne pas faire. C'est donc cet engagement qui constitue l'objet de l'obligation.
Enfin, l'objet du contrat s'accorde avec le processus souhaité, c'est-à-dire l'opération économique convenue entre les parties et qu'elles entendent réaliser.

100. Envisager l'objet du contrat de manière autonome permet d'adopter une vision plus réaliste de l'opération. Cette reconsidération permet alors de l'appréhender dans son entier : « elle permet d'avoir une vision globale de l'opération voulue par les parties, et notamment de l'échange opéré par le contrat, au-delà des prestations ou des obligations considérées de chaque côté »[168]. Opter pour un examen au plus proche de la réalité contractuelle permet d'avoir une analyse la plus efficace possible d'une situation, notamment lorsqu'il s'agit de savoir s'il y a eu bonne exécution du contrat.

101. Émergence d'une « dépersonnalisation »[169] de l'obligation - Le droit romain insistait sur l'aspect personnel que revêtait l'obligation. Les partisans de la théorie objective de l'obligation s'inscrivent dans cette lignée. L'obligation doit alors être perçue comme « un droit d'une énergie extrême et sauvage »[170] garantissant au créancier une mainmise physique sur la personne du débiteur.
Mais ce caractère personnel a été atténué au fil des années et des mutations historiques du droit de l'exécution faisant évoluer la conception objective de

---

[167] N. RONTCHEVSKY, *L'effet de l'obligation, op. cit., passim.*
[168] M. FABRE-MAGNAN, *Droit des obligations, 1 – Contrat et engagements unilatéraux*, 2010, *op. cit.*, pp. 355-356.
[169] L'expression est empruntée aux professeurs Henri, Léon et Jean MAZEAUD et au professeur Fr. CHABAS : v. *Leçons de droit civil*, tome II, vol. 1, *Obligations, Théorie générale*, 1998, *op. cit.*, n°15, p.10.
[170] E. GAUDEMET, *Théorie générale des obligations*, 2004, *op. cit.*, p.12.

l'obligation. L'obligation se recentre alors sur son objet. Comme l'écrivait le professeur Eugène Gaudemet, l'histoire de l'obligation est : « l'histoire du progrès du second caractère sur le premier : de plus en plus on la considère comme une valeur, comme un assignat sur les biens ; et son caractère de lien entre deux personnes, sans jamais disparaître, perd de plus en plus de son importance et de ses effets »[171].

102. Approche communautaire de la dépersonnalisation – Certaines dispositions en droit communautaire penchent vers une dépersonnalisation de la dette, c'est-à-dire de l'obligation envisagée du côté du passif, favorisant une plus grande considération de la créance[172].
Ce phénomène est visible notamment en matière de responsabilité du fait des produits défectueux. La responsabilité du producteur est susceptible d'être engagée si ce dernier a mis en circulation un produit défectueux, c'est-à-dire un produit ne répondant pas à « la sécurité à laquelle on peut légitimement s'attendre »[173]. L'accent n'est donc pas mis sur le comportement du producteur, mais sur les attentes légitimes des consommateurs. Cette prise en compte des attentes du consommateur revêt une importance capitale dans l'action en responsabilité puisque la personne obligée à réparation n'est pas nécessairement celle qui a réellement mis en circulation le produit défectueux, mais le producteur apparent aux yeux du consommateur à savoir « toute personne qui se présente comme producteur en apposant sur le produit son nom, sa marque ou un autre signe distinctif »[174].
Comme le souligne Mme Aubry, le « système institué en droit communautaire, et adopté en droit français, parce qu'il répond principalement à une volonté de garantir une réparation à la victime d'un dommage causé par la défectuosité d'un produit, a pour conséquence une "dépersonnalisation" de la dette : on recherche moins un responsable qu'un patrimoine susceptible d'assurer le paiement de la créance de réparation »[175].

103. De même, le régime de l'inexécution contractuelle a observé une pareille évolution. En intégrant le concept d'attente légitime, la confiance octroyée au débiteur a dérivé vers une confiance accordée à la marque du produit. Ainsi, dans certains réseaux de distribution, nous trouvons des

---

[171] E. GAUDEMET, *Théorie générale des obligations*, 2004, *op. cit.*, p.12.

[172] H. AUBRY, *L'influence du droit communautaire sur le droit français des contrats*, PUAM, 2002, préf. A. GHOZI, n°457, p. 439.

[173] Article 6 de la directive communautaire du 25 juillet 1985 ; Article 5 de la loi du 18 mai 1998 transposant la directive dans l'article 1386-4, alinéa 1, du Code civil.

[174] Article 3.1 de la directive communautaire du 25 juillet 1985 et l'article 1386-6 du Code civil.

[175] H. AUBRY, *L'influence du droit communautaire sur le droit français des contrats*, *op. cit.*, n°458, p. 440.

dispositions prévoyant que tous les membres de ce réseau doivent être codébiteurs de l'obligation de garantir et d'assurer le service après-vente des produits qui portent le nom ou la marque du fournisseur.

104. Cette obligation est d'abord apparue dans le domaine des franchises où la garantie accordée aux produits du franchiseur a été étendue à tous « les produits fabriqués par le franchiseur ou selon ses instructions et/ou portant la marque du franchiseur »[176]. Cet élargissement de la garantie à tous les membres d'un même réseau résulte de l'accroissement de la prise en considération des attentes du consommateur. La confiance de ce denier repose davantage sur la marque, signe d'identification d'un produit, que sur la personnalité du contractant. C'est donc la créance de l'acheteur qui doit primer sur la personnalité du débiteur.

105. Cependant, à la suite de cette analyse, il ne faut pas croire que le droit communautaire amoindrit la force obligatoire du contrat. Le débiteur reste obligé. C'est l'appréhension de l'obligation qui change puisque l'on s'attache davantage à la prestation objectivement définie dans le contrat qu'à la personne du débiteur. L'attention ne se porte donc plus sur le débiteur, mais sur la prestation constituant le seul véritable objet de l'obligation, redonnant à l'efficacité du contrat une place centrale.

106. La prise en considération de la réalisation de l'opération économique contractuelle est également présente dans les *Principes Lando*[177]. Les principes européens du droit du contrat adoptent une conception pragmatique du contrat. Ils cherchent à imposer aux parties un comportement visant à assurer l'efficacité du contrat[178]. Par exemple, l'article 1.202 impose aux parties de collaborer en vue de permettre au contrat de produire son plein effet[179]. Comme le souligne M. Arteil, la « réalisation de la prestation est essentielle, car le contrat n'est pas simplement un échange de promesses, mais aussi un marché »[180].

---

[176] Article 1.3 du règlement n°4087/88 du 30 novembre 1988 relatif aux accords de franchise.

[177] O. LANDO et H. BEALE, « *Principles of European Contract Law, Part I and II, combined and revised* », Prepared by the commission of european contract law, Kluwer Law International, 2000.

[178] Ph. RÉMY, « *Ouverture* », art. préc., p. 12.

[179] Article 1. 202 des Principes Lando : « « *chaque partie doit à l'autre une collaboration qui permette au contrat de produire son plein effet* ».

[180] D. ARTEIL, *L'exécution du contrat par un non-contractant*, *op. cit.*, n°45, p. 35.

107. L'objectivisation de l'obligation, admise en droit communautaire, se manifeste également en droit français où nous assistons à l'adoption d'une conception patrimoniale de l'obligation par la doctrine française.

108. Objectivisation de l'obligation : un lien entre deux patrimoines[181] – Cette nouvelle manière d'appréhender l'obligation, déplaçant le centre de gravité de ses sujets vers son objet, permet de mettre en avant la valeur patrimoniale de l'obligation. Cette dernière doit alors être considérée comme une valeur économique, un lien entre patrimoines, détachable de la personne et de ses sujets.[182] En conséquence, l'obligation centrée sur son objet peut engager n'importe quel débiteur à l'égard de n'importe quel créancier.

109. Dès 1890[183], le professeur Raymond Saleilles remettait en cause l'analyse subjective de l'obligation, considérant que, « ce que veut le créancier, c'est le résultat qu'il attend de la prestation ; il lui importe peu que ce résultat lui soit procuré par tel ou tel (...) rien n'empêche qu'un nouveau sujet passif se charge de la prestation. Le contenu de l'obligation reste le même et lui seul constitue le fond de l'obligation (...) il est inexact de voir dans le changement de débiteur un changement de l'obligation ; celle-ci reste la même absolument, comme elle reste la même au cas de changement du créancier »[184].

Si l'on se fie aux dires de cet auteur, l'obligation est caractérisée par son objet, par la détermination de la dette qui doit être acquittée, peu importe la personnalité des contractants. Il saisit l'obligation dans sa dimension économique en s'intéressant à son objet à savoir la prestation en elle-même.

L'auteur ne nie pas non plus l'importance du débiteur, car l'obligation n'en reste pas moins un lien de droit, mais ce qui compte avant tout c'est l'activité accomplie par le débiteur. Autrement dit, « l'objectivité vers laquelle tend [Raymond] Saleilles ne provient pas de ce que la dette cesse d'être une prestation personnelle, mais de cette considération que la promesse d'un service volontaire, dans la généralité des cas, peut engager indifféremment n'importe qui au profit de n'importe quel créancier »[185].

---

[181] G. FOREST, *Essai sur la notion d'obligation en droit privé*, *op. cit.*, n°27, p.27.

[182] R. SALEILLES, *Étude sur la théorie générale de l'obligation d'après le premier projet de Code civil pour l'empire allemand*, 2e éd. Libr. Cotillon, Paris, 1901, n°80, p.71.

[183] R. SALEILLES, « *De la cession de dettes* », in *Annales de droit commercial français, étranger et international*, 1890, Doctrine, p. 1.

[184] R. SALEILLES, *Étude sur la théorie générale de l'obligation d'après le premier projet de Code civil pour l'empire allemand*, *op. cit.*, n°82, p.74.

[185] P. LEREBOURS-PIGEONNIÈRE, « *La contribution essentielle de R. Saleilles à la théorie générale de l'obligation et à la théorie de la déclaration de volonté* », in *L'œuvre juridique de Raymond Saleilles*, Paris, 1914, n°20 et s., p. 402.

110. En définitive, l'obligation n'est pas seulement un rapport entre des personnes, mais c'est aussi un rapport entre deux patrimoines. Nous en venons à cette conclusion puisque l'obligation peut être considérée comme une valeur passive pour le débiteur et une valeur active pour le créancier. Ainsi envisagée, l'obligation doit figurer au passif du patrimoine, alors que la créance apparaîtra à l'actif. L'obligation n'implique pas seulement le débiteur et le créancier, c'est également un rapport entre deux patrimoines puisqu'elle implique la dette et la créance.

111. Cette tendance à attribuer un caractère patrimonial à l'obligation s'est développée au sein de la doctrine française. Par exemple, certains auteurs n'hésitent pas à faire référence au « bien-créance »[186]. Les créances figurent parmi les biens et les biens ne sont rendus économiquement mobiles que par l'intermédiaire des créances.
L'analyse patrimoniale de l'obligation à travers la prise en considération de l'utilité économique du contrat permet une évaluation pécuniaire de la prestation : « Considérée de ce point de vue, l'obligation se détache de la personnalité des parties qui en constituent les deux termes et devient un rapport juridique susceptible d'une valeur pécuniaire indépendante des personnes entre lesquelles elle existe »[187].
Le professeur Eugène Gaudemet ajoutait à cela que l'« individualité de ces personnes est désormais indifférente pour l'existence du rapport, le créancier ou le débiteur peuvent changer sans que la créance ou la dette soient éteintes ou modifiées »[188].

112. Le professeur Larroumet poursuit dans cette voie en indiquant qu'« aucune disposition du Code civil français ne condamne la patrimonialité de l'obligation et ne consacre expressément ou implicitement la vieille conception romaine subjective. Que le droit romain ait mis longtemps à concevoir cette patrimonialité et n'ait fini par la consacrer que partiellement n'autorise pas, en droit moderne, à ne voir dans l'obligation qu'un lien d'ordre personnel entre le créancier et le débiteur »[189]. Cette affirmation pousse l'auteur à conclure que la patrimonialité de l'obligation, qui justifie la cession de créances, doit permettre d'autoriser la cession de

---

[186] R. SAVATIER, *Vision économique du droit des obligations et des créances*, Morano Editore, 1966, p. 8 ; Fr. TERRÉ, « *Le contrat à la fin du XXème siècle* », Rv. des sc. morales et politiques 1995, p. 314 ; M.-A. FRISON-ROCHE, « *Le contrat et la responsabilité : consentements, pouvoirs et régulation économique* », RTD civ. 1998, n°7, p. 45.
[187] R. SALEILLES, *Étude sur la théorie générale de l'obligation d'après le premier projet de Code civil pour l'empire allemand*, *op. cit.*, n°80, p.71.
[188] E. GAUDEMET, *Théorie générale des obligations*, 2004, *op. cit.*, p. 13.
[189] Ch. LARROUMET, *Droit civil, t.3 Les Obligations – Le contrat*, Economica, 5e éd., 2003, n°31, p. 27.

dette. Cette dernière n'est, par principe, toujours pas admise en droit français. Il n'en demeure pas moins que l'adoption par la jurisprudence de « solutions de substitutions »[190] ayant pour effet le transfert de dette, témoigne d'une évolution vers une conception plus objective du lien d'obligation.

113. La réforme du droit des contrats de 2016 innove sur ce point en consacrant la cession de dette aux articles 1327 et suivants du Code civil. La cession n'est possible qu'avec l'accord du créancier, ce qui la distingue de la cession de créance ainsi que de la subrogation consentie par le débiteur et confirme, dès lors, la patrimonialité de l'obligation.

114. Conception objective insistant sur l'aspect économique – Au-delà de cette distinction entre la dette et la contrainte ou entre bien et lien, l'obligation ainsi dépersonnalisée permet d'envisager les relations contractuelles à travers l'opération économique qu'elles ont pour but de réaliser. Si l'obligation continue d'exprimer un rapport, un lien entre deux personnes, elle évoque avant tout un droit à une certaine prestation[191].

115. Le contrat n'est plus uniquement un instrument créateur d'obligations, mais un acte permettant de déterminer les termes de l'opération économique envisagée : « De plus en plus, le contrat est considéré en lui-même, de façon autonome, il est distingué de la personne de ceux qui lui ont donné naissance »[192].
De ce point de vue, le rapport d'obligation permet encore une fois de replacer l'opération contractuelle au centre de la relation juridique instaurée par les parties. Que ce soit l'obligation ou le contrat, ce qui prédomine c'est la finalité économique de l'opération contractualisée. Le contrat, une fois conclu, devient une réalité, indépendante ou autonome par rapport aux sujets.

116. En définitive, à l'aube du XXe siècle, le professeur Raymond Saleilles considérait déjà que « l'essence juridique de l'obligation est constituée par la

---

[190] Fr. TERRÉ, Ph. SIMLER et Y. LEQUETTE, *Droit civil, Les obligations*, Dalloz, coll. Précis, 10ème éd., 2009, n°1306, p. 1294 et s.

[191] P. DAUCHY, « *Une conception objective du lien d'obligation : les apports du structuralisme à la théorie du contrat* », in APD, tome 26, 1981, p. 273.

[192] J. MESTRE, « *L'évolution du contrat en droit privé français* », in *L'évolution contemporaine du droit des contrats, Journées R. SAVATIER*, Publi. de la Faculté de droit et des sciences sociales de Poitiers, PUF, 1986, spéc. p. 45. – V. également, J.-G. RAFFRAY, *Les substitutions de contractants dans l'exécution du contrat*, Th. Montpellier, 1977, p. 14 : « l'affaiblissement temporaire du caractère personnel des obligations nées du contrat permet de s'interroger sur son aspect patrimonial ».

valeur économique de l'obligation »[193]. Aujourd'hui, nous assistons à une substitution de la prise en considération de l'économie de l'obligation vers l'économie du contrat.

117. Économie du contrat – Cette prise de conscience de la mutation contractuelle a été récemment soulignée par des études consacrées à « l'économie du contrat »[194]. À travers cette nouvelle notion, le doyen Pimont justifie le passage du contrat-obligatio[195] au contrat-opératio[196]. En effet, avec « l'économie du contrat le "contrat-obligation" fait place au "contrat-opération" ; il se dote d'une matière indépendante des obligations qu'il a pour but de produire ; ni cause, ni objet de l'obligation, le contenu de la convention s'entend d'une opération économique globale et concrète[197]. La structure du contrat s'émancipe du vêtement technique de l'obligation et acquiert une forme autonome[198] »[199].
Le contrat doit désormais s'envisager dans sa globalité à travers sa finalité et non plus simplement comme un lien d'obligation.
L'économie du contrat s'apprécie comme une notion concrète de plus en plus employée en droit positif. Ceci traduit de façon juridique l'équilibre du contrat tel que voulu et défini par les parties elles-mêmes.

---

[193] R. SALEILLES, « *De la cession de dettes* », art. préc., spéc. p.2 ; du même auteur, *Étude sur la théorie générale de l'obligation d'après le premier projet de Code civil pour l'empire allemand*, F. Pichon éd., 1ère éd. 1889, 3ème éd. 1923.

[194] S. PIMONT, *L'économie du contrat*, *op. cit.*, *passim*. – V. également, J. GHESTIN, *Cause de l'engagement et validité du contrat*, LGDJ, 2006, p. 786 et s. ; S. PELLÉ, *La notion d'interdépendance contractuelle, Contribution à l'étude des ensembles de contrats*, Dalloz, coll. Nvlles Biblio. de Thèses, Paris, 2007, préf. J. FOYER et M.-L. DEMEESTER ; P. LOKIEC, *Contrat et Pouvoir, Essai sur les transformations du droit privé des rapports contractuels*, LGDJ, coll. Biblio. de dr. privé, tome 408, 2004, préf. A. LYON-CAEN, p. 144 et s. ; D. HOUTCIEFF, *Le principe de cohérence en matière contractuelle*, PUAM, 2001, préf. H. MUIR WATT, *passim* ; E. HOUSSARD, « *L'économie du contrat* », Rv. Jur. De l'Ouest 2002/01, p. 7 ; A. ZELCEVIC-DUHAMEL, « *La notion d'économie du contrat* », JCP 2001, I, p. 300 ; A. ARSAC-RIBEYROLLES, *Essai sur la notion d'économie du contrat*, *op. cit.*, *passim* ; J. MESTRE, « *L'économie du contrat* », RTD civ. 1996, p. 901. – En droit public : L. VIDAL, *L'équilibre financier du contrat dans la jurisprudence administrative*, Bruylant, Bruxelles, 2005, *passim* – En droit du travail : T. PASQUIER, *L'économie du contrat de travail, Conception et destin d'un type contractuel*, LGDJ, coll. Biblio. de dr. social, tome 53, 2010, préf. A. LYON-CAEN, *passim* – Pour un avis contraire : J. MOURY, « *Une embarrassante notion : l'économie du contrat* », D. 2000, chron. p. 382 et s.

[195] J. CARBONNIER, *Droit civil*, t.4, *Les Obligations*, 2000, *op. cit.*, n°64, p. 135.

[196] S. PIMONT, *L'économie du contrat*, *op. cit.*, n°15, p. 23.

[197] S. PIMONT, *L'économie du contrat*, *op. cit.*, n°15, p. 24 citant : Ph. RÉMY, « *Ouverture* », *op. cit.*, p. 3 et s.

[198] S. PIMONT, *L'économie du contrat*, *op. cit.*, n°15, p. 24 citant : P. ANCEL, « *Force obligatoire et contenu obligationnel du contrat* », *op. cit.*, p. 771 et s. Pour une distinction entre l'obligation et la loi du contrat, J.-L. AUBERT, *Le contrat*, 2003, *op. cit.*, p. 103.

[199] S. PIMONT, *L'économie du contrat*, *op. cit.*, n°15, pp. 23-24.

118. Même si le Code civil promeut davantage le modèle du contrat-obligation[200], la réalité contractuelle s'est adaptée via le contrat-opération. Ainsi, prendre en compte le contrat-opération permet d'analyser les contrats complexes, car ce modèle représente l'opération économique que les parties ont pour objectif de réaliser : « L'étude des ensembles de contrats suppose précisément de se détacher de la considération des éléments internes à un contrat pour considérer directement l'opération dont chaque contrat forme un élément »[201].

Cette notion fonctionnelle a beaucoup inspiré les juges[202]. Plusieurs arrêts utilisent en effet cette notion d'« économie du contrat »[203]. Le Conseil

---

[200] V. not., J. CARBONNIER, *Droit civil*, tome 4, *Les obligations*, 2000, *op. cit.*, n°64 : « Dans les articles 1108 et 1131, comme dans presque tout le titre des obligations conventionnelles, le Code civil a raisonné sur un contrat à l'image de la *stipulatio* romaine (ce qui n'est pas, de loin, le type le plus fréquent aujourd'hui ; pratiquement, il ne peut s'agir que des promesses de payer), contrat unilatéral, c'est à peine assez dire ; il faudrait dire contrat-obligation ».

[201] S. PIMONT, *L'économie du contrat*, *op. cit.*, n°585, p. 368.

[202] La notion d'économie du contrat est apparue en jurisprudence pour la première fois dans : Cass. civ. 1ère, 6 juillet 1959, *Sté des fourrures Renel c/ Allouche*, Rev. Crit. DIP 1959, p. 708, note H. BATIFFOL ; B. ANCEL, Y. LEQUETTE et H. BATIFFOL, *Les grands arrêts de la jurisprudence française de droit international privé*, Dalloz, 3e éd., 1998, n°35, p. 261.

[203] V. not., Cass. civ. 3ème, 6 décembre 1995, n°93-21.260 : « *Le bailleur avait un intérêt légitime à ce que l'économie de la convention consentie à des copreneurs ne soit pas perturbée, la cour d'appel a, sans se contredire, pu en déduire que ces copreneurs ne pouvaient imposer aux consorts Francheschini le transfert par l'un d'eux de ses droits à l'autre cotitulaire du bail et refuser d'autoriser la cession* ». - Cass. com., 3 janvier 1996, n°94-12.314 : dans le cadre d'une modification par le franchiseur de sa politique de vente, il ne résulte pas des constatations de la cour d'appel que le franchisé a donné son accord pour que soit modifiée l'économie du contrat. - Cass. com., 16 janvier 1996, n°94-13.653 : pour une clause de livraison sous palan entre chargeur et transporteur maritime qui « *est une stipulation qui concerne **l'économie même du contrat** de transport* », si bien que « *pareille clause est opposable au destinataire sans qu'il soit nécessaire que celui-ci ait spécialement manifesté sa volonté de l'accepter* ». - Cass. com., 15 février 2000, n°97-19.793, D. 2000, somm. p. 364, obs. Ph. DELEBECQUE ; Rép. Déf., 2000, art. 37237, n°66, p. 1118, note. D. MAZEAUD ; RTD civ. 2000, p. 325, obs. J. MESTRE et B. FAGES, approuvant une cour d'appel d'avoir déclaré que deux contrat étaient interdépendant malgré une clause ayant expressément stipulé le contraire, au motif que « *le texte de la clause invoquée était en contradiction avec **l'économie générale du contrat*** ». – Cass. civ. 3ème, 24 septembre 2013, n°12-24.830 : validant la décision de la cour d'appel ayant retenue que « *l'augmentation du prix, qui résultait d'un changement de programme intervenu en cours de travaux et non d'une erreur de l'entreprise dans l'établissement de son forfait, représentait plus qu'un doublement du prix au mètre linéaire et portait en quantité sur les 2/3 du marché et qui a pu en déduire qu'était démontrée l'existence d'un bouleversement de **l'économie du contrat** ayant entraîné la sortie du marché à forfait* ». – Cass. civ. 2ème, 4 juillet 2013, n°12-21842, considérant que faire peser sur l'assureur les risques de fluctuation des marchés financiers est contraire à « **l'économie des contrats** en unités de compte dans lesquels ces risques sont supportés par le souscripteur ».

constitutionnel lui-même s'est référé à « *l'économie des conventions et contrats légalement conclus* »[204].

119. Tout d'abord, l'économie du contrat est apparue comme un moyen d'apprécier la volonté exprimée et surtout, de suppléer son absence. Cette notion sert à identifier la finalité du contrat dans l'accord des parties. Lorsque les stipulations contractuelles sont claires et précises, le recours à l'économie du contrat est inutile puisqu'il suffit d'appliquer les stipulations contractuelles[205]. En revanche, quand ces dernières sont obscures ou ambiguës, le juge est tenu de les interpréter. L'économie du contrat apparaît alors comme un guide d'interprétation[206] laissé au libre choix des juges[207]. Ainsi, dans le silence du contrat, le recours à son économie aide dans une fonction complétive à remédier aux lacunes de la volonté-intention[208].

120. Appréciation de l'objet – En réalité, la finalité du contrat peut renvoyer selon les cas à l'objet ou à la cause. « L'objet permet de prendre en considération la finalité commune des parties, l'opération juridique qu'elles avaient en vue, tandis que la cause renvoie à des mobiles individuels, qui sont en principe extérieurs au contrat, mais qui sont pris en considération pour apprécier la licéité de la cause »[209]. Distincte de l'objet et de la cause de l'obligation, l'économie du contrat est, à proprement parler, l'objet du contrat.

121. Appréciation de la cause objective – Lorsque l'économie du contrat sert à apprécier la cause, il convient de distinguer la cause objective de la cause subjective.
En matière de cause objective, cette notion permet de mettre en évidence la contre-prestation, en se basant sur une analyse réaliste du contrat. Dans

---

[204] Csl Constit., 10 juin 1998, Décis. n°98-401, JO 14 juin, RTD civ. 1998, p. 797, obs. N. MOLFESSIS et 1999, p.78, obs. J. MESTRE ; D. 2000, somm. p. 60, obs. L. FAVOREU.
[205] Civ. 3e, 15 mars 2000, n°98-16.771, *Parimall Ulis 2 c/ Redoute catalogue.*
[206] A. ZELCEVIC-DUHAMEL, « *La notion d'économie du contrat* », art. préc., p. 300.
[207] Les articles 1156 et suivants du Code civil ne formules par de règles à caractère impératif pour l'interprétation des conventions : Cass. civ. 1ère, 19 décembre 1995, Bull. civ., I, n°466.
[208] Sur la fonction complétive : P. JACQUES, *Regard sur l'article 1135 du Code civil*, Dalloz, coll. Nvelle Biblio. de Th., 2005, préf. Fr. CHABAS ; C. MOULY-GUILLEMAUD, *Retour sur l'article 1135 du Code civil, Une nouvelle source du contenu contractuel*, LGDJ, coll. Biblio. de dr. privé, tome 460, 2006, préf. D. FERRIER.
[209] M. FABRE-MAGNAN, *Droit des obligations, 1 – Contrat et engagements unilatéraux*, 2010, *op. cit.*, p. 435. – Dans le même sens, A.-S. LUCAS-PUGET, *Essai sur la notion d'objet du contrat*, LGDJ, coll. Biblio. de dr. privé, tome 441, 2005, préf. M. FABRE-MAGNAN.

l'arrêt Chronopost[210], la Cour de cassation a considéré que les parties ne pouvaient, par des stipulations contractuelles, porter atteinte à l'économie du contrat. Le raisonnement de la Haute juridiction s'est basé sur les obligations essentielles des parties, engendrées par le contrat, qui permettent de ne point faire produire d'effet à la clause limitative de responsabilité. Le raisonnement suivi est que l'obligation souscrite par le client de payer un prix plus élevé qu'à l'ordinaire trouve sa cause dans l'obligation du transporteur d'acheminer le pli avec célérité, dans un court délai. Cet engagement du transporteur a été déterminant dans le consentement du client. Dès lors, la clause qui ne réduit pratiquement à rien son indemnisation en cas de retard anéantit à la fois la cause même de son engagement et ses prévisions légitimes. Cette clause ne peut donc trouver à s'appliquer sous peine de dénaturer la loi contractuelle. La Cour semble ainsi conférer une dimension subjective à la cause objective que nous retrouvions dans les premiers épisodes de cette saga Chronopost.

122. Appréciation de la cause subjective – De manière plus audacieuse, la notion d'économie du contrat a également été utilisée pour apprécier la cause subjective, entendue comme le motif déterminant de l'engagement.
L'analyse réaliste du but essentiel initialement prévu par les parties a permis, dans le cas de l'affaire Point club vidéo[211], de justifier l'annulation d'un contrat pour absence de cause. La Cour de cassation a confirmé que l'absence de cause était avérée au regard de l'« *économie voulue par les parties* ».

123. En l'espèce, les parties s'étaient entendues pour ouvrir un commerce, mais cette exploitation était vouée à l'échec compte tenu de la petite taille de l'agglomération[212]. La cour d'appel avait alors annulé la convention pour défaut de cause, retenant que cette dernière résidait dans la diffusion de cassettes vidéo. Par contraste, le pourvoi relevait que la cause de l'obligation d'une partie trouvait son fondement dans l'obligation de l'autre partie de sorte que la cause de l'engagement des exploitants du club reposait seulement sur la mise à disposition de cassettes. La Cour de cassation a cependant rejeté le pourvoi en retenant que « *s'agissant de la location de*

---

[210] Cass. com., 22 octobre 1996, arrêt *Chronopost*, Bull. civ. IV, n°261, JCP-G 1997, I, p. 4002, note M. FABRE-MAGNAN; D. 1997, p. 121, note A. SÉRIAUX ; D. 1997, somm. p. 175, obs. Ph. DELEBECQUE ; Rép. Déf., 1997, art. 36516, p. 333, obs. D. MAZEAUD ; CCC 1997, n°24, obs. L. LEVENEUR ; Ch. LARROUMET, « *Obligation essentielle et clause limitative de responsabilité* », art. préc., p. 145.
[211] Civ.1ère, 3 juillet 1996, *DPM vidéo*, Bull. civ. I, n°286, D. 1997, p. 500, note Ph. REIGNÉ ; Rép. Déf. 1996, art. 36381, p. 102, obs. Ph. DELEBECQUE.
[212] 1314 habitants.

cassettes vidéo pour l'exploitation d'un commerce, l'exécution du contrat selon l'économie voulue par les parties était impossible, la cour d'appel en a exactement déduit que le contrat était dépourvu de cause, dès lors qu'était ainsi constaté le défaut de toute contrepartie réelle à l'obligation de payer le prix de location des cassettes, souscrite dans le cadre de la convention de création d'un « point club vidéo » ».

124. Nonobstant, cette décision a largement été critiquée[213]. La Haute cour a fondé sa décision sur la cause, marquant ainsi un élargissement certain. Mais en tenant compte de la "contrepartie convenue", cela revient à ériger le défaut de rentabilité en motif de nullité du contrat.

Cette « prise en compte, par le biais de la cause, de l'utilité attendue par une partie de l'opération semble trop fragiliser le contrat et tend à brouiller la distinction entre la cause objective, permettant d'apprécier son existence, et la cause subjective, permettant d'apprécier sa licéité »[214].

De nombreux commentateurs de l'arrêt Point club vidéo ont également considéré que cette décision marquait le rejet de la conception de la "cause contrepartie" au profit de celle de la "cause intérêt" selon laquelle le contractant conclut un contrat plus en raison de l'intérêt qu'il y trouve que de la contrepartie attendue. Mais la Cour de cassation veille à ce que la notion d'économie du contrat ne serve pas à remettre en question des conventions dans lesquelles l'une des parties se rendrait compte, en cours d'exécution, qu'elle a fait une mauvaise affaire.

La Cour a donc rappelé, dans une décision de 2009, que « *la cause de l'obligation d'une partie à un contrat synallagmatique réside dans l'obligation contractée par l'autre* »[215].

125. Appréciation globale du contrat – Enfin, l'idée d'envisager le contrat non pas uniquement pour son rôle créateur d'obligation, mais pour lui-même

---

[213] V. notamment : A. ZELCEVIC-DUHAMEL, « *La notion d'économie du contrat* », art. préc., p. 300, qui indique : « La sanction appropriée de la déloyauté d'une société qui suscite un faux espoir de gain est l'annulation du contrat pour réticence dolosive ou l'octroi de dommages et intérêts pour manquement à l'obligation précontractuelle de renseignement. L'utilisation de la cause subjective pour annuler un contrat déséquilibré, en intégrant artificiellement dans le champ contractuel un mobile qui n'y était pas, ouvre la voie, de façon générale et hors toute mauvaise foi du cocontractant, à la possibilité de se délier de son engagement, sans frais, dès qu'il est constaté, après-coup, que le contrat est une mauvaise affaire. Cette solution, qui fait un mauvais usage de la notion d'économie du contrat, est déresponsabilisante et porte atteinte à la force obligatoire du contrat, de surcroît par un moyen inadéquat ».

[214] M. POUMARÈDE, *Droit des obligations*, 2012, *op. cit.*, n°375, pp. 155-156.

[215] Cass. com., 9 juin 2009, RTD civ. 2009, p. 711, obs. B. FAGES ; RDC 2009/4, p. 1345, obs D. MAZEAUD.

a permis de mettre en lumière le fait que le contrat peut même survivre à certaines modifications[216], favorisant également l'essor de la cession de contrat[217].
Cette nouvelle perspective du contrat, fondée sur une approche globale de l'opération économique contractuelle a, en outre, contribué à dynamiser le mécanisme de l'exécution forcée en nature[218] ou encore, à remettre en cause des concepts classiques tels que la responsabilité contractuelle[219].

126. Étudier l'économie du contrat permet d'adopter une approche globale de l'acte juridique. C'est donc « le fonctionnement concret du contrat, tel que les parties l'avaient envisagé, qui est pris en compte derrière le terme d'"économie du contrat". C'est le fonctionnement concret qui représente l'opération réellement voulue par les parties, au-delà de la manifestation strictement juridique de la volonté »[220].
Puisque l'économie du contrat est un tout, elle implique une approche globale de l'acte ; procédé assez éloigné de la logique du Code civil qui scinde le contrat en une adjonction d'obligations[221]. Le juge peut ainsi porter une appréciation globale sur la cohérence du contrat[222]. En utilisant cette notion, le juge manifeste son attachement à une conception très utilitaire du contrat, forgeant un droit au service de la satisfaction des intérêts concrets attendus par les parties.

127. Comme le résume le doyen Pimont, l'économie du contrat « est l'opération globale et concrète que veulent réaliser les parties ; elle représente sous une forme objective le point de convergence des volontés.

---

[216] A. GHOZI, *La modification de l'obligation par la volonté des parties*, LGDJ, coll. Biblio. de dr. privé, tome 166, 1980, préf. D. TALLON. – V. également P. ANCEL, « *Force obligatoire et contenu obligationnel du contrat* », art. préc., p. 771.
[217] L. AYNÈS, *La cession de contrat et les opérations juridiques à trois personnes*, Economica, 1984, préf. Ph. MALAURIE.
[218] E. DEBILY, *L'exécution forcée en nature des obligations contractuelles non pécuniaires*, Th. Poitiers, 2002, spéc. n°19 et s.
[219] Ph. RÉMY, « *La « responsabilité contractuelle » : histoire d'un faux concept* », RTD civ. 1997, p. 343 ; M. FAURE ABBAD, *Le fait générateur de la responsabilité contractuelle, contribution à la théorie de l'inexécution du contrat*, LGDJ, 2003, coll. de la Faculté de droit et des sciences sociales de Poitiers, préf. Ph. RÉMY ; Ph. LE TOURNEAU, *Droit de la responsabilité et des contrats*, Dalloz Action, 2004. Ces auteurs envisagent les dommages et intérêts contractuels comme un mode d'exécution du contrat par équivalent car ils permettent au créancier d'obtenir l'avantage légitime qu'il attendait du contrat.
[220] E. HOUSSARD, « *L'économie du contrat* », art. préc., spéc. n°50.
[221] Ch. ATIAS, « *L'équilibre renaissant de la vente* », D. 1993, chron. p.1, spéc. n°1 ; J. MESTRE, « *L'évolution du contrat en droit privé* », art. préc., spéc. p. 51.
[222] G. MEILHAC-REDON et F. MARMOZ, « *Cause et économie du contrat, un tandem au service de l'interdépendance des contrats* », PA 2000, n°260, spéc. p. 16.

Cette opération est une structure ordonnée d'effets de droit apte à réaliser une fonction économique précise. Elle constitue donc la matière ou le contenu économique du contrat. Comprise de cette manière, l'économie du contrat, à laquelle les parties, mais aussi le législateur doivent un égal respect, est la norme produite par le contrat, la loi des parties au sens de l'article 1134 du Code civil »[223]. L'économie du contrat est somme toute une notion originale, instrument d'analyse contractuelle, qui en éclaire le contenu et en fixe les limites.

128. Synthèse – Cette nouvelle vision du phénomène contractuel modifie l'analyse qu'il convient de retenir du contrat. Mme Arsac-Ribeyrolles souligne d'ailleurs le fait que la « considération de la volonté réelle des parties est alors refoulée lorsqu'elle ne permet pas au contrat de déployer les effets économiques qui en sont normalement attendus. La référence à l'économie du contrat apparaît ici comme une véritable grille de lecture : elle permet au juge d'en normaliser le contenu, sous le couvert du respect de la volonté implicite des parties »[224]. Autrement dit, l'« intérêt de l'économie du contrat est de faire comprendre qu'en dépit des tendances morales, des appels à une plus grande justice ou à l'édification d'un monde contractuel meilleur, le contrat reste l'outil indispensable du commerce des hommes. Analysé au travers de son économie, il doit être économiquement efficace et n'être que cela »[225].
Néanmoins, il convient de préciser que la réforme de 2016 a supprimé la référence prévue initialement à l'économie du contrat. Ainsi, le nouvel article 1304-7, alinéa 2, du Code civil prévoit désormais que « *la rétroactivité n'a pas lieu si telle est la convention des parties ou les prestations échangées ont trouvé leur utilité au fur et à mesure de l'exécution réciproque du contrat* ».

129. Pour obtenir une vision la plus réaliste possible, l'analyse de l'exécution est passée de la prise en compte de l'exécution des obligations à l'exécution du contrat dans son entier. D'un point de vue pragmatique, l'exécution correspond à l'accomplissement de l'opération juridique et économique envisagée par les parties.
Il convient dès lors de s'intéresser aux conséquences découlant de la prise en considération du contrat dans son entier, à savoir ce qui fonde l'exécution du contrat.

---

[223] S. PIMONT, *L'économie du contrat*, *op. cit.*, n°274, p.183.
[224] A. ARSAC-RIBEYROLLES, *Essai sur la notion d'économie du contrat*, *op. cit.*, n°526, p. 303.
[225] S. PIMONT, *L'économie du contrat*, *op. cit.*, n°590, p.370.

§2 – La légitimisation de la notion d'exécution du contrat

130. Fondement du recours au contrat – La définition du contrat est en constante évolution. L'affinage des contours de cet acte juridique a permis de l'envisager au-delà d'un simple lien de droit. En intégrant notamment l'aspect prévisionnel du contrat pour les parties, il est possible de comprendre les raisons qui poussent les individus à contractualiser leurs relations, mais surtout d'appréhender le caractère obligatoire de l'exécution.

131. Fondement conceptuel de l'exécution – Traditionnellement, l'exécution contractuelle était fondée sur le dogme de l'autonomie de la volonté : en tant qu'individu libre, je conclus et exécute mon contrat, car j'y ai consenti. Mais cette vision du contrat a fait l'objet de vives critiques.
C'est principalement la prise en compte de la conformité du contrat à la loi qui a permis de donner une autre base, un fondement plus solide, au caractère obligatoire de l'exécution, passant de l'autonomie de la volonté à la force obligatoire du contrat (A). La force obligatoire du contrat ne renie toutefois pas l'importance de la volonté des parties. Elle indique simplement que l'individu est libre de contracter, mais une fois conclu, le contrat doit obligatoirement être exécuté, car ce principe est édicté par la loi.
La volonté des parties entre en jeu également pour mettre en lumière des corollaires à la force obligatoire du contrat tels que la liberté contractuelle, dont les implications juridiques sont nombreuses (B).

A. De l'autonomie de la volonté à la force obligatoire du contrat

132. Définition du terme « contrat » – Le terme *contrat*, indépendant de la "notion" même de contrat, fait son apparition en droit romain où l'on observe les premières traces de l'usage du terme *contrahere*[226]. Ce dernier signifie rassembler, réunir, resserrer, conclure. Son dérivé, *contractus*, apparaît au milieu du Ier siècle avant J.C., mais il n'a alors aucun contenu juridique. C'est Labéon qui offre une première définition de la notion de contrat, en utilisant non pas le terme *contractus* mais sa forme verbale *contractum* : « *contractum autem ultro citroque obligationem* »[227], regroupant les actes comprenant une obligation réciproque tels que l'achat, la vente, le louage ou la société. Le *contractum* apparaît alors comme la source d'obligations civiles. Au détriment de *contractum*, l'emploi du terme

---

[226] J. GAUDEMET, *Droit privé Romain*, 2000, *op. cit.*, p.255 : « *Contrahere* était d'usage courant. Il s'agit d'un verbe qui désigne une activité juridique. Avec lui on reste dans le domaine des faits ».
[227] Labéon, 1.1 (ad. Ed.) pr. urb.

contractus revient vers 130 après J. C. à travers les écrits de Pedius[228]. Ce juriste, qui vécut sous le règne d'Hadrien, précise qu'il y a *contractus* seulement si l'acte renferme une convention.

133. Le terme « convention » quant à lui, trouve son origine latine dans la *conventio*, dérivé de *convenire* qui correspond au fait de venir ensemble, d'où d'être d'accord. La convention renvoie à une catégorie plus large que celle du contrat puisqu'elle englobe « tout accord de volonté entre deux ou plusieurs personnes destinées à produire un effet de droit quelconque »[229].
Le critère déterminant des contrats est l'accord de volontés. Le contrat est une union légale, c'est-à-dire une « convention juridique par laquelle une ou plusieurs personnes s'engagent envers d'autres personnes à faire ou à ne pas faire quelque chose »[230]. Il apparaît ainsi comme un type particulier de convention en raison du lien obligatoire qui en découle pour les parties. Prudence néanmoins, si tout contrat est nécessairement une convention, la réciproque n'est par vraie puisqu'il existe des conventions qui ne sont pas des contrats[231].
La spécificité du contrat réside dans son effet créateur d'obligations par un simple accord de volonté. Il est une source d'obligations, volontairement engendrées.

134. Émergence du contrat – Le contrat naît du simple échange de consentements. Chaque individu doit manifester sa propre volonté, décision interne imprégnée par une entente subjective et psychologique. En extériorisant sa volonté, l'individu marque son consentement, devenu plus formel et plus objectif. La volonté manifeste la puissance et la liberté de la personne, tandis que le consentement est davantage lié au signe de l'aliénation consentie[232]. C'est cette extériorisation du consentement qui engendre le contrat.
Maurice Hauriou présentait d'ailleurs le contrat comme la tentative « la plus hardie qui puisse se concevoir pour établir la domination de la volonté humaine sur les faits, en les intégrant d'avance dans un cadre de prévision »[233]. Cette observation a remporté un vif succès au sein de la

---

[228] Ses paroles sont reprises par Ulpien dans le Digeste.
[229] G. CORNU (dir.), *Vocabulaire juridique*, *op. cit.*, V° « Convention ».
[230] *Le Petit Larousse*, Bordas, 1999, V° « Contrat ».
[231] M. FABRE-MAGNAN, *Droit des obligations, 1 – Contrat et engagement unilatéral*, 2010, *op. cit.*, p.155.
[232] M.-A. FRISON-ROCHE, « *Remarques sur la distinction de la volonté et du consentement en droit des contrats* », art. préc., p. 573.
[233] M. HAURIOU, *Principe de droit public*, Dalloz Sirey, 2e éd., 1916, p. 106.

doctrine contractualiste. Néanmoins, cette caractérisation du contrat est apparue, auprès de certains auteurs, comme étant quelque peu absconse[234].

135. Le contrat, acte de prévision – La célèbre formule de Maurice Hauriou fut complétée par quelques précisions de l'auteur qui soulignait que, dans « une large mesure, cette tentative [la domination des faits par leur intégration dans un acte de prévision] ne réussit que grâce à une fiction, l'exécution d'un contrat se maintient rigoureusement dans la donnée des prévisions contractuelles »[235]. Ainsi, « il doit y avoir conformité entre les faits d'exécution et l'état de prévision, [...] les faits d'exécution sont intégrés par avance à l'acte de prévision »[236]. Parler de prévision signifie préparer à l'avance, « prévoir, c'est voir avant »[237] comme l'indique M. Thibierge.

136. Appliquée au contrat, cette acception n'est pas sans rappeler la catégorie des contrats commutatifs dans lesquels, « les parties connaissent dès la conclusion de l'acte l'étendue des prestations qu'elles doivent et les avantages qu'elles retirent »[238]. Cette catégorie de contrat s'oppose à celle des contrats aléatoires.

137. Un constat qui souligne la faculté de la distinction à s'opérer grâce à l'économie de ce contrat qui « ne permet pas une prévision définitive des prestations réciproques des parties »[239]. La vocation principale de l'acceptation du contrat comme acte de prévision insuffle la permission d'« insérer le futur dans l'accord par l'effet de la confiance juridicisée »[240].

138. Quant à l'objet de la prévision, Maurice Hauriou indiquait qu'il y a « dans le mécanisme du contrat, du moins quand il est productif d'obligations, quelque chose qui le pousse à essayer de s'emparer de

---

[234] Sur la critique de Maurice HAURIOU, V. « G. JÈZE, *Revue de droit public*, 1912, p. 291 : « Comme à l'ordinaire, le professeur HAURIOU argumente par voir de comparaison. C'est là une méthode de raisonnement qui me paraît vicieuse ; étant dénuée de toute précision, l'argumentation échappe à la réfutation ; on ne réfute pas une image » », cité par Ph. MALAURIE, *Anthologie de la pensée juridique*, Cujas éd., 1996, p. 232.

[235] M. HAURIOU, *Principe de droit public*, 1916, *op. cit.*, p. 201 et s.

[236] M. HAURIOU, *Principe de droit public*, 1916, *op. cit.*, 1916, p. 202.

[237] L. THIBIERGE, *Le contrat face à l'imprévu*, Economica, coll. Recherches juridiques, 2011, préf. L. AYNÈS, n°27 et s.

[238] Fr. TERRÉ, Ph. SIMLER et Y. LEQUETTE, *Droit civil, Les obligations*, 2009, *op. cit.*, n°69.

[239] J.-L. AUBERT, note sous : Cass. ch. mixte, 23 novembre 2004, Rép. Déf., 2005, p. 607.

[240] « Fr. TERRÉ, « *Le doute et le droit : synthèse* », in *Le doute et le droit*, Dalloz, coll. Philo. du dr., 1994, p. 1 », cité par Ph. STOFFEL-MUNCK, *L'abus dans le contrat, Essai d'une théorie*, LGDJ, coll. Biblio. de dr. privé, tome 337, 2000, préf. R. BOUT, n°644, n°2165.

l'avenir. Grâce à l'élément juridique de l'obligation, par un effort de la prévision humaine, une longue série de faits d'exécution sont ramenés à n'être que des clauses de l'acte initial. L'obligation contractuelle contient en elle tous les faits d'exécution envisagée dès maintenant comme accomplie »[241].

139. On en vient à la déduction que le contrat est ainsi un acte de prévision en ce qu'il intègre les faits par avance. Mais l'avenir espéré par les contractants n'est pas forcément l'avenir lié par le contrat, acte de prévision. Il s'agit en conséquence d'une prévision contractuelle, bien distincte des prévisions, des espoirs des parties.

140. Le doyen Georges Ripert écrivait d'ailleurs pour caractériser la rigidité, l'intangibilité du contenu du contrat comme acte de prévision : « Le contrat, en opérant des mutations dans le patrimoine ou en prévoyant des livraisons de marchandises et des prestations de services, assure à un créancier une situation future et le garantit contre les circonstances qui s'opposeraient à sa satisfaction. Contracter, c'est prévoir. Le contrat est une emprise sur l'avenir. Tout contrat contient une idée d'assurance ».[242]

141. Certains auteurs ont vu dans cette définition du contrat comme un acte de prévision, un moyen de permettre son adaptation lorsque ce qui a été prévu n'est plus avantageux pour les parties[243]. Selon cette idée, « la prévisibilité peut, tout au contraire, désigner la flexibilité et l'adaptabilité. Elle consiste à intégrer l'idée que rien n'est totalement prévisible. La prévisibilité rime alors ici avec l'incomplétude du contrat. Ce dernier devient un acte incomplet qui n'entend opérer aucune "présentation" du futur. La prévisibilité du contrat vient de la potentialité d'une négociation permanente prévue par les parties »[244].
Or, voir dans la prévisibilité du contrat un moyen d'adaptation équivaut à renverser totalement la perspective énoncée par Maurice Hauriou. La prévision contractuelle ne sous-entend en aucun cas la possibilité d'adapter le contrat[245]. Voir en cela une possibilité d'adaptation n'est qu'une

---

[241] M. HAURIOU, *Principe de droit public*, 1916, *op. cit.*, p. 201.
[242] G. RIPERT, *La règle morale dans les obligations civiles*, LGDJ, 4ème éd., 1949, n°84.
[243] En ce sens, J.-Ph. DELMAS-SAINT-HILAIRE, « *L'adaptation du contrat aux circonstances économiques* », in *La tendance à la stabilité du rapport contractuel*, P. DURAND (dir.), LGDJ, 1960, p. 189 et s. ; Ph. STOFFEL-MUNCK, *Regards sur la théorie de l'imprévision, Vers une souplesse contractuelle en droit privé français contemporain*, *op. cit.*, *passim*.
[244] M. MEKKI, « *Le discours du contrat : quand dire, ce n'est pas toujours faire* », RDC 2006, p. 297, n°2.
[245] Sauf à inclure la possibilité d'adaptation directement dans le contrat.

déformation de l'aspect prévisionnel du contrat, car la prévision est antinomique de l'adaptation.

142. La prévision correspond à l'action de voir à l'avance ce qui va arriver, alors que pour l'adaptation, la dimension temporelle n'entre pas en ligne de compte ; l'adaptation s'entend simplement de l'ajustement d'une chose à une autre.

143. Le contrat est donc le cadre nécessaire à la mise en relation des différents intérêts propres à chaque contractant. La technique contractuelle permet alors de prendre conscience du caractère obligatoire de l'accord de volontés, « c'est le fondement même de la sécurité juridique dont toutes les relations économiques découlent »[246].
Cet aspect du contrat encourage la compréhension des raisons qui amènent les individus à contractualiser leurs relations.
Quant aux motifs qui les poussent à exécuter leurs engagements, la doctrine a tout d'abord trouvé une justification dans le dogme de l'autonomie de la volonté avant de l'abandonner au profit de la force obligatoire du contrat.

144. Primauté du consentement – La réponse à la question du caractère obligatoire de l'exécution contractuelle a longtemps été recherchée du côté du débiteur, car c'est lui qui s'engage. Cette conception a donné naissance à la théorie dite de l'autonomie de la volonté.
Cette explication n'a cependant pas suffi très longtemps à rendre compte de la force obligatoire du contrat. La doctrine est ainsi passée du fondement basé sur l'autonomie de la volonté à celui de la force obligatoire pour justifier l'exécution contractuelle.

145. Dogme de l'autonomie de la volonté – « Le contrat est un acte de volonté, sa force découle de sa nature puisqu'il est classiquement professé que la volonté est *autonome* »[247]. Cette acception est la plus répandue. Elle est tellement ancrée dans l'approche contractuelle qu'elle en a acquis le caractère de dogme.
Ce dogme de l'autonomie de la volonté semble dominer l'ensemble du droit des contrats. Dans cette expression, le terme "autonomie" trouve son origine étymologique dans le dérivé d'"autonome", issu du grec *autonomos* : la possibilité de créer des lois pour soi-même – du préfixe *autos* qui signifie que l'on se donne à soi-même – et *nomos* qui désigne la loi. Ce mot indiquait

---

[246] Y. PICOD, *Le devoir de loyauté dans l'exécution du contrat*, LGDJ, coll. Bibliothèque de Dr. Privé, tome 208, 1989, préf. G. COUTURIER, n°1, p. 9.
[247] Ph. STOFFEL-MUNCK, *Regards sur la théorie de l'imprévision, Vers une souplesse contractuelle en droit privé français contemporain*, *op. cit.*, n°29, p.35.

à l'origine « le droit que les Romains avaient laissé à certaines cités grecques de se gouverner selon leurs propres lois »[248].

146. De façon plus générale, l'autonomie de la volonté s'entend de la possibilité pour un individu de décider, sans en référer à un pouvoir central, à une hiérarchie ou une autorité. C'est le droit de se régir par ses propres lois. La volonté humaine est elle-même sa propre loi, elle crée ses propres obligations, car « la volonté est la source et la mesure des droits subjectifs, qu'elle est un organe créateur de droit »[249]. L'autonomie de la volonté exprime « une doctrine de philosophie juridique, suivant laquelle l'obligation contractuelle repose exclusivement sur la volonté des parties : volonté qui est, à la fois, la source et la mesure des droits acquis comme des charges assumées, par ceux qui l'ont exprimée »[250].

147. Relevant d'une philosophie individualiste libérale du droit en général et du contrat en particulier, cette théorie entend permettre à l'homme de choisir sa contrainte. Ainsi, l'homme est engagé par un acte juridique – plus spécialement par un contrat – seulement parce qu'il l'a voulu.
La volonté peut, en effet, « produire des effets de droit, mais encore, les effets de droit auxquels elle donne ainsi naissance ne sont que ce qu'elle veut qu'ils soient. Ils pénètrent dans le monde juridique non seulement parce qu'ils ont été voulus, mais comme ils ont été voulus »[251].

148. Le doyen Jean Carbonnier illustrait cette conception en indiquant que le « contrat est le principe de la vie juridique ; la volonté individuelle, le principe du contrat »[252]. Selon cette acception, le contrat est un acte pur de volonté[253] issu de la rencontre entre l'économie et la philosophie. Donc, « les échanges économiques sont réalisés par la voie de concessions réciproques, qui sont l'œuvre des volontés des contractants »[254].

---

[248] V. RANOUIL, *L'autonomie de la volonté : Naissance et évolution d'un concept*, PUF, 1980, p.22.
[249] V. RANOUIL, *L'autonomie de la volonté : Naissance et évolution d'un concept*, *op. cit.*, p.70.
[250] J. FLOUR, J.-L. AUBERT et É. SAVAUX, *Droit civil, Les obligations,* vol. 1, *L'acte juridique*, 15e éd., Sirey, coll. Université, 2012, n°96, p. 81.
[251] E. GOUNOT, *Le principe de l'autonomie de la volonté en droit privé, Contribution à l'étude critique de l'individualisme juridique*, Th. Dijon, 1912, p. 3.
[252] J. CARBONNIER, *Droit civil*, t.4, *Les Obligations*, 2000, *op. cit.*, n°16, p.53.
[253] J.-L. AUBERT, *Le Contrat, Droit des Obligations*, Dalloz, coll. Connaissance du droit, 2e éd., 2000, p.26.
[254] Ch. LARROUMET, *Droit civil, t.3 Les Obligations – Le contrat*, 2003, *op. cit.*, n°111, p.94.

149. D'ailleurs, selon la doctrine de l'individualisme juridique du XIXe siècle, « philosophiquement, l'homme aurait le libre choix de faire sienne une règle et de s'y soumettre »[255], alors que « juridiquement, la volonté serait la source et la mesure des droits subjectifs, ce qui justifierait la liberté contractuelle, le consensualisme et l'interprétation volontariste du contrat »[256].
L'autonomie de la volonté apparaît comme le triomphe du subjectivisme juridique dont l'empreinte se fait sentir dans la rédaction du Code civil de 1804.

150. Origine du dogme – De nombreux auteurs attribuent la paternité de cette théorie à Emmanuel Kant. En cherchant les principes de la raison pratique, il posait l'idée de l'autonomie de la volonté ; c'est le « principe suprême de la moralité [...], l'autonomie de la volonté est cette propriété qu'a la volonté d'être à elle-même sa loi [...] (Elle) est l'unique principe de toutes les lois morales et des devoirs conformes à ces lois »[257]. À défaut de volonté autonome, il ne saurait y avoir d'obligations. L'autonomie dont il est ici question est cependant étrangère à la convention ; elle est le propre d'une volonté unique, isolée.
Dans son ouvrage[258], Emmanuel Kant ne mettait pas particulièrement l'accent sur l'autonomie de la volonté comme fondement de la force obligatoire du contrat. C'est en répondant à la question : « qu'est-ce que le droit ? », que le philosophe l'évoquait : « Le droit est l'ensemble des conditions sous lesquelles l'arbitre de l'un peut être uni à l'arbitre de l'autre selon une loi universelle de la liberté »[259].
Traitant ainsi du droit personnel, il s'interrogeait sur les composantes de la formation du contrat : « ni la volonté particulière du promettant, ni celle de l'acceptant (comme tel) ne suffisent pour que le sien du premier devienne celui du dernier, mais il faut une volonté unifiée des deux et par conséquent la déclaration simultanée des deux volontés »[260].

151. Rejet du dogme – Malgré cela, la doctrine civiliste ne semble pas s'être inspirée directement du philosophe. Le principe de l'autonomie de la

---

[255] Ph. MALAURIE, L. AYNES et Ph. STOFFEL-MUNCK, *Les Obligations*, 2007, *op. cit.*, n°748, p.371.
[256] Ph. MALAURIE, L. AYNES et Ph. STOFFEL-MUNCK, *Les Obligations*, 2007, *op. cit* n°748, p.371.
[257] E. KANT, *Doctrine du droit, Critique de la raison pratique*, théorème IV, in Œuvres complètes, Paris, NRF-Gallimard, t.2, trad. FERRY et WISMANN, 1985, pp. 308, 317, 318 et 647.
[258] E. KANT, *Doctrine du droit*, in *La métaphysique des mœurs*, 1ère partie, 1796.
[259] E. KANT, *Doctrine du droit*, *op. cit.*
[260] E. KANT, *Doctrine du droit*, *op. cit.*

volonté n'a été mis en avant qu'au début du XXe siècle, avec pour principale motivation de le critiquer. En effet, il aura fallu attendre 1912 pour qu'une étude approfondie apparaisse. Ce n'est que par la suite qu'on observera le sens qui s'en dégage[261].

La thèse d'Emmanuel Gounot présentait l'idée que l'autonomie de la volonté « exprime en somme, mieux que tout autre, ce qu'il s'agit d'exprimer, savoir le rôle de la volonté comme organe créateur de droit. [...] C'est la volonté qui crée l'acte juridique. Elle en constitue véritablement l'essence, le principe actif et générateur. [...] Là où la volonté est absente, il n'y a pas d'acte juridique. [...] Non seulement la volonté peut dans les limites et sous les conditions que lui assigne le droit positif, engendrer des actes juridiques, et par conséquent produire des effets de droit, mais encore les effets de droit auxquels elle donne ainsi naissance ne sont que ce qu'elle veut qu'ils soient. Ils pénètrent dans le monde juridique non seulement *parce qu*'ils ont été voulus, mais *comme* ils ont été voulus »[262]. Selon ce juriste, la théorie de l'autonomie de la volonté était « [...] la pierre angulaire de tout édifice juridique »[263].

152. L'idée du dogme de l'autonomie de la volonté est d'exclure la loi du champ contractuel : « Les contraintes extérieures sont remplacées par la contrainte intérieure, par l'autonomie de la volonté, c'est-à-dire par la dépendance de la volonté vis-à-vis d'elle-même une fois qu'elle s'est exprimée »[264].

La volonté est considérée comme toute puissante. Elle est l'« alpha et l'oméga de l'acte juridique »[265] et de ses effets.

Cette théorie attribue à la volonté une dimension absolue. Elle est omnipotente.

La théorie de l'autonomie de la volonté se distingue de ce fait des courants de pensée qui laissent une place à la volonté aux côtés de la loi[266]. Cette seconde théorie admet que la volonté et la loi puissent agir de concert.

---

[261] V. RANOUIL, *L'autonomie de la volonté : Naissance et évolution d'un concept*, *op. cit.*, p.14 – J. GHESTIN, *Traité de droit civil, La formation du contrat*, LGDJ, 3e éd., 1993, n°45.

[262] E. GOUNOT, *Le principe de l'autonomie de la volonté en droit privé, Contribution à l'étude critique de l'individualisme juridique*, *op. cit.*, pp.3 et 4. Ce principe est expliqué en détail aux pages 61 et s.

[263] E. GOUNOT, *Le principe de l'autonomie de la volonté en droit privé, Contribution à l'étude critique de l'individualisme juridique*, *op. cit.*, p. 335 et s.

[264] G. MORIN, « *La désagrégation de la théorie contractuelle du Code* », APD 1940, p. 8.

[265] E. GOUNOT, *Le principe de l'autonomie de la volonté en droit privé, Contribution à l'étude critique de l'individualisme juridique*, *op. cit.*, p. 120.

[266] J. FLOUR et J.-L. AUBERT, *Droit civil, Les obligations*, tome 1, *L'acte juridique*, 1996, *op. cit.*, spéc. n°102 ; Ph. MALAURIE, L. AYNÈS et Ph. STOFFEL-MUNCK, *Les Obligations*, 2011, *op. cit.*, n°748, p.357.

153. Depuis, la doctrine reprend cette analyse en des termes plus concis : « le principe de l'autonomie de la volonté exprime une doctrine de philosophie juridique, suivant laquelle l'obligation contractuelle repose exclusivement sur la volonté des parties : la volonté qui est, à la fois, la source et la mesure des droits acquis, comme des charges assumées par ceux qui l'ont exprimée »[267].
En d'autres termes, l'autonomie de la volonté est un principe extérieur au Code civil[268] : « Le kantisme a exercé son influence sur la pensée juridique française à la fin du XIXe siècle seulement ; ainsi, il a moins contribué à l'adhésion des juristes français à l'interventionnisme du Code qu'au socialisme juridique qui lui a succédé »[269].

154. Hans Kelsen était même allé plus loin en démontrant que l'autonomie de la volonté ne pouvait constituer une explication suffisante de la force obligatoire du contrat. En effet, elle n'explique pas pourquoi c'est la volonté passée – volonté morte – qui devrait prévaloir sur la volonté présente – volonté vivante – de celui qui refuse d'exécuter le contrat.[270]. Étant en mesure de revendiquer une telle toute-puissance, elle devrait pouvoir lier les parties, mais également les délier[271].

155. D'ailleurs, historiquement, le droit romain connaissait déjà des contrats obligatoires où l'autonomie de la volonté n'apparaissait aucunement. En outre, le tribun Favart énonçait très clairement que : « Le contrat légalement formé est une émanation de la loi même et non moins sacrée qu'elle »[272]. Cette analyse, provenant d'un texte de Domat[273], ne laisse aucun doute sur le peu d'enclin attribué à l'individualisme libéral.
Les travaux préparatoires du Code civil se réfèrent moins à la philosophie à la base de l'autonomie de la volonté qu'à la morale, à l'équité et surtout au droit romain.

---

[267] J. FLOUR et J.-L. AUBERT, *Droit civil, Les obligations,* tome 1, *L'acte juridique,* 1996, *op. cit.*, n°94.
[268] X. MARTIN, « *De l'insensibilité des rédacteurs du Code civil à l'altruisme* », RHD 1982, p. 610, qui met en avant le fait que les rédacteurs du Code civil étaient véritablement hostiles au principe de l'autonomie de la volonté.
[269] Ch. ATIAS, *Philosophie du droit*, PUF, coll. Thémis, 2e éd., 2004, p.113.
[270] J. GHESTIN, « *La notion de contrat* », art. préc., p.147.
[271] M. FABRE-MAGNAN, *Droit des obligations, 1 – Contrat et engagement unilatéral*, 2010, *op. cit.*, p. 58.
[272] FAVART, *Recueil complet des travaux préparatoires du Code civil*, par P.-A. FENET, vol. XIII, p. 319.
[273] J. DOMAT, *Les lois civiles dans leur ordre naturel*, Partie I, Livre I, Titre I, Section II, n°7 ; D. DEROUSSIN, *Histoire du droit des obligations*, Economica, 2007, p. 483, qui rapporte que J. DOMAT, in *Pensées*, sépare dans cet ouvrage la volonté qui appartient à l'intériorité du sujet du monde, des événements qui forment notre extériorité.

L'autonomie de la volonté était bien éloignée des préoccupations des rédacteurs ; preuve en est dans les propos tenus par Bigot de Préameneu. En effet, celui-ci imposait l'intervention de la loi en ce que « la volonté de l'homme [...] qui est souvent le jouet des passions, qui trop variables, n'eût point suffi pour établir l'ordre général que le maintien de la société exige »[274].

156. Ainsi, le dogme de l'autonomie de la volonté n'a pas pénétré le Code civil. Il ne peut donc pas se poser comme le fondement de la force exécutoire du contrat. Certains auteurs affirment même que la théorie de l'autonomie de la volonté n'existe pas[275].
Le Conseil constitutionnel a également jugé à plusieurs reprises qu'il n'existait aucun principe à valeur constitutionnelle dit de « *l'autonomie de la volonté* »[276].
De même, selon la théorie réaliste, la volonté ne serait pas autonome. Il s'agit davantage de volontés hétéronomes, c'est-à-dire soumises à un élément qui leur est extérieur et qui gouverne leurs désirs.
Mais là encore, la difficulté apparaît lorsqu'il s'agit d'identifier cet élément : la justice, l'équité, le bien commun, l'intérêt général, la bonne foi, le marché, l'économie, la conformité à telle ou telle idéologie dominante, à un homme, voire à Dieu ?[277]
Ainsi, « la volonté est une condition nécessaire, mais non pas suffisante de la force obligatoire du contrat »[278]. En nous concentrant sur la dimension coercitive du rapport d'obligation, nous ne pouvons que constater combien la doctrine française a laissé de côté sa fonction économique.

157. La théorie autonomiste est, certes, encore très présente dans les esprits et son ombre plane sur l'ensemble du droit des contrats. Notons cependant que cette thèse est trop éloignée de la réalité contractuelle pour bénéficier

---

[274] BIGOT de PRÉAMENEU, *Recueil complet des travaux préparatoires du Code civil*, par P.-A. FENET, tome XII, p. 510.
[275] Ch. JAMIN, « *Une brève histoire des interprétations de l'article 1134 du Code civil* », D. 2002, p.901.
[276] Cons. constit., décision n°97-388 DC du 20 mars 1997, Loi relative aux fonds de pension, RFDC 1997, p. 333, obs. L. FAVOREU ; RTD civ. 1997, p. 787, note N. MOLFESSIS ; RTD civ. 1998, p. 99, obs. J. MESTRE et D 1999, p. 236, obs. F. MÉLIN-SOUCRAMANIEN : Selon le Conseil, « le *principe de la liberté contractuelle n'a pas en lui-même valeur constitutionnelle, de même d'ailleurs qu'il ne résulte ni de l'article 4 de la Déclaration des droits de l'homme et du citoyen ni aucune norme de valeur constitutionnelle un principe constitutionnel dit de l'autonomie de la volonté* ».
[277] P.-H. GAHDOUN, « *Les apports de la théorie réaliste de l'interprétation de la notion de contrat* », D. 2005, p.1517.
[278] M. FABRE-MAGNAN, *Droit des obligations, 1 – Contrat et engagement unilatéral*, 2010, *op. cit.*, p. 59.

d'une véritable autorité conceptuelle dans la justification de la force obligatoire du contrat.

158. Conformité du contrat à la loi – De nombreux auteurs ont préféré adopter une interprétation positive du principe de la force obligatoire du contrat qui serait directement issue de la loi. Le contrat est obligatoire, car l'article 1103 du Code civil en dispose ainsi : « *Les contrats légalement formés tiennent lieu de loi à ceux qui les ont faits* ».

Cette analyse rejoint celle proposée par Hans Kelsen[279], au travers de son concept de hiérarchie des normes et généralisé par Georges Rouhette[280]. Ce dernier exclut l'influence de la volonté dans la reconnaissance de la force obligatoire du contrat : « Si on se place sur un plan juridique, des effets juridiques ne peuvent être rattachés par un rapport causal qu'à une réalité également juridique, c'est-à-dire à un phénomène ayant un substrat réel, mais soumis, au minimum, à une évaluation et une élaboration formelle »[281]. Partant de là, « l'ordre juridique ne peut être affecté que par une réalité également juridique »[282]. Cette thèse emporte l'adhésion de la quasi-unanimité de la doctrine, car elle met en exergue le fait que la volonté des parties permet de conclure, ou non, un contrat. Il ne faut toutefois pas perdre de vue que sa force obligatoire vient du système juridique. La loi, à elle seule, consacre l'existence des obligations contractuelles. Elle agit de la sorte, non pas en considération des volontés des contractants, mais en tant que mécanisme régulateur des "centres d'intérêts" que les parties représentent[283].

159. En se fiant à cette conception, les contractants sont tenus de respecter leurs engagements contractuels, peu importe alors leur propre volonté. C'est la loi qui est placée au cœur du mécanisme contractuel reléguant « les

---

[279] H. KELSEN, « *La théorie juridique de la convention* », in *Le problème du contrat*, APD 1940, p. 33 ; Du même auteur, *Théorie pure du droit*, 1960, Dalloz, coll. Philo. du droit, traduc. Fr. de la 2e éd. par C. EISENMAN, Dalloz, 1962, pp. 342-349. - G. ROUHETTE, *Contribution à l'étude critique de la notion de contrat*, Th. Paris I, 1965.

[280] G. ROUHETTE, *Contribution à l'étude critique de la notion de contrat*, *op. cit.* ; du même auteur, « *La force obligatoire du contrat* », in *Le contrat aujourd'hui : comparaisons franco-anglaises*, D. TALLON et D. HARRIS (dir.), LGDJ, 1987, p. 27.

[281] G. ROUHETTE, *Contribution à l'étude critique de la notion de contrat*, *op. cit.*, n°110, p. 397. V. aussi pour la systématisation de l'être et du devoir être : H. KELSEN, *Théorie pure du droit*, *op. cit.*, p. 6 et s. Comp., P. DEUMIER, *Le droit spontané*, Economica, coll. Recherches juridiques, 2002, préf. J.-M. JACQUET.

[282] G. ROUHETTE, *Contribution à l'étude critique de la notion de contrat*, *op. cit.*, n°110, p. 397.

[283] J.-L. AUBERT, *Le contrat, Droit des obligations*, Dalloz, coll. Connaissance du droit, 2e éd., 2000, p. 27.

volontés individuelles dans la simple fonction d'expression d'intérêts entre lesquels la loi doit trancher »[284].

La loi est donc chargée de faire respecter les volontés individuelles, pas n'importe lesquelles : uniquement les volontés qui comportent la volonté originelle, c'est-à-dire celle qui existe au moment de la conclusion du contrat. Cette subordination de la volonté à la loi permet d'imposer le respect du contrat même en cas de revirement des intentions des contractants.

160. Cependant, « loi et volonté ne s'excluent pas, mais se concilient dans un heureux équilibre »[285]. La volonté est donc créatrice de droit dans la mesure où la loi lui en reconnaît expressément ce pouvoir[286]. Le contrat devient un acte juridique purement normatif.

La volonté forme toujours le contrat, mais elle ne fonde pas sa puissance coercitive. En d'autres termes, "je conclus un contrat, car j'en ai envie, mais je l'exécute, car la loi m'y oblige".

D'autres conséquences élémentaires découlent de la force obligatoire, principe inhérent au contrat.

B. Les corollaires de la force obligatoire du contrat

161. Liberté contractuelle et consensualisme – Cette souveraineté de la volonté conduit surtout à proclamer les principes de la liberté contractuelle et du consensualisme. Le principe du consensualisme est très présent dans le droit positif actuel. Il en découle que le seul échange des consentements suffit à caractériser l'existence du contrat.

162. Liberté contractuelle quant au fond – Le principe de la liberté contractuelle suppose que chaque individu est libre de décider s'il veut contracter, de choisir son cocontractant ou de déterminer le contenu de l'engagement.

L'autonomie de la volonté se manifeste au moment de la formation du contrat, période durant laquelle la liberté contractuelle traduit pour l'individu une double faculté : celle de contracter ou de ne pas contracter. Mais cette

---

[284] J.-L. AUBERT, *Le contrat, Droit des obligations*, 2000, *op. cit.*, p. 27.

[285] A.-S. DUPRÉ-DALLEMAGNE, *La force contraignante du rapport d'obligation (Recherche sur la notion d'obligation)*, *op. cit.*, n°23, p. 47.

[286] En ce sens, P.-A. FENET, *Recueil complet des travaux préparatoires du Code civil*, *op. cit.*, p. 319 ; J.-L. HALPERIN, *Histoire du droit privé français depuis 1804*, PUF, coll. Quadrige, 2001, n°14, p. 32 : « le contrat "émanant de la loi", oblige les particuliers à respecter leurs propres engagements ». Rappr. l'article 6 du Code civil qui interdit de « *déroger par des conventions particulières, aux lois qui intéressent l'ordre public et les bonnes mœurs* » ou l'article 1133 du Code civil qui prévoit la nullité des obligations fondées sur une cause illicite, parce que contraires aux bonnes mœurs et à l'ordre public.

liberté n'en est pas pour autant absolue. En effet, certains contrats sont interdits : la vente à perte, la vente d'organes, les conventions de mères porteuses, etc. D'autres contrats sont réglementés : contrat de travail, vente à domicile, contrat de location, etc. Parallèlement, nous retrouvons, et même de plus en plus, des contrats imposés. Pour pratiquer certaines activités, un contrat d'assurance peut être exigé, par exemple pour la conduite d'un véhicule automobile ou pour la location d'un local à usage d'habitation.

163. Cette liberté contractuelle apparaît également dans le choix du partenaire contractuel[287], sans même avoir besoin de motiver sa décision. Cependant, le choix du cocontractant est limité par l'interdiction de toutes discriminations, fondée sur des motifs légalement prohibés et ouvrant droit à réparation[288].

164. Enfin, la liberté contractuelle comprend la possibilité pour les parties de définir elles-mêmes les termes de l'engagement.
Les parties sont autorisées à créer, *ex nihilo*, un aménagement de leurs propres rapports allant même jusqu'à la possibilité d'écarter tous les modèles contractuels proposés par la loi. Néanmoins, toutes les règles légales ne peuvent être repoussées, car certaines sont impératives ou d'ordre public.
L'article 6 du Code civil dispose en effet qu'« *on ne peut déroger, par des conventions particulières, aux lois qui intéressent l'ordre public et les bonnes mœurs* ». L'ordre public devient la principale limite de la liberté contractuelle[289].
Cependant, « l'ordre public est une exception, et un axiome du libéralisme déclarant que tout ce qui n'est pas défendu est permis »[290].
La jurisprudence est venue sanctionner la liberté contractuelle en reconnaissant le droit de ne pas conclure un contrat et celui de décider librement de son contenu lorsque la loi n'impose pas ou n'interdit pas certaines stipulations.

165. Ainsi, il est possible de distinguer trois types de règles. Soulignons dans un premier temps les règles impératives. Celles-ci indiquent les choix fondamentaux d'une société, « qui s'imposent aux parties et auxquels elles

---

[287] Cons. Constit. n°88-244 DC, 20 juillet 1988, affirmant la valeur constitutionnelle du principe de libre choix de ses collaborateurs découlant de la liberté d'entreprendre.

[288] M. FABRE-MAGNAN, *Droit des obligations, 1 – Contrat et engagement unilatéral*, 2010, *op. cit.*, p.52.

[289] Article 6 du Code civil : « *On ne peut déroger, par des conventions particulières, aux lois qui intéressent l'ordre public et les bonnes mœurs* ». Cet article pose une limite à la liberté contractuelle et est, en même temps, une proclamation *a contrario* de cette liberté.

[290] J. CARBONNIER, *Droit civil*, tome 4, *Les Obligations*, 2000, *op. cit.*, n°16, p.53 : se référant à l'article 5 de la Déclaration des Droits de l'Homme de 1789.

ne peuvent donc déroger par leur volonté individuelle et des conventions particulières »[291].
À leurs côtés apparaissent les règles supplétives qui trouvent à s'appliquer lorsque les parties n'ont pas manifesté de volonté contraire. Ces règles « servent souvent à diminuer ce que les économistes appellent les "coûts de transaction", c'est-à-dire en particulier les coûts de négociation du contrat : elles constituent en effet autant de points sur lesquels les parties n'ont pas besoin de discuter dès lors qu'elles n'entendent pas y déroger »[292].
Et enfin, nous retrouvons les règles dispositives, laissées à l'appréciation des parties quant à leur application. Par exemple, les parties ont à leur disposition un ensemble de modèles de régimes matrimoniaux et elles choisiront librement auquel adhérer.

166. Outre ces règles, la liberté de détermination du contenu contractuel est parfois interdite à l'une des parties, comme c'est le cas pour les contrats d'adhésion. Dans ce cas, le contractant en position de force façonnera le contrat à sa guise et son cocontractant n'aura que la liberté d'y adhérer ou non. Néanmoins, même dans ce type de contrat, la loi pose des limites légales, prohibant par exemple certaines clauses ou obligations, ou au contraire, imposant certaines dispositions notamment en matière de protection du consommateur.

167. Lorsque le contrat est formé, chacune des parties peut, « en quelque matière s'y retrancher et, de là, repousser toute immixtion de la puissance publique, l'autre contractant eût-il appelé celle-ci à son aide »[293]. Ni le juge ne peut réviser le contrat[294] ni le législateur l'altérer, car les lois nouvelles ne sont en principe applicables qu'aux contrats en cours[295].
De plus, la règle veut que seules les parties au contrat aient la possibilité, d'un commun accord, de modifier le contrat conclu. Ce serait alors un nouveau contrat.

168. Pour autant, la réalité contractuelle n'est pas si tranchée. En effet, il arrive régulièrement que le juge intervienne dans les contrats, notamment en cas de déséquilibres contractuels ou lorsqu'une clause est disproportionnée,

---

[291] M. FABRE-MAGNAN, *Droit des obligations, 1 – Contrat et engagement unilatéral*, 2010, *op. cit.*, p. 53.
[292] M. FABRE-MAGNAN, *Droit des obligations, 1 – Contrat et engagement unilatéral*, 2010, *op. cit.*, p. 53.
[293] J. CARBONNIER, *Droit civil*, tome 4, *Les Obligations*, 2000, *op. cit.*, n°16, p. 53.
[294] Civ. 3e, 1er mars 1989, Bull. civ., III, n°56, RTD civ. 1991, p. 113, obs. J. MESTRE (sur la dénaturation d'une modification des stipulations contractuelles).
[295] Civ. 3e, 3 juillet 1979, Bull. civ., III, n°149.

de sorte que le juge dispose d'un pouvoir modérateur quant aux stipulations contractuelles.
De surcroît, la loi est animée par cette volonté de pallier les différentes hypothèses de déséquilibres contractuels. Pour ce faire, elle impose par exemple une obligation d'information. Elle peut également recourir à une interdiction des clauses abusives, pour ne citer que cette mesure.

169. Consensualisme – Le principe de la liberté contractuelle s'étend à la forme. Les rédacteurs du Code civil ont adopté le consensualisme comme le corollaire de l'autonomie de la volonté. Tout contrat doit en principe pouvoir être conclu sans formalités. La seule expression de l'accord de volontés doit suffire à former le contrat. Il est alors possible de parler « d'un acte juridique, d'un contrat ou d'une convention, qui peut être conclu au gré des intéressés, sous une forme quelconque (par opposition à solennel) et dont on dit qu'il résulte du seul échange des consentements (*solo consensus*), dès lors que les volontés se sont accordées d'une manière ou d'une autre, soit par écrit (acte sous seing privé, acte authentique), soit oralement, soit même tacitement »[296].

170. Plus largement, le consensualisme correspond aux « arrangements qui procèdent, entre les représentants d'intérêts divers (voire opposés), de la volonté commune de trouver un terrain d'entente, ou d'actions de conduites dans un climat de concertation et un esprit de coopération »[297]. La volonté se suffit à elle-même, elle n'a point besoin d'être entourée de l'accomplissement du moindre formalisme. Cette absence de formes dans la conclusion des contrats paraît d'ailleurs tellement naturelle que les rédacteurs du Code civil n'ont pas jugé bon d'en parler. Ainsi, l'article 1108 du Code civil pose « *les conditions essentielles pour la validité d'une convention* »[298], mettant notamment l'accent sur le consentement, mais ne dit rien quant à son mode d'expression[299].

171. Selon le professeur Montanier, le consensualisme présente de nombreux avantages, « sur le plan moral, c'est le triomphe du respect de la parole donnée et sur le plan économique, c'est un gain de temps, d'argent »[300].

---

[296] G. CORNU (dir.), *Vocabulaire juridique*, *op. cit.*, V° « Consensuel ».
[297] G. CORNU (dir.), *Vocabulaire juridique*, *op. cit.*, V° « Consensuel ».
[298] Article 1108 du Code civil : « *quatre conditions sont essentielles pour la validité d'une convention : Le consentement de la partie qui s'oblige ; Sa capacité de contracter ; Un objet certain qui forme la matière de l'engagement ; Une cause licite dans l'obligation* ».
[299] Fr. TERRÉ, Ph. SIMPLER et Y. LEQUETTE, *Droit civil, Les obligations*, 2002, *op. cit.*, n°129, p. 139.
[300] J.-C. MONTANIER, *Le contrat*, PUG, 5e éd., 2005, n°166, p. 114.

C'est au nom de ce principe que l'interprétation des contrats se borne à rechercher quelle est la volonté réelle des contractants.

172. Interprétation du contrat – Historiquement, sous l'influence du dogme de l'autonomie de la volonté, la seule méthode d'interprétation convenable était qualifiée de subjective. Cette analyse consiste à rechercher la « commune intention des parties »[301], c'est-à-dire qu'il faut découvrir leurs intentions par-delà la lettre du contrat. Ainsi, le juge se retrouve au service de la volonté des parties[302].

173. L'article 1188 du Code civil, qui initie la liste des articles consacrés à l'interprétation des contrats, commande d'ailleurs de rechercher cette volonté commune plutôt que de s'arrêter au sens littéral des termes. En se basant sur cet article, « *on doit dans les conventions rechercher quelle a été la commune intention des parties contractantes, plutôt que de s'arrêter au sens littéral des termes* ».
Conformément au principe de l'autonomie de la volonté, il convient de privilégier l'esprit et non la lettre. La Cour de cassation l'a d'ailleurs parfois elle-même affirmé en décidant que « *l'interprétation du contrat doit se faire par référence à la commune volonté des parties* »[303].

174. L'ancien article 1163 du Code civil prévoyait également que « *quelque généraux que soient les termes dans lesquels une convention est conçue, elle ne comprend que les choses sur lesquelles il paraît que les parties se sont proposé de contracter* ». Désormais, l'alinéa 2 de l'article 1188 du Code civil poursuit en indiquant que : « *Lorsque cette intention ne peut être décelée, le contrat s'interprète selon le sens qui lui donnerait une personne raisonnable placée dans la même situation* ». Ainsi, devant l'ambiguïté, l'obscurité ou la contradiction des termes, le juge doit se limiter à recourir à l'intention commune des parties au jour de la formation de l'acte pour déterminer le contenu obligatoire, en se basant sur une interprétation raisonnable.
Dans le silence du contrat, il faut rechercher ce que les parties auraient probablement stipulé. À ce propos, certains auteurs ont parlé de rechercher

---

[301] G. MARTY et P. RAYNAUD, *Les obligations*, tome 1, *Les sources*, 1988, *op. cit.*, n°241, p.251.
[302] Fr. TERRÉ, Ph. SIMPLER et Y. LEQUETTE, *Droit civil, Les obligations*, 2002, *op. cit.*, n°448, p. 443.
[303] Cass. civ. 1ère, 20 janvier 1970, Bull. civ. I, n°24.

une « volonté virtuelle »[304]. Mais l'utilisation systématique de la méthode subjective a suscité de vives critiques[305].

175. La majeure partie de la doctrine contemporaine constate que l'interprétation du contrat ne peut se ramener à la recherche de la commune intention des parties, car elle n'existe pas toujours[306].
Avant la réforme, il était admis que les usages jouent un rôle en matière d'interprétation. L'ancien article 1159 du Code civil prescrivait de se référer aux usages lorsque la clause est ambiguë : « *Ce qui est ambigu s'interprète par ce qui est d'usage dans le pays où le contrat est passé* » ; et l'article 1160 prévoyait le recours aux usages lorsque la clause manquait : « *On doit suppléer dans le contrat les clauses qui y sont d'usage, quoiqu'elles n'y soient pas exprimées* ».
Mais c'était surtout l'article 1162 du même Code qui paraissait s'écarter le plus de la méthode d'interprétation subjective. Cet éloignement est imputé essentiellement à la manière dont les juges ont interprété cette disposition : « *dans le doute, la convention s'interprète contre celui qui a stipulé et en faveur de celui qui a contracté l'obligation* ».

176. La doctrine classique analysait cet article dans le sens où il fallait considérer le contrat contre le créancier et en faveur du débiteur. Néanmoins, la jurisprudence a adopté une lecture opposée estimant que celui qui stipule est celui qui propose le contrat.
Or, dans la plupart des cas, la personne qui est à l'initiative du contrat est le professionnel. Cela revient à interpréter le contrat en faveur du consommateur.

177. Cette conception a d'ailleurs été reprise depuis à l'article L. 211-1 du Code de la consommation indiquant que les clauses des contrats proposés par les professionnels aux consommateurs ou aux non professionnels « *s'interprètent en cas de doute dans le sens le plus favorable au consommateur* »[307].
En conséquence, le juge doit, certes, rechercher l'intention commune des parties, car le contrat reste l'œuvre des contractants. Il n'en reste pas moins

---

[304] J. LOPEZ SANTA MARIA, *Les systèmes d'interprétation des contrats*, Th. Paris, 1968, p. 11.
[305] V. notamment G. DEREUX, *De l'interprétation des actes juridiques privés*, Th. Paris, 1905.
[306] Fr. TERRÉ, Ph. SIMPLER et Y. LEQUETTE, *Droit civil, Les obligations*, 2002, *op. cit.*, n°448, p. 443.
[307] V. égal. L'article 1602, alinéa 2 du Code civil relatif à la vente, selon lequel « *tout pacte obscur ou ambigu s'interprète contre le vendeur* ».

qu'il doit aussi se référer à d'autres critères tels que la bonne foi, l'usage, la justice[308], l'équité ou l'économie du contrat[309], apprécié objectivement, c'est-à-dire en fonction de l'utilité que doit remplir le contrat[310]. Cette seconde méthode est qualifiée d'objective.
La réforme de 2016 du droit des contrats tente d'apporter des précisions. Ainsi, l'article 1190 du Code civil dispose désormais que : « *Dans le doute, le contrat de gré à gré s'interprète contre le créancier et en faveur du débiteur, et le contrat d'adhésion contre celui qui l'a proposé* ».

178. Du côté de la jurisprudence, la Cour de cassation s'est, dans un premier temps, attachée strictement à la lettre de l'alinéa 1er de l'ancien article 1134 du Code civil. Elle considérait que les contrats, et plus généralement les actes juridiques, constituent des lois dont la violation est susceptible d'ouvrir la cassation. Elle se réservait ainsi le droit de vérifier si les juges du fond avaient correctement interprété la volonté des parties[311]. Mais rapidement, la Haute cour s'est effacée devant le pouvoir souverain des juges du fond[312].
En effet, « interpréter un contrat est une question de fait puisqu'il s'agit avant tout de rechercher la volonté des parties ; plus proches des justiciables, les juges du fond sont mieux placés pour cette recherche ; et le principe de l'unité de législation n'étant pas en cause, il n'y a pas matière, pour la Cour de cassation, à réaliser une quelconque unité d'interprétation »[313]. Il est désormais acquis que deux méthodes d'interprétation du contrat coexistent. Il y a d'un côté une interprétation subjective, purement volontariste, et de l'autre, une interprétation objective, extérieure à la volonté[314].

179. Puisque l'interprétation du contrat relève du pouvoir souverain d'appréciation des juges du fond, ils sont libres d'appliquer les méthodes qu'ils souhaitent. Cette solution a été retenue par la doctrine[315] ainsi que par la chambre des requêtes de la Cour de cassation indiquant que : « *les*

---

[308] E. de CALLATAY, *Études sur l'interprétation des conventions*, Bruxelles, Bruylant, Paris, LGDJ, 1947, n°66, p. 135.
[309] S. PIMONT, *L'économie du contrat*, *op. cit.*
[310] Ch. LARROUMET, *Droit civil*, tome 3, *Les Obligations*, *Le contrat*, 2003, *op. cit.*, n°141, p. 123.
[311] Civ., 4 brumaire An VII.
[312] Sect. réun., 2 février 1808, *arrêt Lubert*, voir *GAJC*, 11e éd., 2000, n°159, obs. Fr. TERRÉ et Y. LEQUETTE.
[313] Ph. MALINVAUD, *Droit des obligations*, 2007, *op. cit.*, n°475, p. 344.
[314] J. GHESTIN, Ch. JAMIN et M. BILLIAU, *Traité de Droit civil*, *Les effets du contrat*, LGDJ, 3e éd., 2001, n°10, pp. 17-18.
[315] *Contra*, J. GHESTIN, Ch. JAMIN et M. BILLIAU, *Traité de Droit civil*, *Les effets du contrat*, *op. cit.*, n°37, qui considèrent que la directive prévue par l'article 1156 du Code civil serait impérative.

dispositions des articles 1156 et suivants sont plutôt des conseils donnés aux juges, en matière d'interprétation des contrats, que des règles rigoureuses et impératives, dont les circonstances, même les plus fortes ne les autoriseraient pas à s'écarter ». Ainsi, la méconnaissance des directives du Code civil par les juges du fond ne constituerait pas un cas d'ouverture à cassation[316].

Toutefois, si la Cour de cassation admet de longue date que l'interprétation du contrat relève de l'appréciation souveraine des juges du fond, elle se réserve le droit de veiller à ce qu'il n'y ait pas de dénaturation. L'intention première de la Haute cour est d'empêcher que les juges du fond ne refassent le contrat en équité sous prétexte de l'interpréter. Le nouvel article 1192 du Code civil consacre cette jurisprudence en indiquant que : « *On ne peut interpréter les clauses claires et précises à peine de dénaturation* ».

À noter cependant que les décisions admettant une dénaturation sont rares[317].

180. En somme, si la volonté ne suffit pas à justifier l'exécution du contrat, elle apparaît en revanche comme la source de la liberté contractuelle et du principe du consensualisme. C'est la force obligatoire qui fonde l'exécution du contrat.

La notion d'exécution du contrat a fait l'objet d'une véritable construction. Cette dernière s'est principalement effectuée en parallèle de l'évolution de la conception même du contrat. Mais le fondement du caractère obligatoire de l'exécution résulte également de la détermination des objectifs inhérents à cette phase contractuelle.

---

[316] Cass. civ. 1ère, 1er mars 2005, n°02-16.802, inédit : « *La règle d'interprétation formulée à l'article 1156 du Code civil ne présentant aucun caractère impératif, sa méconnaissance ne peut, à elle seule, donner ouverture à cassation* ». – Dans le même sens, Cass. civ. 1ère, 19 décembre 1995, Bull. civ. I, n°466, RTD civ. 1996, p. 611, obs. J. MESTRE ; Comp. Cass. civ. 1ère, 20 janvier 1970, Bull. civ. I, n°24.

[317] V. par ex., Cass. civ. 1ère, 10 décembre 1991, Bull. civ. I, n°347 ; Cass. civ. 3ème, 30 juin 2004, Bull. civ. III, n°137.

SECTION II – LES OBJECTIFS DE L'EXÉCUTION CONTRACTUELLE

181. Concept d'échange – La doctrine moderne fonde traditionnellement la théorie du contrat sur la volonté puisque son « âme, c'est le consentement des parties »[318]. Cependant, certains juristes y ont décelé, depuis longtemps déjà, un phénomène allant au-delà du simple triptyque des obligations de faire, de ne pas faire et de donner.
La conception du contrat ne serait plus une simple « idéologie volontariste des relations humaines »[319]. En effet, le contrat ne peut être réduit à un accord de volontés ; il va au-delà. Déjà, Aristote concevait le contrat à partir de l'échange, c'est-à-dire le « déplacement d'un bien d'un patrimoine à l'autre »[320].

182. Certaines notions restent toutefois compliquées à définir. L'échange appartient à cette catégorie, car ses contours sont malaisés à identifier. Avant de pouvoir affirmer que l'échange se trouve à la base du contrat, il convient de visualiser cette opération économique dans son ensemble.
Les difficultés inhérentes à la définition de l'échange proviennent, selon le professeur Poughon, « de la généralité d'une notion protéiforme : un juriste verra dans l'échange la cession réciproque des objets ; l'économiste s'intéressera davantage aux valeurs d'échange et d'usage ; le sociologue s'attachera plutôt à déterminer la signification de la réciprocité des rapports entre les individus »[321]. L'auteur poursuit en indiquant que sémantiquement, « l'échange apparaît comme un concept d'une extrême généralité englobant toute opération de transfert réciproque d'objets. Il reflète ainsi le monde des rapports bilatéraux et semble tout particulièrement apte à traduire, au sein du monde juridique, l'idée de contrat »[322].

183. La doctrine économique porte un intérêt particulier à l'échange. Les juristes s'intéressent davantage à son support, le contrat. C'est cette complémentarité entre l'économie et le droit qui donne sa force à l'analyse du contrat comme outil d'échange. Le professeur Poughon souligne également que la « notion d'échange se présente à la jonction de deux domaines, le juridique et l'économique. Elle constitue l'expression d'abord

---

[318] M. VILLEY, « *Préface historique aux notions de contrat* », art. préc., spéc. p.1.
[319] J. GHESTIN, « *La notion de contrat* », art. préc., spéc. p.148.
[320] M. VILLEY, « *Préface historique aux notions de contrat* », art. préc., p.1.
[321] J.-M. POUGHON, *Histoire doctrinale de l'échange*, LGDJ, coll. Biblio. de dr. privé, tome 194, 1987, préf. J.-P. BAUD.
[322] J.-M. POUGHON, *Histoire doctrinale de l'échange*, *op. cit.*, spéc. n°52.

économique des rapports bilatéraux dont l'ordre juridique fixera les modalités »[323].

184. Cette notion complexe de l'échange a d'abord intéressé les économistes (paragraphe I), avant de trouver des partisans au sein des juristes (paragraphe II). Rapidement, l'étude de l'échange est apparue incomplète dès lors qu'elle n'était envisagée que d'un seul aspect, économique ou juridique. La richesse de cette notion prend toute son importance lorsqu'elle est analysée en complémentarité de sa dimension économique et de son côté juridique (paragraphe III).

§1 – La logique de l'échange, phénomène économique

185. L'économie a pour principal objectif, l'étude des faits et des activités relatifs à la production, la circulation et la consommation des richesses. Les économistes ont eu l'initiative de s'intéresser aux relations existantes entre les personnes.
Même si droit et économie entretiennent des liens étroits (A), l'économie a été la première à mettre en lumière la logique de l'échange comme fondement des relations entre les individus. La conception de ce phénomène économique a tout de même évolué au fil des analyses, notamment en tenant compte du besoin des individus de satisfaire leurs désirs (B).

A. Les connexions entre l'économie et le contrat

186. Économie et contrat – L'économie fut la première à offrir au droit l'un de ses piliers : l'échange de valeur dont le contrat forme la traduction juridique[324]. Le droit est ensuite venu en aide à l'économie en offrant à l'échange une stabilité et une efficacité civilement sanctionnées[325]. Cependant, si les juristes et les économistes se servent du même mot – économie – ce dernier n'offre pas la même signification selon la matière abordée.

187. Dans le langage courant, l'économie désigne le bon « ordre dans la conduite et l'administration de tout établissement qui s'alimente par la production et la consommation »[326] ou plus précisément encore, l'ensemble

---

[323] J.-M. POUGHON, *Histoire doctrinale de l'échange*, *op. cit.*, spéc. n°59.
[324] S. PIMONT, *L'économie du contrat*, *op. cit.*, n°2, p. 14.
[325] S. PIMONT, *L'économie du contrat*, *op. cit.*, n°2, p. 14.
[326] *Dictionnaire Littré*, version en ligne, V° « Économie ».

« des activités d'une collectivité humaine relatives à la production, à la distribution et à la consommation des richesses »[327].
Le droit perçoit l'économie comme un « ensemble de phénomènes, faits et activités relatifs à la production, à la circulation et à la consommation des richesses dans un ensemble donné (région, État, groupe d'États, etc.) »[328].

188. Les économistes ont, quant à eux, plus de mal à formuler une définition simple et précise de leur matière. Il n'existerait pas de définition unique, mais au contraire une multitude, chacune d'elles renvoyant à des réalités sous-jacentes différentes.
Déjà, il est nécessaire de distinguer la microéconomie et la macroéconomie. La première correspond à la partie de l'économie qui étudie le comportement individuel des agents économiques. Elle traite entre autres des questions liées à la répartition et l'usage des profits. La seconde répond de l'étude de l'économie envisagée dans sa globalité. Elle s'intéresse notamment aux choix des individus lorsqu'ils sont regroupés, des entreprises, des gouvernements, etc.

189. En l'absence de définition précise de l'économie, il est tout de même possible de conclure que l'économie, en tant que science sociale, est celle de l'administration des ressources placées sous le joug de la rareté. Elle analyse les modalités selon lesquelles un individu ou une société répartissent des ressources limitées pour satisfaire des besoins illimités. L'échange prend donc une part importante dans l'étude de l'aménagement de ces ressources.

190. Contrat, un échange – « Dans sa forme la plus simple, le contrat est un échange »[329].
Du point de vue des économistes, la condition humaine se caractérise par une inévitable incertitude engendrée par la rareté des ressources. Pour améliorer leur situation, les individus entreprennent chaque jour de multiples activités. La rareté pousse les opérateurs à mieux utiliser les choses à leur disposition et à imaginer de nouvelles procédures : « L'innovation de l'un change l'environnement de l'autre et pousse celui-ci à son tour à adapter ses façons de faire »[330].
La conception de l'échange n'est cependant pas figée. Sa réception par l'économie n'a eu de cesse d'évoluer.

---

[327] *Dictionnaire Larousse*, version en ligne, V° « Économie ».
[328] G. CORNU (dir.), *Vocabulaire Juridique*, *op. cit.*, V. « Économie ».
[329] A. OGUS et M. FAURE, *Économie du droit : le cas français*, éd. Panthéon Assas, 2002, p. 96.
[330] E. MACKAAY et S. ROUSSEAU, *Analyse économique du droit*, Dalloz, coll. Méthode du droit, 2e éd., 2008, n°134, p.35.

B. L'évolution de la conception de l'échange

191. Question centrale de l'échange – Outre l'innovation, la lutte contre la rareté et l'incertitude passe le plus souvent par l'échange[331].
Si l'échange peut revêtir divers aspects, la naissance de la monnaie a grandement influencé son évolution et son appréhension. Avant elle, « tout est échange ; après sa découverte, la vente se substitue à l'échange »[332].
La vente apparaît dès lors comme le modèle d'échange privilégié. Même si elle n'est pas la seule opération économique basée sur l'échange, elle en est l'exemple le plus criant : « Le commerce et les échanges dans une société sont basés sur l'idée que, pour l'acheteur, la chose achetée est plus rare que pour le vendeur. Les deux parties ne valorisent pas l'objet transigé de la même façon. C'est justement pour cette raison qu'elles trouvent toutes deux leur compte dans la transaction »[333].

192. L'échange est, par définition, l'activité de plusieurs individus impliquant le transfert d'un bien ou la fourniture d'un service avec une contrepartie semblable ou en argent[334]. C'est une forme de coopération qui repose sur deux actes volontaires permettant la circulation des richesses. Les différentes parties acceptent de coopérer parce qu'elles pensent ainsi pouvoir améliorer leur sort respectif. L'échange est alors créateur de valeur et c'est cette faculté de troquer des biens qui distingue les êtres humains des autres espèces animales.
Cependant, pour beaucoup d'individus, dans l'échange, il y aura forcément un gagnant et un perdant. Toute la question est de savoir comment un individu rationnel peut souscrire à un échange qui diminue son bien-être ?

193. Motivations de l'échange – « L'échangiste est moins un être de volonté, qu'une personne douée de désirs et de besoins »[335]. Pour satisfaire ces désirs, ces besoins, les individus échangent des biens et des services. Cette opération économique est réalisable pour la seule raison que chacun a une valorisation différente de l'objet échangé. Ce dernier possède une estimation plus faible pour le vendeur qu'elle n'en a pour l'acheteur.

---

[331] Le terme « échange » est employé ici dans son sens économique le plus large conçu comme une opération économique où les prestations sont réciproques, par opposition au sens juridique plus restreint de « contrat », où les obligations sont réciproques.
[332] J.-M. POUGHON, *Histoire doctrinale de l'échange*, *op. cit.*, n°4, p. 2.
[333] E. MACKAAY et S. ROUSSEAU, *Analyse économique du droit*, *op. cit.*, n°87, p.25.
[334] A. OGUS et M. FAURE, *Économie du droit : le cas français*, *op. cit.*, p. 96.
[335] J. GHESTIN et B. DESCHÉ, *Traité des Contrats*, *La Vente*, LGDJ, 1990, n°36, p. 33.

L'échange se présente comme « la cession du superflu contre le nécessaire »[336]. Si l'individu A décide de vendre un bien à 100, cela signifie que le bien vaut tout au plus 99 pour le vendeur alors que pour l'acheteur, B, il équivaut au moins à 101. Cette situation ne désavantage aucun des opérateurs, car « tout échange n'est qu'un transfert réciproque, non d'objets, mais de valeurs ; l'objet n'existe plus en lui-même, mais en tant que valeur. C'est une valeur, d'usage ou d'échange, que chacun acquiert ou abandonne »[337].

194. Toutefois, lorsque l'échange s'inscrit dans une dimension temporelle plus large, la position des protagonistes peut varier. En effet, lorsque l'échange s'échelonne dans le temps, ce qui est vrai au début d'une période, *ex ante*, ne l'est pas nécessairement à la fin, *ex post*. Par exemple, dans le cas de l'achat/vente d'une maison : B achète, car il pense que le prix va augmenter alors que A vend, car selon lui le prix va diminuer. *Ex ante*, c'est-à-dire avant que l'information sur le prix du marché n'arrive, avant que l'incertitude ne soit résolue, tous les deux sont satisfaits de l'échange. En revanche, *ex post*, l'un des deux sera déçu.
Dès lors que l'échange n'est pas instantané, il devient problématique. Le passage du temps peut modifier les perspectives et les parties à l'échange sont susceptibles de se rétracter. Ainsi, l'incertitude peut conduire les agents économiques à renoncer à un échange qui, pourtant, aurait de bonnes chances d'améliorer leur sort. C'est pour éviter de tels problèmes que les coéchangistes potentiels se lient par un contrat.
Ce dernier, comme tout échange qu'il supporte, est un acte volontaire. Plus exactement, il faut le percevoir comme un acte qui naît de la conjonction de plusieurs décisions individuelles volontaires. Par l'intermédiaire du contrat, chacune des parties accepte de limiter sa liberté future. Cet accord représente le coût que revêt pour elle le contrat, en contrepartie d'un engagement semblable de la part de l'autre. Il s'impose également en tant que bénéfice du contrat.

195. Le contrat est donc un échange de promesses contraignantes permettant de lutter contre l'incertitude en favorisant les opérations économiques. Le contrat permet de déplacer les ressources vers un usage mieux valorisé[338].
Les règles relatives à l'exécution du contrat participeront dès lors à la détermination du contrat optimal.

---

[336] J.-M. POUGHON, *Histoire doctrinale de l'échange*, *op. cit.*, n°56 et s.
[337] J. GHESTIN et B. DESCHÉ, *Traité des Contrats, La Vente*, *op. cit.*, n°36, p. 33.
[338] E. MACKAAY et S. ROUSSEAU, *Analyse économique du droit*, *op. cit.*, n°1290, p.361.

Cette logique économique de l'échange transparaît de façon plus complexe dans la sphère juridique.

§2 – La complexité de l'échange, phénomène juridique

196. Sans recourir à l'analyse économique, les juristes n'ont eu de cesse de rechercher une explication au phénomène contractuel. En trouvant un intérêt juridique à l'échange (A), la doctrine juridique a rapidement contractualisé ce mécanisme pour l'étudier à travers le prisme de la vente (B).

A. L'émergence de l'intérêt juridique pour l'échange

197. Prise en compte juridique de l'échange – Si l'échange apparaît comme une pure opération économique, les juristes n'ont jamais abandonné leurs observations sur ce phénomène. On retrouve cette idée chez Platon[339] et plus encore chez Aristote[340]. En cherchant à définir la justice, Aristote présente l'idée de « *sunallagma* » reflétant les relations qui se nouent entre les individus[341]. Même si ce concept est plus philosophique que juridique, il fournit un point de départ à l'explication du phénomène contractuel en mettant en avant les interactions existantes entre les membres d'une même organisation sociale.
Le philosophe insiste sur le fait que cette notion concerne tant le droit privé que la justice qu'il considère comme « corrective »[342]. Nous retrouvons dans la logique d'Aristote, l'idée que tout « déplacement implique en retour le déplacement des valeurs égales, et ce, sous peine de sanction »[343].
Evgueni Pachoukanis, juriste soviétique, a développé une conception similaire. Mais alors que pour Aristote, l'accord des parties est un accessoire de l'échange, pour le théoricien russe, il ne peut exister d'autonomie des volontés puisqu'il n'existe ni égalité ni réelle liberté des parties[344].

198. À l'époque augustéenne, Labéon proposait une première définition du contrat et, simultanément, de l'obligation. Le contrat serait : « une obligation de l'un envers l'autre – ce que les Grecs nomment *sunallagma* – comme

[339] PLATON, *La République*, Flammarion, 2002, traduit par G. LEROUX, spéc. livre II.
[340] ARISTOTE, *Éthique à Nicomaque*, Vrin, 1994, traduit par J. TRICOT, spéc. livre V.
[341] J.-M. POUGHON, *Histoire doctrinale de l'échange*, *op. cit.*, n°23, p. 13.
[342] Par opposition à la justice « distributive » ayant trait à la répartition des honneurs et des richesses, la justice « corrective » consiste à « réaliser la rectitude dans les transactions privées » : ARISTOTE, *Éthique à Nicomaque*, *op. cit.*, V5 II30 b.
[343] J.-M. POUGHON, *Histoire doctrinale de l'échange*, *op. cit.*, n°24, p.14, préf. J.-P. BAUD.
[344] V. STOYANIVITCH, « *La théorie du contrat selon E. B. Pachoukanis* », in APD, tome 13, 1968, p.89 et s., spéc. p.92.

l'achat et la vente, la location et la conduction, la société »[345]. Cette acception est reprise par Ulpien dans le Digeste[346].
Si ces différents textes mettent en relief une première conception de l'échange, sa définition n'en reste pas moins assez large, l'apparentant ainsi à toute opération bilatérale ayant une finalité économique.

199. Les Compilations Justiniennes envisagent également l'échange comme une opération économique spécifique, la *permutatio*, c'est-à-dire un contrat d'échange. Ce dernier se voit soumis au régime des contrats innommés où seule l'exécution d'une prestation lui confère une identité juridique[347].

200. Par la suite, Placentin a tenté de différencier la notion économique d'échange du concept juridique. En opposant la *permutatio* au *do ut des*, le juriste italien assimile au premier la cession réciproque d'objets certains alors que le second naît de l'incertitude : « *Do ut des* constitue donc, pour Placentin, le cadre juridique général de toute opération d'échange, la *permutatio* ou même la vente n'en constituant que les aspects spécifiques »[348]. Cette distinction a perduré chez les romanistes et leurs successeurs.

201. C'est donc en conceptualisant l'échange que les juristes ont permis son intégration dans la sphère du Droit.

B. De l'échange à la vente

202. Assimilation au contrat de vente – L'échange, par la suite, a connu un déclin certain. L'échange, qui possédait des caractéristiques lui conférant une spécificité contractuelle, a peu à peu été supplanté par d'autres concepts pour finir par s'effacer au profit de la vente qui tend à le remplacer dans sa fonction de contrat générique.
En effet, l'échange était initialement le principal contrat innommé qui n'acquérait la reconnaissance juridique qu'après l'exécution par les échangistes de leurs prestations. Or, ce dernier se voit éclipsé par la vente, principal contrat nommé et surtout, contrat consensuel. L'assimilation de l'échange à la vente est presque totale lorsque l'on se penche sur les travaux préparatoires et le Code civil.

---

[345] « *contractum autem ultro citroque obligationem, quod graeci sunnallagma vocant, veluti emptionem, venditionem, locationem, conductionem, societatem* ».
[346] D.50.16.19
[347] J.-M. POUGHON, *Histoire doctrinale de l'échange*, *op. cit.*, n°30 à 47, pp. 17-23.
[348] J.-M. POUGHON, *Histoire doctrinale de l'échange*, *op. cit.*, n°80, p. 41.

203. Classiquement, le contrat à titre onéreux est envisagé comme un contrat synallagmatique : chaque partie fournit à l'autre une prestation. Les rédacteurs du Code civil ont également structuré la matrice des principaux contrats spéciaux autour de l'échange d'un bien, d'un service en contrepartie d'une somme d'argent ou d'un autre bien. Tous les stades de la vie du contrat ont été juridiquement organisés, laissant de côté son aspect purement économique.

204. En définitive, c'est en poussant à l'extrême le consensualisme que les juristes ont perdu de vue l'aspect économique de l'échange pour ne s'attacher qu'à ses aspects juridiques.
Il a fallu attendre une coopération entre le droit et l'économie pour que le concept d'échange soit réhabilité en tant qu'objet d'étude autonome.

§3 – La réhabilitation de l'échange, phénomène juridico-économique

205. Le doyen Georges Ripert écrivait que, d'un côté, « les juristes ne sauraient appliquer, ni interpréter les règles de droit s'ils ne connaissent pas l'économie » et que de l'autre côté, les économistes « ne saurai[ent] analyser l'activité productrice des hommes [sans savoir] quelles sont les institutions [juridiques] par lesquelles elle s'exerce »[349]. En conséquence, ce n'est qu'en travaillant de concert que le droit et l'économie ont pu offrir une vision la plus précise possible de l'échange.
S'il existe une opposition conceptuelle entre ces deux matières (A), une certaine complémentarité apparaît tout de même (B), permettant d'envisager l'échange comme une notion à la fois juridique et économique : une opération économique prise en compte par le droit.

A. L'opposition conceptuelle entre droit et économie

206. Deux définitions pour une même notion – À la veille du Code civil, deux définitions de l'échange coexistaient. L'une purement juridique indiquant que : « L'échange est un contrat par lequel les parties se donnent respectivement une chose pour une autre »[350], l'autre économique présentant l'échange comme un « contrat dans lequel chacune des parties réciproquement, cède moins pour recevoir plus, c'est-à-dire, une chose superflue ou surabondante pour recevoir une chose utile ou nécessaire »[351].

---

[349] G. RIPERT, *Aspects juridiques du capitalisme moderne*, LGDJ, 2e éd., 1951, p. 4.
[350] Art. 1702 du Code civil.
[351] G. GARNIER, *Abrégé élémentaire des principes de l'Économie Politique*, Paris, 1796, p.63.

Si les juristes se sont détournés de l'étude de cette notion, les économistes ont repris la main. Dans leur démarche, ils s'attachent davantage à la volonté des échangistes, c'est-à-dire aux motivations qui sont considérées de façon abstraite. Seules ces dernières poussent les individus à échanger, laissant de côté les considérations juridiques.

207. Aspect économique de la relation – L'analyse des économistes tend à restituer à l'échange son caractère de relation économique.
Pour être au plus proche de la réalité, les économistes s'intéressent à la volonté première des échangistes mettant l'accent sur la recherche de la satisfaction des besoins. En concluant un contrat, chaque contractant cherche à faire un gain.
Comme le souligne le professeur Mackaay, si « cette attente se réalise pour les deux parties, les biens évoluent vers un usage mieux valorisé. Pour qu'une vente soit conclue par exemple, l'acheteur doit attacher, à l'objet acheté, une valeur supérieure au prix qu'il paie, alors que le vendeur doit y attacher une valeur inférieure au prix qu'il reçoit. Les deux gagnent à l'échange. Il en résulte que le contrat apporte, dans le vocabulaire des économistes, un gain au bien-être collectif »[352].

208. Échange de valeurs – Dans un premier temps, l'échange fût envisagé comme la cession de son propre superflu ou de ce qu'un individu considère comme inutile pour lui afin d'obtenir le nécessaire ou l'utile. L'économiste du XVIIIe siècle, François Véron Duverger de Forbonnais en concluait que ce qui « excède la consommation personnelle et nécessaire est appelé superflu. Ce superflu n'est utile à son possesseur qu'autant qu'il peut être échangé »[353].
Au XIXe siècle, les économistes ont quelque peu transformé ce principe en estimant que pour satisfaire ses besoins, l'individu ne cède pas le superflu. Au contraire, il produit ce qu'il sait utile pour les autres[354]. Ainsi, l'individu

---

[352] E. MACKAAY, « *L'efficacité du contrat – une perspective d'analyse économique du droit* », art. préc., p. 32.
[353] Fr. VÉRON DUVERGER de FORBONNAIS, « *Principes économiques* », in *Mélanges d'économies politiques*, t.1, Paris, Guillaumin et Ce, nvlle éd., 1847, p. 176 ; du même auteur, *Eléments du Commerce*, t.2, Paris, nvlle éd., 1795, p.257.
[354] J.-G. COURCELLE-SENEUIL, *Traité théorique et pratique d'Économie politique*, Guillaumin et Ce, 1858, p. 274 : « Lorsque l'usage habituel des échanges s'est un peu répandu, chacun a compris que le plus court moyen d'acquérir la portion de richesses dont il avait besoin était de s'appliquer à produire les objets dont avaient besoin les autres hommes, sûr d'obtenir d'eux en échange, les choses qui lui étaient nécessaires. Il ne s'est plus agi de produire tel ou tel objet en vue de la consommation personnelle du producteur, mais une certaine somme d'objets échangeables, c'est-à-dire, réclamés par les besoins généraux des autres consommateurs ».

fabrique ce qui est nécessaire aux autres et avec les bénéfices de cet échange, il peut acquérir ce qui lui est profitable.
C'est avec cette nouvelle analyse que les économistes font émerger une nouvelle notion économique : la valeur. Celle-ci permet de passer de l'échange d'utilités à l'échange de valeurs[355]. En adoptant cette nouvelle vision de l'échange, les économistes ont contraint les juristes à reconsidérer certains aspects contractuels du droit. Ils ont montré qu'une analyse plus abstraite s'imposait, privilégiant le rapport des prestations économiques.[356]

B. La complémentarité entre l'économie et le droit

209. Opération économique – Même si l'échange revêt une qualification différente, du côté des économistes ou de celui des juristes, il n'en demeure pas moins qu'à travers l'étude de cette notion, il apparaît clairement qu'il est impossible de simplement s'attacher à l'opération économique en elle-même en la détachant complètement des motivations des échangistes. Afin de refléter au mieux la réalité économique, il ne suffit pas de s'intéresser aux consentements des individus lors de l'échange. Il est également nécessaire de s'interroger sur les raisons qui les poussent à échanger.
Le professeur Ghestin a lui-même écarté le critère de l'échange économique au profit de l'accord de volontés pour constituer la norme du contrat indiquant que « sans perdre de vue l'importance de l'échange économique dans la théorie générale du contrat, il semble donc préférable de ne pas en faire l'un des critères du contrat et s'en tenir à son mode de formation : l'accord des volontés »[357].
Il convient cependant de noter que l'accord des volontés n'est pas toujours le critère du lien contractuel puisque la loi ou la jurisprudence peuvent également être créatrice de contrat[358]. Le critère de l'échange économique, même s'il n'est pas le seul, est néanmoins un élément important parmi les critères du contrat.

---

[355] A. R. J. TURGOT, *Œuvre de Mr. TURGOT*, t.3, Paris, 1808, spéc. *Valeurs et Monnoies*, p.289 : « … Dans tout échange, les deux termes de l'échange sont également la mesure de la valeur de l'autre terme : par la même raison, dans tout échange, les deux termes sont également gages représentatifs l'un de l'autre, c'est-à-dire que celui qui a du maïs peut se procurer avec du maïs une quantité de bois égale en valeur, de même que celui qui a le bois peut, avec le bois, se procurer une quantité de maïs égale en valeur ».
[356] J.-M. POUGHON, *Histoire doctrinale de l'échange*, *op. cit.*, n°195, p.123 : « Derrière ce qu'ils considéraient comme n'étant qu'une apparence, la dation réciproque des choses, (les économistes) ont découvert la réalité économique : la recherche de l'utile, puis le transfert réciproque de valeurs ».
[357] J. GHESTIN, « *La notion de contrat* », art. préc., spéc. p. 21.
[358] E. JEULAND, *Essai sur la substitution de personne dans un rapport d'obligation*, LGDJ, coll. Biblio. de dr. privé, tome 318, 1999, préf. L. CADIET, n°202, p.167.

Ainsi, c'est l'exécution de la prestation qui permettra de donner vie à cette opération économique.

210. Synthèse – L'étude de l'échange permet de mettre en lumière la divergence conceptuelle qui existe entre l'approche des économistes et celle des juristes. Alors que les premiers lui ont restitué son caractère de contrat originel, source des autres opérations bilatérales dont l'appréciation des motivations se traduit au stade de l'exécution, les seconds ont limité leur analyse au profit d'une conception plus abstraite.
Cette restriction offre à la volonté des parties une place prépondérante et ce, dès la formation de l'accord. Or, la vision économique de l'échange prouve que la doctrine juridique, pour adopter une vision réaliste du contrat, doit recentrer sa définition sur la fonction économique de l'échange de biens et de services[359].

211. L'étude de l'exécution contractuelle permet d'avoir une approche plus concrète de cette opération tant juridique qu'économique. Les frontières entre l'économie et le droit sont perméables. Compléter l'analyse juridique par des notions économiques permet d'adopter une vision la plus réaliste possible du phénomène soumis à observation. L'échange – et à travers lui le contrat – s'avère donc une opération juridico-économique complexe qui nécessite tous les outils d'analyse que peuvent offrir les sciences sociales.
En combinant ces deux matières, il est possible d'en conclure que c'est l'envie de satisfaire leurs propres désirs qui poussent les individus à échanger. Face au risque que représente un échange qui s'inscrit dans le temps, les individus ont recours à la volonté. Cette dernière justifie la conclusion du contrat.

212. En revanche, l'exécution du contrat ne relève pas de la seule volonté des parties, mais de leur besoin de maximiser leurs profits. La force obligatoire du contrat offre l'aspect incitatif suffisant pour permettre la réalisation de l'opération économique envisagée par les parties.

---

[359] G. FARJAT, *Droit privé de l'économie*, t. 2, *Théorie des obligations*, PUF, coll. Thémis, 1975, p. 191.

CHAPITRE II

LES QUALITÉS SUBSTANTIELLES DE L'EXÉCUTION CONTRACTUELLE

213. Évolution du phénomène contractuel – L'appréciation de l'exécution contractuelle est largement déterminée par la définition retenue du contrat. Or, celui-ci est généralement présenté comme un acte générateur d'obligations. Cette présentation favorise une analyse – subjective – essentiellement tournée vers la personne du débiteur, car celui qui est obligé par le contrat est celui qui exécute.
Cependant, l'influence grandissante de l'analyse économique dans notre droit privé contemporain a permis de retenir une étude plus objective du contrat. Cette "redécouverte du contrat", tendant à retenir une analyse au plus proche de la réalité contractuelle, place au centre de l'attention, l'opération économique que les parties souhaitent réaliser.

214. L'évolution de la prise en compte de l'exécution contractuelle appelle à une analyse à deux niveaux. Le premier est d'ordre fonctionnel et invite à définir quel est le rôle de l'exécution dans l'opération contractuelle puisqu'en droit, les notions juridiques tirent toujours leur justification des fonctions qu'elles assument (section I). Le deuxième niveau s'intéresse aux caractères que peut revêtir l'exécution du contrat (section II).

SECTION I – LA DÉTERMINATION FONCTIONNELLE DE L'EXÉCUTION

215. Analyse fonctionnelle – L'analyse fonctionnelle est une démarche qui consiste à rechercher et à caractériser les fonctions offertes par l'objet de l'étude. Ainsi, s'intéresser aux fonctions de l'exécution du contrat permet de déterminer son rôle principal.
Au demeurant, l'exécution peut s'apprécier du point de vue du débiteur. Lorsqu'il accomplit ses obligations, le contrat est considéré comme étant exécuté et dès lors, apporte satisfaction au créancier (paragraphe I).

Cependant, la notion même de satisfaction n'est pas aisément identifiable. De plus, si le contrat a été conclu, c'est bien parce que débiteur et créancier y ont un intérêt. Nier la satisfaction que le débiteur peut retirer de l'exécution du contrat revient à négliger tout un pan de l'exécution.
En conséquence, l'exécution ne peut se contenter de correspondre à la seule exécution du contenu obligationnel du contrat. L'exécution doit, à l'évidence, aboutir à la réalisation de l'opération économique (paragraphe II).

§1 – La satisfaction du créancier

216. Présentation – Le professeur Théry a très justement énoncé que si l'exécution du contrat n'est pas nécessairement celle des obligations contractuelles, il n'en demeure pas moins que « l'exécution se traduit par la satisfaction du créancier »[360]. Ainsi, pour déterminer s'il y a eu exécution, il convient de se placer du côté du créancier et des attentes qu'il a vis-à-vis du contrat.
Lorsque la prestation accomplie par le débiteur emporte la satisfaction du créancier, alors le contrat est considéré comme étant exécuté. La satisfaction du créancier sert de critère permettant de mesurer l'exécution contractuelle. Il convient tout de même de définir ce qu'est la satisfaction du créancier.
Encouragés par différents concepts, les juristes français ont décidé d'approfondir leur perception de la satisfaction du créancier (A). Cette dernière diffère cependant dans d'autres systèmes juridiques, notamment celui de la *common law* (B).

A. La prise en compte par le droit français de la satisfaction du créancier

217. Satisfaction – Dans le langage courant, la satisfaction s'entend de l'action consistant à contenter quelqu'un, c'est-à-dire lui procurer ce qu'il attend, ce qu'il désire. En matière contractuelle, le terme satisfaction – qui vient du latin *satisfactio* – signifie le paiement d'une dette. Plus spécifiquement, la satisfaction s'entend de l'avantage qui résulte pour le créancier de l'exécution de la dette[361]. Ainsi, du point de vue du débiteur, la satisfaction du créancier s'opère par le remboursement de la dette et, du point de vue du créancier, elle s'effectue par le règlement de la créance.

---

[360] Ph. THÉRY, « *Rapport introductif : la notion d'exécution* », art. préc., p.11.

[361] Le dictionnaire de Vocabulaire juridique ne tient compte de la satisfaction du créancier qu'au travers de l'exécution forcée : G. CORNU (dir.), *Vocabulaire juridique*, *op. cit.*, V° « Satisfaction ».

218. Traditionnellement, le contrat est considéré comme étant exécuté dès lors qu'il emporte la satisfaction du créancier. L'appréciation de l'exécution s'effectue donc du côté du bénéficiaire de l'exécution. Cependant, la délimitation de la satisfaction du créancier n'est pas aisée. Elle ne se limite pas à la réalisation des obligations contractuelles. C'est pour cela que de nombreux auteurs se réfèrent au concept d'attentes légitimes du créancier pour comprendre l'assiette de la satisfaction du créancier.

219. Attentes légitimes du créancier – Lors de la formation du contrat, le débiteur s'engage auprès du créancier. En fonction de cet engagement, le créancier peut fixer ses attentes légitimes. L'exécution du contrat correspond alors à la réalisation des attentes du créancier par le débiteur.
Ainsi, à côté de la volonté du débiteur de se lier, nous retrouvons la confiance du créancier dans l'exécution future du contrat. C'est cette idée de confiance[362] qui fait naître chez le créancier des attentes légitimes. Le doyen Jean Carbonnier avait pu préciser à ce propos que « la volonté n'est pas tout : il y a le sentiment, il y a la passion. Le contrat est, peut-être, assez naturellement, une adhésion de foi, un acte de confiance, donc un acte global, contrairement à notre analyse tatillonne qui essaye de retrouver sous chacune de ses clauses une coïncidence des volontés »[363].
Le créancier obtient satisfaction lorsque ses attentes légitimes sont réalisées par le débiteur lors de l'exécution contractuelle[364]. Les attentes légitimes du créancier servent également à déterminer l'intensité des obligations que le débiteur doit exécuter, ainsi que les diligences à adopter lors de l'exécution du contrat. C'est pour cette raison, par exemple, qu'un professionnel est tenu à plus de diligence et de compétence qu'un profane.[365]

220. Le professeur Aubry synthétise cette idée dans sa thèse, indiquant ainsi que : « lors de la formation du contrat, l'engagement du débiteur est à l'origine d'attentes légitimes chez le créancier qui le détermine à contracter ; lors de l'exécution, les attentes légitimes du créancier définissent l'étendue

---

[362] N. M. K. GOMAA, *Théorie des sources de l'obligation,* LGDJ, 1968, préf. J. CARBONNIER, n°15, p.34 : « Le contrat est avant tout un instrument de crédit et de confiance ».

[363] J. CARBONNIER, *Flexible Droit, pour une sociologie du droit sans rigueur*, *op. cit.*, p. 259.

[364] B. FAGES, *Le comportement du contractant*, PUAM, 1997, préf. J. MESTRE, n°583, p. 314 : « l'exigence de bonne fin implique que le contractant exécute le contrat avec sérieux, c'est-à-dire fasse tous les efforts propres à assurer à son partenaire la satisfaction attendue ».

[365] P. SERLOOTEN, « *Vers une responsabilité professionnelle ?* », in *Mélanges offerts à P. HÉBRAUD*, 1981, Univ. de sc. soc. de Toulouse, p. 805, spéc. n°7, p. 810 : « on a pu remarquer que le public attend souvent d'un bon professionnel plus que d'un particulier, même diligent. Le professionnel est spécialisé, il est rémunéré pour le service qu'il rend, aussi peut-on attendre de lui plus que du "bon père de famille" ».

de l'obligation du débiteur. L'attente légitime est donc une notion qui permet de relier de façon conceptuelle la formation et l'exécution du contrat »[366].

221. Dans la sociologie de Max Weber, nous retrouvons également cette idée avançant que le contrat fait naître l'attente d'un comportement de la part du partenaire contractuel. Cet économiste indiquait que « les personnes qui ont entre elles des rapports de créancier à débiteur ou des rapports d'échange nourrissent, chacune de son côté, l'espoir que l'autre partie se comportera d'une manière qui soit en rapport avec ses propres intentions. Pour cela, aucune règle extérieure à ces deux personnes et destinée à garantir ce comportement, à le prescrire ou à le provoquer par le moyen d'un appareil de coercition ou sous la pression de la désapprobation sociale n'est absolument nécessaire, d'un point de vue théorique. La reconnaissance subjective du caractère obligatoire d'une norme quelconque et la conviction que la partie adverse la reconnaît comme telle ne sont pas non plus des conditions préalables nécessaires chez les intéressés »[367]. Selon cette approche, l'existence d'une règle coercitive serait, d'un point de vue théorique, sans incidence sur le caractère obligatoire du lien contractuel. Cependant, en pratique, c'est bien la présence de ce système de garantie judiciaire qui est la source de l'attente des acteurs économiques. Ainsi, pour Max Weber, « ce sont finalement les caractéristiques des ordres juridiques modernes qui fondent, en dernière instance, l'attente légitime du comportement d'autrui ou pour le dire dans un langage plus actuel, la confiance »[368]. L'ordre juridique permet d'accroître la confiance du contractant dans la réalisation de l'opération économique.

222. Notion d'attente – Dans le langage courant, l'attente correspond à l'« action d'attendre quelque chose, quelqu'un »[369]. Le professeur Lokiec indique que le « registre de la volonté comporte de multiples déclinaisons, qui ne s'épuisent pas dans la traditionnelle intention subjective des contractants. Les "attentes" constituent l'une de ces déclinaisons et renvoient à une acception objective de la volonté. Elles offrent une alternative au solidarisme contractuel comme grille de lecture des évolutions contemporaines du droit des contrats. Une alternative qui invite à renouveler la conception volontariste du contrat, trop souvent enfermée dans le dogme

---

[366] H. AUBRY, *L'influence du droit communautaire sur le droit français des contrats*, *op. cit.*, n°281, p.286.
[367] M. WEBER, *Économie et société*, tome 2, *L'organisation et les puissances de la société dans leur rapport avec l'économie*, Pocket, coll. Agora, 2003, pp. 35-36.
[368] E. SERVERIN, « *Lectures socio-juridiques sur l'État et le contrat* », in *Approche critique de la contractualisation*, LGDJ, coll. Droit et Société, tome 16, p.106.
[369] *Dictionnaire Larousse* en ligne, V° « Attente ».

de l'autonomie de la volonté, et ainsi à préserver les liens nécessaires entre le contrat et la volonté des contractants »[370].
Cette analyse du droit des contrats met en lumière le déclin actuel de la conception volontariste du contrat basée entièrement sur la volonté des contractants et le dogme de l'autonomie de la volonté. Cette perte d'influence de la volonté n'est pas propre au droit français.

223. Contrat relationnel – Aux États-Unis par exemple, Ian Roderick Macneil a observé le comportement des contractants et en a déduit que la vision traditionnelle de la théorie classique des contrats était erronée. Il a alors créé une notion concurrente au contrat classique : le contrat relationnel[371].
Ce type de contrat englobe l'élément de durée ainsi que d'engagement personnel. En effet, considérer le contrat uniquement comme un moyen pour les parties d'exercer leur emprise sur l'avenir, indépendamment des éléments extérieurs, est une perception bien trop rigide du contrat. Le contrat apparaît aujourd'hui davantage comme un lien de droit entre les parties dont il serait l'œuvre commune.

224. Le contrat relationnel se fonde sur une collaboration entre les parties dans le but d'obtenir des rapports plus équilibrés et plus égalitaires, empreints de plus de fraternité et de justice.
En définitive, le sceau de la justice contractuelle marquerait la théorie générale du contrat faisant des contractants non plus des adversaires, mais des partenaires.
Ainsi conçu comme un instrument de justice contractuelle, le droit des contrats a pour objet d'assurer la conformité du contrat aux exigences morales, sociales ou économiques. En conséquence, ledit droit des contrats n'est plus envisagé simplement à travers sa conformité à la volonté des contractants. Tout comme le droit américain, le droit anglais invite à porter un autre regard sur la volonté, tourné vers les attentes des contractants[372].

---

[370] P. LOKIEC, « *Le droit des contrats et la protection des attentes* », D. 2007, p. 321.
[371] V. not., I. R. MACNEIL, « *Reflections on Relational Contract* », Journal of Institutional and Theoretical Economics, 1985, p. 541. – V. égal. : Y.-M. LAITHIER, « *À propos de la réception du contrat relationnel en droit français* », D. 2006, chron. p. 1003 ; H. MUIR WATT, « *Du contrat "relationnel". Réponse à François Ost* », in *Association Henri Capitant des Amis de la Culture juridique Française, La relativité du contrat*, Journées nationales, tome IV, Nantes (1999), LGDJ, 2000, p. 169 ; C. BOISMAIN, *Les contrats relationnels*, PUAM, 2005, préf. M. FABRE-MAGNAN.
[372] La notion d'attente imprègne également le droit communautaire : H. AUBRY, « *L'apport du droit communautaire au droit français des contrats : la notion d'attente légitime* », RID comp. 2005, p. 628.

225. Dommage contractuel – Le raisonnement juridique dans les systèmes de *common law* oblige à prendre comme point de départ de la réflexion, non pas la force obligatoire du contrat, mais la définition du dommage contractuel[373]. C'est en cherchant à mesurer les dommages et intérêts à l'aune des attentes des contractants que cette notion a trouvé une place centrale dans l'appréhension du droit des contrats. Les juristes français ne sont que peu familiers de ces méthodes de raisonnement.

226. Adaptation en droit français – Pour adapter cette réflexion au droit français, il convient de distinguer les attentes liées au comportement et les attentes qui sont l'expression d'une « volonté-type »[374].
Plutôt que de rechercher la volonté des parties dans leur déclaration d'intention, le juge peut tenir compte des « attentes raisonnables »[375] pour en déduire ce qu'ils ont prévu ou dû prévoir. Ces attentes raisonnables, à l'inverse des attentes de comportement, sont nécessairement voulues et communes aux contractants.

227. Le professeur Aubry voit dans l'existence d'une attente, un acte de foi : « il ne peut, en effet, y avoir espérance sans confiance. L'attente est donc une notion psychologique qui relève des perceptions de l'individu »[376], aussi se traduit-elle de façon différente en fonction des individus. Ainsi, pour un consommateur par exemple, un bien ou un service revêt – à côté de son usage matériel et pratique – une composante plus immatérielle correspondant à « l'incorporation de l'imaginaire du consommateur dans les biens et les services »[377]. Faire référence à l'imaginaire du consommateur permet de prendre en compte l'aspect émotif, affectif et même esthétique[378], qui sont des composantes indéniables dans le choix d'un consommateur. Les attentes du consommateur ne sont donc pas uniquement matérielles, mais également immatérielles.

---

[373] P. S. ATIYAH, « *L'évolution du droit anglais de l'accord vers la reliance et l'exclusion de la responsabilité pour vices dans la vente de marchandises* », *in Le contrat aujourd'hui : comparaisons franco-anglaises*, D. TALLON et D. HARRIS (dir.), LGDJ, 1987, p. 57.

[374] Ph. JESTAZ, « *L'obligation et la sanction : à la recherche de l'obligation fondamentale* », art. préc., p. 294 ; J. ROCHFELD, *Cause et type de contrat*, LGDJ, coll. Biblio. de dr. privé, tome 311, 1999, préf. J. GHESTIN, p. 17 et s. ; Ph. DELEBECQUE, *Les clauses allégeant les obligations dans les contrats*, Th. Aix-Marseille, 1981, p. 252 ; P. ANCEL, « *Contrat de fait et comportements sociaux typiques* », RDC 2004, p. 1087.

[375] J. STEYN, « *Contract law : fulfilling the reasonable expectations of honest men* », The Law quarterly review, 1997, p. 433.

[376] H. AUBRY, *L'influence du droit communautaire sur le droit français des contrats*, *op. cit.*, n°225, p. 251.

[377] R. ROCHEFORT, *La société des consommateurs*, Odile Jacob éd., 1995, p. 31.

[378] P. HETZEL, « *Comportements et attentes des consommateurs occidentaux, Perspectives et réalités* », in *Clés pour le siècle*, Dalloz, 2000, p. 177, spéc. n°236 et s.

228. De même, les attentes qu'un contrat a fait naître chez le créancier dépendent non seulement des informations transmises lors de la formation de l'acte, mais également de la perception que le créancier se fait de l'exécution contractuelle. Cette perception personnelle du contrat révèle les "motifs psychologiques" du créancier et c'est en fonction d'eux que « peut seulement se concevoir le sentiment de souffrance ou d'insatisfaction dont naîtra le désir de modifier l'état des choses ; le contenu de cette aspiration ne sera déterminé au contraire qu'à partie du moment où l'esprit s'attachera à l'image d'une situation possible et améliorée »[379].

229. Subjectivité des attentes – Les attentes des contractants ne sont donc pas uniquement objectives, en fonction de leur rationalité au moment de la conclusion du contrat, mais revêtent un caractère subjectif. Ce constat explique le fait qu'elles dépendent aussi de la psychologie de chaque personne qui, contrairement aux demandes, ne sont pas nécessairement explicitées et peuvent évoluer dans le temps, notamment en présence d'un contrat à exécution successive ou continue.
Or, le droit ne peut saisir les sentiments en eux-mêmes. Pour être juridiquement reconnu, un sentiment doit être extériorisé par un fait, un acte ou même une formulation[380]. Le professeur Aubry en conclut que, « parce que l'attente est une représentation intérieure, une notion psychologique qui relève de la vie mentale et des perceptions de la personne, elle ne semble pas, *a priori*, pouvoir être prise en considération par le droit. Ou plus exactement, la référence aux attentes des individus en droit nécessite que l'on distingue les attentes que le droit peut consacrer et celles qui doivent être ignorées »[381]. Il en résulte que seules les attentes dites "légitimes" sont prises en compte par le droit.

230. Légitimité des attentes – Est légitime « ce qui est conforme au droit, à la justice, à la raison »[382]. Il appartient alors au juge ou au législateur de déterminer ce qui est légitime ou ne l'est pas. Le philosophe et économiste Friedrich Hayek considérait, en parlant du "*Nomos*" c'est-à-dire le droit de la liberté, que : « Dans un ordre dynamique des activités, seules certaines anticipations peuvent être protégées [...]. Le dommage à autrui que la loi

---

[379] L. BOYER, *La notion de transaction – Contribution à l'étude des concepts de cause et d'acte déclaratif*, Sirey, 1947, préf. J. MAURY, p. 183.
[380] G. CORNU, « *Du sentiment en droit civil* », in *Annales de la faculté de droit de Liège*, 1963, p. 189 et s., spéc. p. 200.
[381] H. AUBRY, *L'influence du droit communautaire sur le droit français des contrats*, *op. cit.*, n°228, p. 253.
[382] A. LALANDE, *Vocabulaire technique et critique de la philosophie*, PUF, coll. Quadrige, Dicos poche, 2010, V° « Légitime ».

cherche à empêcher n'est pas n'importe lequel, mais seulement le fait de décevoir une attente que la loi a déclarée être légitime [...]. Cela implique une distinction entre les anticipations légitimes que la loi doit garantir et d'autres dont elle doit admettre qu'elles soient déçues »[383].
Afin de caractériser la composante légitime des attentes, la doctrine a tenté d'avancer un certain nombre de critères. Certains auteurs ont proposé de s'attacher à l'équité[384] ou encore à la normalité[385]. Ces derniers ne sont cependant pas apparus comme satisfaisants. En effet, la normalité peut éventuellement servir comme un procédé de classement, mais non comme une explication du "légitime". Ce constat s'appuie sur le fait suivant : dès lors qu'elle est consacrée par le législateur ou le juge, la norme devient juridique, se confondant ainsi avec le légitime sans pour autant le caractériser.
Dans ces conditions, le mot "légitime" désigne ce qui est conforme au droit. Il relève du juge et du législateur de consacrer ce qui est légitime ou ne l'est pas.

231. Un parallèle a également été effectué entre le terme "légitime" et le concept de "raisonnable" utilisé par la *common law*, notamment au travers de la théorie de la *reliance*. Cette volonté objective, appréciée *in abstracto*, développée dans la notion d'attente, trouve un écho certain dans les notions émergentes telles que l'économie du contrat ou l'obligation essentielle.

B. L'analyse anglo-américaine de l'appréciation de la satisfaction du créancier

232. Théorie de la *reliance* – Le concept de *reliance* exprime davantage qu'une simple confiance ou *expectative*[386]. Ce terme évoque indubitablement la confiance, érigée en un principe normatif dont l'équivalent formel se retrouverait dans le respect des prévisions légitimes du créancier.
Développée tout d'abord en Angleterre, la *reliance* a fait son apparition en Australie, aux États-Unis ainsi qu'en Italie. Ces différents systèmes juridiques, pour justifier la force obligatoire du contrat, ont décidé de se

---

[383] F. A. HAYEK, *Droit, législation et liberté*, vol. 1, *Règles et ordre*, PUF, coll. Libre échange, trad. R. AUDOUIN, 1980, p. 123 et s.
[384] Y. MARKOVITS, *La directive CEE du 25 juillet 1985 sur la responsabilité du fait des produits défectueux*, LGDJ, coll. Biblio. de dr. privé, tome 211, 1990, préf. J. GHESTIN, n°312, p. 202.
[385] A. CHIREZ, *De la confiance en droit contractuel*, Th. Nice, 1977, n°210 et s., p. 277 et s.
[386] D. TALLON et D. HARRIS (dir.), *Le contrat aujourd'hui : comparaison franco-anglaises*, LGDJ, coll. Biblio. de dr. privé, tome 196, 1987, p. 24 ; H. MUIR WATT, « *Reliance et définition du contrat* », in *Prospectives du droit économique, Dialogues avec Michel Jeantin*, Dalloz, 1999, pp. 57 à 78.

placer non pas du côté du promettant, mais plutôt de celui du destinataire de la promesse[387]. Cette doctrine se développe en droit français.
Selon son hypothèse, « la promesse oblige parce que quelqu'un a légitimement cru qu'elle serait tenue »[388]. Se rapprochant du concept de "confiance légitime" ou "attentes légitimes", la *reliance* force le Droit à protéger les attentes, sous réserve qu'elles soient légitimes. Ce n'est donc pas la volonté qui fait naître l'obligation, mais la manifestation de cette volonté, son expression destinée à autrui.

233. Différente du principe du respect de la parole donnée, cette conception du lien contractuel identifie le fait que le créancier accepte la promesse et exécute ce à quoi il s'est engagé non pas « en raison de la force de la parole d'autrui, mais en raison de sa confiance dans la parole de ce dernier »[389]. La *reliance* « tend à attacher des effets de droit à des comportements, c'est-à-dire à diverses attitudes qui, en dehors du consentement formellement exprimé et voulu comme tel, sont de nature à affecter autrui »[390].

234. Le concept de *reliance* ou de *protection of legitimate expectations*[391] joue également un rôle important en matière d'évaluation des dommages et intérêts. D'un côté, nous trouvons la *reliance interest*, mesure de réparation, qui permet de replacer la victime dans la situation qu'elle aurait connue si le dommage n'avait pas été causé. De l'autre côté, il y a l'*expectation interest*, qui vise à compenser le profit escompté alors que la *reliance interest* s'attache à seulement indemniser la perte subie[392].

235. Confiance légitime – Précisons tout de même que les attentes ne sont pas synonymes de confiance. Le principe de confiance légitime fait

---

[387] X. DIEUX, *Le respect dû aux anticipations légitimes d'autrui, Essai sur la genèse d'un principe général de droit*, Bruylant, 1995, n°40 ; C. CALMES, *Du principe de la protection de la confiance légitime en droit allemand, communautaire et français*, Dalloz, 2001 ; J. CALAIS-AULOY, « *L'attente légitime, une nouvelle source de droit subjectif ?* », in *Mélanges Y. GUYON*, Dalloz, 2003, p.171 ; B. FAUVARQUE-CAUSSON (dir.), *La confiance légitime et l'Estoppel*, 17e Congrès international de droit comparé de l'Académie internationale de droit comparé Utrecht, Pays-Bas, 16-22 juillet 2006, Société de législation comparée, coll. Droit privé comparé et européen, vol. 4, 2007 ; P. LOKIEC, « *Le droit des contrats et la protection des attentes* », art. préc., p.321.

[388] M. FABRE-MAGNAN, *Droit des obligations, 1 – Contrat et engagement unilatéral*, 2010, *op. cit.*, p. 60.

[389] D. MAINGUY et J.-L. RESPAUD, *Droit des obligations*, 2008, *op. cit.*, n°67, p. 57.

[390] H. MUIR WATT, « *Reliance et définition du contrat* », art. préc., n°8, p. 62.

[391] Protection des attentes légitimes.

[392] L. L. FULLER et W. PERDUE, « *The Reliance Interest in Contract Damages* », 46 Yale Law Journal 52, 1936, p. 373.

d'ailleurs déjà partie de l'ordre juridique communautaire comme l'a affirmé la cour de justice des communautés européennes en 1978[393].
Le professeur Fauvarque-Cosson précise aussi que dans « les pays de droit civil, la protection de la confiance est souvent (mais pas toujours) assurée de manière peu spécifique et très flexible, à travers des principes généraux, au premier rang desquels la bonne foi. Il en va différemment dans les pays de *common law* où, par-delà les termes de *reliance* ou de *legitimate expectations*, se déploie une doctrine spécifique [...] »[394].

236. Cependant, il existe encore une réelle méfiance de la doctrine et de la jurisprudence française à l'égard du concept de confiance légitime et de ses satellites. Il est vrai que les juristes éprouvent une réserve traditionnelle face aux concepts venus de l'étranger. Mais, la faiblesse de cette théorie réside surtout dans sa circularité : « le Droit devrait protéger les attentes du créancier au motif que celui-ci a pu légitimement croire qu'elles seraient respectées, mais celui-ci n'a pu légitimement croire qu'elles seraient respectées que si le Droit les protège ; or on ne peut, sans circularité, présupposer le caractère obligatoire de la promesse pour ensuite l'expliquer »[395].

237. Le principe de confiance légitime est davantage tourné vers la personne du créancier plutôt que vers celle du débiteur. Le professeur Genicon précise ce point en indiquant que : « le principe de confiance légitime s'attache, dans une relation contractuelle ou « péri-contractuelle », à protéger celui qui s'est fié à un autre, à ce qu'il a dit ou fait et qui, s'en étant ainsi remis à lui, a mis ses pas dans les siens, a pris de nouvelles décisions, modifié son comportement, dans la croyance que cette autre personne demeurerait constante dans son attitude première »[396]. Il poursuit en signalant que le principe de confiance légitime « entend donc lier ensemble l'attitude de celui qui délivre un « signal » de confiance légitimement compréhensible comme tel (une invitation à agir en fonction du message émis qui fait croire ou laisse croire quelque chose), et l'acte de foi (si l'on veut retrouver l'étymologie du mot « confiance »), du récipiendaire »[397].

---

[393] CJCE, 3 mai 1978, aff. 112/77, arrêt *Töpfler c/ Commission*, Rec. 1978, p. 1019.
[394] B. FAUVARQUE-COSSON, « *Rapport général* », in *La confiance légitime et l'estoppel*, B. FAUVARQUE-COSSON (dir.), 17e Congrès international de droit comparé de l'Académie internationale de droit comparé Utrecht, Pays-Bas, 16-22 juillet 2006, Société de législation comparée, coll. Droit privé comparé et européen, vol. 4, 2007, p. 11.
[395] M. FABRE-MAGNAN, *Droit des obligations, 1 – Contrat et engagement unilatéral*, 2010, *op. cit.*, p. 61.
[396] Th. GENICON, « *Contrat et protection de la confiance* », RDC 2013, n°1, p. 336.
[397] Th. GENICON, « *Contrat et protection de la confiance* », art. préc.

238. Conséquences – La parole formalisée du débiteur fait naître chez le créancier une confiance en l'exécution des obligations[398]. La confiance est donc inhérente à la notion de contrat. Mais cette confiance n'est pas seulement une croyance, elle est aussi une attente[399]. En effet, pour répondre à la confiance que le créancier a investie lors de la formation du contrat, l'exécution doit être conforme à ces attentes. Comme nous l'avons vu, la confiance et l'attente du créancier sont des notions pour le moins subjectives, qu'il est impossible de connaître ou de mesurer efficacement.

239. Afin de déterminer si l'exécution du contrat est satisfactoire, il convient donc de se tourner vers les attentes légitimes du créancier. Parfois, cela nécessite que le contractant exécute l'obligation à laquelle il s'est engagé, mais également les obligations accessoires répondant à la confiance du son cocontractant.
Au sein de ces obligations accessoires, nous retrouvons notamment les obligations de coopération, de conseil et d'information. Parce que les parties ont investi leur confiance dans le contrat, elles reçoivent en contrepartie l'exécution de l'obligation principale et des obligations accessoires. Lors de l'exécution, les attentes légitimes du créancier permettent de définir l'étendue de l'obligation du débiteur[400].

240. Néanmoins, la seule étude de la satisfaction du créancier ne suffit pas à caractériser l'exécution du contrat. D'autres éléments interviennent durant cette phase contractuelle qu'il convient de prendre en considération.

§2 – La réalisation de l'opération économique

241. Traditionnellement, les quelques tentatives de définition de l'exécution contractuelle se limitaient à retenir la satisfaction du créancier comme critère déterminant. L'émergence de nouveaux concepts juridiques, et notamment la prise en compte de la dimension économique du contrat, permet d'aller au-delà de cette présentation linéaire et d'avancer le fait que l'exécution contractuelle traduit la réalisation de l'opération économique voulue par les parties. Cette définition plus rigoureuse de l'exécution (A) autorise également la possibilité d'envisager de nouvelles techniques au service d'une exécution la plus efficace possible (B).

---

[398] A. SÉRIAUX, *Droit des obligations*, PUF, coll. Dr. fondamental, 1998, n°42, p. 168.
[399] A. CHIREZ, *De la confiance en droit contractuel*, *op. cit.*, n°67, p. 103.
[400] H. AUBRY, *L'influence du droit communautaire sur le droit français des contrats*, *op. cit.*, n°280, p. 286.

A. La définition de l'exécution contractuelle

242. Opération économique – Adopter une vision finaliste du contrat, au plus proche de la pratique contractuelle, permet de constater que l'exécution du contrat s'entend de la réalisation de l'opération économique. Le contrat n'est, certes pas, une notion économique, mais il met en évidence une opération économique, juridiquement encadrée.
Jean-Francis Overstake écrivait d'ailleurs que « l'exécution de l'ensemble des obligations constitutives d'un contrat doit aboutir à la réalisation de l'opération recherchée. Il y a donc un lien étroit entre les obligations nées d'un contrat et l'opération que les parties se proposent d'accomplir au moyen de ce même contrat »[401]. Le contrat est donc l'instrument par lequel les parties veulent réaliser l'opération économique.

243. Recours à la notion d'opération contractuelle – La doctrine contemporaine a mis en évidence la nécessité de recourir à une analyse dynamique et réaliste du contrat. Le contrat n'est finalement que l'incarnation juridique et purement formelle d'une opération économique. Le doyen Gérard Cornu soulignait que « dans l'opération à lui offerte, l'utilisateur perçoit désormais sa finalité concrète, abstraction faite de la nature spécifique à sa réalisation [...] Plus généralement, le concept plutôt économique d'opération tend à supplanter celui, plus juridique, de contrat »[402]. L'opération économique est donc la raison d'être du contrat. L'échange des consentements ne fait qu'évoquer l'autre échange qui intéresse éminemment les parties à savoir : l'échange économique traduit dans l'*instrumentum* contractuel.

244. Cette finalité économique poursuivie par la conclusion du contrat fait naître un véritable concept d'opération contractuelle[403], plus vaste que le simple contrat. Ce faisant, il est possible d'adopter une vision globale du contrat. Selon le professeur Bénabent, « envisagé dans son ensemble, dans son économie générale [...], le contrat réalise une opération qui doit elle-même être licite, et qui peut ne plus faire parfois l'objet d'un contrôle quant à son équilibre »[404]. Les parties ont donc un véritable intérêt dans l'opération contractuelle qu'elles souhaitent voir réaliser par l'exécution du contrat.

---

[401] J.-F. OVERSTAKE, *Essai de classification des contrats spéciaux*, *op. cit.*, spéc. p. 29
[402] G. CORNU, « *L'évolution du droit des contrats en France* », Journées de la SLC, 1979, RIDC, n° spéc., vol. 1, p. 447, spéc. n°51.
[403] J.-M. POUGHON, « *Une constante doctrinale : l'approche économique du contrat* », art. préc., p. 47.
[404] A. BÉNABENT, *Droit civil, Les obligations*, Montchrestien, coll. Domat dr. privé, 8e éd., 2001, n°156.

245. Différents types d'exécution – L'exécution du contrat apparaît ainsi comme la réalisation de l'opération contractuelle voulue par les parties. Cependant, cette exécution peut prendre différentes formes.

246. Distinction exécution satisfactoire et exécution efficace – Tout d'abord, l'exécution peut être satisfactoire. L'adjectif satisfactoire ne s'entend pas ici comme le qualificatif des offres réelles, mais dans le sens où l'exécution apporterait la satisfaction aux parties. Il ne s'agit pas non plus de retenir uniquement la satisfaction du créancier. En effet, si le débiteur s'est contractuellement engagé auprès du créancier, c'est parce qu'il attend quelque chose de ce contrat. Dès lors que la réalisation de l'opération économique est consommée, créancier et débiteur y trouvent satisfaction.
En revanche, le fait que la réalisation de l'opération économique soit satisfactoire n'est pas synonyme d'exécution efficace. Si l'on se place du point de vue du contrat, une exécution efficace n'est pas forcément équivalente à la satisfaction des parties. Pour être efficace, l'exécution du contrat doit apporter un gain au marché supérieur au coût qu'elle engendre.
Mais, l'efficacité de l'exécution n'est pas une notion très présente dans le droit des obligations.

247. Néanmoins, les récents développements doctrinaux ont permis de mettre en avant le fait que le contrat s'envisage comme « un instrument de création de richesses qui ne vaut qu'à travers l'intérêt qu'il représente pour le marché »[405]. Ce qui prévaut c'est son utilité économique, de sorte que l'exécution peut être efficace sans pour autant être satisfactoire.
En définitive, il est nécessaire de distinguer une réalisation objective, qui serait efficace du point de vue du contrat et une réalisation subjective, efficace pour les parties. L'efficacité pour les parties réside dans leur satisfaction alors que du point de vue du contrat, c'est en fonction du gain alloué au bien-être social qu'elle s'estime.

248. L'objectif est bien entendu d'obtenir une exécution contractuelle emportant la satisfaction des parties tout en était économiquement efficace. Seul le paiement peut éventuellement revêtir ces deux qualificatifs. Cependant, la question reste encore de savoir si une exécution contractuelle non économiquement efficace peut-elle réellement emporter la satisfaction des parties ? Satisfaction des parties et efficacité sont liées puisque l'exécution n'est que la traduction du souhait des parties. La notion

---

[405] H. MUIR WATT, « *La modération des dommages en droit anglo-américain* », PA 2002, n°232, spéc. p. 47.

d'efficacité en droit, ou plutôt d'efficience, prend d'ailleurs de plus en plus d'importance[406].

249. De l'efficience opérationnelle à l'efficience organisationnelle – Le critère d'efficience prôné par les systèmes de *common law* attire de nombreux juristes. Il permettrait de mesurer l'efficacité de l'exécution contractuelle. Néanmoins, de nombreux économistes[407] ont constaté que l'adaptation de ce concept anglo-américain au système juridique français est inadaptée, car il repose sur une hypothèse erronée. En effet, l'une des principales différences qui marquent ces deux systèmes juridiques est la place accordée au juge.
Le critère d'efficience anglo-américain est un critère d'efficience opérationnelle, envisagée au regard des résultats réels, qui suppose un juge omniscient. Or, tel n'est pas le cas. Il convient alors de lui préférer la notion d'efficience organisationnelle : « L'approche organisationnelle du contrat tend à envisager la notion d'efficience au regard des mécanismes juridiques pouvant être mis en œuvre au profit d'une opération stratégique. Dans cette perspective, l'efficience pourra être envisagée comme une qualité résultant de l'organisation contractuelle mise en œuvre »[408].

250. Cette notion d'efficience organisationnelle s'accorde davantage avec la logique juridique française pour laquelle la fonction organisationnelle du contrat est fondamentale. En effet, il sert avant tout de cadre, organisé par les parties, en vue de la réalisation de l'opération économique. Le contrat ne doit pas être considéré en lui-même comme une garantie d'un résultat économique attendu, mais plutôt comme un châssis adéquat pour favoriser l'obtention d'un résultat satisfaisant pour les parties.
Mme Kerhuel en déduit que la « question de l'efficience du contrat retrouve alors toute sa raison d'être sur le terrain du droit, dans la mesure où elle ne porte pas tant sur ses fins économiques que sur les moyens juridiques employés pour les atteindre et en particulier, sur la combinaison choisie de techniques contractuelles adaptées à la situation de fait. Dans cette perspective, ce n'est pas tant l'objectif économique qui constitue le critère

---

[406] En atteste l'ouvrage consacré à ce sujet : S. BOLLÉE, Y.-M. LAITHIER et C. PÉRÈS (dir.), *L'efficacité économique en droit*, *op. cit.*

[407] G. O'DRISCOLL, « *Justice, efficiency and the economic analysis of law ; a comment on FRIED* », The Journal of Legal Studies, vol. 9, n°2, juin 1980, spéc. p. 355.

[408] A.-S. KERHUEL, *L'efficience stratégique du contrat d'affaires, Un champ d'action de la liberté contractuelle*, *op. cit.*, n°100, p. 102.

central d'efficience, que l'adéquation des moyens employés aux circonstances pour parvenir *in fine* à un résultat optimal »[409].
La technique contractuelle propose de nombreux outils permettant d'obtenir la réalisation optimale de l'opération économique envisagée par les parties.

B. Les outils au service d'une exécution efficace

251. Outils juridiques – La gestion contractuelle et l'audit d'exécution apparaissent comme les moyens les plus adaptés à l'obtention d'une opération contractuelle optimale.

252. Gestion contractuelle – La gestion contractuelle a pour principal objectif de protéger les intérêts des parties tout au long du processus de réalisation de l'opération économique. En replaçant le contrat dans son environnement stratégique, il est possible d'appliquer le concept d'efficience au contrôle du comportement des parties au stade de l'exécution du contrat. Pour obtenir la meilleure exécution possible, une exécution efficace, il convient de veiller à ce que les agissements des parties ne puissent porter atteinte au processus de réalisation de l'opération économique. Cependant, l'environnement économique n'est pas stable, il est changeant. Ainsi, la performance économique du contrat est soumise à de nombreux aléas que les parties n'ont pas forcément anticipés lors de la conclusion du contrat.

253. Cette mouvance économique a amené les juges à intervenir auprès des parties pour les enjoindre à agir de façon efficace. Se fondant sur la bonne foi, les juges invitent les parties à agir en faveur des impératifs de la gestion contractuelle qui peut raisonnablement être attendue du contrat. Mme Kerhuel souligne très brillamment que le « principe de bonne foi introduit alors, [...], une dynamique contractuelle obligeant les parties à une diligence particulière qui correspond à ce que l'on peut appeler gestion contractuelle, concept encore peu connu en doctrine, pourtant révélé comme essentiel dans la pratique. Cette gestion contractuelle désigne la marge de manœuvre bénéficiant aux parties exécutantes pour faire en sorte que les effets de l'exécution soient les plus conformes à la stratégie engagée ou ajustement des prestations au regard de l'évolution des circonstances, ce qui peut poser problème au regard du refus de l'imprévision par le droit français »[410].

---

[409] A.-S. KERHUEL, *L'efficience stratégique du contrat d'affaires, Un champ d'action de la liberté contractuelle*, *op. cit.*, n°100 p. 102.

[410] Sur ce point, V. les développements de A.-J. KERHUEL, *L'efficience stratégique du contrat d'affaires, Un champ d'action de la liberté contractuelle*, *op. cit.*, n°271 et s., p. 218 et s.

254. Audit d'exécution – La gestion contractuelle n'est pas le seul moyen de veiller à la bonne exécution du contrat. Le droit des contrats n'a, certes, pas pour objectif, ni ambition, de protéger la rentabilité économique du contrat. Or, si pour satisfaire les parties l'exécution n'a pas besoin d'être lucrative afin de considérer la réalisation objective, c'est-à-dire une exécution efficace du point de vue du contrat, il convient de s'assurer de sa rentabilité.
Au stade de l'exécution, il est approprié d'octroyer aux parties des moyens de réaction face à des résultats compromis par un événement ou une information défaillante : « La technique de l'audit, exercé au stade même de l'exécution, peut permettre au contractant de réagir à temps, afin de sauvegarder la rentabilité, telle qu'elle a été évaluée au moment de la conclusion. À ce stade, il s'agit d'instaurer un contrôle à l'aune de la rentabilité économique réelle du contrat »[411].

255. En effet, le contrat est par essence incomplet. Lors de sa formation, les parties tentent de pallier cette incomplétude, en insérant diverses clauses contractuelles visant à anticiper les évolutions négatives des circonstances. Néanmoins, l'aléa lié à l'incomplétude informationnelle est présent dans tous les contrats puisque ces derniers, au moment de leur conclusion, relèvent davantage d'un pari.
En théorie économique, l'imperfection informationnelle résulte du fait que le modèle de concurrence pure et parfaite n'est qu'une utopie.
D'un point de vue juridique, il est vrai que cet aléa peut être réduit ou éventuellement sanctionné en cas de comportement dolosif. Pour autant, l'aléa ne saurait être pallié par le droit lorsqu'il n'est dû qu'à l'imperfection de la circulation de l'information inhérente au marché.

256. L'audit d'exécution apparaît comme un moyen efficace de faire remonter l'information à un moment où tout l'intérêt du contrat entre en jeu. Il ne s'agit pas d'une obligation d'information au moment de la conclusion du contrat, mais d'une remontée d'information durant sa phase d'exécution, car en « détectant tout fait susceptible d'avoir une incidence sur la rentabilité présente ou future d'un contrat à exécution successive, l'audit permet au créancier de réagir à temps afin de sauvegarder les intérêts stratégiques menacés »[412].
Outre l'obligation d'information générale, la jurisprudence a également pu relever une obligation d'information sur les risques nouveaux pouvant

---

[411] A.-J. KERHUEL, *L'efficience stratégique du contrat d'affaires, Un champ d'action de la liberté contractuelle*, *op. cit.*, n°709, p. 497.
[412] A.-J. KERHUEL, *L'efficience stratégique du contrat d'affaires, Un champ d'action de la liberté contractuelle*, op. cit., n°710, p. 497.

menacer la rentabilité économique du contrat. Grâce à cet impératif, la Cour de cassation a pu décider qu'une société chargée d'exploiter une installation de chauffage et de fourniture d'eau chaude se voit tenue de le faire au mieux des intérêts de ses clients. En conséquence, elle se doit de les informer sur toute possibilité de modification favorable des tarifs de Gaz de France. En manquant à cette obligation pendant plus d'un an et demi, la société n'a pas satisfait à son devoir d'information et de conseil, une négligence qui a engagé sa responsabilité envers son client[413].

257. Dans un contrat de franchise, caractérisé par une relation de forte confiance en raison de l'*intuitu personae*, la Cour de cassation a, de la même manière, validé le raisonnement des juges du fond qui avaient considéré que le franchiseur avait failli à son obligation de renseignement sur sa situation juridique. En effet, dans cette affaire il était reproché au franchisé de ne pas avoir été immédiatement informé « *de l'ouverture de la procédure en redressement judiciaire, compte tenu de la nature évolutive des obligations de chacun des contractants qui implique des relations permanentes, la communication de nouvelles technologies et de nouveaux moyens publicitaires* »[414]. Ces difficultés judiciaires pouvant avoir une incidence sur l'exécution du contrat et introduire un risque d'inexécution, en taisant cette information, le franchiseur avait commis une faute.

258. Afin d'anticiper les effets non rentables du contrat, il convient, dès lors, de contractualiser ce devoir d'information à travers une clause d'audit : « Elle permet en outre d'assurer aux parties un véritable suivi de l'exécution en vue d'une meilleure anticipation des difficultés d'exécution pour préserver la réussite économique de l'opération. L'audit, intervient le plus souvent a priori des difficultés et permet à ce titre de détecter des éléments pouvant compromettre la rentabilité du contrat »[415].

La clause d'audit ayant pour intérêt de donner généralement à une seule des deux parties au contrat, le moyen de contrôler la réalité de l'étendue d'une situation contractuelle – c'est-à-dire la bonne exécution d'une obligation du contrat mise à la charge de l'autre partie – elle figure souvent dans les contrats de sous-traitance ou d'externalisation. En effet, en cas d'externalisation, comme c'est le cas notamment dans le domaine du *Cloud*

---

413 Cass. civ. 1ère, 11 juin 1996, RTD civ. 1997, p. 425, obs. J. MESTRE.

414 Cass. com., 7 mars 2000, RJDA 2000, n°756 ; RTD civ. 2000, p. 829, obs. J. MESTRE et B. FAGES.

415 A.-J. KERHUEL, *L'efficience stratégique du contrat d'affaires, Un champ d'action de la liberté contractuelle*, *op. cit.*, n°713, p. 498-499.

Computing[416], les parties ne sont pas en contact. Dès lors, elles peuvent avoir besoin de se contrôler l'une, l'autre.
Conformément au droit de la concurrence, un tel droit d'"inspection" n'est cependant valable que s'il ne porte pas atteinte au respect à la vie privée et au droit des tiers.

259. La clause d'audit est également stipulée dans les contrats de *joint venture*[417] ou dans les contrats de société, telle que la société par action simplifiée. L'audit permet de contrôler, à intervalle régulier, l'efficacité de la prestation contractuelle. En permettant au créancier d'accéder à des informations concernant l'exécution du contrat, il est en mesure de pouvoir prendre toutes les dispositions utiles pour favoriser la bonne exécution. Cette clause lui accorde un droit d'accès à des informations stratégiques. En cela, l'audit peut entraîner, du fait de l'immixtion du créancier dans la gestion contractuelle de son partenaire, un abus de pouvoir. Cet abus peut néanmoins être contrecarré par le biais du droit de la concurrence en cas d'ingérence injustifiée. Le Conseil de la concurrence[418] a tout de même validé la légitimité de cette clause, mais veille à limiter d'éventuels abus qui apparaissent le plus souvent dans le domaine de la distribution.

260. Synthèse - « La technique contractuelle contribue ainsi très largement et diversement à verrouiller les intérêts en jeu au contrat et à renforcer la sécurité économique recherchée par les parties. Si donc la liberté contractuelle peut classiquement être sollicitée pour affermir la sécurité juridique du contrat, essentielle à renforcer la sécurité économique et stratégique, elle permet encore plus largement de sauvegarder les intérêts économiques en jeu dans une opération contractuelle »[419]. En d'autres

---

[416] Le *cloud computing* est une manière de fournir et d'utiliser les aptitudes des systèmes informatiques, qui est basée sur les nuages (« cloud » en anglais) : un parc de machines, d'équipement de réseau et de logiciels maintenu par un fournisseur, que les consommateurs peuvent utiliser en libre-service via un réseau.

[417] Le terme *joint venture* est un terme anglais désignant un projet déterminé commun pour lequel plusieurs entreprises se regroupent. Il s'agit généralement d'une alliance technologique et industrielle visant à mettre en commun l'expertise des partenaires de la *joint venture* dans le cadre de la réalisation d'un projet industriel ou d'infrastructures. Elle peut être contractuelle ou sociétaire. L'équivalent français de "*joint venture*" est la co-entreprise.

[418] Cons. Conc., 21 septembre 2005, déc. N°05-D-50 relative à la plainte de la société SCOB contre les pratiques de la société Brasseries Kronenbourg, dans le domaine de la distribution de bières. En vue de garantir l'étanchéité du réseau de distribution, le distributeur était tenu par une obligation de communiquer à son fournisseur la liste de tous les détaillants et distributeurs auxquels il livrait les fûts, mais également les factures établies pour leur revente. Au terme d'une argumentation très économique, le Conseil a validé cette clause.

[419] A.-J. KERHUEL, *L'efficience stratégique du contrat d'affaires, Un champ d'action de la liberté contractuelle*, *op. cit.*, n°721, p. 504.

termes, l'exécution se traduit avant tout par la réalisation de l'opération économique telle qu'elle a été convenue par les parties lors de la conclusion du contrat. Si l'objectif premier recherché par les parties à travers l'exécution du contrat est d'obtenir satisfaction, c'est-à-dire de récolter les gains escomptés par cette opération, l'efficacité de l'exécution entre également en ligne de compte. Pour aboutir à une exécution la plus efficace possible, les contractants disposent de règles juridiques efficientes vis-à-vis de cette finalité. À côté de cette fonction réalisatrice, l'exécution contractuelle endosse d'autres caractéristiques inhérentes à sa substance.

SECTION II – LES CARACTÉRISTIQUES DE L'EXÉCUTION CONTRACTUELLE

261. Code de conduite à adopter lors de l'exécution – L'exécution du contrat est soumise à certaines contraintes légales et jurisprudentielles visant à définir ses caractéristiques.

Les contractants, lors de cette phase exécutive, doivent en effet adopter un certain code de conduite. Ce dernier s'attache à encadrer, non pas la forme de l'exécution, mais la manière dont elle est abordée par les parties. Ces dernières ne doivent pas favoriser leurs propres intérêts au détriment de ceux de leur partenaire contractuel. Cette exigence de sincérité contractuelle s'inscrit à travers l'exigence de bonne foi (paragraphe I).

262. Par ailleurs, si l'exécution obéit au principe du respect de la parole donnée, soumise au principe de bonne foi dans l'exécution, ce principe n'est pas toujours suffisant pour comprendre les caractéristiques de l'exécution. En effet, « les circonstances ont pu changer, des exécutions se sont produites, les intérêts des uns et des autres ont pu varier, des clauses ou des effets peuvent apparaître comme défaillants, d'autres pourraient s'imposer, etc. »[420]. Dès lors, pour pallier l'incomplétude du principe du respect de la parole donnée, des renforts conceptuels s'imposent (paragraphe II).

§1 – L'exigence de bonne foi dans l'exécution du contrat

263. Devoirs des contractants – Au stade de l'exécution contractuelle, les parties ne sont pas libres d'adopter n'importe quel comportement dans l'exécution du contrat. La notion de bonne foi, notamment, gouverne les relations contractuelles lors de la réalisation de l'opération économique. La

---

420 D. MAINGUY et J.-L. RESPAUD, *Droit des obligations*, 2008, *op. cit.*, n°64, p. 51.

référence à la bonne foi a d'ailleurs pu être perçue comme un moyen de faire pénétrer la règle morale dans le droit positif[421] puisque ce principe est expressément visé à l'article 1104 du Code civil, disposant que les contrats « *doivent être négociés, formés et exécutés de bonne foi* ».
La bonne foi, si elle peut servir de référent en matière d'interprétation du contrat, traduit avant tout la manière dont les parties doivent remplir leurs obligations (A).
La jurisprudence a longtemps déduit des conséquences limitées à cette référence à la bonne foi, découvrant seulement un devoir de loyauté et un devoir de coopération. Cependant, les décisions récentes n'ont eu de cesse d'accroître les devoirs des contractants dans l'exécution du contrat (B).

A. La notion de bonne foi dans l'exécution contractuelle

264. Notion – Dans l'opinion courante, la bonne ou la mauvaise foi sont des états d'âme. C'est-à-dire qu'ils sont des phénomènes d'ordre psychologique ou même moral pouvant se constater dans la réalité en dehors de toute préoccupation juridique. Il s'agirait là d'une « disposition technique, dépourvue de signification substantielle »[422].
Cependant, en s'intéressant à ces notions, la technique juridique a pu en tirer des conséquences et notamment leur faire produire des effets de droit. Le professeur Fabre-Magnan indique que la bonne foi « peut recevoir deux acceptions, selon le verbe qui l'accompagne : la bonne foi est d'abord un état d'esprit (« être » de bonne foi), mais aussi une façon d'agir, de se comporter (« agir » de bonne foi). On parle parfois dans plusieurs pays européens de bonne foi « subjective » (l'état d'esprit) ou « objective » (la norme de conduite), et la notion renvoie non seulement à l'attitude des parties, mais encore à une norme d'interprétation du contrat »[423].
En tant que norme d'interprétation, la bonne foi permettrait de répondre à la question concernant l'identification des obligations par lesquelles les parties sont tenues. Alors qu'en tant que qualificatif de l'exécution, cette notion permettrait de définir les modalités selon lesquelles les parties doivent accomplir leurs obligations.

---

[421] G. RIPERT, *La règle morale dans les obligations civiles*, *op. cit.*, spéc. n°157.
[422] J. FLOUR et J.-L. AUBERT, *Les obligations*, tome 2, *Le fait juridique*, Armand Colin, 7ème éd., coll. U., 1997, n°374.
[423] M. FABRE-MAGNAN, *Droit des obligations, 1 – Contrat et engagements unilatéraux*, 2010, *op. cit.*, p. 63.

265. Émergence de la notion – La notion de bonne foi a été reconnue dès le droit romain, qui accordait un triple sens aux termes « *bona fides* »[424]. Tout d'abord, la *bona fides* désignait l'ignorance ou l'erreur. Puis, elle s'est apparentée à l'antithèse du dol et de la fraude. Enfin, dans sa troisième signification, la *bona fides* intervenait dans certains contrats et certaines actions dites de bonne foi : « Sous cette triple forme, la bonne foi paraît donc avoir été en droit romain : tantôt une notion psychologique de caractère intellectuel, et à faible coloration morale ; tantôt une notion psychologique désignant une certaine activité, à caractère moral beaucoup plus accusé ; tantôt, enfin, une pure notion juridique, le produit d'une technique très particulière »[425]. En résumé, le droit romain distinguait les contrats de droit strict, dont le contenu était déterminé par le sens littéral des termes employés, et les contrats de bonne foi dont l'interprétation pouvait être plus souple[426].

266. Dans l'ancien droit, la notion de bonne foi perd de son attrait pour ne devenir qu'un synonyme de loyauté, d'absence de dol ou de fraude. Même au début de notre droit contemporain, cette notion était passée inaperçue, séduisant très faiblement les commentateurs[427]. Pendant tout le XIXe et les trois quarts du XXe siècle, la doctrine ne consacre que quelques lignes au sujet de la bonne foi. Par exemple, Charles Aubry et Charles Rau, dans leur cours de droit civil, expliquaient en seulement deux lignes que les conventions doivent être exécutées de bonne foi, « c'est-à-dire conformément à l'intention des parties, et au but en vue duquel elles ont été formées »[428].

267. La jurisprudence elle-même était assez réservée sur ce sujet, ne donnant pendant longtemps que très peu de portée à ce texte. Durant cette période, la Cour de cassation n'a pas rendu d'arrêts au visa de l'ancien article 1134, alinéa 3, du Code civil qui disposait que les conventions « *doivent être exécutées de bonne foi* ». Il a fallu attendre 1975 pour que l'intérêt pour la notion de bonne foi soit suscité.

---

424 J. BENZACAR, *De la bonne foi. Ses effets sur les contrats du Ier au VIe siècle de l'Empire en droit romain*, Th. Bordeaux, 1890, p. 11 et s.
425 R. VOUIN, *La bonne foi. Notion et rôle actuels en droit privé français*, LGDJ, 1939, n°19, p. 29.
426 A. Al. VOLANSKY, *Essai d'une définition expressive du droit basée sur l'idée de bonne foi*, L. Chauny et L. Quinsac éd., 1929, p. 325.
427 Cf. toutefois, R. VOUIN, *La bonne foi. Notion et rôle actuels en droit privé français*, *op. cit.*
428 Ch. AUBRY et Ch. RAU, *Cours de droit civil français, d'après la méthode Zachariae*, tome 4, Marchal et Billard éd., Paris, 5ème éd., 1902, n°346, p. 563.

En procédant à une lecture autonome du texte, la jurisprudence a mis en lumière non seulement une directive d'interprétation, mais encore et surtout une directive d'exécution permettant d'apprécier le comportement des contractants. Dès lors, ce nouveau sens attribué à la bonne foi a fait florès, et les arrêts ainsi que les travaux doctrinaux[429] se sont multipliés.

268. En 1992, le professeur Sériaux présente la bonne foi comme : « la bonne volonté, la loyauté, le souci de se dépenser au profit de son co-contractant, de collaborer avec lui, de lui faciliter la tâche, en un mot de l'aimer comme un frère »[430]. L'évolution de l'appréciation de la notion de bonne foi est donc notable.
En 1994, l'association Henri Capitant a tenu ses journées louisianaises sur le thème de la bonne foi, offrant un compte-rendu complet de l'état du droit français et des droits étrangers sur ce point[431]. Même les juges n'ont eu de cesse de se servir de la bonne foi pour imposer aux parties des obligations qu'elles n'avaient pas expressément prévues[432]. On assiste ainsi à un certain "forçage" du contrat.

269. Bonne foi en droit communautaire – La bonne foi est d'ailleurs devenue un principe général du droit communautaire[433]. L'article 1-7 des principes Unidroit, en matière de commerce international, dispose que « *les parties sont tenues de se conformer aux exigences de la bonne foi dans le commerce international. Elles ne peuvent limiter cette obligation ni en limiter la portée* » et l'article 1 : 101 des Principes du droit européen des contrats indique également que « *Chaque partie est tenue d'agir conformément aux exigences de la bonne foi. Les parties ne peuvent exclure ce devoir ni le limiter* ». La fréquence d'utilisation des termes « bonne foi »

---

[429] V. not., Y. PICOD, *Le devoir de loyauté dans l'exécution du contrat, op. cit.* ; R. DESGORCES, *La bonne foi dans le droit des contrats : Rôle actuel et perspectives*, Th. Paris II, 1992.
[430] A. SÉRIAUX, *Droit des obligations, op. cit.*
[431] H. CAPITANT (Asso.), *La bonne foi* (Journées lousianaises), Litec, tome XLIII, 1994.
[432] V. par ex. l'arrêt contournant les effets du refus de principe de l'imprévision, en imposant aux contractants de renégocier leur contrat en cas d'important déséquilibre survenu au cours de son exécution. Une limite a tout de même été apportée : « *si la règle selon laquelle les conventions doivent être exécutées de bonne foi permet au juge de sanctionner l'usage déloyal d'une prérogative contractuelle, elle ne l'autorise pas à porter atteinte à la substance même des droits et obligations légalement convenus entre les parties* » : Cass. com., 10 juillet 2007, Bull. civ. IV, 2007, n°188, GAJC, n°164 ; RTD civ. 2007, p. 773, obs. B. FAGES ; D. 2007, p. 2844, obs. P.-Y. GAUTIER et p. 2839, obs. Ph. STOFFEL-MUNCK ; RDC 2007, p. 1107, obs. L. AYNÈS et p. 1110, obs. D. MAZEAUD ; Bull. Joly 2007, p. 1187, obs. A. COURET.
[433] TPICE, 17 janvier 2007, aff. T-231/04 *Grèce c/ Commission.*

dans les textes, au niveau national, international ou communautaire, montre l'importance que revêt cette notion, et son attrait juridique.

270. Comportement honnête – Sans tomber dans une conception trop angélique de l'exécution du contrat, la bonne foi doit s'entendre d'un comportement honnête dans les relations contractuelles. En effet, même si dans la plupart des contrats les parties ont des intérêts divergents, il reste légitime que chacun des cocontractants défende son intérêt propre, mais avec un minimum d'honnêteté et de loyauté. Ainsi, pour « le débiteur, il s'agit de ne pas chercher à louvoyer avec ses obligations ou à s'y dérober ; pour le créancier, il s'agira de ne pas chercher à exploiter abusivement sa situation et ses avantages »[434].

271. Bonne foi du débiteur dans l'exécution de ses obligations contractuelles – L'idée que le débiteur soit tenu d'exécuter ses obligations de bonne foi est présente depuis fort longtemps, bien avant que soit invoqué l'article 1134, alinéa 3 du Code civil, devenu l'article 1104.
La bonne foi intervient tout d'abord en tant que directive d'interprétation du contrat, permettant de déterminer l'étendue des obligations des parties. Puis, elle agit en tant que directive d'exécution.

272. Directive d'interprétation – Auparavant, les juges appliquaient leurs propres règles d'interprétation qui s'inspiraient de l'idée de bonne foi, faisant intervenir cette notion dans un second temps uniquement. Puis, peu à peu, les tribunaux ont directement fait appel à cette idée pour justifier leur interprétation. Cette notion sert donc dans un premier temps de directive d'interprétation[435]. Cet usage de la bonne foi est directement inspiré du droit romain : « respecter le contrat de bonne foi, c'est accomplir pleinement l'obligation contractée, c'est-à-dire tout ce qui est nécessaire pour lui donner son réel effet, sans chicaner sur la lettre du contrat »[436].

273. Directive d'exécution – Une fois l'étendue des obligations fixée, la bonne foi intervient au stade de leur accomplissement, servant de guide au débiteur pour déterminer ce que l'on attend de lui pour qu'il respecte son

---

[434] A. BÉNABENT, « *Rapport français* », in *La bonne foi* (Journées lousianaises), H. CAPITANT (Asso.), Litec, tome XLIII, 1994, p. 293.
[435] V. not : Cass. com., 1er octobre 1991, Bull. civ. IV, 1991, n°274 : Un négociant en vin avait obtenu d'un transitaire la mise à disposition de chais de 30.000 hectolitres, mais ne s'était engagé de son côté qu'à une exclusivité pour les opérations de douane, c'est-à-dire à ne pas s'adresser ailleurs, mais non à un volume minimum d'opérations. Il cesse son activité et est condamné à des dommages et intérêts au motif que « la bonne foi contractuelle lui imposait d'exercer une activité en rapport avec la capacité de stockage mise à sa disposition ».
[436] A. BÉNABENT, « *Rapport français* », art. préc., p. 294.

rôle d'exécutant. Dans le même esprit, nous retrouvons la règle de l'article 1304-3 du Code civil qui sanctionne le fait pour une personne obligée par une condition suspensive d'en empêcher elle-même l'accomplissement.
Il en est de même pour l'article 1882 du Code civil qui dispose : « *Si la chose prêtée périt par cas fortuit dont l'emprunteur aurait pu la garantir en employant la sienne propre, ou si, ne pouvant conserver que l'une des deux, il a préféré la sienne, il est tenu de la perte de l'autre* ». L'emprunteur n'est donc pas responsable de la perte par cas fortuit, mais il le devient s'il a préféré protéger son propre bien plutôt que celui qui lui avait été prêté.

274. Sanctions du débiteur en cas de défaillance – Enfin, la bonne foi sert également à fixer les sanctions lorsque la défaillance du débiteur a été consommée. Dans ce cas, la plupart des sanctions mettent en avant une aggravation des pénalités dues en cas de mauvaise foi, alors que l'indulgence est de mise face à un débiteur de bonne foi. Par exemple, l'ancien article 1150 du Code civil, qui restreignait en principe les dommages et intérêts aux dommages prévisibles lors de la conclusion du contrat, écartait cette limitation en cas de dol du débiteur puisque le dol se définit comme une inexécution volontaire, équivalant à la mauvaise foi. Le nouvel article 1231-3 du Code civil reprend cette idée en ajoutant la faute lourde : « *Le débiteur n'est tenu que des dommages et intérêts qui ont été prévus lors de la conclusion du contrat, sauf lorsque l'inexécution est due à une faute lourde ou dolosive* ».
À l'inverse, la bonne foi du débiteur défaillant peut lui ouvrir la voie de certaines tolérances comme des délais de grâce, un rééchelonnement des paiements, une réduction des intérêts voire même de la dette elle-même.
Il n'en demeure pas moins que le principe de la responsabilité contractuelle n'est pas affecté par la bonne foi ni le montant de l'indemnité du préjudice à réparer. Mais au moment de l'appréciation de l'indemnité, les juges ont tendance à faire preuve d'une plus grande souplesse face à un débiteur de bonne foi qu'à celui qui fait preuve de mauvaise foi.

275. Bonne foi du créancier dans l'exercice de ses prérogatives contractuelles – Dans une conception classique du contrat, l'article 1104 du Code civil ne peut s'appliquer qu'à l'égard du débiteur. Les contrats doivent s'exécuter de bonne foi. Or, seul le débiteur est tenu d'exécuter. Cet article ne peut donc pas se destiner au créancier. La question même de la bonne ou de la mauvaise foi du créancier ne se pose pas.
Néanmoins, le Code civil n'est pas complément hermétique à l'idée d'appliquer l'exigence de bonne foi au créancier. En effet, selon l'article 1967 de ce Code, dans « *aucun cas le perdant ne peut répéter ce qu'il a volontairement payé, à moins qu'il n'y ait eu, de la part du gagnant, dol, supercherie ou escroquerie* ». En d'autres termes, le gagnant, dans le cadre

d'un contrat de jeu, doit restituer le gain lorsqu'il n'a pas été obtenu de bonne foi.
De même, l'article 2314 du Code civil décharge la caution lorsque le créancier a laissé périr ses autres sûretés, car garanti par elles, il se souciait peu de ménager des actions récursoires.

276. Mauvaise foi du créancier – Ainsi, il est possible d'en déduire qu'il y a mauvaise foi du créancier lorsqu'il se sert de ses prérogatives contractuelles d'une manière qui traduit un excès ou un détournement, c'est-à-dire un abus. La question qui se pose alors est de savoir ce qu'il faut entendre par bonne foi et dans quel cas le créancier voit ses prérogatives limitées au motif qu'il a fait preuve de mauvaise foi dans l'accomplissement de ses prérogatives contractuelles ?

277. C'est tout d'abord en matière de clauses résolutoires, principalement dans les contrats de bail, qu'une jurisprudence s'est dégagée[437]. Par le biais de la bonne foi du créancier, les juges ont voulu limiter le caractère automatique des clauses. Ces dernières, avant la démarche des juges, entraînaient un résultat disproportionné et excessivement avantageux pour le bailleur et ce, sous couvert de sanctionner un manquement[438]. En effet, ledit bailleur pouvait récupérer son bien, de sorte que cela devenait un avantage pour lui d'avoir un locataire défaillant. De même, le bailleur qui empêche le locataire d'obtenir des allocations logement en s'abstenant de délivrer des quittances de loyer ne peut, de bonne foi, demander le bénéfice d'une clause résolutoire[439].

278. Cette approche avait également été adoptée par la Cour de cassation en matière de vente en viager. Dans une espèce en 1985, la cour d'appel[440] avait rejeté les prétentions d'un crédirentier sur le fondement de l'abus de droit. La Cour de cassation, en 1987, sans viser aucun texte explicitement, s'était appuyée sur le fait que le contrat était resté inexécuté pendant dix ans avant que le crédirentier ne réclame brusquement la satisfaction de son droit. C'est ainsi que la Cour a rejeté le pourvoi de ce crédirentier au motif que « *la clause résolutoire n'avait pas été invoquée de bonne foi* »[441].

---

[437] V. not. : Cass. civ. 1ère, 7 février 2006, n°03-15.394.
[438] A. PENNEAU, « *L'article 1134 du code civil et l'abus du droit d'user d'une clause résolutoire* », D. 2006, p. 1796.
[439] CA Paris, 19 juin 1990, D. 1991, p. 515, note Y. PICOD.
[440] CA Aix-en-Provence, 20 juin 1985.
[441] Cass. civ. 3ème, 8 avril 1987, Bull. civ. III, n°88, JCP 1988, II, 21037, note Y. PICOD ; RTD civ. 1988, p. 122, obs. J. MESTRE et p. 146, obs. Ph. RÉMY.

279. Ces jurisprudences ont donc établi la possibilité d'un contrôle judiciaire de la bonne foi du créancier dans l'exercice de ses prérogatives contractuelles. C'est donc à travers l'émergence de la théorie de l'abus de droit que l'exigence de bonne foi du créancier a pris son essor.

280. Ainsi, la mauvaise foi du créancier a parfois été déduite des motifs qui inspirent l'usage qu'il fait de ses droits, comme ce fût le cas dans l'arrêt de 1987. Parfois, c'est la manière dont il fait usage de ses droits qui éclaire sur sa mauvaise foi. Il y a mauvaise foi non seulement lorsqu'il agit avec malice[442], mais encore lorsqu'il fait preuve de mauvaise volonté ou simplement d'absence de bonne volonté[443].
Enfin, le résultat auquel conduit l'exercice de ses droits par le créancier peut démontrer une absence de bonne foi de sa part, notamment lorsque la mise en jeu d'un droit conduirait à un trop grand déséquilibre[444].

281. Cependant, le contrôle de la bonne foi du créancier, notamment dans l'utilisation de la clause résolutoire d'un contrat civil, n'est pas parfaitement linéaire.
Certains arrêts ont rappelé la puissance de cette stipulation contractuelle et cassé des décisions des juridictions du fond qui s'appuyaient sur la bonne foi du débiteur malgré son inexécution pour refuser de constater l'acquisition de la clause résolutoire à l'autre partie[445]. Dans ces décisions, l'ancien article 1134 du Code civil était expressément visé, le plaçant ainsi au service de « l'obligatoriété du contrat au bénéfice du créancier insatisfait »[446].
Un arrêt de 2003 semblait même sonner le glas de l'interventionnisme judiciaire en matière de clause résolutoire expresse puisque la cassation avait été prononcée pour violation des anciens articles 1134, alinéa 3, et 1184 du Code civil au motif « *qu'en cas d'inexécution de son engagement par le*

---

442 Cass. civ. 3ème, 5 décembre 1976, Bull. civ. III, n°465, RTD civ. 1977, p. 340, obs. G. CORNU.

443 Cass. com., 16 avril 1991, Bull. civ. IV, 1991, n°142 : une caution garantissait une banque qui avait été portée à tort dans le plan de redressement du débiteur comme créancier chirographaire et non privilégié; la banque ne disposait pas d'un droit d'appel réservé à l'administrateur; il a été jugé qu'elle n'avait pas demandé à l'administrateur de faire appel du plan de redressement pour sauvegarder les sûretés au bénéfice de la caution.

444 Cass. civ. 3ème, 25 janvier 1983, Bull. civ. III, n°21 (bail commercial). – Cass. civ. 3ème, 6 juin 1984, Bull. civ. III, n°111 (bail emphytéotique). – Cass. civ. 3ème, 5 juin 1991, Bull. civ. III, n°163 (bail d'habitation). – Cass. civ. 3ème, 24 janvier 1990, D. 1990, p. 257, note A. BÉNABENT (le paiement de travaux supplémentaires dans les marchés à forfait).

445 Cass. civ. 3ème, 10 mars 1993, D. 1993, p. 357, note P. BIHR ; RTD civ. 1994, p. 100, obs. J. MESTRE ; JCP 1994, I, 37275, obs. Ch. JAMIN. – Cass. civ. 3ème, 24 février 1999, Bull. civ. III, n°54.

446 A. PENNEAU, « *L'article 1134 du code civil et l'abus du droit d'user d'une clause résolutoire* », art. préc.

débiteur, sa bonne foi est sans incidence sur l'acquisition de la clause résolutoire »[447]. Néanmoins, l'arrêt du 7 février 2006 contredit cette interprétation[448]. En effet, la Cour de cassation a cassé l'arrêt d'appel pour manque de base légale au motif que la cour d'appel n'avait pas recherché, comme elle y était invitée, s'il y avait eu abus dans l'usage des prérogatives contractuelles.

282. Il en ressort que le « contrôle de la bonne foi apparaît donc, d'une manière générale, comme un instrument permettant aux juges de jouer un rôle correcteur par rapport à la sécheresse des clauses du contrat, en permettant tantôt d'ajouter à la lettre du contrat, tantôt de venir la tempérer, de l'assouplir et de l'adapter, que la sphère contractuelle ne soit pas une autre jungle où jouerait la loi du plus fort juridiquement, mais devienne un lieu « civilisé », c'est-à-dire régi par un minimum de respect mutuel entre les co-contractants »[449].

283. Bonne foi et efficience – Comme nous l'avons énoncé à plusieurs reprises, le raisonnement économique n'est pas systématiquement considéré comme incompatible avec les principes juridiques. C'est le cas notamment face à la bonne foi. En effet, la recherche de l'efficience du contrat n'est pas nécessairement contradictoire avec cette notion. L'objectif de la bonne foi contractuelle est d'obliger les parties à mettre en œuvre les dispositions contractuelles selon les stipulations prévues.
Aussi, certains auteurs ont pu considérer qu'elle pouvait s'apparenter à un « instrument de maximisation de l'utilité contractuelle »[450] et l'assimilent à une obligation « d'exécuter sa prestation en lui donnant le maximum d'utilité »[451]. La bonne foi sert ainsi à mettre en avant la part active des contractants lors de l'exécution du contrat. Selon cette exigence, les contractants doivent réunir les meilleures conditions afin d'obtenir l'objectif escompté lors de la conclusion du contrat. Ce raisonnement va dans le sens des partisans d'une certaine souplesse d'adaptation au stade de l'exécution contractuelle.

284. Le professeur Cermolacce propose une analyse des effets de la cause sur l'exécution du contrat. Il constate que la réalisation des objectifs des

---

447 Cass. civ. 3ème, 24 septembre 2003, Bull. civ. III, n°161.
448 Cass. civ. 1ère, 7 février 2006, n°03-15.394.
449 A. BÉNABENT, « *Rapport français* », art. préc., p. 300.
450 S. JAMET-LE-GAC, « *De l'utilité de la bonne foi, Analyse économique de la bonne foi dans et pour l'exécution des contrats* », in *Annales de l'École doctorale, Rv. de doctrine des doctorants*, Lille 2, Ester éd., n°6, 1998, p. 81 et s., spéc. p. 70.
451 Y. PICOD, *Le devoir de loyauté dans l'exécution du contrat, op. cit.*, spéc. n°87.

parties nécessite d'appréhender l'exécution contractuelle dans un aspect moins formel du respect des conditions initiales, car c'est cette réalisation qui les a poussées à s'engager[452]. Une certaine adaptation est nécessaire au stade de l'exécution du contrat pour offrir une exécution efficiente.
Le professeur Picod confirme cette analyse soutenant que « l'utile ne peut plus se ramener à l'expression de ce qui a été initialement convenu ; il doit aussi être l'émanation d'une conception hautement morale de l'exécution du contrat dont la bonne foi de l'alinéa 3 de l'article 1134 ouvre la voie »[453].

285. La jurisprudence a également montré que la bonne foi n'était pas incompatible avec le concept d'efficience. Dans une décision de 1997, les juges du fond ont rappelé que l'exécution de bonne foi d'un contrat de travail exige qu'il soit effectué « *dans le respect non seulement des engagements formels pris par chaque partie, mais du motif qui sous-tend ces engagements* »[454]. La bonne foi apparaît ici comme un moyen d'obtenir une exécution optimale. Autrement dit, « il n'est pas systématiquement illégitime de considérer les impératifs économiques inhérents au contrat pour l'application des mécanismes juridiques »[455].
La bonne foi n'est pas une solution miracle pour obtenir une exécution la plus efficace possible. Mais ce principe constitue tout de même « un verrou supplémentaire, voire le premier fondement juridique permettant de garantir une conformité de l'exécution du contrat à la réalité économique qui le sous-tend. Il permet au juge de contrôler une exécution du contrat conforme à la logique stratégique qui constitue sa raison d'être »[456].

286. Pallier l'incomplétude du contrat – La bonne foi apparaît également comme un moyen de pallier l'incomplétude du contrat[457]. L'insuffisance d'information et la rationalité limitée des acteurs du contrat ne leur permettent pas de tout prévoir. L'exigence de bonne foi devient un moyen de combler cela au stade de l'exécution[458].

---

[452] A. CERMOLACCE, *Cause et exécution du contrat*, PUAM, 2001, préf. J. MESTRE, *passim*.
[453] Y. PICOD, *Le devoir de loyauté dans l'exécution du contrat*, *op. cit.*, spéc. n°83 et s.
[454] CA Toulouse, 7 février 1997, Juris-data n°1997-043185.
[455] A.-J. KERHUEL, *L'efficience stratégique du contrat d'affaires, Un champ d'action de la liberté contractuelle*, *op. cit.*, n°257, p. 207.
[456] A.-J. KERHUEL, *L'efficience stratégique du contrat d'affaires, Un champ d'action de la liberté contractuelle*, *op. cit.*, n°259, p. 208.
[457] V. DAI DO, *Le rôle de l'intérêt privé dans le contrat en droit français*, PUAM, 2004, préf. J. MESTRE n°271 et s.
[458] S. J. BURTON, « *Breach of contract and the common law duty to perform in good faith* », Harvard Law Rev., vol. 94, p. 371.

Cela rejoint également l'idée d'une certaine souplesse d'adaptation dans l'exécution. Cette « fonction complétive de la bonne foi illustre ainsi de façon éclatante la convergence de l'efficacité et de la morale »[459]. Certains auteurs qualifient alors la bonne foi de « bonne foi utilité »[460]. Cette fonction d'utilité permet de répondre au mieux aux attentes en vue desquelles le contrat a été conclu : « Le contrat doit être exécuté de façon à ce que chaque contractant en retire toute l'utilité et l'intérêt dont il est potentiellement porteur »[461].

287. Obligation de moyens – Le principe de la bonne foi ne permet pas de garantir le succès des objectifs économiques du contrat. Ce devoir sert avant tout à imposer aux contractants de tout mettre en œuvre pour y parvenir. Si l'on tient compte du résultat économique visé, la bonne foi s'apparente à une obligation de moyens consistant à faire tout son possible pour que la mise en œuvre du contenu obligationnel du contrat soit la plus adéquate possible à ses enjeux économiques. La qualification d'obligation de moyen a été reconnue par un arrêt en 1992.

La Cour de cassation avait alors sanctionné un prestataire de services, décidant que le devoir de bonne foi impliquait l'obligation pour les contractants d'agir de manière à pouvoir donner satisfaction aux attentes de leur partenaire contractuel[462]. Sur ce point, Mme Kerhuel précise qu'une « telle obligation de moyens ne s'impose en jurisprudence qu'autant qu'elle touche à des éléments nécessaires à l'opération économique, lesquels, même s'ils revêtent une dimension plus accessoire, ne s'imposent pas moins comme impératifs liés à la gestion de l'opération »[463].

288. Contrôle *a posteriori* – L'appréciation de la bonne foi dans l'exécution du contrat s'effectue donc nécessairement *a posteriori*. Ce n'est qu'au regard de l'obtention effective du résultat, positif ou négatif, que la bonne foi du contractant est déterminée. Les contrats anglo-américains connaissent également une obligation similaire à ce principe général de bonne foi,

---

[459] S. JAMET-LE-GAC, « *De l'utilité de la bonne foi, Analyse économique de la bonne foi dans et pour l'exécution des contrats* », art. préc., spéc. p. 71.

[460] D. MAINGUY, « *La liberté de l'entreprise face à ses partenaires* », in *Asso. H. Capitant, Entreprise et liberté*, Dalloz, 2008, p. 21 et s., spéc. p. 35.

[461] D. MAZEAUD, note sous Cass. civ. 1ère, 11 juin 1996, Rép. Déf. 1996, p. 1008 ; V. égal. O. ANSELME-MARTIN, « *Étude critique du devoir d'exécuter les conventions de bonne foi* », PA 1997, n°13.

[462] Cass. com., 31 mars 1992, n°90-13.113, inédit, RJDA 1992, n°552, p. 447 ; RTD civ. 1992, p. 760, obs. J. MESTRE.

[463] A.-J. KERHUEL, *L'efficience stratégique du contrat d'affaires, Un champ d'action de la liberté contractuelle*, *op. cit.*, n°269, p. 216-217.

applicable au profit d'une optimisation des effets économiques du contrat. Il s'agit de l'obligation de *best efforts*[464], très souvent stipulée.
Ces clauses obligent les contractants à fournir leurs meilleurs efforts pour optimiser les performances du contrat. Elles sont habituellement insérées dans les contrats où l'exécution de la prestation présente un aléa lié à un risque caractérisé et instaurant au contrat un fort degré d'incertitude quant à son exécution[465].

289. La pratique contractuelle a donc su s'adapter. De nombreux contrats engagent désormais les parties sur un objectif à atteindre, tout en leur laissant le choix dans la détermination des moyens à adopter. C'est ainsi que des contrats dits de situation ont vu le jour. Il s'agit de contrats organisant plus spécifiquement une collaboration entre les parties en précisant notamment les modalités d'un lien de subordination entre elles[466]. Les parties disposent donc d'une certaine marge de manœuvre pour adapter le contrat par le biais, notamment de documents non contractuels tels que les documents techniques. On parle alors d'adaptation « opérationnelle »[467], qui peut par exemple intervenir sur « la constatation qu'il est possible de modifier telle étape à venir d'une manière plus rationnelle ou plus économique, en raison de l'apparition sur le marché d'un procédé de meilleure qualité ou la possibilité de gagner du temps sur une tâche donnée »[468]. Cette adaptation se présente toutefois plus fréquemment dans les contrats d'affaires où l'efficience stratégique est primordiale.

290. Introduire le concept de bonne foi comme un moyen d'obtenir une exécution efficiente du contrat semble aller dans le sens de la thèse du

---

[464] Clause de meilleurs moyens.

[465] Ex. de clause de best efforts : « The distributor agrees to use its best efforts to sell, promote, market and support the products and to develop and maintain the reputation and good will of X and the Products in the Territory with Distributor's customers » (Le distributeur s'engage à consacrer ses meilleurs efforts non seulement, à la vente, la promotion des produits, aux actions nécessaires à leur maintien sur le marché, mais aussi à soutenir l'image de marque de X et la satisfaction des clients du distributeur vis-à-vis de la marque et de ses produits, sur le territoire délimité au contrat), tiré de l'ouvrage de O. D'AUZON, *Modèles de contrats commerciaux*, Eyrolles éd., 2ème éd., 2007, p. 20.

[466] D. MAINGUY, « *Remarques sur les contrats de situation et quelques évolutions récentes du droit des contrats* », in *Mélanges en l'honneur de M. CABRILLAC*, Dalloz, Litec, 1999, p. 165 et s. ; M. CABRILLAC, « *Remarques sur la théorie générale du contrat et les créations récentes de la pratique commerciale* », in *Mélanges G. MARTY*, Toulouse, 1978, p. 235 et s., spéc. n°8, p. 238.

[467] D. LEDOUBLE, *L'entreprise et le contrat*, Litec, 1980, n°247.

[468] D. LEDOUBLE, *L'entreprise et le contrat*, *op. cit.*, n°248.

solidarisme contractuel[469]. Selon cette doctrine, les exigences de loyauté, de solidarité et de bonne foi qui doivent conduire les contractants à collaborer entre eux afin de réaliser l'objet du contrat ou d'atteindre le but de l'opération, c'est-à-dire la cause du contrat. La thèse solidariste montre, ainsi, la voie selon laquelle le contrat, subissant un changement de circonstances indépendant de la volonté des parties, est devenu largement déséquilibré et doit être renégocié[470]. Or, cette théorie ne correspond pas exactement à la question liée à la bonne foi utilité. Le principe de bonne foi pour assurer une exécution efficiente du contrat s'apparente peut-être davantage au concept de la gestion contractuelle.

De cette exigence de bonne foi dans l'exécution du contrat découlent de nombreux autres devoirs imposés aux contractants dans le but d'assurer les meilleures conditions possibles à la réalisation de l'opération économique.

B. Les corollaires à l'exécution de bonne foi

291. Devoir de loyauté dans l'exécution – La bonne foi se pare volontiers d'un autre nom : la loyauté, dotée d'une coloration morale très marquée. Dès sa conclusion, le contrat est par hypothèse source de comportements, c'est-à-dire une attitude consistant à promettre de donner, faire ou ne pas faire quelque chose, selon un ordre déterminé. L'exécution de l'obligation contractuelle consiste donc en l'accomplissement de ladite attitude, conformément au but fixé par les parties.

Mais le contrat n'est pas un simple point d'équilibre entre des contractants aux intérêts divergents, car au-delà des intérêts propres, la recherche d'un intérêt commun doit les animer. C'est pour cette raison qu'il existe un devoir de loyauté dans l'exécution du contrat, avalisé par le législateur[471] et sanctionné par les tribunaux. La loyauté s'apprécie en fonction d'un comportement "raisonnable" d'un contractant[472]. Cette notion de comportement raisonnable se retrouve systématiquement dans les contrats

---

[469] Pour une étude d'ensemble de la notion, V. L. GRYNBAUM et M. NICOD (dir.), *Le solidarisme contractuel*, Economica, coll. Études juridiques, N. MOLFESSIS (dir.), 2004.

[470] D. MAZEAUD, « *Regards positifs et prospectifs sur "Le nouveau monde contractuel"* », PA 2004, n°92, p. 47 et s.

[471] Par ex. : Article L. 134-4 du Code de commerce, pour l'agent commercial ; Article L. 1222-1 du Code du travail, pour le contrat de travail.

[472] G. KHAIRALLAH, « *Variété : Le « raisonnable » en droit privé français, développements récents* », RTD civ. 1984, p. 439 ; V. FORTIER, « *Le contrat de commerce international à l'aune du raisonnable* », JDI 1996, p. 315 ; F. DIESSE, « *La bonne foi, la coopération et le raisonnable dans la Convention des Nations Unies relative à la vente internationale de marchandises* », JDI 2002, n°1, p. 55 et s. ; L. FLAMENT, « *Le raisonnable en droit du travail* », Dr. soc. 2007, p. 16.

anglais ou américains à travers des clauses telles que la clause de *best efforts*, de *reasonable care* ou encore de *due diligence*.

292. Loyauté de l'employeur – En droit du travail, notamment, la Cour de cassation a admis l'existence d'une obligation de loyauté à la charge de l'employeur. Elle a pour cela visé l'ancien article 1134, alinéa 3, du Code civil, décidant qu'un employeur ne peut reprocher au directeur de l'une de ses filiales de ne pas avoir réalisé les objectifs déterminés alors qu'il lui avait fourni des produits défectueux : « *Qu'en se déterminant ainsi, sans rechercher si la société X n'avait pas, en fournissant à la salariée des produits que celle-ci soutenait être défectueux, commis une faute dans l'exécution du contrat, rendant la réalisation de la condition impossible ou plus difficile* »[473]. De même, la Cour a considéré qu'un employeur n'exécute pas de façon loyale le contrat de travail en prenant à l'égard de son employé un engagement qu'il sait ne pouvoir tenir[474].

293. À la lecture des décisions de justice et de certaines dispositions légales, on observe que l'exigence de loyauté pour l'employeur se traduit par une obligation d'agir avec loyauté dans l'exécution des prestations, mais aussi dans la recherche des preuves. L'employeur est en effet tenu d'exécuter fidèlement toutes ses obligations, sans rechercher à en réduire unilatéralement l'étendue[475]. Il doit également s'abstenir d'agir avec désinvolture dans l'exécution du contrat[476]. Certaines décisions jurisprudentielles lui imposent même un devoir de coopération. Dans une situation conflictuelle, son obligation de loyauté lui impose de ne pas user de procédés déloyaux, notamment dans la manière de se procurer des preuves qui seraient susceptibles de lui faire gagner un combat judiciaire ultérieur. La Cour de cassation a d'ailleurs expressément déclaré que « *la loyauté, qui doit présider aux relations de travail, interdit à l'employeur de recourir à des artifices et stratagèmes pour placer le salarié dans une situation qui puisse ultérieurement lui être imputée à faute* »[477]. En d'autres termes, l'employeur ne doit pas manipuler son salarié dans le but de provoquer une faute.

---

[473] Cass. soc., 3 juillet 1991, Jurispr. soc. UIMM, n°91-544, p. 438.

[474] Cass. soc., 13 octobre 1993, Dr. soc. 1993, p. 960.

[475] Cass. soc., 16 février 1987, Bull. civ. V, n°86.

[476] Cass. soc., 12 février 1987, Bull. civ. V, n°75.

[477] Cass. soc., 16 janvier 1991, Bull. civ. V, n°16 : un salarié avait reçu, en dehors de son lieu de travail, des documents remis par le responsable informatique de l'entreprise sur demande de l'employeur, alors que ces documents ne devaient pas quitter l'enceinte de l'entreprise.

294. Loyauté du salarié – Le salarié est également tenu par une obligation de loyauté dans l'exécution des prestations ainsi qu'une obligation de fidélité à son entreprise. Ainsi, il a pu être jugé qu'un employé manquait à son obligation de loyauté en procédant à l'enregistrement clandestin de diverses conversations de ses supérieurs concernant l'exercice de ses fonctions[478].
L'obligation de fidélité, quant à elle, a pour objet principal d'empêcher le salarié de concurrencer son employeur. Cette fidélité n'impose cependant pas à l'employé de réserver exclusivement ses services à son employeur[479]. Ceci n'est toutefois applicable qu'en l'absence de clause d'exclusivité dans le contrat de travail.

295. Outre le droit du travail, ce devoir de loyauté incombe à chacune des parties, même si le professionnel est souvent en première ligne[480]. Il n'existe pas d'exemples précis traduisant ce devoir de loyauté, mais une multitude d'espèces dont on peut dresser un aperçu[481].

296. Devoir de persévérance – Le devoir de persévérance est sans doute la première obligation qui découle du devoir de loyauté. Une fois le contrat conclu, les contractants ont l'obligation de l'exécuter, d'aller jusqu'au bout de la tâche pour laquelle ils se sont engagés au moins jusqu'au terme contractuellement prévu, sauf contrordre ou renonciation. Ainsi, l'avocat doit suivre l'affaire jusqu'à son dénouement, et même au-delà, afin d'analyser la décision et ses conséquences[482]. De même, le médecin doit suivre son patient jusqu'à sa guérison et même assurer d'éventuels soins postopératoires[483]. Ou bien encore, l'entrepreneur doit œuvrer jusqu'à la délivrance de la construction[484]. Le Code de commerce énonce également très clairement que : « *L'agent commercial doit exécuter son mandat en bon professionnel* »[485].
Le devoir de loyauté se traduit donc par cette exigence d'assiduité dans l'accomplissement de ses engagements contractuels.

---

478 Soc., 3 mai 1962, Bull. civ. IV, n°392.
479 Soc., 27 avril 1989, Dr. soc. 1989, p. 728, obs. J. SAVATIER.
480 Ph. LE TOURNEAU, *Responsabilité civile professionnelle*, Dalloz Références, 2e éd., 2005.
481 Ph. LE TOURNEAU et M. POUMARÈDE, « *Le devoir de loyauté* », Rep. dr. civ., Dalloz, janv. 2009, maj mars 2014, n°70-74.
482 CA Aix-en-Provence, 9 juillet 1961, D. 1961, p. 593.
483 Cass. civ. 1ère, 9 octobre 1985, Bull. civ. I, n°251, D. 1986, p. 417, note J. PENNEAU ; Gaz. Pal. 1986, 1, p. 150, note Ph. BERTIN (dentiste) ; Cass. civ. 1ère, 21 mars 1995, RCA 1995, n°214.
484 Cass. civ. 3ème, 28 octobre 2003, RDC 2004/2, p. 231, note A. BÉNABENT.
485 Article L. 134-4 du Code de commerce.

297. Devoir de vigilance – Les contractants, dans un souci d'efficacité, ont également le devoir d'être attentifs, de surveiller les évènements, c'est-à-dire de ne pas rester passif en attendant leur survenance. La jurisprudence a ainsi pu considérer qu'un banquier été fautif en acceptant sans réagir une opération manifestement irrégulière, anormale ou inhabituelle dans la pratique commerciale ou dans les habitudes du client[486]. De même, lorsque l'établissement de crédit a pris la précaution d'obtenir un cautionnement, il a également l'obligation d'informer les garants de la défaillance du débiteur principal qui n'aurait pas payé les primes d'assurance du groupe. À défaut de ce signalement, la banque met les garants dans l'impossibilité de se substituer à la débitrice principale dans le paiement des primes aux fins de maintien du contrat d'assurance[487]. Il avait été jugé de même pour un bailleur qui avait laissé s'accroître la dette de loyers sans agir en temps utile contre les locataires, si bien que les droits et intérêts de la caution s'en trouvèrent compromis[488]. Notons que cette décision avait été rendue au visa du seul article 1147 du Code civil disposant, avant la réforme de 2016, que : « *Le débiteur est condamné, s'il y a lieu, au paiement de dommages et intérêts, soit à raison de l'inexécution de l'obligation, soit à raison du retard dans l'exécution, toutes les fois qu'il ne justifie pas que l'inexécution provient d'une cause étrangère qui ne peut lui être imputée, encore qu'il n'y ait aucune mauvaise foi de sa part* ».
Ce devoir de vigilance exige donc des contractants qu'ils fassent preuve de discernement face aux événements et prenant des décisions favorables à la poursuite de l'opération contractuelle.

298. Devoir de transparence – Le devoir de transparence, notamment pour le professionnel, est double. Tout d'abord, le débiteur est tenu, durant le déroulement de l'opération, d'informer son client de toutes difficultés ou particularités imprévues rencontrées[489]. Ensuite, lorsqu'arrive le dénouement, positif ou négatif, il doit faire preuve d'une transparence *a fortiori*, en avisant son partenaire contractuel de l'achèvement. Par exemple, un transporteur a été condamné pour manque de transparence, car il n'avait pas avisé l'expéditeur de la non-livraison d'un colis[490].
La loyauté contractuelle traduit, par le biais de la transparence, la nécessité de dire la vérité à son partenaire contractuel sans chercher à la transformer.

---

[486] Cass. com., 30 octobre 1984, Bull. civ. IV, n°285 ; Cass. com., 27 février 1996, RJDA 1996, n°651 ; CA Paris, 5 mars 2002, D. 2002, p. 1897, note V. AVENA-ROBARDET.
[487] Cass. civ. 1ère, 27 juin 1995, Bull. civ. I, n°28, RTD civ. 1996, p. 393, obs. J. MESTRE.
[488] Cass. civ. 1ère, 16 juillet 1998, JCP-E 1999, 128, note B. FAGES.
[489] Cass. com., 23 novembre 1993, Bull. civ. IV, n°417, JCP-E 1994, Pan. n°138 (mandataire).
[490] CA Paris, 5 juin 1993, D. 1994, p. 255, note B. MERCADAL.

Une précaution qui lui permet de détenir toutes les informations utiles portées à sa connaissance et éventuellement d'opter pour une solution appropriée dès qu'une difficulté survient.

299. Devoir de fidélité – Le devoir de fidélité impose aux contractants de ne rien faire qui porterait préjudice à la bonne exécution du contrat. Il s'agit d'exécuter le contrat en étant fidèle au but fixé par les parties et aux obligations essentielles du contrat, c'est-à-dire celles qui étaient déterminantes du consentement. Cette exécution fidèle implique de fournir une contrepartie utile et concrète, c'est-à-dire apte à répondre à l'intérêt réel du contractant[491].
Ce devoir a surtout été instauré dans le cadre des contrats de mandat. La fidélité oblige « pendant l'exécution du contrat, le mandataire dont la procuration est claire à accomplir les actes prévus par celle-ci, dans leur totalité et dans leurs modalités, même si l'exécution de bonne foi du contrat implique que l'esprit du contrat puisse parfois l'emporter sur sa lettre »[492]. Par exemple, le mandataire doit rester dans les clous fixés par la procuration lorsqu'elle est suffisamment claire sur sa mission : « Le mandataire ne peut rien faire au-delà de ce qui est porté dans son mandat : le pouvoir de transiger ne renferme pas celui de compromettre »[493]. Dans un autre domaine, il a également été jugé qu'un formateur avait failli à son devoir de fidélité en profitant de sa mission pour faire du prosélytisme auprès des stagiaires[494].

300. Le devoir de fidélité ne s'applique donc pas qu'au mandat et peut s'appréhender de manière plus générale pour l'ensemble des contrats. Dans certaines professions, ce devoir peut même être renforcé par des clauses telles que la clause d'exclusivité par laquelle le professionnel s'engage à ne pas contracter, dans le domaine d'activité ou dans un territoire déterminé, avec une autre personne. La fidélité est l'essence même du contrat de concession commerciale[495]. Dans le même esprit, la loi interdit parfois au professionnel d'agir pour des clients ayant des intérêts contraires[496]. Le devoir de fidélité apparaît donc comme un noyau dur du rapport spécial qui lie les cocontractants.

---

[491] J. ROCHFELD, *Cause et type de contrat*, *op. cit.*, n°332.
[492] Ph. LE TOURNEAU et M. POUMARÈDE, « *Le devoir de fidélité* », art. préc., n°73.
[493] Article 1989 du Code civil.
[494] CA Versailles, 23 janvier 1998, JCP-E 1998, p. 781. Cf également, C. WILLMANN, « *La bonne foi contractuelle et les convictions religieuses* », JCP-E 1999, p. 900.
[495] Ph. LE TOURNEAU, *Les contrats de concession*, Litec, coll. Aff. et Fin., 2003, n°99 et s., p. 253 et s.
[496] Article L. 134-3 du Code de commerce (agents commerciaux).

Cependant, la fidélité n'est pas une notion rigide. Ainsi, si l'activité du débiteur a permis d'atteindre le but pour lequel le contrat a été conclu, nul manquement à la loyauté ou à la fidélité ne peut lui être reproché et ce, même si les prestations effectuées ne sont pas strictement conformes aux stipulations contractuelles[497].

301. Devoir de coopération – La bonne foi implique également un certain devoir de coopération entre les contractants, qui peut être plus ou moins marqué selon la nature du contrat[498]. Ce devoir de coopération peut même devenir l'essence du contrat. C'est ainsi que, dans la société, doit régner le *jus fraternitatis*[499].

Dans les contrats où le lien de confiance entre les parties est essentiel, le devoir de coopération est fort. C'est le cas du contrat de mandat[500] et surtout du contrat de travail[501] ou du contrat d'édition[502] qui ne peuvent se maintenir que s'il existe entre les parties de véritables rapports de confiance.

Le devoir de coopération s'est également développé dans des contrats créés par la pratique commerciale qui reposent sur une sorte « d'*affectio*

---

[497] Cass. req., 31 janvier 1887, S. 87.1.420.

[498] Y. PICOD, « *L'obligation de coopération dans l'exécution du contrat* », JCP 1988, I, p. 3318.

[499] H. LE NABASQUE, « *Le développement du devoir de loyauté en droit des sociétés* », RTD com. 1999, p. 273 ; Y. GUYON, « *La fraternité dans le droit des sociétés* », Rev. sociétés 1989, p. 439.

[500] Cass. com., 24 novembre 1998, Bull. civ. IV, n°277, D. 1999, IR, p. 9 ; JCP 1999, II, p. 10210, note Y. PICOD ; JCP 1999, I, p. 143, n°6 et s., obs. Ch. JAMIN ; Rép. Déf. 1999, p. 371, obs. D. MAZEAUD ; RTD civ. 1999, p. 98, obs. J. MESTRE. – L'article L. 134-4, alinéa 2, du Code de commerce dispose d'ailleurs que : « *Les rapports entre l'agent commercial et le mandant sont régis par une obligation de loyauté et un devoir réciproque d'information* ».

[501] Article L. 1221-1 du Code du travail : « *Le contrat de travail est exécuté de bonne foi* ». Avant la codification, la Cour de cassation avait déjà identifié une obligation de coopération, sur le fondement de la bonne foi : Cass. soc., 25 février 1992, Bull. civ. V, n° 122 ; D. 1992, p. 390, note M. DÉFOSSEZ ; D. 1994, somm. p. 294, obs. A. LYON-CAEN. – Cass. soc., 23 septembre 1992, JCP-E 1993, II, p. 430, note J.-J. SERRET ; Dr. soc. 1992, p. 573, obs. A. LYON-CAEN. – Cass. soc., 6 avril 1994, Gaz. Pal. 1995, 1, p. 218, note J. BERENGUER. – Cass. soc., 19 octobre 1994, JCP-E 1994, pan. p. 1376, mais, pour celui-ci, sans citer la bonne foi. – Cass. soc., 10 juillet 1995, n°94-40.137, inédit. – Cass. soc., 17 février 1998, RJS 4/98, n°434. - CA Paris, 26 mai 1999, Juris-Data 1999-02-3866. – Adde : G. LYON-CAEN, « *L'obligation implicite* », APD 2001, tome 44, p. 109. Cette solution a ensuite été reprise par le législateur dans l'article L. 6321-1, alinéas 1, 2, et 3 du Code du travail : « *L'employeur assure l'adaptation des salariés à leur poste de travail. Il veille au maintien de leur capacité à occuper un emploi, au regard notamment de l'évolution des emplois, des technologies et des organisations. Il peut proposer des formations qui participent au développement des compétences, ainsi qu'à la lutte contre l'illettrisme* ».

[502] CA Paris, 9 septembre 1998, JCP 1999, II, p. 10181, note A. LUCAS.

contractus »[503], en vertu duquel les parties doivent collaborer dans le but d'atteindre un objectif commun. Cet objectif commun est assez marqué dans les contrats de distribution[504] puisque fournisseur et distributeur ont pour objectif commun la conquête et l'exploitation d'une part de marché, c'est-à-dire une clientèle, destinataire final du produit. Ainsi, il a pu être jugé que le fournisseur manquait à son obligation de bonne foi dans l'exécution du contrat[505] lorsqu'il modifiait l'équilibre contractuel, de telle façon que le distributeur n'était plus en mesure d'affronter la concurrence.

L'impératif de coopération peut également se retrouver dans des contrats tels que les contrats d'ingénierie ou de transferts de maîtrise industrielle. Ce devoir de coopération se traduit ici par l'obligation pour le prestataire, en raison de l'objet du contrat par exemple, de suppléer la carence de son client, lorsque celui-ci ne formule pas ses besoins de façon explicite[506] ou de l'assister pour la mise en route[507].

Autre domaine où s'épanouit le devoir de coopération : le contrat relatif à l'informatique. Ainsi, il a été jugé que : « *l'exécution d'un contrat de prestation de services informatiques requiert la collaboration des parties tant dans la définition des besoins de l'utilisateur et leur expression par celui-ci au regard des nécessités de la prestation informatique ainsi que dans le choix du matériel adapté, que dans l'élaboration et la mise en place du système informatique conçu et réalisé par l'entreprise spécialisée* »[508].

---

[503] J. MESTRE, « *L'évolution du contrat en droit privé français* », art. préc., spéc. p. 51 ; J.-M. LELOUP, « *La création de contrats par la pratique commerciale* », in *L'évolution contemporaine du droit des contrats*, PUF, Journées René SAVATIER, 1986, p. 167 et s.

[504] Ph. LE TOURNEAU, *Les contrats de franchisage*, Litec, 2ème éd., 2007, n°92, 169, 208 et 227 ; L. AMIEL-COSME, *Les réseaux de distribution*, LGDJ, coll. Biblio. de dr. privé, tome 256, 1995, préf. Y. GUYON, n°152 et s.

[505] Cass. com., 19 décembre 1989, Bull. civ. IV, n°327, p. 220, RTD civ. 1990, p. 649, obs. J. MESTRE ; Cass. com., 3 novembre 1992, CCC 1993, n°45, RTD civ. 1993, p. 124, obs. J. MESTRE ; Cass. com., 15 janvier 2002, JCP 2002, II, p. 10157, note Ch. JAMIN, RTD civ. 2002, p. 294, note J. MESTRE et B. FAGES, D. 2002, p. 1974, note Ph. STOFFEL-MUNCK.

[506] CA Paris, 3 décembre 1993, Expertises 1994, p. 193 ; Cass. com., 6 mai 2003, Expertises 2003, p. 262, le prestataire a failli à ses obligations, en n'envisageant pas les risques de l'absence de définition précise pour le projet concerné et en ne s'enquérant pas des informations nécessaires, alors qu'il connaissait l'activité et "l'environnement" de son client.

[507] Cass. civ. 1ère, 8 janvier 1985, RTD civ. 1986, p. 138, obs. J. HUET.

[508] CA Paris, 7 mai 1986, Gaz. Pal. 1987, 1, somm. p. 24 ; CA Orléans, 20 février 2003, Sté Développement immobilier, CCC 2003, n°135, le client est tenu par une obligation de « *coopération, d'implication, de dialogue* ». Il a également été décidé que le fournisseur et le client doivent collaborer de façon active afin de mettre sur pied un système qui réponde au mieux au résultat recherché : CA Paris, 18 juin 1984 et 26 juin 1985, RTD civ. 1986, p. 102, obs. J. MESTRE. V. égal., M. VIVANT, « *L'informatique dans la théorie générale du contrat* », D. 1994, p. 117, spé. n°11 et s.

302. Délivrance d'informations – Au-delà de ces exemples qui démontrent la réalité du devoir de coopération dans les contrats, la jurisprudence tend à généraliser ce devoir à toutes les opérations contractuelles[509]. Selon cette idée, les parties ont le devoir d'exécuter leurs obligations en tenant compte des intérêts de leur partenaire. Ce faisant, toujours dans l'optique de respecter une certaine coopération contractuelle, chaque contractant se voit obligé « d'avertir l'autre, en cours de contrat, des événements qu'il a intérêt à connaître pour l'exécution du contrat »[510].

303. Cette obligation d'information, parfois prévue par les parties, consiste en une mise en garde, un renseignement voire un conseil. Elle se distingue de l'obligation précontractuelle d'information puisqu'elle ne concerne que l'exécution. Elle en est l'accessoire et a ainsi une nature contractuelle, de sorte que sa violation correspond à une défaillance contractuelle[511]. Nous retrouvons cette obligation de renseignement lors de la phase d'exécution dans la législation en matière d'assurances où l'assuré est, par exemple, obligé de tenir son assureur au courant des événements qui se produisent pendant l'exécution du contrat et notamment ceux qui seraient de nature à aggraver les risques[512]. De même, le preneur d'un bien rural est tenu d'avertir le propriétaire des usurpations commises sur le fonds[513].

304. En l'absence d'un texte spécial, l'intensité de cette obligation varie, allant de la simple délivrance d'une information brute par le biais d'obligation de renseignement à une véritable obligation de conseil. Le conseil implique que la personne qui délivre l'information y ajoute un jugement de valeur, en passant notamment par une obligation de mise en garde qui s'avère beaucoup plus neutre. La mise en garde consiste dans le fait d'attirer l'attention de son contractant sur les aspects négatifs du contrat et plus généralement sur tous les risques qui peuvent en découler.

305. Le domaine d'application diffère en fonction de l'intensité de l'obligation. L'obligation de mise en garde bénéficie, par exemple, aux investisseurs effectuant des opérations spéculatives sur les marchés à

---

[509] J. MESTRE, « *D'une exigence de bonne foi à un esprit de collaboration* », RTD civ. 1986, p. 101 ; Y. PICOD, « *L'obligation de coopération dans l'exécution du contrat* », JCP 1988, I, p. 3318.

[510] R. DEMOGUE, *Traité des obligations en général*, vol. II, *Effets des obligations*, tome 6, Rousseau & cie éd., 1931, n°29, p. 38.

[511] Cass. com., 26 juin 1980, Bull. civ. IV, n°276 ; Cass. civ. 1ère, 20 juin 1995, Bull. civ. I, n°277, RTD civ. 1996, p. 384, obs. J. MESTRE, JCP-E 1996, I, p. 523, n°12, obs. D. MAINGUY.

[512] Article L. 113-4 du Code des assurances.

[513] Article L. 411-26 du Code rural et de la pêche maritime.

terme[514], et non à ceux qui effectuent des investissements classiques sur les marchés au comptant, à l'égard desquels la banque n'a qu'une obligation de renseignement[515].

306. L'obligation de conseil, quant à elle, impose une charge beaucoup plus lourde au débiteur qu'une obligation de renseignement ou de mise en garde, car il est tenu d'accomplir certaines diligences supplémentaires. Les obligations de renseignements et de conseils « *se distinguent en ce que l'obligation d'information porte sur les conditions du service sollicité par le client, alors que l'obligation de conseil porte sur l'opportunité du service* »[516]. Le débiteur, en plus de l'information, doit donner son opinion. Le créancier de cette obligation est donc influencé par le conseil apporté. Il convient donc d'apporter un conseil avisé.

307. Exigence de simplification de l'exécution – Dans un certain nombre de contrats, le devoir de coopération implique également une obligation de faciliter l'exécution du contrat. De nombreux exemples illustrent cette obligation. Ainsi, un expéditeur est tenu de faciliter le transport international en remettant aux entreprises du chemin de fer, les documents nécessaires à la douane[517] ; le maître de l'ouvrage doit obtenir toutes les autorisations nécessaires à l'exécution du contrat et en renseignant l'entrepreneur sur les difficultés du marché[518] ; le voyageur doit veiller à l'identification de ses bagages[519] ; le client d'un teinturier doit l'avertir d'une tentative préalable de détachage[520] ; le client du tailleur doit se plier aux essayages[521]. Ou bien encore, l'auteur lié par un contrat d'édition doit corriger les épreuves et donner le bon à tirer, sans quoi, il ne peut se plaindre des coquilles qui subsisteraient[522].

---

[514] Cass. com., 5 novembre 1991, Bull. civ. IV, n°327 ; Cass. com., 10 décembre 1996, Bull. civ. II, n°307, Juris-Data 1996-00-4769 ; Cass. com., 22 mai 2001, Bull. civ. IV, n°94, Juris-Data 2001-00-9673. Adde : N. BOURDALLE et J. LASSERRE-CAPDEVILLE, « *Le développement jurisprudentiel de l'obligation de mise en garde du banquier* », Banque & dr., mai-juin 2006, p. 17.

[515] Cass. com., 14 décembre 2004, Bull. civ. IV, n°222, D. 2005, AJ p. 495 : « *Le banquier teneur de compte de titres n'est pas tenu, en l'absence d'opérations spéculatives, à une obligation de mise en garde envers son client* » ; Cass. com., 19 septembre 2006, Bull. civ. IV, n°185, JCP 2006, II, p. 10201, note A. GOURIO, RTD civ. 2007, p. 103, obs. B. FAGES.

[516] CA Paris, 12 octobre 2006, Juris-Data 2006-32-7372.

[517] Civ., 10 avril 1929, DP 1930, 1, p.28 ; CA Paris, 19 mai 1977, D. 1977, IR, p. 91.

[518] Cass. civ. 1ère, 17 mars 1969, D. 1969, p. 532.

[519] T. civ. Seine, 21 novembre 1913, Gaz. Pal. 1914, 1, p. 217.

[520] Cass. civ. 1ère, 11 mai 1966, Bull. civ. I, n°281, p. 215.

[521] T. civ. Bordeaux, 4 novembre 1908, DP 1910, 5, p. 19.

[522] CA Paris, 14 février 1908, Ann. propr. ind. 1908, p. 264.

308. Cette exigence de faciliter l'exécution du contrat a pour conséquence également qu'*a contrario*, le fait de rendre plus difficile, voire impossible, l'accomplissement de la prestation viole ce devoir. Il a ainsi été jugé qu'un employeur été de mauvaise foi en ce qu'il avait exigé de son employé l'accroissement de ses objectifs en période creuse[523]. On note un exemple similaire lorsque l'employeur avait brutalement cessé de mettre à la disposition d'une salariée, soumise à des horaires atypiques, les moyens de transport dont elle bénéficiait depuis dix ans[524].

309. Prise en considération des intérêts du cocontractant – Au-delà de la simple nécessité de faciliter l'exécution du contrat, les juges ont parfois considéré que le devoir de coopération impliquait de privilégier les intérêts de son cocontractant[525]. D'ailleurs, les avocats sont tenus de « *préserver au mieux les droits et les intérêts de leurs clients* »[526] ou bien encore, les banquiers doivent proposer rapidement à leur client la solution la moins dommageable pour eux[527]. Il s'agit là d'autant d'illustrations qui montrent la faveur des juges envers le devoir de coopération.
Certains auteurs se sont d'ailleurs demandé si le devoir de coopération ne se dirigeait pas vers un « devoir d'ingérence dans les affaires d'autrui »[528]. Plusieurs décisions peuvent aisément le laisser penser. Tel est le cas de l'arrêt déclarant que le débiteur, en vertu de son devoir de coopération, devait vérifier que son créancier lui avait bien facturé les prestations fournies et, à défaut, l'en avertir[529].
Néanmoins, même si la frontière entre coopération et non-immixtion est mince, la jurisprudence la rappelle fermement[530].

---

[523] Cass. com., 18 mai 1978, D. 1979, IR, p. 140 ; CA Paris, 27 avril 1998, Juris-Data 1998-02-0939.

[524] Cas. soc., 10 mai 2006, D. 2006, IR, p. 1482, D. 2007, pan. p. 179, RTD 2006, p. 7, JCP-S 2006, p. 1727, note B. BOSSU.

[525] Article L. 541-8-1, 1°, du Code monétaire et financier dispose que les conseillers en investissements financiers doivent : « *Se comporter avec loyauté et agir avec équité au mieux des intérêts de leurs clients* ».

[526] CA Paris, 15 mai 1995, Juris-Data 022134.

[527] CA Versailles, 10 décembre 1998, Gaz. Pal. 2000, somm. p. 202.

[528] D. MAZEAUD, « *Loyauté, solidarité, fraternité : la nouvelle devise contractuelle ?* », art. préc.

[529] Cass. civ. 1ère, 23 janvier 1996, Bull. civ. I, n°36, CCC 1996, n°76, obs. L. LEVENEUR, D. 1997, p. 571, note P. SOUSTELLE, RTD civ. 1996, p. 898, obs. J. MESTRE.

[530] Cass. com., 15 juin 1993, Bull. civ. IV, n°239, Gaz. Pal. 1993, 2, pan. p. 275 ; Cass. com., 21 octobre 1997, RJDA 1998, p. 203 ; Cass. com., 5 novembre 2002, Bull. civ. IV, n°157 et 158, D. 2003, AJ, p. 203, JCP-E 2003, p. 36, note T. BONNEAU ; Cass. com., 22 mars 2005, RJDA 2005, p. 882.

310. Exigence de proportionnalité – Cette prise en considération de l'intérêt de ses partenaires contractuels, en vertu du devoir de coopération, s'est aussi traduite par l'essor d'une exigence diffuse de proportionnalité en matière contractuelle. Elle permet d'éviter les excès en introduisant, dans les relations contractuelles, une certaine mesure. La proportionnalité s'apparente à une « exigence un peu vague d'équilibre raisonnable »[531].
De cette exigence de proportionnalité découle la règle selon laquelle le créancier ne saurait exiger de son débiteur un engagement manifestement excessif. En mêlant devoir de coopération et exigence de proportionnalité, les juges ont ainsi pu, par exemple, contrôler et réviser le montant de la rémunération des intermédiaires[532] ou entrepreneurs[533]. Ou bien encore, les juges ont requis que les clauses de non-concurrence ou de non-réaffiliation ne soient pas disproportionnées « *au regard de l'objet du contrat* »[534]. Ce critère « réalise ainsi la synthèse entre la vérification de la légitimité de l'intérêt du créancier [...] et la protection de la liberté économique individuelle du débiteur »[535].

311. L'exigence de proportionnalité est également marquée du côté du débiteur. Ce dernier est tenu de mettre en œuvre des moyens proportionnés à l'attente du créancier pour réaliser à bien sa mission. Cette proportion dans

---

[531] J. CARBONNIER, *Droit civil*, tome 1, *Introduction - Les personnes*, PUF, coll. Quadrige, 2004, n°53, p. 93.

[532] Pour les mandataires : Civ., 29 janvier 1867, DP 1867, 1, p. 53 ; Cass. req., 27 janvier 1908, DP 1908, 1, p. 155 ; Cass. civ., 27 décembre 1944, Gaz. Pal. 1945, 1, p. 77 ; Cass. com., 23 janvier 1962, Bull. civ. IV, n°52 ; Cass. civ. 1ère, 14 janvier 1976, Bull. civ. I, n°10, JCP 1976, II, p. 18388 ; Cass. civ. 1ère, 24 septembre 2002, CCC 2003, n° 3, note L. LEVENEUR ; Cass. civ. 1ère, 21 février 2006, Bull. civ. I, n°100, Rép. Déf. 2006, p. 1223, obs. R. LIBCHABER.

[533] Cass. civ. 1ère, 4 mars 1958, D. 1958, p. 495 (architecte) ; Cass. civ. 1ère, 3 mars 1998, Bull. civ. I, n°85, JCP 1998, II, p. 10115, note J. SAINTE-ROSE, Rép. Déf. 1998, p. 734, obs. J.-L. AUBERT et Cass. civ. 2ème, 18 décembre 2003, D. 2004, IR, p. 394, PA 2004, n°213, p. 14, note D. KESSLER (avocat) ; Cass. civ. 1ère, 5 mai 1998, Bull. civ. I, n°168, Rép. Déf. 1998, p. 1042, obs. Ph. DELEBECQUE, JCP 1998, I, p. 177, n°1 et s., obs. F. LABARTHE, JCP-N 1999, p. 24, note L. LEVENEUR, RTD civ. 1998, p. 901, obs. J. MESTRE (généalogiste).

[534] Cass. com., 4 janvier 1994, Bull. civ. IV, n°4, D. 1994, IR, p. 27, D. 1995, p. 205, note Y. SERRA et Cass. com., 16 décembre 1997, CCC 1998, n°39, obs. L. LEVENEUR ; Cass. civ. 1ère, 11 mai 1999, D. 1999, somm. p. 385, obs. J. PENNEAU, D. 2000, somm. p. 312, obs. Y. SERRA, Rép. Déf. 1999, art. 37041, obs. D. MAZEAUD, CCC 1999, n°137, obs. L. LEVENEUR ; Cass. com., 4 juin 2002, D. 2003, somm. p. 902, obs. Y. AUGUET, CCC 2003, n°5, note M. MALAURIE-VIGNAL ; Cass. com., 1er juillet 2003, D. 2004, somm. p. 1153, obs. Y. PICOD, JCP-E 2004, p. 786, note S. MORACCHINI-ZEIDENBERG, RJDA 2004, p. 8 ; Cass. com., 7 janvier 2004, CCC 2004, n°77, obs. M. MALAURIE-VIGNAL ; Cass. com., 18 décembre 2007, CCC 2008, n°75, obs. M. MALAURIE-VIGNAL ; Cass. civ. 2ème, 10 janv. 2008, CCC 2008, n°71, obs. M. MALAURIE-VIGNAL.

[535] Cass. com., 4 janvier 1994, D. 1995, p. 205, note Y. SERRA.

les moyens employés par le débiteur implique qu'ils ne soient ni excessifs ni insuffisants par rapport à l'objectif poursuivi. Les juges ont illustré cette exigence en indiquant que le « *client attend du professionnel qu'il consulte [...], qu'il mette en œuvre, après avoir obtenu son accord, la technique la plus pertinente dans son cas [...] entre toutes les techniques disponibles à un moment donné* »[536]. De même, le débiteur doit adapter ses moyens à l'importance de l'obligation souscrite[537].

312. Tous ces devoirs imposés aux contractants lors de la phase d'exécution du contrat démontrent l'idée générale selon laquelle les parties doivent s'unir et non s'affronter afin d'obtenir une exécution optimale du contrat : une exécution *Pareto* efficiente. D'autres concepts sont également venus renforcer la phase exécutoire.

§2 – Les renforts conceptuels au service de l'exécution contractuelle

313. Éthique contractuelle – Le Code civil, et le droit des contrats en général, repose traditionnellement sur une analyse morale. Certains auteurs parlent même d'une éthique contractuelle qui « s'exprime concrètement, entre autres par les idées d'altruisme, de décence, de cohérence, de proportionnalité et de coopération, et elle exclut l'égoïsme, l'indifférence, la désinvolture et le cynisme »[538].
Cette idée que l'exécution du contrat est gouvernée par une certaine éthique contractuelle, découle directement de l'application jurisprudentielle de la notion de bonne foi. Le droit contemporain des contrats a donc tenté de renouveler sa compréhension de l'exécution en se fondant sur des notions de justice[539] et d'équité[540] (A), mais également d'équilibre exigeant une certaine cohérence contractuelle dans le comportement des contractants (B).

---

[536] CA Paris, 20 novembre 1989, *Lebret et SARL Double hélice c/ Participe présent, inédit.*
[537] Un transporteur doit davantage veiller sur un meuble ancien estampillé, que sur un meuble en mélaminé, fabriqué en série : Cass. com., 3 avril 1990, Bull. civ. IV, n°108 ; Cass. com., 17 novembre 1992, Bull. civ. IV, n°366 ; Cass. com., 28 juin 2005, Bull. civ. IV, n°147, JCP 2005, II, p. 10150, note E. TRICOIRE.
[538] D. MAZEAUD, « *Solidarisme contractuel et réalisation du contrat* », in *Le solidarisme contractuel*, Economica, coll. Études juridiques, L. GRYNBAUM et M. NICOD (dir.), 2004, n°3, p. 59.
[539] G. SMORTO, « *La justice contractuelle* », RIDC 2008, p. 583. – En droit québécois : L. PERRET, « *Une philosophie nouvelle des contrats fondée sur l'idée de justice contractuelle* », Rev. gén. 1980, p. 537 ; M. TANCELIN, « *La justice contractuelle : expérience et perspectives au Québec* », RIDC 1978, p. 1009.
[540] Ch. ALBIGÈS, *De l'équité en droit privé*, LGDJ, coll. Biblio. de dr. privé, tome 329, 2000, préf. R. CABRILLAC ; G. RIPERT, *La règle morale dans les obligations civiles*, *op. cit.*

A. L'idée de justice et d'équité

314. Solidarisme contractuel – Traditionnellement, les règles de droit des contrats trouvent leur fondement dans une approche morale basée sur l'idée d'une certaine justice contractuelle[541]. Cette vision du contrat repose sur le constat que la volonté est souvent exprimée de manière unilatérale. Seule la partie dominante s'exprime. Pour pallier cet état de fait, la loi est tout d'abord intervenue afin de rééquilibrer un contrat supposé désavantageux pour l'une des parties. Ainsi, le droit social ou le droit de la consommation ont pris toute leur ampleur.
Puis, pour les mêmes raisons, le juge est intervenu, notamment à travers l'activation de la notion de bonne foi dans le contrat.

315. Cette conception de la nécessité d'avoir un contrat équilibré reflète assez justement la doctrine solidariste. Ce courant de pensée met en avant la nécessité « d'ériger en principe du droit des contrats les exigences de loyauté, de solidarité et de bonne foi qui doivent conduire les contractants à collaborer entre eux »[542]. Défendu notamment par les professeurs Mazeaud[543] et Jamin[544], le solidarisme contractuel vise à imposer une logique de coopération dans le contrat : « le solidarisme contractuel consiste en une exigence de civisme, qui se traduit, pour chaque contractant, par la prise en considération des intérêts légitimes de son cocontractant et qui repose sur les idées d'altruisme, de décence, de cohérence et de coopération. Ce devoir imposé aux contractants d'exercer les droits et les pouvoirs que leur confère la loi ou le contrat dans le respect de l'intérêt légitime d'autrui

---

[541] J. GHESTIN, « *Le juste et l'utile dans les contrats* », D. 1982, chron. p. 1.

[542] L. GRYNBAUM, « *La notion de solidarisme contractuel* », in *Le solidarisme contractuel*, Economica, coll. Études juridiques, L. GRYNBAUM et M. NICOD (dir.), 2004, n°1, p. 25.

[543] D. MAZEAUD, « *Le nouvel ordre contractuel* », RDC 2003, p. 285 ; « *Loyauté, solidarité, fraternité : la nouvelle devise contractuelle ?* », art. préc. ; « *Solidarisme contractuel et réalisation du contrat* », art. préc. ; « *Le juge et le contrat, variations optimistes sur un couple illégitime* », in *Mélanges J.-L. AUBERT*, Dalloz, 2005, p. 235 ; « *La politique contractuelle de la Cour de cassation* », in *Mélanges Ph. JESTAZ*, Dalloz, 2006, p. 371.

[544] Ch. JAMIN, « *Révision et intangibilité, ou la double philosophie de l'article 1134 c. civ.* », in *Que reste-t-il de l'intangibilité du contrat ?*, Dr. et patrim., mars 1998, p. 46 ; « *Henri Capitant et René Demogue : notation sur l'actualité d'un dialogue doctrinal* », in *Mélanges Fr. TERRÉ*, Dalloz, 1999, p. 125 ; « *Plaidoyer pour le solidarisme contractuel* », in *Le contrat au début du XXIème siècle, Etudes offertes à J. Ghestin*, LGDJ, 2001, p. 442 ; « *Une brève histoire politique des interprétations de l'article 1134 c. civ.* », D. 2002, chron. p. 901 ; « *Quelle nouvelle crise du contrat ?* », in *La nouvelle crise du contrat*, Dalloz, coll. Thèmes et commentaires, Acte du colloque, 14 mai 2001, Lille, Ch. JAMIN et D. MAZEAUD (dir.), 2003, p. 7 ; « *Le procès du solidarisme contractuel, brève réplique* », in *Le solidarisme contractuel*, Economica, coll. Études juridiques, L. GRYNBAUM et M. NICOD (dir.), 2004, p. 160.

a, essentiellement, vocation à se déployer dans les relations contractuelles de dépendance. Ces dernières sont marquées par une inégalité des parties lors de la formation et de l'exécution. Le pouvoir accordé au contractant dominant de fixer unilatéralement le contenu du contrat, en est la parfaite illustration. D'ailleurs, les relations qui s'inscrivent dans la durée, se caractérisent souvent par une communauté de clientèle et se cristallisent dans une clause d'exclusivité. Même si le bras armé du solidarisme contractuel est le juge, il n'en résulte pas inéluctablement une instabilité contractuelle fatale ; simplement se dessine un droit plus flexible, moins désincarné, un droit social des contrats dans lequel les profits de l'un ne doivent pas s'accumuler au mépris de la survie économique de l'autre »[545].
La doctrine solidariste marque l'évolution de notre droit des contrats entraînant également une nouvelle approche du contrat.

316. Néanmoins, le fondement qui structure le solidarisme contractuel, à savoir une analyse du contrat reposant sur un ordre moral, paraît contestable[546]. En effet, le solidarisme ne s'impose pas tant dans la phase de formation du contrat qu'au stade de son exécution.
Le solidarisme dans l'exécution du contrat prendrait la forme d'une obligation implicite introduite par la jurisprudence dans tous les contrats. Dès lors, cette obligation a pour but d'imposer des devoirs aux contractants, c'est-à-dire des devoirs résultant d'un comportement raisonnable. À défaut, les mauvais comportements sont sanctionnés.
Si cette approche semble séduisante, une telle coopération contractuelle n'est pas forcément la plus dynamique possible ni même celle qui se rapprocherait le plus de la réalité contractuelle contemporaine : « une chose est d'imposer un standard de comportement, dans le respect de l'intérêt de chacune des parties et, donc, du contrat lui-même, autre chose est d'exiger un sacrifice pour le bénéfice de l'autre partie »[547].

317. L'analyse économique du droit apporte des solutions bien plus concrètes à la prise en compte des intérêts de son partenaire contractuel. À la place d'une formulation moralisatrice de l'exécution – c'est-à-dire l'exécution de bonne foi du contrat, car c'est moralement la bonne chose à

---

[545] D. MAZEAUD, note sous Cass. com., 15 janvier 2002, D. 2002, p. 2841.
[546] Une partie de la doctrine reproche au solidarisme contractuel son "sentimentalisme" et son recours excessif au juge pour résoudre les nouveaux problèmes contractuels : cf. not. Y. LEQUETTE, « *Bilan des solidarismes contractuels* », in *Mélanges P. DIDIER*, Economica, 2008, p. 247 ; L. LEVENEUR, « *Le solidarisme contractuel : un mythe* », in *Le solidarisme contractuel*, Economica, coll. Études juridiques, L. GRYNBAUM et M. NICOD (dir.), 2004, p. 173.
[547] D. MAINGUY et J.-L. RESPAUD, *Droit des obligations*, 2008, *op. cit.*, n°66, p. 56.

faire – il convient d'exécuter le contrat de bonne foi, car cela est économiquement plus utile. La coopération apparaît d'ailleurs stratégiquement plus efficace, notamment dans les relations contractuelles s'inscrivant dans le temps, plutôt qu'avec la non-coopération ou la tricherie, tentante, mais seulement à court terme.

La doctrine juridique se retrouve également dans cette analyse : « Prétendre que l'individualisme et ses corollaires, notamment l'idée que chaque homme doit veiller par priorité à la défense de ses intérêts, seraient supplantés dans la première catégorie de contrat par la solidarité et la fraternité qui uniraient naturellement tous les membres du genre humain ne témoigne pas d'une connaissance approfondie des ressorts de l'âme humaine. Le droit des contrats doit être conçu en fonction de l'homme tel qu'il est et non tel qu'on voudrait qu'il fût »[548].

318. Sans renier complètement l'intérêt du solidarisme contractuel, dont les bénéfices apportés à la théorie générale des contrats sont notables, il convient d'appliquer ses théories avec une certaine souplesse. Par exemple, l'obligation de sécurité, découverte par la jurisprudence même si elle ne s'inscrit pas dans une optique de coopération contractuelle, découle de la volonté des juges de protéger la partie faible dans un contrat par essence déséquilibré.

319. Obligation de sécurité – L'ancien article 1135 du Code civil avait, en particulier, servi de fondement à la découverte de l'obligation de sécurité, obligation en vertu de laquelle le débiteur ne doit pas causer un dommage corporel à son cocontractant par l'exécution du contrat. Une formulation quasi identique a été retenue par la réforme du droit des contrats de 2016, indiquant à l'article 1194 : « *Les contrats obligent non seulement à ce qui y est exprimé, mais encore à toutes les suites que leur donnent l'équité, l'usage ou la loi* ».

L'obligation de sécurité, toujours accessoire à une autre obligation principale d'une nature différente, bénéficie par extension du caractère contractuel. Elle fut reconnue pour la première fois par les juges en 1911[549], dans un contrat de transport. En l'espèce, un passager avait pris un billet pour faire la traversée de Tunis à Bône à bord d'un paquebot, l'autorisant à se tenir dans le sous-pont, à côté des marchandises. Au cours du voyage, il fut grièvement blessé au pied par la chute d'un tonneau mal arrimé. La Cour de cassation a censuré la cour d'appel qui avait voulu rattacher la réparation à la

[548] Fr. TERRÉ, Ph. SIMLER et Y. LEQUETTE, *Droit civil, Les obligations*, 2002, *op. cit.*n°42, pp. 44-45.

[549] Civ., 21 novembre 1911, S. 1912, I, p. 73, note G. LYON-CAEN ; DP 1913, I, p. 249, note L. SARRUT ; GAJC, n°262.

responsabilité délictuelle considérant que : « *L'exécution du contrat de transport comporte pour le transporteur l'obligation de conduire le voyageur sain et sauf à destination* ». Ainsi était née l'obligation de sécurité.

320. Intensité de l'obligation de sécurité – L'intensité de l'obligation de sécurité varie en fonction de la nature du contrat. Elle est tantôt une obligation de résultat, tantôt une obligation de moyen.

321. Obligation de résultat – Dans le contrat de transport de voyageurs, la sécurité prend la forme d'une obligation de résultat. Le transporteur a l'obligation de conduire le voyageur sain et sauf à destination. Dès lors qu'un accident s'est produit durant le transport, il engage sa responsabilité sans pouvoir s'exonérer en démontrant qu'il n'avait commis aucune faute, sauf cas de force majeure[550].
En y décelant une obligation contractuelle, la jurisprudence a étendu cette obligation à la vente : « *le vendeur professionnel est tenu de livrer des produits exempts de tout vice et de tout défaut de fabrication de nature à créer un danger pour les personnes ou les biens* »[551]. Dans d'autres contrats, dont l'objet est la personne humaine, la jurisprudence a imposé une obligation de sécurité de résultat ainsi qu'une obligation d'information lorsque l'exécution pouvait présenter un danger[552]. Certains auteurs ont d'ailleurs estimé que toutes les obligations de sécurité devraient être des obligations de résultat en ce qu'elles imposent le respect de la sécurité physique d'autrui[553].

322. Obligation de moyens – Néanmoins, toutes les obligations de sécurité ne sont pas des obligations de résultat. Elles peuvent être des obligations de moyens lorsque la victime participe à son exécution. C'est le cas par exemple pour un coloriste dans un salon de coiffure[554], l'exploitant d'un cirque[555] ou de jeux de plage[556] ou bien encore d'un parc zoologique[557], le

---

550 Cass. civ. 3ème, 1er avril 2009, RDC 2009/4, p. 1367, obs. S. CARVAL : « celui qui est chargé de la maintenance et de l'entretien complet d'un ascenseur est tenu d'une obligation de résultat en ce qui concerne la sécurité », et il ne peut être exonéré que si « le dysfonctionnement de l'ascenseur était dû à une cause extérieure à l'appareil ».

551 Cass. civ. 1ère, 17 janvier 1995, Bull. civ. I, n°43 ; D. 1995, p. 350, note P. JOURDAIN.

552 Cass. civ. 2ème, 16 décembre 1995, Bull. civ. II, n°315 ; D. 1997, somm. p. 188, obs. A. LACABARATS ; JCP-G 1996, IV, p. 380.

553 P. JOURDAIN, « *L'obligation de sécurité* », Gaz. Pal. 1993, doct. p. 1171 ; Y. LAMBERT-FAIVRE, « *Fondement et régime de l'obligation de sécurité* », D. 1994, chron. p. 81.

554 Cass. civ. 1ère, 4 octobre 1967, Bull. civ. I, n°275 ; D. 1967, p. 652 ; Gaz. Pal., 16 décembre 1967 ; RTD civ. 1968, p. 163, obs. G. DURRY.

555 Cass. civ. 1ère, 11 février 1975, D. 1975, p. 533, note Ph. LE TOURNEAU.

556 Cass. civ. 1ère, 19 janvier 1982, Bull. civ. I, n°32 ; RTD civ. 1982, p. 771, obs. G. DURRY.

gérant d'une entreprise de manutention[558], l'exploitant d'un club hippique[559], un moniteur de ski[560], un hôtelier[561], une esthéticienne[562] ou enfin le responsable d'une colonie de vacances[563].
À l'inverse de l'obligation de résultat, le débiteur ne s'engage dans ce cas qu'à prendre les mesures qui s'imposent. Le seul fait que le client ait subi un dommage corporel ne suffit pas à engager sa responsabilité[564].
Parfois, la jurisprudence met également à la charge du débiteur une obligation de sécurité de moyens renforcée, l'obligeant à une diligence particulière[565]. Lorsqu'elle est de moyens renforcés, l'obligation de sécurité permet l'exonération de responsabilité, totale ou partielle, en cas de faute de la victime[566]. Cela reste cependant difficile à établir.

323. Équité – La bonne foi et l'équité sont des notions voisines puisqu'elles tendent toutes deux à éviter qu'une partie ne puisse s'enfermer dans la lettre du contrat pour en éluder l'esprit. Mais elles n'en restent pas moins distinctes, car si « la bonne foi agit en quelque sorte de l'intérieur en veillant à une exécution loyale de la part de chaque contractant, l'équité le fait de l'extérieur en se plaçant à un point de vue plus élevé, celui de la justice »[567]. En d'autres termes, lorsque la loyauté contractuelle l'exige, l'esprit du contrat doit prévaloir sur sa lettre. Cette conception semble aller à l'encontre de la pratique juridique française qui ne remédie qu'exceptionnellement au déséquilibre des prestations, que ce soit au stade de sa formation à travers la lésion ou postérieurement, comme c'est le cas de l'imprévision. Les juges, sous réserve de textes particuliers, se refusent à être investis d'une mission de sauvegarde des équilibres contractuels.

---

[557] Cass. civ. 1ère, 30 mars 1994, Bull. civ. I, n°134 ; JCP-G 1994, I, p. 3773, n°4, obs. G. VINEY.
[558] Cass. civ. 1ère, 24 novembre 1993, Bull. civ. I, n°344 ; JCP-G 1994, I, p. 3773, n°1, obs. G. VINEY.
[559] Cass. civ. 1ère, 22 mars 1983, Bull. civ. I, n°106.
[560] Cass. civ. 1ère, 9 février 1994, Bull. civ. I, n°61.
[561] Cass. civ. 1ère, 22 mai 1991, Bull. civ. I, n°163 ; RTD civ. 1991, p. 757, obs. P. JOURDAIN.
[562] Cass. civ. 1ère, 8 décembre 1998, Bull. civ. I, n°350.
[563] Cass. civ. 1ère, 10 février 1998, Bull. civ. I, n°57.
[564] CA Poitiers, 29 juin 1983, D. 1984, p. 61, note G. DAVERAT : l'organisateur d'une compétition sportive est tenu d'une obligation de sécurité de moyens (ne pas faire courir de risques excessifs aux concurrents et être en mesure de leur porter secours), la victime doit donc prouver la faute de l'organisateur afin d'obtenir réparation du dommage subi.
[565] CA Besançon, 1er octobre 1971, JCP-G 1973, II, p. 17458, note M. LEYMARIE (une porte vitrée pas suffisamment visible).
[566] Cass. civ. 1ère, 4 juillet 1995, Bull. civ. I, n°300 et 301 ; D. 1995, IR p. 222 (accidents de télésiège).
[567] Fr. TERRÉ, Ph. SIMLER et Y. LEQUETTE, *Droit civil, Les obligations*, 2002, *op. cit.*, n°442, p. 440.

324. Néanmoins, l'équité joue un rôle croissant dans le droit français des contrats. Si les juges se refusent à réécrire un contrat, il n'en demeure pas moins que la jurisprudence n'hésite plus à leur adjoindre des conséquences que les parties n'avaient pas souhaitées. Il s'agit en quelque sorte d'un contenu que les juges considèrent comme étant d'ordre public en fonction de la nature du contrat. La doctrine parle souvent de « forçage du contrat »[568] par le juge.

325. Cette pratique judiciaire se justifiait par les anciennes dispositions de l'article 1135 du Code civil qui disposait que les conventions obligent non seulement à ce qui y est exprimé, mais également à toutes les suites que l'équité donne à l'obligation d'après sa nature[569]. Les juges ont ainsi le pouvoir de réputer non écrites des stipulations entraînant un "déséquilibre significatif" entre les droits et les obligations des parties.
S'inscrivant dans cette lignée, l'affaire des clauses de restitution des cuves en nature en est la parfaite illustration[570]. Longtemps stipulées par les pompistes de marque, les juges du fond ont finalement décidé que l'application de ces clauses allait à l'encontre de la loyauté contractuelle et de l'équité dès lors que le distributeur proposait la restitution de cuves identiques à celles qui lui avaient été prêtées[571]. Ces clauses sont donc réputées non écrites.
C'est aussi en raison de ce principe que les juges ont découvert l'obligation d'information, c'est-à-dire l'obligation pour l'une des parties de transmettre à l'autre les informations nécessaires à l'obtention d'une pleine satisfaction de l'exécution du contrat.

---

[568] L. JOSSERAND, « *Le forçage du contrat* », in *Études Fr. Gény*, tome 2, Sirey, 1934, p. 340 ; L. LEVENEUR, « *Le forçage du contrat*, in *Que reste-t-il de l'intangibilité du contrat ?* », Dr. et patrim., 1998, p. 69.

[569] Avec la réforme du droit des obligations de 2016, la référence à la nature des obligations est supprimée.

[570] Cons. Conc., 29 septembre 1987, décision n°87-D-34, établissant que la clause de restitution en nature « *constitue une convention pouvant avoir pour effet de restreindre le jeu de la concurrence sur le marché des produits pétroliers et qu'elle tombe sous le coup des dispositions de l'article 50 de l'ordonnance du 30 juin 1945 (article 7 de l'ordonnance du 1er décembre 1986)* ».

[571] Cette argumentation fût d'abord rejetée par la Cour de cassation : Cass. com., 25 octobre 1983, Cah. dr. entr. 1984, n°2, p. 22 ; Cass. com. 29 janvier 1985, Bull. civ. 1985, IV, n°43, puis la Haute cour a censuré une décision qui avait ordonné la restitution en nature des cuves en se plaçant sur le terrain du droit de la concurrence : Cass. com., 18 février 1992, Bull. civ. IV, n°78, JCP 1992, II, p. 21897, note M. BÉHAR-TOUCHAIS, D. 1993, p. 57, note C. HANNOUN. Dans le même sens : Cass. com., 26 mai 1992, D. 1993, p. 58 (2ème espèce), note C. HANNOUN ; Cass. com., 8 juin 1993, RJDA 1993, n°688, RTD civ. 1994, p. 349, obs. J. MESTRE.

326. Au-delà de l'idée de justice et d'équité dans l'exécution du contrat, c'est un véritable concept de cohérence contractuelle qui s'impose. En d'autres termes, l'exécution contractuelle est placée sous l'égide d'une obligation d'adopter des comportements harmonieux, sans contradictions avec le lien de droit créé entre les parties et l'objectif poursuivi par le contrat. Économie et morale se retrouvent liées dans le but d'obtenir une exécution optimale du contrat. Le comportement des parties doit dès lors refléter cette idée de cohérence contractuelle.

B. La cohérence contractuelle

327. Théorie de l'imprévision – La question de la renégociation d'un contrat a toujours été présente. Elle n'est, effectivement, pas nouvelle puisque les canonistes au Moyen-Âge puis les post-glossateurs sous l'Ancien Régime défendaient déjà, au nom d'une certaine conception de la morale et de la justice commutative, la théorie de la révision pour imprévision.
Pour autant, même si la question a actuellement une dimension plus économique que morale, à « la différence de l'obligation de coopération qui ne suppose aucune concession particulière, la renégociation se heurte au principe de la force obligatoire du contrat, à partir du moment où elle devient une obligation de plein droit, même si elle n'est que de moyens »[572].

328. Interdiction atténuée[573] – En droit privé, avant la réforme de 2016, le juge ne pouvait, par principe, modifier le contrat pour l'avenir. Et ceci même en cas d'imprévision, c'est-à-dire lorsque « les circonstances économiques imprévues, postérieures à la conclusion du contrat, rendent son exécution extrêmement difficile ou beaucoup plus onéreuse »[574]. Le juge n'avait pas le pouvoir de modifier le contenu d'un contrat devenu désavantageux pour l'une des parties.
Néanmoins, de nombreuses atténuations avaient été apportées à ce principe. S'il ne pouvait intervenir directement, le juge se réservait tout de même le droit d'imposer l'adaptation ou la renégociation du contrat.

---

[572] Y. PICOD, « *L'exigence de bonne foi dans l'exécution du contrat* », in *Le juge et l'exécution du contrat*, Colloque IDA, Aix-en-Provence, 28 mai 1993, PUAM, 1993, p.70.
[573] R. CABRILLAC, « *L'article 1196 : la porte entrouverte à l'admission de l'imprévision* », RDC 2015, p. 771 ; S. ABBATUCCI, B. SABLIER et V. SABLIER, « *Crise de l'acier : le retour de l'imprévision dans les marchés de travaux* », AJDA 2004, p. 2192 ; J.-D. PELLIER, « *Réflexions sur l'imprévision dans le projet de réforme du droit des contrats* », LPA 2015, n°228, p.8.
[574] Civ., 6 mars 1876, D. 1876, 1, p. 193, note A. GIBOULOT. – V. égal. É. SAVAUX, « *L'introduction de la révision ou de la résiliation pour imprévision, Rapport français* », RDC 2010, p. 1057.

Fondée sur un devoir de bonne foi et de coopération entre les parties, la renégociation pouvait être ordonnée en cas de changement des circonstances économiques. Une issue positive ne pouvait être commandée, mais cette renégociation allait au-delà d'un simple devoir de coopération. En effet, la coopération exige simplement d'agir en commun alors que la renégociation consiste à organiser une nouvelle concertation entre plusieurs partenaires en vue de l'obtention d'un accord.

329. Désormais, l'imprévision fait son entrée au sein du Code civil à l'article 1195 : « *Si un changement de circonstances imprévisible lors de la conclusion du contrat rend l'exécution excessivement onéreuse pour une partie qui n'avait pas accepté d'en assumer le risque, celle-ci peut demander une renégociation du contrat à son cocontractant. Elle continue à exécuter ses obligations durant la renégociation* ». Le 2nd alinéa poursuit en exposant les conséquences de l'échec ou du refus de renégocier : « *En cas de refus ou d'échec de la renégociation, les parties peuvent convenir de la résolution du contrat, à la date et aux conditions qu'elles déterminent, ou demander d'un commun accord au juge de procéder à son adaptation. A défaut d'accord dans un délai raisonnable, le juge peut, à la demande d'une partie, réviser le contrat ou y mettre fin, à la date et aux conditions qu'il fixe* ».

L'introduction de la notion d'imprévision dans le Code civil, notion présente dans tous les projets de réforme, constitue l'une des mesures les plus emblématiques et attendues de la réforme. L'impact de cette innovation reste à définir. Notons que les conditions qui président à la mise en œuvre de cet article 1195 sont étroitement définies. Deux conditions strictes sont prévues. Tout d'abord, le changement doit être imprévisible lors de la conclusion du contrat. Aucune précision n'est apportée sur la nature du changement. Celui-ci peut-être étendu à d'autres circonstances que celles économiques. De plus, ce changement doit être inconnu au moment de la conclusion du contrat ou du moins ne pouvait pas être calculé à ce stade. L'étendue de cette condition dépendra de l'interprétation, restrictive ou extensive, que retiendront les juges du fond.

Ensuite, l'exécution doit être excessivement onéreuse. Sans empiéter sur la force majeure, les juges devront définir la méthode de calcul du coût excessif. Ils devront déterminer notamment s'il convient de tenir compte de l'équilibre initial du contrat ou bien de la situation personnelle de la partie qui invoque la révision pour imprévision.

Enfin, à ces deux conditions strictes, s'ajoute une condition supplétive : la partie qui l'invoque ne doit pas avoir accepté d'en assumer le risque ; elle doit subir le changement de circonstances. Il est alors légitime de s'interroger sur l'éventualité d'une recrudescence des clauses contractuelles visant à l'acceptation du risque de changement de circonstances. Toutefois, une clause qui viserait à accepter tout changement imprévisible pourrait

tomber sous le coup de la prohibition des clauses abusives au sens de l'article 1171 du Code civil voire même être considérée comme portant atteinte à la substance même d'une obligation essentielle au sens de l'article 1170 du même Code.
Il est néanmoins possible que l'introduction de ce nouvel article favorise l'insertion de clauses de révision du contrat : « L'outil contractuel apparaît alors comme le meilleur moyen de gérer le risque d'imprévision »[575].

330. Interdiction de se contredire au détriment de son cocontractant (*Estoppel*) – Le principe de cohérence contractuelle[576], imposée au stade de l'exécution, met également en exergue l'interdiction de se contredire au détriment d'autrui[577]. Cette interdiction s'inscrit dans la logique de l'institution du droit des contrats internationaux. Elle a d'ailleurs été introduite en 2004 dans les Principes Unidroit à l'article 1.8 qui s'intitule « *Interdiction de se contredire* » et qui dispose qu'une « *partie ne peut agir en contradiction avec une attente qu'elle a suscitée chez l'autre partie lorsque cette dernière a cru raisonnablement à cette attente et a agi en conséquence à son désavantage* ». Cette règle de non-contradiction s'inspire fortement du droit anglais et notamment de la technique de l'*estoppel.* Cette doctrine tient compte de deux facteurs : « la contradiction dans l'attitude de la partie soumise à l'*estoppel* et la confiance faite à l'auteur de l'*estoppel* par celui qui l'invoque »[578].

331. Tempérance française – Si le droit français a rapidement été attiré[579] par cette thèse, la francisant sous le concept « d'interdiction de se contredire au détriment d'autrui », elle a toutefois été vivement discutée en doctrine, tant en matière contractuelle qu'internationale et procédurale. En effet, une partie de la doctrine française est restée mesurée face au principe de l'*estoppel,* car cette règle comportementale interdisant de se contredire au détriment de son cocontractant s'inscrirait alors dans une vision moralisatrice du droit.

---

[575] Ch. COUTANT-LAPALUS, « *L'impact des règles relatives à l'effet du contrat* », RDI 2016, p. 348.
[576] D. HOUTCIEFF, *Le principe de cohérence en matière contractuelle*, *op. cit.*, spéc. n°954 et s. ; L. WEILLER, *La liberté procédurale du contractant*, PUAM, 2004, préf. J. MESTRE, n°142 et s. consacrés au principe de cohérence.
[577] M. BÉHAR-TOUCHAIS (dir.), *L'interdiction de se contredire au détriment d'autrui*, Economica, coll. Études juridiques, tome 12, 2001.
[578] B. FAUVARQUE-COSSON, « *Rapport général* », art. préc., p. 11.
[579] H. MUIR WATT, « *Pour l'accueil de l'estoppel en droit français* », in *Mélanges Y. LOUSSOUARN*, Dalloz, 1994, p. 303 ; O. MORÉTEAU, *L'estoppel et la protection de la confiance légitime*, Th. Lyon, 1990.

Comme le souligne le professeur Mazeaud, « la consécration du concept de confiance légitime, et plus prosaïquement l'érection d'un principe de cohérence contractuelle, seraient un gage donné à ceux qui prêchent depuis quelques années pour une prise en compte plus forte de l'éthique en matière contractuelle et emporteraient une atteinte inopportune, dans une perspective économique notamment, à la liberté individuelle, laquelle doit s'entendre aussi de la liberté de changer d'avis et d'attitude dans la recherche de ses propres intérêts que le contrat a vocation à satisfaire. L'exigence de cohérence contractuelle et l'interdiction de changer de cap en cours de rapport contractuel contraindraient alors les opérateurs à une continuité stérilisante, brideraient tout esprit d'initiative et conduiraient à un système juridique qui sacrifierait une flexibilité indispensable à son effectivité et au dynamisme de l'environnement économique et social qu'il encadre, au profit d'une rigidité inhibante et sclérosante »[580].

332. La jurisprudence a également opposé une certaine résistance à la réception de la doctrine de l'*estoppel,* bien que moins virulente. La jurisprudence a en effet eu de nombreuses occasions de sanctionner ces autocontradictions en s'inspirant de l'*estoppel* sans clairement l'énoncer, préférant le recours au principe de bonne foi. Ce n'est qu'en 2005 que la Cour de cassation s'est clairement référée à l'*estoppel*[581].

333. Droit des contrats – Ainsi, en droit des contrats, le fait de se contredire au détriment de son cocontractant a été principalement appréhendé par la mauvaise foi, sanctionnée sur le terrain de la faute ou par la déchéance. En mars 2005[582], la chambre commerciale avait rendu une décision significative sur ce point, sanctionnant une banque[583]. La bonne foi était ici invoquée pour punir la contradiction dans le comportement du débiteur. En l'espèce, une société avait ouvert un compte courant subdivisé en deux sous comptes, l'un

---

[580] D. MAZEAUD, « *La confiance légitime et l'estoppel : Rapport Français* », RIDC 2006/2, p. 363 et s., repris également in *La confiance légitime et l'estoppel*, art. préc.

[581] Cass. civ. 1ère, 6 juillet 2005, Bull. civ. I, n°302.

[582] V. not., Cass. com., 8 mars 2005, Bull. civ. IV, n° 44, RDC 2005, p. 1015, note D. MAZEAUD ; D. 2005, p. 883, obs. X. DELPECH, p. 2843, obs. B. FAUVARQUE-COSSON, et D. 2006, p. 163, obs. D. R. MARTIN ; RLDC juillet/août 2005, p. 5, obs. D. HOUTCIEFF ; RTD civ. 2005, p. 391, obs. J. MESTRE et B. FAGES ; RTD com. 2005, p. 397, obs. D. LEGEAIS. V. égal., Cass. civ. 3ème, 28 janvier 2009, RDC 2009, p. 1019, obs. G. VINEY ; D. 2009, p. 2008, note D. HOUTCIEFF, et D. 2010, p. 232, obs. B. FAUVARQUE-COSSON ; RDI 2009, p. 254, obs. Ph. MALINVAUD ; RTD civ. 2009, p. 317, obs. B. FAGES ; *Adde* Cass. civ. 1ère, 14 novembre 2001, Bull. civ. I, n° 280, RTD civ. 2002, p. 93, obs. J. MESTRE et B. FAGES ; RTD com., 2002, p. 359, obs. B. BOULOC.

[583] Cass. com., 8 mars 2005, D. 2005, pan. p. 2843, obs. B. FAUVARQUE-COSSON ; RDC 2005, p. 1015, obs. D. MAZEAUD ; RLDC juillet/août 2005, p. 5, note D. HOUTCIEFF ; RTD civ. 2005, p. 391, obs. J. MESTRE.

pour les opérations en francs, l'autre pour celles en dollars. La clause d'unité de comptes stipulait leur interdépendance. Or, dans un premier temps, la banque avait traité les deux sous comptes comme s'ils étaient indépendants et dans un second temps, elle avait souhaité se prévaloir de la convention d'unité de compte. C'est ce comportement que la Cour de cassation a réprimé au motif qu'il était contraire à la bonne foi : « *en dépit de la signature d'une convention d'unité de compte, la banque, qui, en faisant fonctionner les comptes litigieux comme des comptes indépendants, avait adopté un comportement incompatible avec l'application de la convention litigieuse, dont elle a revendiqué ensuite le bénéfice, avait manqué à son obligation de bonne foi* ». L'autocontradiction n'a pas encore été sanctionnée *per se*, mais le préjudice causé par un manquement à l'obligation de bonne foi caractérisée par un changement d'attitude brutal du cocontractant s'est vu réprimé[584].

334. Notons également que le principe de non-contradiction n'interdit tout de même pas le fait de changer d'avis. Ainsi, « *le contractant victime d'une inexécution a la faculté de modifier son option entre poursuivre soit l'exécution de la vente, soit sa résolution tant qu'il n'a pas été statué sur sa demande initiale par une décision passée en force de chose jugée* »[585]. La Haute cour a néanmoins eu de nombreuses occasions de sanctionner des contractants qui s'étaient contredits au détriment de leur partenaire contractuel[586].

335. Arbitrage – En matière d'arbitrage, la jurisprudence a également été amenée à considérer que la partie qui ne soulève pas devant le tribunal arbitral lui-même les irrégularités procédurales ne peut les invoquer sur voie de recours parce qu'elle y aurait implicitement renoncé[587]. Ce raisonnement constituait un moyen de pallier l'absence de règles, en matière arbitrale, dans

---

[584] Cass. civ. 1ère, 16 février 1999, Bull. civ. I, n° 52, D. 2000, p. 360, obs. D. MAZEAUD.

[585] Cass. civ. 3ème, 25 mars 2009, RTD civ. 2009, p. 317, obs. B. FAGES ; RDC 2009/3, p. 1004, obs. Th. GENICON.

[586] Cass. civ. 1ère, 14 novembre 2001: « *Attendu que l'emprunteur, qui détermine l'établissement de crédit à verser les fonds au vendeur au vu de la signature par lui du certificat de livraison du bien, n'est pas recevable à soutenir ensuite, au détriment du prêteur, que le bien ne lui avait pas été livré* », RTD civ. 2002, p. 93, obs. J. MESTRE et B. FAGES ; Cass. com., 8 décembre 2009, RTD civ. 2010, p. 105, obs. B. FAGES ; CA Paris, 5e ch. A, 15 juin 2005, RTD civ. 2005, p. 592, obs. J. MESTRE et B. FAGES ; CA Paris, 5 avril 2002, RTD civ. 2002, p. 802, obs. J. MESTRE et B. FAGES ; Cass. civ. 1ère, 5 juillet 2005, RDC 2006/2, p. 312, obs. D. MAZEAUD.

[587] CA Paris, 27 mai 2003, Rev. arb. 2004, p. 132 ; CA Paris, 19 juin 2003, Rev. arb. 2004, p. 137 ; CA Paris, 28 février 2008, D. 2008, p. 1325, note R. MEESE et p. 3111, obs. T. CLAY, et D. 2009, p. 453, obs. J. RAYNARD ; RTD com. 2008, p. 516, obs. E. LOQUIN ; Rev. arb. 2008, p. 712, note T. AZZI.

le même esprit que l'article 74, alinéa 1er, du Code de procédure civile disposant que, « *les exceptions doivent, à peine d'irrecevabilité, être soulevées simultanément et avant toute défense au fond ou fin de non-recevoir. Il en est ainsi alors même que les règles invoquées au soutien de l'exception seraient d'ordre public* ».
Depuis 2011[588], l'article 1466 du même Code a confirmé cette jurisprudence, indiquant que : « *La partie qui, en connaissance de cause et sans motif légitime, s'abstient d'invoquer en temps utile une irrégularité devant le tribunal arbitral est réputée avoir renoncé à s'en prévaloir* ». Il est possible de voir dans ce raisonnement une mise en œuvre de l'obligation de bonne foi régissant la convention arbitrale. La jurisprudence l'a, par la suite, rattaché directement à l'*estoppel.*

336. Plus précisément, en juillet 2005, la Cour de cassation s'est explicitement référée au concept de l'*estoppel*[589] pour déclarer irrecevable une demande d'arbitrage. Dans cet arrêt de rejet, les juges ont repris et approuvé la solution des juges du fond qui avaient estimé le demandeur irrecevable à contester la régularité d'un arbitrage auquel il avait participé pendant deux ans après avoir lui-même saisi le tribunal arbitral.

337. Pour renforcer son message, la Cour de cassation a rendu en 2009, en formation plénière, un arrêt de cassation désapprouvant les juges du fond d'avoir déclaré une demande irrecevable, alors que le demandeur avait émis parallèlement des prétentions contradictoires. Au visa de l'article 122 du Code de procédure civile, la Haute cour a indiqué que « *la seule circonstance qu'une partie se contredise au détriment d'autrui n'emporte pas nécessairement fin de non-recevoir* ». En effet, la fin de non-recevoir ne pouvait s'appliquer en l'espèce, car les actions engagées n'étaient pas de la même nature ni fondées sur les mêmes conventions. En outre, lesdites actions engagées n'opposaient pas les parties. Ainsi, la Cour de cassation a

---

[588] Décret n° 2011-48 du 13 janvier 2011 portant réforme de l'arbitrage.

[589] Cass. civ. 1ère, 6 juillet 2005, Bull. civ. I, n°302 : « *Mais attendu que l'arrêt, sans encourir le grief de dénaturation, a justement décidé que M. X..., qui a lui-même formé la demande d'arbitrage devant le Tribunal des différends irano-américains et qui a participé sans aucune réserve pendant plus de neuf ans à la procédure arbitrale, est irrecevable, en vertu de la règle de l'**estoppel**, à soutenir, par un moyen contraire, que cette juridiction aurait statué sans convention d'arbitrage ou sur convention nulle, faute de convention qui lui soit applicable* » ; D. 2006, p. 1424, note E. AGOSTINI ; D. 2005, pan. p. 3060, obs. Th. CLAY ; Gaz. Pal. 24/25 février 2006, note F.-X. TRAIN ; RDC 2006, p. 1279, note B. FAUVARQUE-COSSON ; JCP 2005, I, p. 179, n° 6, obs. J. ORTSCHEIDT ; Rev. crit. DIP 2006, p. 602, note H. MUIR WATT ; RTD com. 2006, p. 309, obs. E. LOQUIN. – V. égal. Cass. civ. 1ère, 6 mai 2009, Bull. civ. I, n° 86, D. 2009, p. 1422, obs. X. DELPECH, et p. 2966, obs. T. CLAY ; RTD com. 2009, p. 546, obs. E. LOQUIN.

précisé dans son communiqué que, « *sans exclure l'application de la règle dite de l'interdiction de se contredire au détriment d'autrui, ou estoppel, en matière procédurale, la Cour de cassation se réserve ainsi le droit de contrôler les conditions d'applications* ».
La Cour de cassation n'est donc pas réfractaire au concept de l'*estoppel*. Elle rappelle simplement que certaines conditions doivent être réunies pour son application, ce qui n'était pas le cas en l'espèce.

338. De même, dans un arrêt du 3 février 2010, la Cour de cassation avait refusé de sanctionner l'*estoppel*, retenu par les juges du fond, à l'encontre d'une partie qui avait formé un recours en annulation contre une sentence arbitrale rendue par un tribunal qu'elle avait elle-même saisi[590].
Par cette décision, la notion d'*estoppel* voit sa définition se préciser ainsi que son contrôle. En effet, la première chambre civile, rapprochant la notion d'*estoppel* à celle bien connue en droit français, de la renonciation à un droit – ici celui d'agir en annulation – censure l'arrêt d'appel qui avait qualifié d'*estoppel*, le comportement d'une société française dans le cadre d'un arbitrage. Ce faisant, la Cour rappelle que la renonciation ne peut procéder que d'un acte positif. En d'autres termes, le silence gardé par le demandeur lors de la signature du procès-verbal d'audience ne saurait constituer à lui seul une renonciation au droit d'agir. Ainsi, en usant de son droit de former un recours en annulation, le demandeur n'a pas changé de position en droit. Les conditions de l'*estoppel* n'étaient donc pas réunies.

339. Procédure civile – En matière processuelle, la non-contradiction au détriment d'autrui a été sauvegardée par le rejet des demandes contenant des prétentions ou des moyens incohérents. La non-contradiction s'est parfois même vue protégée par le fait de soulever devant la Cour de cassation des moyens de droit nouveaux contredisant la thèse développée devant les juges du fond[591]. La Cour de cassation faisait donc déjà plus ou moins application du principe de l'*estoppel*, mais c'est par un arrêt du 20 septembre 2011[592],

---

[590] Cass. civ. 1ère, 03 février 2010, Bull. civ. I, n°25, D. 2010, p. 448, obs. X. DELPECH et p. 2940, obs. T. CLAY, et D. 2011, p. 271, obs. N. FRICERO ; JCP-G 2010, actu p. 178, par J. ORTSCHEIDT, p. 303, mot de la semaine, par E. KLEIMAN, p. 626, note D. HOUTCIEFF, p. 546, n° 10, obs. T. CLAY, et p. 644, n° 7, obs. J. BÉGUIN ; Gaz. Pal. 29 mai 2010, p. 39, note F.-X. TRAIN ; Rev. arb. 2010, p. 93, note L. WEILLER.

[591] Cass. civ. 1ère, 24 janvier 1995, Bull. civ. I, n° 50 ; Cass. civ. 2ème, 5 juillet 2000, Bull. civ. II, n° 110 ; D. 2001, p. 714, chron. R. PERROT et P. THÉRY ; RTD com. 2000, p. 990, obs. M. CABRILLAC ; Cass. civ. 2ème, 20 octobre 2005, Bull. civ. II, n° 257 ; Cass. civ. 3ème, 11 janvier 2006, Bull. civ. III, n° 12 ; AJDI 2006, p. 291.

[592] Cass. com., 20 septembre 2011, D. 2011, p. 2345, obs. X. DELPECH ; Procédures 2011, p. 11, obs. H. CROZE ; JCP-G 2011, p. 1250, note D. HOUTCIEFF ; RTD civ. 2011, p. 760, obs. B. FAGES.

rendu par la chambre commerciale, que cette notion a été consacrée en droit processuel, pouvant même être érigée au rang de principe général du droit[593]. En l'espèce, la cour d'appel de renvoi avait déclaré irrecevables les demandes formées contre une société qui se prévalait devant elle de la circonstance selon laquelle, elle aurait été dépourvue de personnalité juridique lors des instances ayant conduit aux décisions attaquées. Cependant, cette société avait elle-même formé et instruit le pourvoi ayant donné lieu à renvoi après une cassation partielle. La Cour de cassation a considéré que les juges du fond avaient violé le « *principe selon lequel nul ne peut se contredire au détriment d'autrui* ».

Mme Maréchal, dans son article, considère que c'est l'emploi du terme « *nul* » qui en fait « un principe prohibitif général et abstrait »[594].

Il en ressort que l'*estoppel* « repose sur deux pôles qui sont la contradiction (*inconsistency*) dans l'attitude de la partie soumise à l'estoppel et la confiance faite à l'auteur de la représentation initiale qui invoque l'estoppel (*reliance*) »[595]. La jurisprudence continue d'étudier cette notion et d'en appréhender les contours[596].

340. Absence dans le contentieux de la légalité – Notons tout de même que le principe qui interdit de se contredire au détriment d'autrui n'existe pas dans le contentieux de la légalité[597]. Le Conseil d'État avait précisé, sans ambiguïté, que le principe de l'*estoppel* n'était pas applicable au contentieux fiscal[598]. Dès lors, cette certitude balaya les espoirs de ceux qui estimaient possible une introduction dans le contentieux administratif [599]. Le Conseil d'État indique clairement en guise d'arguments qu'« *il n'existe pas, dans le contentieux de la légalité, de principe général en vertu duquel une partie ne*

---

593 C. MARÉCHAL, « *L'estoppel à la française consacré par la Cour de cassation comme un principe général du droit* », D. 2012, p. 167.

594 C. MARÉCHAL, « *L'estoppel à la française consacré par la Cour de cassation comme un principe général du droit* », art. préc.

595 E. GAILLARD, « *L'interdiction de se contredire au détriment d'autrui comme principe général du droit du commerce international* », Rev. arb. 1985, p. 241.

596 Cass. civ. 2ème, 14 novembre 2013, n°12-25.835, les fins de non-recevoir pouvant être opposées en tout état de cause, encourt la censure l'arrêt qui déclare le défendeur irrecevable à invoquer, pour la première fois en cause d'appel, un défaut de qualité, au motif qu'il ne le peut sans se contredire au détriment d'autrui ; Cass. civ. 2ème, 17 octobre 2013, n°12-26624, la fin de non-recevoir tirée du défaut de qualité peut être opposée à la demande d'autorisation de saisie des rémunérations quand bien même elle ne l'aurait pas été lors de la procédure ayant conduit à la décision dont l'exécution est poursuivie.

597 J.-M. PASTOR, « *Le juge de la légalité opposé à l'estoppel* », Dalloz actu. 10 juillet 2014

598 CE, 1er avril 2010, n° 334465, *SAS Marsadis*, Dalloz actu. 13 avril 2010, obs. M.-C. de MONTECLER ; AJDA 2010, p. 1327, note H. BELRHALI-BERNARD.

599 CE, 2 juillet 2014, *Sté Pace Europe*, req. n° 368590.

saurait se contredire dans la procédure contentieuse au détriment d'une autre partie ». Dès lors, une « *fin de non-recevoir opposée [...] sur le fondement d'un tel principe ne pouvait, en tout état de cause, qu'être écartée* ».

341. En définitive, les concepts de bonne foi, de loyauté, de coopération, de solidarisme, d'équité ou de cohérence, sont autant d'éléments permettant de caractériser l'exécution contractuelle. Emprunts d'une certaine idée de morale, ils sont loin d'être en contradiction avec les objectifs économiques d'efficacité. Au contraire, ils participent à une exécution optimale du contrat. En imposant aux contractants une certaine "éthique" dans l'accomplissement de leurs prérogatives contractuelles, l'exécution du contrat s'en trouve valorisée.

TITRE II

L'APPROCHE STRUCTURELLE DE L'EXÉCUTION DU CONTRAT

342. Contenu du rapport contractuel – Le principe de la liberté contractuelle, même s'il n'est garanti par aucune norme de valeur constitutionnelle[600], est inhérent à tout rapport contractuel. Il implique non seulement un droit de contracter ou de ne pas contracter, mais également celui de librement fixer le contenu du contrat. Cette liberté détermine l'effet obligatoire issu du contrat. En d'autres termes, si la force obligatoire du contrat signifie que les parties, obligées, ne peuvent nier le lien par lequel elles sont tenues[601], l'effet obligatoire qui est issu du contrat permet de déterminer ce à quoi elles sont liées.

343. Structure de l'exécution – À l'évidence, la structure de l'exécution, au-delà de déterminer ce à quoi sont liées les parties, permet d'envisager le cadre juridique dans lequel s'inscrit cette opération. Il convient dès lors de s'intéresser à l'influence que le lieu et le temps peuvent avoir sur l'exécution (chapitre I), avant d'analyser la structure personnelle de l'exécution (chapitre II).

---

[600] Cons. Constit., 3 août 1994, JCP-G 1995, II, p. 22404, note Y. BROUSSOLE.

[601] A.-S. DUPRÉ-DALLEMAGNE, *La force contraignante du rapport d'obligation, (Recherche sur la notion d'obligation)*, op. cit., n°55, p.80.

CHAPITRE I

LA DIMENSION SPATIALE ET TEMPORELLE DE L'EXÉCUTION CONTRACTUELLE

344. Lieu d'exécution – Le lieu de l'exécution est principalement abordé dans le cadre général des conflits de lois. Le doyen Henri Batifol avait d'ailleurs initié une théorie de la localisation du contrat[602]. Par ailleurs, le lieu de l'exécution est souvent présenté comme une simple modalité de l'exécution du contrat. Pourtant, la dimension spatiale de l'exécution présente des conséquences plus vastes. Le lieu de l'exécution fait clairement partie du socle contractuel[603].

345. Durée d'exécution – La durée se révèle aussi comme étant une notion bien souvent négligée. La durée du contrat, par exemple, est oubliée par le Code civil. En effet, le Code repose sur une théorie générale du contrat, construite en 1804, mais sur le modèle de la vente qui est un échange instantané. La durée n'apparaît qu'au hasard de la réglementation des contrats spéciaux.

Les différents projets de réforme du droit des contrats ne montrent que peu d'intérêt pour cette notion. Traditionnellement, le temps n'est guère apprécié autrement que comme un cadre dans lequel se situent les événements. En matière contractuelle, il constitue avant tout une simple modalité d'exécution de certains contrats. Pourtant, le professeur de Sainte Marie révèle qu'il s'agit d'une notion plus complexe, composant un élément essentiel de la satisfaction des parties dans de nombreux contrats. Selon elle, la durée « peut au contraire être satisfactoire : celle pendant laquelle l'éditeur dispose du droit d'exploiter l'ouvrage est à l'évidence un élément essentiel de sa

---

602 H. BATIFOL, *Conflits de lois en matière de contrats, Étude de droit comparé*, Sirey, 1938.

603 Cf. not. en droit du travail : P.-H. ANTONMATTEI, « *Les éléments du contrat de travail* », Dr. soc. 1999, p. 330.

satisfaction, et non seulement un moyen d'exécuter son obligation. De la même manière que l'édition d'un *best-seller* ne dispose pas des mêmes attraits que celle d'un manuel de droit, la jouissance des droits d'auteur pour une année est sans rapport avec celle d'une durée de soixante-dix ans. Dès lors, la valeur positive de la durée ne peut être ignorée : la durée constitue l'une des dimensions de l'objet de l'obligation, la quotité temporelle de la prestation, et mérite autant d'attention que tout autre élément du contenu obligatoire du contrat, tel que l'espèce et la quantité matérielle des prestations »[604].

346. Sans pour autant prétendre faire une analyse conceptuelle de la durée[605], la dimension temporelle offre des perspectives intéressantes en matière d'exécution du contrat. Il convient avant tout de ne pas confondre la durée du contrat et la durée d'exécution.
Il est vrai que lors de la délimitation du champ contractuel, la dimension spatio-temporelle de l'exécution est souvent ignorée. Ainsi, pour comprendre la finalité du contrat qui réside dans son exécution, il est nécessaire d'appréhender la structure des règles applicables en matière d'exécution en étudiant à la fois le lieu (section I), mais également la dimension temporelle (section II). L'examen de ces deux éléments permet d'identifier leur influence sur l'exécution même du contrat.

SECTION I – LE LIEU DE L'EXÉCUTION DU CONTRAT

347. Siège de l'exécution – Outre la théorie des conflits de lois dans l'espace, le lieu du contrat revêt une grande importance, et ce depuis fort longtemps. Le lieu était érigé comme un élément essentiel du contrat dès le Moyen-âge à travers ses lois marchandes. La *lex mercatoria* était élaborée en liaison avec le lieu du contrat qui correspondait à cette époque aux foires. Les marchands se réunissaient à l'occasion de grandes foires, dans des espaces différents. Ils étaient alors soumis à une loi spéciale, la *lex mercatoria*, identique dans toutes les foires. Ce système avait le mérite d'offrir une cohérence et une sécurité commerciale aux marchands.

---

[604] A. E. de SAINTE MARIE, « *La durée du contrat et la réforme du droit des obligations* », D. 2011, p. 2672.

[605] Opinion favorable à une analyse conceptuelle de la durée : A. ETIENNEY, *La durée de la prestation, Essai sur le temps dans l'obligation*, LGDJ, coll. Biblio. de dr. privé, tome 475, préf. Th. REVÊT.

348. En 1860, Friedrich Carl von Savigny s'interrogeait sur le point de savoir « quel est le véritable siège de l'obligation, l'endroit où elle est localisée dans l'espace ? »[606]. Puis, peu à peu, cette question est tombée dans l'oubli.
Notons, par ailleurs, que hormis l'article 1342-6 du Code civil qui envisage le lieu du paiement, l'article 1651 qui évoque le lieu de livraison[607] et l'article 1609 relatif au lieu de délivrance, le droit commun des contrats ignore tout de ce paramètre de la relation contractuelle. Le peu de dispositions concernant la localisation du contrat s'explique en raison du fait que le lieu n'est pas un élément essentiel dans de nombreux contrats. Seules quelques conventions s'y intéressent plus particulièrement. Par exemple, dans un contrat de travail, le lieu d'exécution de la prestation contractuelle est primordial au même titre que la rémunération, la durée et la qualification. Il en est de même pour le contrat de bail d'un immeuble dont l'objet de l'obligation principale est l'usage des lieux. Le contrat de distribution exclusive ne peut pas non plus s'envisager sans la détermination d'un lieu, à savoir le territoire réservé au distributeur.

349. Dans son étude sur la localisation du contrat, Mme Fabre-Dubout précise que le lieu « est parfois un élément essentiel de la définition même du contrat, alors que dans d'autres cas, il ne s'intègre à la relation contractuelle qu'au titre d'élément secondaire »[608]. La notion de lieu contractuel est en réalité très dense. Elle peut tout autant correspondre au lieu des obligations ou de l'un des éléments contractuels, qu'au lieu de l'ensemble de la relation contractuelle.
Dans cette étude, nous ne nous intéressons pas au lieu de la formation du contrat, mais plus spécifiquement au lieu de son exécution et à son rôle pour le contrat.

350. Localiser l'exécution permet d'établir certaines règles en matière de compétences (paragraphe I). Le lieu d'exécution apparaît également comme un moyen de gestion de l'opération contractuelle (paragraphe II).

---

[606] F. C. von SAVIGNY, *Traité de droit romain*, t. VIII, 2ème éd., 1860, réédité par LGDJ, 2002, §CCCLXIX, p. 198.
[607] Le lieu de livraison est évoqué, mais uniquement en l'absence de convention des parties et seulement pour le contrat de vente.
[608] H. FABRE-DUBOUT, *La localisation du contrat : entre lieux et espace*, PUAM, 2007, préf. J. MESTRE, n°37, p. 31.

§1 – Les compétences découlant du lieu de l'exécution

351. Lieu d'exécution – La désignation de la juridiction compétente est établie, par principe, en fonction du lieu où le défendeur a son domicile. La matière contractuelle apparaît comme une exception puisque c'est le lieu d'exécution de la livraison ou de la prestation qui désigne le tribunal compétent. Le lieu de l'exécution agit comme un élément de détermination de la compétence judiciaire (A). Outre le tribunal compétent, le lieu de l'exécution a également une grande influence sur la désignation de la loi applicable, la *lex contractus* (B).

A. La compétence judiciaire

352. Lieu d'exécution du contrat, élément déterminant du tribunal compétent – En matière contractuelle, l'article 46, alinéa 2, du Code de procédure civile énonce que le demandeur peut saisir, outre le domicile du défendeur, « *le lieu de la livraison effective de la chose*».

353. Lieu de livraison effective – Initialement en matière de vente, la jurisprudence retenait comme tribunal compétent le lieu où la livraison avait matériellement été effectuée, et non celui du lieu où elle aurait dû intervenir[609]. Cette notion de lieu de livraison effective était entendue strictement, de sorte que la juridiction du lieu de l'exécution du contrat n'était pas valablement saisie dès lors que la livraison effective n'avait pas été réalisée[610]. Selon cette interprétation jurisprudentielle, lorsque les marchandises commandées étaient restées dans les locaux du fournisseur en attente de livraison, le demandeur ne bénéficiait pas de l'option offerte par l'article 46 du Code de procédure civile. À cause de cette limitation, ledit demandeur ne pouvait donc saisir que le tribunal d'établissement du fournisseur.

354. Revirement de jurisprudence – Encouragée par les nombreuses critiques émises par la doctrine, la Cour de cassation a opéré un revirement de jurisprudence en adoptant une définition extensive de la notion de lieu de livraison effective. Saisie sur le point de savoir si l'option de compétence jouait en matière d'action aux fins de résiliation d'un contrat pour non-livraison de marchandises, la Haute cour a admis la compétence de la

---

[609] Cass. com., 3 novembre 1988, Bull. civ. IV, n°291, RTD civ. 1989, p. 376, obs. J. NORMAND ; JCP-G 1989, IV, p. 3 ; Gaz. Pal. 1989, 1, somm. p. 252, obs. S. GINCHARD et T. MOUSSA.

[610] Idem si la prestation de service n'avait pas été réalisée : Cass. civ. 3ème, 8 juillet 1992, Bull. civ. III, n°239, IR p. 224 ; JCP-G 1992, IV, p. 2613.

juridiction du lieu de livraison effective de la chose, mais en y incluant le lieu qui aurait dû être celui de livraison[611].

Cette solution a été prise en adéquation avec le droit communautaire, car le Règlement Bruxelles I, se substituant à la Convention de Bruxelles, donnait déjà compétence à la juridiction du lieu où l'obligation litigieuse « *a été ou doit être exécutée* »[612]. Cette décision est opportune dans la mesure où « le défaut d'exécution d'une obligation n'enlève pas au lieu pressenti pour la livraison de marchandises son caractère contractuel. Autrement dit, le lieu de livraison faisant l'objet d'un accord de volonté entre les parties, celles-ci peuvent être supposées avoir tacitement envisagé de porter un futur procès éventuel devant les juges de ce lieu »[613].

355. Prestation de service – En matière de prestation de service, le demandeur dispose également de l'option découlant de l'article 46, alinéa 2, du Code de procédure civile. Par exemple, dans un cas concernant le dépannage d'un appareil électroménager, il a été jugé que le lieu de la prestation de service était celui de la situation de l'appareil et non celui de l'atelier de réparation, dès lors que le réparateur avait totalement pris en charge le transport de l'appareil défectueux[614]. De même, la cour d'appel de Paris a décidé que l'exécution d'une fourniture d'accès Internet offerte par une société avait lieu au domicile de l'abonné[615]. La prestation de service est en effet exécutée à partir de l'ordinateur de l'abonné grâce auquel il accède au service et non l'adresse du prestataire. Même en matière de contrat de concession exclusive, la chambre commerciale de la Cour de cassation a admis l'option du demandeur, reconnaissant comme lieu d'exécution de la prestation de service, le lieu où le concessionnaire possède sa clientèle et son centre d'activité[616]. Enfin, en cas de plurilocalisation, la Cour de cassation a autorisé le demandeur à saisir la juridiction de l'un des lieux dans lesquels les prestations convenues ont été exécutées[617].

---

[611] Cass. civ. 2ème, 18 janvier 2001, Bull. civ. II, n°10.

[612] Article 5-1° du Règlement CE n°44/2001 du Conseil du 22 décembre 2000 concernant la compétence judiciaire, la reconnaissance et l'exécution des décisions en matière civile et commerciale : JOCE L 12, 16 janvier 2001, p. 1.

[613] H. FABRE-DUBOUT, *La localisation du contrat : entre lieux et espace*, op. cit., n°138, p. 84-85.

[614] Cass. civ. 2ème, 11 octobre 1995, Bull. civ. II, n°236, D. 1995, IR p. 233 ; D. aff. 1995, p. 178 ; Rev. Procédures 1996, n°1, obs. R. PERROT.

[615] CA Paris, 7 mars 2001, JCP-E 2001, pan. p. 636.

[616] Cass. com., 19 juillet 1988, Bull. civ. IV, n°257, JCP-G 1988, IV, p. 347 ; RTD com. 1989, p. 297, obs. B. BOULOC.

[617] Cass. civ. 2ème, 9 octobre 1996, Bull. civ. II, n°221, JCP-G, 1996, IV, p. 2303.

356. Exceptions – En revanche, le principe *actor sequitur forum rei*[618] est parfois écarté lorsque le défendeur apparaît comme une personne vulnérable. Tel est le cas par exemple d'un salarié. Ainsi, lorsque le salarié est défendeur au procès, il bénéficie des dispositions de l'article R. 517-1 du Code du travail donnant compétence au conseil des prud'hommes « *dans le ressort duquel est situé l'établissement où est effectué le travail* ».

357. Lieu d'exécution, élément de compétence en matière contractuelle au niveau communautaire – Retenant le lieu d'exécution d'une obligation comme facteur de rattachement optionnel en matière contractuelle, l'article 5, 1°, a) de la Convention de Bruxelles reconnaît la possibilité d'attraire le défendeur « *devant le tribunal du lieu où l'obligation qui sert de base à la demande a été ou doit être exécutée* »[619].
Face à la difficulté d'interprétation du texte, la Cour européenne a posé, en 1976, le principe de détermination du lieu d'exécution de l'obligation. Le juge saisi doit ainsi « *déterminer, en vertu de ses propres règles de conflit, quelle est la loi applicable au rapport juridique en cause et définir, conformément à cette loi, le lieu de l'obligation contractuelle litigieuse* »[620]. Selon les juges communautaires, le contexte contractuel auquel appartiennent les obligations est un moyen efficace de déterminer le lieu d'exécution. Les obligations sont donc pour la plupart, dans le silence des parties, objectivement localisables. Ainsi, si l'objet de la demande en justice porte, par exemple, sur une obligation de paiement, encore faut-il déterminer si elle est quérable ou portable, car c'est sur ce point qu'il existe des divergences de systèmes juridiques dans les différents pays de la Communauté européenne.
Les parties peuvent toutefois déterminer elles-mêmes le lieu d'exécution.

358. Dans l'arrêt *Zelger*, la Cour de justice des communautés européennes admettait la validité d'une telle clause alors soumise à la *lex contractus* et non aux règles de forme exigées par l'article 17 de la Convention pour les clauses attributives de juridiction. Cette tolérance était envisageable à la

---

[618] « Le demandeur doit poursuivre le défendeur devant son tribunal ».

[619] Article 5, 1°, a) de la Convention de Bruxelles, n°72/454/CEE, du 27 septembre 1968, concernant la compétence judiciaire à l'exécution des décisions en matière civile et commerciale, repris par le Règlement Bruxelles I, n°44/2001/CEE, du 20 décembre 2000, sur la compétence judiciaire et l'exécution des jugements. Les termes « qui sert de base à la demande » ont été ajoutés à la rédaction initiale lors de la révision de la Convention du 9 octobre 1978.

[620] CJCE, 6 octobre 1976, aff. C-12/76, arrêt *Tessili/Dunlop*, Rec. CJCE, p. 1473, concl. H. MAYRAS ; D. 1977, p. 616 (1ère espèce), note G. DROZ ; Rev. crit. DIP 1977, p. 751 (1ère espèce), note P. GOTHOT et D. HOLLEAUX.

condition que soit uniquement déterminé le lieu où le débiteur doit exécuter la prestation qui lui incombe[621].

La Cour européenne a ensuite été contrainte de préciser ses propos, jugés trop généraux. Elle a pour cela indiqué que si la convention entre les parties vise à établir un lieu de *for* déterminé, et non pas l'endroit où le débiteur doit exécuter effectivement la prestation qui lui incombe, elle retombe alors sous l'emprise des conditions de formes des clauses attributives de juridiction[622].

359. Critiques – Certains auteurs ont reproché à ce mécanisme de contraindre le juge à rechercher la loi applicable au fond en résolvant un conflit de lois, afin de statuer sur sa compétence[623]. Mais l'entrée en vigueur de la Convention de Rome le 19 juin 1980, tendant à unifier les règles de conflit de lois en matière contractuelle, a considérablement atténué le risque de divergence d'appréciation du lieu d'exécution selon le juge saisi. En effet, cette convention prévoit qu'en l'absence de toute clause indiquant la *lex contractus*, il y aura un rattachement à la loi de l'État de résidence du débiteur de la prestation caractéristique. Or, « l'obligation litigieuse n'est pas forcément la prestation caractéristique. On ne voit donc pas très bien pourquoi la loi du débiteur de cette prestation serait plus apte qu'une autre à déterminer le lieu d'exécution d'une obligation litigieuse, qui n'est pas la prestation caractéristique elle-même »[624].

360. Résistance française – La jurisprudence française a par ailleurs démontré une certaine opposition au système de détermination de la compétence fixé par l'arrêt *Tessili,* retenant la localisation factuelle et non juridique de l'exécution[625].

---

[621] CJCE, 17 janvier 1980, aff. C-56/79, arrêt *Zelger*, Rec. CJCE 1980, p. 89, concl. F. CAPOTORTI ; Rev. crit. DIP 1980, p. 385, note E. MEZGER ; JDI 1980, p. 435, obs. A. HUET.

[622] CJCE, 20 février 1997, aff. C-106/95, *Mainschiffahrts-Genossenschaft c/ SARL Les Gravières Rhénanes*, D. 1997, IR p. 69-70 ; D. aff. 1997, p. 535, JDI 1997, p. 625, obs. A. HUET ; Rev. crit. DIP 1997, p. 563, obs. H. GAUDEMET-TALLON.

[623] Certains auteurs étaient favorables à la suppression de l'option de compétence. V. not. : G. DROZ, « *L'interprétation, par la Cour de justice des Communautés, des règles de compétence judiciaire européenne en matière de contrat* », D. 1997, chron. p. 287 ; H. GAUDEMET-TALLON, *Les conventions de Bruxelles et de Lugano*, LGDJ, 2ème éd., 1996, n°177, p. 133.

[624] E. PUTMAN, *Contentieux économique*, PUF, 1998, n°669, p. 573.

[625] V. not. : Cass. civ. 1ère, 13 décembre 1978 et 23 janvier 1979, D. 1979, somm. p. 338, obs. B. AUDIT ; Rev. crit. DIP 1979, p. 816, note H. GAUDEMET-TALLON ; JDI 1980, p. 333 (1ère espèce), note D. HOLLEAUX. – Soc., 16 octobre 1985, Bull. civ. V, n°458. – Cass. com., 12 janvier 1993, JCP G 1993, IV, 644. Le refus de procéder à la recherche complexe a également été appliquée à d'autres types d'obligations : Cass. com., 3 mars 1992, Bull. civ. IV, n°101, D. 1993, somm. p. 61, obs. M. VASSEUR ; Rev. crit. DIP 1993, p. 692, note A. SINAY-CYTERMANN.

Mais c'est en 1997 que la Cour de cassation a opéré une véritable rébellion envers la jurisprudence communautaire. Quelques jours après avoir rendu un arrêt conforme[626] à l'arrêt *Tessili*, la Haute cour a opéré un changement radical, approuvant les juges du fond qui avaient défini le lieu d'exécution de l'obligation servant de base à la demande « *en fonction de la nature du rapport d'obligation et des circonstances de l'espèce, comme étant [le lieu] où la prestation avait été, ou devait être effectivement fournie* »[627].
Cette tentative de rébellion a été étouffée par la volonté intraitable de la Cour européenne de maintenir sa jurisprudence *Tessili*, réaffirmée lors de la question préjudicielle émanant des juges français[628], expliquant que le lieu de l'exécution de l'obligation doit être déterminé « *conformément à la loi qui régit l'obligation litigieuse selon les règles de conflit de la juridiction saisie* »[629].

361. Dès lors qu'un contrat a des liens plus ou moins étroits avec plusieurs États, la question relative à la compétence du tribunal pour statuer sur l'éventuel conflit vient toujours préalablement à une autre, à savoir : quel est le droit que le juge doit appliquer au fond du litige ? Or, le droit français a toujours distingué strictement les conflits de lois, des conflits de compétence juridictionnelle[630].
Il n'en demeure pas moins que la localisation de l'exécution apparaît comme un élément objectif pour la détermination de la *lex contractus* et de la juridiction compétente pour connaître du litige entre les contractants.

B. Le lieu d'exécution et la lex contractus

362. Lieu d'exécution, élément déterminant de la *lex contractus* – Quelle que soit la nature du contrat, le lieu de l'exécution apparaît incontestablement comme l'élément le plus significatif dans la détermination

---

626 Cass. civ. 1ère, 25 février 1997, D. 1997, p. 562 (1ère espèce).
627 Cass. civ. 1ère, 11 mars 1997, Bull. civ. I, n°85, D. 1997, p. 562 (2ème espèce), note A. DROZ; Rev. crit. DIP 1997, p. 585, note H. GAUDEMET-TALLON ; RJDA 6/97, n°859 ; JDI 1998, p. 129, obs. A. HUET.
628 Cass. com., 9 décembre 1997, Bull. civ. IV, n°334 ; Rev. crit. DIP 1998, rapport J.-P. RÉMERY.
629 CJCE, 28 septembre 1999, aff. C-440/97, concl. D. RUIZ-JAROBO COLOMER ; JDI 2000, p. 547, obs. M. BISCHOFF ; Rev. crit. DIP 2000, p. 260, note B. ANCEL ; JCP G, II, p. 10354 (2ème espèce), note C. BRUNEAU.
630 La Cour de cassation rappelle régulièrement que ce principe fondateur du droit international privé français en vertu duquel les compétences législative et judiciaire sont indépendants l'une de l'autre : Cass. civ. 1ère, 19 juin 1963, Rev. crit. DIP 1968, p. 366, note Y. LOUSSOUARN. – V. également : Cass. civ. 1ère, 19 mars 1973, D. 1973, IR p. 107 ; Cass. soc., 4 mai 1999, JCP-E, p. 1084, JCP-G, IV, p. 2132 et actu. p. 1010, D. 1999, IR p. 140 ; Cass. soc., 18 décembre 2001, JCP-E, chron. 123, p. 1328, obs. Ph. COURSIER.

de la loi applicable au contrat. En effet, « les contractants ont toujours pour but l'exécution du contrat qu'ils concluent, et c'est le pays dans lequel se déroulera cette exécution qui sera nécessairement le plus concerné par cette relation contractuelle »[631]. En d'autres termes, le but ultime du contrat pour les parties est son exécution.
Identifier le lieu de l'exécution permet de déterminer au mieux le pays, la région ou la ville avec lesquels le contrat a les liens les plus étroits, de sorte que ce lieu fixera la loi applicable au contrat.

363. Aussi, il existe de nombreux exemples de l'application de la loi du lieu d'exécution. Par exemple, le contrat de travail attache une grande importance à la localisation de son exécution. Même si cette localisation objective ne peut être citée à titre de principe[632], la chambre sociale de la Cour de cassation[633] n'hésite pas à ne reconnaître applicable la loi française, seule, en raison du lieu habituel d'exécution du travail, sans tenir compte des liens qui peuvent exister entre la relation de travail et un autre pays. De même, dans un contrat de distribution ne contenant pas de clause désignant le droit applicable, le lieu d'exécution de la prestation caractéristique devient l'indice prépondérant pour déterminer la loi applicable au contrat. La localisation du lieu d'exécution est traditionnellement considérée comme un moyen objectif de déterminer le droit applicable.

364. Cependant, le contrat ne prévoit pas forcément un lieu unique d'exécution. Il est possible que plusieurs de ses obligations s'exécutent dans des endroits différents. Dans ce cas, il convient de retenir le lieu avec lequel l'opération contractuelle entretient le rapport le plus étroit. Par exemple,

---

[631] H. FABRE-DUBOUT, *La localisation du contrat : entre lieux et espace*, *op. cit.*, n°834, p. 329.

[632] J. MESTRE, « *Juge et loi du contrat international de travail* », in *Le salarié expatrié (aspects juridiques, fiscaux et de gestion,* PUAM, 1991, spéc. p. 38-44 ; P. LAGARDE, « *Sur le contrat de travail international : analyse rétrospective d'une évolution mal maîtrisée* », in *Mélanges G. LYON-CAEN*, *Les transformations du droit du travail*, Dalloz, 1989, p.83 et s., spéc. n°2, 6 et 7.

[633] Loi française déclarée applicable au contrat d'un salarié muté en France et y exerçant de manière stable depuis plus de dix ans, sans tenir compte du lieu de la conclusion du contrat, du lieu d'établissement de la société qui l'embauchait ou des multiples pays d'exécution : Cass. soc., 17 décembre 1997, RJS 298, n°150 ; JCP-G 1998, IV, p. 1305 ; JCP-E, p. 302, n°9 ; JCP-E 1998, chron. p. 1040, obs. Ph. COURSIER. – Cass. soc., 10 décembre 1996, RJS 4/97, n°387 ; JCP-G 1997, IV, p. 263 ; JCP-E, 1997, I, p. 659, n°10, obs. Ph. COURSIER. V. égal., l'arrêt ayant jugé que la loi de l'état de New-York était seule applicable en tant que loi du lieu habituel d'exécution du contrat de travail pour un salarié détaché par son employeur dans une succursale de cet État : Soc., 18 mai 1999, JCP-E 1999, pan. p. 1224.

pour un contrat de fourniture, c'est le territoire de livraison[634] qui a été retenu comme lieu d'exécution et de détermination de la loi applicable.

365. En matière de contrat conclu par voie électronique, la détermination du lieu d'exécution est beaucoup plus difficile. De ce fait, les juges ont plutôt tendance à se tourner vers le lieu de conclusion du contrat : *locus regit actum*. Là encore, un pouvoir souverain d'appréciation a été reconnu aux juges du fond pour déterminer la loi du lieu où le contrat a été établi. Ainsi, nous trouvons par exemple une décision de la chambre sociale de la Cour de cassation considérant que lorsque le contrat de travail a été conclu par téléphone, le lieu retenu est le domicile du salarié : « *Appréciant la valeur et la portée des éléments de fait et de preuve soumis à leur examen, les juges du fond ont relevé que l'engagement avait été contracté par téléphone et que c'était au domicile du salarié, à Cherbourg, que celui-ci avait accepté l'offre d'emploi qui lui avait été faite ; qu'en l'état de ces constatations, la cour d'appel a exactement décidé [...] que le conseil de prud'hommes de Cherbourg, lieu où l'engagement a été contracté, était compétent* »[635].
Le lieu d'exécution n'est pas un simple élément de détermination de la juridiction compétente ou de la loi applicable au contrat. Il peut faire l'objet d'une véritable gestion contractuelle.

§2 – La gestion contractuelle du lieu d'exécution

366. Le lieu apparaît comme un élément important de l'exécution. Allant au-delà d'une simple modalité contractuelle, le lieu peut devenir un élément intrinsèque à la réalisation de l'opération économique. Même s'il est librement fixé par les parties, il convient de ne pas négliger son importance sur l'exécution (A) et son influence sur le fond du contrat (B).

A. L'importance du lieu en matière d'exécution

367. Lieu du contrat, un élément essentiel de l'exécution – Le lieu d'exécution est souvent considéré comme une simple modalité de la réalisation de l'opération contractuelle. Tel n'est pas toujours le cas. En effet, le lieu d'exécution peut parfois apparaître comme un élément intrinsèque de son déroulement. Dès lors, les parties ne sont pas libres de décider arbitrairement et unilatéralement de changer le lieu d'exécution d'un contrat.
Comme pour toute modification d'un élément du contrat, le changement du lieu d'exécution nécessite un *mutuus consensus*. À défaut, il y aura

---

[634] CA Paris, 27 janvier 1955, Rev. crit. DIP 1955, p. 330, note H. MOTULSKY.
[635] Soc., 11 juillet 2002, Bull. civ. V, n°254.

inexécution du contrat. Par exemple, si le vendeur effectue la livraison de la chose dans un lieu différent de celui prévu au contrat, c'est-à-dire ailleurs que le lieu ayant fait l'objet de l'échange des consentements, il est considéré comme responsable de l'inexécution de son obligation de délivrance et s'expose au jeu de l'exception d'inexécution. Il en est de même pour le paiement. Un acheteur effectuant un paiement au Brésil alors qu'il devait être réalisé aux États-Unis[636] est considéré comme n'ayant pas exécuté son obligation.

368. Les parties sont donc tenues de se conformer aux divers lieux d'exécution qu'elles ont librement fixés dans le contrat. La détermination de ces lieux d'exécution est laissée au libre arbitre des parties, en témoigne l'article 1609 du Code civil, applicable en matière de vente en l'absence de dispositions contractuelles spécifiques qui dispose : « « *La délivrance doit se faire au lieu où était, au temps de la vente, la chose qui en a fait l'objet, s'il n'en a été autrement convenu* ».
En dehors d'être parfois un élément essentiel de l'exécution, le lieu peut également avoir une véritable influence sur le contrat. Le lieu de l'exécution peut avoir une véritable emprise sur le contrat.

B. L'impact de la localisation de l'exécution sur le contrat

369. Lieu d'exécution, influence sur le contrat – Il arrive que certains lieux d'exécution influent directement sur le fond du droit des contrats. Par exemple, dans un contrat de prêt, le lieu d'exécution revêt une très grande importance. L'emprunteur est le débiteur d'une obligation de garde et de conservation de la chose objet du contrat. Selon les dispositions de l'ancien article 1880 du Code civil, il était tenu de veiller sur la chose prêtée en "bon père de famille" – en homme raisonnable – et ne peut s'exonérer de sa responsabilité qu'en rapportant la preuve de l'absence de faute de sa part ou d'un cas fortuit[637]. Depuis 2014, la notion de "bon père de famille" a été remplacée par celle de "veiller raisonnablement".
En somme, il s'agit d'une obligation de résultat atténuée. De ce fait, le lieu choisi pour conserver la chose doit être adapté, sous peine d'engager la responsabilité de l'emprunteur. Il en est de même pour le contrat de dépôt, dont l'obligation caractéristique est de garder la chose.

---

[636] Cass. com., 18 avril 1989, Bull. civ. IV, n°116.
[637] Cass. civ. 1ère, 4 janvier 1977, RTD civ. 1977, p. 567, obs. G. CORNU. – Cass. civ. 1ère, 6 octobre 1999, Resp. civ. et assur. 2000, n°23.

370. Contrat de bail – Tout autre est l'exemple du contrat de bail. Lorsque ce contrat porte sur des locaux situés sur le domaine public de l'État, le lieu d'exécution aura une grande influence puisqu'il exclut alors le bailleur du droit à invoquer le bénéfice du statut des baux commerciaux régi par le décret du 30 septembre 1953[638].

De manière plus générale, le contrat de bail commercial doit également s'envisager à travers son environnement géographique. Le lieu d'exécution, ou plus spécifiquement le lieu d'implantation du commerce, est en effet décisif quant à la fixation de la valeur locative du local loué. L'article 23-4 du décret de 1953 précise que les loyers dépendent des facteurs locaux de commercialité qui varient selon « *l'intérêt que représente, pour le commerce considéré, l'importance de la ville, du quartier ou de la rue où il est situé, du lieu de son implantation, de la répartition des diverses activités dans le voisinage, des moyens de transport, de l'attrait particulier ou des sujétions que peut présenter l'emplacement pour l'activité considérée et des modifications que ces éléments subissent d'une manière durable et provisoire* »[639]. Le lieu influe donc directement sur la fixation du prix du loyer du local commercial.

371. Contrat de travail – Enfin, même si le lieu d'exécution du contrat de travail se voit parfois envisagé comme un élément indifférent[640] et sans conséquence sur le fond du droit du contrat de travail, il est le plus souvent déterminant. Le fait que le lieu d'exécution du contrat de travail soit en France, suppose nécessairement l'application du droit français, peu importe alors la localisation du siège social de l'entreprise[641].

Lorsque le contrat de travail est exécuté en dehors de l'entreprise, le lieu peut avoir une grande incidence sur le contrat. Ainsi, lorsque le travail est effectué dans un endroit qui ne lui est pas par principe dédié, la sphère privée du domicile peut devenir le terrain de l'exécution du contrat de travail. Cependant, le domicile – envisagé comme lieu de travail – peut être soit le lieu de réalisation de la prestation de travail proprement dite, soit seulement le lieu d'astreinte[642]. L'astreinte correspond à toute période « *pendant*

---

[638] Cass. civ. 3ème, 28 février 1984, Bull. civ. III, n°49. – Cass. civ. 3ème, 19 novembre 1985, Bull. civ. III, n°145. – Cass. civ. 3ème, 24 janvier 1996, Bull. civ. III, n°23.

[639] Décret n°53-960 du 30 septembre 1953 réglant les rapports entre bailleurs et locataires en ce qui concerne le renouvellement des baux à loyer d'immeubles ou de locaux à usage commercial, industriel ou artisanal.

[640] La présomption de contrat de travail, instituée par l'article L. 762-1 du Code du travail, joue pour les artistes alors même que les concerts et les spectacles auraient essentiellement lieu à l'étranger : CA Paris, 23 septembre 1997, RJS 11/97, n°1323 (neutralité de l'élément lieu).

[641] Cass. soc., 14 février 2001, n°99-60.355.

[642] M. PIERCHON, « *Le travail à domicile* », Jurisp. Soc. Lamy 2002, n°95, p. 4.

laquelle le salarié, sans être à la disposition permanente et immédiate de l'employeur, a l'obligation de demeurer à son domicile ou à proximité afin d'être en mesure d'intervenir pour accomplir un travail au service de l'entreprise. La durée de cette intervention est considérée comme un temps de travail effectif »[643]. Le lieu apparaît ici davantage comme une modalité d'exécution que comme un élément permettant d'influencer le contrat, ce qui s'avère être le cas lorsque le travail est effectivement réalisé à domicile. Ainsi, le travail exécuté à domicile – en admettant qu'il remplisse certaines conditions – doit certes relever d'un contrat de travail, mais d'un contrat de travail spécifique adapté aux exigences de son lieu d'exécution. Notons qu'un travail exécuté à domicile ne relève pas forcément du Code du travail. L'exécutant n'est alors pas systématiquement un salarié, il peut être un travailleur indépendant.

372. Indice de la subordination – Lorsqu'il s'agit d'un contrat de travail, le lieu d'exécution peut se révéler être un indice de la subordination juridique, caractéristique principale du contrat de travail. Si le salarié exerce son activité dans l'enceinte de l'entreprise, ce lieu sert d'impératif géographique qui constituera un indice de subordination[644].

À l'inverse, le lieu d'exécution peut également apparaître comme un moyen efficace d'exclure tout lien de subordination. Ainsi, un vendeur de journaux fixant librement son secteur d'activité n'est pas titulaire d'un contrat de travail[645] ; tout comme le professeur de droit qui, bien que travaillant pour une entreprise d'édition, n'a aucune obligation de présence dans ses locaux et ne peut donc être considéré comme un salarié[646].

En revanche, même si le fait d'exécuter son travail à son domicile semble exclure tout lien de subordination en raison notamment de l'absence de surveillance de la part de l'employeur, cela n'exclut pas *de facto* la qualification de salarié. Le travail à domicile relève donc d'un régime d'exception. L'article L. 7412-1, 1°, du Code du travail présente les travailleurs à domicile comme étant ceux qui exécutent « *moyennant une rémunération forfaitaire, pour le compte d'un ou plusieurs établissements, un travail qui lui est confié soit directement, soit par un intermédiaire* ». Le législateur accorde ainsi le statut de salarié à un travailleur à domicile dès lors qu'il remplit deux conditions : une rémunération forfaitaire et un travail sur commande. Dans ce cas, il n'est plus nécessaire de vérifier l'existence d'un lien de subordination. Le Code du travail précise également que le

---

[643] Article L. 3121-5 du Code du travail.

[644] J. PÉLISSIER, A. SUPIOT et A. JEAMMAUD, *Droit du travail*, Dalloz, 22ème éd., 2004, n°128, p. 196.

[645] Cass. civ., 20 mai 1955, Dr. soc. 1955, p. 461.

[646] Cass. civ. 1ère, 20 juin 1995, Bull. civ. I, n°268.

travailleur à domicile n'a pas besoin d'être propriétaire du local dans lequel il exécute ses tâches[647]. Il peut donc tout à fait être locataire ou même un simple occupant des lieux.

373. Le lieu contractuel est sans hésitations une notion plurielle. Le lieu et le temps du contrat sont intimement mêlés. On ne peut traiter de la localisation du contrat sans penser aux rapports qu'entretient le contrat avec le temps.

SECTION II – LE MOMENT DE L'EXÉCUTION DU CONTRAT

374. Exécution et temporalité – La dimension temporelle de l'exécution semble désigner principalement le moment où l'exécution du contrat survient, accomplissant ainsi les engagements souscrits et apportant la satisfaction aux parties. La prise en compte de la temporalité de l'exécution peut néanmoins avoir différents impacts dans son analyse.
Définir le moment de l'exécution entre, tout d'abord, dans le processus de formation du contrat. Il n'est certes pas de l'essence du contrat d'être préalablement négocié et la négociation, si elle a lieu, n'a aucune conséquence sur le régime du contrat. Cependant, la négociation est importante pour la préparation de l'exécution (paragraphe I). C'est au stade où le contrat n'est pas encore formé, mais simplement envisagé que la question de l'exécution du contrat devient centrale. Avant de se décider à conclure le contrat, les parties doivent tenir compte de l'exécution du contrat afin de déterminer leur volonté de s'engager dans un processus contractuel ou non.

375. Durant le temps de vie du contrat, le moment de l'exécution se voit également conférer une grande importance (paragraphe II), notamment pour déterminer la durée de l'exécution. Mais après l'extinction des obligations principales, une certaine exécution contractuelle peut également intervenir (paragraphe III). La détermination de l'aspect temporel de l'exécution apporte ainsi de nombreuses précisions quant à l'analyse de la réalisation de l'opération contractuelle.

---

[647] Article L. 7412-1, 2°, c) du Code du travail.

§1 – La préparation de l'exécution

376. Période précontractuelle – L'objectif fondamental de tout contrat est d'être exécuté. Si les parties consentent à recourir au contrat pour encadrer leur relation, c'est bien dans le but de voir l'opération contractuelle réalisée. Dans certains contrats, la fixation des modalités de l'exécution peut s'avérer complexe. Dans cette hypothèse, les parties peuvent souhaiter préparer l'exécution, avant même la conclusion du contrat. S'ouvre alors la période dite précontractuelle (A). L'exécution n'est certes pas le seul élément présent à la table des négociations, mais elle est par essence la plus incertaine. Chaque contractant a connaissance de ses propres objectifs et de ses propres capacités. En revanche, les motivations de leur partenaire contractuel demeurent plus obscures. L'information revêt alors une importance capitale durant cette phase préparatoire (B).

A. La période précontractuelle

377. Négociation – La préparation de l'exécution a lieu le plus souvent lors de la phase des négociations, car l'exécution contractuelle apparaît, en principe, comme l'un des éléments fondamentaux du consentement. Les parties concluent un contrat parce qu'elles veulent que ce dernier soit exécuté.
La négociation correspond à la période préalable à la conclusion du contrat. Durant cette phase, les parties peuvent discuter le contenu de leur accord, essayant d'obtenir les meilleures conditions possibles et les plus intéressantes. La négociation n'est ni une condition d'existence ni une condition de validité du contrat puisque les contrats peuvent se former instantanément.
Il peut arriver que certaines obligations soient soumises à une négociation, comme c'est le cas en droit du travail par exemple[648]. La négociation devient alors une démarche obligatoire. L'issue de ladite négociation reste ouverte, elle n'est jamais obligée d'aboutir à un accord.
À l'inverse, certains contrats sont non négociables. Il s'agit des contrats d'adhésion[649] ; « l'ensemble du contrat est conçu et rédigé unilatéralement par l'une des parties, l'autre n'ayant pas le pouvoir d'en discuter ni d'en modifier le contenu : le seul choix possible est d'accepter le contrat en bloc,

---

[648] Article L. 2242-1 du Code du travail qui prévoit, dans les entreprises ayant une représentation syndicale, une négociation annuelle obligatoire des salaires effectifs, de la durée du travail et l'organisation du temps de travail.

[649] La réforme du droit des obligations de 2016 a officiellement introduit la notion de contrat d'adhésion dans le Code civil : article 1110 alinéa 2 : « *Le contrat d'adhésion est celui dont les conditions générales, soustraites à la négociation, sont déterminées à l'avance par l'une des parties* ».

en adhérant à toutes ses clauses, ou de refuser de contracter »[650]. La préférence des parties peut également les résoudre à se référer à un contrat-type, c'est-à-dire un modèle de contrat souvent beaucoup moins coûteux à établir.

378. Dans d'autres cas, les parties peuvent préférer la conclusion d'un contrat négocié. Avant la conclusion du contrat, débute alors la période dite « précontractuelle ». Durant cette phase, les parties à la négociation ne sont pas nécessairement celles qui seront parties au contrat. Ces dernières peuvent décider de déléguer la phase des négociations à d'autres personnes telles qu'un agent immobilier ou un courtier. Elles peuvent même conclure un accord de négociation, c'est-à-dire faire naître des obligations pesant sur chacune d'elles relatives à la manière dont les négociations doivent être menées. Il peut s'agir d'un engagement à respecter certaines règles comme une obligation de confidentialité ou de non-concurrence. La jurisprudence a également mis en lumière des obligations générales relatives aux phases de négociation, notamment l'obligation de s'informer mutuellement.

379. Le principe général du droit français qui gouverne la période précontractuelle est avant tout l'obligation de négocier de bonne foi. La réforme du droit des contrats a consacré cette obligation de négocier de bonne à l'article 1104 du Code civil : « *Les contrats doivent être négociés, formés et exécutés de bonne foi* » ainsi qu'à l'article 1112 alinéa 1er du même Code : « *L'initiative, le déroulement et la rupture des négociations précontractuelles sont libres. Ils doivent impérativement satisfaire aux exigences de la bonne foi* ».
Il ne s'agit pas d'imposer une issue favorable, à savoir la conclusion d'un accord, mais simplement d'exiger des parties un comportement loyal et sincère. Cette exigence de bonne foi dans la négociation ne fait pas obstacle à la liberté contractuelle, elle l'encadre simplement. De nombreuses informations, parfois même secrètes, sont divulguées durant les négociations. Il convient dès lors de sanctionner des comportements répréhensibles par le biais de la responsabilité délictuelle.

380. La période précontractuelle favorise la mise en forme du contrat, mais l'exécution du contrat demeure ce qui intéresse plus précisément les parties. Préalablement à toute conclusion de contrat, les parties doivent prendre en compte de nombreux éléments, tant économiques que juridiques, pour aboutir à un contrat le plus efficace possible. Tous ces éléments peuvent

---

[650] M. FABRE-MAGNAN, *Droit des obligations*, 1- *Contrat et engagement unilatéral*, 2010, *op. cit.*, p. 230.

avoir une incidence sur l'exécution du contrat. L'étude de la préparation de l'exécution via la négociation permet surtout de comprendre pour quelles raisons les parties s'engagent dans un processus contractuel.

381. Contraintes externes – Le contrat est en principe conclu sur la seule considération des intérêts des contractants. Cependant, la conclusion du contrat peut s'opérer selon des processus plus complexes que la simple rencontre de l'offre et de la demande. Ainsi, certains éléments extérieurs peuvent interférer dans l'élaboration de l'opération contractuelle, ce qui augmente son coût.

Les contraintes externes sont celles que les agents économiques subissent de la part du marché – en amont ou en aval – telle une réglementation très stricte, une difficulté d'acheter certaines matières, un marché de technologie à évolution rapide, etc.

La négociation apparaît alors comme un moyen d'encadrer et de prévoir ces contraintes. Si les individus désirent s'engager dans un échange, c'est parce qu'ils sont convaincus d'en retirer un gain personnel. La négociation permet de déterminer par avance les gains espérés de chacune des parties.

382. Externalités – Le concept d'externalités désigne les situations où les activités d'un ou plusieurs agents économiques ont des conséquences sur le bien-être ou la satisfaction d'autres agents. Plus précisément, les externalités « caractérisent des situations économiques dans lesquelles existent, entre des fonctions de production ou de consommation relatives à des agents économiques distincts, des liaisons directes non traduites par des relations marchandes »[651].

Il existe des externalités négatives et positives : « Les externalités négatives imposent une partie du coût d'une activité sur des tiers ; les externalités positives lui confèrent un avantage non compensé »[652]. En d'autres termes, les externalités négatives mettent en avant le fait que le prix d'une activité est inférieur à son coût réel de production.

L'allocation des ressources n'est donc pas optimale. Pour rétablir l'équilibre, obtenir un accord Pareto efficient, il convient tout d'abord tenir compte de ces externalités pour ensuite pouvoir les corriger, rééquilibrant ainsi les rapports entre les agents économiques.

383. Coûts de transaction – Un coût de transaction est un coût lié à un échange économique, c'est-à-dire dans un processus transactionnel défini

---

[651] G. ABRAHAM-FROI, G. CAIRE, Ph. HUGON, P. LLAU et F. RENVERSEZ, *Dictionnaire d'économie – Analyse, Auteurs, Institutions, Politiques économiques*, Sirey, 2e éd., 2002, n°46, V° « Externalités ».

[652] E. MACKAAY et S. ROUSSEAU, *Analyse économique du droit*, *op. cit.*, n°407, p. 113.

comme « un échange d'information ou de marchandises ayant une valeur économique entre deux partenaires »[653]. M. Coase est considéré comme étant le père fondateur de cette théorie[654]. Son théorème a permis de démontrer qu'en plaçant les droits de propriété et les contrats au premier plan, les conséquences sur les rapports entre l'ordre juridique et l'ordre économique étaient nombreuses.
Les théoriciens néoclassiques considéraient le marché comme le mode optimal d'organisation, car régulé par une concurrence pure et parfaite. Or, en réalité, la perfection du marché est une utopie. M. Coase a ainsi mis en évidence le fait que le recours au marché, c'est-à-dire à la coordination par les prix, entraîne un coût. Il devient alors nécessaire de prendre en compte les coûts de transaction afin de pouvoir analyser le comportement des individus. Renoncer au marché comme unique mode de coordination des agents et de résolution des conflits individuels permet davantage de comprendre le processus contractuel[655]. Les coûts de transaction peuvent néanmoins être positifs.

384. M. Ferey explique en 2008 que, ce concept « apparaît dès lors comme un tremplin pour considérer la société comme étant essentiellement une société contractuelle. Les divers arrangements contractuels sont bien des alternatives à de simples contrats de marché, mais ils ne sont que des modalités d'une capacité des agents à contracter librement sur les contrats les plus à même d'organiser leur relation de manière efficace. La règle de droit est alors considérée comme le fruit des coûts de transaction et comme le résultat de la liberté des agents à se donner à eux-mêmes des lois et à se transférer mutuellement des pouvoirs privés. Or, alors même que l'on est au plus près d'une société contractuelle et d'un droit spontanément produit par les individus, l'essentiel des explications économiques des institutions juridiques présuppose que le droit est appliqué et mis en œuvre par l'un des agents du contrat. Et c'est alors la capacité de ces mécanismes à assurer une coordination efficace qui se trouve être remise en cause »[656].

---

[653] C. ABECASSIS, « *Les coûts de transaction : état de la théorie* », Réseaux 1997, vol. 15, n°84, p. 9.
[654] R. H. COASE, « *The Nature of the Firm* », Economica, 1937, traduit en français : *La nature de la firme*, Rv. Fr. d'Éco., 1987, n°1, p. 135 ; voir aussi, R. H. COASE, « *The Problem of the Social Cost* », Journal of Law and Economics, 1960, pp. 1-44, repris dans R. H. COASE, « *The Firm, the Market and the Law* », University of Chicago Press, 1988, pp. 95-156.
[655] S. FEREY, *Une histoire de l'analyse économique du droit, Calcul rationnel et interprétation du droit*, Bruylant, coll. Droit et Économie, 2008, p. 29-30.
[656] S. FEREY, *Une histoire de l'analyse économique du droit, Calcul rationnel et interprétation du droit*, *op. cit.*, p. 29-30.

Par la suite, la théorie des coûts a davantage été structurée par M. Williamson[657]. L'économiste américain s'appuie sur deux types de comportements : l'opportunisme et la rationalité limitée pour expliquer l'augmentation des coûts de transaction, autrement dit des coûts de négociation et de supervision d'un contrat[658].

385. Le droit des obligations trouve ainsi pleinement sa place dans l'univers coaséen[659]. Lors de la conclusion d'un contrat, qu'il soit ou non commercial, il convient de déterminer les coûts que les parties doivent supporter. Cette mesure s'avère notamment primordiale si elles désirent tenir compte de leurs droits et obligations respectifs pour chacune des éventualités possibles. Il devient également nécessaire de noter que l'acquisition d'une information engendre un coût dont il faut tenir compte, car ces coûts peuvent parfois devenir prohibitifs. Cela rejoint l'hypothèse de M. Williamson, citée précédemment, selon laquelle l'individu est placé dans une situation d'ignorance rationnelle.
De même, « les parties lors de la rédaction du contrat peuvent choisir de ne pas inclure certaines clauses concernant certaines éventualités, car le coût de cette introduction (y compris la négociation que cela peut nécessiter) est trop élevé comparé aux avantages que l'on peut en attendre. Dans le jargon de l'économiste, on dira qu'il y a un risque inhérent à cette relation contractuelle qui n'a pas été alloué. La décision conduisant à la prise en compte d'un risque est simple : il faut le prendre en compte si et seulement si le coût de la prise en compte du risque est inférieur aux bénéfices supplémentaires attendus de la prise en compte »[660].

386. D'une manière générale, les économistes considèrent que sont justifiées « toutes les précautions dont le coût est inférieur à la réduction du coût des accidents de parcours qu'elles permettent de réaliser »[661].

387. Une difficulté s'ajoute en raison du fait que le calcul de ces coûts éventuels varie en fonction des enjeux du contrat. Chaque contrat obéit à des préoccupations différentes, mais aucun contrat ne justifie des précautions infinies. De plus, malgré les précautions prises, il demeure certains risques

---

[657] O. E. WILLIAMSON, « *Transaction Costs Economics : The Governance of Contractual Relations* », Journal of Law and Economics, 1979, n°22, pp. 233-261.
[658] C. ABECASSIS, « *Les coûts de transaction : État de la théorie* », art. préc.
[659] E. MACKAY et S. ROUSSEAU, *Analyse économique du droit*, *op. cit.*, n°751, p. 203.
[660] P. GARELLO, *Cours d'analyse économique du droit*, Université Paul Cézanne Aix-Marseille III, 2009/2010.
[661] E. MACKAAY, « *L'efficacité du contrat – une perspective d'analyse économique du droit* », art. préc., p. 33.

résiduels que les contractants ne peuvent réduire ou éliminer et doivent donc les assumer, directement ou indirectement par le biais d'assurances. Il en résulte qu'ensemble, le coût des précautions et le coût du risque résiduel constituent les coûts de transaction liés au contrat envisagé. Les aspirants contractants n'accepteront de conclure que si le gain attendu du contrat est suffisant pour couvrir ces coûts de transaction.

388. Notons que l'histoire est jalonnée d'organisations qui se sont créées dans le but de contribuer, intentionnellement ou non, à la réduction des coûts de transaction. Ces organisations, ou parfois même des groupes ethniques, ont cherché à développer des réseaux de confiance, entre certains acteurs, afin de garantir l'exécution du contrat[662]. C'est le cas par exemple des guildes de marchands, des réseaux de marchands chinois hors de Chine ou encore les marchands de diamants à Anvers ou ailleurs[663].

389. Il en ressort que la négociation permet de structurer le processus contractuel en tenant compte des coûts de transaction qu'ils soient liés au contrat ou à la phase de négociation elle-même. C'est dans cette phase de « pourparlers » que l'exécution contractuelle, c'est-à-dire le bénéfice du contrat, est définie et préparée. Durant cette phase préparatoire, c'est l'échange d'information qui devient l'élément central.

B. Le rôle central de l'information

390. Pouvoir de discussion des parties – L'issue de la négociation procède en grande partie du pouvoir de discussion de chacune des parties, qui lui-même dépend de toute information sur les contraintes et opportunités extérieures. Le jeu de la négociation consiste à savoir quelles informations dévoiler ou non à son cocontractant.

De façon intuitive, chaque partie a intérêt à entretenir l'illusion qu'elle est en position de force[664]. Par exemple, celui qui négocie la vente de sa maison affirmera habilement que plusieurs personnes sont déjà intéressées par le bien, alors que l'acheteur aura lui intérêt à suggérer qu'il a d'autres opportunités.

Face au contrat, les agents économiques n'ont donc pas tous la même information ou ne l'interprètent pas de la même façon. Comme l'énonce M. Paraiso dans sa thèse, où il s'est intéressé au déséquilibre structurel tenant à

---

[662] A. MAZÉ et C. MÉNARD, « *Private ordering, collective action, and the self-enforcing range of contracts* », European Journal of Law and Economics, 2010, p. 148.

[663] M. FERRARY, « *Dynamique des réseaux sociaux et stratégies d'encastrement social* », Rv. d'éco. industr., n°129-130, 2010, pp. 171 à 202.

[664] P. GARELLO, *Cours d'analyse économique du droit*, *op. cit.*

la nature du contrat par rapport au risque d'inexécution de l'obligation contractuelle, l'« inégalité des positions économiques ou, simplement l'antagonisme des besoins, s'accompagnent le plus souvent d'une inégalité d'information qui tient à la nature même du contrat »[665].

391. Asymétrie d'information et obligation d'information – Les économistes emploient souvent l'expression « asymétrie d'information » pour désigner la situation où les agents ne disposent pas tous de la même information sur des variables d'intérêt commun[666]. Même si ce terme est d'usage classique en microéconomie[667], il revêt aussi un sens au regard du droit, plus particulièrement en droit des contrats. En effet, la théorie du contrat s'en préoccupe grandement depuis plus de trente ans.
Pour répondre au déséquilibre qui dériverait d'un contrat, les juristes ont mis en place la notion d'obligation d'information[668]. Plus généralement, elle peut parfois même être synonyme d'une obligation de renseignement »[669].

392. Cependant, même si l'information est juridiquement encadrée, notamment à travers l'obligation d'information, cette asymétrie informationnelle revêt toute son importance lors des négociations. Elle représente la limite au modèle de concurrence pure et parfaite[670].
À ce stade, il convient de déterminer la valeur de l'information. L'asymétrie d'information n'entraîne pas *de facto* un contrat inefficace, car parfois le contrat est justement recherché pour cette différence de connaissance ou de talent. L'asymétrie d'information devient alors la raison d'être du contrat[671], comme c'est le cas par exemple des contrats portant sur un savoir-faire. Là où le problème se pose, c'est lorsque la partie la mieux informée s'en sert au

---

[665] F. PARAISO, *Le risque d'inexécution de l'obligation contractuelle*, PUAM, coll. de l'Institut de droit des affaires, Centre de dr. éco., 2011, préf. Ch. ATIAS, n°173, p. 129.
[666] C. JESSUA, C. LABROUSSE, D. VITRY et D. GAUMONT (dir.), *Dictionnaire des sciences économiques*, par P. PICARD, PUF, 2001, V° « Asymétrie d'information ».
[667] F. V. HAYEK, « *The use of knowledge in society* », American Economic Review, vol. X, septembre 1945, p. 519 et s.
[668] M. FABRE-MAGNAN, *De l'obligation d'information dans les contrats - Essai d'une théorie*, LGDJ, coll. Biblio. de dr. privé, tome 221, 1992, préf. J. GHESTIN ; J. ALISSE, *L'obligation de renseignements dans les contrats*, Th. Paris II, 1975 ; Y. BOYER, *L'obligation de renseignements dans la formation du contrat*, Th. Aix-en-Provence, 1977 ; C. LUCAS de LEYSSAC, « *L'obligation de renseignements dans les contrats* », in *L'information en droit privé*, Travaux de la conférence d'agrégation, Y. LOUSSOUARN et P. LAGARDE (dir.), LGDJ, 1978, p. 305 et s.
[669] G. CORNU (dir.), *Vocabulaire Juridique*, *op. cit.*, V° « Information » – « obligation ».
[670] J.-J. LAFFONT, *Économie de l'incertain et de l'information, vol. 2 du Cours de Théorie Microéconomique*, Economica, 1991, p. 11.
[671] E. MACKAY et S. ROUSSEAU, *Analyse économique du droit*, *op. cit.*, n°1314, p. 308.

détriment de son partenaire contractuel. Il s'agit alors d'un comportement opportuniste qu'il convient de réguler.

393. Régulation des comportements opportunistes – Les économistes appréhendent les comportements opportunistes par la théorie des jeux. Pour espérer la conclusion d'un contrat Pareto efficient, « la définition du jeu doit préciser les modalités de la négociation, de sorte que les pouvoirs de négociation sont prédéterminés et connus de tous »[672]. C'est ce que nous pouvons appeler les "règles du jeu". Puisque la somme des informations dont dispose une partie n'est jamais identique à celle de l'autre[673], chacune des parties doit analyser les coûts et les bénéfices du contrat en fonction des informations dont elle dispose. Cette étude l'invite à déterminer si elle souhaite ou non s'engager et dans quels termes elle conclura éventuellement le contrat.

394. Théorie de l'agence – Cette analyse se rapproche également de la théorie de l'agence. Selon cette acception, le "principal" contracte avec un "agent" placé dans une situation d'information incomplète et qui choisit alors d'accepter ou de refuser l'offre du "principal". Il s'agit, encore une fois, de parvenir à un contrat optimal pour les deux parties. Même si l'offre émane du principal, l'agent ne se trouve pas pour autant démuni de tout pouvoir de négociation. En effet, il peut disposer d'informations privées, comme une meilleure connaissance de ses propres capacités ou la qualité du produit qu'il offre à l'échange. Ces estimations lui confèrent un important pouvoir de négociation, fût-il indirect.

395. En tout état de cause, il est clair que « nul contrat ne serait jamais conclu si, pour s'engager, les parties devaient attendre d'avoir réuni toutes les informations utiles pour l'opération projetée »[674]. Il y a donc une distorsion entre ce que les parties savent ou croient savoir et la réalité informationnelle. Les parties acceptent donc, consciemment ou non, une part plus ou moins grande d'incertitude.

396. Alternatives juridiques à l'information imparfaite – Afin de contrecarrer le déséquilibre de connaissances sur l'objet de la prestation, le droit privé des contrats a instauré une obligation d'information ayant une

---

[672] P. GARELLO, *Cours d'analyse économique du droit*, *op. cit.*

[673] Comp., É. RASMUSEN, *Jeux et information. Introduction à la théorie des jeux*, De Boeck, 3ème éd., trad. F. BISMANS, 2004, p. 91-95.

[674] Ch. ATIAS, *Le contentieux contractuel*, PUAM, 4ème éd., 2008, n°86 ; E. MACKAAY et S. ROUSSEAU, *Analyse économique du droit*, *op. cit.*, n°1347, p. 376-377.

fonction de garantie pour le créancier. La plupart des droits[675] admettent d'ailleurs que lors d'une phase de préparation du contrat, les parties ont une obligation de s'informer sur les données du contrat à conclure. Cette obligation d'information mutuelle est souvent mise en parallèle de la théorie des vices du consentement puisque le défaut d'information s'analyse alors en une réticence pouvant éventuellement être qualifiée de dolosive.

397. Devoir de s'informer et d'informer – Pour faire face au déséquilibre structurel, deux notions s'opposent. D'une part, nous trouvons le devoir de s'informer, qui apparaît comme « la traduction juridique de l'égal accès des contractants à l'information »[676]. D'autre part, il existe l'obligation d'informer qui exprime inversement l'inégalité des parties devant l'information[677].
Ces deux obligations semblent s'exclure. En effet, il paraît antinomique d'imposer une obligation d'information à l'une des parties alors que son cocontractant a une obligation de se renseigner. Aussi, est-il admis par la jurisprudence que l'obligation d'information repose sur des données qui ne peuvent être acquises spontanément par son cocontractant. Selon la formule de la Cour de cassation, « *l'obligation d'information et de conseil ne s'applique pas aux faits qui sont de la connaissance de tous* »[678]. L'obligation d'information s'entend donc d'un « devoir imposé par la loi, notamment à certains vendeurs professionnels ou à des sociétés, de fournir des indications sur l'objet du contrat ou l'opération envisagée par les moyens adéquats (mentions informatives, publicité, etc.) »[679].

398. L'obligation de renseignement, en revanche, met en avant un « devoir implicite, découvert par la jurisprudence dans certains contrats, en vertu duquel, la partie supposée la plus compétente ou la mieux informée est tenue

---

675 Par exemple, en droit brésilien, la réticence dolosive est expressément prévue par l'article 94 Code civil ; en droit italien, l'obligation de renseignement est consacrée à l'article 1337 du Code civil.

676 M. FABRE-MAGNAN, *De l'obligation d'information dans les contrats : essai d'une théorie*, *op. cit.*, n°259, p. 202.

677 J. ALISSE, *L'obligation de renseignements dans les contrats*, *op. cit.*, n°135 et s. ; Y. BOYER, *L'obligation de renseignements dans la formation du contrat*, *op. cit.*, n°175, p. 249, et la 2e partie, *passim* ; C. LUCAS de LEYSSAC, « *L'obligation de renseignements dans les contrats* », *op. cit.*

678 Cass. civ. 3ème, 20 novembre 1991, Bull. civ. III, 1991, n°284 (contrat d'entreprise) ; Cass. civ. 1ère, 26 novembre 1996, Bull. civ. I, 1996, n°423 (notaire) ; Cass. civ. 1ère, 18 décembre 2001, RTD civ. 2003, p. 81, obs. J. MESTRE et B. FAGES.

679 G. CORNU (dir.), *Vocabulaire Juridique*, *op. cit.*, V° « Information ».

de communiquer à l'autre les informations qu'elle détient relativement à l'objet du contrat »[680].

Information et renseignement, ces deux notions convergent vers un même but, à savoir : porter à la connaissance du contractant des données inconnues ou mal connues de lui, c'est-à-dire un ensemble de connaissances sur un point déterminé, afin qu'il puisse prendre au mieux sa décision de contracter ou non.

399. Obligation d'information – Selon le droit positif, informer peut signifier renseigner[681], se renseigner[682], avertir[683], mettre en garde[684], attirer l'attention[685] ou même encore conseiller. En d'autres termes, informer consiste en « toutes sortes d'attitudes ayant pour but de porter à la connaissance d'un contractant des éléments à l'effet de lui permettre de tirer avantage de l'opération ou de ne pas s'y engager lorsque cet avantage est inexistant »[686]. L'information doit donc être fournie chaque fois qu'elle importe pour l'exécution du contrat, mais c'est lors de la phase de formation que cela se décide.

Bien entendu, cette recherche d'informations, qu'il s'agisse d'informer ou de se renseigner, a un coût. Ce coût de l'information doit être pris en compte au

---

680 G. CORNU (dir.), *Vocabulaire Juridique*, *op. cit.*, V° « Renseignement ».

681 Cass. civ. 3ème, 20 mars 1996, Bull. civ. III, 1996, n°84, obligation du vendeur d'informer l'acquéreur de la situation juridique de l'immeuble vis-à-vis de l'exercice du droit de chasse.

682 Cass. civ. 3ème, 3 juin 1998, Bull. civ. I, 1998, n°198 ; JCP 1999, II, p. 10010, n°3, obs. N. RZEPECKI ; JCP-E 1999, p. 225, note C. YOUEGO, à propos de l'obligation du transporteur de se renseigner auprès des voyageurs de la valeur des objets transportés.

683 Cass. civ. 2ème, 18 décembre 1995, Bull. civ. II, 1995, n°315, non-avertissement aux participants d'une promenade organisée du danger constitué par l'état du pont. – Cass. com., 23 mai 2000, Bull. IV, 2000, n°109 ; JCP-E 2000, p. 1140, note P.-M. LE CORRE, obligation du représentant des créanciers envers les créanciers bénéficiant d'une sûreté publiée. - Cass. civ. 3ème, 9 février 2005, Bull. civ. III, 2005, n°32 ; Rép. Déf., 2005, art. 38277, obs. L. RUET : preneurs ayant contribué à la réalisation des désordres affectant les lieux loués, faute pour eux de ne pas avoir averti les bailleresses de l'affaissement des planchers.

684 Cass. com., 3 mai 2006, Bull. civ. IV, 2006, n°103 ; JCP-E 2006, p. 1890, note D. LEGEAIS ; Banque & Droit, 2006, n°108, p. 53, obs. N. RONTCHEVSKY, à propos de l'obligation pour le créancier de mettre en garde la caution étudiante du caractère disproportionné de son engagement.

685 Cass. civ. 1ère, 4 février 2003, Bull. civ. I, 2003, n°39, notaire tenu d'attirer l'attention des acquéreurs sur les risques encourus par eux si le domicile des vendeurs ne peut être connu au jour de l'acte. – Cass. civ. 3ème, 5 novembre 2003, Bull. civ. III, 2003, n°189 ; RTD civ. 2004, p. 727, obs. J. MESTRE et B. FAGES, bailleur professionnel de l'immobilier e pouvant se prévaloir de la nullité du congé et du paiement des loyers par le locataire, faute pour lui de ne pas avoir attiré l'attention de ce dernier sur l'irrégularité du congé délivré alors que sa régularisation était encore possible. - Cass. civ. 2ème, 8 avril 2004, Bull. civ. II, 2004, n°163, assureur tenu d'attirer l'attention de l'assuré sur les garanties exclues dans une clause rédigée en termes généraux.

686 F. PARAISO, *Le risque d'inexécution de l'obligation contractuelle*, *op. cit.*, n°207, p. 146.

moment de la préparation de l'exécution. Être placés dans une situation où l'information est la plus parfaite possible, permet aux contractants d'envisager l'opération contractuelle dans des conditions optimales.

400. L'exécution n'est donc pas importante uniquement au moment où elle se réalise ; elle est un élément décisif à toute formation de contrat. Quand bien même tous les contrats ne sont pas soumis à une négociation, lorsque cette dernière est nécessaire, les informations qui s'y échangent en vue de la réalisation de l'opération économique sont cruciales. La temporalité de l'exécution ne se limite pas à la phase préparatoire du contrat, mais elle est également intéressante durant la vie même du contrat.

§2 – L'exécution durant la vie du contrat

401. Après la conclusion du contrat, l'exécution prend toute son importance. Traditionnellement, l'exécution du contrat est assimilée à l'exécution des obligations qu'il contient. Néanmoins, la qualité de l'exécution dépend généralement de la qualité du résultat attendu. Aussi, les parties doivent-elles fixer l'intensité du contenu obligationnel du contrat (A). Au-delà de la détermination du contenu obligationnel, les parties ont également la possibilité de moduler la durée de l'exécution du contrat (B).

A. L'exécution du contenu obligationnel du contrat

402. Exécution des obligations voulues par les parties – La question de l'exécution contractuelle intéresse l'ensemble du contrat. Les parties doivent exécuter les obligations nées de celui-ci, mais pas uniquement[687]. Dès lors que le contrat a été valablement formé, les parties sont tenues d'exécuter son contenu obligationnel.
Dans la conception classique du droit des contrats, l'exécution contractuelle s'entend de l'extinction des obligations que le contrat a fait naître. Le contenu du contrat étant librement déterminé par les parties, il contient des obligations expressément prévues par elles, sous réserve de ne pas contrarier l'ordre public et les bonnes mœurs. Les obligations peuvent également être implicites, c'est alors le comportement des contractants qui permettra de déterminer ou d'ajouter certains éléments aux stipulations d'origine[688]. C'est le cas par exemple de l'obligation d'exécuter le contrat de bonne foi, énoncé précédemment dans cette étude[689].

---

[687] D. MAINGUY et J.-L. RESPAUD, *Droit des obligations*, 2008, *op. cit.*, n°186, p.147.
[688] Cass. com., 23 juin 1998, RTD civ. 1999, p. 389, obs. J. MESTRE.
[689] V. *supra* n°263 s. : « L'exigence de bonne foi dans l'exécution du contrat ».

403. Intensité des obligations à exécuter – La nature même de l'obligation doit être déterminée par les parties. Cela signifie que le contrat définit le comportement attendu du débiteur par le créancier : donner, faire ou ne pas faire.
Si les parties choisissent librement le contenu des stipulations, elles choisissent également leur intensité. Ainsi, nous distinguons par exemple les obligations de moyens des obligations de résultat : « Tantôt le débiteur est tenu d'accomplir un fait déterminé ; l'obligation est strictement précisée ; le débiteur doit atteindre un résultat. Tantôt, au contraire, le débiteur est seulement tenu de faire diligence, de se conduire avec prudence pour tenter de parvenir au résultat souhaité »[690]. La théorisation de cette distinction revient au jurisconsulte René Demogue au début du XXe siècle[691]. Il en résulte que la qualité de l'exécution dépend de la qualité du résultat attendu[692]. Par exemple, le médecin ne s'engage pas à guérir le patient, mais simplement de se donner tous les moyens d'y parvenir conformément aux données acquises de la science à travers des soins consciencieux et attentifs[693].

404. Obligation de donner – Aussi, il est possible d'établir que l'obligation de donner, c'est-à-dire de transférer un droit réel – notamment la propriété –

---

[690] H., L., J. MAZEAUD et Fr. CHABAS, *Leçons de Droit civil*, tome 2, 1er volume, *Obligations, théorie générale*, 1998, *op. cit.*, n°21, p. 13.
[691] R. DEMOGUE, *Traité des obligations en général, Source des obligations,* tome 5, Arthur – Rousseau éd., 1925, n°1237, il a pour la première fois superposé à la division tripartite du Code civil, qui distingue les obligations de donner, de faire et de ne pas faire, un autre opposition entre les obligations de résultat et les obligations de moyens. – H., L. MAZEAUD et A. TUNC, *Traité théorique et pratique de la responsabilité civile délictuelle et contractuelle*, Montchrestien, tome 1, 6e éd., 1965, n°103-104, ont élargie et rebaptisé cette distinction en opposant les obligations déterminées et les obligations de prudence et de diligence. – Pour une étude d'ensemble de cette distinction, V. J. FROSSARD, *De la distinction des obligations de moyens et des obligations de rés*ultat, LGDJ, 1965, préf. R. NERSON ; B. STARCK, H. ROLAND et L. BOYER, *Obligations*, tome 2, *Contrat*, Litec, 5e éd., 1995, n°966 et s., indiquant qu'il s'agit d'une distinction fondée sur la garantie d'exécution dont bénéficie le créancier.
[692] D. MAINGUY et J.-L. RESPAUD, *Droit des obligations*, 2008, *op. cit.*, n°258, p. 194.
[693] Cass. civ., 20 mai 1936, arrêt *Dr. Nicolas, c/ époux Mercier*, DP 1936, 1, p. 89, concl. P. MATTER ; H. CAPITANT, Fr. TERRÉ et Y. LEQUETTE, *Les grands arrêts de la jurisprudence civile*, tome 2, *Obligations, Contrats spéciaux, Sûretés*, Dalloz, 12e éd., 2008, n°161-162, p.116 et s., la Cour de cassation considère qu'« *il se forme entre le médecin et son client un véritable contrat, comportant pour le praticien l'engagement, sinon, bien évidemment, de guérir le malade, ce qui n'a d'ailleurs jamais été allégué, du moins de lui donner des soins, non pas quelconques, ainsi que paraît l'énoncer le moyen du pourvoi, mais consciencieux, attentifs, et, réserve faite de circonstances exceptionnelles, conformes aux données acquises de la science* ». Voir également sur ce point : Ph. MALAURIE et L. AYNÈS, *Droit civil, Les obligations*, CUJAS, 8e éd., 1997, n°817 ; M. FABRE-MAGNAN, *Droit des obligations*, tome 1, *Contrat et engagement unilatéral*, 2010, *op. cit.*, p. 468-469.

est une obligation de résultat. De même, l'obligation de ne pas faire est toujours envisagée comme une obligation de résultat. La distinction ne pose problème qu'en matière d'obligation de faire.

405. Obligation de faire – C'est au sujet des obligations de faire que la question du contenu exact de l'engagement du débiteur se pose[694]. Il convient alors de s'attarder sur les stipulations contractuelles et la volonté des contractants. Néanmoins, l'intensité des obligations n'est pas toujours expressément indiquée. Il appartient alors aux juges de les qualifier.
Le principal critère utilisé est celui de l'aléa. Si le débiteur n'a pas de prise sur le résultat envisagé, il ne peut s'être engagé à l'atteindre, de sorte que l'obligation est considérée comme étant de moyens.
À l'inverse, lorsque le résultat dépend uniquement du comportement du débiteur, alors l'obligation est plutôt de résultat. La nature aléatoire ou non de la réalisation du but poursuivi permet ainsi de découvrir la volonté des parties même lorsqu'elle n'a pas été exprimée[695].
Le rôle du cocontractant dans l'inexécution de l'obligation est également un facteur permettant de déterminer son intensité. Plus son rôle est actif, plus les juges ont tendance à l'apprécier comme une obligation de moyens.
La distinction s'est compliquée lorsque les juges y ont intégré des degrés intermédiaires, par le biais des obligations de moyens renforcées et des obligations de résultat atténuées.
Mais la réalisation du contenu obligationnel du contrat dépend également de la durée de cette exécution.

B. Les modes temporels d'exécution du contrat

406. Notion de temporalité[696] – La pratique contractuelle distingue les contrats à exécution instantanée et ceux qui sont à exécution successive ou continue. L'exécution d'un contrat semble donc prendre en considération la dimension temporelle pour déterminer la nature juridique du contrat. Pour autant, le Code civil ne contient aucune disposition concernant le mode d'exécution des contrats dans le temps, laissant à la jurisprudence et à la doctrine le soin de pallier cette carence.

407. Contrats à exécution instantanée – La distinction classique, ancrée aujourd'hui dans la tradition juridique, fait apparaître les contrats à exécution

---

[694] F. TERRÉ, Ph. SIMLER et Y. LEQUETTE, *Droit civil, Les obligations*, 2002, *op. cit.*, n°589, p. 569.
[695] H., L., J. MAZEAUD et Fr. CHABAS, *Leçons de Droit civil*, tome 2, 1er volume, *Obligations, théorie générale*, 1998, *op. cit.*, n°21, p. 14.
[696] J. ROCHFELD, « *Les modes temporels d'exécution du contrat* », RDC 2004, n°1, p.47.

instantanée, ou « contrats instantanés », comme ceux « susceptibles d'être exécutés par des prestations uniques, non répétées »[697] c'est-à-dire « en un seul trait de temps »[698]. La vente au comptant en est la parfaite illustration : j'achète une baguette de pain, j'en verse le prix. La conclusion du contrat de vente et son exécution s'effectuent en un seul instant ; le transfert de propriété est immédiat et automatique. L'obligation de délivrance est exécutée simultanément avec l'obligation de paiement. Il s'exécute en une « prestation unique »[699].

408. Contrats à exécution successive, ou « contrats successifs »[700] – Les contrats à exécution successive correspondent à ceux dans lesquels « les obligations d'au moins un des contractants doivent s'exécuter par des prestations échelonnées dans le temps »[701] ou « qui, par sa nature ou par la volonté des parties, ne peut s'exécuter que grâce à l'écoulement d'une certaine durée »[702]. On cite souvent à titre d'exemple le contrat de louage, notamment le contrat de bail, le contrat de travail ou encore le contrat d'assurance. Les contrats successifs peuvent d'ailleurs être à durée déterminée ou indéterminée.

Une autre sous-distinction a également été établie entre les contrats à exécution successive continue, dont le rapport d'obligation créé est permanent et les contrats à exécution successive, échelonnée ou fractionnée,

---

[697] Pour une présentation détaillée, cf. not. J. CARBONNIER, *Droit civil,* tome 4, *Les obligations*, 2000, *op. cit.*, n°138, p. 271 ; B. STARCK, H. ROLAND et L. BOYER, *Droit civil*, *Les obligations*, tome 2, *Contrat*, Litec, 6ème éd., 1998, n°132, p. 45 et s. ; J. FLOUR, J.-L. AUBERT et E. SAVAUX, *Droit civil, tome 1, L'acte juridique*, 13ème éd., Sirey, 2008, n°91, p. 64.

[698] J. CARBONNIER, *Droit civil,* tome 4, *Les obligations*, 2000, *op. cit.*, n°138, p. 271.

[699] M. POUMARÈDE, *Droit des obligations*, 2012, *op. cit.*, n°168, p.76 ; V. également, A. COLIN et H. CAPITANT, *Traité de droit civil*, tome II, *Obligations Théorie générale*, *Droits réels principaux*, Dalloz, 1959, refondu par L. JULLIOT DE LA MORANDIÈRE, n°579, p.319.

[700] Ce vocable fait l'objet de nombreuses critiques puisqu'il évoque, non le mode d'exécution contractuelle, mais plusieurs contrats qui se succèderaient. V. notamment, J. AZÉMA, *La durée des contrats successifs*, LGDJ, Biblio. de dr. privé, tome 102, 1969, préf. R. NERSON ; V. G. BRIÈRE DE L'ISLE, « *De la notion de contrat successif* », D. 1957, chron. p.153 ; J.-F. ARTZ, « *La suspension du contrat à exécution successive* », D. 1979, chron. p.95.

[701] B. STARCK, H. ROLAND et L. BOYER, *Droit civil*, *Les obligations*, tome 2, *Contrat*, 1998, *op. cit.*, n°132, p. 45 ; J. FLOUR, J.-L. AUBERT et E. SAVAUX, *Droit civil, tome 1, L'acte juridique*, 2008, *op. cit.*, n°91, p. 64 ; G. MARTY et P. RAYNAUD, *Droit civil, Les obligations*, tome 1, *Les sources*, 1988, *op. cit.*, n°70, p.67.

[702] J. CARBONNIER, *Droit civil,* tome 4, *Les obligations*, 2000, *op. cit.*, n°138, p. 271.

qui connaissent une succession de prestations qui pourraient être indépendantes[703].

409. Durée d'exécution et durée du contrat – Ainsi, nous constatons que la durée de l'exécution contractuelle se différencie de la durée du contrat[704]. Comme le précise le professeur Rochfeld, un contrat « peut en effet, au-delà de l'exécution de ses obligations principales, voir ses effets secondaires s'étaler sur une durée plus longue. Par exemple, le contrat de vente au comptant, archétype du contrat à exécution instantanée, donne naissance à des obligations de garantie qui, elles, s'étalent dans le temps »[705]. Cependant, le caractère instantané de l'exécution est souvent fictif[706].
De même, parler de contrats à exécution successive n'est pas sans équivoque. Les formes d'exécution que revêtent ces types de contrats peuvent faire l'objet d'une autre sous-division. Ainsi, René Demogue proposait d'isoler les contrats à exécution échelonnée ou répétée qui font « simplement se succéder dans le temps des prestations qui pourraient rationnellement constituer autant de contrats distincts, mais qui sont considérés comme formant un tout en raison de l'unité de l'acte originaire »[707]. La durée, ici, n'est pas une modalité principale du contrat.

410. D'autres auteurs offrent à la durée une place plus importante dans la qualification des contrats successifs. Le professeur Jean-Marc Mousseron, par exemple, insistait sur le fait que l'écoulement du temps doit être « nécessaire à l'exécution même de la prestation » et que la durée doit intervenir comme un « élément essentiel [...], inhérent à la nature même du contrat »[708], comme c'est le cas pour le contrat de bail ou le contrat de travail. À côté, il est également possible de prendre en considération les contrats dont les obligations ne sont pas à exécution continue, c'est-à-dire dont l'exécution « suppose la répétition d'un certain nombre de faits, séparés

---

703 B. STARCK, H. ROLAND et L. BOYER, *Droit civil, Les obligations*, tome 2, *Contrat*, 1998, *op. cit.*, n°133, p. 45 ; J.-M. MOUSSERON, *Technique contractuelle*, Francis Lefebvre éd., 4e éd., par P. MOUSSERON, J. RAYNARD et J.-B. SEUBE, 2010, n°516, p.223.
704 T. BONNEAU, « *La durée dans les contrats* », J.-Cl. Contrats-distribution, fasc. 70, 1990, n°8, p.9.
705 J. ROCHFELD, « *Les modes temporels d'exécution du contrat* », art. préc., n°1, p.47.
706 M. PICQ, *La distinction entre les contrats à exécution instantanée et les contrats à exécution successive*, Thèse Grenoble-II, 1994.
707 R. DEMOGUE, *Traité des obligations en général, Source des obligations*, tome 2, Arthur – Rousseau éd., 1923, n°917-5 ; M.-L. CROS, « *Les contrats à exécution échelonnée* », D. 1989, chron. p. 49.
708 J.-M. MOUSSERON, *Technique contractuelle*, *op. cit.*, n°893, p. 347.

dans le temps, qui peuvent eux-mêmes exiger un certain délai »[709]. Le contrat de fourniture en illustre le parfait exemple. La diversité des définitions de contrats, dont l'exécution est sous l'influence du temps – ainsi que la multitude des sous-catégories qui en découlent – n'offrent pas de réelles indications quant à l'importance et à la pertinence de cette analyse doctrinale.

411. Critiques – Au-delà de l'ambiguïté de ces définitions, il apparaît que le critère des modes temporels d'exécution n'est pas très efficace pour marquer les différences de régimes de ces contrats. Pour pallier cette difficulté, le professeur Rochfeld propose d'utiliser la divisibilité de l'exécution[710] comme socle de différenciation entre les contrats instantanés et les contrats successifs.

412. L'exécution doit être considérée comme unique lorsqu'il y a indivisibilité[711] par opposition à une exécution divisible selon des tranches d'exécution équilibrées[712].
Cette idée de divisibilité de l'exécution reprend l'opposition proposée par Jean-Marc Mousseron entre les "contrats hétérogènes" dont « les prestations obligatoires se répartissent non harmonieusement dans le temps », de sorte que « l'équilibre des charges et avantages ne sera obtenu qu'au terme d'un certain délai »[713] et les "contrats homogènes" dont « les prestations obligatoires se répartissent harmonieusement dans le temps avec pour effet l'équilibre, à chaque période, à chaque tranche, sinon à chaque instant, sans doute, de ce que réalise et de ce que reçoit chaque partie »[714]. Ce critère de divisibilité de l'exécution est souvent illustré par la possibilité de prononcer

---

[709] Ch. LARROUMET, *Droit civil, t.3 Les Obligations – Le contrat,* Economica, 5e éd., 1998, p. 172, note 2.
[710] J. ROCHFELD, « *Les modes temporels d'exécution du contrat* », art. préc., n°1, p.47.
[711] Dans ce sens, déjà, R. CASSIN, *De l'exception tirée de l'inexécution dans les rapports synallagmatiques (exceptio non adimpleti contractus) et de ses relations avec le droit de rétention...*, Th. Paris, 1914, p. 175 et s. ; J.-L. AUBERT, note sous Cass. civ. 1ère, 3 novembre 1983, Rép. Déf. 1984, art. 33368, p. 1014 ; J. GHESTIN, « *L'effet rétroactif de la résolution des contrats à exécution successive* », in *Mélanges P. Raynaud*, Dalloz, 1985, p. 203 et s., p. 221 et s. ; M. PICQ, *La distinction entre les contrats à exécution instantanée et les contrats à exécution successive*, *op. cit.*, p. 282 et s. ; J.-B. SEUBE, *L'indivisibilité et les actes juridiques*, Litec, coll. Biblio. de dr. entrepr., tome 40, 1999, préf. M. CABRILLAC, n°357 et s., p. 385 et s. ; contra C. RIGALLE-DUMETZ, *La résolution partielle du contrat*, Dalloz, Nvelle biblio. de Th., 2003, n°432 et s., p. 260 et s.
[712] Cass. civ. 3ème, 20 novembre 1991, Bull. civ. III, n°285 ; en ce sens, déjà, Civ., 4 mai 1898, DP 1898, 1, p. 457, note M. PLANIOL, relevant que les parties avaient regardé l'exécution comme « *un tout indivisible* ».
[713] J.-M. MOUSSERON, *Technique contractuelle*, *op. cit.*, n°537, p. 229.
[714] J.-M. MOUSSERON, *Technique contractuelle*, *op. cit.*,, n°536, p. 228.

une résolution partielle ou non du contrat. Lorsque l'exécution est conçue comme indivisible, seule la résolution de l'ensemble des obligations contractuelles est possible. Alors que lorsqu'elles forment une tranche divisible d'exécution, il est possible d'offrir une résolution partielle, anéantissant ainsi le contrat pour l'avenir uniquement et ce, sans remettre en cause les prestations déjà exécutées : « Plus généralement, l'anéantissement rétroactif devrait s'appliquer à des contrats qui, indivisibles dans leur exécution, ne peuvent se satisfaire d'une exécution incomplète »[715].

413. Il en est de même pour la résiliation unilatérale. Faculté reconnue traditionnellement dans la distinction entre les contrats à durée déterminée et les contrats à durée indéterminée, la possibilité de résiliation unilatérale se trouve plus aisément justifiée en se basant sur le critère de la divisibilité de l'exécution. En effet, la décision d'une seule des parties de mettre fin au contrat ne devrait être admise que pour les contrats dont l'exécution est divisible et à l'issue d'une tranche autonome d'exécution[716]. Plus exactement, le « caractère indéterminé de la durée du contrat, actuellement critère de cette faculté, n'interviendrait plus alors que comme un indice du caractère divisible de l'exécution »[717].

414. L'ordonnance 2016-131 de réforme du droit des contrats, à travers les articles 1210 et suivants du Code civil, donne lieu à une explication claire et pédagogique des règles de droit positif en matière de durée des contrats. Certaines notions sont efficacement définies : prorogation, renouvellement, tacite reconduction. Le principe de prohibition des engagements perpétuels est affirmé. Sa sanction, maltraitée par la jurisprudence, est enfin clarifiée.

415. Synthèse – En définitive, « tandis que l'on avait pu croire que l'opposition majeure se situait dans la confrontation des modes temporels d'exécution, entre les contrats à exécution instantanée et ceux à exécution successive, elle pourrait résider davantage dans celle des contrats en cours dont l'exécution est ou non divisible »[718]. La pratique contractuelle a permis de mettre en lumière le fait que les opérations ne se déroulent pas

---

[715] J. ROCHFELD, « *Les modes temporels d'exécution du contrat* », art. préc.

[716] V., en ce domaine, la réglementation italienne, art. 1373 CCI : - alinéa 1 : « *si à l'une des parties est attribuée la faculté de résiliation du contrat, une telle faculté ne peut être exercée que jusqu'à ce que le contrat n'ait pas reçu un principe d'exécution* » ; - alinéa 2 : « *dans le contrat à exécution continue ou périodique, une telle faculté peut être exercée même postérieurement, mais la résiliation n'a pas d'effet pour les prestations déjà exécutées ou en cours d'exécution* ». Ainsi que pour les règles qui en sont induites, v. par ex., V. ROPPO, *Il contratto*, Giuffré, coll. Trattato di diritto privato, 2001, p. 543 et s.

[717] J. ROCHFELD, « *Les modes temporels d'exécution du contrat* », art. préc.

[718] J. ROCHFELD, « *Les modes temporels d'exécution du contrat* », art. préc.

uniquement dans un trait de temps. Envisager l'exécution contractuelle seulement à travers ce prisme reviendrait à négliger tout un pan de l'opération économique.
La dimension temporelle de l'exécution peut également s'étendre à la période post-contractuelle. En effet, certaines obligations, prévues dans le contrat, peuvent trouver à s'appliquer alors même que le contrat initial a pris fin, mettant normalement un terme au lien de droit qui unissait les parties. Cette exécution après le contrat peut prendre également d'autres formes si les parties maintiennent le lien obligatoire du contrat, mais en modifient son contenu obligationnel.

§3 – L'exécution après le contrat

416. Il arrive fréquemment que les parties ne soient pas totalement satisfaites du contrat initialement conclu. Dès lors, les parties peuvent décider d'exécuter, non pas le contrat primaire, mais un nouveau contrat (A). Cette exécution intervenant après le premier contrat, peut résulter d'une modification du contenu obligationnel sans remettre en cause le lien découlant du contrat conclu originel. Parfois même, alors que le contrat a disparu, des obligations contractuelles survivent. Le lien que le premier contrat a créé ne s'épuise donc pas nécessairement après l'extinction des obligations principales (B).

A. L'exécution d'un nouveau contrat

417. Insatisfaction des parties – Lorsque les parties ne sont pas contentées par le contrat initial, elles peuvent souhaiter ne pas exécuter ce premier contrat et lui préférer une nouvelle opération contractuelle. Il peut s'agir d'un changement radical par le biais d'une novation ou simplement d'une modification du contrat.

418. Novation de contrat – La novation est un mécanisme juridique qui s'applique traditionnellement aux obligations. Ce principe a été réaffirmé très clairement dans le nouvel article 1329 du Code civil disposant que : « *La novation est un contrat qui a pour objet de substituer à une obligation, qu'elle éteint, une obligation nouvelle qu'elle crée* ».
Cependant, une partie de la doctrine – et notamment M. Cholet[719] – a mis en avant l'approche jurisprudentielle de cette notion tendant à introduire la

[719] D. CHOLET, « *La novation de contrat* », RTD civ. 2006, p.467.

novation de contrat. En effet, dans une décision de 2001[720], sans utiliser explicitement le terme de novation de contrat, la Cour de cassation semble constater une novation ayant pour effet de substituer un mandat d'intérêt commun à un contrat de concession exclusive. Ni la novation classique ni la requalification de contrat ne permettent de justifier cette solution. C'est ainsi que la doctrine a avancé le fait qu'il s'agissait d'un régime propre à la substitution ou à la novation de contrat.
Postérieurement, la jurisprudence a développé cette analyse en employant le terme « novation » à propos de certains contrats : contrat de construction d'une maison individuelle[721], contrat d'agent commercial[722], contrat de travail[723] ou encore contrat de cautionnement[724].

419. De ces décisions, la pratique contractuelle en a tiré un enseignement allant jusqu'à insérer des clauses prévoyant la novation globale du contrat en cas de modification importante de celui-ci. Les parties acceptent, par ce phénomène, de modifier leurs relations contractuelles au point que ces dernières ne sont plus régies par le contrat initialement conclu.
Les parties peuvent, bien entendu, résilier le contrat initial pour le remplacer par un nouveau contrat. Cependant, par ce biais, elles perdent le bénéfice de l'ensemble de la première relation contractuelle ainsi que les clauses et les obligations qu'elle créait. Or, souvent, telle n'est pas leur intention. Ainsi, grâce à la novation de contrat, les parties peuvent – dans la continuité de leur relation contractuelle – modifier certaines obligations tout en restant liées pour le reste par leur accord primitif. La novation peut donc s'identifier en une novation d'une obligation entraînant le changement de qualification du contrat. Il s'agit d'une notion juridique autonome « dès lors qu'elle s'appuie sur une analyse renouvelée de la novation par changement de cause »[725].
Parfois, une modification du contrat – à l'initiative du juge ou des parties elles-mêmes – peut suffire à satisfaire les contractants.

---

[720] Cass. com., 3 juillet 2001, Bull. civ. IV, n° 131, D. 2001, p. 2826, note É. CHEVRIER et, somm. p. 3245, obs. Ph. DELEBECQUE, JCP 2002, I, p. 134, n° 3, obs. G. VIRASSAMY ; JCP-E 2002, chron. 640, p. 661, obs. P. MOUSSERON ; PA 2002, p.14, note P.-H. CORLAY. Cet arrêt statue sur le pourvoi formé contre CA Versailles, 9 avril 1998, PA, 25 septembre 1998, p. 23, note N. MATHEY.
[721] Cass. civ. 3ème, 4 juin 2003, Bull. civ. III, n° 120 ; RD imm. 2003, p. 444, obs. P. PAINEAU ; Rép. Déf., 2003, art. 37819, n° 25, p. 1287, obs. H. PÉRINET-MARQUET.
[722] CA Paris, 19 juin 2003, D. 2003, AJ p. 2437.
[723] Cass. soc., 17 septembre 2003, Bull. civ. V, n° 232 ; 23 juin 2004, n° 02-42.009, inédit ; 14 juin 2005, Bull. civ. V, n° 201 notamment.
[724] Cass. com., 14 janvier 2004, n° 01-11.767, inédit.
[725] D. CHOLET, « *La novation de contrat* », art. préc., p.467, n°46.

420. Modification du contrat – Une fois le contrat conclu, il s'impose aux parties. En raison du principe de la liberté contractuelle, le juge ne peut normalement intervenir dans le contrat ni au moment de sa formation pour y inclure des clauses non prévues ni au cours de l'exécution pour en modifier le contenu[726]. Cependant, le juge a déjà démontré sa capacité d'interférer dans le contrat. De la même manière qu'il a forcé le contrat pour y introduire des obligations non prévues par les parties, le juge s'est octroyé le pouvoir de modifier un contrat déjà conclu. C'est la question classique de l'imprévision où les circonstances économiques, dans lesquelles s'insérait le contrat, connaissent d'importants changements entraînant un déséquilibre au détriment de l'une des parties. Il ne s'agit pas ici d'une exécution rendue impossible, mais simplement l'exécution devient beaucoup plus difficile ou beaucoup plus onéreuse pour l'une des parties. Depuis l'arrêt dit du Canal de Craponne[727] à la fin du XIXe siècle, il était communément admis que le droit civil français rejetait la théorie de la révision pour imprévision. En d'autres termes, la partie qui est mise en difficulté ne peut obtenir du juge la modification des prestations initialement convenues[728].
Sans remettre en cause ce principe, la jurisprudence avait trouvé un moyen d'assouplir sa rigueur en incitant les parties à renégocier le contrat[729]. Si la renégociation aboutissait, il était alors possible de considérer que le contrat avait été modifié, mais cette modification était issue de l'accord de volontés des parties. La renégociation d'un contrat en cas de changement de circonstances imprévisible lors de la conclusion du contrat est désormais consacrée par le Code civil à l'article 1195.

421. Consentement des parties – Par ailleurs, si les parties sont d'accord pour modifier le contrat – et en admettant que les changements ne soient pas illégaux – rien ne s'oppose à ce qu'elles puissent le faire. Lorsque la modification est importante, les parties peuvent avoir envie de conclure un nouveau contrat. Il s'agit alors d'une novation.
Néanmoins, il est parfois plus aisé de les autoriser à simplement modifier le contrat[730]. Dans ce cas, c'est le même contrat qui se poursuivra avec des

---

[726] Cass. civ. 3ème, 18 mars 2009, Bull. civ. III, n°64, RTD civ. 2009, p. 528, obs. B. FAGES, RDC 2009/4, p. 1358, obs. D. MAZEAUD : le contrat de bail « *ne comportait aucune clause prévoyant la modification des modalités d'exécution du contrat* », les juges du fond ne peuvent, même pour sauver le contrat ou respecter l'équilibre contractuel, substituer à une obligation de surveillance du bailleur devenue impossible par suite du décès de celui-ci, une obligation financière équivalente.
[727] Cass. civ., 6 mars 1876, D. 1876, I, p. 193, note A. GIBOULOT, GAJC, n°163.
[728] CA Paris, 28 janvier 2009, RTD civ. 2009, p. 529, obs. B. FAGES.
[729] V. *supra* n° 328, sur l'obligation jurisprudentielle de renégocier le contrat en cas de changement des circonstances économiques.
[730] CA Paris, 5e ch. A, 15 juin 2005, RTD civ. 2005, p. 592, obs. J. MESTRE et B. FAGES.

modifications, même si ces dernières sont importantes. Par exemple, en droit du travail, une modification importante du contrat n'entraîne pas novation. Ainsi, le salarié ne perd pas ses avantages.
La modification du contrat n'est cependant possible que si toutes les parties le souhaitent. À défaut, la force obligatoire du contrat impose l'exécution des obligations telles qu'elles étaient initialement conclues.

422. Naissance de nouvelles obligations – Conséquemment, lorsque le contrat est modifié, avec l'accord des parties, les obligations primaires s'éteignent pour donner naissance à de nouvelles obligations. Il n'est pas nécessaire de modifier la totalité des obligations pour qu'il y ait modification du contrat. À l'issue de l'opération contractuelle, le contrat est exécuté malgré le changement de certains éléments qu'il contenait.
Il convient de préciser que les modifications ne doivent pas affecter l'économie générale du contrat initial. À défaut, il n'y a pas simplement modification du contrat ou éventuellement novation, mais substitution de contrat. En effet, la Cour de cassation a pu rappeler en 2001[731] que la novation, qui se définit comme une convention par laquelle une obligation est éteinte et remplacée par une obligation nouvelle, affecte des obligations isolées. Elle n'atteint donc pas le contrat dans son ensemble[732] ; pour « affecter le contrat dans son ensemble – et aboutir en quelque sorte à une substitution de contrat – il est nécessaire que la ou les nouveautés apportées au contrat soient d'une importance telle que l'on considère que l'ancien contrat avait disparu »[733].

423. Il s'agit là d'hypothèses selon lesquelles les contractants n'ont pu se contenter de la rédaction initiale du contrat. Peu importe leurs motifs, il en ressort qu'ils ont voulu modifier certaines caractéristiques de leur engagement. Cependant, il est des cas où les parties décident d'étendre l'exécution des prérogatives contractuelles à une période où le contrat n'est plus ou plus curieusement encore, d'exécuter une obligation alors qu'il n'y a pas de contrat.

B. L'après-contrat

424. Obligations post-contractuelles – Comme le souligne le professeur Fabre-Magnan, en principe « le contrat dure jusqu'à ce qu'il ait épuisé ses

---

731 Cass. civ. 1ère, 3 juillet 2001, Bull civ. IV, n°131, D. 2001, p. 2826, note É. CHEVRIER, D. 2001, p. 3245, note Ph. DELEBECQUE,
732 Cass. civ. 1ère, 10 mai 1988, Bull. civ. I, n° 139, JCP 1988, IV, p. 246.
733 É. CHEVRIER, « *Ne pas confondre novation et substitution de contrat* », D. 2001, p. 2826.

effets, c'est-à-dire jusqu'à ce qu'il ait été entièrement exécuté »[734]. Alors, sa force obligatoire disparaît et les parties retrouvent leur liberté.
Cependant, cette liberté n'est pas toujours totale : l'extinction du contrat[735] peut parfois laisser subsister des obligations. Les parties conviennent que certaines obligations survivent à la disparition du contrat, demeurant à la charge de l'une ou l'autre des parties. C'est fréquemment le cas pour les contrats s'échelonnant dans le temps : « l'après-contrat garde souvent en mémoire la relation passée et porte à exiger de l'un le respect des intérêts de l'autre »[736].

425. Les exemples d'obligations post-contractuelles sont nombreux. Ainsi, à la fin de son contrat de travail, un salarié peut encore être tenu par une clause de non-concurrence. À travers cette stipulation, le salarié s'engage à n'exercer aucune activité – dans une mesure strictement définie[737] – de nature à concurrencer directement son ancien employeur.
Un salarié, notamment dans le domaine industriel, peut également être tenu après son départ d'une obligation de discrétion ou de confidentialité par laquelle il s'engage à ne pas divulguer ni exploiter des informations dont il aurait eu connaissance durant l'exécution de son contrat. Ces clauses ne sont bien entendu pas limitées au contrat de travail. Un franchiseur peut également interdire, par le biais d'une clause de non-réaffiliation, à un franchisé de devenir membre d'un réseau de distribution concurrent ou de lui-même créer un réseau concurrent après la fin du contrat de franchise.
Il en est de même pour la clause de non-rétablissement en vertu de laquelle celui qui cède un fonds de commerce, une clientèle civile ou monnaye un droit de présentation s'engage envers son successeur à ne pas reprendre une activité de nature à concurrencer celui-ci, au moins durant un temps limité et dans un périmètre déterminé.

---

[734] M. FABRE-MAGNAN, *Droit des obligations, 1 – Contrat et engagements unilatéraux*, 2010, *op. cit.*, p. 579.
[735] L'extinction du contrat peut résulter de diverses raisons : arrivée du terme extinctif, résiliation unilatérale d'un contrat à durée indéterminée, décision judiciaire d'annulation ou de résolution, etc. Elle peut même résulter d'une résiliation mutuelle : Cass. soc., 20 décembre 2006, RTD civ. 2007, p. 117, obs. J. MESTRE et B. FAGES, D. 2007, p. 555, note G. BLANC-JOUVAN.
[736] G. LOISEAU, note sous Cass. civ. 3ème, 14 septembre 2005, JCP 2005, II, p. 10173.
[737] La clause de non-concurrence est une stipulation par laquelle un contractant se prive de la faculté d'exercer une activité professionnelle susceptible de concurrencer celle de l'autre. Puisqu'elle porte atteinte à la liberté du travail, cette clause doit être limitée dans le temps et dans l'espace. L'arrêt *Godissart*, du 14 mai 1992, n°89-45.300 a ajouté le fait que la clause doit être nécessaire à la protection des intérêts légitimes de l'entreprise. Enfin, par son important revirement de jurisprudence en 2002, la chambre sociale de la Cour de cassation impose également une contrepartie financière non dérisoire à l'engagement du salarié : Cass. soc., 10 juillet 2002, n°00-45.135.

Même en cas de résiliation d'un contrat, les parties peuvent avoir décidé de laisser subsister certaines clauses visant à régir leurs relations à l'issue de la période contractuelle, comme c'est le cas notamment pour les contrats d'enregistrement exclusif[738].

426. L'analyse de ces obligations est complexe. Ces dernières demeurent alors que le contrat n'est plus. Pourtant, elles trouvent bien leur source dans cet ancien contrat. D'ailleurs, si ces obligations ne sont pas respectées, c'est bien la responsabilité contractuelle et non délictuelle qui est engagée, malgré le fait que la faute commise soit postérieure à la fin du contrat.
Cette faute se distingue également de celle, de même nature, ayant pu être commise avant la rupture du contrat[739]. Le professeur Fabre-Magnan en conclut que d'une certaine façon, « des obligations de nature contractuelle survivent donc à la disparition du contrat, ce qui montre que le contrat crée un lien entre les parties qui ne s'épuise pas nécessairement dans l'accomplissement de ses obligations principales »[740].

427. Obligations civiles - obligations naturelles – Dépassant plus encore le domaine du contrat, l'obligation, dite civile, est un lien de droit qui peut faire l'objet d'une action en justice. Cela signifie que le contractant dont la créance n'a pas été exécutée peut recourir à la force publique pour contraindre le débiteur défaillant. Toutefois, il existe des hypothèses dans lesquelles l'obligation n'est pas assortie de sanction. Il s'agit alors des obligations dites naturelles. Elles se définissent comme « un devoir moral dont l'exécution volontaire empêche toute répétition forcée »[741].
Cette définition ne se retrouve pas dans le Code civil qui n'y fait qu'une brève allusion à l'alinéa 2 de l'article 1302 : « *La répétition n'est pas admise à l'égard des obligations naturelles qui ont été volontairement acquittées* ». Elles se situent en quelque sorte entre les obligations juridiques et les obligations purement morales. En effet, il peut s'agir d'une obligation morale d'une consistance particulière, c'est-à-dire qu'elle accède à la vie juridique, du moins partiellement. Il peut s'agir d'un devoir moral de

---

738 Cass. soc., 20 décembre 2006, Bull. civ. V, n°409, RTD civ. 2007, p. 117, obs. J. MESTRE et B. FAGES : « *sauf disposition contraire résultant de l'accord des parties, la résiliation, d'un commun accord, du contrat d'enregistrement exclusif, n'y met fin que pour l'avenir de sorte qu'elle n'a pas pour effet [...] d'anéantir les clauses destinées à régir les relations entre l'artiste-interprète et le producteur après la période contractuelle de réalisation des enregistrements* ».
739 Cass. soc., 10 novembre 1998, Bull. civ. V, n°484, RTD civ. 1999, p. 399, obs. J. MESTRE.
740 M. FABRE-MAGNAN, *Droit des obligations, 1 – Contrat et engagements unilatéraux*, 2010, *op. cit.*, p. 580.
741 M. COUDRAIS, « *L'obligation naturelle, une idée moderne ?* », RTD civ. 2011, p. 453.

subvenir aux besoins d'une personne en dehors des cas d'obligation alimentaire prévus par la loi, par exemple entre une marraine et son filleul. Au contraire, l'obligation naturelle peut résulter d'une obligation qui était initialement juridique, mais qui ne l'est plus, car elle a été éteinte par prescription ou annulation.

428. Pendant longtemps, la doctrine a considéré que l'obligation civile qui était avortée – c'est-à-dire annulée – disparaissait simplement à l'inverse de l'obligation civile dégénérée en raison d'une prescription, se muait en une obligation naturelle[742]. Néanmoins, cette théorie a largement été remise en cause[743]. Il ressort des différents développements doctrinaux que le socle commun aux obligations naturelles est que, si le débiteur n'est pas juridiquement lié, il se sent néanmoins obligé[744].
L'obligation naturelle n'est donc pas une obligation civile. Le créancier ne peut en demander l'exécution forcée devant les tribunaux. Toutefois, elle n'est pas dépourvue de force puisqu'elle peut accéder à la vie juridique lorsque celui qui s'engage, par une obligation naturelle, l'exécute spontanément[745] ou s'engage à l'exécuter[746]. Cette transformation d'une obligation naturelle en obligation civile par le biais d'une exécution spontanée ou d'un engagement à l'exécution peut désormais s'appuyer sur le nouvel article 1100 alinéa 2 du Code civil précisant que : « *[Les obligations] peuvent naître de l'exécution volontaire ou de la promesse d'exécution d'un devoir de conscience envers autrui* ». Cette disposition semble très utile notamment, en droit des libéralités lorsqu'un héritier s'engage à respecter les

---

[742] G. RIPERT, *La règle morale dans les obligations civiles*, *op. cit.*, n°187 et les références citées. En droit belge, même théorie : P. WÉRY, *Droit des obligations*, vol. 1, *Théorie générale du contrat*, Larcier éd., coll. Précis de la Fac. de dr. de l'Univ. de Louvain, 2010, spéc. n°8, p. 20 : « Autrefois, la doctrine identifiait une seconde catégorie d'obligations naturelles : les obligations civiles dégénérées ou avortées, soit en raison de la prescription extinctive, soir par la présence d'une cause de nullité. La Cour de cassation a écarté les secondes dans son arrêt du 16 juin 1950, où elle déclare que « *l'obligation civile, nulle pour vice du consentement, ne donne pas naissance à une obligation naturelle puisque la volonté du débiteur, élément indispensable pour l'existence de toute obligation, fait défaut dans ce cas* » (Cass., 16 janvier 1950, Pas. 1950, I, p. 741). En revanche, la Cour estime, après avoir tergiversé sur ce point, que l'obligation prescrite subsiste comme obligation naturelle (Cass., 14 mai 1992, Pas. 1992, I, p. 798 ; Cass., 6 mars 2006, RGDC 2008, p. 343).

[743] Cf. not., M. JULIENNE, « *Obligation naturelle et obligation civile* », D. 2009, p. 1709.

[744] Par ex. des héritiers qui se sentent obligé d'accomplir les dernières volontés du défunt, restées purement verbale, alors qu'elles n'ont pas de force obligatoire : Cass. civ. 1ère, 22 juin 2004, D. 2004, p. 2953, note M. NICOD, AJ fam. 2004, p. 405, obs. F. BICHERON, RTD civ. 2005, p. 397, obs. J. MESTRE et B. FAGES ; Cass. civ. 1ère, 4 janvier 2005, RTD civ. 2005, p. 397, obs. J. MESTRE et B. FAGES.

[745] Article 1235 du Code civil.

[746] Cass. civ. 1ère, 4 janvier 2005, Bull. civ. I, n°4, RTD civ. 2005, p. 397, obs. J. MESTRE et B. FAGES.

dernières volontés non écrites du défunt, ou en droit de l'environnement lorsque des entreprises s'engagent à respecter des principes de soft law.

429. Lorsque le débiteur exécute spontanément une obligation naturelle, celle-ci est insusceptible de restitution[747]. En effet, il s'agit ici d'un paiement spontané, c'est-à-dire qu'il intervient naturellement de la part d'un débiteur non juridiquement tenu[748], mais qui mû par un sentiment de devoir, s'exécute. Il ne s'agit pas d'une intention libérale, car ce n'est pas une donation, mais un véritable paiement[749]. Puisque le débiteur s'exécute alors qu'il n'y était pas tenu, il n'y a pas de répétition possible, c'est-à-dire qu'il n'est pas juridiquement autorisé de se repentir ultérieurement de sa bonne action. Il n'y pas de paiement indu. Le fait de ne permettre aucune action en répétition de l'indu[750] prouve que le droit accorde à l'obligation naturelle une certaine valeur juridique.

430. Le débiteur peut également s'engager à payer sa dette, peu importe la forme de cet engagement. Dans ce cas, si l'engagement est volontaire et conscient, l'obligation naturelle se transforme en une obligation juridique désormais exécutoire devant les tribunaux[751]. Savoir par quelle technique l'obligation naturelle se transforme en une obligation juridique a fait l'objet de nombreuses hésitations.

431. Pendant longtemps, l'idée d'une novation était admise. Mais cela ne peut convenir, car la novation suppose l'extinction d'une obligation civile ancienne, non éteinte, par le remplacement d'une obligation civile nouvelle. Or, en l'espèce, l'obligation civile née de l'engagement spontané de payer

---

[747] Cass. civ. 1ère, 5 avril 1993, Bull. civ. I, n°141.

[748] Contra : Cass. civ. 1ère, 12 juillet 1994, Bull. civ. I, n°253 : « *attendu qu'après avoir relevé, par des motifs non critiqués, que M. Lahsen X... n'était plus tenu d'une obligation légale d'entretien à l'égard de ses enfants devenus majeurs, la cour d'appel a pu retenir que, soumis à une procédure de paiement direct, dont Mme Y... avait refusé de donner mainlevée, M. Lahsen X... n'avait pas effectué les paiements litigieux en pleine connaissance de cause et avec la volonté d'acquitter une obligation naturelle, de sorte qu'il était bien-fondé à en poursuivre la répétition* ».

[749] Cass. com., 11 février 1992, Bull. civ. IV, n°67.

[750] Cass. civ. 1ère, 21 novembre 2006, Bull civ. I, n°503, RTD civ. 2007, p. 119, obs J. MESTRE et B. FAGES.

[751] Cf. par ex : Cass. civ. 2ème, 9 mai 1988, Bull. civ. II, n°111, les tribunaux peuvent forcer l'exécution d'un engagement de payer une pension alimentaire à un ex-conjoint car l'engagement a transformé l'obligation naturelle en une obligation juridique ; Cass. civ. 1ère, 22 juin 2004, D. 2004, p. 2953, note M. NICOD, AJ fam. 2004, p. 405, obs. F. BICHERON, RTD civ. 2005, p. 397, obs. J. MESTRE et B. FAGES et Cass. civ. 1ère, 4 janvier 2005, RTD civ. 2005, p. 397, obs. J. MESTRE et B. FAGES, les héritiers légaux qui s'engagent à respecter les dernières volontés du défunt doivent s'exécuter.

prend la place, non d'une obligation civile, mais d'une obligation naturelle dépourvue de caractère exécutoire[752].
Aujourd'hui, la solution privilégiée consiste à reconnaître un engagement unilatéral de volonté. La Cour de cassation a d'ailleurs consacré cette idée en indiquant que « *l'engagement unilatéral pris en connaissance de cause d'exécuter une obligation naturelle [transforme] celle-ci en obligation civile* »[753]. L'engagement de payer trouve sa cause dans l'obligation naturelle préexistante, dotée d'une certaine consistance juridique, suffisant dès lors à justifier civilement la nouvelle obligation. Validant la jurisprudence, la réforme du droit des contrats de 2016 a consacré cette solution à l'article 1100, alinéa 2, du Code civil.

432. Le temps et le lieu ont donc tous deux des influences sur l'exécution de l'opération économique. Ces deux éléments font partie intégrante des règles structurant cette phase contractuelle.
L'autre aspect digne d'intérêt dans l'approche structurelle de l'exécution concerne les personnes qui y participent. En d'autres termes, il s'agit des acteurs de l'exécution. Ces derniers coïncident à l'accoutumée aux parties contractantes. Néanmoins, cette règle n'est pas absolue. D'autres personnes que celles qui ont consenti au contrat peuvent intervenir dans la phase exécutoire.

---

[752] Cass. civ. 1ère, 10 octobre 1995, Bull. civ. I, n°352, D. 1996, somm. p. 120, obs. R. LIBCHABER, D. 1997, p. 155 note G. PIGNARRE, D. 1997, chron. p. 85, note N. MOLFESSIS : « La transformation – improprement qualifiée novation – d'une obligation naturelle en obligation civile, laquelle repose sur un engagement unilatéral d'exécuter une obligation naturelle, n'exige pas qu'une obligation civile ait elle-même préexisté à celle-ci ».
[753] Cass. civ. 1ère, 4 janvier 2005, RTD civ. 2005, p. 397, obs. J. MESTRE et B. FAGES.

CHAPITRE II

LES ACTEURS DE L'EXÉCUTION CONTRACTUELLE

433. Domaine de l'exécution personnelle du contrat – Traditionnellement, l'exécution matérielle du contrat est associée à l'action du débiteur, conformément aux objectifs fixés par les parties au moment de la conclusion du contrat. À ce stade, les parties fixent le contenu obligationnel. Les obligations sont ainsi profondément empreintes de subjectivisme, car elles représentent le lien juridique qui unit la personne du créancier à celle du débiteur.

L'article 1199 alinéa 1er du Code civil pose comme principe que « *le contrat ne crée des obligations qu'entre les parties* ». Ainsi, seules les personnes qui, au moment de la formation du lien contractuel, y ont effectivement consenti sont liées, mais également obligées par l'effet de leur volonté[754]. En d'autres termes, seules les parties sont tenues d'exécuter le contrat.

434. Admission de l'exécution du contrat par un non-contractant – Lorsque la personnalité du débiteur n'est pas un élément déterminant de la satisfaction du créancier, il est admis que l'exécution du contrat puisse être le fait d'un non-contractant, c'est-à-dire une personne qui n'a pas participé à la conclusion de l'acte.

Par principe, la situation du tiers, catégorie moins large que celle des non-contractants, est régie par les articles 1199 et suivants du Code civil : le tiers est extérieur au contrat et il n'en profite que s'il se trouve bénéficiaire d'une stipulation faite à son avantage, en application de l'article 1205 du même Code.

---

[754] J.-L. AUBERT « *À propos d'une distinction renouvelée des parties et des tiers* », RTD civ. 1993, p. 263 ; C. CARBONNEAU et F.-J. PANSIER, « *Du renouveau de la notion de partie* », Rép. Déf. 2000, art. 37110, p. 284. Comp. : J. GHESTIN, « *La distinction entre les parties et les tiers au contrat* », JCP-G 1992, I, p. 3628 ; du même auteur, « *Nouvelles propositions pour un renouvellement de la distinction des parties et des tiers* », RTD civ. 1994, p. 777.

Néanmoins, certaines voies d'accès à l'exécution du contrat ont été ouvertes au profit du non-contractant. Il ne s'agit pas de dresser une liste exhaustive des cas d'exécution du contrat par un non-contractant[755], mais simplement d'en envisager l'hypothèse. En effet, force est de constater que le phénomène contractuel s'inscrit désormais dans une perspective plus dynamique dans laquelle la réalisation de l'opération économique poursuivie par les parties est centrale. L'exécution s'envisage alors de façon moins subjective. La notion d'opération contractuelle tend à s'imposer et la réalisation de son objet économique devient essentielle. Dès lors que l'on admet la définition de l'obligation par rapport à la réalisation de son objet et la satisfaction des parties, la personne du débiteur est donc mise en retrait, offrant au tiers ou au non-contractant la possibilité de participer à la réalisation de l'opération économique alors même qu'il n'y avait pas consenti.
Au demeurant, l'exécution du contrat s'effectue en principe par les parties, dont cette qualité peut être acquise par diverses procédures (section I), mais également par un tiers (section II).

SECTION I – L'EXÉCUTION PAR LES PARTIES

435. Principe de l'effet relatif des conventions – Les effets du contrat sont gouvernés par le principe fondamental de l'effet relatif des contrats. Les parties sont donc obligées par le contrat. En raison de la force obligatoire du contrat, elles sont donc également tenues de l'exécuter.
En l'occurrence, les seules personnes qui exécutent effectivement le contrat sont considérées comme étant des parties. Les tiers sont, par principe, exclus de la réalisation de l'opération économique. Ces règles sont posées à l'article 1199 du Code civil : « *Le contrat ne crée d'obligations qu'entre les parties. Les tiers ne peuvent ni demander l'exécution ni se voir contraints de l'exécuter, sous réserve des dispositions de la présente section et celles du Chapitre III du Livre IV* ».
La distinction entre les parties et les tiers semble donc *a priori* simple à établir.

436. Il est traditionnellement admis qu'une partie à un contrat est une personne qui l'a conclu. Plus précisément est partie, toute personne ayant manifesté son consentement pour être liée par un contrat. Tous ceux qui

---

[755] Pour une étude détaillée, v. D. ARTEIL, *L'exécution du contrat par un non-contractant*, *op. cit.*

n'ont pas consenti à la formation de l'acte sont donc des tiers. En réalité, la distinction n'est pas aussi aisée à établir. En effet, la qualification de partie n'est pas figée définitivement au jour de la conclusion du contrat. Il convient dès lors d'analyser dans un premier temps l'acquisition volontaire de la qualité de partie (paragraphe I) afin d'étudier dans un second temps, les hypothèses d'attribution légale de la qualité de partie (paragraphe II).

§1 – L'acquisition volontaire de la qualité de partie

437. La qualité de partie est inhérente à la volonté de contracter. Dès lors qu'une personne consent à se lier contractuellement à une autre, elle acquiert la qualité de partie au contrat lui permettant, par conséquent, de retirer les bénéfices du contrat et d'en supporter les obligations. Il est ainsi communément admis que seule la volonté de contracter permet de s'approprier cette qualité et les conséquences juridiques qui y sont attachées. Néanmoins, la volonté de se lier au contrat, si elle paraît évidente au stade de la formation de l'acte, peut également émerger ultérieurement. L'acquisition de la qualité de partie n'est donc pas figée au stade de la conclusion, mais peut naître plus spécifiquement au stade de l'exécution du contrat (A). Le droit des contrats connaît d'ailleurs plusieurs mécanismes permettant de mettre en évidence cette volonté de se lier après la naissance du contrat (B).

A. Le moment de l'acquisition de la qualité de partie

438. Définition du terme – Le terme *partie* faisait traditionnellement référence aux *parties contractantes*[756], c'est-à-dire les personnes ayant conclu le contrat, celles dont la volonté s'est manifestée en décidant la conclusion du contrat et en fixant son contenu.
L'étymologie du mot *partie* vient du verbe *partir* avec son sens de partage : « la partie est la personne qui prend part au contrat et à l'opération qu'il organise »[757]. Cette qualification fait donc référence à tous ceux qui, en personne, consentent au contrat, qui y souscrivent. Le consentement au contrat est l'un des éléments fondamentaux dans la détermination de la qualité de partie.
Cependant, cette notion de partie n'implique pas nécessairement la présence personnelle des contractants puisque ces derniers peuvent être représentés lors de la formation du contrat. M. Storck a, quant à lui, proposé de définir

---

[756] Selon l'ancien article 1165 du Code civil : « *Les conventions n'ont d'effet qu'entre les parties contractantes ; elles ne nuisent point au tiers et elles ne lui profitent que dans le cas prévu de l'article 1121* ».
[757] J. FLOUR, J.-L. AUBERT et É. SAVAUX, *Droit civil, tome 1, L'acte juridique*, 2008, *op. cit.*, n°425, p.378.

les parties à un acte juridique comme « une personne qui est directement concernée par l'acte, qui joue un rôle dans la réalisation de cette opération »[758].

439. Quelle que soit la formulation générale de la définition de la notion de partie, il en ressort qu'il est impossible d'envisager le concept de partie sans aborder celui du contrat. Pour avoir une vision plus précise de la notion de partie, il est nécessaire de préciser l'angle d'approche sous lequel le contrat est envisagé. Une partie peut désigner « une personne prenant part à la procédure contractuelle ou une personne liée par les effets du contrat »[759]. La dissociation du concept de partie par rapport à la conclusion ou aux effets du contrat est inévitable puisque la personne qui participe à la formation du contrat n'est pas forcément la même qui sera liée par les effets qui en résultent[760].

440. La notion d'"autrui" – Le non-contractant désigne toute personne qui n'a pas pris part à la conclusion du contrat, c'est-à-dire qui n'a pas participé à sa formation ou plus précisément qui n'a pas consenti au contrat. Cette catégorie dépasse celle des tiers[761].
Cependant, la séparation entre la qualité de partie et celle de non-contractant n'est pas étanche. En effet, un non-contractant, même s'il est tiers à la formation de l'acte peut, par la suite, acquérir la qualité de partie au contrat. Nous retrouvons cette adaptation du contrat dans le cadre de la cession de contrat ou de la transmission du contrat à l'ayant-cause universel d'une partie[762].

---

[758] M. STORCK, *Essai sur le mécanisme de la représentation dans les actes juridiques*, LGDJ, coll. Biblio. de dr. privé, tome 172, 1982, préf. D. HUET-WEILLER, n°2, p.17.
[759] N. DISSAUX, *La qualification d'intermédiaire dans les relations contractuelles*, *op. cit.*, n°471, p.212.
[760] R. JHERING, *L'esprit du droit romain dans les diverses phases de son développement*, tome 4, Paris, A. Marescq, Aîné, 1880, 3e éd., trad. O. de MEULENAERE, p.171, §63.
[761] J. GHESTIN, « *La distinction entre les parties et les tiers au contrat* », art. préc. ; J.-L. AUBERT, « *À propos d'une distinction renouvelée des parties et des tiers* », art. préc. ; C. GUELFUCCI-THIBIERGE, « *De l'élargissement de la notion de partie au contrat... à l'élargissement de la portée du principe de l'effet relatif* », RTD civ. 1994, p. 275 ; J. GHESTIN, « *Nouvelles propositions pour un renouvellement de la distinction des parties et des tiers* », art. préc.
[762] Le non-contractant succède au *de cujus* est prend donc sa place dans les contrats conclus par ce dernier, mais qui n'avait pas épuisé leurs effets au jour du décès : V. notamment, M. BÉHAR-TOUCHAIS, *Le décès du contractant*, Economica, coll. Droit civil, 1988, préf. G. CHAMPENOIS. – Sur la distinction entre les héritiers et les légataires universels qui ont vocation à continuer la personne du *de cujus* : Ch. JUBAULT, *Droit civil, Les successions, Les libéralités*, Montchrestien, coll. Domat droit privé, 2e éd., 2010, n°93 et s., p.71 et s. L'ancien article 1122 du Code civil précisait d'ailleurs qu'« *on est censé avoir stipulé pour soi et pour ses héritiers et ayants cause* [...] ».

Comme le précise M. Arteil, le non-contractant « désigne donc toute personne étrangère à la formation du contrat et qui se trouve, ultérieurement, en situation de l'exécuter soit en qualité de partie, soit en qualité de tiers »[763]. L'auteur poursuit, en ajoutant une condition à cette analyse, à savoir que « cette proposition révèle déjà la dissociation possible entre l'exécution du contrat et l'exécution des obligations contractuelles puisque, par définition, le tiers n'est pas obligé par le contrat »[764].

441. Acquisition de la qualité de partie – Puisqu'il est classiquement admis que le contrat s'exécute au moyen des obligations contractuelles, la meilleure possibilité pour une personne d'intervenir est donc d'entrer dans le contrat. Cette voie implique l'acquisition de la qualité de partie.
Dans une conception individualiste et volontariste du contrat, les parties se définissent comme les personnes ayant souhaité le contrat. À l'image du principe de l'autonomie de la volonté, il n'est possible d'être tenu par une obligation que si l'on y a consenti. Le critère de la qualité de partie réside dans la volonté de contracter[765]. Sont ainsi assimilés aux parties, d'une part les personnes représentées et d'autre part, les successeurs. En effet, lorsqu'il y a une représentation conventionnelle, la volonté de faire partie du contrat ne fait pas de doute. Tel est le cas par exemple du contrat de mandat.

442. En revanche, cette volonté contractuelle ne peut pas être formellement établie lorsque la représentation est légale comme pour la représentation d'un mineur ou d'un majeur sous tutelle. Le droit des successions s'inscrit pareillement dans cette lignée puisqu'il a pour principal objectif d'organiser la continuité de la personne du contractant par ses ayants cause universels ou à titre universel. En principe, ils deviennent partie au contrat conclu s'il n'a pas épuisé tous ses effets au moment du décès du *de cujus*. Ils peuvent ainsi être débiteurs ou créanciers en fonction de la place qu'occupait le défunt dans le contrat puisqu'ils continuent sa personne. Il s'agit, certes, d'un effet de la loi, mais la notion de volonté n'est pas complètement étrangère puisque les héritiers conservent la possibilité de refuser la succession et ainsi se détacher des contrats conclus par le *de cujus*.

443. La fin du XXe siècle a fait renaître l'intérêt de la doctrine dans l'appréciation de la conception de partie. Certains auteurs ont d'ailleurs

---

[763] D. ARTEIL, *L'exécution du contrat par un non-contractant*, *op. cit.*, n°4, p.4.
[764] D. ARTEIL, *L'exécution du contrat par un non-contractant*, *op. cit.*, n°4, p.4.
[765] B. STARCK, H. ROLAND et L. BOYER, *Droit civil*, *Les obligations*, tome 2, *Contrat*, 1998, *op. cit.*, n°1449 et s., p.502 et s.

évoqué un véritable renouveau dans cette approche de la qualité de partie[766], ouvrant la voie à d'autres auteurs qui se sont penchés sur la question et ont tenté de mettre au point une nouvelle théorie en élargissant la notion même de partie[767].

444. Proposition du professeur Ghestin – Le professeur Ghestin, en premier lieu, s'est interrogé sur la distinction classique des parties et des tiers[768]. Se fondant sur une conception volontariste du principe de la relativité des conventions, il en déduit que la distinction traditionnelle mérite d'être revue afin d'y inclure des éléments objectifs d'analyse. En effet, la notion de tiers apparaît très ambiguë puisqu'elle comprend des catégories intermédiaires telles que les ayants cause qui sont une sorte de « parties assimilées ou des faux tiers »[769].
La qualité de partie est réservée aux personnes ayant conclu le contrat. Or, nous savons que certaines personnes peuvent ultérieurement être liées par le contrat. Cet auteur cherche donc à élargir la catégorie des parties à « tous ceux qui sont liés par les effets obligatoires du contrat »[770].
Dans la première version de sa critique quant à la distinction des parties et des tiers, le professeur Ghestin base son observation non plus uniquement lors de la formation du contrat, mais également au moment de son exécution pour en déduire quelles personnes étaient liées au contrat. Se faisant, il considère que la partie contractante définit la personne qui a manifesté sa volonté d'être liée par les effets obligatoires du contrat. À l'inverse, le tiers est celui qui ne s'y est pas lié. Ainsi, le tiers bénéficiaire d'une stipulation pour autrui obtient la qualité de partie dès lors qu'il exprime sa volonté en acceptant la stipulation.

---

[766] C. CHARBONNEAU et Fr.-J. PANSIER, « *Du renouveau de la notion de partie* », Rép. Déf. 2000, art.37110, p. 284 et s. V. aussi, E. BAYER, « *La propriété du contrat* », PA, 2006, n°43, p. 6 et s.
[767] Voir les échanges entre J. GHESTIN, C. GUELFUCCI-THIBIERGE et J.-L. AUBERT : J. GHESTIN, « *La distinction des parties et des tiers au contrat* », art. préc. ; l'article en réplique, J.-L. AUBERT, « *À propos d'une distinction renouvelée des parties et des tiers* », art. préc. ; C. GUELFICCI-THIBIERGE, « *De l'élargissement de la notion de partie au contrat... à l'élargissement de la portée du principe de l'effet relatif* », art. préc. ; J. GHESTIN, « *Nouvelles propositions pour un renouvellement de la distinction des parties et des tiers* », art. préc.
[768] J. GHESTIN, « *La distinction des parties et des tiers au contrat* », art. préc.
[769] E. JEULAND, *Essai sur la substitution de personne dans un rapport d'obligation*, *op. cit.*, n°193, p.160.
[770] E. JEULAND, *Essai sur la substitution de personne dans un rapport d'obligation*, *op. cit.*, n°193, p.160.

445. Critiques – Cette analyse a fait l'objet d'un certain nombre de critiques. Dans un article en réplique[771], le professeur Jean-Luc Aubert reprochait à l'analyse du professeur Ghestin, une approche erronée de la situation du tiers et surtout l'appréciation de la qualité de partie au moment de l'exécution du contrat puisque, selon lui, l'ancien article 1165 du Code civil ne concernait que la phase de formation du contrat. Utiliser les termes de cet article quant à la définition du tiers lors de l'exécution du contrat est incorrect. Le Code civil envisage déjà des hypothèses où le tiers acquiert la qualité de partie au moment de l'exécution sans pour autant remettre en cause la définition de cet article 1165. Il précisait clairement que : « le Code civil fournit dès l'origine divers exemples de semblables situations – et de solutions – sans aucune référence à l'article 1165 auquel seul déroge véritablement l'article 1121 [...]. La question se situe, en effet, en fait et en droit, au-delà de l'article 1165 : c'est la vie de l'obligation qu'il s'agit alors »[772].

446. Se joignant au débat, le professeur Guelfucci-Thiberge énonce que : « quasiment toutes les critiques de M. Aubert tombent si l'on ne subordonne pas la qualité de partie à cet unique critère volontariste. Une seule perdure cependant : celle qui consiste à dénoncer le caractère évolutif de la notion de tiers et de parties afin de n'utiliser la distinction qu'au stade de la formation du contrat »[773]. Cependant, même si la critique du moment d'appréciation du principe de l'effet relatif mérite d'être soulevée, le professeur Guelfucci-Thiberge poursuit en indiquant qu'elle ne pose, en définitive, aucun obstacle à l'analyse énoncée par le professeur Ghestin puisque d'« autres auteurs, en effet, tout en admettant le principe d'autonomie de la volonté, malgré son recul[774], soulignent cependant le caractère évolutif de la notion de tiers et donc corrélativement de celle de partie[775] »[776].

447. Article en réplique – Prenant en considération ces différentes remarques, le professeur Ghestin a proposé une seconde version de son

---

[771] J.-L. AUBERT, « *À propos d'une distinction renouvelée des parties et des tiers* », art. préc.

[772] J.-L. AUBERT, « *À propos d'une distinction renouvelée des parties et des tiers* », art. préc.

[773] C. GUELFUCCI-THIBIERGE, « *De l'élargissement de la notion de partie au contrat... à l'élargissement de la portée du principe de l'effet relatif* », art. préc., spéc. n°21.

[774] Ph. MALAURIE et L. AYNÈS, *Droit civil, Les obligations*, Cujas, 4ème éd., 1993, n°611.

[775] Ph. MALAURIE et L. AYNÈS, *Droit civil, Les obligations*, 1993, *op. cit.*, n°657 ; G. MARTY et P. RAYNAUD, *Droit civil, Les obligations*, tome 1, *Les sources*, 1988, *op. cit.*, n° 262.

[776] C. GUELFUCCI-THIBIERGE, « *De l'élargissement de la notion de partie au contrat... à l'élargissement de la portée du principe de l'effet relatif* », art. préc., spéc. n°21.

analyse[777]. Maintenant la distinction entre les *parties contractantes*, c'est-à-dire celles ayant participé à la formation du contrat et les *parties liées*, à savoir celles qui n'ont pas consenti au contrat, mais qui sont soumises à son effet obligatoire, par opposition aux tiers, l'auteur approfondit son étude en ajoutant au critère de la volonté celui de la source. En conséquence, il convient de distinguer « entre les personnes qui sont les parties au contrat dès sa formation et celles qui n'ont cette qualité qu'au moment de son exécution. Ce sont les premières qui peuvent être qualifiées de parties contractantes, dans la mesure où elles ont véritablement conclu le contrat. Les autres ne sont que des parties liées par le contrat. Mais toutes les parties qu'elles soient contractantes ou non sont liées par le contrat »[778]. Ainsi, les tiers sont ceux qui n'ont pas la qualité de partie au moment de la formation du contrat ou de son exécution, « y compris celles qui sont liées activement ou passivement par certains effets obligatoires du contrat, dès l'instant qu'elles ne disposent pas des prérogatives caractéristiques de la qualité de partie, à savoir le pouvoir de conclure, modifier ou anéantir le contrat selon la procédure contractuelle, un accord de volontés[779] »[780].
Il en ressort qu'il convient de distinguer les personnes ayant la qualité de partie au moment de la formation du contrat, de celles qui l'ont acquise au moment de l'exécution contractuelle.

448. Qualité de parties au moment de la formation du contrat – En premier lieu, les parties au contrat désignent toutes personnes liées par l'accord, qu'elles l'aient personnellement conclu ou qu'elles aient été représentées. C'est le fait qu'elles aient manifesté leur consentement à l'accord qui leur octroie la qualité de contractant. Même en cas de représentation conventionnelle, la volonté du représenté concourt à la formation du contrat.
Cependant, lorsque la représentation est légale ou judiciaire, la volonté du représenté est absente. Il convient dès lors de considérer que c'est la loi elle-même qui confère à une personne la qualité de partie au contrat malgré l'absence, de sa part, de toute volonté de s'engager[781].

---

777 J. GHESTIN, « *Nouvelles propositions pour un renouvellement de la distinction des parties et des tiers* », art. préc.
778 J. GHESTIN, « *Nouvelles propositions pour un renouvellement de la distinction des parties et des tiers* », art. préc., spéc. n°12.
779 À l'exception toutefois des personnes représentées en vertu d'une représentation légale ou judiciaire.
780 J. GHESTIN, « *Nouvelles propositions pour un renouvellement de la distinction des parties et des tiers* », art. préc., spéc. n°27.
781 F. TERRÉ, Ph. SIMLER et Y. LEQUETTE, *Droit civil, Les obligations*, 2002, op. cit., n°487, p. 479.

449. Tout autre est, cependant, la situation de personnes dont la volonté est nécessaire à la formation du contrat, mais qui n'acquièrent pas pour autant la qualité de parties[782]. Il s'agit par exemple du rédacteur du contrat[783] ou encore les personnes chargées de fournir une autorisation ou une authentification[784], un conseil, une expertise, une déclaration, ou une attestation[785]. Le lien matrimonial peut également, dans le cadre de certaines hypothèses, conférer des pouvoirs contractuels au conjoint alors qu'il n'était pas initialement, partie au contrat[786].

450. Qualité de parties au moment de l'exécution du contrat – Lors de l'exécution du contrat, les parties sont celles qui ont acquis cette qualité, même si elles étaient étrangères à sa conclusion. En effet, toute une série d'événements peut survenir, modifiant la qualité initiale des personnes, parties ou tiers au contrat. La catégorie de partie peut donc évoluer après sa formation[787]. C'est au moment où la convention produit ses effets qu'il convient de se placer pour apprécier et délimiter la catégorie de partie.
Lorsque le non-contractant prend la qualité de partie au contrat, il en subit les effets et devient débiteur de diverses obligations à l'égard du créancier. Alors que quand le non-contractant ne devient pas partie au contrat, mais intervient en tant que tiers, il n'est pas soumis à la force obligatoire du contrat[788]. Mais le plus souvent, l'exécution par le non-contractant se fait au moyen d'obligations issues d'un autre contrat.
Certains mécanismes conventionnels permettent de mettre en évidence la volonté du non-contractant d'être lié au contrat, après la conclusion du contrat.

---

[782] M. VASSEUR, « *Essai sur la présence d'une personne à un acte juridique accompli par d'autres* », RTD civ. 1949, p. 1753.

[783] Cf. pour le fournisseur d'un modèle de contrat : Cass. civ. 1ère, 4 mai 1999, n°97-14.187, Bull. civ. I, n°147 ; CCC 1999, n°124, obs. L. LEVENEUR ; Rép. Déf. 1999, p. 1004, note D. MAZEAUD ; JCP-E, 1999, p. 1827, note Ch. JAMIN ; JCP-G, 1999, II, p. 10205, note G. PAISANT ; RTD civ. 2000, p. 107, obs. J. MESTRE et B. FAGES.

[784] Cf. par exemple le notaire qui signe l'acte en sa qualité d'officier public : Civ. 3ème, 28 octobre 1992, n°90-17.652, RTD civ. 1993, p. 123, obs. J. MESTRE.

[785] Cf pour le visa apposé par une administration : Cass. soc., 19 juin 1987, RTD civ. 1988, p. 126, obs. J. MESTRE.

[786] Cf. le cas du bail d'habitation, article 1751, alinéa 1er, du Code civil : « *Le droit au bail du local, sans caractère professionnel ou commercial, qui sert effectivement à l'habitation de deux époux est, quel que soit leur régime matrimonial et nonobstant toute convention contraire, et même si le bail a été conclu avant le mariage, réputé appartenir à l'un et à l'autre des époux* ».

[787] Ph. MALAURIE, L. AYNÈS et Ph. STOFFEL-MUNCK, *Droit civil, Les Obligations*, 2011, *op. cit.*, n°795, p.414.

[788] L'ancien article 1165 du Code civil : « *Les conventions n'ont d'effet qu'entre les parties contractantes ; elles ne nuisent point au tiers, et elles ne lui profitent que dans le cas prévu par l'article 1121* ».

451. Réforme du droit des contrats de 2016 – Il est possible de tenir le même raisonnement à partir du nouvel article 1199 du Code civil. L'ordonnance 2016-131 réformant le droit des obligations, a choisi de consolider les effets du contrat à l'égard des tiers au sein des articles 1199 et 1200 du Code civil. Ainsi, à l'affirmation selon laquelle le contrat ne crée d'obligations qu'entre "les parties contractantes", le législateur a substitué la formule selon laquelle « *le contrat ne crée d'obligations qu'entre les parties* ». Désormais, le contrat peut donc être opposable à des parties qui ne l'ont pas contracté.
Parallèlement, les nouvelles dispositions du Code civil confirment que le contrat n'est pas dépourvu de toute conséquence à l'égard des tiers : les tiers doivent respecter le contrat. Même s'ils ne sont pas liés par le contrat, les tiers ne peuvent totalement l'ignorer.
Par ailleurs, s'il est clairement établi que les tiers ne peuvent ni demander l'exécution du contrat, ni se voir contraints de l'exécuter, une question demeure : celle de savoir si cela exclut la possibilité pour le tiers d'invoquer la violation du contrat ? Même si le législateur n'y répond pas directement à l'article 1199 du Code civil, il est naturellement possible de penser que sa volonté n'est pas de remettre en cause la solution dégagée par l'Assemblée plénière le 06 octobre 2006[789] qui permettait au tiers de se prévaloir d'une inexécution pour obtenir réparation de son préjudice. D'ailleurs, l'article 1200 du même Code prévoit la possibilité pour le tiers de se servir du contrat pour prouver un fait. Aussi peut-on supposer qu'il pourra se servir d'une inexécution pour prouver un préjudice.

B. Les mécanismes traduisant la volonté d'être lié au contrat

452. Tiers devenu partie au contrat – Dans la catégorie des parties par l'effet de leur volonté, nous retrouvons les personnes initialement tiers au contrat qui deviennent volontairement parties après sa conclusion. Ce qui est mis en avant ici, ce n'est pas la volonté de conclure le contrat, mais plus généralement la volonté d'y être lié.

---

[789] Ass. Plén., 06 octobre 2006, n°05-13.255 : « *Mais attendu que le tiers à un contrat peut invoquer, sur le fondement de la responsabilité délictuelle, un manquement contractuel dès lors que ce manquement lui a causé un dommage* ».

453. Cession conventionnelle de contrat[790] – Le non-contractant peut devenir une partie par l'effet de sa propre volonté. Il s'agit notamment du cessionnaire du contrat, substitué à l'une des parties par l'effet de la cession de contrat ou encore de celui qui a ratifié l'engagement de la personne qui s'est portée fort pour lui lors de la conclusion du contrat. Ainsi, au moment de la cession conventionnelle d'un contrat, une personne – le cédant – transfère sa qualité de contractant avec les droits et les obligations qu'elle comporte à une autre personne – le cessionnaire – qui lui sera substitué dans le rapport contractuel[791]. Lorsque le cocontractant cédé consent à la cession, il recueille les droits du cédant et assume ses obligations. En conséquence, le « principe de la relativité des conventions classiquement entendu ne subit aucune altération dès lors que cessionnaire et cocontractant cédé ont consenti à l'opération »[792]. Précisons qu'à « la différence de la cession de créances ou de la délégation, il s'agit non seulement de transmettre à ce tiers un droit ou une obligation, mais surtout de l'investir de la qualité de partie »[793], de sorte que le contrat survit malgré le changement de l'une des parties. La cession conventionnelle de contrat s'entend donc comme la cession de contrat résultant d'un accord de volonté[794].

454. En 1804, le Code civil connaissait quelques cas de cession de contrat, notamment à travers l'article 1717 qui offrait au locataire la possibilité de « *sous-louer, et même de céder son bail à un autre, si cette faculté ne lui a pas été interdite* ».
Cependant, ce n'est que récemment que l'importance de cette notion s'est accrue et a suscité l'intérêt de la doctrine. En effet, dans la première moitié

---

[790] L. AYNÈS, *La cession de contrat et les opérations juridiques à trois personnes*, *op. cit.* ; M.-L. IZORCHE, « *Circulation de contrat* », J.-Cl. contrats distribution 1995, fasc. 160. En droit suisse, l'idée d'une conception unitaire de la cession de contrat a été mise en avant : P. G. FAVRE, *Le transfert conventionnel de contrat, Analyse théorique et pratique*, Schulthess Verlag, 2005.

[791] M. FABRE-MAGNAN, *Droit des obligations, 1 – Contrat et engagements unilatéraux*, 2010, *op. cit.*, p.536-537. – Notons que la cession de contrat peut éventuellement n'impliquer que deux personnes : ex : lorsque le preneur à bail cède ledit bail à son propre bailleur : Cass. civ. 3ème, 13 octobre 2004, n°03-12.035, RTD civ. 2005, p. 130, obs. J. MESTRE et B. FAGES.

[792] F. TERRÉ, Ph. SIMLER et Y. LEQUETTE, *Droit civil, Les obligations*, 2002, *op. cit.*, n°489, p. 481.

[793] Ph. MALAURIE, L. AYNÈS et Ph. STOFFEL-MUNCK, *Droit civil, Les Obligations*, 2011, *op. cit.*, n°906, p. 479.

[794] La cession de contrat conventionnelle ne peut donc être que volontaire, s'opposant à la cession légale, imposée par la loi (article 35-1, alinéa 2, du décret du 30 septembre 1953 ; article 1743, alinéa 1er, du Code civil ; article L. 121-10 du Code des assurances ; article L. 121-12, alinéa 2, du Code du travail) et à la cession judiciaire (article 86, de la loi n°85-98 du 25 janvier 1985), qui sont des cessions forcées, accessoires au transfert d'un bien ou d'une entreprise.

du XIXe siècle, les auteurs semblaient ne pas s'y intéresser. Ainsi, Alexandre Duranton[795]- ou encore Raymond Théodore Troplong[796]- dans leur cours de Droit civil, n'étudiaient cette institution qu'à travers le mécanisme de la sous-location, sans l'envisager à travers celui de la cession de contrat. Puis, lorsque la doctrine s'est intéressée à la cession conventionnelle de contrat, elle a pu en proposer plusieurs analyses.

455. Tout d'abord, la cession de contrat fut envisagée à travers une conception dualiste[797] : une cession de dette accompagnée d'une cession de créance. Cependant, cette analyse ne peut être satisfaisante. Si la cession de créance ne pose pas de difficulté particulière dans son principe dès lors que les formalités à fin d'opposabilité sont remplies[798], il n'en est pas de même pour la cession de dette. D'après la doctrine majoritaire, il existait un « principe [...] du droit français, unanimement reconnu, [d'] incessibilité des dettes »[799] qui imposerait aux parties souhaitant réaliser un changement de débiteur de se tourner vers des instruments traditionnels de droit des obligations : délégation pour autrui, promesse d'exécution, etc. Ce principe avait pour but de protéger les droits du créancier.
Ainsi, la cession de dette étant impossible en droit français avant la réforme de 2016, il en allait de même pour la cession de contrat[800] : « L'accord intervenu entre le cédant et le cessionnaire pouvait donc éventuellement être valable entre ces deux parties, mais le cédant qui ne pouvait pas céder sa

---

[795] A. DURANTON, *Cours de droit français suivant le Code civil*, tome 17, *Du contrat de louage*, 3e éd., Paris, 1834, §83 et s., spéc. §90, p. 68: « Sous-louer et céder son bail sont deux opérations différentes, et dont les effets, sous plusieurs rapports, sont différents aussi ».

[796] R. T. TROPLONG, *Le droit civil expliqué suivant l'ordre des articles du Code : De l'échange et du louage, commentaires des titres VII et VIII du livre III du Code civil*, tome 1, C. Hingray éd., 1840, n°126 et s.

[797] Ch. LAPP, *Essai sur la cession de contrat synallagmatique à titre particulier*, Th. Strasbourg, 1950 ; Ch. LARROUMET, *Les opérations juridiques à trois personnes en droit privé*, Th. Bordeaux, 1968.

[798] La cession de créance conduit à substituer le cessionnaire au cédant dans le rôle du créancier. Les tiers y sont donc intéressés : le tiers cédé devra alors payer entre les mains du cessionnaire et non du cédant ; les créanciers du cédant ne pourront plus saisir la créance, celle-ci ayant été cédée et les éventuels cessionnaires ultérieurs, s'exposent au risque d'acquérir une créance déjà cédée.

[799] L. AYNÈS, *La cession de contrat et les opérations juridiques à trois personnes, op. cit.*

[800] Ces notions ont désormais été validées par la réforme du droit des obligations de 2016 et intégrées dans le Code civil. L'article 1214 alinéa 1er consacre la cession de contrat : « *Un contractant, le cédant, peut céder sa qualité de partie au contrat à un tiers, le cessionnaire, avec l'accord de son cocontractant, le cédé* ». L'article 1321 reprend le principe de la cession de créance : « *La cession de créance est un contrat par lequel le créancier cédant transmet à titre onéreux ou gratuit, tout ou partie de sa créance contre le débiteur cédé à un tiers appelé le cessionnaire* ». L'article 1327 consacre la cession de dette : « *Un débiteur peut, avec l'accord du créancier, céder sa dette* ».

dette restait nécessairement tenu à l'égard du cédé lequel ne pouvait ainsi se voir imposer un autre débiteur »[801].

456. Pour éviter cet écueil, la doctrine a ensuite adopté une vision moniste de la cession de contrat[802], c'est-à-dire qu'elle a envisagé la cession de contrat en elle-même. Dans cette approche unitaire du contrat, la cession de contrat s'accompagne de la cession de la qualité de contractant. Cette conception prend en considération non seulement les droits et obligations qui sont attachés au contrat, mais également les prérogatives qui escortent la qualité de partie. Il en résulte que les formalités aux fins d'opposabilité de la cession de créances sont écartées, de même que le créancier cédé ne devrait pas avoir à donner son consentement sur la personne de son cocontractant. Le contrat est ainsi continué malgré le changement de l'une des parties.

457. Même si certains auteurs[803] contestaient l'existence de la cession conventionnelle de contrat, puisqu'il est un lien de droit et non un bien susceptible d'être cédé, il n'en demeure pas moins que la jurisprudence ne niait pas sa réalité. Les juges semblaient cependant avoir choisi la voie de la prudence en privilégiant une conception dualiste de la cession de contrat. Ils y ont vu le transfert à un tiers d'un ensemble de droits et obligations[804], et en ont exigé quelquefois le respect de formalités propres à la cession de créance[805] énoncées à l'ancien article 1690 du Code civil[806]. La cession de contrat s'analysait dès lors comme la cession d'une addition de créance et de dette qui supposait l'accord du créancier cédé à l'opération[807].

458. Consentement du contractant cédé – La force obligatoire du contrat interdit par principe que l'une des parties contractantes se substitue à un tiers sans le consentement de l'autre partie. La cession de contrat suppose donc le consentement du cédé. Certains auteurs réfutaient la nécessité que le cédé

---

801 M. FABRE-MAGNAN, *Droit des obligations, 1 – Contrat et engagements unilatéraux*, 2010, *op. cit.*, p.538.
802 L. AYNÈS, *La cession de contrat et les opérations juridiques à trois personnes*, *op. cit.*
803 J. GHESTIN, Ch. JAMIN et M. BILLIAU, *Traité de droit civil*, tome III, *Les obligations - Les effets du contrat*, 2001, *op. cit.*, p.1113.
804 Cass. com., 7 janvier 1992, n°90-14.831.
805 Cass. civ. 3ème, 7 juillet 1993, n°91-12.368. La Cour de cassation valide l'analyse des juges du fond selon laquelle « *la cession du contrat opérée par la société l'Hermitage au profit de Mme Andrieu était soumise aux exigences de l'article 1690 C. civ.* ».
806 Cass. civ. 1ère, 5 février 2009, D. 2009, p. 842, note L. AYNÈS.
807 Cass. com., 6 mai 1997, Bull. civ. IV, D. 1997, p. 588, note M. BILLIAU et Ch. JAMIN.

consente à la cession[808]. Ils estimaient que le consentement n'est obligatoire qu'en présence d'un contrat conclu *intuitu personae* ou contenant une clause d'incessibilité.

459. Cependant, cette conception paraît aller à l'encontre du principe de la force obligatoire. D'ailleurs, cette exigence d'un consentement du cédé avait largement été approuvée par la jurisprudence, qui attache beaucoup d'importance à ce qui a été voulu par les parties[809]. Puisque l'accord intervenant entre le cédant et le cessionnaire a pour effet de lier ce dernier au contractant cédé[810], la Cour de cassation a exigé le consentement du contractant cédé pour reconnaître la validité de la cession conventionnelle de contrat[811], qu'il intervienne dès la conclusion du contrat cédé ou ultérieurement.

Cette exigence de consentement confirme la thèse de Messieurs Ghestin, Jamin et Billiau[812] selon laquelle « l'engagement du cessionnaire s'analyse comme une offre de contracter qu'accepte le cédé et qui emporte la conclusion d'un nouveau contrat ». Ne pouvant se dégager seul du contrat, le cédant est tenu par le contrat et conserve sa qualité de partie. Le consentement du cocontractant cédé est donc indispensable à la libération du cédant et à l'acquisition, par le cessionnaire, de la qualité de partie. Dès lors qu'il y a consentement à un changement de partenaire contractuel, « l'échange de consentements engendre un contrat nouveau et qui se forme

---

[808] L. AYNÈS, *La cession de contrat et les opération juridiques à trois personnes*, *op. cit.*, n°330 et s. ; du même auteur, « *Les clauses de circulation du contrat* », in *Les principales clauses des contrats conclus entre professionnels*, PUAM, 1990, p. 131 et s. ; obs. sous Cass. com., 7 janvier 1992, D. 1992, somm. p. 278 ; Ch. LARROUMET, « *La cession de contrat : une régression du droit français ?* », in *Mélanges M. CABRILLAC*, Dalloz et Litec, 1999, p. 151 et s.

[809] Cass. com., 9 juin 1998, RTD civ. 1999, p. 101, obs. J. MESTRE : « Les droits et les obligations transférés au cessionnaire à l'occasion d'une cession de contrat à laquelle le cédant a consenti ne le sont que dans la limite de l'acte de cession ».

[810] D. ARTEIL, *L'exécution du contrat par un non-contractant, op. cit.*, n°173, p.135.

[811] Cass. com., 6 mai 1997, Bull. civ. IV, n°117, D. 1997, p. 588, note M. BILLIAU et Ch. JAMIN ; RTD civ. 1997, p. 936, obs. J. MESTRE ; D. aff. 1997, p. 756 ; D. 1998, somm. p. 136, obs. H. LE NABASQUE ; Rép. Déf. 1997, p. 977, note D. MAZEAUD ; JCP-N. 1998, p. 770, obs. M.-L. IZORCHE ; Gaz. Pal. 1998, 1, somm. p. 329, obs. S. PIEDELIÈVRE ; CCC 1997, n°146, note L. LEVENEUR ; M. BILLIAU et Ch. JAMIN, « *Cession conventionnelle de contrat : la portée du consentement du cédé* », D. 1998, chron. p.145 ; L. AYNÈS, « *Cession de contrat : nouvelles précisions sur le rôle du cédé* », D. 1998, chron. p. 25.

[812] J. GHESTIN, Ch. JAMIN et M. BILLIAU, *Traité de droit civil,* tome III, *Les obligations - Les effets du contrat*, 2001, *op. cit.*, n°1027 et s. Dans la 2ème édition de cet ouvrage en 1994, ces auteurs, initialement hostiles à toute substitution de partenaire au sein d'un même contrat, ont rejeté l'opération de cession conventionnelle de contrat avant de l'admettre dans la 3ème édition en 2001.

entre le cédé et le cessionnaire, dont les caractéristiques sont exactement identiques au contrat cédé »[813].

460. Désormais, la cession de contrat a fait son entrée dans la partie relative aux effets du contrat, se distinguant clairement de la cession de créance et de dette. La cession de contrat apparaît comme une institution autonome. C'est d'ailleurs ce qui est affirmé dans le rapport remis au Président de la République[814]. La cession de contrat se définit comme la cession de la qualité de partie au contrat. Conformément aux souhaits de la jurisprudence, le consentement du cocontractant cédé peut être « donné par avance, notamment dans le contrat conclu entre les futurs cédant et cédé, auquel cas la cession produit effet à l'égard du cédé lorsque le contrat conclu entre le cédant et le cessionnaire lui est notifié ou lorsqu'il en prend acte »[815]. La cession de contrat irait donc au-delà d'une simple addition d'une cession de créance et d'une cession de dette. L'opération requiert toutefois, à peine de nullité, le consentement du cocontractant et la rédaction d'un écrit.

461. Domaine de la cession conventionnelle de contrat – Le législateur a parfois interdit certaines cessions de contrat[816] ou a limité la cession à certaines personnes[817]. Mais la jurisprudence semble plutôt encline à admettre aujourd'hui que tous les types de contrat sont susceptibles d'être cédés.

La question du domaine de la cession conventionnelle de contrat, c'est-à-dire quels contrats peuvent être cédés, se pose principalement pour les contrats synallagmatiques. La cession d'un contrat unilatéral, quant à elle, peut s'apparenter davantage à une cession de contrat du point de vue du débiteur et à une cession de dette du point de vue du créancier. Cependant, le fait d'être partie au contrat ne peut se résumer à la seule qualité de créancier ou de débiteur. De plus, la cession de contrat unilatéral emporte d'autres conséquences, par exemple la cession des actions attachées au contrat. Aussi,

---

813 J. GHESTIN, Ch. JAMIN et M. BILLIAU, *Traité de droit civil*, tome III, *Les obligations - Les effets du contrat*, 1994, *op. cit.*, n°691.

814 Rapport au Président de la République relatif à l'ordonnance n° 2016-131 du 10 février 2016 portant réforme du droit des contrats, du régime général et de la preuve des obligations, JORF n°0035 du 11 février 2016, texte n° 25.

815 Article 1216 alinéa 2 du Code civil.

816 La loi n° 93-122 du 29 janvier 1993 relative à la prévention de la corruption et à la transparence de la vie économique et des procédures publiques a interdit la cession à titre onéreux des promesses de vente portant sur un immeuble consentie par des professionnels de l'immobilier.

817 Article L. 411-35 du Code rural et de la pêche maritime interdit la cession de bail sauf « *au profit du conjoint du preneur participant à l'exploitation ou aux descendants du preneur ayant atteint l'âge de la majorité ou ayant été émancipés* ».

la jurisprudence a décidé d'admettre la cession des promesses unilatérales de vente.

462. De même, la cession d'un contrat à exécution instantanée ne semble pas envisageable, car un contrat déjà exécuté ne peut pas être cédé. Or, ce type de contrat s'exécute en un trait de temps, à moins que les parties s'entendent pour en reporter les effets. Le contrat à exécution successive apparaît donc comme le meilleur candidat, si ce n'est le seul, à la cession conventionnelle de contrat.
Les contrats conclus *intuitu personae*, c'est-à-dire formés en considération de la personne du cocontractant, ne semblent pas pouvoir être cédés, car la cession entraîne un changement de débiteur. Néanmoins, le cédé devant donner son accord à la cession, il semble tout à fait possible d'envisager la cession conventionnelle d'un contrat, même conclu *intuitu personae.* La jurisprudence a d'ailleurs décidé, à propos d'un contrat de location et de maintenance de matériel informatique, « *le fait qu'un contrat ait été conclu en considération de la personne du contractant ne fait pas obstacle à ce que les droits et obligations de ce dernier soient transférés à un tiers dès lors que l'autre partie y a consentie* »[818]. Le nouveau contractant bénéficiera également de l'agrément de son cocontractant.
La jurisprudence à l'aune du nouvel article 1216 du Code civil permettra peut-être de valider ou d'invalider les précédentes solutions.

463. Effets de la cession conventionnelle de contrat – La cession de contrat a pour effet de substituer dans un contrat une partie, le cessionnaire, à une autre, le cédant. Par la cession, le cédant se considère comme libéré de toutes obligations envers le cédé alors que le cessionnaire est lié au cédé. Le cédant s'engage donc auprès du cessionnaire à ne pas poursuivre l'exécution du contrat auprès du cédé. Le contrat se poursuit ainsi entre le cessionnaire et le cédé.

464. Le cédé peut n'avoir donné son accord que pour la cession. Dans ce cas, il y aura addition de contractants. Pour libérer le cédant et rendre la cession parfaite, le cédé doit manifester son accord expressément. Selon la Cour de

---

[818] Cass. com., 7 janvier 1992, Bull. civ. IV, n°3, D. 1992, p. 278, note L. AYNÈS, RTD civ. 1992, p. 762, obs. J. MESTRE ; JCP-G 1992, I, p. 3591, n°17, obs. Ch. JAMIN. *Adde* Cass. civ. 1ère, 6 juin 2000, Rép. Déf. 2000, art. 37237, n°69, obs. Ph. DELECQUE ; RTD civ. 2000, p. 571, obs. J. MESTRE et B. FAGES ; Cass. com., 13 décembre 2005, RLDC, février 2006, p. 10, obs. S. DOIREAU ; RTD civ. 2006, p. 310, obs. J. MESTRE et B. FAGES ; JCP-G 2006, II, p. 10103, obs. H. HOVASSE, dans cet arrêt il s'agissait d'une fusion emportant transmission universelle du patrimoine, sauf un contrat expressément conclu *intuitu personae* et qui ne pouvait dont être transmis sans l'accord du débiteur cédé.

cassation, « *la seule acceptation par le créancier de la substitution d'un nouveau débiteur au premier, même si elle n'est assortie d'aucune réserve, n'implique pas, en l'absence de déclaration expresse, qu'il ait entendu décharger le débiteur originaire de sa dette* »[819]. La substitution de contractant est donc subordonnée à l'accord exprès du cédé de libérer le cédant. Une fois le cédant libre, le transfert de contrat s'opère avec le consentement du cédé.

465. L'intérêt du cédé est, le plus souvent, de consentir à la cession ainsi qu'à la libération du cédant. En effet, la cession de contrat est avant tout préférée dans le cadre des contrats à durée indéterminée. Dans cette hypothèse, le cédant dispose de nombreuses possibilités pour sortir à tout moment unilatéralement du contrat. Aussi, il semble préférable pour le cédé de se voir proposer un nouveau contractant plutôt que de voir le contrat s'interrompre par la seule volonté de son partenaire contractuel et devoir alors lui-même trouver un autre contractant.

466. La volonté d'un individu de consentir au contrat ou d'être lié à ses effets n'est pas la seule solution pour acquérir la qualité de partie et ainsi "entrer" dans le contrat ; parfois, une personne devient partie au contrat par l'effet de la loi.

§2 – L'attribution légale de la qualité de partie

467. Acquérir la qualité de partie permet avant tout d'intervenir dans l'exécution du contrat. Certaines personnes deviennent partie au contrat par l'effet de leur volonté, d'autres par l'effet de la loi. Ce résultat est possible, car la cession légale de contrat, ou éventuellement judiciaire, peut faire intervenir un non-contractant dans l'exécution du contrat et ainsi lui octroyer la qualité de partie.
Par ailleurs, si les parties interviennent dans l'exécution, c'est en principe dans leur propre intérêt. Elles cherchent à tirer un avantage de la réalisation de l'opération économique. Si le principe de l'effet relatif des contrats implique que l'on ne peut ni engager autrui ni même acquérir un droit pour lui sans son accord, il est tout de même possible d'affecter le bénéfice du contrat à un tiers. C'est le mécanisme particulier de la stipulation pour autrui (B).

---

[819] Cass. civ. 3ème, 12 décembre 2001, D. 2002, p. 984, note M. BILLIAU et Ch. JAMIN, sur le fondement de l'article 1275 du Code civil et du principe selon lequel « *la délégation par laquelle un débiteur donne au créancier un autre débiteur qui s'oblige envers le créancier, n'opère point novation, si le créancier n'a expressément déclaré qu'il entendait décharger son débiteur qui a fait la délégation* », assimilant ainsi cession de contrat et délégation.

A. La cession légale ou judiciaire de contrat

468. Effet législatif – Certaines personnes peuvent également acquérir la qualité de partie par l'effet de la loi elle-même. Si le mode d'acquisition de la qualité de partie diverge par rapport à l'attribution de ce caractère par la seule volonté, les effets sont similaires. Il s'agit dans tous les cas d'une personne, initialement tiers, qui se retrouve liée au contrat.

469. Cession légale de contrat – Parfois, la loi elle-même peut imposer la cession du contrat. Dans ce cas, il ne peut y avoir d'opposition à la substitution de contractant[820]. Une personne devient ainsi partie au contrat non par l'effet de sa propre volonté, mais par celui de la loi. Considérée comme non-contractant lors de la formation de l'acte, la loi lui octroie la qualité de partie lors de l'exécution du contrat. En d'autres termes, il s'agit de « toutes personnes qui, indépendamment de leur volonté d'être liée par effets du contrat, intègrent le cercle contractuel après la conclusion du contrat, par l'effet d'une disposition légale »[821].
Dans cette catégorie figurent les ayants cause universels et à titre universel ou les personnes substituées à l'une des parties suite à une cession légale du contrat initial. Naturellement, à ce stade, il peut arriver que le contractant soit décédé[822]. Le contrat n'ayant pas épuisé tous ses effets, ses ayants cause universels lui succèdent et deviennent, en lieux et places, créanciers et débiteurs des obligations nées du contrat[823]. La transmission de tout ou partie du patrimoine du défunt emporte, par principe, le transfert du contrat, car les héritiers sont considérés comme la "continuité de la personne défunte".

470. Néanmoins, le mécanisme le plus courant attribuant la qualité de partie par l'effet de la loi est la cession légale de contrat. Il n'existe certes pas de

---

[820] V. l'article 1601-4, alinéa 1er, du Code civil : « *La cession par l'acquéreur des droits qu'il tient d'une vente d'immeuble à construire substitue de plein droit le cessionnaire dans les obligations de l'acquéreur envers le vendeur* » ; l'article 1831-3, alinéa 1er, du Code civil : « *Si, avant l'achèvement du programme, le maître de l'ouvrage cède les droits qu'il a sur celui-ci, le cessionnaire lui est substitué de plein droit, activement, et passivement, dans l'ensemble du contrat* ». V. également, article L. 122-12, alinéa 2, du Code du travail pour l'obligation de continuer le contrat de travail en cas d'aliénation d'une entreprise ; article 1743, alinéa 1er, du Code civil pour l'obligation de continuer le contrat de bail d'une chose louée ; article L. 121-10 du Code des assurances pour l'obligation de continuer le contrat d'assurance en cas d'aliénation d'une chose assurée.

[821] C. GUELFICCI-THIBIERGE, « *De l'élargissement de la notion de partie au contrat... à l'élargissement de la portée du principe de l'effet relatif* », art. préc., n°31.

[822] M. BÉHAR-TOUCHAIS, *Le décès du contractant*, *op. cit.*

[823] A.-S. BARTHEZ, *La transmission universelle des obligations,* Th. Paris I, 2000. – V. également, Cass. com., 16 mars 1954, D. 1954, p. 474 ; Civ. 3ème, 3 juillet 1999, RTD civ. 1999, p. 834, obs. J. MESTRE.

régime général de la cession légale de contrat. Mais nous trouvons dans le Code civil des textes qui organisent la cession en envisageant notamment l'hypothèse où le législateur autorise les parties à céder leur contrat à un tiers. Par exemple, l'article 1717, alinéa 1er du Code civil dispose que : « *Le preneur a le droit de sous-louer, et même de céder son bail à un autre, si cette faculté ne lui a pas été interdite* ». Le locataire a donc la possibilité de céder son bail à un autre[824]. Toutefois, comme il s'agit d'une disposition supplétive, elle peut conventionnellement être écartée. C'est ce qui est généralement le cas, la rendant peu appliquée.

471. D'autres hypothèses de cessions légales de contrat interviennent souvent à l'occasion de la cession d'un bien auquel le contrat est étroitement lié. Ainsi, l'article 1743, alinéa 1er du Code civil prévoit que « *si le bailleur vend la chose louée, l'acquéreur ne peut expulser le fermier, le métayer ou le locataire qui a un bail authentique ou dont la date est certaine* ». En d'autres termes, l'acquéreur d'un immeuble prend la place du bailleur et doit continuer les baux préalablement consentis. De même, en cas de vente d'une chose assurée, le contrat d'assurance continue de plein droit au profit de l'acquéreur[825]. Enfin, en cas de vente d'une entreprise, le Code du travail prévoit à l'article L. 1224-1 que tous les contrats de travail en cours au jour de la vente sont transmis au nouvel employeur. La reprise d'une entreprise s'accompagne donc de la continuation des contrats de travail. La cession de contrat peut également être judiciaire.

472. Cession judiciaire de contrat – La cession judiciaire de contrat correspond à l'hypothèse selon laquelle la transmission du lien contractuel est faite, non par les parties ou la loi, mais par le juge judiciaire. Elle est apparue dans la loi du 25 janvier 1985[826] et figure désormais à l'article L. 642-7 du Code de commerce[827]. Le droit des procédures collectives offre, par ce biais, la possibilité au juge de désigner le repreneur d'une entreprise mise en redressement judiciaire et faisant l'objet d'un plan de cession[828]. Le juge peut également exiger la continuation des contrats de crédit-bail, de location ou de fournitures de biens ou services nécessaires au maintien de l'activité[829].

---

[824] V. égal., en matière de promotion immobilière : articles 1601-4 et 1831-3, alinéa 3 du Code civil.

[825] Article L. 121-10, alinéa 1er du Code des assurances.

[826] Loi n° 85-98 du 25 janvier 1985 relative au redressement et à la liquidation judiciaires des entreprises. V. égal., J. MESTRE, « *Une nouvelle figure dans le paysage contractuel français : la cession judiciaire de contrat* », RTD civ. 1987, p. 538.

[827] Dans sa rédaction issue de la loi n° 2005-845 du 26 juillet 2005 de sauvegarde des entreprises (1).

[828] Article L. 642-1 et s. du Code de commerce.

[829] Article L. 642-7 du Code de commerce.

En d'autres termes, le jugement qui arrête le plan de cession de l'entreprise emporte la cession des contrats de crédit-bail, de location ou de fourniture de biens ou de services nécessaires au maintien de l'activité.

473. La loi a également prévu une technique particulière, faisant exception au principe de l'effet relatif des conventions, permettant de stipuler pour autrui. Dans ce cas, le tiers, qui n'a pas consenti à la stipulation, se retrouve malgré tout lié au contrat, car il en est le bénéficiaire. Il ne devient pas partie au contrat, mais récolte les fruits de la convention.

B. La spécificité de la stipulation pour autrui

474. Particularité du mécanisme de la stipulation pour autrui – Le principe de l'effet relatif des contrats implique qu'on ne peut ni engager autrui, ni acquérir un droit pour lui sans son accord, selon l'article 1199 du Code civil.
Le mécanisme de la stipulation pour autrui apparaît dès lors comme une figure contractuelle des plus originales. Il s'agit d'une opération juridique à trois personnes selon laquelle une personne, le stipulant, fait promettre à une deuxième personne, le promettant, d'exécuter une obligation[830] en faveur d'une troisième personne, le tiers bénéficiaire.

475. La stipulation pour autrui est aussi, formellement du moins, une exception au principe posé par l'article 1203 du Code civil énonçant : « *On ne peut s'engager en son propre nom que pour soi-même* ». Par exemple, ce mécanisme est très souvent utilisé en matière d'assurance, plus spécifiquement dans le cadre d'assurance sur la vie : une personne – l'assuré – contracte une assurance-vie, c'est-à-dire qu'elle paye des primes à une compagnie d'assurance – le promettant – qui s'engage à son décès à reverser un capital à un bénéficiaire désigné[831], le plus souvent les enfants ou le conjoint.
L'assurance-responsabilité fonctionne sur le même schéma : un stipulant conclut un contrat d'assurance au profit de n'importe quel bénéficiaire qui aurait à souffrir d'un préjudice causé par l'assuré. De même, en matière de contrat de transport de personnes, la jurisprudence voyait une stipulation pour autrui tacite conclue par le voyageur avec le transporteur au profit de ses proches, pour le cas où le transporteur manquerait à son obligation de résultat de véhiculer le voyageur, sain et sauf, à sa destination. Tabler sur

---

[830] D. R. MARTIN, « *Consécration d'une figure : la stipulation de contrat pour autrui* », note sous Cass. civ. 1ère, 22 mai 2008, D. 2008, p. 1954.
[831] Cass. civ., 16 janvier 1888, GAJC, tome II, Dalloz, n°169.

une stipulation pour autrui permettait de justifier une action en responsabilité contractuelle contre le transporteur, fondée sur la méconnaissance d'une obligation de sécurité[832]. Cette jurisprudence est aujourd'hui obsolète eu égard à l'évolution de la responsabilité dans le transport maritime et aérien. De plus, le voyageur, qui était considéré comme tiers au contrat[833], s'est vu reconnaître par la loi[834] la qualité de partie au contrat de transport.

476. Conditions de validité de la stipulation pour autrui – Il en ressort que la stipulation pour autrui est valable lorsqu'elle est l'accessoire d'un engagement du promettant envers le stipulant ou bien d'une donation du stipulant envers le promettant. Il s'agit d'un contrat conclu entre deux personnes, le stipulant et le promettant. Les conditions de validité sont donc les mêmes que pour tout autre contrat.

477. La place du bénéficiaire se détermine au moment de l'exécution. Ainsi, son acceptation de la stipulation n'est pas une condition de validité ni même d'efficacité du mécanisme. L'indication du tiers bénéficiaire n'est pas non plus une condition de validité. Il suffit qu'il soit déterminable lors de l'exécution. En conséquence, il peut s'agir du stipulant lui-même ou bien d'une personne future tant qu'elle est certaine. Cela signifie que le bénéficiaire d'une stipulation pour autrui doit être une personne née, du moins conçue comme le souligne l'article 906 du Code civil. À défaut de conception à ce jour, aucun droit ne peut naître à son profit.

478. Toutefois, la loi du 13 juillet 1930 a formellement reconnu la possibilité de souscrire une assurance-décès au profit des enfants ou descendants, de l'assuré, nés ou à naître[835]. Cette solution semble même pouvoir être élargie

---

[832] Cass. civ., 6 décembre 1932 et 24 mai 1933, D. 1933, I, p. 137, note L. JOSSERAND, S. 1934, I, p. 81, note P. ESMEIN, GAJC, t. II, Dalloz, n°263 et 265 ; Cass. com., 19 juin 1951, D. 1951, p. 717, note G. RIPERT, JCP-G 1951, II, p. 6426, note E. BECQUÉ, S. 1952, I, p. 89, note R. NERSON. V. égal. Une décision où les proches, bénéficiaires de la stipulation tacite pour autrui, l'ont refusé, évitant ainsi la clause de non-responsabilité contenue dans le contrat de transport, préférant une action en responsabilité délictuelle : Cass. civ. 2ème, 23 janvier 1959, JCP-G 1959, II, p. 11002, note M. de JUGLART, D. 1959, p. 101, note R. SAVATIER.

[833] D. MAINGUY et J.-L RESPAUD, *Droit des obligations*, 2008, *op. cit.*, n°244, p. 184. – *Contra*, J.-P. TOSI, « *L'adhésion du destinataire au contrat de transport* », in *Mélanges Ch. MOULY*, t. II, Litec, 1998, p. 175.

[834] Article L. 132-8 du Code de commerce : « *La lettre de voiture forme un contrat entre l'expéditeur, le voiturier et le destinataire ou entre l'expéditeur, le destinataire, le commissionnaire et le voiturier. Le voiturier a ainsi une action directe en paiement de ses prestations à l'encontre de l'expéditeur et du destinataire, lesquels sont garants du paiement du prix du transport. Toute clause contraire est réputée non écrite* ».

[835] Article L. 132-8 du Code des assurances.

à l'ensemble des autres hypothèses de stipulations pour autrui puisqu'avant la loi de 1930, la jurisprudence avait déjà admis la validité d'un legs contenant une charge au profit d'une personne qui n'existait pas encore, en l'occurrence une personne morale qui n'était pas encore créée[836].

479. L'article 1205, alinéa 2 du Code civil suite à la réforme du droit des obligations de 2016 est allé dans ce sens, prévoyant que « *L'un des contractants, le stipulant, peut faire promettre à l'autre, le promettant, d'accomplir une prestation au profit d'un tiers, le bénéficiaire. Ce dernier peut être une personne future, mais doit être précisément désigné ou pouvoir être désigné lors de l'exécution de la promesse* ».

480. Par ailleurs, s'agissant de l'opération en elle-même, la stipulation ne peut faire naître au profit du bénéficiaire, qu'un droit, et non une dette. Or, par deux arrêts en 1978 et 1987[837], la Cour de cassation a admis le principe d'une stipulation pour autrui avec charge pour le bénéficiaire, voire d'une stipulation de contrat pour autrui[838]. La jurisprudence précise toutefois que ces charges ne pouvaient *« engager le tiers bénéficiaire qu'à partir du moment où il les aurait acceptées, à l'inverse des droits, qui sont acquis avant même toute acceptation du bénéficiaire »*[839]. Dans cette hypothèse, si le tiers bénéficiaire accepte qu'une obligation soit mise à sa charge en échange de la stipulation faite à son profit, il est alors possible de considérer que son consentement lui attribue la qualité de partie au contrat[840]. Malgré cela, la plupart des auteurs s'accordent généralement pour ne voir dans le bénéficiaire qu'un tiers[841].

481. L'article 1206 du Code civil dispose désormais que : *« Le bénéficiaire est investi d'un droit direct à la prestation contre le promettant dès la stipulation. Néanmoins le stipulant peut librement révoquer la stipulation*

---

[836] Cass. req., 21 juin 1870, D. 1871, I, p. 97.

[837] Cass. civ. 1ère, 21 novembre 1978, Bull. civ. I, n°356, D. 1980, p. 309, note D. CARREAU, JCP 1980, II, p. 19315, note R. RODIÈRE ; Cass. civ. 1ère, 8 décembre 1987, RTD civ. 1988, p. 532, obs. J. MESTRE, D. 1989, p. 233, obs. J.-L. AUBERT.

[838] G. VÉNANDET, « *La stipulation pour autrui avec obligation acceptée par le tiers bénéficiaires* », JCP-G 1989, I, p. 3391 ; D. R. MARTIN, « *La stipulation de contrat pour autrui* », D. 1994, chron. p. 145. – V. égal., Civ 1ère, 14 décembre 1999, Bull. civ. I, n°341, RJDA 2000, p. 501.

[839] M. FABRE-MAGNAN, *Droit des obligations, 1 – Contrat et engagements unilatéraux*, 2010, *op. cit.*, p. 516.

[840] J. GHESTIN, « *Nouvelles propositions pour un renouvellement de la distinction des parties et des tiers* », art. préc., n°29.

[841] F. BOUCARD, « *L'analyse juridique de l'assurance de groupe en matière de crédit* », RGDA 2002, p. 644 ; Cass. civ. 1ère, 22 mai 2008, JCP-G 2008, II, p. 10133, obs. A. SÉRIAUX ; JCP-G 2008, I, p. 179, obs. P. GROSSER.

tant que le bénéficiaire ne l'a pas acceptée. La stipulation devient irrévocable au moment où l'acceptation parvient au stipulant ou au promettant ». L'ancien article 1207 alinéa 2 du même Code précisait que la stipulation devenait irrévocable dès que l'auteur ou le promettant avait connaissance de l'acceptation du bénéficiaire. Cependant, pour être en conformité avec la théorie de la réception consacrée à l'article 1121 du Code civil, le nouvel article 1206 alinéa 3 fait dépendre l'irrévocabilité de la stipulation au moment où celle-ci « *parvient* » au stipulant ou au promettant. C'est donc la réception du consentement qui prévaut et non plus une simple connaissance de l'acceptation.

482. Effets de la stipulation pour autrui – Le stipulant et le promettant sont unis par une convention. Il s'agit d'une relation contractuelle tout à fait classique où chacune des parties doit exécuter ses obligations. Leur convention sert de support à la stipulation pour autrui. En d'autres termes, c'est sur cette convention que vient se greffer la stipulation pour autrui tels les contrats d'assurance, de vente, de transport ou encore de donations.
La seule difficulté qui peut résulter de ce rapport contractuel est de savoir quelle serait la sanction du promettant qui n'exécuterait pas son obligation. C'est-à-dire, le stipulant peut-il forcer le promettant à exécuter ses engagements en faveur du tiers bénéficiaire ? La jurisprudence répond par l'affirmative considérant que le stipulant dispose des différents moyens d'action prévus par le droit commun des contrats[842]. Le nouvel article 1209 du Code civil confirme cela : « *Le stipulant peut lui-même exiger du promettant l'exécution de son engagement envers le bénéficiaire* ».

483. Dans les rapports entre le promettant et le tiers bénéficiaire, la stipulation pour autrui crée un droit direct, en ce sens qu'il ne transite pas par le patrimoine du stipulant. C'est ce qui explique d'ailleurs que le capital reçu par le bénéficiaire d'une assurance-vie n'est pas soumis aux droits de succession[843]. Ce droit de créance direct, exception au principe de l'effet relatif des conventions, découle du seul accord des volontés du stipulant et du promettant.
Ce droit est également de nature contractuelle contre le promettant. Le tiers bénéficiaire peut donc solliciter l'exécution de la stipulation à son profit ou demander l'octroi de dommages et intérêts en cas d'inexécution de son

---

[842] Cass. civ., 12 juillet 1956, D. 1956, p. 749, note J. RADOUANT (action en exécution) ; Cass. civ. 1ère, 7 juin 1989, Bull. civ. I, n°233 (action en responsabilité contractuelle) ; Cass. civ. 1ère, 14 décembre 1999, Bull. civ. I, n°341 (action en garantie).

[843] Article L. 132-12, alinéa 1er du Code des assurances : « *Le capital ou la rente stipulés payables lors du décès de l'assuré à un bénéficiaire déterminé ou à ses héritiers* ***ne font pas partie de la succession*** *de l'assuré* ».

obligation par le promettant. Toutefois, il ne peut solliciter la résolution du contrat principal dont la stipulation est l'accessoire, car il n'y est pas partie. En revanche, le promettant peut demander la résolution du contrat principal pour se dégager de son obligation envers le bénéficiaire, car le promettant dispose également d'un certain nombre de moyens opposables au bénéficiaire[844].
Ce droit naît au jour de la conclusion du contrat ou au jour de la détermination de la personne du bénéficiaire, peu importe que le bénéficiaire ait ou non accepté la stipulation[845].

484. Il n'existe pas de relations contractuelles entre le stipulant et le tiers bénéficiaire, mais leurs rapports sont au cœur du mécanisme de la stipulation pour autrui. Ces relations sont fragiles.
La stipulation peut en effet être révoquée par le stipulant tant que le tiers ne l'a pas acceptée, entraînant dans un même temps la disparition des droits du tiers bénéficiaire. En revanche, l'acceptation de la stipulation par le bénéficiaire consolide l'opération la rendant irrévocable. L'acceptation a également un caractère rétroactif : le droit du bénéficiaire court à compter du jour de la conclusion du contrat passé entre le stipulant et le promettant. Mais si le tiers veut faire respecter la stipulation, il ne peut agir contre le stipulant. C'est contre le promettant qu'il doit agir.

485. Par ailleurs, la fragilité des rapports entre le stipulant et le tiers repose également sur le fait que le bénéficiaire peut toujours refuser le bénéfice de la stipulation pour autrui faite à son profit. De la même manière qu'il est possible de refuser une donation[846] ou un legs[847], la stipulation pour autrui peut être refusée, car personne n'est obligé d'accepter quoi que ce soit, pas même un avantage.

486. De plus, la stipulation pour autrui peut être faite à titre gratuit, c'est-à-dire qu'elle permet la réalisation d'une libéralité indirecte au profit d'un tiers bénéficiaire. C'est le cas, en général, du contrat d'assurance-décès tant que le souscripteur ne tire aucun avantage de l'attribution du bénéfice du

---

[844] Comp. Cass. civ. 1ère, 11 juillet 2006, D. 2006, pan. p. 3026, obs. T. CLAY, décidant que « la clause d'arbitrage contenue dans le contrat liant le stipulant au promettant peut être invoquée par et contre le bénéficiaire d'une stipulation pour autrui ».
[845] Article 1206 du Code civil : « *Le bénéficiaire est investit d'un droit direct à la prestation contre le promettant dès la stipulation* ».
[846] Pour avoir une valeur juridique, la donation doit être acceptée car il s'agit d'un contrat qui ne se forme pas si le bénéficiaire n'accepte pas de recevoir à titre gratuit.
[847] Le testament est un acte juridique unilatéral qui produit des effets de droit indépendamment de son acceptation par les légataires ; en revanche, le legs lui-même n'aura d'effet que si le légataire l'accepte.

contrat[848]. Elle peut être à titre onéreux lorsque le stipulant recherche par cet intermédiaire, à payer une de ses dettes envers le tiers bénéficiaire. Le recours à la stipulation pour autrui au profit de son créancier permet au stipulant de charger le promettant de payer sa dette.

487. Synthèse – L'acquisition de la qualité de partie s'inscrit tout à fait dans la perspective économique du contrat, dépassant le cadre restreint des substitutions légales ou judiciaires. Dans le respect du principe de l'effet relatif, mais également de la force obligatoire du contrat, l'opération d'acquisition de la qualité de partie peut être réalisée sur une base purement conventionnelle ou alors légale. Dès lors qu'il intervient en sa qualité de partie au contrat, le non-contractant est amené à exécuter le contrat par le biais des obligations contractuelles auxquelles il est désormais lié.

488. Il en résulte que seules les parties peuvent être impliquées dans l'exécution d'un contrat. Qu'elles aient consenti à la formation de l'acte ou qu'elles aient manifesté leur volonté ultérieurement d'être lié par les effets du contrat, il n'en demeure pas moins que la réalisation de l'opération économique doit résulter des parties. Cependant, il existe des situations où un tiers peut aussi intervenir dans l'exécution contractuelle, tout en conservant sa qualité de tiers.

SECTION II – L'EXÉCUTION PAR UN TIERS

489. Personnes obligées par le contrat – Les principes de force obligatoire et d'effet relatif des contrats impliquent que seules les parties contractantes sont obligées par le contrat et donc, qu'elles sont les seules habilitées à l'exécuter. Le droit privé français a pour habitude d'énoncer des principes assortis d'une multitude d'exceptions. Ainsi, en matière d'exécution contractuelle, lorsque le tiers n'acquiert pas la qualité de partie au contrat, il peut toutefois participer à son exécution. Il s'agit alors d'une exécution de « l'extérieur »[849].

490. Exception relevant de l'exécution par un tiers – Il peut sembler difficile de comprendre pourquoi une personne interviendrait dans l'exécution d'un contrat auquel il n'a pas consenti. Or, même s'il est tiers au

---

[848] Cass. ch. mixte, 21 décembre 2007, D. 2008, p. 1314, note F. DOUET (requalification d'une assurance sur la vie en une donation indirecte).

[849] Terme employé par D. ARTEIL, *L'exécution du contrat par un non-contractant*, *op. cit.*, n°194, p.157.

contrat, il peut tout de même avoir un intérêt à la réalisation de l'opération économique, sans pour autant manifester sa volonté d'être lié par les effets du contrat. Ainsi, le tiers peut tout à fait intervenir volontairement dans une relation contractuelle à laquelle il n'est pas obligé (paragraphe I). Par ailleurs, les hypothèses d'une véritable coopération du tiers dans l'exécution, à travers des techniques de pure collaboration, sont tout aussi nombreuses (paragraphe II).

§1 – L'exécution volontaire par un tiers non obligé

491. Immixtion du tiers dans le rapport contractuel – Le Code civil prévoit la possibilité qu'un tiers s'immisce dans les affaires contractuelles d'autrui. Sans qu'il ait participé à la conclusion du contrat et sans qu'il en subisse la force obligatoire, les hypothèses sont nombreuses selon lesquelles le tiers intervient dans le rapport d'obligation qui lie un créancier à son débiteur. Le tiers dispose donc d'un droit d'acquitter la dette d'autrui (A). Cette liberté d'immixtion n'est toutefois pas absolue (B). Il peut également arriver, sous certaines conditions, que l'intervention du tiers dans l'exécution du contrat soit requise par l'une des parties (C).

A. Le principe du paiement par autrui

492. Acquittement de la dette d'autrui – L'article 1342-1 du Code civil énonce que : « *Le paiement peut être fait même par une personne qui n'y est pas tenue, sauf refus légitime du créancier* ». Cet article présent dans la partie relative au « *paiement* » évoque la possibilité d'intervention d'un tiers dans l'extinction d'une obligation, contractuelle ou délictuelle.
Ce mode de paiement, par l'intervention d'un tiers, n'est donc pas un mode anormal d'exécution[850]. Il est tout aussi légitime que le paiement par le débiteur lui-même.

493. Acquittement volontaire – Selon l'article précité, le tiers a la possibilité d'acquitter l'obligation, c'est-à-dire d'apporter satisfaction au créancier, de sa propre initiative. Il ne s'agit pas d'un devoir qui lui incombe, mais plutôt un droit qui lui est reconnu[851]. Dès lors, le débiteur et le créancier ne sont, en principe, pas libres de s'y opposer.

---

[850] J. ISSA-SAYEGH, « *Paiement : Caractères généraux. Parties. Effets* », Juris-cl. Notarial. Contrats et obligations, art.1235 à 1248, fasc. 20, novembre 1995 ; M.-L. IZORCHE, « *Paiement* », Rép. dr. civ. Dalloz 2000, n°9 et s.
[851] V. PERRUCHOT-TRIBOULET, « *Le droit de payer pour autrui* », PA 2001, n°166, p.12.

494. Paiement imposé au débiteur – Le non-contractant est, tout d'abord, en mesure d'imposer ce paiement au débiteur. Pothier avait déjà envisagé cette solution retenant que, « [quelque] personne que ce soit qui fasse le paiement, quand même elle n'aurait aucun pouvoir du débiteur, quand même elle ferait ce paiement malgré lui, [...] le paiement est valable »[852].
Ce mécanisme fait alors penser à celui de la gestion d'affaires. Même s'il n'est pas expressément visé par les dispositions de l'article 1342-1 du Code civil, ses conditions d'admission semblent réunies. En effet, il y a gestion d'affaires lorsqu'« une personne, le gérant, accomplit des actes dans l'intérêt d'une autre, le maître ou le géré, sans qu'il l'en ait chargé »[853]. L'intervention du non-contractant ciblé par cette opération montre qu'il agit de son propre chef, sans intérêt pour lui-même, de sorte que son action vise uniquement la satisfaction d'autrui[854].
Notons tout de même que, dans ce cas, aucun mandat n'entre en jeu. Le mandataire a l'obligation de payer la dette d'autrui en raison du contrat de mandat qui le lie au débiteur ou par la force de la loi, alors que le gérant d'affaires n'est aucunement tenu de payer. Il agit de son propre chef et dans l'intérêt du débiteur.

495. Obligation de donner – Si en matière d'obligation de faire, la faculté d'opposition du créancier est présentée comme le principe, en présence d'une obligation de donner, elle apparaît davantage comme une exception. Bien entendu, lorsqu'il s'agit de transférer la propriété d'un corps certain, l'irréductibilité de son individualité rend impossible son exécution par un tiers ; seul le débiteur est en mesure d'exécuter cette obligation puisqu'il est le seul à avoir un droit de propriété sur l'objet du contrat.

496. À l'inverse, la faculté d'opposition du créancier face à une obligation monétaire ou portant sur le transfert de propriété d'une chose de genre est différente. En effet, dans cette situation, le débiteur a, certes, l'obligation de payer, mais le créancier a, quant à lui, l'obligation de recevoir le paiement. Cette obligation de recevoir apparaît lors de la naissance de l'obligation contractuelle de sorte qu'il ne peut se montrer insatisfait au moment de son

---

[852] R.-J. POTHIER, *Traité des obligations*, Dalloz, rééd. 2011, préf. J.-L. HALPÉRIN, n°499, p.252 ; V. également L. JOSSERAND, *Cours de droit civil positif français*, tome 2, *Théorie générale des obligations*, Sirey, 3ème éd., 1939, n°844 ; H., L. et J. MAZEAUD, *Leçons de droit civil*, tome 2, *Obligations*, *Biens*, Montchrestien, 2ème éd., 1962, n°837.
[853] R. CABRILLAC, *Dictionnaire de vocabulaire juridique*, Litec, 5ème éd., 2013, v° « Gestion d'affaires ».
[854] A. RICHARD, *Le paiement de la dette d'autrui*, PUAM, coll. du Centre Pierre Kayser, 2007, préf. J.-B. DONNIER, n°90, p.77.

exécution. Le créancier est donc dépourvu d'une quelconque faculté d'opposition lorsque l'objet de l'obligation est exécuté par le débiteur.
Cependant, lorsque l'obligation contractuelle est exécutée par une personne autre que le débiteur, le créancier n'est pas pour autant contraint d'accepter le paiement conformément à l'article 1342-1 du Code civil.

497. Entendu objectivement, l'intérêt du créancier réside dans le paiement. En matière d'obligation de donner, la personne du débiteur importe peu, seule la réalisation du paiement apporte satisfaction au créancier : « Le créancier n'a qu'un intérêt, celui d'être payé ! »[855]. Dans cette hypothèse, il convient de différencier le paiement de la cession de dette.
Le paiement effectué par un tiers satisfait immédiatement le créancier, ce qui n'est pas le cas de la cession de dette, entraînant une substitution de débiteur et bouleversant ainsi le rapport d'obligation initial. Autant la cession de dette ne peut s'effectuer sans le consentement du créancier, autant le paiement direct par le tiers ne peut souffrir d'une quelconque opposition de la part du créancier. Charles Demolombe illustrait clairement cette position en affirmant : « De quel droit, à son tour, refuserait-il, dès que ce paiement lui est fait par quelque personne que ce soit dans les mêmes conditions où il pourrait être fait par le débiteur lui-même ? »[856].
Cependant, si l'intervention du tiers est de nature à porter préjudice au créancier, alors il recouvre sa faculté d'opposition. Le créancier doit donc justifier d'un intérêt légitime et prouver que l'intervention du tiers « est de nature à lui causer un préjudice ou le priver d'un avantage »[857]. Cette nuance a été retenue par la jurisprudence. La Cour de cassation a ainsi pu témoigner que : « *Si le créancier ne peut, en général, refuser le paiement de la dette qui lui est offert par un tiers en vertu de l'article 1236 c. civ., il en est autrement lorsque l'acceptation de cette offre serait de nature à lui causer un préjudice* »[858].
Aux côtés du refus de créancier si le paiement par autrui lui cause un préjudice, d'autres limites sont posées à l'intervention volontaire d'un tiers.

---

[855] C. DEMOLOMBE, *Cours de Code Napoléon, XXVII, Traité des contrats ou des obligations conventionnelles en général*, tome 4, Auguste Durand et L. Hachette et Cie éd., Paris, 1876, n°55, p.52.
[856] C. DEMOLOMBE, *Cours de Code Napoléon, XXVII, Traité des contrats ou des obligations conventionnelles en général*, *op. cit.*
[857] F. TERRÉ, Ph. SIMPLER et Y. LEQUETTE, *Droit civil, Les obligations*, 2002, *op. cit.*, n°1317, p.1225.
[858] Cass. civ., 24 juin 1913, DP 1917, 1, p. 38.

B. Les limites posées à l'intervention volontaire d'autrui

498. Limite – La seule véritable limite posée par les textes est le motif légitime du refus du créancier. En effet, l'article 1342-1 du Code civil dispose que l'exécution par un tiers est possible sauf « *refus légitime du créancier* ». Même si la réforme ne distingue pas selon la nature des obligations, il est légitime de supposer que cette limite posée à l'intervention d'un tiers vive principalement les obligations de faire, conclues *intuitu personae*. Il en ressort que le tiers bénéficie d'un véritable « droit à payer pour autrui »[859].

499. Opposition du créancier – Il est pertinent de se demander quelle est la position qu'occupe le créancier face à l'intervention du tiers dans le paiement de la dette du débiteur. En d'autres termes, « la question de savoir si un étranger qui n'a ni pouvoir, ni qualité pour gérer les affaires du débiteur, ni intérêt à l'acquittement de la dette peut obliger le créancier à recevoir le paiement qu'il offre au nom de son débiteur, est une question qui souffre de difficulté »[860]. En effet, il est communément admis qu'« autrui ne peut payer, épanouir l'obligation que s'il apporte au créancier la satisfaction due »[861].

Ainsi, à l'image du maître d'affaires qui peut s'opposer à l'intervention du gérant lorsqu'il estime que cela est contraire à ses intérêts, le créancier peut s'opposer au paiement par l'intervention d'un tiers, en dehors de tout *intuitu personae*, s'il justifie d'un intérêt légitime. Encore faut-il que le créancier prouve que l'intervention du non-contractant « est de nature à lui causer un préjudice ou à le priver d'un avantage »[862].

La contrariété avec les intérêts légitimes du créancier étant une question de fait, son appréciation relève des juges du fond[863]. La jurisprudence a d'ailleurs déjà considéré que le vendeur contre rente viagère a valablement pu s'opposer au paiement par un tiers, dans la mesure où cette intervention le privait de la faculté de réclamer la résolution judiciaire du contrat[864].

---

[859] V. PERRUCHOT-TRIBOULET, « *Le droit de payer pour autrui* », art. préc., n°166, p.12 et s.

[860] M. BUGNET, *Œuvres de POTHIER*, tome 2, 2ème éd., éd. Cosse et Maréchal, H. Plon, 1861, n°500, p.273.

[861] A. RICHARD, *Le paiement de la dette d'autrui*, *op. cit.*, n°104, p.86.

[862] F. TERRÉ, Ph. SIMPLER et Y. LEQUETTE, *Droit civil, Les obligations*, 2002, *op. cit.*, n°1317, p.1225.

[863] Cass. civ. 3ème, 23 février 1972, Bull. civ. III, n°126. Ce n'est pas l'exécution par le non-contractant qui a été jugée préjudiciable, mais les conséquences qu'elle emportait sur le terrain probatoire.

[864] Cass. civ., 24 juin 1913, DP 1917, 1, p. 38.

500. Obligation de faire – En présence d'une obligation de faire, la loi permet explicitement au créancier de s'opposer à l'intervention du tiers. Il est vrai que la prise en considération de la personne du débiteur est souvent le facteur essentiel à la conclusion du contrat. Il est alors aisé de comprendre qu'en présence d'une obligation *intuitu personae*, seule l'exécution par la personne du débiteur apporte satisfaction au créancier, justifiant la possibilité d'opposition de ce dernier dans l'intervention d'autrui.
Comme le résume le professeur Catala, on « expliquera aisément que soit interdit le payement par un tiers des obligations nées *intuitus personae* : ce payement est écarté, non pas tant parce qu'il intervient en dehors du sujet dont la volonté est liée, mais parce que, en dehors de l'activité de ce sujet, il ne saurait y avoir de payement véritable parce qu'il ne saurait y avoir de prestation conforme au strict contenu de l'obligation »[865]. Dès lors que la personne du débiteur joue un rôle déterminant dans la conclusion du contrat, il est légitime de considérer que l'exécution par le débiteur lui-même devient obligatoire pour que le contrat remplisse pleinement son objectif. Autrement dit, « à partir du moment où l'*intuitus personae* a présidé à la conclusion du contrat, l'intérêt du créancier à ce que le débiteur exécute lui-même l'obligation serait présumé irréfragable »[866].

501. Caractère *intuitu personae* de la convention – Plus précisément, l'intérêt qu'a le créancier dans l'exécution par le débiteur lui-même, énoncé par le législateur à l'article 1342-1 du Code civil, ne découle pas nécessairement de la nature de l'obligation, mais plus spécifiquement du caractère *intuitu personae* de la convention. Ce qu'il convient d'analyser, c'est la nature de la prestation requise et surtout, l'attente légitime du créancier.
Concrètement, si l'objet de l'obligation requiert un savoir-faire particulier, mais qui ne dépend pas de la personnalité du débiteur, alors son exécution par un tiers doté d'un savoir-faire équivalent peut apporter la même satisfaction au créancier, l'empêchant de s'y opposer. En revanche, si c'est la personnalité du débiteur qui est l'élément essentiel dans la réalisation de la prestation, nul ne saurait se substituer à lui dans l'exécution de son obligation.

---

[865] N. CATALA, *La nature juridique du payement*, LGDJ, 1961, coll. Biblio. de dr. privé, tome 25, préf. J. CARBONNIER, n°24, p.69.
[866] A. RICHARD, *Le paiement de la dette d'autrui*, *op. cit.*, n°106, p.88.

502. Spécificité de *l'intuitu personae*[867] – L'expression latine *intuitu personae* signifie « en considération de la personne ». Elle est employée pour caractériser les opérations dans lesquelles « la personnalité de l'une des parties est tenue pour essentielle, en raison de ses aptitudes particulières, de la nature du service attendu d'elle, etc. »[868].

Malgré l'objectivisation de l'analyse contractuelle envisageant le contrat comme une opération économique, la prise en considération de la personne du cocontractant n'a pas été complètement abandonnée.

Selon le contrat en jeu, la personne du partenaire contractuel peut revêtir une place essentielle dans le choix de contracter et surtout, un rôle primordial dans la phase d'exécution dudit contrat. En effet, la « considération de la personne du co-contractant établit entre les parties un lien personnel particulier qui vient, en quelque sorte, renforcer la subjectivité qu'implique tout rapport d'obligation. La place du co-contractant dans l'exécution est donc liée au degré de subjectivité qu'imprime la notion d'*intuitu personae* à la réalisation de l'opération contractuelle »[869]. Cette prise en considération de la personne du partenaire contractuel peut s'assimiler à la cause de l'engagement, au sens du terme anglais *consideration.*

503. Approche classique de l'*intuitu personae* – Si la notion d'*intuitu personae* n'apparaît pas clairement dans le Code civil, la prise en considération de la personne du cocontractant est toutefois présente.

L'article 1134 du Code civil dispose que : « *L'erreur sur les qualités essentielles du cocontractant n'est une cause de nullité que dans les contrats conclus en considération de la personne* ». L'*intuitu personae* est ici envisagé au stade de la formation du contrat comme l'une des causes de l'engagement. La personnalité doit entrer en ligne de compte dans le choix de contracter, comme c'est le cas notamment en matière de donation. Cependant, une telle hypothèse n'est pas le cas de figure le plus fréquent, car le contrat est plus souvent conclu en considération de l'opération économique que de celle de la personne du cocontractant.

---

[867] G. KOSTIC, *L'« intuitus personae » dans les contrats de droit privé*, Th. Paris V, 1997 : D. KRAJUSKI, *L'« intuitus personae » dans les contrats*, Th. Toulouse I, 1998 ; M. CONTAMINE-RAYNAUD, *L'« intuitus personae » dans les contrats*, Th. Paris I, 1974 ; F. VALLEUR, *L'Intuitus Personae dans les contrats*, Th. Paris, 1938 ; D. HOUTCIEFF, « *Contribution à l'étude de l'intuitus personae* », RTD civ. 2003, p. 3 ; M. AZOULAY, « *L'élimination de l'intuitus personae dans le contrat* », in *La tendance à la stabilité du rapport contractuel*, P. DURAND (dir.), LGDJ, 1960, p.1.

[868] G. CORNU (dir.), *Vocabulaire Juridique*, *op. cit.*, V° « Intuitu personae ».

[869] D. ARTEIL, *L'exécution du contrat par un non-contractant*, *op. cit.*, n°48, p. 37.

504. Il ressort de ces textes que la personne du débiteur n'est pas toujours un élément essentiel à l'exécution de la prestation contractuelle. Quelques fois, la considération de la personne aura été déterminante lors de la conclusion du contrat et dans d'autres cas, la personne du débiteur est indifférente.
Pour déterminer les conventions dans lesquelles la réalisation de la prestation était liée à l'intervention personnelle du cocontractant, la doctrine classique reprenait la formule du juriste romain Ulpien : « *inter artifices longa differentia est et ingenii et naturae et doctrinae et institutionis* »[870].

505. Ainsi, il était possible d'identifier les contrats ayant pour objet des prestations intellectuelles ou artistiques comme étant des conventions dans lesquelles la personne du débiteur acquiert une place prépondérante. Dans ces conventions comme la commande d'une œuvre d'art, d'un roman, l'élaboration d'un plan par un architecte ou encore la rédaction d'un mémoire par un avocat, la prestation est intimement liée à la personne du cocontractant. La personne du débiteur devient à la fois la cause du contrat et l'objet de l'obligation[871].
La personne du cocontractant est essentielle, car l'exécution du contrat est empreinte d'une partie de sa personnalité qu'aucune autre personne ne peut égaler ou imiter. C'est cette empreinte unique que recherche le créancier. Henri de Page indiquait que « dans les contrats *intuitu personae*, ce n'est pas [...] le contrat *comme tel* qui intéresse celui qui le souscrit, mais le contrat *exécuté par telle personne* et non par telle autre, en raison de son aptitude ou de ses capacités »[872]. Aussi, seule l'exécution personnelle permettra d'apporter satisfaction au créancier. M. Arteil considère que la « personne est l'objet du contrat, car elle en est l'enjeu économique »[873].

506. Exemples - L'exemple fréquent dans cette hypothèse est le domaine artistique. Ce n'est pas seulement la qualité artistique de l'ouvrage qui compte, mais la personnalité de l'artiste : « Ce n'est pas ce que l'artiste fait qui compte, mais ce qu'il est : Cézanne ne m'aurait jamais intéressé s'il avait vécu et pensé comme Jacques-Émile Blanche, même si la pomme qu'il avait peinte eût été dix fois plus belle. Ce qui nous intéresse, c'est l'inquiétude de Cézanne, c'est l'enseignement de Cézanne, ce sont les tourments de Van

---

[870] « Parmi les artisans, il existe une grande différence d'intelligence, et de nature, et d'instruction, et de science », ULPIEN, *Digeste*, XLVI, 3, L.31.

[871] C. DEMOLOMBE, *Cours de Code Napoléon, Traité des contrats ou des obligations conventionnelles en général*, Auguste Durant et L. Hachette et cie éd., tome 1, 2ème éd., 1870, n°67 : « Ce n'est pas le fait en soi, *in rem*, le fait abstrait qui est ici l'objet de l'obligation ; c'est le fait accompli par un certain individu déterminément choisi, *in personam*. Or, la différence est souvent très grande, [...], entre un tel et un tel ! ».

[872] H. DE PAGE, *Traité élémentaire de droit civil belge*, tome 2, Bruylant, 1964, p. 431.

[873] D. ARTEIL, *L'exécution du contrat par un non-contractant*, *op. cit.*, n°72, p. 52.

Gogh, c'est-à-dire le drame de l'homme »[874]. Il en est de même pour les conventions conclues entre un médecin et son patient ou encore, entre un avocat et son client.

507. Contrat d'édition – Le contrat d'édition est un contrat, obligatoirement écrit, par lequel l'auteur d'une œuvre de l'esprit, ou ses ayants droit cèdent à un éditeur le droit de fabriquer et de diffuser cette œuvre moyennant rémunération.

Le contrat d'édition est souvent présenté comme possédant un double *intuitu personae* puisque l'exécution personnelle est due tant par l'éditeur que par l'auteur[875]. La personne de l'éditeur peut effectivement déterminer le consentement de l'auteur. L'éditeur est recherché pour ses compétences techniques, sa connaissance du marché littéraire, ses relations avec la critique ainsi que pour sa notoriété[876]. Toutefois, il est possible d'y voir non pas un *intuitu personae,* mais plutôt un *intuitu firmae* car le rôle même de l'éditeur n'est pas prépondérant dans la publication. Les aptitudes et les qualités personnelles de l'éditeur ne constituent pas la raison déterminante du contrat. Il en est pour preuve que deux éditeurs expérimentés, habiles et reconnus, obtiendront à très peu de choses près le même résultat. Pour l'éditeur, c'est donc l'*intuitu firmae* qui domine : « c'est plus la personnalité commerciale de l'éditeur que sa personnalité civile que l'auteur prend en considération en donnant son consentement : c'est surtout au chef de la maison d'édition, de la firme commerciale qu'il s'adresse, plutôt qu'à l'homme même »[877].

508. Quant à la personne de l'auteur, il ne fait aucun doute qu'elle a été choisie *intuitu personae*, lui offrant une place prépondérante dans le contrat d'édition, car c'est lui qui fournit l'œuvre. Seule sa personnalité entrera dans l'objet de la prestation. La finalité contractuelle est donc indissociable de l'activité personnelle de l'écrivain[878].

---

[874] Ch. ZERVOS, *Pablo PICASSO*, Cahiers d'Arts éd., 1938, pp. 7-10.

[875] G. KOSTIC, *L'« intuitus personae » dans les contrats de droit privé*, *op. cit.*, n°165, p. 117.

[876] V. not., Trib. Civ. Seine, 12 mars et 18 août 1834, Gaz. Trib., 14 mars et 27 août 1834.

[877] F. VALLEUR, *L'Intuitus Personae dans les contrats*, *op. cit.*, p. 75.

[878] L'auteur ne peut en principe pas confier la réalisation de ses ouvrages à un tiers, c'est-à-dire laisser aux soins d'un « nègre » l'écriture de l'ouvrage et y apposer simplement sa signature en vue de s'assurer de la réussite commerciale attaché à son nom, à sa personne. Même si la pratique existe dans le monde de l'édition, cette forme de sous-traitance constituerait une violation du contrat d'édition. – V. égal. : S. JACQUIER, *Le pouvoir du juge sur le contrat d'auteur*, PUAM 2001, préf. P.-Y. GAUTIER.

509. Certains auteurs ont considéré que le contrat d'édition se limitait à la cession de droits[879], plaçant le romancier dans la position d'un simple cédant. Cette interprétation du contrat d'édition est tout à fait exacte. Néanmoins, il existe des hypothèses dans lesquelles l'éditeur passe une commande auprès d'un écrivain pour un texte particulier, autour d'un thème précis. Dans ce cas, le romancier n'est plus un simple cédant, mais doit être considéré comme un prestataire de service[880]. L'exécution personnelle du contrat retrouve alors tout son sens. L'éditeur a passé la commande de l'ouvrage à un auteur en particulier. Cela signifie que l'éditeur ne veut personne d'autre. La personne de l'écrivain devient l'objet du contrat, davantage même que le texte en lui-même.

510. Contrat de travail – Jusqu'en 1973[881], le contrat de travail était appelé « contrat de louage de service ». Cette terminologie met bien en évidence le fait que par cette convention, une personne physique s'engage à mettre son activité à disposition d'une autre, moyennant rémunération. S'agissant d'un contrat impliquant deux personnes, l'employeur et le salarié, la question de l'*intuitu personae* se pose.

La considération de la personne de l'employeur ne semble pourtant que très rarement déterminante. En effet, son obligation principale consiste à rémunérer le salarié. De plus, le salarié s'engage davantage envers l'entreprise qu'en considération de la personne de l'employeur. En revanche, la question de la considération du salarié est plus délicate.

L'attention portée à la personne du salarié, par l'entremise de ses compétences, apparaît assez évidente. Cependant, dans la réalité, l'*intuitu personae* du contrat de travail n'est pas absolu. Si l'on observe l'usage, il en ressort que plus le travail est intellectuel ou technique, plus l'existence de l'*intuitu personae* est probable. Donc, même si l'*intuitu personae* est fréquent dans le contrat de travail, il n'est pas automatique.

511. Conséquences – Il convient donc d'analyser objectivement les attentes du créancier pour déterminer si la personnalité du débiteur doit être prise en compte dans l'exécution de son obligation, davantage que la nature ou le contenu de l'obligation en question. C'est finalement au stade de l'exécution du contrat que la prise en considération de la personne du débiteur apparaît. L'"intérêt du créancier" est l'élément qui permet de déterminer l'importance de la prise en compte de la personne qui exécute le contrat. Il s'agit donc d'une approche finaliste de l'exécution faisant primer la réalisation de la

---

[879] A. et H.-J. LUCAS, *Traité de la propriété littéraire et artistique*, Litec, 2e éd., 2000, n°605.

[880] S. SURRANDE, « *Contrat de commande* », J-cl. Propr. litt. et artistique, fasc. 390.

[881] Loi n°73-4 du 2 janvier 1973 relative au Code du travail.

prestation satisfactoire pour le créancier. La valeur contractuelle de l'obligation dépend pour le créancier de la personnalité du débiteur.
Toutefois, la faculté d'opposition du créancier en présence d'une obligation de faire n'est pas absolue : « Interprété *a contrario*, l'article 1237 du Code civil signifierait que l'obligation de faire peut être acquittée par un tiers contre le gré du créancier, lorsque ce dernier n'a pas d'intérêt à ce qu'elle soit remplie par le débiteur lui-même »[882]. Il convient alors de prendre en compte non pas l'intérêt subjectif du créancier, mais plutôt son intérêt objectif, devenant le seul intérêt légitime.

512. Obligation contestée et obligation soumise à une condition suspensive – Une autre nuance peut être apportée à l'obligation du créancier de recevoir le paiement, surtout lorsque celui-ci émane d'un tiers : celle d'une obligation contestée ou affectée d'une condition suspensive. Dans ces deux cas, l'obligation est incertaine. Lorsque l'obligation est contestée, la créance devient litigieuse de sorte que selon l'article 1700 du Code civil[883], seule une décision de justice, ayant autorité de la chose jugée, peut mettre fin à cette incertitude. De même, face à une obligation sous condition suspensive, la créance n'existera qu'une fois la condition remplit. La créance est alors censée avoir existé depuis l'origine de façon rétroactive. Dans ces hypothèses, l'exécution de l'obligation par autrui ne peut accorder une pleine et entière satisfaction au créancier. Il a la possibilité, par conséquent, de s'opposer au paiement par autrui.

513. Opposition conjointe du créancier et du débiteur – L'intervention du tiers se trouve limitée lorsque l'opposition repose sur l'accord des parties[884]. Le créancier et le débiteur peuvent effectivement prévoir, dès la conclusion du contrat, l'exclusion de tout paiement de la part d'un tiers. Dans ce cas, la force obligatoire du contrat joue à l'encontre du tiers, car elle lui devient opposable puisqu'il est censé ne pas pouvoir l'ignorer. Il s'agit de mettre en avant le caractère *intuitu personae* de la convention pour bloquer l'intrusion du tiers. En revanche, si l'opposition des parties intervient au cours de l'exécution, seul un intérêt légitime peut justifier leur refus du paiement effectué par autrui du contrat[885].

---

[882] A. RICHARD, *Le paiement de la dette d'autrui*, *op. cit.*, n°110, p.90. Il en va de même avec une lecture *a contrario* du nouvel article 1342-1 du Code civil.
[883] L'article 1700 du Code civil dispose en effet que : " *La chose est censée litigieuse dès qu'il y a procès et contestation sur le fond du droit* ".
[884] Cass. civ., 24 juin 1913, DP. 1917, 1, p. 38.
[885] Cass. civ. 2ème, 29 mai 1953, D. 1953, p. 513. ; Cass. req., 7 juin 1937, Gaz. Pal. 1937, p. 386.

Si le créancier et le débiteur peuvent s'accorder pour refuser l'intervention d'un tiers dans l'exécution du contrat, il arriver parfois, au contraire, que l'une ou l'autre des parties requière cette intervention.

C. Les cas particuliers de l'intervention requise du tiers

514. Intervention requise à la demande du débiteur – Le plus souvent, l'intervention du tiers dans le paiement de la dette du débiteur intervient à l'initiative du débiteur lui-même. Il peut requérir les services du tiers pour qu'il le représente dans l'exécution de son obligation à l'égard du créancier. Le tiers est alors mandaté par le débiteur pour agir en son nom. Ce mandat prend la forme d'une indication de paiement[886], comme c'est le cas pour les autorisations de prélèvement automatique réalisé sur des comptes bancaires. Le créancier est informé par le débiteur que le paiement sera effectué par un tiers[887].

Néanmoins, puisque cette indication de paiement ne vaut pas novation, le débiteur n'est pas libéré à l'égard du créancier et le tiers, s'il est obligé envers le débiteur mandant, ne l'est en aucun cas envers le créancier. Ainsi, le tiers devient le débiteur du débiteur. Le tiers s'acquitte dès lors de sa dette envers le débiteur en payant en son nom, le créancier.

515. Intervention requise à la demande du créancier – Proche de la cession de créances, l'intervention du tiers à la demande du créancier en diffère néanmoins en raison du paiement impliqué. Cette opération s'apparente à certaines conventions de crédit par lesquelles une banque peut « accepter de payer les créances détenues par ses clients sur des tiers, moyennant une rémunération »[888].

516. Au-delà de l'intervention volontaire du tiers non obligé par le contrat dans son exécution, il est des hypothèses où l'incursion du tiers s'effectuera avec une certaine connivence. Le tiers s'associe alors véritablement à l'exécution du contrat auquel il n'a pourtant pas initialement consenti.

§2 – La coopération du tiers à l'exécution du contrat

517. Dès lors que l'article 1342-1 du Code civil admet l'acquittement de la dette d'autrui sans même le consentement du débiteur, il semble tout à fait envisageable que le tiers s'engage ouvertement dans l'exécution du contrat.

---

[886] F. GRUA, « *Sur les ordres de paiement en général* », D. 1996, chron. p. 172.

[887] Article 1340, al. 1er du Code civil : « *La simple indication faite par le débiteur d'une personne désignée pour payer à sa place n'emporte ni novation, ni délégation* ».

[888] D. ARTEIL, *L'exécution du contrat par un non-contractant*, *op. cit.*, n°206, p.164.

Le tiers peut ainsi être associé à l'exécution du contrat contenant des obligations pécuniaires (A) ou non pécuniaires (B).

A. L'association du tiers en matière d'obligations pécuniaires

518. Association du tiers au rapport d'obligation – Même si le tiers n'a pas participé à la conclusion du contrat et ne subit donc pas sa force obligatoire, il arrive qu'il s'y trouve associé par un rapport d'obligation qui le lie soit au créancier soit au débiteur. Ce lien de droit découle généralement d'un second contrat, « placé dans l'orbite du premier »[889], pour en favoriser l'exécution.

519. Expromission – Dans certains cas, il arrive que le tiers cherche à collaborer au contrat en se substituant au débiteur dans l'exécution de ses obligations à l'égard du créancier. Ici, il ne s'agit plus de l'hypothèse de l'intervention du tiers sans l'accord du débiteur envisagé à l'article 1342-1 du Code civil, mais de l'opération d'expromission[890] prévue par l'article 1332 du Code civil : « *La novation par changement de débiteur peut s'opérer sans le concours du premier débiteur* ».
Puisqu'il s'agit d'une novation, la volonté du créancier de libérer son débiteur initial doit nécessairement être présente[891]. L'obligation du débiteur initial s'éteint, mais le contrat qu'il a conclu avec le créancier demeure. C'est l'auteur de l'exécution qui change. Ainsi, « la nouvelle obligation se substitue à la première comme outil de réalisation de l'opération contractuelle, elle assure le relais permettant l'exécution par le non-contractant »[892].
Cependant, cette opération n'est pas très intéressante pour le créancier qui se retrouve privé de sa créance contre le débiteur initial de sorte que le plus souvent, le tiers intervient dans le contrat en tant que cocontractant du débiteur. Il collabore à l'exécution et participe directement à la satisfaction du créancier.
Il ne s'agit cependant pas d'acquitter la dette d'autrui puisqu'en devenant le cocontractant du débiteur, le tiers s'acquitte d'une dette qui lui est propre.

520. La réforme du droit des obligations de 2016 a permis de distinguer clairement délégation et novation. La délégation est désormais envisagée aux

---

[889] D. ARTEIL, *L'exécution du contrat par un non-contractant*, *op. cit*, n°226, p.178.
[890] Ph. SIMLER, « *Novation* », J.-cl. Notarial, fasc. 102, n°4.
[891] La jurisprudence a parfois admis la novation sans que la volonté du créancier ne soit clairement établie : Soc., 15 juin 1962, Bull. civ. IV, n°561 ; Ph. SIMLER, « *Novation* », art. préc., n°21.
[892] D. ARTEIL, *L'exécution du contrat par un non-contractant*, *op. cit.*, n°252, p.208.

articles 1336 à 1340 du Code civil, alors que la novation est régie par les articles 1329 à 1335 du même Code.

521. Délégation – L'opération juridique de la délégation consiste à obtenir l'engagement du délégué sur instruction d'une autre personne, le délégant, envers une troisième, le délégataire[893].
La délégation est, certes, traitée dans le Code civil parmi les articles ayant trait à la novation, mais il s'agit en réalité d'une opération bien différente. L'article 1275 du Code civil énonce précisément que la délégation n'opère pas, en principe, novation. Il arrive que délégation et novation soient combinées. On parle alors de délégation parfaite, mais il s'agit d'une exception qui se rapproche de la cession de dette[894] et qui nécessite que le délégataire ait exprimé sa volonté de libérer le délégant[895].
Cependant, la délégation et la novation se distinguent par les effets.

522. Distinction avec la novation – En cas de novation, le débiteur est libéré avec l'accord du créancier dès l'engagement du tiers alors que pour la délégation, la libération du débiteur procède de la satisfaction du créancier par l'exécution de son engagement par le délégué[896]. La novation est donc une technique de substitution tandis que la délégation permet une adjonction de débiteur[897]. Dans le premier cas, un débiteur vient en remplacer un autre. Le créancier n'a en face de lui qu'une seule personne. À l'inverse, dans le deuxième cas, celui de la délégation, nous ajoutons un débiteur à celui qui avait initialement conclu le contrat. Ainsi, le créancier bénéficie d'un second interlocuteur permettant d'accroître ses chances d'exécution et par la même occasion de garantir le paiement des obligations contractuelles.
De manière générale, on délègue une personne. Cependant, lorsque le délégué est le débiteur du délégant, il est possible de parler de « délégation de créance », c'est-à-dire lorsque cette opération juridique n'est pas

---

[893] F. HUBERT, *Essai d'une théorie juridique de la délégation en droit français*, Th. Poitiers, 1899 ; M. BILLIAU, *La délégation de créance, Essai d'une théorie juridique de la délégation en droit des obligations*, LGDJ, coll. Biblio. de dr. privé, tome 207, 1989, préf. J. GHESTIN.
[894] Cf. *supra* n°586 : « La novation par changement de débiteur ».
[895] Cass. com., 12 décembre 1995, Bull. civ. IV, n°294, JCP 1996. IV, p. 303 ; CCC 1996, n°36, note L. LEVENEUR ; D. 1996, somm. p. 333, obs. D. MAZEAUD ; RTD civ. 1996, p. 617, obs. J. MESTRE. – Cass. civ. 1ère, 21 mars 2001, CCC 2001, n°122, note L. LEVENEUR. – Cass. civ. 3ème, 12 décembre 2001, Bull. civ. III, n°153 ; JCP-G 2002, IV, p. 1160 ; D. 2002, p. 984, obs. M. BILLIAU et Ch. JAMIN.
[896] D. ARTEIL, *L'exécution du contrat par un non-contractant, op. cit.*, n°258, p.211.
[897] Ph. SIMLER, « *L'énigmatique sort de l'obligation du délégué envers le délégant tant que l'opération de délégation n'est pas dénouée* », in *Propos sur les obligations et quelques autres thèmes fondamentaux du droit, Mélanges offerts à J.-L. Aubert*, Dalloz, 2005, p.304.

employée comme une garantie de l'exécution, une sûreté, mais comme « une technique d'extinction simplifiée d'obligations »[898].
Le tiers peut également collaborer à l'exécution d'un contrat portant sur des obligations non pécuniaires.

B. La collaboration du tiers en matière d'obligations non pécuniaires

523. Technique du sous-contrat – Le sous-contrat[899] est une appellation générique désignant une convention secondaire conclue suite à un contrat primaire sur lequel elle est calquée. Les deux actes se trouvent liés par une « identité d'objet »[900]. Par l'intermédiaire de ce sous-contrat, le tiers et l'une des parties originaires développent des rapports juridiques nouveaux, sans effacer pour autant les liens nés du contrat principal, entre les parties à celui-ci. Le sous-contrat n'exclut pas non plus les relations directes qui peuvent naître entre la partie principale demeurée étrangère au sous-contrat et le sous-contractant, tiers au contrat principal.

524. Application législative ponctuelle – Cette opération contractuelle ne fait pas l'objet de développements généraux dans le Code civil, mais le législateur l'a tout de même envisagé à travers de ponctuelles applications. L'exemple le plus représentatif est celui de la sous-location prévue à l'article 1717 du Code civil. Ce contrat permet à un preneur de louer, aussi bien à un tiers qu'à un locataire, tout ou partie des locaux dont il est lui-même locataire.
Mais c'est en 1975 que le sous-contrat se dote d'un modèle plus abouti à travers la loi du 31 décembre 1975 relative à la sous-traitance. Par cette opération, un entrepreneur principal confie conventionnellement à une autre personne, le sous-traitant, tout ou partie de l'exécution du contrat d'entreprise ou de marché public conclu avec le maître de l'ouvrage. Le contrat de sous-traitance implique, pour l'entrepreneur principal, l'obligation de faire accepter le sous-traitant par le maître de l'ouvrage. Sur la base de ces illustrations législatives, la doctrine a pu proposer une analyse globale de cette opération contractuelle atypique.

525. Obligations non pécuniaires – Ainsi, le sous-contrat apparaît comme une réplique du contrat principal applicable en matière d'obligations non pécuniaires. En effet, la conclusion d'un sous-contrat n'est possible qu'en cas d'obligation de faire, plus précisément lorsque le contrat principal

---

[898] M. BILLIAU, « *La délégation* », Rép. dr. civ. Dalloz, 1993, n°13.
[899] G. CORNU (dir.), *Vocabulaire Juridique*, *op. cit.*, V° Sous-contrat.
[900] D. ARTEIL, *L'exécution du contrat par un non-contractant*, *op. cit.*, n°276, p.227.

comporte une obligation de prestation de service (contrat de location, contrat d'entreprise, ou même contrat d'affrètement). Cette obligation essentielle, caractéristique principale du contrat originaire, se retrouve alors dans le sous-contrat. En plus de cette identité d'objet, le sous-contrat suppose également l'existence d'un contractant commun aux deux conventions qui sert de lien entre le sous-contrat et le contrat principal. Par le biais du sous-contrat, le tiers se retrouve impliqué dans l'exécution du contrat.

526. Le tiers, ou plus précisément le sous-traitant, peut en effet collaborer à l'exécution du contrat principal. Même s'il ne s'est engagé qu'à l'égard de l'intermédiaire et non pas envers le créancier primaire, le débiteur du contrat principal devient créancier du sous-contrat. Et le sous-traitant, quant à lui, se retrouve au service de la réalisation du contrat primaire. Les deux contrats concourent à apporter satisfaction au créancier originaire.

527. Distinction des deux contrats – Les deux contrats sont juridiquement distincts. Pour autant, ils contribuent tous deux à la réalisation d'une même opération économique. Ainsi, le professeur Flattet a pu énoncer qu'« au point de vue économique, il n'existe qu'une opération. Les actes juridiques apparaissent donc comme les fragments d'une seule opération que l'on aurait disjointe »[901].

M. Arteil poursuit sur la question de la collaboration du tiers en indiquant que cette « fonction d'intermédiaire et donc d'organisateur de l'exécution du contrat originaire offre une indéniable souplesse et explique le succès de l'utilisation du sous-contrat comme mode d'exécution du contrat originaire »[902]. La convergence des intérêts rallie les protagonistes de ces deux contrats sous un même objectif, à savoir la réalisation de l'opération économique. Après ces éclaircissements, le sous-contrat apparaît comme un mode d'intervention du tiers dans l'exécution du contrat originaire.

528. Synthèse – Le non-contractant peut participer à l'exécution du contrat tout en conservant sa qualité de tiers. Dans ce cas, son intervention peut résulter d'une réalisation volontaire de la prestation auprès du créancier. Mais il peut également s'agir d'un engagement nouveau dont l'objet s'adaptera à chaque situation où son intervention est requise ou souhaitée. De nombreuses techniques juridiques offrent au non-contractant, la possibilité de jouer un rôle dans l'exécution du contrat tout en conservant sa qualité de tiers.

---

[901] G. FLATTET, *Les contrats pour le compte d'autrui. Essai critique sur les contrats conclus par un intermédiaire en droit français*, Th. Paris, 1950, p. 206.

[902] D. ARTEIL, *L'exécution du contrat par un non-contractant*, *op. cit.*, n°277, p. 229.

529. Conclusion - L'exécution contractuelle désigne ainsi « la réalisation d'une obligation ou d'un devoir juridique, le processus qui permet de faire passer le droit dans les faits, de faire coïncider ce qui est et ce qui doit être »[903]. Ainsi, « les règles d'exécution ont pour fonction de régir l'effectivité du contrat, c'est-à-dire sa réalisation dans les faits en attachant au contrat un contenu obligatoire »[904].

530. Le créancier peut en effet souhaiter augmenter ses garanties quant à l'accomplissement de la prestation. Il peut alors choisir de multiplier les personnes qui lui sont obligées en obtenant l'engagement d'un tiers à la réalisation de l'opération économique. Le créancier réalise une « adjonction de débiteur en faisant naître, à côté de l'obligation initiale, une obligation nouvelle qui permettra de le satisfaire »[905]. Cette adjonction de débiteur apporte davantage de sécurité au créancier dans l'exécution du contrat. Elle est essentiellement présente en matière d'obligations pécuniaires. Nous retrouvons dans cette hypothèse les mécanismes classiques du cautionnement, de la délégation simple ou encore la stipulation pour autrui. Le non-contractant, dans cette hypothèse, n'acquiert pas la qualité de partie au contrat.

531. Par ailleurs, pour les obligations non pécuniaires, il arrive que le débiteur et le non-contractant concluent un contrat faisant naître à la charge du non-contractant, l'obligation d'exécuter le contrat primaire. Ici, il ne s'agit pas pour le créancier d'accroître ses garanties d'exécution, mais au contraire, c'est un moyen pour le débiteur, devenu créancier du non-contractant, de s'associer les services d'un tiers pour satisfaire le créancier. Nous retrouvons cette hypothèse dans le cas d'un salarié ou d'un sous-traitant à qui l'on demande d'exécuter une prestation pour une autre personne que son "employeur".

532. Cependant, le maintien de l'obligation contractuelle initiale, accompagnant l'obligation nouvelle du non-contractant, n'est pas une condition indispensable à l'exécution du contrat par le non-contractant. En effet, l'obligation contractuelle primaire disparaît, emportant la libération du contractant, mais est immédiatement remplacée par la nouvelle obligation, née sur la tête du tiers en vertu du second engagement. Dans ce cas, il y a substitution de débiteur, mais l'objet de l'obligation reste le même, de sorte

---

903 Ph. THÉRY, « Exécution », in *Dictionnaire de la culture juridique*, PUF, coll. Quadrige, 2003, D. ALLAND et S. RIALS (dir.), p. 678 et s., spéc. p. 678, 1ère colonne.

904 O. PENIN, *La distinction de la formation et de l'exécution du contrat, Contribution à l'étude du contrat acte de prévision, op. cit.*

905 D. ARTEIL, *L'exécution du contrat par un non-contractant, op. cit.*, n°6, p.5.

que le créancier obtiendra une prestation objectivement identique à celle qu'il aurait reçue de la part de son débiteur originel. Il s'agit de l'hypothèse de la novation par changement de débiteur.

533. Enfin, il arrive que l'obligation contractuelle demeure malgré l'exécution du contrat. Lorsque le non-contractant exécute l'obligation et qu'il est subrogé dans les droits du créancier, l'obligation survit à l'exécution du contrat permettant au tiers d'obtenir le remboursement du paiement qu'il a effectué pour le compte du débiteur.
De plus, il convient de noter que le non-contractant peut intervenir de façon purement spontanée, certains auteurs diront même de manière altruiste[906]. Ainsi, le non-contractant peut exprimer sa volonté de consentir un avantage au débiteur à travers une intention libérale qui donnera naissance à une donation indirecte. Même le contrat de cautionnement peut procurer un avantage au débiteur.

534. Le non-contractant peut également apporter son concours au bénéfice du créancier, notamment pour lui rendre service afin que ce dernier obtienne satisfaction avant échéance ou qu'il ne soit pas exposé au risque de défaillance après que le terme soit échu. Au-delà de l'intérêt pratique pour l'économie générale de l'opération, l'intervention du non-contractant favorise également la sécurité juridique de l'échange contractuel, en particulier lorsque le tiers intervient en qualité de garant. Le rôle du tiers n'est donc pas négligeable. Les cas d'intervention d'un tiers, ainsi que ses motivations dans l'exécution d'un contrat, sont nombreux. Si la forme de l'exécution varie, il n'en demeure pas moins que le contrat est exécuté.

---

[906] D. ARTEIL, *L'exécution du contrat par un non-contractant*, *op. cit.*, n°27, p.19.

CONCLUSION DE LA PREMIÈRE PARTIE

535. En droit privé, la volonté est reconnue comme étant une source de droit. La force obligatoire, édictée par l'article 1103 du Code civil, est ainsi attachée à cette volonté. En conséquence, les parties qui se sont librement engagées se retrouvent volontairement assujetties. Cet effet obligatoire résultant de la volonté « n'est pas seulement source de droit, mais aussi source d'un droit »[907], celui d'obtenir l'exécution du rapport d'obligation.

536. La prise en compte de la dimension économique de l'obligation a permis une nouvelle approche du contrat, passant de l'exécution des obligations à celle du contrat en lui-même. Ce dernier sert de support à l'opération que les parties ont pour objectif de réaliser. Les obligations ne sont finalement que des outils techniques au service de la réalisation de l'opération économique contractualisée.

537. L'analyse traditionnelle du contrat, centrée sur les obligations, plaçait le débiteur au premier plan. Adopter une vision plus objective ne signifie pas exclure le débiteur du champ de l'opération économique. Bien au contraire, en se positionnant du côté de l'opération globale, les intérêts du créancier et du débiteur sont envisagés à égalité, plaçant leur satisfaction, bien que différente, au cœur de l'objectif fonctionnel de l'exécution du contrat. Dès lors que l'une des parties n'est pas satisfaite par l'exécution du contrat, cette dernière ne peut être considérée comme efficace ou optimale. Débiteur et créancier ont tous deux des attentes liées à la réalisation du contrat dont il faut tenir compte pour déterminer et apprécier la double réalité du contrat qui est à la fois notionnelle et fonctionnelle.

538. La détermination de l'exécution contractuelle passe ainsi par son approche conceptuelle, mais également par l'analyse des règles structurant cette notion.
Rappelons que la structure correspond à une imbrication, un agencement d'éléments qui trouve sa cohérence autour d'une finalité. En d'autres termes,

[907] A.-S. DUPRÉ-DALLEMAGNE, *La force contraignante du rapport d'obligation (Recherche sur la notion d'obligation)*, *op. cit.*, n°85, p. 99.

adopter une vision finaliste du contrat a permis d'appréhender les règles qui charpentent l'exécution du contrat.
L'activité contractuelle est nécessairement pluridimensionnelle et donc, complexe.

539. Indépendamment de la durée du contrat, qui peut être déterminée ou indéterminée, la durée de l'exécution est également influente dans le rapport contractuel. Manifestement, les contrats incorporent dans leur exécution la durée et non pas seulement le temps. Les parties cherchent à organiser leur relation tout en considérant la dimension temporelle dans laquelle le contrat se réalise. Le contrat est à certains égards à l'image même de ses créateurs. Symboliquement, il est possible de considérer que le contrat connaît une période de gestation, qui correspond à la mise au point ou à la négociation. Puis, il y a la naissance officielle, c'est-à-dire sa signature. Ensuite, le contrat connaît une vie plus ou moins facile, qui se traduit par une exécution jalonnée ou non d'incidents de parcours. Il est d'ailleurs même possible qu'après sa mort, c'est-à-dire son extinction, le contrat vienne "hanter" les contractants lorsque des effets contractuels sont prévus pour perdurer au-delà de la fin du contrat. En définitive, la dimension temporelle de l'exécution est à la fois quantitative et interpersonnelle puisque les relations peuvent débuter avant l'acte et se poursuivre après l'extinction.

540. La territorialité des faits juridiques tels que l'exécution offre également une perspective d'analyse intéressante. En effet, de nombreux éléments sont en connexion spatiale avec l'exécution. Le lieu de l'exécution peut n'être qu'un élément secondaire prévu dans le contrat, mais il peut également influencer directement la gestion de l'opération contractuelle, notamment en permettant de déterminer les différentes compétences qui découlent de ce lieu d'exécution.

541. Enfin, la portée de l'effet obligatoire conduit à mesurer l'étendue des effets produits par le contrat, en particulier en invitant à rechercher quelles sont les personnes qui y sont tenues. Si aux premiers abords, le contrat semble devoir être réalisé par les parties contractantes, cette catégorie « n'est pas fixée définitivement lors de la conclusion du contrat »[908]. Ce constat complique nécessairement l'étude des acteurs de l'exécution, car l'exécutant peut l'être dès la conclusion du contrat, mais peut également le devenir postérieurement. Le caractère protéiforme de l'exécution contractuelle peut

---

[908] Ph. MALAURIE, L. AYNÈS et Ph. STOFFEL-MUNCK, *Les obligations*, *op. cit.*, 2003, n°801, p. 382 ; J. FLOUR, J.-L. AUBERT et É. SAVAUX, *Droit civil - Les obligations, 1, L'acte juridique*, *op. cit.*, 2002, n°431, p. 325, qui évoquent le caractère évolutif de la catégorie de tiers.

tout de même être réduit à 3 situations possibles. Prioritairement, les parties à l'exécution correspondent aux parties contractantes. Cependant, un non-contractant peut également souhaiter être lié par les effets du contrat. Deux voies d'accès à l'exécution s'offrent à lui : ou bien il devient partie au contrat primaire, ou bien il reste tiers.
Cette abondance de voies d'accès à l'exécution du contrat souligne la pluralité d'intervenants et la richesse de ses utilisations.

542. Dès lors qu'il a été possible d'esquisser une définition de la notion d'exécution du contrat, il convient de percevoir les différentes formes que celle-ci peut endosser (Partie II).

[illegible] à [illegible] de la [illegible].

DEUXIÈME PARTIE

L'APPRÉCIATION DE L'EXÉCUTION DU CONTRAT

543. Modes d'exécution – Le professeur Théry nous indique que : « l'exécution trouve sa cause dans l'obligation ; ensuite, les formes de l'exécution ainsi que ses techniques subissent l'influence du droit substantiel »[909]. Ainsi, l'exécution contractuelle est principalement appréciée au travers de la notion de paiement. Il s'agit ici de l'exécution communément appelée "exécution volontaire". Mais, ce n'est pas toujours le cas. Divers éléments peuvent venir contrarier cette exécution volontaire. Le droit fournit alors des moyens de contrainte afin d'obtenir l'exécution du contrat.

La doctrine s'accorde à dire que l'accomplissement par le débiteur d'une prestation, conforme à celle promise, correspond à l'exécution. Les difficultés de qualification surviennent dès que l'obtention de cette prestation ne découle pas directement de l'action volontaire du débiteur : soit que le créancier ait dû recourir à des moyens de contraintes pour obtenir de la part du débiteur l'accomplissement de sa promesse, soit qu'il ait recherché la prestation en dehors de l'activité du débiteur.

En marge de l'exécution volontaire, de l'exécution convenue, la question suivante se pose : La prestation reçue par le créancier constitue-t-elle toujours une exécution ? Ou bien faut-il plutôt parler d'inexécution donnant lieu à réparation ?

544. Conception restrictive de l'exécution - Certains auteurs soutiennent une conception restrictive de l'exécution, considérant qu'il n'y a d'exécution que lorsque celle-ci est volontaire[910], « tous les procédés tendant à vaincre

[909] Ph. THÉRY, « *Rapport introductif : la notion d'exécution* », art. préc., p.15.

[910] H. et L. MAZEAUD et A. TUNC, *Traité théorique et pratique de la responsabilité civile délictuelle et contractuelle*, tome 1, 1965, *op. cit.*

l'inertie et la mauvaise volonté du débiteur pour assurer au créancier la prestation promise, sont des procédés de réparation »[911].
Ce postulat met en exergue une parfaite dichotomie. D'une part, nous trouvons une exécution volontaire, purement délibérée de la part du débiteur et d'autre part, les mécanismes visant à réparer le préjudice causé par l'absence d'exécution. La réparation peut alors s'effectuer par un équivalent pécuniaire, consistant dans le versement de dommages et intérêts, mais également par une réparation d'un équivalent non pécuniaire. Il s'agit à ce moment-là d'une réparation en nature entendue comme « une condamnation qui contraint le défendeur, soit à exécuter son obligation positive, soit à s'abstenir de l'acte qui serait contraire à son obligation négative, ou à détruire ce qu'il a fait en contrevenant à cette obligation. Ainsi, le juge ordonnera l'exécution du contrat refusée par le défendeur, la livraison de l'objet vendu refusée par le vendeur, ou encore il décidera que le défendeur doit… remettre les choses dans leur état antérieur à l'acte illicite »[912].

545. Conception extensive de l'exécution - D'autres auteurs, au contraire, ont adopté une vision plus extensive de l'exécution. Robert Dragu considérait notamment qu'en dehors de l'exécution volontaire, il est possible de retenir quatre modes d'exécution des contrats[913].
Tout d'abord, l'auteur expose l'exécution forcée directe, qui se présente comme un mécanisme consistant à contraindre le débiteur par la voie judiciaire, à exécuter la prestation qu'il a promise. Puis, nous trouvons, l'exécution en nature, reprise à l'article 1221 du Code civil disposant d'ailleurs que : « *Le créancier d'une obligation peut, après mise en demeure, en poursuivre l'exécution en nature sauf si cette exécution est impossible, ou s'il existe une disproportion manifeste entre son coût pour le débiteur et son intérêt pour le créancier* ». Il s'agit de procurer au créancier la chose, objet même du contrat, par des moyens différents d'une contrainte exercée sur la personne du débiteur. S'inscrivent dans cette catégorie, la destruction de ce qui a été fait en contravention d'une obligation ou encore, le remplacement du débiteur[914]. Corrélativement, il existe une exécution en nature dérivée,

---

[911] M.-È. ROUJOU DE BOUBÉE, *Essai sur la notion de réparation*, LGDJ, coll. Biblio de dr. privé, tome 135, 1974, préf. P. HÉBRAUD, p. 140.
[912] H. et L. MAZEAUD et A. TUNC, *Traité théorique et pratique de la responsabilité civile délictuelle et contractuelle*, tome 1, 1965, *op. cit.*, n°2319.
[913] R. DRAGU, *De l'exécution en nature des contrats*, Th. Paris, 1936, *passim*, spéc. p. 15 et s.
[914] Article 1222 du Code civil : « *Après mise en demeure, le créancier peut aussi, dans un délai et un coût raisonnable, faire exécuter lui-même l'obligation, ou sur autorisation du juge, détruire ce qui a été fait en violation de celle-ci. Il peut demander au débiteur le remboursement des sommes engagées à cette fin. Il peut aussi demander en justice que le débiteur avance les sommes nécessaires à cette exécution ou à cette destruction* ».

retenue essentiellement pour les contrats de transport. Cette forme d'exécution correspond à la réparation matérielle par le transporteur d'un objet détérioré durant le transport ou bien le fait de laisser entre les mains du transporteur la marchandise dont l'état ne convient pas au destinataire. Ces mécanismes sont toutefois applicables à l'occasion d'autres contrats.
Enfin, intervient la dernière forme d'exécution, celle par équivalent consistant dans le versement d'une somme d'argent, c'est-à-dire des dommages et intérêts.

546. Qualification de l'exécution – En définitive, l'exécution s'entend principalement de l'accomplissement par le débiteur de la prestation due, renvoyant à la notion de paiement, mais également à une sanction, au sens coercitif, faisant référence aux voies d'exécution.
L'exécution volontaire ne semble pas poser de difficultés quant à sa qualification et à son appréciation. Il en est autrement lorsque l'exécution est obtenue par la contrainte. Pour Mme Roujou de Boubée, par exemple, la prestation finale perçue par le créancier est ce qui compte réellement. Lorsque ce dernier ne reçoit pas ce qu'il aurait dû obtenir par une exécution volontaire, il y aura exécution forcée. En revanche, si le créancier ne reçoit qu'un simple équivalent de la prestation initialement promise, il y aura alors réparation par équivalent[915]. L'auteur conclut, par rapport à ces différentes appréciations de l'exécution, que « bien qu'ils ne le disent pas expressément, c'est dans le caractère satisfactoire et non pas simplement adéquat de la prestation reçue par le créancier, que les auteurs trouvent le critère qui distingue l'exécution de la réparation, ce caractère étant conçu de façon objective. C'est là une notion de droit qui doit permettre de qualifier certaines techniques dont on discute la nature de mode d'exécution, ou de mode de réparation »[916].

547. Cependant, comme nous l'avons démontré dans la première partie, la satisfaction du créancier ne peut représenter le seul critère de qualification de l'exécution contractuelle. D'autres facteurs entrent en ligne de compte, compliquant le jeu de la qualification de ce mécanisme juridique.
Au-delà de la simple querelle de mots existant entre les différentes théories, vouloir fédérer toutes les manifestations de l'exécution nécessite de s'arrêter au plus grand dénominateur commun. Ainsi, il convient d'étudier l'exécution convenue (Titre I) aux côtés de l'exécution contrainte (Titre II) afin de caractériser s'il existe une différence substantielle entre le paiement et l'exécution forcée.

---

[915] M.-È. ROUJOU DE BOUBÉE, *Essai sur la notion de réparation*, *op. cit.*, p. 145.
[916] M.-È. ROUJOU DE BOUBÉE, *Essai sur la notion de réparation*, *op. cit.*, p. 146.

TITRE I

L'EXÉCUTION CONVENUE

548. Force obligatoire de la volonté – La convention possède une force obligatoire. En d'autres termes, l'accord de volonté lie irrévocablement les parties : « Si l'homme n'est jamais obligé par la volonté des autres, il est obligé par lui-même »[917]. Cependant, si tout contrat est une convention, toute convention n'est pas un contrat. Le caractère et la force d'un contrat proviennent de « l'obligation qu'il impose d'un côté et le droit qu'il confère de l'autre : obligation et droit, termes corrélatifs, idées inséparables, inconcevables l'une indépendamment de l'autre »[918]. Ainsi, il est possible d'en conclure que si la convention a une force obligatoire, seul le contrat présente un effet obligatoire. Le rapport d'obligation est donc contraignant en lui-même.

549. Principe du respect de la parole donnée – Des termes de l'article 1199 du Code civil, il est possible de déduire le principe du respect de la parole donnée : la « volonté engage l'homme qui doit tenir sa parole ; le non-respect des engagements entraîne sa condamnation »[919]. Ce principe s'assimile à une obligation morale issue du droit canon selon laquelle toute promesse, quelle qu'en soit la forme, doit être respectée sous peine de commettre un péché. Dès lors, le respect de la parole donnée « apparaît naturellement comme le prolongement de la liberté de s'engager »[920].

550. Exécution – La combinaison du principe de la force obligatoire de la volonté et du principe moral du respect de la parole donnée nous amène à considérer que si l'individu est libre de s'engager, il perd sa liberté face à son obligation d'exécuter les prestations auxquelles il s'est

---

[917] G. MORIN, « *La désagrégation de la théorie contractuelle du Code* », art. préc., spéc. p. 8.

[918] L. LAROMBIÈRE, *Théorie et pratique des obligations ou commentaires des titres III et IV, Livre III du Code Napoléon*, Paris, 1885, n°3, p. 3.

[919] J.-L. GAZZANIGA, *Introduction historique au droit des obligations*, *op. cit.*, n°1, p. 12.

[920] J. GHESTIN, « *La notion de contrat* », art. préc.

contractuellement lié. En effet, dans un sens étroit, l'exécution signifie l'action qui réalise les obligations.

551. Types d'exécution – Le débiteur est donc tenu d'exécuter le contenu obligationnel du contrat auquel il a consenti. Par principe, l'exécution volontaire est le mode normal d'extinction des dettes, quel qu'en soit l'objet. Le débiteur exécute la prestation qu'il avait à accomplir au moment prévu. Néanmoins, le créancier peut parfois aspirer à consolider la contrainte inhérente au rapport d'obligation. Cette recherche d'une exécution garantie ne modifie pas l'obligation d'exécuter qui pèse sur le débiteur, mais c'est le droit à l'exécution qui s'en retrouve renforcé. L'exécution volontaire du contrat apparaît comme le mode normal, et surtout le plus fréquent, d'exécution du contrat (chapitre I). Parfois, cette exécution n'est pas assez sécurisante pour le créancier. Ce dernier peut alors recourir à des techniques juridiques visant à garantir l'exécution volontaire (chapitre II).

CHAPITRE I

LA RECHERCHE DE L'EXÉCUTION VOLONTAIRE

552. Objet de l'exécution – En droit, le terme *objet* est souvent employé. Plus précisément, en droit civil, les juristes dissertent sur l'objet du contrat le distinguant de l'objet des obligations. La réforme du droit des contrats de 2016 a d'ailleurs supprimé la référence à l'objet du contrat, préférant « *un contenu licite et certain* ». Seul est maintenu l'objet de l'obligation[921].
La notion d'objet de l'exécution est beaucoup plus ambiguë. La question est de savoir qu'est-ce qu'on exécute ? Exécute-t-on les obligations en les payant ? Ou bien ne faudrait-il pas plutôt considérer que c'est en payant que le débiteur s'exécute ? Dès lors, l'objet de l'exécution serait le paiement.
En réalité, c'est principalement les obligations qui sont exécutées. Le paiement n'est pas l'objet de l'exécution, mais une forme d'exécution volontaire. Toutes les obligations peuvent faire l'objet d'une exécution volontaire, mais seules les naturelles sont impérativement exécutées de façon spontanée.
L'exécution volontaire d'un contrat fait référence à une exécution qui relève de la volonté des parties concernées. Il y a dans ce cas une forme de contrainte qui pèse sur le débiteur, découlant du rapport d'obligation. Dans le cas d'une exécution spontanée, seule la contrainte morale que le débiteur s'impose lui-même peut l'inciter à s'exécuter.

553. Extinction de l'obligation – Le chapitre IV du Code civil énumère les causes d'extinction du rapport d'obligation. Certains modes d'extinction sont volontaires comme le paiement, la novation, la confusion ou la compensation. Il n'y a pas, dans ces hypothèses, d'atteinte à la force contraignante du rapport d'obligation dans la mesure où l'exécution a été

[921] Sur la signification du concept d'objet comme élément du contenu du contrat : V. FORTI, « *L'absorption de l'objet par le contenu du contrat* », LPA 31 octobre 2014, p.6.

accomplie et que le créancier a obtenu satisfaction, de manière directe ou indirecte (section I).
Le paiement est présenté comme un mode d'extinction des obligations par ce chapitre. L'article 1342 du même Code, le présente comme un acte volontaire d'exécution. En d'autres termes, le paiement apparaît à la fois comme un mode d'extinction et d'exécution des obligations, emportant la satisfaction directe du créancier.
Si la compensation et la novation apparaissent comme des modes d'exécution satisfactoire, celle-ci n'est qu'indirecte ou différée. En somme, la satisfaction réside dans l'accomplissement des prévisions contractuelles.

554. Disparition de l'obligation d'exécuter – En revanche, d'autres causes d'extinction excluent l'exécution. Non seulement le créancier ne reçoit pas satisfaction, mais la force contraignante du rapport d'obligation est annihilée puisque le débiteur se voit libéré de toute exécution. En effet, contrairement à la suspension – mesure par définition temporaire accordée au débiteur dans le but de sauvegarder le lien contractuel et obtenir son exécution – certaines circonstances peuvent amener à la suppression de l'exécution du contrat. Cette disparition de l'obligation d'exécuter, et corrélativement de la force contraignante qui lui est attachée, libère le débiteur de toute exécution sans que le créancier n'ait obtenu satisfaction (section II). Le débiteur quant à lui, se satisfait, en quelque sorte, de sa libération.

SECTION I – L'EXÉCUTION SATISFACTOIRE

555. Définition traditionnelle – L'exécution se définit communément d'après « l'accomplissement, par le débiteur de la prestation due ; le fait de remplir son obligation impliquant la satisfaction du créancier »[922]. En d'autres termes, l'exécution du contrat est considérée comme satisfactoire[923] dès lors que le créancier obtient la réalisation de ses attentes. L'analyse

---

922 G. CORNU (dir.), *Vocabulaire juridique*, *op. cit.*, V° « Exécution ».
923 Le terme « satisfactoire » est employé par G. CORNU dans le *Vocabulaire juridique, op. cit.* Il est également employé par d'autres auteurs (par ex. : G. VINEY, *Traité de droit civil - La responsabilité : effets*, LGDJ, 2e éd., 2001, J. GHESTIN (dir.), n°48, p. 69) ou par les juges de la Cour de cassation (Cass. civ. 3ème, 13 mars 2002, Bull. civ. III, n°64). Si ce terme est employé en droit pour désigner « ce qui est propre à donner satisfaction », dans les dictionnaires de la langue française, cependant, ce terme renvoi à son sens dogmatique selon lequel satisfactoire, ce qui « est propre à réparer et à expier les fautes commises ». Nous retiendrons dans cette étude, le terme satisfactoire dans le sens de « donner satisfaction ». – V. égal. Sur ce point : A.-S. DURPRÉ-DALLEMAGNE, *La force contraignante du rapport d'obligation, (Recherche sur la notion d'obligation)*, *op. cit.*, n°151, p.139.

classique de l'exécution se place du point de vue du débiteur afin de déterminer s'il a ou non accompli ses obligations.
Différentes techniques contractuelles d'exécution volontaire s'offrent à lui. Le mode normal d'extinction des obligations par le débiteur réside dans le paiement. Ce mécanisme emporte la satisfaction directe du créancier (paragraphe I).

556. Néanmoins, les circonstances peuvent conduire le débiteur à procéder autrement. Les obligations peuvent, par exemple, s'éteindre par le biais de la novation ou de la compensation. Dans ces hypothèses, le créancier obtient satisfaction, mais celle-ci n'est qu'indirecte ou différée (paragraphe II). Ces modes exceptionnels d'extinction des obligations n'ont pas de conséquences sur la satisfaction du créancier, puisqu'il l'obtient, mais sur la manière dont elle est recueillie : la satisfaction ne s'obtient pas sans ambages.

§1 – L'exécution par la satisfaction directe du créancier

557. Paiement – L'exécution d'un contrat vise à satisfaire le créancier, c'est-à-dire à lui attribuer ce qui était contractuellement prévu. Le mode d'extinction normal de toute obligation réside dans son exécution par le débiteur. Il s'agit du paiement (A). Cependant, alors que dans le langage courant le paiement est envisagé comme l'équivalent du versement d'une somme d'argent, le droit le définit d'après l'exécution de toutes sortes d'obligations. Il peut s'agir du paiement d'une somme d'argent, mais également de la livraison d'une chose, l'accomplissement d'une prestation de service, etc. La nouveauté des textes suite à la réforme de 2016 réside dans la distinction claire entre des règles générales applicables à tout paiement[924] et des règles propres au paiement d'une somme d'argent[925].
Le paiement[926] est considéré comme un mode d'exécution emportant la satisfaction directe du créancier. Le terme "directe" ne traduit pas forcément une quelconque instantanéité. Il implique simplement la réalisation du schéma contractuel classique : créancier et débiteur contractent, le débiteur exécute ses obligations, le créancier obtient alors satisfaction, mettant ainsi un terme au lien contractuel les unissant, sauf à ce que des dispositions post-contractuelles soient prévues.

---

[924] Articles 1342 à 1342-10 du Code civil.

[925] Article 1343 à 1343-5 du Code civil.

[926] Ph. MALINVAUD, *Droit des obligations*, 2007, *op. cit.*, p. 571 et s. – Voir également, M. FABRE-MAGNAN, *Droit des obligations*, tome 1, *Contrat et engagement unilatéral*, 2010, *op. cit.*, p. 586.

558. Ce mode d'exécution s'envisage principalement du point de vue du débiteur, car c'est lui qui doit exécuter les obligations. Néanmoins, un certain nombre d'auteurs ont choisi d'analyser le paiement, non pas du point de vue du débiteur, mais de celui du créancier. Cette autre approche de l'exécution par la satisfaction directe du créancier – l'objectivisation du paiement (B) – fournit des données intéressantes à l'étude du paiement.

A. Le paiement

559. Définition du paiement - L'exécution contractuelle est le plus souvent envisagée au travers du paiement,[927] car, en droit, le paiement est considéré comme l'exécution de l'obligation[928]. Plus précisément, il est « un mode d'extinction de l'obligation par son exécution »[929].
Reprenant la formule de Pothier[930], dont il ne nie pas l'influence[931], Bigot de Préameneu énonce que « le paiement est réel lorsque le débiteur accomplit réellement ce qu'il s'est obligé de donner ou de faire »[932]. Le paiement est considéré comme un mode d'exécution libératoire, car « le débiteur est libéré parce que, et dans la mesure où, par sa conduite, il satisfait aux exigences de l'obligation qui pèse sur lui »[933]. La réforme de 2016 maintient cette définition à l'article 1342 du Code civil, présentant le paiement comme « *l'exécution volontaire de la prestation due* ».

---

[927] J.-L. AUBERT, *Le Contrat, Droit des obligations*, Dalloz, coll. Connaissance du droit, 4ème éd., 2010, p. 125, qui pour désigner l'exécution parle de « technique de paiement ».
[928] R. LIBCHABER, *Recherches sur la monnaie en droit privé*, LGDJ, coll. Biblio. de dr. privé, tome 225, 1992, préf. P. MAYER, n°434, p. 348 ; J. FLOUR, J.-L. AUBERT et É. SAVAUX, *Les obligations*, tome 3, *Le rapport d'obligation*, Sirey, 7e éd., 2011, n°101.
[929] N. CATALA, *La nature juridique du payement*, *op. cit.*, n°241, p. 329. Comp., A. SÉRIAUX, « *Conception juridique d'une opération économique : le paiement* », RTD civ. 2004, p. 225, qui adopte une conception juridique du paiement limitée au seul versement d'une somme d'argent.
[930] R.-J. POTHIER, *Traité des obligations*, 2011, *op. cit.*, n°494 ; E. CHEVREAU, Y. MAUSEN et C. BOUGLÉ, *Introduction historique au droit des obligations*, 2007, *op. cit.*, n°19, p. 29, renvoyant à ULPIEN, au livre 45 sur SABIN, D. 50.16.176 : « Le mot *solutio* désigne aussi l'exécution de n'importe quelle prestation. Nous disons *solvere* de celui qui fait ce qu'il a promis de faire ».
[931] BIGOT DE PRÉAMENEU, in *Recueil complet des travaux préparatoires du Code civil*, par P. A. FENET, *op. cit.*, p. 217 : « La France met sous ce rapport au nombre des ouvrages les plus parfaits ceux de DOMAT et de POTHIER ».
[932] BIGOT DE PRÉAMENEU, in *Recueil complet des travaux préparatoires du Code civil*, par P. A. FENET, *op. cit.*, p. 263.
[933] KRESCHMAR, *Die Ergüling*, 1906, p. 107, cité et traduit par N. CATALA, *La nature juridique du payement*, *op. cit.*, n°144, p. 222, note 1.

560. Plus précisément, dans le langage courant, le terme paiement fait référence au versement d'une somme d'argent[934]. En revanche, au sens technique du droit des obligations, le paiement consiste en l'exécution volontaire d'une obligation quel qu'en soit son objet[935]. Il peut donc s'agir du versement d'une somme d'argent, mais également, d'une remise en nature d'un bien ou d'un document, ou encore de toute autre prestation.[936] Le nouveau Code civil distingue ces deux opérations, mais il s'agit tout de même d'une opération identique : le paiement. Lorsque le paiement porte sur une somme d'argent il convient simplement de tenir compte de certaines particularités.

561. En droit romain, l'exécution de la prestation due par le biais de l'extinction d'une obligation était désignée par le terme *solutio*. La langue latine distinguait le verbe *solvere*, qui signifie dénouer, délier, disjoindre, du substantif *solutio* relatif au concept de dissolution[937]. Ce substantif traduit l'idée d'une « interdépendance entre l'acquittement de l'engagement et l'extinction concomitante du lien obligatoire »[938] et renvoie en conséquence à cette notion de paiement.

562. Le paiement intervient, en principe, entre le débiteur et le créancier et met fin à l'obligation du débiteur : « Le paiement satisfait le créancier, quel que soit son objet : somme d'argent, action ou abstention du débiteur »[939]. C'est le contrat qui fait naître les obligations dont le débiteur peut se libérer par le paiement, c'est-à-dire par l'exécution de sa promesse contractuelle. Ce mode d'exécution emporte la satisfaction pure et simple du créancier[940]. Une fois l'obligation du débiteur accomplie, le contrat se dit être exécuté.
Il arrive parfois qu'une personne soit subrogée dans les droits du créancier, de sorte que c'est un tiers qui reçoit le paiement de la part du débiteur. Si

---

[934] M. POUMARÈDE, *Droit des obligations*, 2012, *op. cit.*, n°563, p.233.

[935] G. CORNU (dir.), *Vocabulaire juridique*, *op. cit.*, V° « Paiement ». – Voir également, F. GRUA, « *L'obligation et son paiement* », in *Mélanges Y. GUYON, Aspects actuels du droit des affaires*, Dalloz, 2003, p. 479. - Et pour l'opinion contraire, A. SÉRIAUX, « *Conception juridique d'une obligation économique : le paiement* », art. préc.

[936] A. COLIN et H. CAPITANT, *Traité de droit civil*, tome 2, *Obligations*, *Théorie générale*, *Droits réels principaux*, 1959, *op. cit.*, n°1427, p.805 : « Le paiement est le fait d'exécuter l'obligation, c'est-à-dire d'accomplir la prestation qu'elle met à la charge du débiteur : remise de la somme d'argent ou de l'objet dus, accomplissement du fait promis ».

[937] E. CHEVREAU, Y. MAUSEN et C. BOUGLÉ, *Histoire du droit des obligations*, Lexis-Nexis, coll. Cours, 2ème éd., 2011, p.31.

[938] E. CHEVREAU, Y. MAUSEN et C. BOUGLÉ, *Introduction historique au droit des obligations*, 2007, *op. cit.*, p. 29.

[939] A. SÉRIAUX, « *Conception juridique d'une obligation économique : le paiement*, » art. préc.

[940] Fr. ROUVIÈRE, « *L'envers du paiement* », D. 2006, p. 481.

l'une des parties peut changer, l'objet même du paiement peut également se trouver modifié. En effet, le débiteur paie à l'accoutumée ce qui était initialement convenu. Cependant, le droit admet le remplacement de l'objet, sous certaines conditions, par le biais du mécanisme de la dation en paiement ou encore de la compensation.

563. Dualité du paiement - En réponse à la structure de l'obligation, le paiement revêt une dualité de fonction. Il est à la fois un mode d'exécution et un mode d'extinction de l'obligation[941]. Grégoire Forest précisait que l'exécution, « c'est la réalisation du droit subjectif du créancier ; l'extinction, c'est la disparition du devoir objectif qui pèse sur le débiteur »[942]. Souvent, ces deux fonctions sont associées faisant de l'extinction de l'obligation, la conséquence de l'exécution.
Cependant, cette association ne coïncide pas toujours. Par exemple, le paiement effectué par un tiers éteint le droit du créancier, sauf opposition légitime de sa part. Pour autant, le débiteur n'est pas forcément libéré par le biais de ce paiement. Le débiteur peut demeurer engagé envers le tiers *solvens* qui est alors en mesure de lui demander le paiement si le droit du créancier initial lui a été transféré, notamment par le biais du mécanisme de la subrogation[943]. Dans ce cas, il y a exécution, mais pas extinction.

564. Nature juridique du paiement - La nature juridique de cette opération n'est pas tranchée[944]. Pour certains auteurs, il s'agit d'un acte juridique[945] ayant pour objet l'extinction de l'obligation initialement prévue dans le contrat et pour lequel il convient d'avoir l'accord du créancier[946]. Dans ce cas, le paiement est envisagé comme un contrat entre celui qui exécute (*le solvens*) et celui qui reçoit cette exécution ou en bénéficie (*l'accipiens*). Mais cette qualification d'acte juridique, et plus particulièrement d'acte conventionnel, a été contestée notamment par le professeur Catala.

---

941 N. CATALA, *La nature juridique du payement*, *op. cit.*, *passim* : cette distinction constitue le plan de l'ouvrage.

942 G. FOREST, *Essai sur la notion d'obligation en droit privé*, *op. cit.*, n°380, p. 262.

943 Certains auteurs appellent ce mécanisme, « l'effet translatif » de l'exécution : D. ARTEIL, *L'exécution du contrat par un non-contractant*, *op. cit.*, n°369 et s., p. 297 et s. – J. MESTRE, *La subrogation personnelle*, LGDJ, Bibl. dr. privé, tome 160, 1979, n°319 et s., p. 373 et s.

944 C. LAPOYADE DESCHAMPS, L. BLOCH et S. MORACCHINI-ZEIDENBERG, *Droit des obligations*, Ellipses, 2e éd., 2008, p. 299.

945 H., L. et J. MAZEAUD et Fr. CHABAS, *Leçons de droit civil*, t. II, 1er volume, *Obligations, théorie générale*, 1998, *op. cit.*, n°927, p. 1012 ; A. WEILL et Fr. TERRÉ, *Les obligations*, 1986, *op. cit.*, n°985 ; M.-J. PIERRARD, « *Les procédés de preuve du paiement* », RTD civ., 1948, p.429 et s., spéc. n°18 et s.

946 J. MARTIN de la MOUTTE, *L'acte juridique unilatéral*, Th. Toulouse, 1951, n°51 et s. – H., L., J. MAZEAUD et Fr. CHABAS, *Leçons de Droit civil*, tome 2, 1er volume, *Obligations, théorie générale*, 1998, *op. cit.*, n°864 et s., p. 963 et s.

Dans sa thèse, l'auteur proposait de considérer le paiement comme un fait juridique, révélant une obligation à exécuter, et dont l'exécution doit être conforme à l'objet de cette obligation[947]. Les professeurs Marty, Raynaud et Jestaz ajoutent qu'ayant noté « que le paiement peut intervenir à l'insu du débiteur (lorsqu'il provient d'un tiers) et encore qu'il peut être imposé au créancier (dans le cas des offres réelles), cet auteur en déduit que la volonté ne joue ici aucun rôle nécessaire »[948]. Selon cette conception, pour être régulier le paiement requiert une obligation antérieure valable et une prestation conforme à l'objet de la dette. Lorsque ces deux conditions sont remplies, alors le créancier serait satisfait et cette satisfaction aurait pour conséquence de libérer le débiteur. Cette appréciation de la nature juridique du paiement a cependant été contredite.

565. D'autres auteurs, tels que les professeurs Malaurie, Aynès et Stoffel-Munck, ont mis en avant une nature plus complexe pour cette opération qui peut être, selon les cas, un fait ou un acte juridique[949]. La nature conventionnelle du paiement paraît bien exister dans de nombreuses hypothèses et « même si elle n'avait pour objet que de constater un fait brut, la satisfaction du créancier, elle n'en méritait pas moins de prendre place parmi les conventions *déclaratives* »[950].

566. La jurisprudence, quant à elle, retient que le paiement se prouve par écrit lorsque la somme à payer ou la valeur de l'objet de l'obligation dépasse le seuil prévu à l'article 1341 du Code civil[951]. Ce traitement par la jurisprudence permet d'écarter la thèse du fait juridique qui autoriserait la preuve par tous moyens. Ainsi, le paiement se définit comme un acte juridique devant être prouvé par écrit. Bien entendu, conformément au droit commun, l'exigence d'une preuve manuscrite cesse en cas d'impossibilité matérielle ou morale de fournir une preuve de cette nature : « Il en est ainsi notamment s'il existe entre le créancier et le débiteur des liens de

---

[947] N. CATALA, *La nature juridique du payement*, *op. cit.*, n°159 et s.

[948] G. MARTY, P. RAYNAUD et Ph. JESTAZ, *Droit civil, Les obligations*, tome 2, *Le régime*, Sirey, 2e éd., 1989, n°194, p.178.

[949] Ph. MALAURIE, L. AYNÈS et Ph. STOFFEL-MUNCK, *Droit civil, Les Obligations*, Defrénois, 6e éd., 2013, n°1075, p. 581 : « un acte complexe, participant à la fois de la convention et du fait juridique ».

[950] G. MARTY, P. RAYNAUD et Ph. JESTAZ, *Droit civil, Les obligations*, tome 2, *Le régime*, 1989, *op. cit.*, n°194, p.178.

[951] Cass. Civ. 3ème, 4 décembre 1974, Bull. civ. III, n°452, JCP-G 1975, IV, p. 27 ; Cass. civ. 1ère, 5 octobre 1976, Bull. civ. I, n°282.

subordination[952] ou de parenté[953] empêchant le débiteur de requérir une quittance de son paiement. La jurisprudence reconnaît aussi que les usages interdisent de demander une quittance de paiement d'honoraires dans certaines professions libérales. La preuve du paiement peut alors se faire par tous moyens[954], notamment par témoignages ou présomptions »[955]. La jurisprudence admet de la sorte que la preuve puisse se faire par tous moyens pour le paiement des obligations ayant un autre objet qu'une somme d'argent. Dans ce cas de figure, l'exigence de constater l'exécution par écrit paraît, en effet, impossible. Aussi, la preuve d'une livraison, de la réalisation d'une prestation[956], de soins dispensés par un médecin[957] ou de leçons données par un professeur[958] peut se faire par tous moyens.

567. La réforme de 2016 clôt le débat en énonçant clairement à l'article 1342-8 du Code civil relatif aux généralités du paiement, que ce dernier « *se prouve par tout moyen* ». Les articles spécifiques au paiement d'une somme d'argent ne précisent pas les modalités de preuve. Aussi, est-il aisé de supposer que tout paiement, de sommes d'argent ou autre, se prouve par tout moyen. Ainsi, l'analyse de ces articles tend à valider le paiement comme un fait juridique.

568. Si la nature juridique du paiement a longtemps agité les débats doctrinaux, l'objectivisation du paiement a permis de mieux le définir en changeant simplement son angle d'approche, justifiant la distinction reprise par le nouveau Code civil entre le paiement des obligations et le paiement d'une somme d'argent.

B. L'objectivation du paiement

569. Du point de vue du créancier – François Grua a très largement œuvré pour démontrer que l'obligation n'exprime pas uniquement une coercition

---

952 Cass. req., 1er mai 1911, DP 1913, 1, p. 448, S. 1913, 1, p. 305, note P. HUGUENEY ; Css. civ., 17 mars 1938, DP 1938 1, p. 115, note P. MIMIN. Rappr. CA Angers, 23 octobre 1972, Gaz. Pal. 1973, 1, p. 398, qui refuse d'admettre une telle impossibilité entre une coopération et ses adhérents.

953 Cass. civ., 28 octobre 1908, DP 1908, 1, p. 169, note H. CAPITANT ; Cass. req., 8 juillet 1936, DH 1936, p. 426 ; Cass. req., 27 juin 1938, Gaz. Pal. 1938, II, p. 586.

954 Article 1348 du Code civil.

955 F. TERRÉ, Ph. SIMLER et Y. LEQUETTE, *Droit civil, Les obligations*, 2002, *op. cit.*, n°1355, p. 1257.

956 CA Paris, 6 novembre 1907, D. 1911, 2, p. 64.

957 Cass. req., 27 mars 1907, S. 1907, 1, p. 209, note G. LYON-CAEN ; Cass. req., 26 juin 1929, S. 1930, 1, p. 32.

958 Cass. civ., 13 avril 1910, D. 1911, I, p. 14.

juridique. Le paiement équivaudrait, selon lui, à la réalisation juridique d'une prestation : « payer, c'est exécuter »[959]. Cet auteur s'est attaché à distinguer l'obligation de son paiement précisant que l'obligation « est du devoir-être et le paiement est le passage à l'être, donc un retour au fait » [960]. En d'autres termes, l'élément fondamental à retenir est la situation de fait poursuivie par les parties. C'est atteindre cet objectif qui est essentiel, de sorte que la dimension contraignante de l'obligation n'est que secondaire.

570. Le paiement ne peut donc se limiter au versement d'une somme d'argent. Il représente avant toute chose la satisfaction du créancier quel que soit son objet[961]. Cette satisfaction ne peut se mesurer par son pouvoir de contrainte sur le débiteur : « Si le droit ordonne de faire, c'est au titre plutôt modeste d'*ultima ratio* »[962]. La satisfaction s'apprécie à l'aune de ce que l'exécution du contrat lui apporte, à savoir un bénéfice ou non ; « après tout, ce qui lui [le droit] importe n'est pas au premier chef que chacun fasse son devoir, mais que s'installe l'état de fait qu'il poursuit. Si le but est atteint, il est indifférent que ce soit sous la pression d'un devoir faire. Ainsi chacun, s'il lui plaît, peut payer la dette d'un autre »[963].

571. Cette conception du rapport d'obligation et de son paiement place le débiteur au second plan. Ce qui compte en réalité, c'est le résultat attendu de la prestation par le créancier. En d'autres termes, c'est la réalisation de prévisions contractuelles qui importe. La personne du débiteur est mise en net recul dans la réalisation de la satisfaction de ce dernier. Cela revient à dire que la personne du débiteur importe peu. Seul le résultat compte aux yeux du créancier. Son cocontractant ne revient sur le devant de la scène qu'en cas d'inexécution. En effet, le droit met l'accent sur le débiteur dans cette hypothèse. Cette insistance est mise en pratique en offrant au créancier des moyens de contrainte. Cette dernière s'exprime davantage sur les biens du débiteur[964] que sur sa propre personne. Le paiement apparaît alors comme

---

[959] F. GRUA, « *L'obligation et son paiement* », art. préc., n°3.
[960] F. GRUA, « *L'obligation et son paiement* », art. préc., n°7.
[961] A. SÉRIAUX, « *Conception juridique d'une opération économique : le paiement* », art. préc., n°1, p. 225, et n°5, p. 235 ; N. CATALA, *La nature juridique du payement*, *op. cit.*, n°IV, p. 15, n°6, p. 37 et n°177, p. 258.
[962] F. GRUA, « *L'obligation et son paiement* », art. préc., n°7.
[963] F. GRUA, « *L'obligation et son paiement* », art. préc., n°7.
[964] V. par exemple le droit de gage général du créancier.

un moyen de caractériser l'insatisfaction du créancier, offrant une délimitation positive des cas qui le laissent légitimement insatisfait[965].

572. La satisfaction du créancier n'est toutefois pas suspendue à l'activité personnelle du débiteur, car, outre les contrats conclus *intuitu personae*, l'exécution peut être accomplie par un tiers remplaçant, voire même un tiers garant. Néanmoins, la charge de l'exécution demeure sur la tête du débiteur. L'existence de ce droit de contrainte du créancier établit une sorte de rapport de force dans le rapport d'obligation, prenant comme référant la personne dont on peut exiger la prestation.
Retenir cette approche est toutefois trop restrictive. Comme nous l'avons énoncé, l'exécution ne résulte pas nécessairement d'une contrainte. L'élément essentiel de l'exécution demeure la prestation elle-même. La personne du débiteur ne devient essentielle qu'en cas d'inexécution. L'objectivation du paiement permet donc de s'attacher à l'élément de fait poursuivi par les parties.

573. Cas particulier de la dation en paiement – Le créancier a la possibilité d'accepter de recevoir en paiement autre chose que l'objet de sa créance, conformément à l'article 1342-4, alinéa 2, du Code civil. Mais cela ne signifie pas qu'il ne puisse refuser une prestation différente : l'acceptation d'une prestation autre est une possibilité et non une obligation. Cette hypothèse est celle de la dation en paiement[966].
Selon le vocabulaire juridique, la dation en paiement correspond à une « modalité exceptionnelle du paiement consistant à changer l'objet même du paiement, en employant pour satisfaire le créancier (pour exécuter l'obligation) une chose autre que celle qui faisait l'objet de l'obligation »[967].
La spécificité de cette opération réside dans le fait qu'à la différence du paiement de la chose même qui était due, l'accord du créancier est obligatoire. Elle ne peut pas lui être imposée. S'il le souhaite, le créancier peut librement se contenter d'une prestation en nature équivalente.

---

[965] P. ESMEIN, *L'obligation et la responsabilité contractuelle, Le droit privé au milieu du XXe siècle. Études offertes à Georges Ripert*, LGDJ, tome 2, 1950, n°6, p. 108 : « dans l'article 1147 les mots inexécution de l'obligation signifient non pas l'acte blâmable qu'est la faute pour le public, mais le fait que le créancier n'a pas obtenu la satisfaction qu'il attendait du contrat, ce qui peut arriver sans qu'il soit sujet à reproche ».

[966] F. BICHERON, *La dation en paiement*, Panthéon-Assas éd., coll. Thèses, 2006, préf. M. GRIMALDI ; D. HIEZ, « *La nature juridique de la dation en paiement* », RTD civ. 2004, p. 199 ; D. LEOTY, « *La nature juridique de la dation en paiement : la dation en paiement, paiement pathologique ?* », RTD civ. 1975, p. 12.

[967] G. CORNU (dir.), *Vocabulaire Juridique*, *op. cit.*, V° « Dation en paiement ».

574. La modification de l'objet de l'obligation est essentielle à la qualification de la dation en paiement. Tel est le cas lorsque des héritiers d'une grande fortune donnent des tableaux en paiement des droits de succession. La jurisprudence est même allée jusqu'à reconnaître que la dation en paiement « ne suppose pas que la dette qu'elle a pour objet d'éteindre soit chiffrée dans son montant : il suffit qu'aucune incertitude n'existe sur sa consistance »[968]. En conséquence, il n'y aura pas dation en paiement lorsqu'un vendeur de voitures accepte de reprendre un autre véhicule pour partie du prix[969] ou si le cédant d'un terrain obtient en contrepartie la livraison des lots construits[970].

575. La dation en paiement apparaît comme une modalité particulière du paiement. Elle nécessite les mêmes conditions que le paiement : capacité de disposer du *solvens* (qui peut être, comme pour le paiement *stricto sensu*, un tiers[971]) et de l'*accipiens*, qualité de propriétaire du premier. Elle produit les mêmes effets : extinction de la dette et de ses accessoires[972]. La nature juridique de cette opération a cependant été largement discutée, car il s'agit d'une institution juridique particulière.

576. Certains y ont vu une forme de vente, dont elle emprunte d'ailleurs le régime. Divers effets de l'opération accréditeraient cette thèse : transfert automatique de propriété[973], obligations de garantie, délivrance, capacité requise, refus de l'action paulienne[974], etc. La différence réside cependant dans le fait que la dation est une modalité d'exécution de l'obligation, au moment de l'exécution prévue.

577. En parallèle, la dation est aussi un mode d'extinction liée à une obligation de payer alors que la vente est un contrat consenti pour transférer

---

[968] CA Versailles, 8 octobre 1998, D. 1999, inf. rap. , p.6 ; RTD civ. 1999, p. 109, obs J. MESTRE : en l'espèce, la propriété d'une maison a été transférée « *en contrepartie d'avances successives faites... durant les années 1977, 1978, 1979* », sans que ces avances aient été plus précisément déterminées ou chiffrées.

[969] Cass. com., 19 décembre 1989, Bull. civ. IV, n°332.

[970] Cass. civ. 3ème, 12 janvier 1988, Bull. civ. III, n°5.

[971] Cass. civ. 3ème, 5 avril 1968, Bull. civ. III, n°161.

[972] Tels que le cautionnement selon l'article 2034 du Code civil ou l'hypothèque, selon l'article 2180 du même Code.

[973] Cass. civ. 1ère, 27 janvier 1993, Bull. civ. I, n°39 ; JCP-N 1993, II, p. 256, note L. LEVENEUR ; JCP-G, 1994, II, p. 22195, note I. PÉTEL-TEYSSIÉ ; Rép. Déf., 1993, art. 35572, p. 730, obs. J.-L. AUBERT ; RTD civ. 1994, p. 132, obs. M. ZÉNATI.

[974] Cass. req., 24 janvier 1900, DP 1900, 1, p. 207 et Cass. req., 9 mai 1910, DP 1910, 1, p. 462. – CA Paris, 23 juillet 1937, DP 1939, 2, p. 81, note J. RADOUANT.

une chose contre un prix. D'ailleurs, certains effets de la vente ne se retrouvent pas dans la dation en paiement.

578. La dation n'est pas non plus le résultat d'une novation par changement d'objet, dans la mesure où il n'y a pas extinction d'une obligation de payer une somme d'argent et son remplacement par une obligation de remise d'une chose.

579. La dation en paiement est donc un mode particulier de paiement, un mode certes inhabituel, mais licite, qui « trouve un fondement suffisant dans la liberté contractuelle, puisqu'elle repose nécessairement sur un accord des volontés des parties au paiement »[975]. C'est donc simplement un déplacement de l'objet du paiement. En donnant son consentement à la dation en paiement, le créancier signifie qu'il trouve satisfaction dans cette opération.
A contrario, si la modification de l'objet du paiement ne le satisfait pas, il n'y consent point. Néanmoins, cette satisfaction n'est pas identique à celle initialement attendue, puisqu'il y a changement de l'objet, mais elle est conforme à l'attente du créancier nouvellement acquise après le consentement à la dation en paiement. Cette dernière reste tout de même considérée comme un mode anormal d'exécution. Seul le paiement peut valablement être assimilé au mode officiel d'exécution du contrat.

580. À l'instar de la dation en paiement, il existe des hypothèses dans lesquelles le créancier obtiendra satisfaction, mais de manière détournée.

§2 – L'exécution par satisfaction indirecte ou différée du créancier

581. Présentation – Le paiement est un mode d'exécution qui apporte une satisfaction directe au créancier. Il existe également d'autres instruments juridiques permettant, comme le paiement, de satisfaire le créancier, mais pas directement.
En effet, la compensation procure au créancier une satisfaction immédiate et complète, mais néanmoins indirecte (A).
La satisfaction du créancier peut également être à la fois différée et différente de celle initialement prévue. C'est l'hypothèse où une obligation nouvelle est substituée à l'ancienne. Il en est ainsi en cas de novation (B). L'obligation initiale est éteinte, ce qui peut laisser supposer qu'il n'y a pas de satisfaction. Néanmoins, une obligation nouvelle lui est substituée ; c'est

---

[975] Fr. TERRÉ, Ph. SIMLER et Y. LEQUETTE, *Droit civil, Les obligations*, 2002, *op. cit.*, n°1324, pp. 1232 et 1233.

elle qui sera exécutée et qui apportera satisfaction au créancier. C'est pour cela que l'on parle de satisfaction différée.

582. Exclusion du champ d'études – Certains auteurs[976] considèrent également que la confusion et la délégation sont des instruments d'extinction des obligations emportant une satisfaction indirecte ou différée au créancier. Cependant, il apparaît que dans le cas de la confusion, la satisfaction du créancier est plus théorique que pratique. Il s'agit davantage d'un mode d'extinction des obligations non satisfactoire, que d'un mode d'exécution du contrat.
De même, la délégation apporte certes satisfaction au créancier, par le biais de l'exécution d'une obligation nouvelle substituée ou ajoutée à celle convenue initialement. Néanmoins, cette opération juridique par laquelle une personne – le délégué – s'oblige sur instruction d'une autre personne – le délégant – envers une troisième – le délégataire s'apparente davantage au cas d'intervention d'un tiers dans l'exécution du contrat. C'est pourquoi la délégation n'est pas envisagée dans cette partie[977].

A. La compensation

583. Principe de la compensation – La compensation correspond à l'extinction simultanée de deux obligations de même nature, existant entre deux personnes réciproquement créancières et débitrices l'une de l'autre. Le domaine de prédilection de la compensation est le paiement de sommes d'argent. Lorsque les deux obligations sont d'un égal montant, l'extinction est totale : A doit 100 à B et B doit 100 à A, en raison de la compensation, la dette de A et la dette de B sont éteintes. Si les obligations sont d'un montant inégal, la compensation n'est que partielle et se fera à concurrence de la plus faible somme : A doit 100 à B et B doit 50 à A, leurs dettes sont compensées à hauteur de 50.

584. La compensation est considérée comme un mode de paiement très efficace, « un double paiement simplifié, dans la mesure où elle simplifie les paiements en évitant des mouvements de fond inutiles »[978]. Il ne s'agit cependant pas d'un mode obligatoire ; les parties peuvent y renoncer[979]. Sa parenté avec le paiement est très forte, de sorte qu'il est d'usage de parler de « paiement par compensation ». Parfois, la compensation est aussi présentée

---

[976] V. not., Fr. TERRÉ, Ph. SIMLER et Y. LEQUETTE, *Droit civil, Les obligations*, 2002, *op. cit.*, n°1389 et s., p. 1283 et s.
[977] V. *supra* n°521 s. : « Délégation ».
[978] D. MAINGUY et J.-L. RESPAUD, *Droit des obligations*, 2008, *op. cit.*, n°503, p. 393.
[979] Cass. com., 8 juillet 2008, n°07-16.936, RTD civ. 2008, p. 678, obs. B. FAGES.

comme un double paiement. Il est cependant nécessaire de distinguer la compensation légale de la compensation judiciaire.

585. Compensation légale – Avant la réforme de 2016, la compensation légale s'opérait de plein droit entre deux obligations lorsque ces dernières étaient réciproques, liquides et exigibles. Selon les anciens articles 1289 à 1299 du Code civil, pour que la compensation produise automatiquement son effet extinctif, quatre conditions devaient être réunies : réciprocité des obligations, fongibilité de leur objet, liquidité et exigibilité.

Les créances devaient être réciproques entre un débiteur et un créancier. Cette logique de réciprocité implique que chacune des parties soit à la fois créancière et débitrice l'une de l'autre[980], mais les dettes n'avaient pas à procéder de la même source contractuelle. La compensation s'opérait, quelle que soit leur cause ou leur source[981].

Le nouvel article 1347 du Code civil énonce plus clairement, après avoir défini la compensation comme étant « *l'extinction simultanée d'obligations réciproques entre deux personnes* », qu'elle « *s'opère, sous réserve d'être invoquée, à due concurrence, à la date où ses conditions se trouvent réunies* ». Outre cette différence rédactionnelle, le régime de la compensation demeure identique. Les conditions habituelles sont réaffirmées.

Les créances doivent donc aussi être fongibles. La dette de l'un doit pouvoir exactement se déduire de la dette de l'autre. Les dettes doivent porter sur un objet de même nature. Les dettes de sommes d'argent sont donc le terrain de prédilection de la compensation.

Les créances doivent être liquides, c'est-à-dire certaines dans leur principe, mais également dans leur montant, d'où la nécessité que ce dernier soit d'ores et déjà chiffré. Par exemple, une dette de dommages et intérêts n'est liquide que lors du prononcé du jugement définitif[982].

Enfin, les dettes doivent être exigibles. Autrement dit, puisque la compensation est un mode de paiement abrégé, les dettes doivent être échues et non conditionnelles ou à terme. Néanmoins, l'obtention d'un délai de grâce ne fait pas obstacle à la compensation[983] puisqu'il s'agit d'un délai

---

[980] « *En sa qualité d'ayant-cause universel de la société absorbée, la société absorbante acquiert de plein droit, à la date d'effet de la fusion, la qualité de partie aux instances antérieurement engagées par la société absorbée et peut se prévaloir des condamnations prononcées au profit de celle-ci* », notamment pour justifier la compensation : Cass. com., 21 octobre 2008, n°07-19.102, RTD civ. 2009, p. 323, obs. B. FAGES.

[981] Article 1293 du Code civil.

[982] Cass. soc., 16 novembre 1988, Bull. civ. V, n°605.

[983] Article 1347-3 du Code civil.

accordé par faveur au débiteur pour payer sa dette. Or, par hypothèse, par le jeu de la compensation, le débiteur n'aura rien à débourser.

586. Exceptions – Il existe cependant des créances pour lesquelles la compensation ne peut avoir lieu. Tel est le cas notamment des créances alimentaires. En effet, ces dernières correspondent à des sommes dont l'individu a un besoin impératif. Dans l'éventualité où le mécanisme de la compensation ne peut jouer, il n'a pas à payer sa dette, mais il est conséquemment privé du bénéfice de sa créance.
Cette règle d'exclusion de la compensation s'étend d'ailleurs à toutes les créances insaisissables : rentes allouées à la suite d'un accident de travail, la part insaisissable des salaires, etc., sauf accord du créancier[984].
La compensation ne peut pas non plus avoir lieu au préjudice de droits acquis à des tiers[985].
Pour les mêmes raisons, et dans un souci de protection de l'intérêt des tiers, la compensation est impossible à partir du jugement ouvrant une procédure de redressement ou de liquidation judiciaire. Les créanciers ne peuvent plus se faire payer par compensation au cas où ils deviendraient eux-mêmes débiteurs.

587. Compensation conventionnelle – Avant la réforme de 2016, le Code civil reconnaissait la compensation légale qui s'opérait de plein droit. Dans les faits, les parties pouvaient conventionnellement convenir d'une compensation, mais celle-ci n'était pas prévue par les textes. Elle résultait de la volonté des parties qui décidaient de compenser leurs dettes alors que les conditions de la compensation légale n'étaient pas réunies[986] : dette non exigible ou non liquide. Il s'agissait de l'hypothèse où un débiteur acceptait d'exécuter un engagement avant le terme ou que les parties s'accordaient pour considérer comme équivalentes des prestations, qui n'étaient pourtant pas liquides ou non encore fongibles, afin de bénéficier d'une libération réciproque. La condition de réciprocité était néanmoins toujours requise. La compensation devenait alors obligatoire en raison de l'accord des parties et elle produisait ses effets à compter du jour où elle avait été convenue. Pareille convention de compensation était valable conformément au principe de la liberté contractuelle. Elle ne heurtait aucune règle d'ordre public et avait donc force obligatoire.

---

[984] Article 1347-2 du Code civil.
[985] Article 1347-7 du Code civil.
[986] A. M. TOLÉDO, « *La compensation conventionnelle. Contribution plus particulière à la recherche de la nature juridique de la compensation conventionnelle in futurum* », RTD civ. 2000, p. 265. Selon cet auteur, la compensation conventionnelle serait une sûreté fiduciaire.

Une telle compensation pouvait cependant être considérée comme nulle si elle avait été opérée durant la période suspecte dans le cadre d'une procédure collective[987]. De plus, à la différence de la compensation légale, la compensation conventionnelle n'était pas déclarative, car elle était constitutive d'une situation nouvelle.

588. Désormais, l'article 1348-2 du Code civil reconnaît expressément une certaine forme de compensation conventionnelle. En effet, selon cet article, les parties peuvent librement convenir « *d'éteindre toutes obligations récirpoques, présentes ou futures* », sans que les conditions habituelles ne soient requises. Il s'agit là d'une stricte application du principe de la liberté contractuelle : les parties sont libres d'aménager et de modifier les effets des contrats qu'elles ont conclus.

589. Compensation judiciaire – Le Code civil, avant réforme, ne connaissait qu'une forme de compensation qui s'opérait de plein droit dès lors que les conditions étaient réunies.
Le Code de procédure civile[988] évoque quant à lui une compensation qui, de l'avis unanime de la doctrine, ne peut être assimilé à la compensation légale prévue aux anciens articles 1289 et suivants du Code civil. Il s'agit de la compensation judiciaire qui ne peut s'inscrire que dans le cadre d'une demande reconventionnelle et qui suppose nécessairement que les conditions de la compensation légale ne sont pas réunies. La réforme de 2016 a consacré ce cas particulier aux articles 1348 et 1348-1 du Code civil.
La compensation judiciaire est donc prononcée par un juge, à la demande de l'une des parties, alors que l'autre demande le paiement. Ce pouvoir discrétionnaire des juges du fond d'accorder le bénéfice de la compensation demandée reconventionnellement a été approuvé par la Cour de cassation[989].

---

[987] Article L. 632-1, I, 4° du Code de commerce.

[988] Article 70 du Code de procédure civile : « *Les demandes reconventionnelles ou additionnelles ne sont recevables que si elles se rattachent aux prétentions originaires par un lien suffisant. Toutefois, la demande en compensation est recevable même en l'absence d'un tel lien, sauf au juge à la disjoindre si elle risque de retarder à l'excès le jugement sur le tout* » et l'article 564 du même Code : « *À peine d'irrecevabilité relevée d'office, les parties ne peuvent soumettre à la cour de nouvelles prétentions si ce n'est pour opposer compensation, faire écarter les prétentions adverses ou faire juger les questions nées de l'intervention d'un tiers, ou de la survenance ou de la révélation d'un fait* ».

[989] Cass. req., 27 octobre 1903, DP 1904, 1, p. 44. – Cass. com., 4 janvier 1963, Bull. civ. III, n°11. – Cass. soc., 24 juin 1976, Bull. civ. V, n°396. – Cass. civ. 3ème, 25 octobre 1976, Bull. civ. III, n°367. – Cass. civ. 1ère, 25 octobre 1978 Bull. civ. I, n°322. – Cass. civ. 2ème, 14 juin 1989, Bull. civ. II, n°127, JCP-G 1989, IV, p. 302. – Cass. civ. 1ère, 17 décembre 1991, Bull. civ. I, n°355, JCP-G 1992, IV, p. 620.

Dans ce cas, une partie formule une demande en justice de paiement et l'autre, par exemple, demande des dommages et intérêts.
La compensation judiciaire consiste à compenser les deux opérations. Puisque ces créances ne permettent pas le jeu de la compensation légale, le rôle du juge est de parfaire les caractères de cette créance[990], pour la rendre liquide et exigible, certaine et fongible. Tout l'enjeu consiste donc à repérer la logique de connexité de ces dettes[991] puisque la compensation judiciaire n'est possible que pour des créances connexes[992] : « La connexité suppose que les dettes naissent d'un même rapport de droit, même contrat (prix de la vente et dette de garantie) ou d'un ensemble contractuel unique[993] pour autant que les dettes soient de même nature, ce qui exclut la connexité entre les dettes contractuelle et délictuelle[994] »[995].
L'article 1348-1 du Code civil précise désormais que la compensation judiciaire emporte extinction des créances connexes « *au jour de l'exigibilité de la première d'entre elles* » et elle tient en échec les droits éventuellement acquis par les tiers dans l'intervalle. Ce rappel est d'une grande importance en cas de procédure collective.
La compensation judiciaire est donc une opération autonome et spécifique, distincte de la compensation légale.

590. La compensation permet un paiement mutuel ainsi qu'une satisfaction partagée, même si celle-ci n'est pas directe. La novation est une opération juridique qui permet également de satisfaire le créancier, mais de façon décalée.

B. La novation

591. Principe de la novation – La novation, du latin *novationem*, de *novare*[996], s'entend d'une convention entre un créancier et un débiteur par laquelle ils décident de substituer une obligation nouvelle à une obligation

---

[990] Cass. civ. 1ère, 24 février 1993, Bull. civ. I, n°82, RTD civ. 1994, p. 361, obs. J. MESTRE.
[991] V. not., M. ROUSSILLE, *La compensation multilatérale*, Dalloz, coll. Nvlle biblio. de Th., 2006, préf. Jacques BÉGUIN.
[992] Article 1348-1 du Code civil.
[993] D. MAINGUY et J.-L. RESPAUD, *Droit des obligations*, 2008, *op. cit.*, n°507, p. 395, note 5 : « Cass. com. 9 mai 1995, Bull. civ. IV, n°130, D. 1996, p. 322, note G. LOISEAU ».
[994] D. MAINGUY et J.-L. RESPAUD, *Droit des obligations*, 2008, *op. cit.*, n°507, p. 395, note 6 : « Cass. com. 14 mai 1996, D. 1996, somm. p. 332, obs. Ph. DELEBECQUE, RTD civ. 1997, p. 135, obs. J. MESTRE ».
[995] D. MAINGUY et J.-L. RESPAUD, *Droit des obligations*, 2008, *op. cit.*, n°507, p. 395.
[996] Qui signifie « rendre nouveau ».

préexistante qui est corrélativement éteinte[997]. L'obligation existante n'est pas simplement modifiée, elle est éteinte puis remplacée par une obligation nouvelle[998]. L'obligation nouvelle doit différer de l'obligation originelle par un élément nouveau afin de pouvoir les distinguer[999].

592. En Droit romain, la novation était un acte essentiellement formaliste qui résultait de l'emploi de termes solennels et par le seul fait que la formule ait été prononcée, il en résultait la création d'une obligation nouvelle et l'extinction de l'ancienne, sans qu'il y ait lieu de s'intéresser à l'intention des parties[1000].
La convention novatoire avait pour but de remédier aux inconvénients de l'immuabilité du lien obligatoire[1001]. Mais depuis le Bas-Empire, la novation est devenue une pure question d'intention. Il convient alors de repérer une intention particulière : l'*animus novandi*, c'est-à-dire l'intention de nover.
Cette dernière ne se présume point[1002], mais cela ne suppose aucunement le respect de conditions de forme quelconque. Il suffit que l'acte fasse clairement apparaître l'intention de nover[1003]. L'intention des parties de créer une obligation nouvelle tout en renonçant à l'ancienne doit donc résulter clairement de l'acte.
L'ordonnance de 2016 portant réforme du droit des contrats n'apporte pas d'innovation sur ce point, définissant la novation à l'article 1329 : « *Un contrat qui a pour objet de substituer à une obligation qu'elle éteint, une obligation nouvelle qu'elle crée* ».

593. Trois hypothèses de novation – La novation n'est valable que si la convention des parties est créatrice d'une obligation véritablement nouvelle. C'est pour cela qu'une simple modification de l'obligation ancienne ne peut constituer une novation. Il est possible d'identifier trois sortes de novation : par le changement de l'obligation, par le changement de créancier ou encore par le changement de débiteur.

---

[997] F. TERRÉ, Ph. SIMLER et Y. LEQUETTE, *Droit civil, Les obligations*, 2002, *op. cit.*, n°1417, p. 1306 ; D. MAINGUY et J.-L. RESPAUD, *Droit des obligations*, 2008, *op. cit.*, n°518, p. 402.
[998] A. GHOZI, *La modification de l'obligation par la volonté des parties*, *op. cit.*
[999] Digest 46, 2 fr I, princ. : « *Novatio enim a novo nomen accepit* ».
[1000] A. COLIN et H. CAPITANT, *Traité de droit civil*, tome 2, *Obligations Théorie générale, Droits réels principaux*, 1959, *op. cit.*, n°1521, p. 853.
[1001] P. F. GIRARD, *Manuel élémentaire de droit romain*, éd. Vaduz, 8e éd., 1929, maj par F. SENN.
[1002] Article 1330 du Code civil.
[1003] Cass. civ. 3ème, 15 janvier 1975, Bull. civ. III, n°16 ; Cass. com., 14 octobre 1997, RTD civ. 1998, p. 377.

594. Novation par changement de l'obligation – Dans l'hypothèse d'une novation par changement de l'obligation[1004], les parties demeurent les mêmes. Seule l'obligation change. Les parties sont, certes, libres d'apporter toutes les modifications qu'elles souhaitent au contrat, mais toutes ne sont pas des novations. Ainsi, celles « qui n'affectent pas l'essence ou la substance de l'obligation initiale ne sont que des aménagements nouveaux, qui laissent subsister cette obligation avec tous ses effets, caractères, garanties et privilèges ou, le cas échéant, avec ses faiblesses »[1005].
La transformation de l'obligation peut concerner l'objet de l'obligation. Elle peut également porter sur la cause de l'obligation ou encore sur les modalités de l'obligation, c'est-à-dire principalement l'ajout ou la suppression d'une condition suspensive ou résolutoire à l'obligation initiale. La novation ne peut, cependant, pas servir à substituer un engagement valable à un engagement entaché d'un vice.

595. Novation par changement de créancier – Par l'effet de la novation, un nouveau créancier se substitue à l'ancien. Le débiteur est ainsi déchargé envers le créancier initial, mais il est engagé auprès du second. L'opération peut se rapprocher d'une cession de créances. Cependant, à la différence de cette opération, la novation suppose le consentement du débiteur[1006]. De plus, il est important de noter que puisque la novation implique la création d'une nouvelle créance, les garanties attachées à la créance originaire s'éteindront avec celle-ci, sauf en cas de consentement des tiers garants[1007]. Cette opération est donc très contraignante pour le créancier – qui perd les garanties – et pour le débiteur qui ne peut plus opposer les exceptions. La cession de créances peut alors sembler plus sécuritaire pour les parties, mais la jurisprudence maintient un espace disponible à la novation par changement de créancier, estimant parfois que la cession de créances est une technique inappropriée[1008].

[1004] Article 1329 alinéa 2 du Code civil : définit la novation par substitution d'obligations « *entre les mêmes parties* ».

[1005] Fr. TERRÉ, Ph. SIMLER et Y. LEQUETTE, *Droit civil, Les obligations*, 2002, *op. cit.*, n°1424, p. 1311.

[1006] Article 1333 du Code civil.

[1007] Article 1334 du Code civil.

[1008] Cass. civ. 1ère, 16 février 1977, Bull. civ. I, n°96 : en l'espèce, plusieurs personnes avaient consenti un prêt, le remboursement devant être fait entre les mains d'un mandataire « *qui pourrait reprendre le prêt avec ses propres capitaux... et substituer un nouveau prêteur* ». Cette substitution eut lieu et un acte novatoire entre celui-ci et l'emprunteur fut établi, définissant un autre taux d'intérêts et de nouveaux délais. – V. également, Cass. civ. 3ème, 15 février 1968, Bull. civ. III, n°58 ; CA Paris, 17 janvier 1912, Gaz. Pal. 1912, 1, p. 520.

596. Novation par changement de débiteur – Selon l'article 1329, alinéa2, du Code civil, la novation peut également s'opérer « *par changement de débiteur* ». De sorte que, comme le précise M. Arteil, l'« obligation contractuelle disparaît avec la libération du contractant et se trouve immédiatement remplacée par une nouvelle obligation qui naît sur la tête d'un tiers en vertu d'un nouvel engagement. L'objet de l'obligation reste cependant exactement le même de sorte que le créancier obtiendra une prestation objectivement identique à celle qu'il aurait reçue de son débiteur initial. La seule modification concerne l'exécutant »[1009].

597. Il existe en réalité deux formes de novation par changement de débiteur. En effet, la convention novatoire nécessite un accord tripartite entre le débiteur originel, le nouveau débiteur et le créancier. Le débiteur est à l'initiative de la démarche en demandant à un tiers, généralement parce que celui-ci est son propre débiteur, de s'obliger envers le créancier qui corrélativement, accepte de le décharger[1010]. Ce mécanisme constitue une délégation parfaite, c'est-à-dire lorsque le délégataire (le créancier) a expressément déchargé le délégant (le débiteur originel) de son obligation[1011].
À côté, lorsque le créancier trouve un accord avec le nouveau débiteur, sans que l'opération soit à l'initiative du débiteur originel, on parle d'expromission[1012]. Cet accord entre le nouveau débiteur et le créancier résulte le plus souvent d'une intention libérale, celle de payer la dette du débiteur initial. L'opération se réalise donc sans le concours du premier débiteur[1013]. Dans cette hypothèse, la volonté du créancier doit cependant être expresse[1014]. Il doit non seulement avoir manifesté sa volonté d'accepter un second débiteur, mais aussi son intention de décharger le premier[1015].

[1009] D. ARTEIL, *L'exécution du contrat par un non-contractant*, *op. cit.*, n°7, p. 5-6.
[1010] Article 1337, alinéa 1er, du Code civil : « *Lorsque le délégant est débiteur et que la volonté du délégataire de décharger le délégant résulte expressément de l'acte, la délégation opère novation* ».
[1011] M. POUMARÈDE, *Droit des obligations*, 2012, *op. cit.*, n°62, p. 24.
[1012] V. *supra* n°519 : « Expromission ».
[1013] Article 1374 du Code civil : « *La novation par la substitution d'un nouveau débiteur peut s'opérer sans le concours du premier débiteur* ».
[1014] Cass. com., 10 février 1975, Bull. civ. IV, n°784, D. 1975, somm. p. 70.
[1015] Cass. civ. 1ère, 5 juin 1970, Bull. civ. I, n°387, D. 1970, p. 727; RTD civ. 1971, p. 6312. – Cass. com., 22 juin 1983, Bull. civ. IV, n°183, JCP-G 1983, IV, p. 276. – Cass. com., 3 janvier 1995, Bull. civ. IV, n°5, D. 1995, inf. rapp. p. 52. – Cass. com., 12 décembre 1995, Bull. civ. IV, n°294 ; JCP-G 1996, IV, p. 303 (à propos d'une délégation simple). – Cass. com., 20 mars 2001, Juris-Data n°008949, RJDA 6/2001, n°816. – Cass. civ. 3ème, 12 décembre 2001, Bull. civ. III, n°153, D. 2002, infr. rapp. p. 542, JCP-G 2002, IV, p. 1160 ; RD Bancaire et fin. mars-avr. 2002, n°55, obs. A. CERLES.

598. Cependant, l'admission de la cession de dette, dont la novation par changement de débiteur a tenu lieu de substitut, a vocation à diminuer par le recours à la novation. De même, la cession de créance devrait raréfier l'emploi de la novation par changement de créancier.
Toutefois, le formalisme de la novation par changement de débiteur apparaît plus simple que la cession de dette. La première s'opère « *sans le concours du premier débiteur* »[1016] alors que la seconde requiert l'accord de volonté du débiteur cédant et du débiteur cessionnaire et le concours du créancier cédé. Cette dernière constitue par conséquent, une opération à trois personnes.
Novation par changement de débiteurs et cession de dettes pourraient donc cohabiter encore longtemps, répondant chacune à des besoins sensiblement différents.

599. Effets de la novation – La novation produit simultanément deux effets indissociables. D'une part, la novation emporte un effet extinctif : l'ancienne obligation est éteinte comme si elle avait été exécutée. Et d'autre part, on note un effet créateur puisqu'une obligation nouvelle est créée comme elle l'aurait été par un contrat indépendant. Ainsi, chaque « effet est la cause de l'autre et ne se produit pas indépendamment de l'autre : la première obligation n'est éteinte que si la seconde est valablement créée, et la seconde n'est créée que si la première est valablement éteinte »[1017].

600. Extinction de l'ancienne obligation – Lorsque la novation est effectuée, l'effet le plus caractéristique consiste à l'extinction de la dette initiale. Cette extinction entraîne corrélativement la disparition de tous les accessoires qui l'accompagnaient : privilège, hypothèque, toutes les formes de sûretés accessoires[1018], réelles ou personnelles[1019] et tous les droits

---

[1016] Article 1332 du Code civil.

[1017] M. FABRE-MAGNAN, *Droit des obligations, 1 – Contrat et engagements unilatéraux*, 2010, *op. cit.*, pp.610-611.

[1018] *A contrario*, une garantie autonome subsisterait, en principe, puisque la seule circonstance pouvant faire échec à son exécution est l'appel manifestement abusif. Le caractère abusif de l'appel en garantie semble difficile à caractériser lorsqu'une obligation nouvelle vient remplacer celle initialement garantie entre les parties. Pourtant, la jurisprudence a déjà considéré l'appel d'une garantie autonome comme manifestement abusif lorsqu'il était fait à l'occasion d'un autre contrat que celui visé dans le contrat de garantie : T. com. Paris, 1er août 1984, JCP-G, 1986, II, p. 20526, note D. AZENCOT ; D. 1986, infr. rapp. p.159, obs. M. VASSEUR ; T. com. Bruxelles, 26 mai 1988, D. 1989, somm. p. 153, obs. M. VASSEUR.

préférentiels attachés à l'obligation éteinte. Cependant, l'article 1334 du Code civil permet aux créanciers de maintenir conventionnellement les sûretés de l'ancienne créance en les transférant à celle qui lui est substituée[1020]. Ainsi, la première créance se trouve éteinte sans avoir été exécutée. Le créancier voit sa satisfaction différée à l'exécution de la deuxième dette créée par l'effet de la novation.

601. Création d'une nouvelle obligation – L'obligation nouvelle, qui remplace l'originelle, règle désormais à elle seule les relations entre les parties[1021]. Pour que tel soit le cas, il est nécessaire que la nouvelle obligation soit valable[1022]. À défaut, l'extinction serait privée d'effet de sorte que l'ancienne obligation serait rétroactivement rappelée à exister[1023]. La jurisprudence avait toutefois posé une exception à cette règle. Si la nullité était imputable à un dol du créancier, alors ce dernier se voyait privé de son droit de se prévaloir de l'obligation primaire[1024]. La novation purgeait donc les vices. En conséquence, les vices affectant la première obligation ne

---

[1019] La novation affectant l'engagement d'une caution est sans incidence, non seulement sur l'obligation principale, mais aussi sur celle d'autres cautions, même solidaires, de la même dette : Cass. civ., 18 juillet 1866, DP 1866, 1, p. 326, S. 1866, 1, p. 429 ; Cass. com., 7 décembre 1999, Bull. civ. IV, n°219, JCP-G 2000, II, p. 10377, note S. PIEDELIÈVRE, et JCP-E 2000, p. 2003, note T. DUMORTIER, D. 2001, somm. p. 697, note L. AYNÈS. Quelques années avant ce dernier arrêt, la Cour de cassation avait au contraire jugé, s'exposant au grief d'incohérence, que la novation de l'obligation d'une caution solidaire devait libérer les autres : Cass. civ. 1ère, 11 janvier 1984, Bull. civ. I, n°11, D. 1984, infr. rapp. p. 245, JCP-G 1986, II, p. 20646, note T. DUMORTIER.
Le nouvel article 1335 du Code civil condense les dispostions des anciens articles 1280 et 1281 relatifs à la situation des coobligés, indiquant que : « *La novation convenue entre le créancier et l'un des cobéditeurs solidaires libère les autres. La novation convenue entre le créancier et une caution ne libère pas le débiteur principal. Elle libère les autres cautions à concurrence de la part contributive de celle dont l'obligation a fait l'objet de la novation* ».

[1020] A. COLIN et H. CAPITANT, *Traité de droit civil, tome II, Obligations Théorie générale, Droits réels principaux*, 1959, *op. cit.*, n°1532, p. 858.

[1021] Cass. soc., 15 juillet 1943, JCP 1943, II, p. 2443, obs. G. GABOLDE.

[1022] Cass. civ. 1ère, 7 novembre 1995, Bull. civ. I, n°387, RTD civ. 1996, p. 619, obs. J. MESTRE : « si la première obligation était nulle, la seconde était dépourvue de cause et ne produisait aucun effet ».

[1023] Cass. civ. 3ème, 28 novembre 1969, Bull. civ. III, n°784, D. 1970, somm. p. 105 ; Cass. civ. 3ème, 30 avril 1975, Bull. civ. III, n°148, Gaz. Pal. 1975, 2, p. 587, note A. PLANCQUEEL, RTD civ. 1975, p. 207, obs. Y. LOUSSOUARN.

[1024] Cass. civ. 3ème, 5 mai 1970, Bull. civ. III, n°311, Gaz. Pal. 1970, 2, somm. p. 56, JCP-G 1971, IV, p. 92. Cette exception a cependant été remise en cause par un arrêt de la chambre commerciale de la Cour de cassation décidant « *qu'en cas d'annulation de la convention novatoire, la première obligation retrouve son efficacité (et) qu'il en est ainsi même lorsque le créancier savait que l'obligation nouvelle était annulable de son propre fait* ». Néanmoins il s'agit ici d'une hypothèse de nullité pour violence et non pour dol : Cass. com., 14 mai 1996, Bull. civ. IV, n°138, Rép. Déf. 1997, art. 36551, p. 524, obs. Y. DAGORNE-LABBÉ, RTD civ. 1996, p. 910, obs. J. MESTRE, JCP-G, II, p. 22895, note Fr. JACOB.

pouvaient être invoqués face à la seconde, sauf s'ils étaient de nature à entraîner la nullité absolue de l'obligation initiale. En d'autres termes, les juges refusaient initialement le bénéfice du retour à la situation antérieure à celui auquel la nullité de l'une des obligations était imputable avant de statuer en sens contraire en 1996.
L'exigence traditionnelle de validité des deux opérations, reprise à l'article 1331 du Code civil, est assortie d'une disposition dérogatoire : « *à moins qu'elle [la novation] n'ait pour objet déclaré de substituer un engagement valable à un engagement entaché d'un vice* ». Ainsi, si ce vice est constitutif d'une nullité absolue, il ne pourra y avoir novation. L'opération consistera seulement en, d'une part, la constatation commune de la nullité et, d'autre part, la création d'une obligation nouvelle indépendante de la première. En revanche, la nullité de l'obligation nouvelle ne saurait faire renaître l'ancienne puisque cette dernière s'est trouvée éteinte. De ce fait, si la nullité n'est que relative, il est possible d'envisager une confirmation de nullité puis une novation.
L'obligation première et la nouvelle obligation sont donc liées. Conséquemment, les sûretés qui garantissaient l'obligation initiale ne sont pas transmises à la nouvelle obligation ; elles s'éteignent par la novation puisque celle-ci opère comme si un paiement avait eu lieu. Les parties peuvent néanmoins prévoir le contraire[1025].

602. Conséquences de la novation sur l'exécution contractuelle – Comme nous l'avons démontré précédemment, la novation fait naître une nouvelle obligation à exécuter après avoir éteint l'obligation initiale. En se plaçant du côté de l'obligation, il est possible de constater que les deux obligations, l'ancienne et la nouvelle, sont distinctes. On ne peut donc parler d'exécution que pour la seconde puisque la première est simplement éteinte.
Cependant, si l'on observe l'opération économique, il est possible d'en conclure que l'engagement primaire est exécuté après l'extinction des obligations par le biais d'une novation. Même à envisager la novation de contrat, c'est l'exécution de l'opération économique dans son entier qui est appréciée. Cette dernière est simplement différente de celle initialement convenue, mais correspond cependant aux nouvelles aspirations des parties. L'opération économique qui sert de lien entre les parties est tout de même exécutée. La relation contractuelle demeure, même si elle est quelque peu aménagée dans son exécution. C'est donc la forme de l'exécution qui est modifiée, mais non sa réalité.

[1025] Article 1334 du Code civil.

603. La novation permet de mettre en lumière la distinction existante entre l'exécution des obligations et l'exécution du contrat. Au niveau des obligations, il n'y a qu'une seule exécution : celle de la nouvelle obligation. L'obligation primale n'est pas exécutée, mais simplement éteinte. Or, l'opération économique initiale est exécutée. C'est la forme de son exécution qui diffère puisque ce n'est plus la même obligation qui est exécutée.
L'efficacité de l'opération économique n'est cependant pas remise en question. La différence entre le coût et le bénéfice du contrat peut varier, mais l'opération économique demeure satisfaisante dès lors que la novation est souhaitée par les parties, répondant ainsi à leur volonté propre. La novation apparaît donc comme un moyen d'adapter l'exécution du contrat à un changement quelconque.

604. Dans le cas de la novation, la satisfaction résulte de l'extinction de la première obligation et de l'exécution qui s'ensuit de la nouvelle.
Il arrive parfois que l'obligation soit éteinte, sans création d'une nouvelle obligation, de sorte que le créancier ne peut obtenir satisfaction. Le débiteur, quant à lui, s'en trouve satisfait, car il obtient par ce biais, sa libération.

SECTION II – L'EXTINCTION NON SATISFACTOIRE

605. Extinction du rapport d'obligation – Si la satisfaction du créancier découle de l'exécution contractuelle, il est des hypothèses où le rapport d'obligation est éteint sans qu'il y ait eu exécution et par conséquent, sans que le créancier n'ait obtenu satisfaction à proprement parler.
Ces modes d'extinction non satisfactoire – qu'ils proviennent de la loi (paragraphe I) ou qu'ils résultent d'un commun accord entre les parties (paragraphe II) – font disparaître le rapport d'obligation et la force contraignante qui lui est attachée.
À l'issue de ces mécanismes, le débiteur est libéré sans pour autant avoir exécuté ses obligations. Le créancier, quant à lui, demeure insatisfait sans même pouvoir recourir aux techniques d'exécution forcée.

606. Notons également que dans cette partie, nous n'aborderons pas la perte de la chose rendant l'exécution impossible, sans comportement fautif de la part du débiteur. En effet, ce cas s'apparente, selon nous, davantage à une limite à l'exécution forcée qu'une véritable cause d'extinction des obligations sans satisfaction du créancier. Le résultat est certes identique, mais le processus déclencheur ne peut être envisagé dans un rapport d'exécution volontaire.

§1 – Les modes légaux d'extinction sans exécution

607. Certaines causes peuvent mettre fin aux obligations, dans des circonstances particulières, sans que nous puissions pour autant considérer qu'il s'agisse d'une exécution.

La loi peut, par exemple, éteindre les obligations à travers la prescription extinctive (A). Le créancier n'obtient dès lors aucune satisfaction puisque sa créance est éteinte par ce biais. La confusion (B) entraîne également l'extinction des obligations. Dans ce cas, la même obligation est réunie sur la tête des deux parties, créancier et débiteur. On ne peut pas, à proprement parler, considérer qu'il a deux créances comme l'énonce l'article 1300 du Code civil. Il s'agit davantage de la confusion des deux qualités de créancier et de débiteur qui donne naissance à un lien d'obligation unique.

L'effacement des dettes (C) opère également extinction des obligations sans exécution et sans satisfaction pour le créancier. La loi accorde cet avantage, mais c'est au juge d'apprécier si la situation du débiteur lui permet d'en bénéficier. Exceptionnellement, la loi elle-même peut abroger certaines créances.

A. La prescription extinctive

608. Principe de la prescription extinctive – La prescription[1026], extinctive ou libératoire, est une institution très ancienne qui entraîne l'extinction des obligations, résultant d'un défaut d'exercice des droits pendant un certain laps de temps[1027]. Ce mode d'extinction des obligations est en fait une sanction du créancier négligent qui a laissé écouler trop de temps pour que son titre demeure.

La prescription protège également le débiteur et ses héritiers à l'égard des dettes anciennes, oubliées ou même non connues et évite l'engorgement des tribunaux. Elle s'oppose à la prescription acquisitive ou usucapion qui permet symétriquement de devenir titulaire de droits par une possession d'une certaine durée.

Ces deux institutions sont traitées ensemble dans le Code civil, car elles attribuent toutes deux des pouvoirs juridiques à l'écoulement du temps. Mais c'est principalement la prescription extinctive qui intéresse le droit des contrats et plus précisément, la prescription libératoire, car elle éteint les créances. Passé un certain délai, la dette est éteinte si bien que le débiteur

---

[1026] J. CARBONNIER, « *Notes sur la prescription extinctive* », RTD civ. 1952, p. 171 ; M. BANDRAC, *La nature juridique de la prescription extinctive en matière civile*, Economica, coll. Droit civ., 1986, préf. P. RAYNAUD ; F. ZÉNATI et S. FOURNIER, « *Essai d'une théorie unitaire de la prescription* », RTD civ. 1996, p. 339.

[1027] Article 2219 du Code civil.

n'est désormais plus tenu de payer. Cette prescription peut apparaître comme spoliatrice envers le créancier négligeant, mais son absence aurait le même effet envers le débiteur diligent qui, après un certain temps, ne détiendrait pas ou plus la preuve de sa libération.

609. Causes de suspension ou d'interruption – L'effet libératoire lié à l'écoulement du délai de prescription peut cependant être contrarié par un certain nombre de situations. Les prescriptions sont susceptibles d'être suspendues ou interrompues.

610. Suspension – Les causes qui suspendent le cours de la prescription sont prévues aux articles 2233 à 2239 du Code civil. Par exemple, lorsqu'une créance est assortie d'une condition jusqu'à ce que cette dernière survienne, la prescription ne court pas. De même, pour les créances à terme, il y a report du point de départ de la prescription jusqu'à ce que le terme soit arrivé. Le comptage de la prescription s'arrête et ne reprendra que lorsque la cause de la suspension cessera.
La prescription est également suspendue contre les mineurs non émancipés, les majeurs sous tutelle – sauf pour certaines actions en paiement ou en répétition – entre époux ainsi qu'entre partenaires liés par un pacte civil de solidarité. Le recours à la médiation ou à la conciliation fait bien entendu partie des causes de suspension de la prescription.
La jurisprudence[1028] a ajouté d'autres hypothèses de suspension de la prescription, tirées de l'adage *contra non valentem agere non currit praescriptio*[1029]. Selon cette formule, la prescription ne court pas ou est suspendue contre celui qui est dans l'impossibilité d'agir par la suite d'un empêchement résultant de la loi, de la convention ou de la force majeure[1030].

611. Interruption – L'interruption arrête le cours de la prescription, l'empêchant d'aboutir à la date qui aurait dû être la sienne et fait en sorte que le délai reparte depuis le début. L'aiguille du chronomètre est ramenée à son point de départ[1031]. L'article 2244 du Code civil énumère les hypothèses d'interruption lorsqu'elles sont liées à l'action du créancier : « *une citation*

[1028] Cass. com., 11 janvier 1994, Bull. civ. IV, n°22, RTD civ. 1995, p. 114, obs. J. MESTRE : La Cour de cassation a suspendu un délai préfix pourtant insusceptible de suspension (Cass. civ. 1ère, 22 décembre 1959, Bull. civ. I, n°558, RTD civ. 1960, p. 323, obs. J. CARBONNIER), car le débiteur disposait largement du temps nécessaire pour agir.

[1029] « Contre ceux qui ne peuvent pas valablement agir la prescription ne court pas ».

[1030] Cass. civ. 1ère, 22 décembre 1959, JCP-G 1960, II, p. 11494, note P. ESMEIN ; RTD civ. 1960, p. 323, obs. J. CARBONNIER. – Cass. civ. 2ème, 10 février 1966, D. 1967, p. 315, note J. PRÉVAULT.

[1031] Fr. TERRÉ, Ph. SIMLER et Y. LEQUETTE, *Droit civil, Les obligations*, 2002, n°1498, *op. cit.*, p. 1372.

en justice, même en référé, un commandement de payer ou une saisie, signifiés à celui qu'on veut empêcher de prescrire, interrompent la prescription ainsi que les délais pour agir ». Ainsi, le créancier peut mettre fin à son inaction qui est l'un des fondements de la prescription extinctive. Cette règle s'applique également aux délais de forclusion[1032].

612. De même, l'interruption de la prescription peut résulter du comportement du débiteur, notamment lorsqu'il reconnaît sa dette[1033], même seulement partiellement[1034]. En agissant de la sorte, le débiteur est censé avoir renoncé à se prévaloir de la prescription. Aucune forme particulière n'est requise pour cette reconnaissance de dette. Elle peut être expresse, consistant en un acte recognitif, ou être tacite et résulter d'un commencement d'exécution tel que le paiement d'un acompte ou des intérêts de la dette[1035]. Il peut également s'agir de l'invocation de l'exception de compensation[1036], de la demande d'un délai de grâce[1037] ou d'une remise[1038], en somme de tout acte ou attitude révélateur d'un aveu de la dette[1039].

613. Effets – En matière contractuelle, le principal effet de la prescription est extinctif : la dette est éteinte. Le créancier ne peut donc plus exiger de son débiteur qu'il exécute son obligation. Il n'y a cependant pas d'effet de plein droit[1040]. En d'autres termes, l'effet extinctif de la prescription ne joue que si le débiteur manifeste sa volonté de s'en prévaloir. La jurisprudence a d'ailleurs ajouté une condition supplémentaire, à savoir que l'invocation de la prescription doit être effectuée de bonne foi[1041].

614. La doctrine s'est ensuite interrogée sur le point de savoir si la prescription supprimait uniquement le droit d'agir en justice pour l'exécution de l'obligation ou si elle anéantissait l'obligation elle-même. Deux conceptions de la prescription se sont donc opposées.

[1032] Cass. civ. 3ème, 11 janvier 1995, Bull. civ. III, n°10.
[1033] Article 2248 du Code civil.
[1034] Cass. civ. 3ème, 24 octobre 1984, Bull. civ. III, n°176, JCP-G 1985, IV, p. 6. – Cass. civ. 1ère, 22 mai 1991, Bull. civ. I, n°164, RTD civ. 1992, p. 104, obs. J. MESTRE. – Cass. soc., 22 octobre 1996, Bull. civ. V, n°340. – Cass. civ. 1ère, 11 février 1997, Bull. civ. I, n°53.
[1035] Cass. req., 7 juillet 1910, S. 1911, 1, p. 103. – Cass. soc., 22 octobre 1996, Bull. civ. V, n°340.
[1036] Cass. req., 21 mars 1934, DP 1934, 1, p. 129, note R. SAVATIER ; S. 1934, 1, p. 361, note Fr. GÉNY.
[1037] CA Montpellier, 15 mai 1872, DP 1874, 2, p. 165.
[1038] Cass. ass. plén., 27 juin 1969, JCP-G 1969, II, p. 16029.
[1039] Cass. civ. 3ème, 21 juin 1978, Bull. civ. III n°260 ; JCP-G 1979, IV, p. 312.
[1040] Article 2223 du Code civil.
[1041] Cass. civ. 1ère, 28 octobre 1991, Bull. civ. I, n°282, RTD civ. 1992, p. 563, obs. J. MESTRE et 26 novembre 1996, Bull. Civ. I, n°415, RTD civ. 1997, p. 661, obs. J. MESTRE.

D'une part, selon la thèse, dite « processualiste », la prescription serait un moyen de procédure visant à priver le créancier de son droit de poursuivre le débiteur. D'autre part, la thèse dite « substantialiste », énonce que la prescription éteint non seulement l'action en justice, mais aussi le droit lui-même du créancier. C'est cette seconde conception[1042] de la prescription qui a été adoptée par la doctrine[1043] et la jurisprudence[1044].
De plus, seule la dette civile est éteinte : « Le paiement de la dette prescrite demeure en revanche pour le débiteur une obligation naturelle si bien qu'en cas de paiement volontaire, il n'y aura pas d'action en répétition possible, et l'engagement de payer la dette prescrite transformera celle-ci en obligation civile exécutoire »[1045].
Comme la prescription, la confusion permet de libérer le débiteur sans qu'il n'ait à exécuter le contrat qui le liait au créancier.

B. La confusion

615. Présentation – La confusion[1046] est un mécanisme permettant l'extinction de deux obligations réciproques entre deux personnes, non pas en les compensant, mais en réunissant les qualités de créancier et de débiteur dans la même personne. Elle résulte du fait que le créancier hérite du débiteur ou inversement. Par exemple, un père devait 50 à son fils et il décède. Le fils hérite de la succession et donc de la dette. À strictement parler, le fils se devrait à lui-même les 50. Or, comme cela n'aurait aucun

---

[1042] La thèse dite « processualiste » semblait pourtant avoir la faveur du législateur puisque l'article 122 du Code de procédure civile présentait la prescription comme une fin de non-recevoir qui tend *« à faire déclarer l'adversaire irrecevable en sa demande, sans examen au fond, pour défaut de droit d'agir »*.
[1043] G. MARTY, P. RAYNAUD et Ph. JESTAZ, *Droit civil, Les obligations*, tome 2, *Le régime*, 1989, *op. cit.*, n°341 ; B. STARCK, H. ROLAND et L. BOYER, *Droit civil, Les obligations*, tome 3, *Régime général*, Litec, 6ème éd., 1999, n°424-1.
[1044] Cass. civ., 5 mars 1957, D. 1957, p. 331, RTD civ. 1957, p. 720, obs. P. HÉBRAUD. – Cass. civ. 1ère, 3 mai 1983, Bull. civ. I, n°137.
[1045] M. FABRE-MAGNAN, *Droit des obligations, 1 – Contrat et engagements unilatéraux*, 2010, *op. cit.*, p. 606.
[1046] Article 1349 du Code civil, alinéa 1er : « *La confusion résulte de la réunion des qualités de créancier et de débiteur d'une même obligation dans la même personne* ».

sens, on reconnaît que la dette est éteinte par confusion[1047]. Nul ne peut être son propre débiteur ou son propre créancier[1048].
La confusion qui s'opère dans la personne du débiteur entraîne l'extinction de la dette et la libération des cautions. L'inverse n'est cependant pas vrai. Lorsque la confusion a lieu sur la caution, l'obligation principale n'est pas éteinte. Quant à la confusion qui s'opère en la personne du codébiteur solidaire, elle ne profite aux autres que pour la part dont celui qui en bénéficie était le débiteur.

616. Effets – La confusion entraîne donc l'extinction de la créance. Même si le droit suisse[1049] reconnaît également cet effet extinctif, une grande partie de la doctrine française a tendance à le nier pour y voir une impossibilité d'exécution,[1050] car l'effet extinctif n'est pas absolu puisque dans ses rapports avec les tiers, la créance confondue survit tant à leur profit qu'à leur détriment. À l'inverse, l'effacement des dettes correspond à une véritable cause légale d'extinction des obligations.

C. L'effacement des dettes

617. Principe – L'effacement des dettes[1051] correspond à un avantage que la loi concède à certains débiteurs. À l'instar de la remise de dette et de la prescription, l'effacement des dettes semble être une cause légale d'extinction des obligations sans la satisfaction du créancier, même si cette mesure n'apparaît pas dans les causes d'extinction des obligations mentionnées au Chapitre IV du Code civil. Il est admis depuis bien longtemps que la liste des causes d'extinction est « inexact[e] et incomplet[e] »[1052].

[1047] Contra : Cass. civ. 3ème, 2 octobre 2002, n°00-16.867, RTD civ. 2002, p. 300, obs. J. MESTRE et B. FAGES (confusion refusée) : « *La réunion dans la même personne des qualités de propriétaire et de locataire principal n'opérant pas, au sens de l'article 1300 du Code civil, réunion des qualités de créancier et de débiteur des obligations nées du contrat de sous-location, la cour d'appel a retenu à bon droit que la disparition du bail principal n'avait pas entraîné la résiliation de la sous-location* ».
[1048] Th. VIALATTE, « *De l'effet extinctif de la réunion sur une même tête de qualités contraires et ses limites* », RTD civ. 1978, p. 567.
[1049] Article 118 du Code des obligations suisse.
[1050] Cass. civ. 1ère, 8 décembre 1965, Bull. civ. I, n°690, D. 1967, p. 407, note R. SAVATIER : « *La confusion n'éteint pas d'une manière absolue le droit qu'elle conserve et laisse au titulaire de celui-ci la faculté de l'opposer aux tiers* ».
[1051] M.-J. CAMPANA, « *L'effacement des dettes* », Gaz. Pal., 27 février 2003, n°58, p. 44.
[1052] Fr. TERRÉ, Ph. SIMLER et Y. LEQUETTE, *Droit civil, Les obligations*, 2009, *op. cit.*, n°1506.

618. Depuis 1800, le droit américain fait usage de la notion de *discharge*. Pris au sens propre, elle désigne l'acte ou le fait de libérer quelqu'un de ses obligations ou de ses responsabilités[1053].
En revanche, en droit français[1054], la notion d'effacement des dettes n'est apparue qu'à la fin du XXe siècle et avant tout comme une mesure judiciaire. La loi permet aux juges d'imposer, dans certaines circonstances, un sacrifice aux créanciers en leur interdisant de poursuivre le recouvrement de leurs créances.

619. Effacement judiciaire – Aujourd'hui ces mesures se retrouvent principalement en droit des procédures collectives, en droit du surendettement, mais également en droit civil.
En matière de procédures collectives, son entrée dans la législation s'est faite avec la loi du 25 janvier 1985[1055], orientée surtout vers le redressement des entreprises en difficulté, et plus particulièrement son article 169 prévoyant pour les débiteurs commerçants, artisans ou agriculteurs, l'arrêt définitif des poursuites en cas de clôture pour insuffisance d'actif ou en cas de cession totale de l'entreprise, sauf exception.
Avant cette loi, le jugement de clôture de la liquidation judiciaire du débiteur, personne physique, n'emportait pas effacement des dettes. La règle figure de nos jours à l'article L. 643-11 du Code de commerce. Le texte ne parle pas expressément d'effacement de dettes, se contentant d'évoquer une règle technique : l'irrecevabilité des actions en recouvrement des créanciers de la procédure collective. En d'autres termes, le débiteur ne peut plus être poursuivi même s'il n'a pas remboursé tous ses créanciers.

620. La doctrine a qualifié de diverses façons cette règle : « purge des dettes »[1056], « libération du débiteur »[1057], « blanchiment du débiteur »[1058] ou

---

[1053] H. W. FOWLER, J. COULSON et C. T. ONIONS (dir.), *Shorter Oxford English Dictionary on Historical Principles*, Oxford University Press, 3e éd., 1973, p. 560, V° "Discharge" : « The act of freeing from obligation, liability, or restraint [...] ».
[1054] Cf. S. SCHILLER, « *L'effacement des dettes permet-il un nouveau départ ? Comparaison franco-américaine* », RIP comp. 2004, p. 655.
[1055] Loi n° 85-98 du 25 janvier 1985 relative au redressement et à la liquidation judiciaires des entreprises.
[1056] J. MESTRE, « *La "purge" des dettes par l'article 169 de la loi du 25 janv. 1985* », Rev. pro. co. 1989, p. 390.
[1057] F. DERRIDA, P. GODÉ et J.-P. SORTAIS, *Redressement et liquidation judiciaires des entreprises, Cinq années d'application de la loi du 25 janvier 1985,* Dalloz, 3ème éd., 1991, n°567.
[1058] M.-J. CAMPANA, « *La situation des créanciers* », in *Les innovations de la loi sur le redressement judiciaire des entreprises*, RTD com. 1986, n° hors-série, p. 184.

bien encore « effacement des dettes »[1059]. Notons tout de même qu'à l'issue de la clôture de la procédure pour insuffisance d'actif, seule l'action en recouvrement est éteinte.
Comme en matière de remise de dettes, la personne physique demeure théoriquement débitrice d'une obligation naturelle à l'égard des créanciers impayés. Ainsi, si le débiteur décide ultérieurement de les payer, le paiement est insusceptible de répétition.
De plus, de nombreuses exceptions sont prévues par la législation à l'interdiction des poursuites après le jugement de clôture ; le jugement de clôture n'empêche pas la reprise des poursuites lorsque la dette du débiteur découle d'une « condamnation pénale » ou de « droits attachés à la personne du créancier »[1060]. Comme le souligne le professeur Cayrol, l'idée « du législateur est que l'effacement des dettes après la clôture est un bénéfice qui ne doit être octroyé au débiteur que si celui-ci le mérite, et si ce sacrifice exorbitant du droit commun imposé aux créanciers n'est pas illégitime »[1061].

621. Pour le débiteur civil, la première loi sur le surendettement en 1989 prévoyait que lorsque le débiteur surendetté était contraint de vendre son logement, le juge pouvait « *par décision spéciale et motivée, réduire le montant de la fraction des prêts immobiliers restant due aux établissements de crédit après la vente, dans des proportions compatibles avec les ressources et les charges du débiteur* »[1062]. Il a fallu attendre la loi de 1998[1063] afin qu'une mesure équivalente à l'effacement des dettes soit adoptée dans le cadre du surendettement des particuliers, en introduisant l'article L. 331-7-1 dans le Code de la consommation[1064].
Cette prise en compte tardive explique qu'il s'agisse d'une notion encore peu connue et même ignorée par la plupart des lexiques juridiques. L'idée n'est toutefois pas nouvelle puisque le droit local d'Alsace-Moselle reconnaît depuis son annexion la faillite civile qui permet l'effacement des dettes du

---

[1059] J.-L. VALLENS, « *L'effacement des dettes du débiteur en liquidation judiciaire* », PA 1997, n°113, p. 4.
[1060] Pour une analyse détaillée des exceptions : A. JACQUEMONT, *Droit des entreprises en difficulté*, Litec, 7e éd., coll. Manuel, 2011, n°1007 et s.
[1061] N. CAYROL, *Droit de l'exécution*, 2013, *op. cit.*, n°815, p. 433.
[1062] Loi n°89-1010 du 31 décembre 1989 relative à la prévention et au règlement des difficultés liées au surendettement des particuliers et des familles (1), article 12.
[1063] Loi n° 98-657 du 29 juillet 1998 d'orientation relative à la lutte contre les exclusions.
[1064] Article L.331-7-1 du Code de la consommation a été abrogé par l'ordonnance n°2016-301 du 14 mars 2016. Les règles applicables en matière de surendettement se retrouvent désormais aux articles L. 721-1 et suivants du Code de la consommation.

débiteur de bonne foi en cas d'insolvabilité notoire[1065]. Mais la notion même d'effacement des dettes n'apparaît expressément qu'à l'occasion de la réforme opérée par la loi du 1er août 2003[1066]. Ainsi, lorsque le débiteur est en situation de surendettement, mais que ses ressources ou son actif réalisable le permettent, la commission de surendettement peut « *proposer ou prescrire des mesures de traitement*»[1067]. Parmi ces mesures, nous retrouvons les délais de paiement, les remises consenties volontairement par certains créanciers, mais également la possibilité pour le juge d'effacer tout ou partie des dettes.

622. Lorsque la Commission de surendettement estime que le débiteur se trouve dans une situation irrémédiablement compromise, elle peut recommander au juge l'ouverture d'une procédure de rétablissement personnel.
Si l'actif du débiteur est constitué de biens dépourvus de valeur marchande ou dont les frais de vente seraient manifestement disproportionnés par rapport à leur valeur vénale, le juge peut ouvrir une procédure de rétablissement personnel sans liquidation judiciaire. Dans ce cas, il y aura effacement de toutes les dettes non professionnelles du débiteur, à l'exception de certaines dettes particulières ainsi que « *l'effacement de la*

[1065] Lorsque les départements du Bas-Rhin, du Haut-Rhin et de la Moselle furent annexés à l'empire allemand, les lois allemandes et notamment la loi sur les faillites (*Konkursordung de février 1877*) devinrent applicables. Après la première guerre mondiale, lors de leur intégration dans le territoire français, le législateur a bien évidemment réintroduit dans les provinces recouvrées, la législation française et notamment celle relative à la faillite *(loi commerciale d'introduction du 1er juin 1924 art. 7)*, tout en conservant certaines particularités du droit allemand permettant notamment d'appliquer le régime de la faillite aux commerçants mais également aux non-commerçants. L'article 23 de la loi commerciale du 1er juin 1924 modifié par la loi du 10 juin 1994 précise qu'en *« matière de redressement ou de liquidation judiciaire, de faillite personnelle, le Tribunal de Grande Instance ou, le cas échéant, la chambre commerciale de ce Tribunal remplit les fonctions attribuées par la loi au Tribunal de Commerce ».* Jusqu'à la loi du 1er août 2003, qui a complété le régime de la faillite civile par les nouveaux articles L. 628-1 à L. 628-8 du Code de Commerce, le régime de la faillite civile était régi par l'ancien article L. 628-1 du Code de Commerce précisant que les dispositions du titre 2 du Code de Commerce *« s'appliquent aux personnes physiques domiciliées dans les départements du Haut-Rhin, du Bas-Rhin et de la Moselle et à leur succession qui ne sont ni des commerçants ni des personnes immatriculées au répertoire des métiers, ni des agriculteurs lorsqu'elles sont en état d'insolvabilité notoire ».* Par conséquent sont concernés non seulement les particuliers, mais également des professionnels tels les professions libérales, les anciens commerçants personnes physiques radiés du Registre du Commerce depuis plus d'un an et les dirigeants d'une personne morale qui doivent supporter le passif de leur société. Source : http://www.cda-strasbourg.org/ faiciv.htm.

[1066] La loi n° 2003-710 du 1er août 2003 d'orientation et de programmation pour la ville et la rénovation urbaine.

[1067] Article L. 712-2 du Code de la consommation.

dette résultant de l'engagement que le débiteur a donné de cautionner ou d'acquitter solidairement la dette d'un entrepreneur individuel ou d'une société »[1068]. Il s'agit dès lors d'un effacement complet des dettes. Même les engagements de caution, garantissant uniquement une dette professionnelle, sont effacés.

623. À l'inverse, si le débiteur possède des biens de valeurs pouvant être vendus, le juge a la possibilité de prononcer une procédure de rétablissement personnel avec liquidation judiciaire. Dans ce cas, l'effacement de toutes les dettes non professionnelles et les engagements de caution résulteront du jugement de clôture de la liquidation, à l'issue de la distribution du prix de vente des biens[1069]. Là encore, il s'agit d'un effacement complet.

624. Néanmoins, l'effacement des dettes n'est pas absolu puisqu'il ne concerne que les dettes non professionnelles. Même dans cette catégorie, certaines dettes non professionnelles ne peuvent être effacées telles que : les dettes ayant été acquittées au lieu et place du débiteur par une caution ou un coobligé, personne physique, les dettes alimentaires, les amendes pénales et réparations pécuniaires attribuées aux victimes suite à une condamnation pénale, les dettes ayant pour origine des manœuvres frauduleuses commises au préjudice des organismes de protection sociale[1070] ainsi que les dettes issues de prêts sur gage souscrit auprès des caisses de crédit municipal[1071]. Les créanciers susceptibles d'être affectés par ces mesures bénéficient pareillement de la possibilité de contester ces propositions devant le tribunal d'instance[1072].

625. Le droit civil connaît également une mesure similaire à l'effacement partiel des dettes. Il s'agit de la réduction du taux d'intérêt conventionnel prévue à l'article 1343-5, alinéa 2 du Code civil : « *Par décision spéciale et motivée, [le juge] il peut ordonner que les sommes correspondant aux échéances reportées porteront intérêt à un taux réduit au moins égal au taux légal, ou que les paiements s'imputeront d'abord sur le capital* ».

626. Effacement légal – Les lois d'abrogation des dettes sont des lois d'exception. À notre époque moderne, le législateur n'y a jamais eu recours. Le seul exemple que nous pouvons citer est une série de décrets-lois prise en 1935, à la suite de la grande crise économique débutée en 1929 aux États-

---

[1068] Article L. 741-3 du Code de la consommation.
[1069] Article L. 742-18 du Code de la consommation.
[1070] Article L. 711-4 du Code de la consommation.
[1071] Article L. 711-5 du Code de la consommation.
[1072] Articles L. 713-1, L. 713-12 et L. 741-5 du Code de la consommation.

Unis et dont les effets se sont fait fortement ressentir en France[1073]. Le législateur a alors imposé une réduction de 10% des loyers ainsi qu'une diminution de diverses autres charges.

627. Aujourd'hui, il paraît peu probable qu'une telle loi résiste au contrôle de constitutionnalité ou de conventionalité eu égard au caractère fondamental du droit de la propriété et du droit au respect des biens. Pour venir en aide aux débiteurs, le législateur a plutôt tendance à recourir à des expédients, c'est-à-dire une mesure provisoire et extrême telle que la dépréciation de la monnaie[1074] ; le recours à la taxation, par exemple, l'impôt de sécheresse de 1976 ou bien encore à la constitution de fonds de solidarité[1075].

Il existe aussi des remises globales concernant les créances publiques. Mais dans ce cas, l'État agit comme n'importe quel créancier privé qui peut accorder des remises de dettes en décidant de renoncer, par exemple, au recouvrement de telle redevance ou à la répétition de trop-perçus[1076].

628. Au-delà des modes légaux d'extinction des obligations sans exécution, les parties peuvent aussi se mettre d'accord pour libérer le débiteur sans qu'il n'ait à s'exécuter.

§2 – Les modes conventionnels d'extinction sans exécution

629. Renonciation à un droit – Le titulaire d'un droit peut, par principe, s'en séparer. Certains auteurs considèrent que ce dépouillement, s'il émane de sa seule volonté, ne peut être considéré comme un acte purement abdicatif. En effet dans pareille configuration, il serait alors impossible de distinguer ledit dépouillement d'une cession de droits[1077]. Il en ressort que la renonciation à un droit constitue un acte unilatéral abdicatif.

Le professeur Dreiffus-Netter conteste cette formule[1078]. Selon elle, la volonté abdicative serait autonome et ne se présumerait point. L'auteur

---

[1073] D.-L. du 16 juillet 1935, pris en vertu d'une loi d'habilitation du 8 juin 1935 « pour la défense du franc ». Cf. égal., G. RIPERT, *Le régime démocratique et le droit civil moderne*, LGDJ, 1948, n°79.

[1074] N. CAYROL, « *Aléa monétaire et nominalisme* », J.-Cl. Civ., Art. 1235 à 1270, fasc. 20.

[1075] Par ex. : fonds d'indemnisation des victimes de guerre, fonds d'indemnisation des victimes de catastrophe naturelles, etc. V. G. RIPERT, *Le régime démocratique et le droit civil moderne*, *op. cit.*, n°77 et s., et n°87 et s.

[1076] M. HEINIS, « *Le contentieux de la remise de dette d'aide personnalisée au logement* », RDI 1995, p. 497.

[1077] P. RAYNAUD, « *La renonciation à un droit* », RTD civ. 1936, p. 763 ; Y. SEILLAN, « *L'acte abdicatif* », RTD civ. 1966, p. 681.

[1078] Fr. DREIFUSS-NETTER, *Les manifestations de volontés abdicatives*, LGDJ, 1985.

fonde son analyse sur le fait que des volontés abdicatives figurent déjà dans des contrats ou des conventions.
En effet, le titulaire d'une obligation patrimoniale peut décider de l'abandonner. On parle alors d'une remise de dette (A). Cette dernière apparaît comme un mode conventionnel d'extinction de l'obligation, car l'accord du débiteur est nécessaire. L'obligation est éteinte sans qu'il y ait eu exécution. Plus simplement, ce que les parties ont fait, elles sont en mesure de le défaire. En d'autres termes, les parties peuvent changer d'avis quant à l'exécution du contrat et décider d'éteindre leurs obligations. Dans le cadre d'un contrat à exécution successive ou continue, on parle plus volontiers de résiliation amiable alors que si l'accord d'extinction des obligations intervient avant tout début d'exécution, il s'agit d'une révocation (B).

A. La remise de dette

630. Présentation - Il y a remise de dette lorsque le créancier abandonne, par convention, tout ou partie de la créance, libérant ainsi le débiteur à hauteur de la remise[1079]. S'agissant d'une convention, pour qu'elle soit valable, la remise de dette exige l'accord du débiteur, car la remise de dette n'est pas un acte unilatéral. Sans accord du débiteur, il ne s'agirait que d'une offre unilatérale de remise et donc, par conséquent, susceptible de rétractation tant qu'elle n'a pas été acceptée.
La remise de dette ne peut donc procéder que d'un accord de volonté : « Nul n'est en effet jamais obligé de recevoir un cadeau »[1080]. L'accord du débiteur doit être exprès ou tacite, car ici le silence ne peut valoir acceptation ; il s'agit d'un véritable contrat par lequel le créancier va partiellement libérer le débiteur. Le nouvel article 1350 du Code civil dispose d'ailleurs très clairement que la remise est un « *contrat* ».

631. Dire que la remise est un contrat signifie qu'elle n'est pas judiciaire. En principe, et sauf exception, le juge ne peut pas imposer au créancier une remise de dette. La jurisprudence est très claire sur ce point depuis 1965[1081].

[1079] Fr. TERRÉ, Ph. SIMLER et Y. LEQUETTE, *Droit civil, Les obligations*, 2009, *op. cit.*, n°1459. Pour une étude détaillée, v. N. PICOD, *La remise de dettes en droit privé français*, Dalloz, coll. Nvlle biblio. de Th., vol. 128, 2013, préf. C. SAINT-ALARY-HOUIN ; Ph. SIMLER, « *Remise de dette* », J.-Cl. Civ., art. 1282 à 1288 ; Y. PICOD, « *Remise de dette* », Rép. civ. Dalloz.
[1080] M. FABRE-MAGNAN, *Droit des obligations, 1 – Contrat et engagements unilatéraux*, 2010, *op. cit.*, p. 601.
[1081] Cass. ch. réunies, 21 mai 1965, n°63-11.203.

632. Conditions de forme – La remise de dette ne répond à aucune condition particulière quant à la forme. En pratique, il est d'ailleurs assez rare qu'un écrit soit établi pour consigner les termes de la convention. Bien souvent, elle est réalisée par la remise du titre de créance, qui présume le paiement et servira de preuve de la remise de dette.
Il peut arriver que la remise de dette soit conclue par l'intermédiaire d'un tiers pourvu d'un mandat à cet effet. Ainsi, un huissier ayant reçu un pouvoir spécial peut consentir une remise au débiteur au nom du créancier poursuivant.

633. Conditions de fond – Quant au fond, outre les règles du droit commun qui lui sont applicables, la remise de dette doit observer les règles de l'acte juridique. De plus, même si cette opération peut procéder d'une intention libérale du créancier à l'égard du débiteur, elle est souvent la contrepartie d'un arrangement plus complexe entre les parties.
Une remise de dette, tout en revêtant l'apparence générale d'un acte à titre gratuit, peut en fait résulter d'une réorganisation générale des rapports entre les parties. Tel est le cas, par exemple, en matière de procédures collectives[1082]. Dans le cadre d'un plan de sauvegarde ou d'un plan de redressement, faute de terminologie plus appropriée, tous les abandons partiels de créances dans le cadre des opérations d'apurement du passif sont appelés « remises ». Ces dernières sont imposées par les circonstances aux créanciers qui sont alors contraints de renoncer à une partie de leur créance afin de ne pas tout perdre.
Néanmoins, malgré leur caractère "volontaire", la jurisprudence est sensible à la spécificité de ces remises, considérant qu'elles « *ne constituent pas, eu égard de la finalité d'un tel plan, une remise de dette* », au sens du Code civil[1083].

634. Il s'ensuit que le débiteur d'un plan conventionnel de règlement demeure débiteur d'une obligation naturelle envers ses créanciers. Ainsi, dès qu'il en aura la possibilité, il pourra procéder au paiement spontané des dettes qui lui ont été remises et ce, sans répétition possible[1084].
La remise de dette consentie, sans contrepartie, a également des conséquences en droit des régimes matrimoniaux. En effet, comme les autres actes à titre gratuit, les époux mariés sous le régime de la communauté ne

---

[1082] E. NSIE, « *Les remises de dettes consenties aux débiteurs en difficulté »s*, Rev. pro. co. 1998, p. 138.
[1083] Cass. com., 17 novembre 1992, JCP 1993, I, p. 3672, obs. M. CABRILLAC et p. 3680, n°7, obs. Ph. SIMLER (plan de continuation) ; Cass. civ. 1ère, 13 novembre 1996, D. 1997, p. 141, concl. J. SAINTE-ROSE et note T. MOUSSA (plan de redressement en matière de surendettement).
[1084] Cass. civ., 30 décembre 1908, DP 1909, 1, p. 208.

peuvent individuellement disposer à titre gratuit des biens de la communauté[1085]. Dès lors, si une remise de dette portant sur une créance de la communauté est consentie par un seul des époux communs en biens, celle-ci n'est pas valable.

635. Effets – La remise a pour effet d'éteindre la dette, libérant ainsi le débiteur de son obligation envers le créancier. Lorsque la remise est totale, elle emporte l'extinction des accessoires de la créance. Cependant, elle peut n'être que partielle, n'affectant qu'une partie déterminée de la dette, comme les intérêts par exemple. La libération du débiteur n'est alors que partielle, à hauteur de la remise. Elle fait surtout obstacle aux procédures d'exécution.
À l'égard des tiers, la remise de dette entraîne quelques conséquences. Lorsqu'il y a des codébiteurs solidaires, la remise de dette consentie par le créancier à l'un des débiteurs profite aux autres, à concurrence de leur part. À l'inverse, l'alinéa 2 de l'article 1350-1 du Code civil poursuit en indiquant que : « *La remise de dette faite par l'un seulement des créanciers solidaires ne libère le débiteur que pour la part de ce créancier* ». Nous remarquerons d'ailleurs que les nouvelles dispositions relatives à la remise de dette sont plus brèves.
Par ailleurs, l'article 1350-2, alinéa 1er, du Code civil dispose que « *la remise de dette accordée au débiteur principal libère les cautions, même solidaires* ». En revanche, le même article précise qu'il n'y a pas de réciprocité, c'est-à-dire que la remise « *consentie à l'une des cautions solidaires ne libère pas le débiteur principal, mais libère les autres à concurrence de sa part* ».
Outre la remise de dette, l'extinction conventionnelle des obligations peut également résulter d'un accord commun des parties en vue de mettre un terme à leur rapport contractuel soit en le résiliant, soit en le révoquant.

B. La résiliation amiable et la révocation

636. Extinction contractuelle d'une obligation – La résiliation amiable ou conventionnelle et la révocation correspondent à des modes d'extinction conventionnels de l'obligation sans exécution du contrat. Ces deux mécanismes résultent d'un accord entre les parties, à l'inverse de la résolution qui peut être demandée par l'une des parties lorsque son cocontractant ne s'exécute pas.

637. Résiliation amiable – La résiliation amiable s'applique dans les contrats à exécution successive. Elle met un terme au contrat pour l'avenir, c'est-à-dire

---

[1085] Article 1422 du Code civil.

uniquement pour les prestations futures, sans remettre en cause ce qui a déjà été accompli, « la résiliation d'un contrat d'un commun accord des parties met fin aux obligations qui en découlent pour chacune d'elles »[1086]. Dans cette hypothèse, les parties s'accordent à mettre un terme à leur relation contractuelle sans qu'il y ait eu d'inexécution ou de rupture brutale. Il n'y a donc pas de contractant victime susceptible d'exiger des dommages et intérêts pour le préjudice subi du fait d'une rupture anticipée de contrat.

638. Révocation – Avant la réforme de 2016, en raison de la force obligatoire du contrat, ce dernier ne pouvait prendre fin, en principe, que suite à un consentement mutuel ou *mutuus consinsus.* Il existait cependant des nuances. En effet, le contrat pouvait parfois être révoqué en vertu d'une manifestation unilatérale de volonté. Le second alinéa de l'ancien article 1134 du Code civil prévoyait la possibilité d'une révocation unilatérale du contrat pour les causes que la loi autorise. Il s'agissait d'un procédé de terminaison du contrat, le pendant de la formation du contrat.
Les parties avaient la possibilité changer d'avis et décider de révoquer le contrat qui n'avait pas encore été exécuté. La révocation pouvait aussi avoir un effet rétroactif, c'est-à-dire qu'il fallait remettre les choses en l'état comme si l'obligation n'avait jamais existé, sous réserve des droits des tiers[1087]. La référence à la révocation du contrat a désormais disparu du Code civil, du moins dans la partie relative aux obligations.

639. Synthèse – Dans toutes ces hypothèses, le créancier n'obtiendra pas satisfaction puisque l'opération économique n'aura pas été exécutée. Seul le débiteur y trouve un intérêt, à savoir sa libération. Cependant, malgré sa libération, l'extinction des obligations n'est pas totalement satisfactoire pour le débiteur. Le bénéfice octroyé par la réalisation de l'opération économique est toujours supérieur à celui de son absence de concrétisation.
En conséquence, l'extinction ne peut être satisfactoire pour les parties, elle est tout au plus satisfaisante pour le débiteur. Il est possible d'en déduire deux éléments. Tout d'abord, contrairement à ce que certains auteurs considèrent, l'exécution contractuelle n'équivaut pas forcément à l'extinction du contrat. Comme nous l'avons déjà souligné, certaines obligations peuvent perdurer après le contrat et nécessiter une exécution postérieurement à la fin du contrat. De plus, l'extinction du contrat peut découler de causes tout à fait étrangères à l'exécution proprement dite. Ensuite, cette extinction non satisfactoire pour le créancier démontre que le

---

[1086] Cass. com., 1er février 1994, RTD civ. 1994, p. 356, obs. J. MESTRE.
[1087] Y. BUFFELAN-LANORE et V. LARRIBAU-TERNEYRE, *Droit civil, Les obligations*, Sirey, coll. U., 13e éd., 2012, n°590, p. 218.

débiteur a également des attentes liées au contrat. Ces dernières sont satisfaites le plus souvent par l'exécution du contrat, mais à l'inverse du créancier, le débiteur peut se contenter d'une simple libération sans exécution.
Il en résulte que les deux aspects de l'exécution contractuelle sont bien la réalisation de l'opération économique et la satisfaction des parties qui s'ensuit.

CHAPITRE II

L'ENCOURAGEMENT DE L'EXÉCUTION VOLONTAIRE

640. Encouragement de l'exécution – Le contrat naît d'un échange de volonté. L'exécution souhaitée par les parties est donc, à l'origine, une exécution volontaire. Néanmoins, lorsque l'exécution n'est pas instantanée, mais qu'elle s'étale dans le temps, le créancier s'expose au risque d'être victime de l'inobservation, par son débiteur, d'une obligation née du contrat. Pour se prémunir face à ce risque d'inexécution et favoriser l'exécution volontaire, le créancier peut s'appuyer sur toute une série de moyens juridiques d'action. Ces remèdes[1088], mis à la disposition du créancier peuvent consister en des garanties d'exécution (section I). Il s'agit en quelque sorte d'une assurance supplémentaire, prise par le créancier, aux fins d'augmenter ses chances de voir le contrat réalisé. En plus de ces moyens préventifs, le créancier peut également recourir à d'autres techniques incitant à l'exécution volontaire (section II).

SECTION I – LA GARANTIE DE L'EXÉCUTION CONTRACTUELLE

641. Droit à l'exécution – Quelles que soient la source ou les caractéristiques de l'obligation, le créancier dispose d'un droit à l'exécution[1089]. Cependant, entre le moment où naît l'obligation et celui de son exécution, il peut s'écouler une durée plus ou moins longue. Durant ce laps de temps, un risque de ne pas obtenir l'exécution peur surgir. Ou plus

[1088] Vocable inspiré de la terminologie anglo-saxonne. Cf. D. TALLON, « *Les remèdes* », in *Le contrat aujourd'hui : comparaison franco-anglaises*, LGDJ, 1987, D. TALLON et D. HARRIS (dir.), p. 271.

[1089] Cf. not., Y. BUFFELAN-LANORE et V. LARRIBAU-TERNEYRE, *Droit civil, Les obligations*, 2012, *op. cit.*, n°289 et s., p. 107 et s.

simplement, le créancier peut vouloir se prémunir contre cette éventualité d'inexécution.
Pour assurer la conservation de son droit à l'exécution, le créancier peut recourir à des dispositions du droit commun des contrats. Le créancier a notamment la possibilité de faire appel à certaines garanties. Ces dernières jouent un rôle préventif. Ainsi, le créancier peut tout d'abord faire usage de stipulations contractuelles qui ont pour objectif de garantir l'exécution (paragraphe I). En effet, « un bon contrat est celui qui intègre dans ses prévisions le risque d'inexécution. Pour ce faire, les parties peuvent insérer dans leur convention plusieurs clauses menaçantes, destinées à inciter le débiteur d'une obligation à l'exécuter »[1090].
Il ne s'agit toutefois pas d'aborder les mécanismes liés au droit des sûretés tel que le cautionnement, ce dernier se superpose à la relation initiale entre le débiteur et le créancier, créant un nouveau lien entre le tiers garant et le créancier. L'objet de ce nouveau rapport consiste à exécuter soit l'obligation même à laquelle le débiteur initial était tenu, soit une nouvelle obligation dont l'objet est identique à celui du rapport primaire.

642. À travers la notion de garantie de l'exécution, il convient de s'intéresser uniquement à la relation contractuelle originelle afin de comprendre comment le créancier peut parvenir à sécuriser l'exécution de la prestation qu'il attend.
En plus des clauses contractuelles, d'autres mesures peuvent également être prises par le créancier dans le but de renforcer l'exécution du rapport d'obligation (paragraphe II), voire même d'en garantir sa bonne exécution.

§1 – Les garanties de l'exécution par le mécanisme des clauses contractuelles

643. Stipulations contractuelles garantissant l'exécution en nature - Le droit positif a toujours prévu des dispositions visant à octroyer au créancier un véritable droit à l'exécution en nature, l'emportant sur l'exécution par équivalent. Pour garantir cette exécution, et ainsi offrir satisfaction au créancier, la jurisprudence a depuis longtemps reconnu la validité de stipulations contractuelles permettant de faire pression sur le débiteur pour l'obliger à exécuter ses engagements. Ces clauses contractuelles, garantissant l'exécution, cherchent à dissuader le débiteur de ne pas exécuter le contrat en faisant peser sur lui des menaces pécuniaires (A). Ces menaces peuvent également directement porter sur ses droits contractuels (B).

[1090] B. FAGES, « *L'inexécution du contrat – Typologie des remèdes* », in *Droit des contrats*, LAMY, J. MESTRE (dir.), nov. 2011, n°368-10.

A. Les menaces pécuniaires pesant sur le débiteur

644. Stipulations dissuasives – Les stipulations dissuasives sont toutes les clauses dont la finalité est de faire pression sur le débiteur pour le forcer à exécuter son obligation. Ces clauses permettent ainsi d'éviter d'avoir à s'adresser à la justice, action généralement longue et coûteuse. Le mécanisme de pression, le plus fréquemment utilisé, consiste à faire peser sur le débiteur la menace d'une sanction pécuniaire. Il s'agit principalement du recours à la clause pénale et à la clause d'astreinte.

645. Clause pénale – La clause pénale se définit comme une clause « comminatoire en vertu de laquelle un contractant s'engage en cas d'inexécution de son obligation principale (ou en cas de retard dans l'exécution) à verser à l'autre à titre de dommages-intérêts une somme forfaitaire – en général très supérieure au montant du préjudice réel subi par le créancier (et appelée peine stipulée) – qui en principe ne peut être ni modérée ni augmentée par le juge, sauf si elle est manifestement excessive ou dérisoire »[1091].

Autrement dit, la clause pénale arbore une double fonction. Tout d'abord, elle permet de prévoir une sanction à une éventuelle défaillance contractuelle. *A contrario*, cette clause constitue un moyen de pression sur le débiteur pour l'inciter à remplir l'engagement qu'il a contracté. Ensuite, en cas d'inexécution, cette clause offre la possibilité au créancier d'obtenir un dédommagement forfaitaire du préjudice lié à ce manquement contractuel[1092]. Cette double fonction, comminatoire et indemnitaire, est d'ailleurs confirmée par la Cour de cassation[1093].

646. En permettant aux deux parties de maîtriser le montant de l'indemnisation du créancier en cas d'inexécution de ses obligations par le

---

[1091] G. CORNU (dir.), *Vocabulaire Juridique*, *op. cit.*, V° « Clause pénale ».

[1092] G. PAISANT, « *Dix ans d'application de la réforme des articles 1152 et 1321 du Code civil relative à la clause pénale (Loi du 9 juillet 1975)* », RTD civ. 1985, n°1, p. 647 ; B. STARCK, H. ROLAND et L. BOYER, *Obligations*, tome 2, *Contrat*, 1995, *op. cit.*, n°1488 et 1596 ; F. STEINMETZ, « *La clause pénale* », Cahiers de Dr. de l'entreprise, 1975, 1, n°3, p. 20.

[1093] Cass. com., 29 janvier 1991, Bull. IV, n°43, p. 27 : « *la clause pénale n'a pas pour objet exclusif de réparer les conséquences d'un manquement à la convention mais aussi de contraindre le débiteur à exécution* ». Cette double définition se justifie par la lecture des articles 1226 et 1229 du Code civil, articles auxquels certains (É. LOQUIN, « *Les clauses dissuasives des litiges* », J.-cl. Contr. Distrib., n°1, fasc. 135, n°9, p. 4 ; B. STARCK, H. ROLAND et L. BOYER, *Obligations*, tome 2, *Contrat*, 1995, *op. cit.*, n°1596) ajoutent l'article 1152, à tort selon J. MESTRE (« *De la notion de clause pénale et de ses limites* », RTD civ. 1985, p. 372, spéc. n°4), mais approuvé par D. MAZEAUD dans sa thèse (*La notion de clause pénale*, LGDJ, coll. Biblio. de dr. privé, tome 223, 1992, préf. Fr. CHABAS, spéc. pp. 13-14).

débiteur, la clause pénale a été jugée efficace par les économistes. Comme elle forfaitise les dommages et intérêts, elle permet en effet au débiteur de prévoir le coût d'une inexécution éventuelle du contrat et même de provisionner le montant ou de le calquer sur celui de ses polices d'assurance[1094].

647. Remise en cause du caractère comminatoire de la clause pénale – Cependant, si la fonction indemnitaire ne laisse planer aucun doute, le caractère comminatoire de la clause pénale a soulevé quelques hésitations au sein de la doctrine. Certains auteurs soutiennent que la clause pénale est interdite dans certains contrats : les contrats de bail à usage d'habitation et les contrats de travail[1095].

En effet, pour confirmer la crise de la clause pénale, ces auteurs évoquent l'article 27.9 de la loi *Quilliot* qui répute non écrite toute stipulation dans un contrat de bail d'habitation autorisant « *le bailleur à percevoir des amendes, en cas d'infractions aux clauses d'un contrat de location ou d'un règlement intérieur d'immeuble* »[1096]. De même, l'article L. 122-42 du Code du travail, créé par la loi n° 82-689 du 4 août 1982 relative aux libertés des travailleurs dans l'entreprise dite loi *Auroux*, disposait que : « *Les amendes ou autres sanctions pécuniaires sont interdites. Toute disposition ou stipulation contraire est réputée non écrite* ».

648. En interdisant les amendes ou autres sanctions pécuniaires, ces textes empêchaient l'insertion d'une clause pénale dans ces types de contrats puisque cette stipulation contractuelle apparaît comme une peine privée. Or, l'article L. 122-42 du Code du travail a été abrogé en 2007[1097].

De même, concernant le contrat de bail, la jurisprudence[1098] a jugé que l'article 27 de la loi du 22 juin 1982 ne faisait aucunement obstacle à

1094 Y.-M. LAITHIER, *« Clause pénale et dommages-intérêts incitatifs »*, in *Droit et économie des contrats*, Ch. JAMIN (dir.), LGDJ, 2008, n°345.

1095 En ce sens : A. BÉNABENT, *Droit civil – Les obligations*, Montchrestien, coll. Domat droit privé, 11ème éd., 2007, n°319 ; B. STARCK, H. ROLAND et L. BOYER, *Obligations*, tome 2, *Contrat*, 1995, *op. cit.*, n°1494 ; Fr. TERRÉ, Ph. SIMLER et Y. LEQUETTE, *Droit civil, Les obligations*, 2009, *op. cit.*, n°601.

1096 Loi n°82-526 du 22 juin 1982 relative aux droits et obligations des locataires et des bailleurs, D. 1982, législ., p. 284, devenu l'article 4.i de la loi n°89-462 du 6 juillet 1989 tendant à améliorer les rapports locatifs et portant modification de la loi n° 86-1290 du 23 décembre 1986 (modifié par la loi n°2007-1787 du 20 décembre 2007 relative à la simplification du droit).

1097 Ordonnance n°2007-329 du 12 mars 2007 - art. 12 (VD) JORF 13 mars 2007 en vigueur au plus tard le 1er mars 2008.

1098 CA Paris, 9 juillet 1985, D. 1985, p. 510, note J.-L. AUBERT. V° également CA Paris, 27 juin 1985, D. 1986, IR p. 130, obs. C. GIVERDON. *Contra* : CA Paris, 25 septembre 1984, D. 1985, IR p. 293, obs. C. GIVERDON.

l'insertion dans le bail, d'une clause pénale, au motif que cet article est relatif aux amendes et non aux dédommagements sous forme forfaitaire. La Cour de cassation a d'ailleurs confirmé et précisé ce point déclarant que, « *la somme due en vertu d'une clause pénale ne possède pas le caractère d'amende* » [1099] au sens de l'article 27 de la loi du 22 juin 1982. Ainsi, les clauses pénales, qui appartiennent au domaine contractuel, sont toujours licites.

649. Suppression des clauses pénales abusives – Les stipulations qui en revanche se voient supprimées sont les clauses pénales abusives. Cette notion de clause abusive a été introduite dans notre droit positif en 1978[1100] et vise les stipulations contractuelles imposées « à un non-professionnel ou consommateur par un abus de puissance économique de l'autre partie et conférant à celle-ci un avantage abusif »[1101].

L'élimination des clauses pénales abusives a connu des débuts difficiles. En effet, l'article 35 de cette loi de 1978 réservait à l'autorité administrative le soin de déclarer abusive une clause déterminée. Les juges ne pouvaient réputer non écrite une clause qui n'avait pas été préalablement visée par le décret d'application[1102], telle la clause pénale. Il a fallu attendre l'arrêt *Lorthioir*[1103] en 1991 pour que la Cour de cassation reconnaisse aux juges,

---

[1099] Cass. civ. 3ème, 25 mars 1987, D. 1987, p. 380, note G. PAISANT

[1100] Loi n°78-23 du 10 janvier 1978 sur la protection et l'information des consommateurs de produits et de services. Pour une étude complète de cette loi, v. J. CALAIS-AULOY, *Droit de la consommation*, Dalloz, 1986, p. 165 et s.

[1101] G. CORNU (dir.), *Vocabulaire Juridique*, *op. cit.*, V° « Clause abusive ». Définition issue de l'article 35 de la loi n°78-23 du 10 janvier 1978 sur la protection et l'information des consommateurs de produits et de services.

[1102] Décret n°78-464 du 24 mars 1978 portant application du chapitre IV de la loi n° 78-23 du 10 janvier 1978 sur la protection et l'information des consommateurs de produits et services.

[1103] Cass. civ. 1ère, 14 mai 1991, RTD civ. 1991, p. 526, obs. J. MESTRE ; D. 1991, p. 449, note J. GHESTIN ; JCP 1991, II, p. 21763, note G. PAISANT.

contra legem, le pouvoir d'anéantir une clause abusive sur le seul fondement de la définition donnée par l'article 35 de la loi de 1978[1104].

650. En 2010[1105], le législateur a affiné sa définition dans le nouvel article L. 132-1 du Code de la consommation déclarant abusives les clauses « *qui ont pour objet ou pour effet de créer, au détriment du non-professionnel ou du consommateur, un déséquilibre significatif entre les droits et obligations des parties au contrat* »[1106]. Notons que la législation sur les clauses abusives s'applique aux contrats conclus entre un professionnel et un non-professionnel ou un consommateur. *A contrario*, cela signifie qu'elle ne s'applique pas aux contrats conclus entre particuliers ou entre professionnels[1107]. Il est ainsi possible de déduire que rien, dans ce type de contrat, n'empêche la présence d'une clause pénale.
De même, aucun élément ne suggère que les professionnels cessent d'insérer des clauses pénales dans leurs contrats conclus avec des consommateurs. Ils peuvent, sans grand risque, fixer à titre de clause pénale une somme d'argent

---

[1104] Article 35 de la loi n°78-23 du 10 janvier 1978 sur la protection et l'information des consommateurs de produits et de services : « *Dans les contrats conclus entre professionnels et non-professionnels, ou consommateurs, peuvent être interdites, limitées ou réglementées, par des décrets en Conseil d'Etat pris après avis de la commission instituée par l'article 36, en distinguant éventuellement selon la nature des biens et des services concernés, les clauses relatives au caractère déterminé ou déterminable du prix ainsi qu'à son versement, à la consistance de la chose ou à sa livraison, à la charge des risques, à l'étendue des responsabilités et garanties, aux conditions d'exécution, de résiliation, résolution ou reconduction des conventions, lorsque de telles clauses apparaissent imposées aux non professionnels ou consommateurs par un abus de la puissance économique de l'autre partie et confèrent à cette dernière un avantage excessif. De telles clauses abusives, stipulées en contradiction avec les dispositions qui précèdent, sont réputées non écrites. Ces dispositions sont applicables aux contrats quels que soient leur forme ou leur support. Il en est ainsi notamment des bons de commande, factures, bons de garantie, bordereaux ou bons de livraison, billets, tickets contenant des stipulations ou des références à des conditions générales préétablies. Les décrets ci-dessus peuvent, en vue d'assurer l'information du contractant non-professionnel ou consommateur, réglementer la présentation des écrits constatant les contrats visés au premier alinéa* ».

[1105] Loi n° 2010-737 du 1er juillet 2010 portant réforme du crédit à la consommation (1).

[1106] Repris aujourd'hui à l'article L. 212-1, alinéa 1er, du Code de la consommation : « *Dans les contrats conclus entre professionnels et consommateurs, sont abusives les clauses qui ont pour objet ou pour effet de créer, au détriment du consommateur, un déséquilibre significatif entre les droits et obligations des parties au contrat* ».

[1107] Ceci ne signifie cependant pas pour autant que, dans ces contrats, le débiteur d'une clause abusive soit à la merci de son cocontractant. V. pour la protection des professionnels contre les clauses abusives : D. MAZEAUD, « *Le juge face aux clauses abusives* », art. préc., p. 23, spéc. p. 44 et s. ; F. TERRÉ, Ph. SIMLER et Y. LEQUETTE, *Droit civil*, *Les obligations*, 2009, *op. cit.*, n°311-2, citant notamment le colloque, « *Les clauses abusives entre professionnels*, colloque Lille, 23 mai 1997, Ch. JAMIN et D. MAZEAUD (dir.), Economica, 1998 » ; J. MESTRE, « *L'article 1131 du code civil au service de la lutte contre les clauses abusives dans les relations entre professionnels* », RTD civ. 1997, p. 418.

supérieure au dommage prévisible tant qu'elle n'est pas exagérément excessive, car seul l'abus c'est-à-dire le « déséquilibre significatif » est sanctionné[1108].

651. Primauté de l'exécution en nature malgré la présence d'une clause pénale – Avant la réforme, l'objectif de la clause pénale était d'encourager l'exécution du contrat. Néanmoins, l'exécution en nature primait sur la clause pénale puisque selon l'ancien article 1228 du Code civil, le créancier d'une obligation assortie d'une clause pénale disposait d'une option. Une fois le débiteur mis en demeure d'exécuter ses engagements, le créancier était susceptible soit de réclamer le montant de la peine privée stipulée au contrat, soit de poursuivre l'exécution forcée en nature de l'obligation.
En se plaçant du côté du débiteur, certains auteurs ont considéré que : « Si le créancier a le choix, entre le paiement de la peine et l'exécution en nature il va sans dire que le débiteur, de son côté peut exiger que le créancier reçoive l'exécution en nature »[1109]. Il s'agit donc de dire que si le débiteur se propose d'exécuter l'obligation initiale, cette exécution doit s'imposer.
Il est cependant possible d'adopter une position plus nuancée en admettant que si le créancier demande la mise en œuvre de la clause pénale et que le débiteur se propose d'exécuter l'obligation, l'exécution en nature ne doit être préférée que dans la mesure où elle est encore utile pour le créancier et qu'elle peut lui apporter satisfaction[1110].

652. De plus, permettre au débiteur d'imposer l'exécution en nature, même si elle est satisfactoire pour le créancier, remettrait en cause l'économie de la clause pénale. En effet, la clause pénale a été stipulée dans l'intérêt du seul créancier. Elle a pour fonction d'encourager l'exécution, mais également de réparer le préjudice causé en cas d'inexécution. En insérant cette clause dans le contrat, le créancier a donc pris en compte l'hypothèse de l'inexécution et de sa satisfaction par équivalent. Le débiteur ne disposerait donc en définitive d'aucun choix.
En d'autres termes, lorsque la fonction comminatoire de la clause pénale a échoué, le débiteur défaillant peut proposer de s'exécuter pour éviter l'application de la clause en sa qualité de peine privée, mais il ne peut toutefois pas imposer cette exécution au créancier.

[1108] V. notamment les développements proposés sur ce point par V. LONIS-APOKOURASTOS, *La primauté contemporaine du droit à l'exécution en nature*, PUAM, 2003, préf. J. MESTRE, n°312-339, pp. 266-286.
[1109] F. STEINMETZ, « *La clause pénale* », art. préc., n°3, p. 20, précisant même que « l'exécution en nature doit toujours être préférée ».
[1110] B. STARCK, H. ROLAND et L. BOYER, *Obligations*, tome 2, *Contrat*, 1995, *op. cit.*, n°1500.

Dans sa thèse, le professeur Mazeaud précisait que : « Sous cet aspect, la clause pénale se présente comme un instrument de répression des comportements "anti-contractuels", d'autant plus efficace qu'elle est indépendante du préjudice subi par le créancier : non seulement, en effet, la seule condition de son application consiste dans l'inexécution illicite imputable au débiteur, mais encore le montant de la peine est, en principe, fixé forfaitairement, et, pour ainsi dire, figé dans la clause, indépendamment, donc, de l'existence et de l'importance du préjudice subi par le créancier »[1111].

653. La clause pénale est désormais encadrée par l'article 1231-5 du Code civil. Les deux premiers alinéas disposent que : « *Lorsque le contrat stipule que celui qui manquera de l'exécuter paiera une certaine somme à titre de dommages et intérêts, il ne peut être alloué à l'autre partie une somme plus forte ni moindre. Néanmoins, le juge peut, même d'office, modérer ou augmenter la pénalité ainsi convenue si elle est manifestement excessive ou dérisoire* ». La clause pénale demeure un moyen de pression sur le débiteur pour obtenir l'exécution, à condition qu'elle ne soit pas excessive.
Une nuance est à apporter puisqu'aux termes du nouvel article 1221, le créancier a la possibilité d'exiger l'exécution en nature après mise en demeure. Cependant, l'exécution en nature est présentée comme une option pour le créancier et non un impératif. De plus, une restriction est ajoutée : « *sauf, si cette exécution est impossible ou s'il existe une disproportion manifeste entre son coût pour le débiteur et son intérêt pour le créancier* ». Cette restriction ouvre au juge un assez large pouvoir d'appréciation. En d'autres termes, si la clause pénale est excessive, le juge peut la réduire et si l'exécution en nature est trop coûteuse, le juge peut s'y opposer. La force obligatoire du contrat se trouve bien vite encadrée dans le but d'allouer le juste prix de l'exécution.

654. Clause d'astreinte – À l'instar de la clause pénale, l'astreinte conventionnelle prévoit « qu'en cas d'inexécution provisoire, le débiteur sera tenu de verser telle somme par telle unité de retard »[1112]. Elle est généralement utilisée pour contraindre le débiteur d'une obligation de faire ou de ne pas faire. Cependant, à l'inverse de la clause pénale, la clause d'astreinte est dépourvue du fondement indemnitaire. Elle est prévue « non pour réparer le dommage causé à la victime, mais pour briser sa résistance »[1113].

[1111] D. MAZEAUD, *La notion de clause pénale*, *op. cit.*, n°4, p. 344.
[1112] J.-M. MOUSSERON, *Technique contractuelle*, 2010, *op. cit.*, n°885, p. 370.
[1113] J.-M. MOUSSERON, *Technique contractuelle*, 2010, *op. cit.*, n°885, p. 370.

655. Licéité des clauses d'astreinte en question – La validité des clauses d'astreinte fait l'objet de controverses, opposant deux doctrines. Certains auteurs retiennent une conception défavorable de l'astreinte conventionnelle, refusant sa validité au motif « qu'elle empiète directement sur la fonction judiciaire de l'État en organisant hors contrôle les conséquences de l'inexécution d'une obligation »[1114]. Or, cette technique est réservée à l'*imperium* du magistrat par la loi du 5 juillet 1972[1115].
Même si cela ne contrevient pas directement au principe de l'autonomie de la volonté, il semble difficile d'admettre que les parties puissent organiser un moyen de pression enfreignant les règles prévues par le législateur à travers l'exécution forcée des obligations et à défaut, le mécanisme de la responsabilité contractuelle. Les opposants à la validité de la clause d'astreinte ne voient finalement en elle qu'une clause pénale pure et simple.

656. Par ailleurs, une autre partie de la doctrine soutient la validité des clauses d'astreinte au nom du principe de la liberté des conventions[1116] et de l'absence de réglementation interdisant ce genre de stipulations[1117]. Ainsi, les contractants sont libres de déterminer « les sanctions qu'entraînera l'inexécution de telle ou telle partie du contrat »[1118]. Il est vrai qu'à la différence des clauses pénales qui ont fait l'objet d'une prévision légale expresse, le législateur ne s'est pas intéressé à l'astreinte conventionnelle.

657. Cette absence d'intérêt a favorisé les critiques sur la licéité de cette stipulation. M. Gerbay précise d'ailleurs dans sa thèse relative aux moyens de pression privés que : « La clause pénale n'est licite que parce qu'elle est expressément autorisée par le législateur. Il en va différemment de la clause d'astreinte »[1119].

658. La théorie de la cause a également été avancée pour défendre la conception favorable à la validité de la clause d'astreinte, notamment sur le pan de l'enrichissement sans cause : « La clause d'astreinte trouve sa

---

[1114] J.-M. MOUSSERON, *Technique contractuelle*, 2010, *op. cit.*, n°887, p. 371.
[1115] Loi n° 72-626 du 5 juillet 1972 instituant un juge de l'exécution et relative à la réforme de la procédure civile.
[1116] G. PAISANT, « *Dix ans d'application de la réforme des articles 1152 et 1231 du code civil relative à la clause pénale (Loi du 9 juillet 1975)* », art. préc., n°22, p. 657 ; Ch. LARROUMET, *Droit civil, t.3, Les obligations - Le contrat*, Economica, 2e éd., 1990, n°680, p.693.
[1117] G. PAISANT, « *Dix ans d'application de la réforme des articles 1152 et 1231 du code civil relative à la clause pénale (Loi du 9 juillet 1975)* », art. préc., n°22, p. 657
[1118] F. BRUNET, « *Les clauses d'exécution forcée* », Cah. dr. entrepr., 1975/1, p. 9, col. 1.
[1119] Ph. GERBAY, *Moyens de pression privés et exécution du contrat*, Th. Dijon, 1976, spéc. n°110.

justification dans l'inexécution du contrat et le créancier qui bénéficie du montant de l'astreinte touche une somme parfaitement causée. Il ne s'enrichit pas sans cause puisque le but que s'étaient fixé les contractants – assurer l'exécution de la convention – peut être considéré comme la cause de la dette ainsi contractée. Il n'y a pas enrichissement sans cause puisqu'il y a juste titre »[1120].

659. Les décisions jurisprudentielles ne sont tout de même pas très explicites sur la question de la validité de la clause d'astreinte. En 1949, la première Chambre civile affirmait que : « *les parties pouvaient déterminer à leur guise, les moyens de contrainte destinés à assurer l'exécution d'une obligation d'origine contractuelle* ». Cette décision laissait penser que la Cour de cassation reconnaissait la validité des clauses d'astreinte à but uniquement comminatoire. Cependant, les décisions rendues ultérieurement laissent planer le doute.
La Haute cour semble assimiler l'astreinte conventionnelle au concept de la clause pénale, déniant la licéité des clauses d'astreintes. En effet, dans un arrêt du 9 mars 1977, à propos d'une clause stipulant une astreinte provisoire dans un contrat de location, la Cour de cassation indique que, « *la convention litigieuse qui ne pouvait ordonner d'astreinte, mesure de contrainte réservée aux tribunaux pour assurer l'exécution de leurs décisions (...) constituait une clause pénale prévoyant l'indemnisation par des dommages-intérêts moratoires fixés forfaitairement, du préjudice indépendant de celui résultant de l'inexécution du contrat lui-même, causé au bailleur par le retard apporté dans la restitution du véhicule après résiliation du contrat* »[1121]. Identifiant l'astreinte conventionnelle à la clause pénale, la Cour de cassation sous-entend, fort logiquement, qu'elle est susceptible de révision judiciaire. C'est pour cette raison que la Haute juridiction a censuré un arrêt d'appel dans lequel les juges avaient refusé de réviser une clause prévoyant, en cas d'exécution tardive, une sanction. Cette dernière se serait matérialisée en tant que paiement d'une somme d'argent par jour de retard, au motif que les pénalités prévues n'étaient pas contenues dans une clause pénale. Dans l'esprit des juges du fond, cette stipulation correspondait bien à une clause d'astreinte qui dès lors, échappait à leur pouvoir de révision. Or, la Cour de cassation a cassé cette décision en répondant très clairement que « *les stipulations relatives à la fixation de pénalités de retard constituent une clause pénale* »[1122], susceptible donc d'être révisée par le pouvoir judiciaire.

[1120] J.-M. MOUSSERON, *Technique contractuelle*, 2010, *op. cit.*, n°887, p. 371. V. également, F. BRUNET, « *Les clauses d'exécution forcée* », art. préc.
[1121] Cass. civ. 1ère, 9 mars 1977, Bull. civ. I, n°126.
[1122] Cass. civ. 1ère, 6 novembre 1986, Bull. civ. III, n°150.

660. Les juges du fond semblent plus enclins à admettre l'existence de véritables clauses d'astreinte. Un arrêt inédit de la cour d'appel de Montpellier, relatif à l'application d'une "clause d'astreinte définitive" insérée dans un contrat de bail, énonçait que : « *La validité de la clause pénale contenue dans un bail prévoyant une astreinte non comminatoire (définitive) de 100F par jour de retard pour l'évacuation des lieux se heurte aux dispositions de la loi du 21 juillet 1949 qui précise que les astreintes fixées pour obliger l'occupant d'un local à quitter les lieux ont toujours un caractère comminatoire (provisoire)* »[1123].
Dans une espèce semblable, la cour d'appel d'Amiens avait jugé que : « *De toute évidence, la pénalité litigieuse dudit article 2, quelque habilité que son rédacteur – assurément autre que les deux parties – ait cru bon devoir remettre à la déguise sous le manteau d'une clause pénale, constitue en réalité l'astreinte non comminatoire (prohibée par la loi du 21 juillet 1949)* »[1124]. Notons tout de même que ces décisions n'ont pas été soumises à la Cour de cassation.
Le doute continue de planer sur la validité de clauses d'astreinte. La réforme de 2016 ne mentionne pas cette technique. Il n'en demeure pas moins que la clause pénale et la clause d'astreinte constituent des outils juridiques visant à sécuriser le créancier par rapport à l'accomplissement de la prestation de son cocontractant.

661. Il est vrai que dans la pratique contractuelle, les menaces pécuniaires, surtout si elles ne peuvent être déraisonnables, ne constituent pas forcément les moyens de pression les plus efficaces. L'exécution est alors appréciée, non par les juristes, mais par les comptables. La question qui se pose alors est de savoir combien coûte l'inexécution ? Si le montant de l'inexécution est inférieur, malgré la présence d'une clause pénale ou d'une clause d'astreinte, au coût de l'exécution, le débiteur aura tout intérêt à ne pas exécuter le contrat et indemniser le créancier. La réforme de 2016 a introduit l'article 1231-5 dans le Code civil, prévoyant la possibilité pour le juge d'augmenter une clause pénale dérisoire. Il s'agit avant tout de protéger le créancier. Mais, dans ce cas, son intérêt, même s'il n'est pas mentionné, reste secondaire par rapport au coût. Dès lors, le créancier peut préférer recourir à des menaces pesant directement sur les droits contractuels du débiteur.

[1123] CA Montpellier 27 juin 1974, cité et interprété par J.-M. MOUSSERON, *Technique contractuelle*, 2010, *op. cit.*, n°888, p. 372.
[1124] CA Amiens, 2 janvier 1965, JCP 1966, II, p. 14205, cité et interprété par J.-M. MOUSSERON, *Technique contractuelle*, 2010, *op. cit.*, n°888, p. 372.

B. Les menaces pesant sur les droits contractuels du débiteur

662. Présentation – Dans certaines circonstances, le créancier peut préférer une menace pesant directement sur les droits contractuels du débiteur. Si la menace pécuniaire peut sembler efficace, tenter d'encourager le débiteur à s'exécuter, sous peine de voir le contrat anéanti, revêt un caractère de mise en garde très utile.
Le choix entre une menace pécuniaire ou une menace sur les droits contractuels du débiteur varie le plus souvent en fonction de la nature du contrat et de la relation contractuelle qui lie les parties. La clause résolutoire ou la clause de déchéance remplissent cette fonction.

663. Avant la réforme de 2016 : Le principe de la clause résolutoire – La clause résolutoire[1125], souvent dénommée "clause résolutoire expresse" ou "clause résolutoire de plein droit", désignait une stipulation contractuelle par laquelle les parties, adoptant une condition résolutoire expresse, décidaient à l'avance que le contrat serait résolu de plein droit du seul fait de l'inexécution par l'une des parties de ses engagements contractuels, sans qu'il soit nécessaire de le demander au juge.
L'anéantissement du contrat découlait dès lors du seul fait que l'une des parties n'avait pas rempli ses engagements[1126]. Par principe, la résolution d'un contrat était nécessairement judiciaire, sur le fondement de l'ancien article 1184 du Code civil. Une telle clause dérogeait donc au droit commun de la résolution en ce qu'elle organisait une résolution automatique du contrat, échappant à la libre appréciation du juge. Le débiteur, ne pouvant dans ce cas compter sur aucune mansuétude du pouvoir judiciaire, était alors fortement incité à exécuter complètement et ponctuellement ses obligations.

664. Le caractère dissuasif de la clause résolutoire était très fort : « Moyen de pression, de contrainte, la clause résolutoire constitue donc une garantie très efficace de l'exécution du contrat »[1127]. La clause résolutoire était donc un mécanisme redoutable en ce qu'elle apparaissait comme une technique assurément protectrice de l'exécution, car elle instaurait une certaine automaticité au niveau du principe de la résolution. À cela, ajoutons qu'elle

---

[1125] G. CORNU (dir.), *Vocabulaire Juridique*, *op. cit.*, V° « Clause résolutoire ».
[1126] V. J. BORRICAND, « *La clause résolutoire expresse dans les contrats* », RTD civ. 1957, p. 433 ; Ch. PAULIN, *La clause résolutoire*, LGDJ, coll. Biblio. de dr. privé, tome 259, 1998, préf. J. DEVÈZE ; B. TEYSSIÉ, « *Les clauses de résiliation et de résolution* », Cah. dr. entrepr., 1975/1, p. 13.
[1127] J. BORRICAND, « *La clause résolutoire expresse dans les contrats* », art. préc., spéc. p. 438.

s'accompagnait également d'une organisation conventionnelle des effets de cette dernière.

665. En raison de l'automaticité de la résolution, le juge perdait sa capacité d'appréciation[1128], ne disposant dès lors que du pouvoir de constater que le mécanisme résolutoire s'était produit[1129]. De même, le juge n'était pas en mesure de tenir compte de la bonne foi du débiteur pour empêcher le jeu de la clause résolutoire[1130]. En revanche, la mauvaise foi du créancier pouvait être invoquée pour remettre en cause le mécanisme résolutoire. Par exemple, lorsque le créancier de l'obligation inexécutée avait toléré de longues périodes d'inexécution avant de déclencher soudainement la clause résolutoire[1131], il pouvait être considéré comme étant de mauvaise foi[1132] et perdait le bénéfice de la clause. C'est alors le juge qui prenait le relais des parties pour prononcer l'extinction du contrat souhaitée par le créancier.

666. Dans l'ordre économique, il n'est, certes, pas satisfaisant de favoriser la destruction des contrats, surtout en matière commerciale. C'est pour cela que la clause de résolution était avant tout utilisée pour encourager le débiteur à s'exécuter.

Par ailleurs, la clause résolutoire pouvait aussi servir à garantir l'exécution en nature de l'obligation d'une manière différente, « en opérant, non plus en amont, en prévenant l'inexécution, mais en aval, en permettant, malgré sa présence, le choix du créancier pour l'action en exécution forcée »[1133]. En

---

[1128] Premièrement, le juge ne peut pas refuser de constater la résolution au motif que l'inexécution ne porte que sur une obligation non déterminante de l'engagement du créancier et il ne lui appartient plus d'apprécier la gravité de l'inexécution : Cass. civ. 3ème, 20 juillet 1989, Bull. civ. III, n°172, où la Cour de cassation a décidé qu'une cour d'appel avait « *justement décidé que la clause résolutoire devait être appliquée sans qu'il soit nécessaire de rechercher si cette sanction était proportionnée ou non à la gravité du manquement invoqué* ». Deuxièmement, le juge ne peut plus accorder au débiteur un délai pour lui permettre de se libérer : Ph. SOUSTELLE, *Les délais judiciaires différant l'exécution de l'obligation*, Th. Saint-Etienne, 1996. Enfin, le tribunal ne pourra pas valider une exécution faite par le débiteur postérieurement au jeu de la clause, car le contrat n'est plus, il ne pourra donc pas ressusciter.

[1129] Cass. civ. 3ème, 5 février 1992, Bull. civ. III, n°38.

[1130] Cass. civ. 3ème, 24 septembre 2003, Bull. civ. III, n°161, RDC 2004, p. 644, obs. D. MAZEAUD ; RTD civ. 2003, p. 707, obs. J. MESTRE et B. FAGES.

[1131] Cass. civ. 1ère, 31 janvier 1995, Bull. civ. I, n°57, D. 1995, p. 389, note Ch. JAMIN. – Cass. civ. 1ère, 16 février 1999, Bull. civ. I, n°52, D. 2000, somm. p. 360, note D. MAZEAUD : un crédit-rentier avait toléré le non-paiement des arrérages pendant des années.

[1132] Cass. civ. 3ème, 16 octobre 1973, Bull. civ. III, n°529 : il s'agissait en l'espèce d'un commandement de payer adressé à un locataire que le créancier savait en vacances.

[1133] V. LONIS-APOKOURASTOS, *La primauté contemporaine du droit à l'exécution en nature*, *op. cit.*, n°411, p. 325.

effet, à l'instar de la clause pénale[1134] qui offrait une option au créancier, l'ancien article 1184, alinéa 2 du Code civil accordait au créancier d'une obligation inexécutée le choix de demander la résolution de la convention avec des dommages et intérêts ou l'exécution si celle-ci était encore possible.

667. La stipulation d'une clause de résolution ne pouvait en aucun cas être assimilée à une renonciation, de la part du créancier, à poursuivre l'exécution forcée du contrat. Ce choix était exclusivement entre les mains du créancier. Le débiteur ne saurait se prévaloir de sa propre défaillance pour faire jouer la clause à son bénéfice[1135].

668. De plus, le choix du créancier n'était pas irrévocable. Rien ne s'opposait à ce que le créancier invoque la clause résolutoire après une action en exécution forcée. En revanche, la situation inverse avait davantage laissé les commentateurs perplexes. La doctrine refusait d'admettre que le créancier puisse révoquer sa volonté de recourir à la clause résolutoire en optant, dans un deuxième temps, pour l'action en exécution forcée.
Après quelques hésitations, la Cour de cassation avait confirmé le fait que le choix du créancier était révocable, lui permettant d'exiger l'exécution forcée même après avoir manifesté sa volonté de se prévaloir de la clause résolutoire[1136].

669. Notons également que la clause résolutoire était interdite par le législateur dans certaines hypothèses. En effet, elle était interdite en matière d'assurance[1137] ou dans les contrats de baux ruraux[1138].

670. Conséquences de la mise en œuvre de la clause résolutoire – Face au débiteur défaillant, le créancier n'était pas tenu d'exécuter sa propre obligation. En revanche, s'il l'avait déjà exécutée, il pouvait demander la restitution des biens lui appartenant. Mais, si le débiteur refusait d'admettre la résolution, le créancier devait alors intenter une action en restitution ou une action en expulsion s'il s'agissait d'un contrat de bail d'habitation.
Pour gérer les conséquences de la résolution, sans avoir à recourir au juge, il n'était pas rare que les parties incluent dans le contrat des clauses rendant automatiques les effets de la résolution. Ainsi, aux côtés de la clause

---

[1134] Par le biais de l'article 1228 du Code civil.
[1135] J. CARBONNIER, *Droit civil, tome 4, Les obligations*, 2000, *op. cit.*, n°113, p. 226.
[1136] J. CARBONNIER, *Droit civil, tome 4, Les obligations*, 2000, *op. cit.*, n°188 et s., p. 343 et s.
[1137] Article L. 113-3 du Code des assurances.
[1138] Article L. 411-31 du Code rural et de la pêche maritime.

résolutoire, nous retrouvions des clauses telles que la clause d'astreinte ou encore la clause de restitution en nature.

671. Réforme de 2016 – Décrié par une partie de la doctrine, l'ancien article 1184 du Code civil était considéré comme étant mal placé dans le Code puisque nombreux étaient ceux qui considéraient qu'il concernait la résolution pour inexécution. La réforme de 2016 a élaboré un dispositif novateur puisque sept nouveaux articles le remplacent. Trois causes de résolutions sont présentées, dont la clause résolutoire expresse. Cette dernière est en tête de liste dans le nouvel article 1225 en raison de sa présence fréquente dans les contrats. Le premier alinéa indique que la clause doit préciser[1139] « *les engagements dont l'inexécution entraînera la résolution du contrat* ». Contrairement à la résolution unilatérale, toute inexécution, peu importe sa gravité, peut être conventionnellement érigée en cause de résolution.
Le second alinéa poursuit en indiquant que la résolution est subordonnée à une mise en demeure infructueuse à moins qu'il n'ait été convenu que la résolution « *résulterait du seul fait de l'inexécution* ». Une condition de validité a également été ajoutée à la mise en demeure exigeant qu'elle fasse expressément mention de la clause résolutoire.
Ce nouvel article reste conforme aux solutions anciennes prévoyant deux degrés d'effectivité : la résolution de plein droit du seul fait d'une inexécution et le déclenchement de la résolution par une mise en demeure infructueuse.
Cependant, il est regrettable que la combinaison entre la clause résolutoire et la résolution par notification ne soit pas abordée[1140]. La question demeure de savoir si le créancier dispose d'une option ou s'il doit nécessairement respecter les termes et modalités de la clause résolutoire ?[1141]

672. Clause de déchéance – La déchéance, quant à elle, s'entend de la perte d'un droit. Plus précisément, il s'agit de la perte du droit d'agir qui frappe celui qui ne fait pas les diligences nécessaires dans le délai imparti,

---

[1139] Le terme ancien de « désignation » a dont été remplacé par celui de « précise ». L'usage de ce terme plus exigeant permettra certainement de mettre fin aux « clauses-balai ».

[1140] V. cependant : Rapp. remis au Président de la République : la rupture hors le juge est « une faculté autonome offerte au créancier qui, victime de l'inexécution, aura désormais le choix, en aprticulier en l'abseence de clause résolutoire expresse, entre les deux modes de résolution judiciaire ou unilatérale ». Par extension, si le créancier a le choix entre la résolution judiciaire ou unilatérale, nous pouvons supposer qu'il aura le choix entre clause résolutoire et résolution par notification, prévue à l'article 1226 du Code civil.

[1141] Cass. com., 20 octobre 2015, n°14-20.416, Gaz. Pal. 2 février 2016, p. 26, note D. MAZEAUD : le créancier a pu opter pour la rupture unilatérale hors le juge sans avoir à respecter les modalités de la clause résolutoire.

n'observe pas les formes requises ou celui auquel est imputable une négligence caractérisée[1142].
La déchéance est très présente dans la législation, mais les parties peuvent également la prévoir expressément dans leur convention. Son aspect coercitif attire les créanciers afin d'essayer de garantir l'exécution de leur contrat. En effet, la déchéance apparaît comme une sanction, à la fois un « moyen destiné à assurer le respect et l'exécution effective d'un droit ou d'une obligation »[1143] et une « punition »[1144]. Certains auteurs lui reconnaissent même le caractère d'une véritable peine privée[1145].

673. M. Sautel a d'ailleurs consacré une étude sur la notion même de déchéance, indiquant que si la déchéance apparaît comme un mode d'extinction d'un droit, cela ne suffit pas « à la caractériser et à la distinguer des autres institutions qui privent de certaines prérogatives »[1146]. En effet, selon l'auteur, la déchéance est bien un mécanisme privatoire, mais qui ne nécessite pas inexorablement une faute. Plus précisément, le « maintien du droit étant subordonné à un certain comportement, l'abstention fautive prive la prérogative de cause. Ce n'est donc pas tant la faute qui provoque la déchéance, mais la disparition de la cause du droit. C'est pourquoi un simple manquement, même non fautif, est de nature à provoquer la déchéance s'il retire les motifs de la prérogative »[1147].
Au contraire, lorsque la faute est avérée, c'est l'action du titulaire du droit qui est prise en compte et la déchéance ne frappe qu'une partie du droit. C'est en cela qu'apparaît l'originalité de cette sanction ayant la particularité d'être strictement proportionnée au manquement, ne privant ni plus ni moins que ce que la cause impose.

674. Cette clause de déchéance est surtout présente dans les contrats d'assurance dans le but de sanctionner les diverses obligations de faire de

---

[1142] G. CORNU (dir.), *Vocabulaire Juridique*, *op. cit.*, V° « Déchéance ».
[1143] G. CORNU (dir.), *Vocabulaire Juridique*, *op. cit.*, V° « Sanction », I.3 (sens très large).
[1144] G. CORNU (dir.), *Vocabulaire Juridique*, *op. cit.*, V° « Sanction », I.1 (sens restreint).
[1145] O. SAUTEL, « *Sur la déchéance en droit privé (contribution à la théorie de la permanence de la cause)* », D. 1999, chron., p. 488, citant not. : « S. SALLÉ DE LA MARNIERRE, « *La déchéance comme mode d'extinction d'un droit* », RTD civ. 1933, n°4, p. 1043 ; A. BESSON, « *La notion de déchéance en matière d'assurance* », RGAT 1936, p. 225, spéc., n° 5 ; A. ROUAST, « *Déchéances protectrices et déchéances répressives dans le droit des successions* », RTD civ. 1952, p. 1, spéc. n° 4, p. 2 ; S. CARVAL, *La responsabilité civile dans sa fonction de peine privée*, LGDJ, Bibl. dr. privé, tome 250, 1995, préf. G. VINEY, p. 166 s., n° 155 s. ».
[1146] O. SAUTEL, « *Sur la déchéance en droit privé (contribution à la théorie de la permanence de la cause)* », art. préc., n°3, spéc. p. 487.
[1147] O. SAUTEL, « *Sur la déchéance en droit privé (contribution à la théorie de la permanence de la cause)* », art préc., n°8, spéc. p. 489.

l'assuré. Ce dernier est dans l'obligation, notamment, de déclarer en temps utile la survenance d'un sinistre sous peine de déchéance de son droit à garantie. La loi du 31 décembre 1989[1148] a ajouté l'obligation de déclarer l'aggravation des risques, dans un certain délai. La déchéance apparaît effectivement comme une opportunité attrayante pour les assureurs, car il s'agit d'une sanction efficace et son automaticité exclut par principe l'intervention d'un juge. En conséquence, il est « incontestable qu'une clause de déchéance a le mérite d'allier l'efficacité à la simplicité. C'est une sanction sévère, et par là dissuasive de l'inexécution »[1149].

675. Cependant, même si l'assuré perd son droit à garantie pour le sinistre déclaré en retard, la clause de déchéance ne met pas fin au contrat d'assurance. L'assuré reste donc tenu de ses obligations et plus particulièrement, son obligation de payer les primes d'assurance : « Ainsi, la déchéance enlève tout droit à l'assuré sans effacer ses obligations corrélatives, inversement l'assureur conserve tout l'avantage du contrat, mais est déchargé de son obligation de garantir les sinistres »[1150].
La clause de déchéance montre bien, à travers son rôle répressif et préventif[1151], qu'elle vise avant tout à protéger l'exécution en nature de l'obligation contractuelle.

676. Au-delà des stipulations contractuelles visant à renforcer les chances du créancier d'obtenir l'exécution du contrat, il existe des d'autres techniques juridiques permettant de renforcer cette exécution tant désirée par le créancier.

§2 – Le renforcement de l'exécution

677. Renforcement du caractère personnel de l'obligation – L'obligation s'analyse comme un lien, une relation entre deux ou plusieurs personnes. Pour s'assurer de l'exécution de ce rapport d'obligation, le créancier est en mesure d'exiger des garanties qui accentuent le caractère personnel inhérent à l'obligation. Ces garanties servent au renforcement de l'exécution. Le créancier peut, par exemple, étendre le droit d'exiger l'exécution de la

---

[1148] Loi n°89-1014 du 31 décembre 1989 portant adaptation du code des assurances à l'ouverture du marché européen (1)

[1149] V. LONIS-APOKOURASTOS, *La primauté contemporaine du droit à l'exécution en nature*, *op. cit.*, n°403, p. 320.

[1150] J. DEPREZ, « *Rapport* », in *Les sanctions attachées à l'inexécution des obligations contractuelles*, Travaux de l'Asso. H. CAPITANT, 1964, p. 62.

[1151] En ce sens : J. DEPREZ, « *Rapport* », *op. cit.*, p. 63 ; J. GHESTIN et M. BILLIAU, *Traité de droit civil, Les obligations, Les effets du contrat*, 1992, n°372, p. 388 ; D. MAZEAUD, *La notion de clause pénale*, *op. cit.*, n°309.

prestation à d'autres personnes que le débiteur initial. L'exécution est ainsi consolidée (A).

678. Qualité de l'exécution – Aux côtés des mesures tendant à obtenir l'exécution du contrat, il existe également des dispositions visant plus précisément la qualité de l'exécution. Il s'agit des garanties légales de bonne exécution (B). Par ce biais, le créancier s'assure que l'exécution qu'il a obtenue est en tout point conforme à ses prévisions contractuelles.

A. La consolidation de l'exécution

679. Distinction entre sûreté et garantie – *Si toute sûreté est une garantie, toute garantie n'est pas une sûreté* : telle est la formule bien connue en droit énoncée par les professeurs Malaurie et Aynès. Au sens large, la garantie se définit comme « tout mécanisme qui prémunit une personne contre une perte pécuniaire »[1152]. Ce dispositif renvoie alors autant à la garantie du vendeur impayé qu'à la garantie de l'assureur. La sûreté, quant à elle, s'entend d'une « garantie fournie par une personne ou établie par la loi pour l'exécution d'une obligation ; une disposition destinée à garantir le paiement d'une dette à l'échéance malgré l'insolvabilité du débiteur »[1153].

680. La distinction entre ces deux notions est depuis longtemps admise. La garantie apparaît en priorité comme une notion fonctionnelle dont l'objectif est au mieux conservatoire. La sûreté s'apparente davantage à une notion conceptuelle ayant pour but d'obtenir la satisfaction du créancier[1154].

681. Pour distinguer ces deux notions, la méthode la plus efficace selon Mme Ginestet est de s'intéresser à leur finalité. Ainsi, la garantie « lutte contre l'insolvabilité du débiteur de manière diffuse ; elle ne tend pas directement au recouvrement de la créance. Son objet est d'éviter qu'une perte n'affecte le patrimoine du débiteur sans pour autant octroyer de prérogative particulière au créancier. Elle est conservatoire, elle maintient le droit de gage général du créancier »[1155], alors que la sûreté est un mécanisme d'anticipation sur l'exécution de son obligation par le débiteur. Elle a pour

---

[1152] G. CORNU (dir.), *Vocabulaire juridique*, *op. cit.*, V° « Garantie ».
[1153] G. CORNU (dir.), *Vocabulaire juridique*, *op. cit.*, V° « Sûreté ».
[1154] P. CROCQ, *Propriété et garantie*, LGDJ, coll. Biblio. de Th., tome 248, 1995, préf. M. GOBERT, n°287.
[1155] C. GINESTET, « *La qualification des sûretés* » (première partie), Rép. Déf. , 30 janvier 1999, n°2, p. 80.

but de donner satisfaction au créancier par l'extinction de l'obligation[1156]. La sûreté tend « délibérément et exclusivement au payement de la créance »[1157]. Néanmoins, cette présentation de la distinction entre garantie et sûreté ne semble pas prendre en considération l'utilité et l'efficacité de ces deux notions. D'ailleurs, la garantie est aujourd'hui analysée par une majorité de la doctrine comme une mesure d'exécution.

682. Mme Dupré-Dallemagne, dans sa thèse relative à la force contraignante du rapport d'obligation, tente d'expliquer la distinction entre sûreté et garantie en se basant sur la différenciation élaborée entre la contrainte et la sanction : « La contrainte implique la mise en œuvre de moyens afin d'augmenter les chances du créancier d'obtenir effectivement l'exécution de la prestation due tandis que la sanction intervient lorsque le rapport d'obligation reste définitivement inexécuté. Cette distinction entre la contrainte et la sanction est précisément mise en œuvre pour caractériser la consolidation de la force contraignante du rapport d'obligation par rapport au droit du créancier au versement d'une somme d'argent, équivalent monétaire qui résulte de l'engagement de la responsabilité du débiteur. La première garantit au créancier l'exécution de l'obligation, tandis que le second assure au créancier un paiement en argent en cas d'inexécution par le débiteur de son obligation »[1158].

Il ressort de cette présentation, à laquelle nous adhérons, que contrairement aux sûretés qui assurent uniquement au créancier un paiement en cas d'inexécution par le débiteur de son obligation, la garantie renforce les chances du créancier d'obtenir la réalisation du contrat dans la mesure où il peut exiger cette exécution auprès d'une autre personne que le débiteur défaillant.

683. Adjonction de nouveaux débiteurs – En plus de l'engagement du débiteur, le créancier peut souhaiter des garanties supplémentaires en vue de l'obtention de l'exécution convenue. Pour se faire, le créancier se voit offrir la possibilité d'exiger l'extension de l'exécution de la prestation à des personnes autres que le débiteur initial. Cette adjonction de nouveaux débiteurs renforce la force contraignante du rapport d'obligation et offre des garanties d'exécution au créancier. Plusieurs caractéristiques découlent de cette adjonction de débiteurs.

[1156] C. GINESTET, « *La qualification des sûretés* » (première partie), art. préc.

[1157] M. CABRILLAC, « *Les accessoires de la créance* », in *Mélanges A. Weill*, Dalloz-Litec, 1983, p. 107, spéc. n°19 et s.

[1158] A.-S. DUPRÉ-DALLEMAGNE, *La force contraignante du rapport d'obligation (Recherche sur la notion d'obligation)*, *op. cit.*, n°463, p. 349.

684. Indivisibilité – En dehors de celle qui peut exister entre plusieurs contrats[1159], l'indivisibilité peut être attachée au rapport d'obligation. Dans cette hypothèse, l'obligation est divisée entre plusieurs débiteurs. Augmenter le nombre de débiteurs accroît statistiquement les risques d'inexécution, mais l'indivisibilité de l'obligation prend toute son utilité pour garantir au créancier l'exécution de la prestation, car il est en droit d'exiger l'exécution intégrale auprès de chacun des débiteurs.

685. L'indivisibilité peut être naturelle ou objective, c'est-à-dire que c'est l'objet de l'obligation qui est indivisible[1160]. Par exemple, la livraison d'un animal vivant est considérée par nature comme indivisible. Cela signifie que l'objet de l'obligation « ne peut et ne doit être exécuté que dans sa totalité »[1161].

Mais l'indivisibilité peut également être conventionnelle ou subjective, c'est-à-dire née de la volonté des parties. Dans ce cas, il n'y a pas uniquement unicité de l'objet de l'obligation, mais également unicité du lien obligatoire. Cette unicité du lien obligatoire renforce la contrainte puisque l'exécution est rendue indivisible.

Paradoxalement, le lien obligatoire devient plus fragile, car en raison de son unicité, la disparition du lien à l'égard de l'un des débiteurs est opposable aux autres codébiteurs.

686. Obligations solidaires – La solidarité, quant à elle, représente une « modalité conventionnelle ou légale d'une obligation plurale qui en empêche la division »[1162]. Elle peut être passive ou active, c'est-à-dire impliquer une pluralité de débiteurs ou de créanciers. Pour constituer une garantie d'exécution, seule la solidarité passive nous intéresse en ce qu'elle offre au créancier la possibilité d'avoir plusieurs débiteurs auprès desquels

---

[1159] J.-B. SEUBE, *L'indivisibilité et les actes juridiques*, *op. cit.* ; J.-M. MARMAYOU, « *Remarques sur la notion d'indivisibilité des contrats* », RJ Cass. com. 1999, p. 292 ; J. MOURY, « *De l'indivisibilité entre les obligations et les contrats* », RTD civ. 1994, p. 255.

[1160] Article 1217 du Code civil.

[1161] Fr. TERRÉ, Ph. SIMLER et Y. LEQUETTE, *Droit civil, Les obligations*, 2002, *op. cit.*, n°1362, p. 1262.

[1162] G. CORNU (dir.), *Vocabulaire juridique*, *op. cit.*, V° « Solidarité ».

réclamer le paiement de l'intégralité de la dette[1163]. Deux rapports sont institués : le rapport à la dette et la contribution à la dette.

687. Rapport à la dette – Dans un premier temps, un rapport d'obligation à la dette se créé, c'est-à-dire un rapport entre le créancier et les codébiteurs solidaires. Puisque le créancier peut demander à n'importe quels codébiteurs solidaires le paiement de la totalité de la dette, il s'agit là d'une garantie importante octroyée au créancier. Ce dernier n'aura pas à supporter le risque d'insolvabilité de l'un ou l'autre des débiteurs, car il peut s'adresser aux autres. En revanche, s'il a recouvré sa créance auprès de l'un des codébiteurs, il ne peut plus poursuivre les autres en paiement sous peine d'enrichissement sans cause.

688. Contribution à la dette – Dans un second temps, lorsque le créancier a été désintéressé, survient la contribution à la dette entre les codébiteurs solidaires. La contribution à la dette correspond à une « répartition entre les coobligés de la charge définitive d'une dette commune (ou faite dans un intérêt commun) »[1164]. La contribution à la dette se distingue de l'obligation à la dette qui concerne les rapports entre des débiteurs et un créancier.
Cette solidarité est une garantie posée en faveur du créancier. En accroissant le nombre de débiteurs obligés à la dette, le créancier voit ses chances d'obtenir l'exécution s'accroître corrélativement, peu importe de savoir dans quelle proportion les codébiteurs sont tenus de contribuer à son paiement.
Pour les codébiteurs, dès lors que l'un d'entre eux a payé l'intégralité de la dette au créancier, il subsiste entre eux le rapport de la contribution à la dette qui permettra de déterminer quelle charge pèsera *in fine* sur chacun d'entre eux. En effet, l'article 1317 du Code civil prévoit que celui qui a payé au-delà de sa part dispose d'une action en vertu de laquelle il peut demander aux autres codébiteurs de contribuer à la dette qu'il a payée à proportion de leur propre part. Le créancier reste étranger à cette question de contribution. Néanmoins, celui qui a payé ne bénéficie pas de la solidarité. Il doit donc diviser ses recours comme le prévoit l'alinéa 1er de ce même article.

[1163] A. HONTEBEYRIE, *Le fondement de l'obligation solidaire en droit privé*, Economica, 2004, préf. L. AYNÈS ; M. OURY-BRULÉ, *L'engagement du codébiteur solidaire non intéressé à la dette, Article 1216 du Code civil*, LGDJ, coll. Biblio. de dr. privé, tome 372, préf. C. FERRY ; J. VINCENT, « *L'extension en jurisprudence de la notion de solidarité passive* », RTD civ. 1939, p. 601 ; D. R. MARTIN, « *L'engagement de codébiteur solidaire adjoint* », RTD civ. 1994, p. 49 ; L. AYNÈS et A. HONTEBEYRIE, « *Pour une réforme du Code civil en matière d'obligation conjointe et d'obligation solidaire* », D. 2006, p. 2113.
[1164] G. CORNU (dir.), *Vocabulaire juridique*, *op. cit.*, V° « Contribution ».

689. Absence de présomption de solidarité – Le régime de la solidarité est un régime essentiellement conventionnel. L'article 1310 du Code civil pose le principe selon lequel la solidarité ne se présume pas. Elle ne peut résulter que de la loi[1165] ou de la volonté des parties. Ainsi, si la solidarité n'est pas expressément stipulée, la dette qui pèse sur les codébiteurs est considérée comme conjointe, c'est-à-dire divisible. Au contraire, en matière commerciale, la solution retenue est inverse. La solidarité est présumée en vertu des usages. Les commerçants professionnels sont considérés comme étant suffisamment avertis[1166]. Il s'agit toutefois d'une présomption simple.

690. Cette consolidation du rapport d'obligation offre une garantie au créancier d'obtenir l'exécution du contrat. Cette garantie n'offre toutefois pas de certitude au créancier quant au résultat, et surtout quant à la qualité de l'exécution. En conséquence, le droit privé comprend également des dispositions visant à garantir au créancier une certaine perfection de l'exécution.

B. Les garanties légales de bonne exécution

691. Garanties légales – Pour un certain nombre de contrats, le Code civil prévoit des garanties d'exécution incombant au débiteur, même en l'absence de stipulations prévues à cet effet. Ces droits qui se donnent pour objet la maîtrise du risque d'inexécution du contrat permettent avant tout d'en garantir la bonne exécution. Au terme de l'article 1625 du Code civil, les deux menaces qui sont principalement visées par ces garanties sont l'éviction et les défauts d'une chose ou d'un ouvrage.

692. Garantie contre l'éviction – La garantie d'éviction, même si elle peut également concerner l'échange[1167], est envisagée dans le Code civil au travers de la vente[1168] ou du bail[1169]. Cette garantie consiste pour le vendeur à protéger l'acheteur en lui assurant la possession ou la jouissance paisible de la chose, objet du contrat. Elle n'a pas besoin d'être expressément stipulée pour exister puisqu'il s'agit là d'une disposition d'ordre public. L'obligation

---

[1165] Par ex. présomption de solidarité entre époux pour les dettes ménagères à l'égard des tiers : article 220 du Code civil.

[1166] Cass. com., 15 novembre 2005, RTD civ. 2006, p. 316, obs. J. MESTRE et B. FAGES.

[1167] Article 1705 du Code civil : « *Le copermutant qui est évincé de la chose qu'il a reçu en échange a le choix de conclure à des dommages et intérêts, ou de répéter sa chose* ».

[1168] Articles 1626 à 1640 du Code civil ; C. HOCHART, *La garantie d'éviction dans la vente*, LGDJ, 1993, préf. J. GHESTIN.

[1169] Articles 1725 à 1727 du Code civil ; B. VIAL-PEDROTTI, « *Bail à Loyer* », Juris-Cl. 2001, fasc. 263 : Bail d'habitation – Locations régies par le droit commun du louage (Code civil) – Obligations du bailleur : garantie d'éviction, 2001.

de garantie traduit avant tout une obligation de ne pas faire : le vendeur ne peut compromettre la situation de l'acheteur. Il ne doit pas lui nuire ni en fait ni en droit. Le vendeur doit également garantir l'acheteur contre les troubles de droit[1170] que pourrait lui occasionner un tiers.

693. Cependant, la garantie d'éviction ne permet pas d'assurer une parfaite exécution. Elle n'assure que la jouissance paisible. La garantie d'éviction semble alors davantage s'apparenter à une résolution ou une résiliation mal définie. Me Paraiso abonde en ce sens, indiquant que « la mise en œuvre de cette garantie d'éviction ne permet pas au créancier de conserver la chose ou les droits qu'il possédait sur elle, mais revient à obtenir une diminution du prix[1171] ou sa restitution[1172], des dommages et intérêts[1173], voire des dommages et intérêts ajoutés à la restitution du prix[1174], la répétition de la chose échangée[1175] ou encore une indemnité pour les frais occasionnés[1176] »[1177].
Conséquemment, la garantie d'éviction répond non pas d'une exécution paisible, mais simplement d'une situation post-contractuelle sereine.

694. Garantie contre le défaut d'une chose ou d'un ouvrage – Dans le cadre d'un contrat de vente, le vendeur est soumis à l'obligation de délivrer la chose vendue[1178] et non une autre[1179]. À défaut, il engage sa responsabilité pour inexécution. La notion de conformité[1180] s'entend différemment pour les ventes relevant du Code civil et celles relevant du Code de la consommation.

695. Garantie de délivrance conforme en droit civil – En droit civil, la conformité est une qualité liée à la délivrance. La conformité de la chose

---

[1170] Pour les troubles de fait (vol, détournement de clientèle, troubles du voisinage, etc.), l'acheteur agit seul pour défendre ses intérêts, sans l'appui du vendeur.
[1171] Articles 1637 et 1726 du Code civil.
[1172] Articles 1630, 1° et 1631 du Code civil.
[1173] Article 1705 du Code civil.
[1174] Article 1630, 1° et 4° du Code civil.
[1175] Article 1705 du Code civil.
[1176] Articles 1630, 2°, 1634, 1635 et 1638 du Code civil
[1177] F. PARAISO, *Le risque d'inexécution de l'obligation contractuelle*, op. cit., p. 277.
[1178] Articles 1603 et 1604 du Code civil.
[1179] Article 1342-4 du Code civil, sauf accord du créancier.
[1180] Selon les articles 35-1 et 35-2 de la Convention de Vienne, la conformité s'apprécie au regard des prévisions du contrat, qui doit indiquer la quantité, la qualité et le types de marchandises vendues, mais aussi au regard des usages habituels auxquels servent les marchandises de même type ou de l'usage spécial dont l'acheteur aura spécialement informé le vendeur.

livrée doit correspondre tant sur un plan quantitatif que qualitatif[1181]. La non-conformité peut être constatée même en cas de très léger défaut d'ordre esthétique[1182] ou en cas de non-conformité aux normes administratives[1183]. Cette obligation de délivrance conforme ne se confond pas avec la garantie des vices cachés[1184]. En effet, la notion de vice « suppose l'existence d'un défaut de la chose, par ailleurs conforme à la commande. Dans la définition de la non-conformité, en revanche, la chose peut présenter toutes les qualités requises, être sans défaut et parfaitement apte à son usage. Elle est seulement différente de celle qui a été convenue »[1185].

696. Garantie légale de conformité en droit de la consommation – En droit de la consommation, l'approche est différente. La transposition de la directive du 25 mai 1999[1186] a fusionné l'obligation de délivrance conforme et la garantie des vices cachés dans les contrats conclus entre professionnels et consommateurs. Cette "garantie légale de conformité" reste cantonnée au droit de la consommation. Le législateur en retient, certes, une conception plus large, mais elle n'est applicable qu'aux ventes volontaires de biens

---

1181 V. not. : Cass. civ. 3ème, 3 janvier 1979, Bull. civ. III, n°3, RTD civ. 1979, p. 807, obs. G. CORNU (absence, dans l'appartement livrés, des placards prévus dans le contrat) ; Cass. civ. 1ère, 28 octobre 1980, Bull. civ. I, n°310, RTD civ. 1981, p. 647, obs. G. CORNU (livre numéroté portant un nombre différent de celui qui était prévu) ; Civ. 3ème, 10 mars 1981, Bull. civ. III, n°50, Rép. Déf. 1981, p. 1642, obs. H. SOULEAU, RD imm. 1981, p. 517, RTD civ. 1982, p. 154, obs. Ph. RÉMY (matériel de construction non conforme aux stipulations contractuelles) ; Cass. com. 19 décembre 2000, D. 2002, p. 1007, note G. PIGNARRE (non-conformité à la commande) ; Cass. civ. 3ème, 29 janvier 2003, Bull. civ. III, n°23, Rép. Déf. 2003, p. 844, obs. É. SAVAUX, RDC 2004/2, p. 340, note Ph. BRUN (vente d'un immeuble libre alors qu'il était loué) ; Cass. civ. 3ème, 6 octobre 2004, Bull. civ. III, n°167, RDC 2005/2, p. 350, note Ph. BRUN (immeuble livré sans compteurs électrique individuels).

1182 CA Versailles, 26 octobre 1990, D. 1991, somm. p. 166, obs. O. TOURNAFOND (livraison d'un meuble teinté légèrement différemment par rapport à la teinte en magasin).

1183 Cass. civ. 3ème, 17 janvier 1990, Bull. civ. III, n°26, D. 1991, somm. p. 166, obs. O. TOURNAFOND (lotissement).

1184 Lorsque le vice est apparent, le vendeur ne doit en principe aucune garantie : Cass. civ. 3ème, 3 janvier 1979, Bull. civ. III, n°3, RTD civ. 1979, p. 807, obs. G. CORNU (absence de placards jugée comme un défaut de conformité et non comme un vice apparent) ; Cass. Civ. 3ème, 21 février 1990, Bull. civ. III, n°58, D. 1990, p. 277, note Ph. DUBOIS ; Cass. civ. 1ère, 26 juin 2001, CCC 2001, n°156, comm. L. LEVENEUR.

1185 Fr. COLLART DUTILLEUL et Ph. DELEBECQUE, *Contrats civils et commerciaux*, Dalloz, coll. Précis, 8e éd., 2007, n°233, p. 214.

1186 Directive 1999/44/CE, du 25 mai 1999 sur certains aspects de la vente et des garanties des biens de consommation, transposée par l'ordonnance du 17 février 2005 aux articles L. 217-1 et s. du Code de la consommation.

meubles corporels[1187], fabriqués ou à produire. Par ailleurs, étant donné que le régime civiliste distinguant la conformité des vices cachés subsiste, le consommateur peut également renoncer à l'application du droit de la consommation au profit du droit commun[1188].

697. Garantie contre les vices cachés – La garantie contre les vices cachés est présente dans les contrats de bail ou de prêt à usage, mais c'est dans le contrat de vente qu'elle a surtout vocation à s'appliquer à l'égard des biens meubles ou immeubles[1189]. Puisant son origine dans la garantie romaine, l'article 1641 du Code civil dispose que « *le vendeur est tenu de la garantie à raison des défauts cachés de la chose vendue qui la rendent impropre à l'usage auquel on la destine, ou qui diminuerait tellement cet usage, que l'acheteur ne l'aurait pas acquise, ou n'en aurait donné qu'un moindre prix, s'il les avait connus* ». Cette disposition institue une obligation objective constituant un complément à l'obligation de délivrance et à l'obligation de renseignement.

698. La garantie contre les vices cachés est applicable alors même que le vendeur était de bonne foi. La mauvaise foi éventuelle du vendeur n'a pas d'incidence sur l'application de cette garantie, mais éventuellement sur le droit de l'acheteur à obtenir des dommages et intérêts.

699. La garantie est due lorsque la chose est atteinte d'un vice qui lui est inhérent, la rendant impropre à son usage. Le vice doit également exister au moment de la vente, mais ne pas s'être révélé à l'acheteur parce qu'il était caché. En effet, selon l'article 1642 du Code civil, le « *vendeur n'est pas tenu des vices apparents et dont l'acheteur a pu se convaincre lui-même* ». Lorsque les conditions de la garantie sont réunies, l'acheteur peut alors obtenir, à son choix, soit l'anéantissement du contrat, soit une diminution du prix.

700. Garantie de bonne exécution – Les garanties légales, contre l'éviction ou contre le défaut d'une chose ou d'un ouvrage, n'ont pas pour but d'encourager le débiteur à s'exécuter. Elles ont pour objectif de certifier une

---

[1187] Les ventes de gaz et d'eau sont comprises lorsqu'il s'agit de ventes conditionnées en quantité ou en volume déterminé (art. L. 217-1, al. 2 c. consom.). En revanche, la vente d'électricité est exclue (art. L. 217-2, al. 2 c. consom.), ainsi que les ventes faites par autorité de justice ou aux enchères publiques (art. L. 217-2, al. 1er c. consom.)

[1188] Article L. 217-13 du Code de la consommation.

[1189] Exclusion des ventes faites par autorité de justice (art. 1649 c. civ.), et des ventes d'animaux s'agissant des maladies contagieuses (art. L. 213-1 et s. c. rpm).

certaine efficacité dans l'exécution. Il s'agit d'une sorte de garantie de bonne exécution.
La garantie contre l'éviction vise à offrir une jouissance paisible au créancier du bien qu'il a acquis. Lorsqu'une personne conclut un contrat, il est tout à fait légitime qu'elle s'attende à ne pas être évincée. De même, la conformité s'entend de la contenance, de l'identité et de la qualité de la chose contractuellement convenue. L'acheteur veut acquérir ce pour quoi il a payé. La garantie de délivrance conforme doit lui permettre d'obtenir une pleine et entière satisfaction. Le vendeur est également tenu de garantir les vices "cachés" de la chose, objet du contrat, qui en empêcheraient l'usage ou l'affecteraient à un degré tel que l'acquéreur n'en aurait pas fait l'acquisition s'il en avait eu connaissance : « Ce n'est plus la possession paisible, mais le bon usage de la chose qui devient l'objet de la garantie »[1190].

701. Outre les garanties que le créancier peut constituer afin de s'assurer que le débiteur lui fournisse la prestation pour laquelle il a contracté et dont la qualité doit être conforme à ses attentes, il existe d'autres moyens d'inciter le débiteur à s'exécuter. Ces incitations à l'exécution peuvent être demandées plus ou moins intensément et parfois même, la contrainte peut directement émaner du débiteur, sans intervention du créancier.

SECTION II – L'INCITATION À L'EXÉCUTION VOLONTAIRE DU CONTRAT

702. Incitations plus ou moins intenses – Pour augmenter ses chances d'obtenir la réalisation de l'opération économique et ainsi consolider son droit à l'exécution, le créancier peut prier le débiteur – plus ou moins intensément – d'accomplir ses obligations.
Curieusement, il arrive parfois que la contrainte émane du débiteur lui-même. En son for intérieur, ce dernier décide de s'obliger envers un créancier. Ce mécanisme original était appelé à l'époque de Pothier, la contrainte du for intérieur (paragraphe I).
Par ailleurs, dès que le créancier constate que le débiteur n'a pas exécuté son rapport d'obligation, il peut l'exhorter à reprendre l'exécution (paragraphe II). Il s'agit de menaces préalables à toute action en justice. L'objectif étant dans ce cas d'obtenir l'exécution volontaire du contrat.

[1190] P.-H. ANTONMATTTEI et J. RAYNARD, *Droit civil, Contrats spéciaux*, Litec, coll. Manuel, 5e éd., 2007, n°200, p. 159

§1 – La contrainte du for intérieur

703. Contrainte sans fondement juridique – La contrainte du *for intérieur* est un moyen d'inciter une personne à s'exécuter. La particularité de cette méthode coercitive est qu'elle ne repose sur aucun fondement juridique. Il s'agit d'une contrainte motivée uniquement par une appréciation personnelle et subjective (A).
Pour autant, il existe des manifestations juridiques, parfaitement objectives de cette contrainte, que le débiteur s'impose à lui-même. Il s'agit notamment de la promesse de payer, autrement dit, une expression de volonté par laquelle une personne s'engage envers un créancier à exécuter les obligations à son bénéfice (B).

A. Le principe de la contrainte spontanée

704. Incitation à s'exécuter – L'exécution judiciairement forcée n'est pas la seule forme de contrainte qui peut peser sur le débiteur. En effet, ce dernier peut parfaitement procéder à une exécution volontaire sans qu'elle soit spontanée, mais sous le coup d'une certaine contrainte pour l'inciter à s'exécuter. Le créancier peut effectuer, à n'en pas douter, une certaine contrainte sur le débiteur à travers les menaces qu'il lui adresse en le sommant de payer promptement. Ces menaces, comme nous l'avons évoqué précédemment, sont dites « comminatoires ».
Mais, moins fréquemment, la contrainte peut tout aussi bien découler du *for intérieur*. Cette notion de *for intérieur*, présentée par le professeur Cayrol, correspond à la contrainte que le débiteur s'impose à lui-même[1191]. Se faisant son propre juge, le débiteur peut manifester sa volonté de s'engager envers un créancier afin d'exécuter les obligations à son profit. Il s'agit alors des promesses de payer.

705. For intérieur – Le mot *for* servait anciennement à désigner un tribunal. Le *for intérieur* renvoie à l'idée d'un tribunal, mais d'un genre particulier. Celui-ci serait enfoui aux tréfonds de la subjectivité individuelle. Le plus souvent, il est fait référence à un " tribunal intime de la conscience", où chaque individu porte un jugement personnel et subjectif sur ses propres actes, en fonction de critères qui eux aussi lui sont propres. Selon le professeur Chevalier, le for intérieur « implique que chacun dispose d'une

[1191] N. CAYROL, *Droit de l'exécution*, 2013, *op. cit.*, n°112 à 135, pp. 71 à 82.

zone d'autonomie, de libre arbitre, sur laquelle il règne en maître, et qui est soustraite au regard d'autrui »[1192].
Ainsi, en fonction de ce jugement de valeur, l'individu peut décider d'y conformer son attitude.

706. Comme en matière d'exécution d'une obligation naturelle, dès lors que la contrainte n'émane pas d'une personne extérieure, il est possible de considérer que cette forme d'exécution est spontanée. Le terme spontané renvoie à l'idée que la décision résulte de la seule volonté intérieure. Par opposition, l'exécution volontaire est effectuée sous une forme, plus ou moins intense, de contrainte. Que cette dernière découle de la force obligatoire de la convention ou des menaces émises par le créancier, sans aller jusqu'à une contrainte judiciaire, une force extérieure influence le comportement du débiteur. Lorsque la contrainte dépend de la seule conscience du débiteur, de son for intérieur, l'action est spontanée.

707. De la même manière qu'un individu exécute une obligation naturelle alors que juridiquement il n'y est pas tenu, une personne peut librement et spontanément s'engager auprès d'une autre, à lui payer quelque chose. Il s'agit des promesses de payer.

B. Les manifestations de la contrainte du for intérieur

708. Promesse de payer – La promesse de payer est un contrat par lequel le promettant jure au bénéficiaire qu'il conclura un contrat particulier. Lorsque la promesse porte sur le paiement d'une obligation, elle manifeste de la part de son auteur la volonté de payer une dette préexistante. Le débiteur d'une somme d'argent peut ainsi promettre de payer selon une certaine devise, par exemple en dollars ou en euros. En matière d'obligation de livrer une chose, le débiteur peut souscrire des obligations relatives aux modalités de livraison, comme la qualité du carton d'emballage, l'utilisation de papier bulle, etc.

709. Distinction avec la reconnaissance de dette – Les promesses de payer sont donc des actes juridiques. Dès lors, elles engagent leurs auteurs. Elles se distinguent des simples reconnaissances de dette, car elles n'ont pas pour objet une obligation : elles constituent le paiement de celle-ci. Elles donnent donc naissance elles-mêmes à des obligations secondaires relatives au paiement d'une obligation principale. Notons par exemple que dans un

---

[1192] J. CHEVALIER, « *For intérieur et contrainte institutionnelle* », in *Le for intérieur*, C. HAROCHE (dir.), PUF, 1995, p. 251.

contrat de prêt, l'obligation principale est la restitution. D'autres obligations peuvent être conclues et qui par conséquent, sont l'objet des promesses de payer tel que l'obligation de restitution à un endroit ou un jour précis.

710. Acte conventionnel – Le plus souvent, les promesses de payer sont des conventions. Mais il arrive qu'elles ne soient que de simples engagements unilatéraux de volonté, dans l'hypothèse particulière de la promesse de payer une obligation naturelle. Lorsqu'il s'agit d'un contrat de promesse de payer, le créancier doit l'accepter. En effet, comme pour tous contrats, le consentement des deux parties est exigé.

711. Promesse de payer la dette d'autrui – Le promettant peut s'engager à payer la dette d'autrui, comme c'est le cas notamment pour le cautionnement. Dans ce cas, l'existence de cette promesse renforce la contrainte qui pèse sur le débiteur et doit l'inciter à exécuter ses obligations à échéance. En effet, « la psychologie ordinaire d'un débiteur dont le paiement est garanti par un cautionnement n'est pas de se dire que, puisqu'un tiers s'est engagé à payer à sa place, il peut ne pas payer son créancier. C'est le contraire. Précisément parce qu'il veut éviter les ennuis à la caution, qui lui a fait confiance en promettant de payer ses dettes en cas de besoin, le débiteur fera des sacrifices auxquels il n'aurait peut-être pas consenti si ce tiers ne s'était pas engagé pour lui. Le regard d'autrui, et spécialement le regard des proches, est une puissante forme de contrainte »[1193].

712. Promesse de payer sa propre dette – Même si cette possibilité peut apparaître comme étrange ou illogique, le promettant peut aussi s'engager à payer sa propre dette. Il ne s'agit pourtant pas d'une redondance inutile. La promesse peut servir à fixer les modalités de l'exécution et ainsi augmenter les chances d'exécution de l'obligation principale. La promesse de payer sa propre dette est « utile dans l'un et l'autre for. En ce qui concerne le for intérieur, plus les obligations du débiteur sont multipliées, plus il y aurait d'infidélité de sa part de ne pas les acquitter, et par conséquent le droit qu'a le créancier d'en attendre l'exécution est d'autant plus fort. À l'égard du for extérieur, lorsque l'obligation [...] était naturelle [la promesse de payer ajoute une obligation civile et] lui donne une action en justice que ne lui donnait pas la première »[1194].

[1193] N. CAYROL, *Droit de l'exécution*, 2013, *op. cit.*, n°121, p. 75.

[1194] R.-J. POTHIER, *Traité des obligations, selon les règles tant du for de la conscience, que du for extérieur*, Paris, Debure éd., Orléans, J. Rouzeau-Montaut, 1765, p. 622.

713. Promesse de payer sa propre dette et la dette d'autrui – Enfin, il peut arriver que le promettant fasse la promesse de payer à la fois la dette d'autrui et sa propre dette, en souscrivant un engagement solidaire. Cette solidarité est importante pour le créancier, car il peut demander l'intégralité du paiement à chacun des débiteurs. Il s'agit donc d'un excellent moyen de contrainte. Celui qui a payé conserve toutefois un recours contre ses codébiteurs.[1195]

714. Conditions de validité – Pour être valable, la promesse de payer doit avoir une cause, c'est-à-dire qu'une dette doit exister, car cette dette principale est la cause objective de la promesse. À défaut, l'exécution d'une promesse sans cause s'analyse en un paiement indu[1196]. L'objet de la convention doit également être déterminé et conforme à l'ordre public. Le *quantum* de la promesse peut être différent de celui de l'obligation principale, mais ne vaudra que dans la mesure de la dette. Ainsi, si la promesse s'applique à une somme inférieure, l'exécution de la promesse peut ne porter que sur la somme y figurant, mais le débiteur reste tenu pour le tout. Si cette dernière porte sur une somme supérieure, le paiement de la somme n'est valable qu'à concurrence de ce qui était réellement dû. Le surplus est considéré soit comme un paiement indu, soit une donation.

715. Effets de la promesse – L'exécution de l'obligation principale ou des obligations accessoires issues de la promesse de payer, ont pour effet d'éteindre simultanément les deux obligations. Néanmoins, la promesse de payer une obligation préexistante n'entraîne pas sa novation, car l'obligation principale subsiste. La promesse de payer ne fait qu'ajouter des obligations accessoires relatives à l'exécution de l'obligation principale, devenant elle-même source d'obligations.

716. Dans le cas de la contrainte du for intérieur, le créancier ne joue aucun rôle quant à l'obtention de l'exécution de la prestation, si ce n'est en acceptant la promesse. En revanche, son action s'amplifie lorsqu'une inexécution se profile. Dès lors que le débiteur n'a pas agi conformément aux dispositions contractuelles, le créancier doit l'exhorter à s'exécuter. Il s'agit, dans ce cas, de mesures préalables à toute exécution judiciairement forcée.

[1195] V. n°688. Contribution à la dette.
[1196] Cass. com., 2 mai 1985, JCP 1985, IV, p. 244.

§2 – L'exhortation à l'exécution après un commencement d'inexécution

717. Lorsque le créancier constate que le débiteur du rapport d'obligation ne s'est pas exécuté, avant de déclencher une procédure en justice, il peut décider d'offrir au débiteur une "dernière chance" d'accomplir ses obligations. Le lien contractuel n'est pas encore rompu. L'exécution est simplement suspendue. Le créancier a donc la possibilité d'encourager l'exécution par le biais d'une mise en demeure du débiteur (A). Il peut également suspendre l'exécution de ses propres obligations pour inciter le débiteur à accomplir les siennes. Le créancier soulève, dans ce cas, l'exception d'inexécution (B).
Si les menaces du créancier font efficaces, le débiteur s'exécute et le créancier obtient ainsi satisfaction. Dans le cas contraire, le créancier décide s'il préfère poursuivre l'exécution en justice ou mettre fin au contrat.

A. La mise en demeure encourageant l'exécution

718. Notion de mise en demeure – La mise en demeure est une mesure comminatoire unilatérale visant à obtenir l'exécution volontaire de la part du débiteur. Il s'agit d'une interpellation sous forme de sommation, d'une missive ou tout acte équivalent, au terme de laquelle le créancier notifie à son débiteur sa volonté de recouvrer sa créance[1197]. C'est une mesure comminatoire, car toute mise en demeure porte une prescription de donner, de faire ou de ne pas faire quelque chose.
L'article 1344 du Code civil dispose d'ailleurs que : « *Le débiteur est mis en demeure de payer soit par une sommation ou un acte portant interpellation suffisante , soit, si le contrat le prévoit, par la seule exigibilité de l'obligation* ».
Toute mise en demeure intime donc un ordre à son destinataire, impliquant en cas de manquement une menace de sanction. Il s'agit de la menace « d'une action en justice et la mise en œuvre des voies de droit »[1198]. Mais cette sanction, dont la menace pèse sur le destinataire, est incertaine. En effet, ni la sanction ni le contentieux annoncé ne sont certains d'arriver. C'est en ce sens qu'il s'agit d'une mesure comminatoire.

719. Ambiguïté de l'acte – La mise en demeure souffre de son ambiguïté, car « nul ne peut dire exactement si elle est un simple avertissement des sanctions encourues en cas de manquement, ou si elle est déjà le premier pas

---

[1197] G. CORNU (dir.), *Vocabulaire Juridique*, *op. cit.*, V° « Demeure » (*mise en).
[1198] G. CORNU (dir.), *Vocabulaire Juridique*, *op. cit.*, V° « Comminatoire ».

de l'exécution forcée »[1199]. Cet acte pourrait n'être qu'une constatation formelle du retard dans l'exécution, c'est-à-dire du défaut du débiteur. Néanmoins, pour être considérée comme le premier pas de l'exécution forcée, la mise en demeure ne doit pas être suivie d'effet. Or, au stade de la mise en demeure, les sanctions annoncées ne sont qu'éventuelles.
Si le débiteur s'exécute, le contentieux peut ne jamais s'ouvrir. Ce n'est que lorsque le contentieux est avéré qu'une analyse *a posteriori* nous permet de déterminer qu'il y avait eu mise en demeure, établissant cet acte comme un préambule de la procédure judiciaire en exécution forcée.
Si la mise en demeure est une condition essentielle du constat de l'inexécution, elle n'est en général pas une condition de déclenchement des remèdes. Puisque seul le constat de l'inexécution déclenche le droit à réparation[1200], la mise en demeure ne conditionne pas l'obtention de dommages et intérêts compensatoires, mais fait courir le délai permettant d'obtenir des dommages et intérêts moratoires, c'est-à-dire ceux liés au retard d'exécution[1201].

720. Ultimatum afin d'obtenir l'exécution – Il n'existe aucune formule générale exigeant la mise en demeure. Toutefois, celle-ci est en principe requise, quelle que soit la nature de l'obligation, comme préalable aux sanctions. Cette suggestion semble logique, car si l'exécution doit être demandée par le créancier, le débiteur doit avoir la possibilité de s'y prêter volontairement, surtout lorsqu'il s'agit de demander l'exécution d'une obligation dépourvue de terme. Antérieurement, il existait des hypothèses où la mise en demeure n'était pas exigée. Tel était le cas en présence d'une obligation de ne pas faire dont la seule inexécution valait contravention[1202]. En effet, si le débiteur avait accompli ce qui lui était justement interdit, comme se livrer à des actes de concurrence malgré une clause de non-concurrence, toute mise en demeure était inutile. Il en était de même si le débiteur avait laissé passer le délai d'exécution impartie, en cas d'inexécution définitive ou lorsque les parties avaient conventionnellement convenu une dispense de mise en demeure. Cependant, le nouvel article 1231 a repris la première proposition de l'ancien article 1146 qui subordonnait l'octroi de dommages et intérêts à une mise en demeure à moins « *que l'inexécution soit définitive* ».

[1199] N. CAYROL, *Droit de l'exécution*, 2013, *op. cit.*, n°147, p. 88.
[1200] Cass. ch. mixte, 6 juillet 2007, Bull. ch. mixte n°9, D. 2007, p. 2642, note G. VINEY.
[1201] Article 1344 du Code civil.
[1202] Ancien article 1145 du Code civil. V. égal. Cass. civ., 2 mars 1875, S. 1875, 1, p. 292 ; Cass. civ. 3ème, 25 octobre 1968, JCP-G 1969, II, p. 16063, note R. PRIEUR ; Cass. civ. 3ème, 22 mai 1969, JCP-G 1969, II, p. 16141, RTD civ. 1970, p. 187, obs. G. DURRY.

La suppression de l'ancien article 1145 est heureuse puisqu'en définitive, la violation d'une obligation de ne pas faire équivaut à une inexécution, par hypothèse, définitive. La référence aux obligations de donner ou de faire, qui ne pouvaient être exécutées dans un certain délai, n'est pas non plus reprise dans l'ordonnance de réforme. Là encore, l'inexécution ne saurait être autrement que définitive.

721. Comme son nom l'indique, la mise en demeure a pour effet de mettre le débiteur en demeure. Cela signifie concrètement qu'il ne trouvera aucun avantage à persister dans son absence d'exécution. Ainsi, du point de vue du droit civil, si « l'interpellation a pour objet le paiement d'une somme d'argent, l'acte servira de point de départ au calcul des intérêts moratoires si le débiteur refuse de payer et qu'un procès s'ensuit. Si l'interpellation a pour objet une chose à livrer, la demeure du destinataire emportera transfert des risques de cette chose à sa charge. Enfin, si la chose objet de la mise en demeure est frugifère, le destinataire en demeure deviendra comptable des fruits »[1203]. D'un point de vue procédural, la mise en demeure n'emporte que peu de conséquences si ce n'est qu'elle n'interrompt pas la prescription[1204].

722. L'acte de mise en demeure présente un précieux intérêt dans le cadre de la procédure d'exécution forcée. Néanmoins, elle sert avant tout de moyen de pression de la part du créancier sur le débiteur afin d'obtenir l'exécution du contrat conclu.
Pour faire pression sur un débiteur qui n'a pas accompli ses obligations, le créancier peut également lui opposer l'exception d'inexécution.

B. L'exception d'inexécution

723. *Exceptio non adimpleti contractus*[1205] – L'exception d'inexécution consiste en la reconnaissance, pour chacune des parties, du droit de ne pas exécuter ses propres obligations lorsque l'autre partie ne les a pas elle-même exécutées.
En plus d'être un moyen de sauvegarder ses intérêts, cette exception apparaît comme une mesure comminatoire, car il s'agit de faire pression sur son

---

1203 N. CAYROL, *Droit de l'exécution*, 2013, *op. cit.*, n°164, p. 93.
1204 Sauf exception comme c'est le cas en matière d'assurances : article L. 114-2 du Code des assurances : « *La prescription est interrompue par une des causes ordinaires d'interruption de la prescription et par la désignation d'experts à la suite d'un sinistre. L'interruption de la prescription de l'action peut, en outre, résulter de l'envoi d'une lettre recommandée avec accusé de réception adressée par l'assureur à l'assuré en ce qui concerne l'action en paiement de la prime et par l'assuré à l'assureur en ce qui concerne le règlement de l'indemnité* ».
1205 L'exception tirée du contrat non exécuté.

cocontractant. Par exemple, un acheteur peut refuser de payer le solde du prix tant que le vendeur n'a pas procédé à la livraison. Cette mesure suppose que les obligations n'aient pas été entièrement exécutées par l'une des parties. En effet, l'exception d'inexécution a pour effet de suspendre l'exécution sans mettre fin au rapport contractuel.

724. Encadrement juridique – Il n'existait pas, avant la réforme de 2016, de droit commun de l'exception d'inexécution. Elle n'était envisagée dans le Code civil qu'au travers de dispositions spéciales. Elle était ainsi prévue pour le contrat de vente au profit du vendeur[1206], mais également au profit de l'acheteur[1207]. Elle était également prise en compte dans le contrat d'échange[1208] ou le contrat de dépôt[1209]. La jurisprudence, quant à elle, admettait plus largement qu'elle puisse s'appliquer à tous les contrats synallagmatiques[1210], voire même dans un ensemble contractuel[1211]. Il s'agissait d'une situation de fait, mais à laquelle le droit reconnaissait des effets. La réforme du droit des contrats de 2016 a permis de combler cette lacune prévoyant un encadrement de l'exception d'inexécution aux articles 1219 et 1220 du Code civil.

725. Inexécution d'une obligation contractuelle – Pour entrer en jeu, l'exception d'inexécution suppose que l'inexécution porte sur une obligation de nature contractuelle[1212]. Pour l'invoquer, il est nécessaire que l'obligation inexécutée soit exécutoire et que l'inexécution soit suffisamment grave[1213] afin de justifier que la mesure n'apparaisse pas comme étant disproportionnée[1214]. En revanche, l'exception d'inexécution peut être invoquée quelle que soit la raison de l'inexécution. Il peut s'agir de la faute du débiteur ou même de l'existence d'un cas de force majeure. Le Code civil reconnaît désormais également une sorte d'exception d'inexécution par anticipation. En effet, l'article 1220 de ce Code permet de suspendre l'exécution de son obligation « *lorsqu'il est manifeste que son cocontractant ne s'exécutera pas à l'échéance* » et sous la même réserve d'une inexécution suffisamment grave. Cette décision de suspendre l'exécution devra être notifiée au cocontractant.

[1206] Article 1612 du Code civil.
[1207] Article 1653 du Code civil.
[1208] Article 1704 du Code civil.
[1209] Article 1948 du Code civil.
[1210] Cass. soc., 31 mai 1956, Bull. civ. IV, n°503.
[1211] Cass. com., 12 juillet 2005, RTD civ. 2006, p. 307, obs. J. MESTRE et B. FAGES.
[1212] Rejet dans une convention de nature règlementaire passée entre un médecin et une caisse d'assurance-maladie : Cass. civ. 2ème, 19 janvier 2006, Bull. civ. II, n°24.
[1213] Cass. com., 16 juillet 1980, Bull. civ. IV, n°297.
[1214] Cass. civ. 1ère, 18 juillet 1995, Bull. civ. I, n°322.

726. Mise en œuvre – Sa mise en œuvre ne nécessite pas de recours au juge ni de mise en demeure, même si cela n'est pas exclu. Aucune condition de forme n'est exigée. Pour assurer son efficacité, il convient tout de même d'informer le débiteur de l'obligation inexécutée de la suspension de sa propre exécution. Sans cela, le caractère incitatif du mécanisme serait inopérant.

727. Synthèse – Pour encourager l'exécution volontaire du contrat, le créancier peut recourir à divers mécanismes visant soit à garantir, soit à renforcer l'exécution. Ces mesures agissent comme des menaces pesant sur le débiteur. Ce dernier peut également se motiver lui-même, en son for intérieur, afin d'offrir au créancier la prestation qu'il attend. De plus, lorsque l'inexécution a été amorcée, le créancier peut enjoindre le débiteur à s'exécuter sous peine de recourir aux voies judiciaires et donc, forcer l'exécution.

Ces différents dispositifs, qu'ils soient contractuels ou non, ont pour objectif d'obtenir l'exécution volontaire du contrat. Il s'agit du mode normal d'exécution du contrat. Néanmoins, lorsque les menaces et les garanties n'ont pas suffi, et que l'exécution se trouve contrariée, le créancier n'est pas pour autant démuni de moyens d'action. Il doit recourir à une autre forme d'exécution pour obtenir satisfaction

TITRE II

L'EXÉCUTION CONTRARIÉE

728. Incidents liés à l'exécution – Le contrat instantané repose sur une exécution immédiate : les prestations sont exécutées en un trait de temps. À l'inverse, certains rapports juridiques d'obligations peuvent s'inscrire dans le temps, déterminé ou non, et ainsi nécessiter une exécution échelonnée ou continue. Dès lors, le contrat apparaît comme un pari sur l'avenir. Par définition, le contrat à exécution successive ne développe pas ses effets dans un monde clos, mais subit les influences de la vie économique et sociale[1215]. Entre le moment de la conclusion du contrat et son exécution, une multitude d'évènements peut effectivement intervenir, faisant alors obstacle à l'exécution du contrat. Il peut s'agir d'un changement dans les circonstances économiques ou tout simplement d'une diminution de la motivation du débiteur. Peu importe les motifs, ces incidents affectent l'exécution du contrat.

729. Distinction inexécution et défaillance contractuelle – Le seul fait pour le débiteur de ne pas exécuter son obligation caractérise un dommage. Le manquement du débiteur constitue la cause du préjudice subi par le créancier ; le dommage se déduit de la seule inexécution par le débiteur de son obligation.
Plus largement, l'inexécution de toute obligation, quelle que soit sa nature, doit être sanctionnée dans la mesure où elle crée un dommage susceptible de réparation. Cette sanction de l'inexécution réside dans l'engagement de la responsabilité du débiteur. Le dommage est donc la condition de mise en

---

[1215] J.-M. MOUSSERON, « *La gestion des risques par le contrat* », RTD civ. 1988, p. 481, spéc. p. 484 : « L'exécution du contrat va donc apporter heureuses surprises et amères déceptions. Par "risque", nous entendons, alors considérée en état d'éventualité au jour de la conclusion du contrat, toute déviation par rapport à la ligne tracée, au projet initial social, économique ou financier dont les parties avaient initialement convenues ».

œuvre de la responsabilité découlant d'une inexécution. Le dommage donne également naissance à une obligation de réparation[1216].
Dans le cas de l'inexécution, si celle-ci est due à la survenance d'une cause étrangère, la sanction ne peut pas être prononcée. L'absence de sanction se justifie également si les parties ont prévu une clause l'excluant.

730. Néanmoins, avant toute sanction, le créancier peut user de son pouvoir de contrainte afin d'obtenir de manière forcée l'exécution de la prestation due. Ici, l'absence d'exécution de la part du débiteur s'entend d'une défaillance qu'il convient de pallier au moyen du recours à la puissance publique. L'inexécution, quant à elle, est une notion qui renvoie plus volontiers à la nécessité d'une sanction par le biais des mécanismes de responsabilité.

731. Remèdes à la disposition du créancier – Face à l'exécution contrariée, le créancier ne se trouve pas désarmé. Le Code civil prévoit un certain nombre de remèdes mis à la disposition du créancier pour pallier la défaillance contractuelle. Empruntée aux droits des pays de *common law*, la notion de remèdes semble plus adaptée en matière de manquement du débiteur à ses obligations. En effet, le remède désigne « l'ensemble des conséquences de l'inexécution envisagées du point de vue du créancier lésé »[1217]. En d'autres termes, les remèdes englobent l'ensemble des moyens tendant à assurer la satisfaction du créancier en cas de refus d'exécution ou d'exécution défectueuse du contrat. Ce terme ne fait cependant pas encore partie du langage conceptuel français.

732. Contrainte – La contrainte est « un pouvoir reconnu au titulaire d'un droit afin de le faire respecter »[1218]. Au sens juridique du terme, la contrainte conduit à obtenir l'exécution de la prestation contrairement à la volonté du débiteur. Ainsi, « une société quelconque [...] doit assurer l'exécution de toute prestation à son échéance. Si le débiteur ne veut pas procéder à l'exécution, la société devra agir pour qu'il acquitte sa prestation malgré lui. [...] Point d'obligation sans contrainte »[1219]. La contrainte s'envisage alors comme un droit à l'exécution au profit du créancier. Ce dernier n'est toutefois pas obligé de poursuivre l'exécution de l'obligation. Il en a la possibilité, mais non l'obligation.

[1216] W. YUNG, « *Devoirs généraux et obligations* », in *Festgabe* (Mélanges) *für Wilhelm Schönenberger*, Freibourg, 1968, p. 163.
[1217] S. LE GAC-PECH, « *Vers un droit des remèdes* », PA 2007, p. 7.
[1218] G. CORNU (dir.), *Vocabulaire juridique*, *op. cit.*, V° « Contrainte ».
[1219] N. M. K. GOMAA, *Théorie des sources des obligations*, *op. cit.*, p. 246.

La contrainte est donc une notion qui s'apprécie du point de vue du créancier puisque c'est par elle qu'il cherche à obtenir satisfaction.

733. Efficacité – Au-delà de la contrainte, les juges et législateurs font face à de nombreux dilemmes en matière de sanction de l'inexécution des contrats. Ainsi, plus qu'elle ne propose des solutions, l'analyse économique du droit conduit surtout à souligner l'existence de remèdes alternatifs.
Envisager la contrainte dans l'exécution ou même l'engagement de la responsabilité du débiteur, consiste à ne voir qu'une facette d'une même pièce. En effet, le débiteur est bien souvent négligé dans l'appréciation de l'inexécution. Or, en se plaçant de son côté, il est possible d'envisager l'inexécution même du contrat comme une autre sortie possible d'un contrat qui ne serait plus efficace. Dans les relations, surtout entre opérateurs économiques, le droit devrait favoriser le principe d'une indemnisation permettant aux parties de s'adapter aux aléas de la vie économique[1220].

734. Ainsi, pour faire face à une exécution contrariée, il est possible d'envisager le recours à la contrainte pour forcer l'exécution (chapitre I). La recherche d'efficacité permet également d'envisager l'inexécution comme un moyen d'adaptation aux obstacles s'interposant dans l'exécution d'un contrat (chapitre II).

[1220] É. BROUSSEAU, « *La sanction adéquate en matière contractuelle : une analyse économique* », art. préc.

CHAPITRE I

L'EXÉCUTION CONTRAINTE

735. Forcer l'exécution par la contrainte judiciaire – L'alinéa 1er de l'article 1 de la loi du 9 juillet 1991 portant réforme des voies d'exécution dispose que « *tout créancier peut, dans les conditions prévues par la loi, contraindre son débiteur défaillant à exécuter ses obligations à son égard* »[1221]. Il en ressort pour le créancier un droit à l'exécution de la prestation due. Cette exécution, lorsqu'elle n'est pas volontaire, est régie par les règles qui forment le droit de l'exécution.

736. Notion de contrainte – La doctrine présente souvent la contrainte comme étant indissociable de la notion de sanction[1222]. Cependant, cette conception est inadéquate à son application en matière contractuelle. La contrainte sert avant tout à obliger le débiteur à s'exécuter, reprenant ainsi l'idée d'exécution. La sanction, quant à elle, interviendrait seulement en cas d'échec de la contrainte. Effectivement, si la pression exercée sur le débiteur n'a pas été suffisamment efficace pour obtenir de lui l'exécution de ses obligations, entraînant une inexécution du rapport d'obligation, le débiteur se voit sanctionné par l'engagement de sa responsabilité. Dans cette étude, nous envisageons la condamnation au paiement de dommages et intérêts en réparation du préjudice subi en raison de l'inexécution comme correspondant à la notion de sanction véhiculée par le droit positif. La contrainte, quant à elle, s'apparente davantage à la prérogative juridique accordée au créancier d'exiger l'exécution de l'obligation.

737. Mise en œuvre de la contrainte – Lié par un rapport d'obligation, le débiteur est tenu de l'exécuter. Néanmoins, tel n'est pas toujours le cas. Peu

---

[1221] Loi n° 91-650 du 9 juillet 1991 portant réforme des procédures civiles d'exécution

[1222] C.-A. MORAND, « *La sanction* », APD 1990, p. 293, spéc. p. 312 ; J. DABIN, *La philosophe de l'ordre juridique positif spécialement dans les rapports de droit privé*, Sirey, 1929, spéc. n°15, p. 55 ; Fr. GÉNY, *Science et Technique en droit privé positif*, tome 1, Sirey, 2e éd., 1922 ; P. ROUBIER, *Théorie générale du droit : histoire des doctrines juridiques et philosophie des valeurs sociales*, Sirey, 1946, p. 25.

importe les motifs de l'absence d'exécution de la part du débiteur, sa défaillance est à l'origine du pouvoir de contrainte du créancier (section I). Ce dernier, afin d'obtenir satisfaction, peut user de ce pouvoir en demandant l'exécution forcée de la prestation attendue. La réforme du droit des contrats a apporté de nombreuses modifications à cette thématique. Aussi, il est important d'analyser le dispositif d'avant réforme (section II) afin de comprendre les conséquences du nouveau régime de l'exécution forcée (section III).
En conséquence, le « prononcé d'une mesure de contrainte ne remplace pas l'exécution, mais vise précisément à l'obtenir »[1223].

SECTION I – LE DÉCLENCHEMENT DU RECOURS À LA CONTRAINTE

738. Aux côtés du droit à l'exécution se situe le droit de l'exécution. En effet, le contrat étant avant tout un pari sur l'avenir, il peut arriver que des incidents surviennent au cours de l'exécution. Pour pallier ces accidents de parcours, le droit commun reconnaît la possibilité du créancier de recourir à la puissance publique. Mais le recours à la contrainte pour obtenir l'exécution est soumis à des règles très strictes. L'exécution forcée suppose tout d'abord que l'absence d'exécution soit imputable au débiteur (paragraphe I). Ensuite, cette procédure exige que le créancier ait effectivement opté pour la poursuite du lien contractuel (paragraphe II).

§1 – L'absence d'exécution du rapport d'obligation par le débiteur

739. Le créancier et le débiteur ont, tous deux, un rôle actif dans l'exécution du contrat. Il arrive que le créancier oppose à son partenaire contractuel un refus d'exécution, par exemple en rejetant la réception du paiement. Dans cette hypothèse, l'absence d'exécution n'est pas imputable au débiteur. Ce dernier doit alors, sous certaines conditions, recourir à des procédures spéciales. Parmi ces dernières, figure celle de l'offre réelle qui permet de passer outre la réticence du créancier.
Cependant, le plus souvent, l'absence d'exécution est à l'initiative du débiteur. Il n'exécute pas la prestation due. Pour pouvoir recourir à la contrainte publique, le créancier doit constater la défaillance du débiteur (A),

---

[1223] A.-S. DUPRÉ-DALLEMAGNE, *La force contraignante du rapport d'obligation, (Recherche sur la notion d'obligation)*, *op. cit.*, n°164, p. 147.

ainsi que son refus d'exécuter la prestation à laquelle il s'est contractuellement engagé (B).

A. Le constat de la défaillance du débiteur

740. Notion de défaillance contractuelle - De manière générale, en cas d'inexécution, la doctrine majoritaire ainsi que la jurisprudence mettent en avant la "faute contractuelle"[1224] du débiteur. Il est vrai qu'en matière délictuelle, une faute se définit comme le manquement à une obligation. Pourtant, l'article 1231-1 du Code civil n'utilise pas ce terme. D'ailleurs, parler de faute contractuelle revient à retenir une conception subjective de l'inexécution. En adoptant une conception plus objective, il est possible de considérer que lorsqu'une partie n'exécute pas son obligation contractuelle, hors cas de force majeure, il s'agit davantage d'une « défaillance contractuelle »[1225]. Cette dernière s'analyse alors comme la différence entre le résultat positif attendu lors de la conclusion du contrat et le résultat négatif obtenu.
C'est cette défaillance qui est à l'origine du recours du créancier à une exécution contrainte des obligations. En effet, le recours à la contrainte par le créancier pour obtenir satisfaction doit avant tout être possible. Cela signifie que la défaillance n'est que temporaire. Lorsque cette dernière est définitive, seules des mesures de réparation peuvent être envisagées.
La défaillance contractuelle peut n'être que partielle. Dans ce cas, il est possible de parler de "mauvaise exécution" alors que si elle est totale, elle s'apparente davantage à une "non-exécution".

741. Illustrations de défaillance contractuelle – Lorsque l'exécution du contrat échoue, il arrive fréquemment que le comportement de l'un des cocontractants en soit à l'origine. Ce revers est principalement dû au manquement du débiteur à ses obligations. C'est donc le comportement[1226] de l'une des parties qui est à l'origine de la défaillance contractuelle.

[1224] D. TALLON, « *Pourquoi parler de faute contractuelle ?* », in *Mélange G. CORNU*, 1994, p. 429.
[1225] Voir sur cette notion de défaillance, Ph. LE TOURNEAU, *Droit de la responsabilité et des contrats*, Dalloz action, 6e éd., 2006 ; M. FAURE ABBAD, *Le fait générateur de la responsabilité contractuelle – Contribution à la théorie de l'inexécution du contrat, op. cit.* ; S. LE GAC-PECH (dir.), *La défaillance contractuelle, Quels remèdes ?*, larcier éd., coll. Contrats et patrim., tome 11, 2010.
[1226] V. notamment, B. FAGES, *Le comportement du contractant, op. cit.*

742. Intensité des obligations – Lors de la conclusion du contrat, le débiteur s'engage à procurer au créancier un résultat précis ou seulement à employer les moyens adéquats pour y parvenir.
C'est sur cette distinction que repose la scission entre les obligations de moyens ou de résultats. Déterminer l'intensité de l'obligation est important puisque la qualité de l'exécution dépend de la qualité du résultat attendu.
Dans le cas d'une obligation de résultat, il suffit au créancier déçu de prouver que le résultat n'a pas été atteint, alors que pour une obligation de moyen il faut prouver que les moyens nécessaires n'ont pas été fournis.

743. Obligations de moyens – Lorsque le débiteur est contractuellement tenu à une obligation de moyen, il doit déployer toutes les diligences nécessaires pour parvenir au résultat escompté. En matière d'obligation de délivrance, par exemple, le Code civil requiert d'ailleurs de la part du débiteur « *tous les soins d'une personne raisonnable* »[1227] dans la conservation de la chose. Le débiteur est incité à agir comme un homme soigneux, avisé et diligent. La défaillance résulte de l'absence de mise en œuvre de tous les moyens nécessaires.
L'article 26 de la loi n° 2014-873 du 4 août 2014 pour l'égalité réelle entre les femmes et les hommes a abandonné la notion d'usage du « *bon père de famille* » au profit de celle d'usage « *raisonnable* ». Ce changement de vocabulaire est toutefois sans incidence sur les diligences imposées au débiteur dans l'accomplissement de ses obligations de moyens. La notion de bon père de famille était déjà interprétée par la jurisprudence dans le sens de l'adoption d'un comportement raisonnable de la part du débiteur.

744. Large panel d'intensité des obligations – Aux côtés de l'obligation de moyens ordinaire se trouve l'obligation de moyens renforcée. Dans ce cas, le débiteur est tenu de mettre en œuvre, non seulement tous les moyens nécessaires, mais également des moyens plus ou moins strictement définis par une réglementation étatique ou professionnelle. Cette obligation se rapproche de l'obligation de résultat atténuée, la différence se situant au niveau de la charge de la preuve. L'obligation de résultat, comme nous l'avons précédemment indiqué, est considérée comme inexécutée dès lors que le résultat n'a pas été atteint. Puis, il y a l'obligation de résultat

---

[1227] Ancien article 1137 du Code civil : « *L'obligation de veiller à la conservation de la chose, soit que la convention n'ait pour objet que l'utilité de l'une des parties, soit qu'elle ait pour objet leur utilité commune, soumet celui qui en est chargé à y apporter tous les soins d'un bon père de famille. Cette obligation est plus ou moins étendue relativement à certains contrats, dont les effets, à cet égard, sont expliqués sous les titres qui les concernent* ». – V. également, S. SEYRAT, *Le bon père de famille*, Th. Paris 2, 1985. V. nouvel article 1197 du Code civil.

renforcée à laquelle le débiteur ne peut invoquer que quelques causes étrangères bien définies pour s'en exonérer. Et enfin, l'obligation de garantie qui ne connaît aucune cause d'exonération puisque le débiteur a garanti le résultat. Encore une fois, déterminer l'intensité des obligations permet de confronter le résultat attendu et le résultat obtenu, ceci afin de déterminer l'étendue de la défaillance contractuelle.

745. Gravité de l'inexécution – Comme le souligne le professeur Fages dans sa thèse, l'« intérêt de la distinction, on le sait, touche essentiellement à la preuve de l'inexécution. Lorsque le débiteur est tenu d'une obligation de résultat, sa responsabilité, précisément, se déduit de l'absence de résultat ; selon l'expression consacrée, mais techniquement inexacte, sa faute est présumée. En revanche, il est indispensable, pour engager la responsabilité du débiteur tenu d'une obligation de moyens, de se livrer à l'appréciation critique de son comportement afin d'établir s'il a commis une faute »[1228]. La gravité de l'inexécution, qui varie de la faute ordinaire à la faute inexcusable, permet de déterminer l'étendue de la responsabilité du débiteur. En revanche, la faute ou l'absence de faute du débiteur n'a aucune incidence sur l'action en exécution forcée. Ce qui compte, c'est que le rapport d'obligation n'ait pas été exécuté. En effet, établir l'intensité de l'inexécution, sert avant tout à déterminer la faute du débiteur dans le cadre de l'engagement de sa responsabilité. En matière de défaillance contractuelle, le seul constat de l'absence de résultat justifie le recours à la puissance publique pour forcer l'exécution.

746. Distinction : manquement et responsabilité – Dès lors que le débiteur n'a pas exécuté ses obligations conformément aux stipulations contractuelles, le créancier peut demander l'exécution forcée. Pour recourir à la puissance publique, le créancier n'a pas à démontrer la faute du débiteur ni même son préjudice.

Cependant, le créancier peut solliciter, outre l'exécution forcée du contrat, des dommages et intérêts ayant pour objet de réparer le préjudice subi du fait de l'inexécution. Dans ce cas, il engage la responsabilité du débiteur. C'est à ce stade que la gravité de l'inexécution peut être appréciée afin de déterminer l'étendue de sa responsabilité ainsi que les éventuelles causes d'exonération.

Même si la frontière avec la responsabilité est mince, en matière d'exécution contrainte, ce qui compte avant tout c'est le refus d'exécution émanant du débiteur.

[1228] B. FAGES, *Le comportement du contractant*, *op. cit.*, n°211, p. 123.

B. Le refus d'exécution par le débiteur

747. Existence d'une créance certaine, liquide et exigible – Pour considérer que le débiteur refuse de s'exécuter, il est nécessaire de constater l'existence d'une créance.

748. Exigibilité de la créance – Celle-ci doit être exigible, c'est-à-dire que son paiement doit pouvoir être aussitôt réclamé. L'exigibilité de la créance suppose qu'elle ne soit pas assortie d'un terme suspensif non échu. En effet, ce terme détermine à partir de quel moment le créancier peut exiger le paiement. La créance doit donc être exigible, ce qui « implique que le moment initialement prévu pour l'exécution est survenu »[1229] ; en d'autres termes, que « la créance est parée des attributs juridiquement nécessaires pour être mise en exécution »[1230].
À défaut, aucun refus d'exécution ne peut être constaté, car le débiteur n'était pas encore tenu d'exécuter le rapport d'obligation.

749. Anticipation du manquement contractuel – En amont de tout manquement contractuel éventuel, le comportement du débiteur peut apparaître comme une manifestation de sa volonté de ne pas exécuter ses engagements. La jurisprudence a déjà pu apprécier qu'un certain comportement antérieur à la date d'exécution soit interprété comme une marque de l'intention du contractant de se soustraire à ses obligations, rendant ainsi la créance exigible[1231].

750. Liquidité de la créance – La créance doit également être liquide. Le critère de liquidité suppose une créance « déterminée avec certitude dans son montant »[1232]. Cette condition ne concerne que les créances de somme d'argent dont le montant doit être chiffré pour être exécuté.

751. Exigence de l'obtention d'un titre exécutoire constatant la créance liquide et exigible – Quelle que soit la nature de l'obligation, le créancier ne peut entreprendre aucune mesure d'exécution forcée s'il ne dispose pas d'un titre exécutoire. Il s'agit d'une condition indispensable. Ce titre exécutoire doit préciser la nature de la créance ainsi que son montant, mais contenir également la « formule exécutoire » qui autorise le recours à la force

---

[1229] J. FLOUR, J.-L. AUBERT, Y. FLOUR et É. SAVAUX, *Droit civil, Les obligations, tome 3 : Le rapport d'obligation*, *op. cit.*, 2011, n°153, p. 93.
[1230] J. C. BOULAY, « *Réflexion sur la notion d'exigibilité de la créance* », RTD com. 1990, p. 339, spéc. n°96, p. 369.
[1231] CA Paris, 13 octobre 1986, D. 1987, p. 618, note J. MOURY.
[1232] G. CORNU (dir.), *Vocabulaire juridique*, *op. cit.*, V° « Liquide ».

publique pour obtenir l'exécution forcée. La réforme opérée par la loi du 9 juillet 1991[1233] a non seulement défini de façon limitée les cinq sortes de titres exécutoires auquel le créancier peut recourir, mais a opéré une véritable déjudiciarisation des procédures d'exécution.

752. Détermination du refus d'exécution – Lorsque le débiteur n'exécute pas la prestation due, le créancier doit faire constater ce refus. Pour cela, il aura recours à la mise en demeure en tant que rappel solennel fait au débiteur de l'existence de l'obligation[1234]. Elle peut résulter d'une sommation ou d'un acte équivalent. Depuis la loi de 1991, une simple lettre missive est désormais suffisante si ses termes correspondent à une interpellation suffisamment explicite. Il s'agit là de la consécration d'une jurisprudence déjà ancienne[1235].
L'exigence de mettre le débiteur en demeure de s'exécuter n'est cependant pas d'ordre public[1236] et n'est requise que si l'inexécution n'est pas définitive.
Nous avons déjà pu noter la dualité de la fonction de la mise en demeure[1237]. Dans ce cas, elle apparaît comme « constitutive d'une nouvelle étape de la vie de l'obligation »[1238]. Elle n'est plus simplement une incitation à l'exécution volontaire, mais une véritable constatation de l'absence d'exécution. Si le débiteur ne donne pas suite à cette mise en demeure, elle constituera une étape préalable à la procédure judiciaire en exécution forcée.

753. Mise en demeure et dommages et intérêts moratoires – La mise en demeure n'est pas, en principe, une condition de déclenchement des remèdes à l'inexécution du contrat. En effet, elle ne conditionne pas l'obtention des dommages et intérêts compensatoires, car le seul constat de l'inexécution ouvre le droit à réparation. Mais, elle fait courir les délais permettant d'obtenir des indemnités moratoires liées au retard dans l'exécution[1239].

[1233] Loi n° 91-650 du 9 juillet 1991 portant réforme des procédures civiles d'exécution.
[1234] R. MEURISSE, « *Dommages-intérêts compensatoires, dommages-intérêts moratoires et mise en demeure* », JCP 1947, I, p. 667 ; M. J. PERRARD, « *La mise en demeure et les dommages- intérêts compensatoires* », JCP 1947, I, p. 466 ; D. ALLIX, « *Réflexion sur la mise en demeure* », JCP 1977, I, p 2844 ; X. LAGARDE, « *Remarques sur l'actualité de la mise en demeure* », JCP-G 1996, I, p. 3974.
[1235] Cass. civ. 3ème, 31 mars 1971, Bull. civ. III, n°230.
[1236] Cass. com., 8 octobre 2002, Bull. civ. IV, n°138, RTD civ. 2003, p. 503, obs. J. MESTRE.
[1237] V. *supra* n°719 : « Ambiguïté de l'acte ».
[1238] R. LIBCHABER, « *Demeure et mise en demeure en droit français* », in *Les sanctions de l'inexécution des obligations contractuelles, Études de droit comparé*, Biblio. de la faculté de dr. de l'Univ. catholique de Louvain, Tome XXXII, 2001, p. 113, spéc. n°5, p. 117.
[1239] Cass. com., 28 mai 1996, Bull. civ. IV, n°145, D. aff. 1996, p. 895 ; RTD civ. 1996, p. 920, obs. P. JOURDAIN.

754. Cas particuliers où la mise en demeure n'est pas exigée[1240] – Dans certaines circonstances, aucune mise en demeure n'est requise. Cette dernière n'ayant de sens qu'en cas de retard dans l'exécution, c'est-à-dire lorsque l'exécution forcée peut se justifier, elle n'est pas exigée si le créancier demande l'engagement de la responsabilité du débiteur sur le fondement d'une inexécution définitive du rapport d'obligation.

755. Si la mise en demeure démontre la volonté du créancier de maintenir le lien contractuel et de forcer l'exécution du contrat, encore faut-il que ce dernier opte effectivement pour l'exécution judiciairement forcée au détriment de la résolution du contrat.

§2 – Le choix du créancier de recourir à l'exécution forcée

756. Lorsque le rapport contractuel est interrompu, à l'initiative du débiteur, le créancier possède le choix des poursuites. Pour remédier à la défaillance de son débiteur, le créancier disposait notamment, avant la réforme, d'une option entre l'exécution forcée du rapport d'obligation ou la disparition pure et simple du lien contractuel (A). L'abandon de l'exécution forcée au profit de la négation du contrat était toutefois soumis au contrôle des juges, dont l'objectif est toujours de protéger le rapport d'obligation en vertu de la force obligatoire du contrat. La situation a quelque peu évolué depuis la réforme du droit des contrats de 2016 (B).

A. Avant la réforme de 2016, existence d'une option entre l'exécution forcée et la résolution du contrat

757. Choix des armes[1241] – L'inexécution d'une ou plusieurs obligations contractuelles porte atteinte à la règle du jeu contractuel, dont l'exécution volontaire est l'issue usuelle. Le contractant déçu doit alors opter pour le remède le plus efficace[1242].

758. Contenu de l'option – Le second alinéa de l'article 1184 du Code civil énonce que, la partie « *envers laquelle l'engagement n'a point été exécuté, a le choix ou de forcer l'autre à l'exécution de la convention lorsqu'elle est*

[1240] Article 1231 du Code civil.

[1241] Expression empruntée à : D. MAINGUY et J.-L. RESPAUD, *Droits des obligations*, 2008, *op. cit.*, n°281, p. 205.

[1242] Y.-M. LAITHIER, *Étude comparative des sanctions de l'inexécution du contrat*, LGDJ, coll. Biblio. de dr. privé, tome 419, 2004, préf. M. MUIR WATT ; M. FONTAINE et G. VINEY, *Les sanctions de l'inexécution des obligations contractuelles*, Bruylant, 2001 ; D. TALLON, « *L'inexécution du contrat : pour une autre présentation* », RTD civ. 1994, p. 223.

possible, ou d'en demander la résolution avec dommages et intérêts ». Il ressort de ces dispositions que le créancier, de l'obligation qui n'a point été exécutée, dispose d'une option entre deux mécanismes juridiques. En effet, il peut choisir entre forcer le débiteur à l'exécution ou demander la résolution du contrat.

759. Préservation du contrat – La force obligatoire du contrat inhérente au lien d'obligation tend au maintien de la relation contractuelle. Ce principe, dicté par le Code civil encourage le créancier à demander au juge la condamnation du débiteur récalcitrant à la réalisation de l'opération économique résultant du rapport d'obligation.
C'est en raison de ce souci de préservation du lien contractuel que les juges ont tendance à accepter très largement les offres d'exécution[1243]. Ils prolongent même cette voie de prédilection en énonçant l'impossibilité de renoncer à l'exécution du contrat, lorsque celle-ci est possible et souhaitable. Ainsi, même la présence d'une clause résolutoire de plein droit n'exclut pas la possibilité dont dispose le créancier de choisir l'exécution de la convention[1244].

760. Inutilité du préjudice – L'exécution forcée suppose, par hypothèse, que le débiteur n'ait pas accompli ses obligations conformément aux stipulations contractuelles. Dès lors, le créancier n'a pas obtenu satisfaction. Mais, cela n'implique pas que le créancier ait subi un préjudice. En effet, l'existence d'un préjudice est indifférente dans la mesure où c'est l'exécution qui intéresse le créancier et non la réparation. Les juges n'exigent donc pas que le créancier ait subi un préjudice pour condamner le débiteur à l'exécution forcée de ses obligations[1245]. Néanmoins, il est possible que le créancier ait subi un préjudice du fait de l'inexécution. Dans ce cas, en plus de la demande en exécution forcée, il peut solliciter des dommages et intérêts visant à réparer son préjudice découlant de l'inexécution.

761. Non-cumul entre l'exécution forcée et la résolution – Le choix offert au créancier à l'article 1184, alinéa 2 du Code civil semble faire apparaître

---

[1243] Cass. civ., 22 mars 1983, Bull. civ. III, n°84, RTD civ. 1985, p. 165, obs. J. MESTRE ; Rép. Déf. 1984, art. 33230, n°11, p. 296, obs. J.-L. AUBERT ; Cass. civ., 27 mars 1911, DP 1915, 1, p. 97, note Ch. CÉSAR-BRU ; Cass. civ., 6 janvier 1932, DH 1932, p. 114 ; Cass. civ. 1ère, 15 avril 1986, RTD civ. 1987, p. 315 ; Cass. civ. 1ère, 17 mai 1954, Bull. civ. I, n°153, Gaz. Pal. 1954, 2, p. 83.

[1244] Cass. com., 26 janvier 1953, Bull. civ. III, n°38 ; Cass. civ. 3ème, 22 février 1978, Bull. civ. III, n°99 ; Cass. com., 28 juin 1979, Bull. civ. IV, n°201 ; CA Paris, 24 avril 1987, D. 1987, IR, p. 133.

[1245] Cass. civ. 3ème, 21 juin 2000, Bull. civ. III, n°124.

une certaine hiérarchie entre l'exécution forcée et la résolution. Ces alternatives paraissent même exclusives l'une de l'autre. En effet, selon l'expression employée par le professeur Mestre, « faire résoudre un contrat et l'invoquer ne vaut »[1246] ; le créancier qui engage une action en résolution judiciaire ne peut, en même temps, demander l'exécution forcée du contrat[1247]. Ainsi, le client d'une agence de voyages ne peut être condamné à payer le prix de la prestation alors que la résolution du contrat serait prononcée en parallèle[1248].

762. Succession des voies de droit possible – Néanmoins, si l'exécution forcée du contrat et sa résolution ne peuvent être demandées simultanément au juge, il est en revanche possible de recourir à ces voies de droit de façon successive. En d'autres termes, rien n'interdit au créancier de demander dans un premier temps l'exécution forcée et ensuite, la résolution du contrat[1249]. Cependant, comme le souligne Mme Dupré-Dallemagne dans sa thèse, la question qui se pose est alors celle de savoir « si le même manquement peut justifier la demande en exécution du contrat, puis sa résolution. Ne pas l'admettre conduirait à lier la sanction du débiteur, non plus à l'inexécution par lui de ses obligations, mais au choix exercé par le créancier. Celui qui cherche à maintenir le contrat se trouverait sanctionné par le maintien forcé du lien contractuel, alors que l'exécution est désormais exclue »[1250]. En effet, suite à la défaillance de son partenaire contractuel, le créancier peut préférer sortir du contrat. Dans cette hypothèse, les juges sont vigilants quant au choix du créancier de faire disparaître le contrat.

763. Contrôle judiciaire – Lorsque le créancier opte pour la résolution au détriment de l'exécution forcée, ce mécanisme équivaut à l'effacement du contrat. Or, en raison du principe de la force obligatoire du contrat – principe qui gouverne le droit des contrats – le législateur et le juge cherchent à favoriser le maintien du rapport d'obligation. Dès lors, ils procèdent à une véritable « opération de sauvetage du contrat, afin d'éviter toute atteinte irrémédiable au rapport d'obligation [qui] explique le large pouvoir

---

[1246] J. MESTRE, obs. sous Cass. civ. 3ème, 7 juin 1989, RTD civ. 1990, p. 473.

[1247] Cass. civ. 1ère, 6 février 1979, Bull. civ. I, n°46 ; Cass. civ. 1ère, 5 juillet 2005, Bull. civ. I, n°292, RDC 2006, p. 312, obs. D. MAZEAUD.

[1248] Cass. civ. 1ère, 17 février 1983, Bull. civ. I, n°77.

[1249] Cass. civ. 3ème, 24 novembre 1993, Bull civ. III, n°15, RTD civ. 1994, p. 355, obs. J. MESTRE.

[1250] A.-S. DUPRÉ-DALLEMAGNE, *La force contraignante du rapport d'obligation, (Recherche sur la notion d'obligation)*, *op. cit.*, n°251, p. 204.

d'appréciation conféré au juge pour contrôler le choix opéré par le créancier entre l'exécution et la résolution »[1251].

764. Contrôle *a priori* – Le choix du créancier s'impose, par principe, au juge. Ce dernier ne peut, par exemple, prononcer une résolution du contrat s'il est saisi d'une demande d'exécution forcée[1252]. En revanche, le juge procède à un contrôle *a priori* de la demande de résolution judiciaire dans le but de ne l'accorder qu'à la condition qu'elle soit la seule issue possible. Le juge est soucieux de préserver le lien contractuel, mais également de veiller à « éviter les révocations abusives dans la mesure où il n'est pas toujours aisé de savoir d'emblée, d'une part si la rupture des rapports contractuels est justifiée, d'autre part à qui des parties elle est réellement imputable »[1253]. Le principal objectif du contrôle *a priori* est de veiller à ce qu'aucune résolution ne soit opérée sans autorisation judiciaire. En effet, même la présence d'une clause résolutoire n'exclut pas nécessairement l'intervention du juge. Cette stipulation permet d'exclure le prononcé judiciaire de la résolution, mais si le juge est saisi, il peut alors la constater.
En revanche, lorsque l'inexécution est définitive, empêchant toute exécution forcée, le créancier peut exceptionnellement[1254] résoudre unilatéralement le contrat. Cette rupture du contrat, qui se fonde sur un caractère d'urgence à se dégager des liens contractuels, se fait pour le créancier à ses "risques et périls".

765. Résolution partielle – Le juge, qui dispose d'un pouvoir d'appréciation quant à la gravité de l'inexécution, peut également prononcer une résolution partielle du contrat[1255]. Il s'agit là d'une figure originale. En effet, lorsque l'inexécution est insuffisante pour prononcer la résolution, le juge a la possibilité de réduire l'obligation du créancier à hauteur de l'exécution partielle effectuée par l'autre partie. Cette formule est également appelée la réfaction du contrat[1256].

[1251] A.-S. DUPRÉ-DALLEMAGNE, *La force contraignante du rapport d'obligation, (Recherche sur la notion d'obligation)*, *op. cit.*, n°252, p. 204.
[1252] Cass. civ. 1ère, 9 juillet 2003, JCP 2004, I, p. 163, obs. G. VINEY ; RTD civ. 2003, p. 709, obs. J. MESTRE et B. FAGES.
[1253] A. SÉRIAUX, *Droit des obligations*, 1998, *op. cit.*, n°49, p. 193.
[1254] Cf. not. : E. BAZIN, « *La résolution unilatérale du contrat* », RRJ 2000, p. 1381.
[1255] C. RIGALLE-DUMETZ, *La résolution partielle du contrat*, *op. cit.*
[1256] P. JOURDAIN, « *À la recherche de la réfaction du contrat, sanction méconnue de l'inexécution* », in *Mélanges Ph. LE TOURNEAU, Libre droit*, Dalloz, 2007, p. 449 ; Ch. ALBIGÈS, « *Le développement discret de la réfaction du contrat* », in *Mélanges M. CABRILLAC*, Litec-Dalloz, 1999, p. 3.

B. La situation post-réforme

766. Le nouvel article 1226 du Code civil qui prévoit la possibilité pour le créancier de résoudre le contrat par voie de notification, à ses risques et périls, ne permet pas, pour l'heure, de résoudre l'épineuse question du droit d'option. En effet, il sera important d'observer les sanctions adoptées pour le non-respect des formes de cet article. La question demeure de savoir si un contractant dispose toujours de l'option entre le maintien d'un contrat ou sa rupture moyennant un dédommagement ou au contraire, s'il dispose d'un droit à la prestation contractuelle et d'un droit au maintien forcé en nature du contrat[1257].

767. Le juge disposait jusqu'à maintenant d'aucun guide légal. Désormais, l'article 1228 lui offre la possibilité de constater la résolution ou d'ordonner l'exécution du contrat tout en octroyant un délai au débiteur ou des dommages et intérêts au créancier. Il est également possible d'envisager de confondre les sanctions de l'exécution forcée des obligations avec celles de l'exécution forcée du contrat. Notons que le caractère disproportionné de l'exécution forcée en nature apparaît dorénavant comme une limite à une telle demande.

768. Même si le droit d'option du créancier ne semble pas avoir été supprimé, la réforme nous amène à conclure que l'exécution forcée n'est possible que tant qu'elle ne heurte pas la liberté de ne pas contracter ou de ne plus contracter. Il est possible d'y voir le maintien d'un droit, payant, d'option.

769. En définitive, le choix entre l'exécution forcée et la résolution judiciaire du contrat réside le plus souvent dans le sentiment de sécurité que le débiteur inspire au créancier. Ainsi, lorsque le lien de confiance accordé au débiteur par le créancier n'est pas totalement rompu, ce dernier cherche davantage l'exécution forcée du contrat, car il s'agit là de son ultime occasion d'obtenir satisfaction, même si elle est obtenue par un moyen détourné. C'est uniquement s'il est déçu du comportement adopté par le débiteur que le créancier optera immédiatement pour l'anéantissement du lien contractuel. L'espoir est donc placé dans la procédure d'exécution forcée.

[1257] M.-E. TIAN-PANCRAZI, *La protection judiciaire du lien contractuel*, PUAM 1996 ; J. MESTRE et B. FAGES, obs. sous Cass. civ. 1ère, 7 novembre 2000, RTD civ. 2001, p. 135 ; J. MESTRE, « *Rupture abusive et maintien du contrat* », RDC 2005, p. 99.

SECTION II – L'EXÉCUTION JUDICIAIREMENT FORCÉE AVANT LA RÉFORME DE 2016

770. Lorsque le débiteur n'exécute pas ses obligations, le créancier a la possibilité de demander en justice qu'il y soit contraint. Cette procédure repose sur l'idée d'obtenir l'exécution par la contrainte. Elle apparaît comme la dernière chance pour le créancier d'obtenir satisfaction. Le professeur Laithier considère même que le droit à l'exécution forcée est inclus dans la créance : l'un étant le consubstantiel de l'autre[1258].
En effet, l'exécution forcée, même si elle n'est pas la forme d'exécution optimale, n'en demeure pas moins satisfactoire. À l'issue de cette procédure, le créancier obtient le bénéfice qu'il escomptait retirer de la réalisation de l'opération économique. Cette méthode d'exécution du contrat est plus longue, plus complexe et plus coûteuse, mais l'objectif de cette procédure n'en demeure pas moins la satisfaction du créancier.

771. Le droit de l'exécution distingue l'exécution forcée en nature (paragraphe I) de l'exécution forcée par équivalent (paragraphe II). La force contraignante du rapport d'obligation conduit naturellement le créancier sur la voie de l'exécution forcée en nature. Du point de vue du créancier, ce n'est que par exception que l'exécution forcée par équivalent est requise.

§1 – L'exécution forcée en nature

772. L'exécution se définit comme « l'accomplissement par le débiteur de la prestation due »[1259]. Lorsque le débiteur est forcé d'exécuter en nature l'obligation, cela signifie qu'il doit fournir au créancier, sous la menace du juge, exactement ce à quoi il s'est engagé. La satisfaction du créancier est alors parfaite puisqu'il reçoit l'objet de la prestation exécutée par le débiteur lui-même. Il y a simplement eu un « contretemps » dans l'exécution.
L'importance que revêt l'exécution forcée en nature découle notamment de la force contraignante du rapport d'obligation (A). Son régime met d'ailleurs en avant l'idée d'une certaine primauté dans ce mode d'exécution forcée (B), même si les impossibilités d'y recourir sont nombreuses (C).

[1258] D. MAZEAUD et Y.-M. LAITHIER, « *La nature de la sanction : satisfaction du bénéficiaire des dommages et intérêts ou primauté de l'exécution forcée en nature ?* », RDC 2012, p. 681.
[1259] G. CORNU (dir.), *Vocabulaire juridique*, *op. cit.*, V° « Nature ».

A. L'exécution forcée en nature, conséquence de la force contraignante

773. Présentation – La possibilité pour le créancier de recourir à l'exécution forcée est la principale vertu que la loi concède à l'obligation civile. C'est d'ailleurs ce trait qui la distingue de l'obligation naturelle. L'effet commun à toute obligation civile est de mettre le débiteur dans la nécessité juridique d'accomplir la prestation qu'il a promise. Lorsque le débiteur refuse de s'exécuter de bonne grâce, la loi vient au secours du créancier en lui prêtant au besoin le concours de la force publique pour lui permettre d'obtenir l'exécution forcée de l'obligation.

774. Charles Aubry et Charles Frédéric Rau avaient repris cette idée en la présentant de façon plus concise indiquant que toute « obligation civile confère, par elle-même, au créancier, le droit de contraindre le débiteur à l'exécution de cette obligation »[1260]. François Laurent énonçait également qu'« il est de l'essence de toute obligation qu'elle soit exécutée forcément si le débiteur ne l'exécute pas volontairement »[1261]. De nombreux auteurs ont ainsi défini le droit du créancier de contraindre le débiteur à exécuter son obligation. La forme de ce pouvoir de coercition n'est toutefois que peu précisée.

775. Ainsi, si l'on se réfère aux écrits du professeur Bénabent, il est possible d'identifier l'exécution forcée lorsque le débiteur est « condamné à effectuer lui-même les réfections nécessaires, tandis qu'il y a réparation s'il est condamné à payer le coût des réfections faites par un autre ; dans le cas d'un vendeur de marchandises, il y a exécution forcée s'il est condamné à les livrer [...] »[1262]. Cette présentation définit l'exécution forcée en nature. Selon cet auteur, et bien d'autres[1263], il n'y a exécution forcée que si elle est en nature.

776. Henri de Page avait proposé une définition bien différente où l'exécution forcée « ne fait qu'ajouter la faculté de contrainte *manu militari*, par l'assistance de la force publique, à un droit préexistant »[1264]. Plus largement, il est possible d'assimiler l'exécution forcée à tous les moyens

---

[1260] Ch. AUBRY et Ch. F. RAU, *Cours de droit civil français, d'après la méthode de Zachariae*, tome 4, 1935, *op. cit.*, §307, p. 135.
[1261] F. LAURENT, *Principes de droit civil*, tome 16, Bruxelles et Paris éd., 1875, n°194, p. 254.
[1262] A. BÉNABENT, *Droit civil, Les obligations*, 2001, *op. cit.*, n°291, p. 141.
[1263] V. dans le même sens, G. VINEY et P. JOURDAIN, *Traité de droit civil - La responsabilité : effets*, 2001, *op. cit.*, n°34, pp. 46-47.
[1264] H. DE PAGE, *Traité élémentaire de droit civil belge*, tome 3, Bruylant, 3ème éd., 1967, n°96, p. 125.

permettant au créancier d'obtenir la prestation due, malgré l'inertie ou le refus du débiteur.

777. Vision pragmatique de l'exécution forcée en nature – En adoptant une vision pragmatique, finaliste du contrat, l'exécution suppose la réalisation de la prestation « en nature » afin d'appliquer au mieux le principe du respect de la parole donnée. La condamnation à l'exécution forcée exige que la prestation soit accomplie telle qu'elle fût initialement prévue au contrat. L'exécution forcée en nature est également appelée *ad ipsam rem*.

778. Jusque dans les années 1970, il était communément admis, en droit civil et en droit commercial, qu'un créancier ne pouvait contraindre par la force un débiteur à faire quelque chose qu'il ne voulait pas. En cas de persistance du débiteur dans son refus de s'exécuter, le créancier devait se contenter d'un dédommagement pécuniaire. Mais voilà qu'à la fin des années 1970, après les chocs pétroliers, la hausse du chômage en France a amené les juristes à s'interroger sur la pertinence de la réintégration dans l'entreprise d'un salarié licencié à tort. En effet, lorsque le licenciement d'un salarié est annulé, peut-on forcer l'employeur à le réintégrer malgré son refus ? Cet enjeu social a replacé la question de l'exécution en nature des obligations au centre des débats[1265].

779. La fonction principale de l'exécution forcée en nature vise à permettre au créancier d'obtenir, avec le concours de la puissance publique, la prestation à laquelle il a droit. Grégoire Forest considérait qu'elle est, en ce sens, « un procédé de réalisation du droit subjectif. Cette fonction la rattache intellectuellement à l'élément créance de l'obligation »[1266]. Affirmer que l'exécution forcée est un mécanisme qui a pour but la réalisation du droit subjectif du créancier implique de se placer du côté du créancier afin

---

[1265] Y. SAINT-JOURS, « *Réflexions sur le problème de la réintégration des représentants du personnel des délégués syndicaux illégalement licenciés* », D. 1970, chron. p. 41 ; H. SINAY, « *La résiliation judiciaire des contrats de travail face à la réintégration des délégués irrégulièrement licenciés* », D. 1971, chron. p. 263 et du même auteur, « *Un tournant majeur du droit du travail : les arrêts Perrier* », D. 1974, chron. p. 235 ; W. JEANDIDIER, « *L'exécution forcée des obligations contractuelles de faire* », RTD civ. 1976, p. 700, spéc. n°14 ; G. COUTURIER, « *La réintégration des salariés non spécialement protégés, actualité ou prospective ?* », Dr. soc. 1981, p. 248.

[1266] G. FOREST, *Essai sur la notion d'obligation en droit privé*, *op. cit.*, n°364, p. 249.

d'analyser ce qu'il reçoit, plutôt que d'observer la situation du côté du débiteur[1267].

La majorité de la doctrine considère en effet que « l'élément essentiel d'une obligation réside moins dans ce que le débiteur fournit que dans ce que le créancier reçoit »[1268]. Pierre Hébraud précisait d'ailleurs que l'exécution « peut être envisagée comme la réalisation du droit, quels que soient les moyens par lesquels elle s'est produite »[1269]. Cette analyse revient à dire que l'exécution forcée est un paiement obtenu par la force, rejoignant les propos tenus par Mme Roujou de Boubée affirmant qu'« il y a exécution dès lors que l'avantage promis au créancier est fourni, quelle que soit la manière dont il lui est fourni »[1270].

780. Droit du créancier d'exiger l'exécution en nature – Plusieurs textes du Code civil prévoient la possibilité au créancier d'exiger l'exécution forcée en nature des obligations, sans que le débiteur ne puisse librement refuser[1271]. La jurisprudence a consacré cette idée, au visa des articles 1134 et 1142 du Code civil, indiquant que « *la partie envers laquelle un engagement contractuel n'a point été exécuté a la faculté de forcer l'autre à l'exécution de la convention lorsque celle-ci est possible* »[1272]. S'il est admis que le créancier a la faculté de demander l'exécution forcée en nature, certains textes reconnaissent la faculté du juge de l'ordonner lorsqu'il s'agit d'une obligation de somme d'argent ou d'une obligation de faire[1273].

781. Si en droit anglais, le juge dispose d'une faculté d'appréciation[1274] quant au prononcé de l'exécution forcée en nature, il semble qu'en droit

---

[1267] P. WIGNY, « *Responsabilité contractuelle et force majeure* », RTD civ. 1935, p. 19 et s., spéc. p. 31. – P. GROSSER, *Les remèdes à l'inexécution du contrat : essai de classification*, Th. Paris I, 2000, n°90, p. 111. – E. DEBILY, *L'exécution forcée en nature des obligations contractuelles non pécuniaires*, *op. cit.*, n°18 et s., p. 31 et s. – M.-E. ROUJOU DE BOUBÉE, *Essai sur la notion de réparation*, *op. cit.*, p. 149. – contra, Y.-M. LAITHIER, *Étude comparative des sanctions de l'inexécution*, *op. cit.*, n°57, p. 83-84.

[1268] P. WIGNY, « *Responsabilité contractuelle et force majeure* », art. préc., spéc. p. 31. – R. MARCILLE, *De l'exécution en nature des obligations de faire et de ne pas faire*, Th. Rennes, 1931, p. 35. – R. DRAGU, *De l'exécution en nature des contrats*, *op. cit.*, p. 69 et s. - N. CATALA, *La nature juridique du payement*, *op. cit.*

[1269] P. HÉBRAUD, « *L'exécution des jugements civils* », RIDC 1957, p. 173.

[1270] M.-E. ROUJOU DE BOUBÉE, *Essai sur la notion de réparation*, *op. cit.*, p. 149.

[1271] Articles 1184, alinéa 2 ; 1228 et 1243 du Code civil.

[1272] Cass. civ. 1ère, 16 janvier 2007, D. 2007, p. 1119, note O. GOUT.

[1273] Articles 809, alinéa 2 ; 1405 et s. ; 1425-1 ; 1425-4 et R. 222-11 du Code de procédure civile

[1274] F. BELLIVIER et R. SEFTON-GREEN, « *Force obligatoire et exécution en nature du contrat en droit français et anglais : bonnes et mauvaises surprises du comparatisme* », in *Mélanges GHESTIN*, LGDJ, 2001, p. 91 ; S. WHITTAKER, « *Un droit à la prestation plutôt qu'un droit à l'exécution ? Perspectives anglaise* », RDC 2005, n°1, p. 49.

français il s'agisse plus d'une obligation pour le juge qu'une simple faculté. Le juge français est contraint de prononcer l'exécution de l'obligation, sans pouvoir substituer une réparation en argent à l'exécution en nature seule demandée[1275].

782. Les textes abondent dans le sens d'une reconnaissance du droit pour le juge d'ordonner l'exécution forcée en nature des obligations portant sur une somme d'argent ou les obligations de faire. L'article 809, alinéa 2 du Code de procédure civile, relatif aux mesures que peut ordonner le juge des référés en atteste : « *Dans les cas où l'existence de l'obligation n'est pas sérieusement contestable, il peut accorder une provision au créancier, ou ordonner l'exécution de l'obligation même s'il s'agit d'une obligation de faire* ». De même, l'article 1425-1 du même Code, relatif à la procédure d'injonction de faire dispose : « *L'exécution en nature d'une obligation née d'un contrat conclu entre des personnes n'ayant pas toute la qualité de commerçant peut être demandée au tribunal d'instance lorsque la valeur de la prestation dont l'exécution est réclamée n'excède pas le taux de compétence de cette juridiction* ». L'article 1425-4 ajoute : « *Si, au vu des documents produits, la demande lui paraît fondée, le juge rend une ordonnance portant injonction de faire non susceptible de recours* ». Enfin, l'article R. 222-11 du Code des procédures civiles d'exécution prévoit la possibilité de présenter au juge de l'exécution une « *requête à fin d'injonction d'avoir à délivrer ou restituer un bien meuble déterminé* ». Ces textes offrent la possibilité au juge de prononcer l'exécution forcée en nature plutôt qu'un simple dédommagement.

783. Interprétation jurisprudentielle de l'exécution forcée – L'article 1142 du Code civil a été interprété avec une certaine souplesse par la jurisprudence. La Cour de cassation a même autorisé les juges du fond à choisir entre les différentes sanctions, leur permettant de condamner le

---

[1275] V. Cass. soc., 24 janvier 1979, D. 1979, p. 619, note Y. SERRA : à propos d'une violation d'une clause de non-concurrence, la Cour de cassation a censuré l'arrêt qui, au lieu d'ordonner la fermeture de l'établissement ouvert en contravention, avait octroyé des dommages et intérêts qui n'étaient pas demandés. V. égal. Cass. civ. 3ème, 13 juillet 201, RDC 2011, n°1, p. 73, obs. G. VINEY ; Cass. civ. 3ème, 20 mars 2002, n°00-16.015. V. contrat, certains arrêts laissant au juge un pouvoir d'appréciation : É. SAVAUX et R.-N. SCHÜTZ, « *Exécution par équivalent, responsabilité et droits subjectifs* », in *Mélanges Jean-Luc AUBERT*, Dalloz, 2005, p. 271, spéc. n°16.

débiteur à une exécution forcée en nature, même lorsqu'il s'agit d'une obligation de faire[1276].

Seules les obligations de faire présentant un caractère trop personnel, exigeant une trop forte atteinte à la liberté individuelle en cas d'exécution forcée en nature, se résolvent en dommages et intérêts.

784. De manière générale, l'obligation de faire s'exécute donc si possible[1277] en nature[1278]. Au départ, la Cour de cassation semble n'en faire qu'une simple faculté. Cependant, sa position est désormais encore plus favorable à l'exécution en nature des obligations de faire. Cette bienveillance s'explique par le fait que la Haute cour affirme qu'une partie déçue a toujours le droit de contraindre le débiteur à une exécution en nature en requérant l'intervention du juge si nécessaire[1279].

785. Le professeur Wéry a proposé une nouvelle lecture de l'article 1142 du Code civil, se basant sur la distinction existante entre la condamnation à exécuter et l'exécution de la condamnation.[1280]

[1276] Cass. civ. 1ère, 30 juin 1965, Bull. civ., I, n°437: « *S'agissant ainsi d'une obligation de faire, le vendeur pouvait échapper à l'exécution forcée dans les termes des articles 1142 et suivants du Code civil, qui régissent ces obligations, et qu'à bon droit l'arrêt attaqué énonce que les tribunaux peuvent d'office substituer une réparation en argent à l'exécution en nature, seule demandée* ».

[1277] Cass. civ. 1ère, 27 novembre 2008, n°07-11.282, RDC 2009, p. 613, obs. J.-B. SEUBE : le logement ayant été loué à un tiers, la cour d'appel « *n'a pas tiré les conséquences légales de ses propres constatations relatives ç l'impossibilité de procéder à la délivrance ordonnée* » ; Cass. com., 5 octobre 1993, n°90-21.146 : « *Ayant relevé que l'exécution en nature n'était plus possible en raison de l'arrêt de la fabrication du modèle du véhicule vendu, c'est à bon droit que la cour d'appel condamne le vendeur à exécuter son obligation de délivrance en deniers en payant à son acheteur une indemnité équivalente à la valeur actuelle de la chose vendue* ».

[1278] L'avant-projet de réforme du droit des obligations (2013) ne distingue pas en fonction de la nature de l'obligation. L'article 129 retient une formule générale : « *Le créancier d'une obligation peut après mise en demeure, en poursuivre l'exécution en nature* […] ».

[1279] Cass. civ. 1ère, 16 janvier 2007, n°06-13.983, RDC 2007, p. 719, obs. D. MAZEAUD et p. 741, obs. G. VINEY ; RTD civ. 2007, p. 342, obs. J. MESTRE et B. FAGES ; D. 2007, p. 1119, note O. GOUT et p. 2973, obs. B. FAUVARQUE-COSSON ; JCP G 2007, I, p. 161, obs. M. MEKKI, spéc. n°6 : « *la partie envers laquelle un engagement contractuel n'a point été exécuté a la faculté forcer l'autre à l'exécution de la convention lorsque celle-ci est possible* ».

[1280] P. WÉRY, *L'exécution forcée en nature des obligations contractuelles non pécuniaires. Une relecture des articles 1142 à 1144 du Code civil*, Kluwer éd. juridiques Belgique, 1993 ; du même auteur, « *L'exécution en nature de l'obligation contractuelle et la réparation en nature du dommage contractuel, Rapport belge* », in *Les sanctions de l'inexécution des obligations contractuelles*, M. FONTAINE et G. VINEY (dir.), Bruylant/LGDJ, coll. Études de droit comparé, 2001, p. 205 et s.

Selon cet auteur belge, « l'expression qui termine l'article 1142 peut s'entendre de l'inexécution par le débiteur du jugement qui lui prescrit de s'exécuter en nature »[1281]. Adopter cette analyse dualiste de l'exécution en nature permet de « poser un principe de cohérence avec les autres dispositions régissant l'exécution forcée »[1282]. En effet, lorsque le juge condamne un débiteur à exécuter en nature la prestation promise, ce dernier peut alors s'exécuter ou persister dans son refus. Dans cette dernière hypothèse, et seulement dans celle-ci, le débiteur s'expose aux sanctions prévues par les articles 1142 à 1144 du Code civil, supprimant ainsi les différentes contradictions qui peuvent exister entre ces dispositions du Code civil.

786. Au stade de la condamnation, il n'existe donc aucune contrainte physique sur la personne du débiteur, réglant ainsi la question de l'atteinte aux libertés individuelles. La seule limite persistant à l'impossibilité de condamner à l'exécution forcée en nature serait les obligations personnelles au débiteur.

787. Si une partie de la doctrine[1283] a été séduite par cette relecture novatrice de l'article 1142 du Code civil, cette analyse n'a toutefois pas fait l'unanimité[1284] notamment, car dans cet article, le terme "obligation" apparaît clairement. Le terme inexécution ne peut donc pas renvoyer à l'inexécution du jugement de condamnation, mais seulement à l'inexécution de l'obligation.

788. Fondements de l'exécution forcée – Traditionnellement, c'est sur le principe de la force obligatoire du contrat que se fonde l'opportunité pour

---

1281 P. WÉRY, « *L'exécution en nature de l'obligation contractuelle et la réparation en nature du dommage contractuel, Rapport belge* », art. préc., n°5, p. 212.

1282 G. FOREST, *Essai sur la notion d'obligation en droit privé*, *op. cit.*, n°370, p.253.

1283 G. VINEY, « *Exécution de l'obligation, faculté de remplacement et réparation en nature en droit français* », in *Les sanctions de l'inexécution des obligations contractuelles, Études de droit comparé*, M. FONTAINE et G. VINEY (dir.), Bruylant/LGDJ, 2001, n°9, pp. 174-175. – P. ANCEL, « *Le juge et l'inexécution du contrat* », in *Le renouveau des sanctions contractuelles*, F. COLLART DUTILLEUL, C. COULON (dir.), Economica, 2007, p. 103 et s., spéc. n°9, p. 109.

1284 E. DEBILY, *L'exécution forcée en nature des obligations contractuelles non pécuniaires*, *op. cit.*, n°71, p. 86. – Y.-M. LAITHIER, *Étude comparative des sanctions de l'inexécution*, *op. cit.*, n°48, p. 75.

tout créancier de réclamer l'exécution forcée[1285]. L'exécution, « un effet inhérent à toute obligation »[1286] serait donc un droit pour le créancier[1287]. Il résulte de cette analyse classique que la condamnation à l'exécution forcée devrait primer. Les sanctions seraient soumises à une certaine hiérarchie où l'exécution forcée prédominerait. Jean Carbonnier considérait que « le tribunal doit condamner en premier lieu le débiteur à l'exécution directe, sauf à y ajouter subsidiairement, pour le cas d'inexécution, une condamnation à d.-i. (dommages et intérêts) »[1288].

789. Le professeur Laithier a cependant réfuté cette primauté de l'exécution forcée[1289], invoquant une confusion entre la norme et sa sanction[1290]. L'exécution forcée ne serait pas l'incarnation de la norme de l'article 1134 du Code civil, mais une sanction d'une norme bien distincte prévue à l'article 1184 du Code civil. L'article 1134 pose bien la norme, à savoir la force obligatoire du contrat, qui signifie simplement que « le lien établi entre le débiteur et le créancier est juridiquement sanctionné »[1291]. Cependant, cette norme n'implique pas automatiquement une exécution forcée en nature en cas de violation. Pour l'auteur, il convient de détacher l'exécution forcée de la force obligatoire du contrat.

790. La doctrine contemporaine a ainsi fait émerger l'idée d'une « subjectivisation du droit à l'exécution »[1292]. Le droit de créance est donc un droit subjectif du créancier. Selon cette analyse moderne, le créancier

---

[1285] E. MEYNIAL, « *De la sanction civile des obligations de faire ou de ne pas faire* », Rev. prat. 1884, p. 385 et s., spéc. p. 398. – E. DEBILY, *L'exécution forcée en nature des obligations contractuelles non pécuniaires, op. cit.*, n°75, p. 90. – P. WÉRY, « *L'exécution en nature de l'obligation contractuelle et la réparation en nature du dommage contractuel, Rapport belge* », art. préc., n°8, p. 216. – N. MOLFESSIS, « *Force obligatoire et exécution : un droit à l'exécution en nature ?* », RDC 2005, p. 37 et s.

[1286] E. DEBILY, *L'exécution forcée en nature des obligations contractuelles non pécuniaires, op. cit.*, n°76, p. 90.

[1287] G. VINEY, « *Exécution de l'obligation, faculté de remplacement et réparation en nature en droit français* », art. préc., n°16, p. 182.

[1288] J. CARBONNIER, *Les obligations*, 2000, *op. cit.*, n°376, p. 615.

[1289] V. LONIS-APOKOURASTOS, « *La primauté contemporaine du droit à l'exécution en nature* », RDC 2005, p. 161 et s., *passim*.

[1290] Y.-M. LAITHIER, *Étude comparative des sanctions de l'inexécution, op. cit.*, n°38 et s., p. 58 et s. ; « *La prétendue primauté de l'exécution en nature* », RDC 2005, p. 161 et s., spéc. p. 174 et s.

[1291] Y.-M. LAITHIER, *Étude comparative des sanctions de l'inexécution, op. cit.*, n°38, p. 58.

[1292] P. GROSSER, *Les remèdes à l'inexécution du contrat : essai de classification, op. cit.*, n°111, p. 142. – J. ROCHFELD, « *Remarques sur les propositions relatives à l'exécution et à l'inexécution du contrat : la subjectivation du droit de l'exécution* », RDC 2006, p. 113 et s., spéc., n°8, p. 117.

possède un droit à la prestation que cette exécution garantit[1293]. Grégoire Forest précisait que si « l'exécution forcée en nature a pour fonction de permettre la réalisation contentieuse du droit de créance, elle se présente techniquement – tout comme la réparation – comme une conséquence de la violation du devoir objectif que constitue la dette. En ceci, elle résulte d'une règle juridique appartenant à l'ensemble normatif qui a pour objet la sanction de l'obligation »[1294]. Il convient de préciser que si le fondement de l'exécution forcée réside dans l'article 1184 du Code civil, en raison du principe que toute obligation est susceptible d'exécution forcée, cette sanction est envisageable tant qu'une autre norme objective n'en interdit pas son application[1295].

791. Ces différentes présentations de l'exécution forcée ne permettent cependant pas de qualifier juridiquement cette opération. La question qui se pose est alors celle de savoir si ce mécanisme judiciaire correspond à un mode d'exécution contractuelle ? Ou bien est-ce plutôt une sanction de l'inexécution ?

B. Le régime de l'exécution forcée en nature

792. Domaine de l'exécution forcée – Sur le fondement de l'article 1184, alinéa 2 du Code civil, lorsque le débiteur n'exécute pas ses obligations, portant ainsi atteinte à la règle du jeu contractuel, le créancier dispose de la possibilité de demander en justice qu'il y soit contraint. Certes, le créancier doit alors également exécuter ses propres obligations, mais l'opération économique est ainsi finalisée grâce à l'intervention du juge, donnant toute sa force au principe du respect de la parole donnée.
D'autres dispositions du Code civil laissent également penser que le créancier aurait un véritable droit à l'exécution forcée en nature de la

---

[1293] Ph. MALINVAUD, D. FENOUILET, *Droit des obligations*, Litec, 11ème éd., 2010, n°849, p. 670.
[1294] G. FOREST, *Essai sur la notion d'obligation en droit privé*, *op. cit.*, n°376, p.259.
[1295] Détacher l'exécution forcée de la force obligatoire du contrat n'enlève pas le fait que le juge doit prononcer cette sanction lorsque les conditions sont réunies : V. par ex. Cass. civ. 1ère, 3 décembre 1985, RTD civ. 1986, p. 745, obs. J. MESTRE. V. également, E. MEYNIAL, « *De la sanction civile des obligations de faire ou de ne pas faire* », art. préc. : « On peut définir la sanction civile d'une obligation : l'ensemble des droits que la loi accorde au créancier quand le débiteur n'a pas exécuté son obligation (…) ». – Y.-M. LAITHIER, « *La prétendue primauté de l'exécution en nature* », *art. préc.*, p. 174 : « Rien n'empêche un législateur d'instaurer une hiérarchie des sanctions et d'attribuer à l'exécution forcée en nature la première place ».

prestation qui lui est due[1296]. Ainsi, l'article 1128 dispose que : « *Le créancier, au lieu de demander la peine stipulée contre le débiteur qui est en demeure, peut poursuivre l'exécution de l'obligation principale* » ; l'article 1242 prévoit que: « *Le paiement fait par le débiteur à son créancier, au préjudice d'une saisie ou d'une opposition, n'est pas valable à l'égard des créanciers saisissants ou opposants : ceux-ci peuvent, selon leur droit, le contraindre à payer de nouveau (...)* » ; et enfin, l'article 1243 énonce que : « *Le créancier ne peut être contraint de recevoir une autre chose que celle qui lui est due, quoique la valeur de la chose offerte soit égale ou même plus grande* ».

793. Cependant, le Code civil présente une distinction à cette solution en fonction de la nature de l'obligation contractée. Réduisant le domaine de l'exécution forcée en nature, l'article 1142 du Code civil énonce que : « *Toute obligation de faire ou de ne pas faire se résout en dommages et intérêts, en cas d'inexécution de la part du débiteur* », signifiant *de facto* que les obligations de faire et de ne pas faire sont insusceptibles d'exécution forcée en nature et se soldent donc uniquement par une prestation par équivalent. Cet article donne toute sa dimension à l'adage *nemo praecise potest cogi ad factum*[1297] puisque seule l'obligation de donner permet la condamnation du débiteur à une exécution en nature.

794. Cette règle a pour but de faire respecter la liberté individuelle puisque seul le droit pénal admet une contrainte physique sur la personne. Or, forcer le débiteur à faire ou ne pas faire quelque chose revient à porter atteinte à sa liberté individuelle. Pour la doctrine majoritaire, l'article 1142 du Code civil opère un arbitrage entre la force obligatoire du contrat et le respect des libertés individuelles consacrant l'impossibilité de principe de l'exécution forcée en nature, même si ce principe supporte une exception dès lors que la prestation ne suppose pas de participation personnelle du débiteur[1298].

795. Exécution forcée en nature directe ou indirecte – Lorsque les mesures de contrainte envers le débiteur ne sont pas immédiatement satisfactoires pour le créancier, l'exécution n'est pas directe, mais indirecte. Par exemple, si le créancier d'une somme d'argent obtient la saisie d'une

---

[1296] G. VINEY, « *Exécution de l'obligation, faculté de remplacement et réparation en nature en droit français* », art. préc., p. 167 et s., spéc. n°6, p.172.

[1297] Personne ne peut être contraint directement à faire quelque chose.

[1298] J. CARBONNIER, *Droit civil, tome 4, Les obligations*, 2000, *op. cit.*, n°372, p.608 et s. - Ph. SIMLER, « *Contrats et obligations, Délégation* », Juris-Cl. civ., Art. 1271 à 1281, fasc. 40, 2005, spéc. n°109. - F. TERRÉ, Ph. SIMLER et Y. LEQUETTE, *Droit civil, Les obligations*, 2009, *op. cit.*, n°1112 et s., p.1101 et s.

toile de maître appartenant au débiteur, l'exécution est forcée, mais indirecte, car elle ne correspond pas à ce à quoi le créancier avait droit initialement. Ce n'est qu'après avoir revendu le tableau qu'il obtient le prix de sa créance, mais sa satisfaction a bien été obtenue indirectement.
De même, en matière de saisie-attribution, le tiers – débiteur du débiteur initial – paye ce qu'il doit entre les mains du créancier poursuivant. Mais là encore, la satisfaction n'est qu'indirecte. Saisir un droit de créance ne peut apporter la même satisfaction que celle procurée par le paiement.

796. Exécution forcée en nature des obligations de donner – L'objet de l'obligation de donner porte sur une chose. La satisfaction du créancier découle de la remise de la chose, objet de l'obligation. L'exécution de cette obligation est donc une exécution sur une chose, échappant à l'interdiction de la contrainte physique sur la personne du débiteur. Ainsi, si le débiteur refuse de remettre la chose, il est tout à fait possible et envisageable de passer outre sa volonté d'opposition, en s'emparant par exemple de la chose.

797. Une difficulté émerge en matière d'obligation monétaire. En effet, l'argent peut être perçu, d'une part, comme un moyen de paiement. La remise de l'argent éteint l'obligation et donc libère le débiteur et satisfait le créancier. D'autre part, dans les domaines bancaires et financiers, l'argent est perçu davantage comme l'objet d'un service de crédit ou de change. François Grua indiquait d'ailleurs que : « L'argent n'est pas seulement un moyen de s'acquitter de la dette qu'on contracte quand on veut acquérir quelque chose. Parfois il est la chose même qu'on cherche à acquérir et qu'il faudra payer. Ainsi un commerçant a souvent besoin de liquidités pour sa trésorerie. Un importateur a besoin de devises. Recherché pour lui-même, l'argent se négocie, comme n'importe quelle chose. Il s'achète et se vend ; il y a d'ailleurs des marchés pour cela »[1299].

798. Il convient donc de distinguer les obligations ayant pour objet la remise d'une somme d'argent à des fins de paiement et les obligations ayant pour objet la remise d'une somme d'argent afin d'assurer un service. Les premières correspondent à des obligations de donner (donner une somme d'argent) alors que les secondes sont considérées comme des obligations de faire (mettre à disposition une somme d'argent).

799. En conséquence, seules les obligations portant sur une somme d'argent à payer sont susceptibles d'exécution forcée en nature. À l'inverse, il

---

[1299] Fr. GRUA, « *Nature de la monnaie* », J.-Cl. Civ. Code, App. Art. 1235 à 1270, fasc. 14, n°56.

apparaît impossible de forcer l'exécution d'une obligation de mise à disposition d'argent[1300]. Un banquier ne peut donc pas être forcé d'exécuter une ouverture de crédit[1301].

800. Exécution forcée en nature des obligations de faire ou de ne pas faire – L'exécution forcée en nature des obligations de faire ou de ne pas faire se heurte à l'interdiction faite au créancier d'exercer une contrainte physique sur le débiteur pour obtenir satisfaction. En matière d'obligations de faire ou de ne pas faire, le dédommagement apparaît comme une solution envisageable si le débiteur refuse de s'exécuter. En effet, contraindre « physiquement l'ouvrier à accomplir un travail, l'artiste à exercer son art, l'entrepreneur à construire ou à fabriquer… un tel résultat ne peut être atteint qu'en portant une atteinte intolérable à la liberté individuelle du débiteur »[1302].

801. D'un point de vue économique, contraindre quelqu'un à faire quelque chose n'est en revanche pas efficace. Agissant contre son gré, l'individu est amené à "mal" s'exécuter. Par exemple, un promettant ne peut être condamné à maintenir son offre[1303] ou un enseignant à délivrer un cours[1304]. Soutenir la solution inverse est contre-productive.

802. Néanmoins, l'exécution forcée en nature est admise par la jurisprudence, même pour les obligations de faire. Ainsi, lorsque l'exécution forcée d'une obligation de faire n'implique pas une atteinte à la liberté du débiteur, elle est tout à fait envisageable. L'exécution forcée peut même être directe si elle n'entraîne pas de violence physique sur la personne du débiteur. Il est possible, par exemple, de prononcer la réintégration d'un salarié[1305] ou de condamner un mandataire à rendre des comptes relatifs à la mission dont il était investi[1306].

803. Admission de l'exécution en nature des obligations de faire – Malgré la formule très générale de l'article 1142, qui prévoit la résolution en

---

[1300] L'ouverture de crédit est une notion générique qui renvoie à différents contrats : prêt à la consommation, autorisation de découvert, crédit d'escompte d'une lettre de change, etc.

[1301] Cass. civ. 2ème, 18 novembre 2004, Gaz. Pal. 2005, p. 15, obs. C. BRENNER.

[1302] Fr. TERRÉ, Ph. SIMLER et Y. LEQUETTE, *Droit civil, Les obligations*, 2009, *op. cit.*, n°1113.

[1303] Cass. civ. 3ème, 15 décembre 1993, Bull. civ. III, n°174, JCP 1995, II, p. 22366, note D. MAZEAUD ; RTD civ. 1994, p. 588, obs. J. MESTRE.

[1304] TI Paris, 3 octobre 1968, Gaz. Pal. 1968, 2, jur. p. 345, note J.-P. DOUCET.

[1305] Cass. soc., 21 avril 1971, Bull. civ. V, n°287 ; Cass. soc., 25 février 1998, Bull. civ. V, n°102.

[1306] Cass. civ. 1ère, 4 décembre 1990, Bull. civ. I, n°282.

dommages et intérêts des obligations de faire et de ne pas faire, ainsi que l'impossibilité de contrainte physique sur le débiteur, la jurisprudence a depuis longtemps admis que le créancier peut obtenir l'exécution forcée en nature des obligations de faire soit par un procédé de contrainte directe (saisie, expulsion) soit plus souvent par un procédé indirect comme l'astreinte.

La jurisprudence[1307] justifie cela au visa de l'article 1184, alinéa 2 du Code civil, prévoyant que « *la partie envers laquelle l'engagement n'a point été exécuté, a le choix ou de forcer l'autre à l'exécution de la convention lorsqu'elle est possible, ou d'en demander la résolution avec des dommages et intérêts* ».

804. Mais le plus souvent, pour forcer l'exécution d'une obligation de faire, la jurisprudence a recours à des procédés indirects. Au-delà des techniques contractuelles visant à faire pression sur le débiteur afin qu'il s'exécute, il est possible de solliciter une injonction de faire, parfois accompagnée d'une astreinte.

805. Injonctions – L'injonction traduit le commandement donné au débiteur de s'exécuter. Il s'agit de mesures de contrainte plus ou moins efficaces. La procédure d'injonction de faire permet, par exemple, d'obtenir l'exécution en nature de certaines obligations de faire[1308]. Mais à l'inverse de l'injonction de payer[1309], elle est réservée aux obligations de nature contractuelle, excluant les obligations délictuelles, quasi contractuelles ou légales.

De plus, l'injonction de faire n'a pas vocation à se substituer à la procédure d'injonction de payer, réservée quant à elle au recouvrement des obligations portant sur somme d'argent. Les obligations pécuniaires sont donc naturellement exclues de son champ d'application.

806. L'ensemble des auteurs[1310] s'accorde également à refuser le bénéfice de la procédure d'injonction de faire au créancier d'une obligation de ne pas

---

[1307] V. par ex. Cass. civ. 1ère, 16 janvier 2007, JurisData n° 2007-036916 ; JCP-G 2007, I, p. 161, obs. M. MEKKI ; D. 2007, p. 1119, note O. GOUT ; RTD civ. 2007, p. 342, obs. J. MESTRE et B. FAGES.

[1308] CA Paris, 10 avril 1990, RTD civ. 1990, p. 567, obs. R. PERROT.

[1309] Cf. D. MAS, « *Injonction de payer* », Rép. pr. civ., mars 1997.

[1310] J. VINCENT et J. PREVAULT, *Voies d'exécution et procédures de distribution*, Dalloz, 19e éd., 1999, n°27, p. 23 ; V. CHRISTIANOS, « *Injonction de faire et protection judiciaire du consommateur* », D. 1990, p. 92. *Contra* : J. FOYER, « *Injonction de faire* », Rép. pr. civ., n°7, p. 1, qui regrette cette exclusion puisqu'il est « des obligations de ne pas faire, telles les obligations résultant du voisinage, pour le respect desquelles une procédure simplifiée serait utile ».

faire. Selon ces auteurs, il n'est absolument pas adapté d'enjoindre le débiteur à ne pas faire quelque chose.
Notons également que l'injonction de faire n'est pas une procédure dérogatoire à l'article 1142 du Code civil. Les juges doivent se prononcer selon les règles de droit commun[1311] de sorte que cette injonction n'est rien de plus qu'une menace pour le débiteur qui, finalement, ne risque aucune autre sanction que celle que le juge peut prononcer sur le fondement de l'article 1142 du Code civil. Il s'agit d'un moyen de dissuasion dont l'efficacité est somme toute assez réduite.

807. Les obligations de sommes d'argent doivent être, en définitive, recouvrées par une procédure d'injonction de payer, permettant au créancier d'obtenir rapidement un titre exécutoire. Cette procédure est destinée aux créances liquides ayant une cause contractuelle ainsi que les créances statutaires. L'injonction de livrer confère également un titre exécutoire au créancier. Cette procédure suppose l'inexécution d'une obligation de livraison ou de restitution d'un bien meuble corporel, peu importe l'origine de la créance.
La seule limite à la demande d'exécution en nature demeure l'exécution impossible[1312]. Notons également que le juge étant tenu par les termes du litige, il ne peut donc ordonner l'exécution en nature si le créancier a demandé une simple indemnisation.

808. Astreinte – La loi du 5 juillet 1972[1313], consacrant l'astreinte, a permis de relancer le débat. En effet, en autorisant l'astreinte, il n'est plus question de porter la contrainte sur la personne du débiteur, mais sur ses biens. L'atteinte aux libertés individuelles du débiteur n'est donc plus d'actualité, comme cela fut le cas en 1804. L'astreinte permet de contraindre le débiteur à s'exécuter en faisant pression sur sa volonté[1314]. Il s'agit d'un procédé de

---

[1311] CA Paris, 10 avril 1990, RTD civ. 1990, p. 567, obs. R. PERROT.
[1312] V. *infra* n°823 s. : « Les obstacles à l'exécution forcée en nature ».
[1313] Loi n° 72-626 du 5 juillet 1972 instituant un juge de l'exécution et relative à la réforme de la procédure civile.
[1314] V. not. E. A. ABUDA, *L'astreinte et l'exécution des obligations contractuelles*, Th. Poitiers, 1982 ; D. DENIS, *L'astreinte judiciaire. Nature et évolution*, Th. Paris, 1973 ; Ch. ATIAS, « *La défense à exécution provisoire de l'astreinte liquidée* », D. 1995, p. 272 ; E. BARADUC-BÉNABENT, « *L'astreinte en matière administrative* », D. 1981, p. 95 ; J. BORE, « *La liquidation de l'astreinte comminatoire* », DS 1966, p. 159 ; J. BUFFET, « *La réforme de l'astreinte* », Rapport de la Cour de cassation, La documentation française, 1997, p. 67 ; Fr. CHABAS, « *La réforme de l'astreinte* », D. 1992, p. 299 ; A. ESMEIN, « *L'origine et la logique de la jurisprudence en matière d'astreinte* », RTD civ. 1903, p. 5 ; M. FREJAVILLE, « *L'astreinte* », DH 1949, p. 1 ; P. KAYSER, « *L'astreinte judiciaire et la responsabilité civile* », RTD civ. 1953, p. 209.

contrainte indirecte permettant au créancier de forcer le débiteur à s'exécuter.

809. Un autre moyen utilisé pour contourner la prohibition de la contrainte physique sur la personne du débiteur réside également dans la possibilité d'obtenir une exécution aux dépens.

810. Exécution aux dépens – Pour cela, il suffit que le créancier fasse exécuter l'obligation par un tiers tout en faisant supporter les frais de cette exécution au débiteur. Il s'agit alors du mécanisme de l'exécution aux dépens. Ainsi, l'obligation de faire se substitue au profit d'une obligation de payer une somme d'argent, laquelle est susceptible d'exécution forcée, conformément à l'article 1144 du Code civil qui dispose que le créancier « *peut aussi, en cas d'inexécution, être autorisé à faire exécuter lui-même l'obligation aux dépens du débiteur. Celui-ci peut être condamné à faire l'avance des sommes nécessaires à cette exécution* ».
Le créancier obtient ainsi la même chose que ce qui lui était dû. On ne peut donc pas parler d'exécution par équivalent. D'ailleurs, la condamnation du débiteur à payer les frais de l'exécution n'est pas exclusive de celle des dommages et intérêts. L'article 1143 du Code civil prévoit expressément que le créancier d'une obligation de ne pas faire « *a le droit de demander que ce qui aurait été fait par contravention à l'engagement soit détruit ; et il peut se faire autoriser à le détruire aux dépens du débiteur, sans préjudice des dommages et intérêts s'il y a lieu* ».

811. L'article 1143 du même Code apporte cependant une nuance précisant que « *le créancier a le droit de demander que ce qui aurait été fait par contravention à l'engagement, soit détruit ; et il peut se faire autoriser à le détruire aux dépens du débiteur, sans préjudice des dommages et intérêts s'il y a lieu* ». Il peut donc y avoir effacement de ce qui a été fait en violation d'une obligation de ne pas faire, aux frais du débiteur[1315].
Les juges ont parfois appliqué ce texte au-delà de sa seule lettre. En effet, sur ce même fondement, ils ont condamné le débiteur d'une obligation de non-concurrence à cesser toute concurrence illégitime[1316]. L'exécution forcée en nature peut donc être prononcée en matière d'obligation de donner, mais également s'il s'agit d'une obligation de ne pas faire. Les hypothèses dans ce dernier cas sont toutefois réduites.

[1315] Cass. civ. 3ème, 9 mai 2007, n°06-12.474, RDI 2007, p. 336, obs. F.-G. TRÉBULLE, le propriétaire est en droit de demander que ce qui a été fait par contravention à l'engagement résultant du cahier des charges du lotissement soit détruit.
[1316] Cass. soc., 24 janvier 1979, Bull. civ. V, n°67, D. 1979, p. 619, note Y. SERRA.

812. Compétence des juges – En matière d'obligation de ne pas faire, dans un arrêt de 2007[1317], la Cour de cassation a rappelé la possibilité d'en forcer l'exécution, en précisant dans un même temps que la mesure de l'exécution forcée ne relevait pas uniquement de la compétence des juges de l'exécution. Les juges du fond détiennent, eux aussi, ce pouvoir.

Au visa des articles 1134 et 1142 du Code civil, ainsi que des articles 4 et 12 du nouveau Code de procédure civile, la Haute cour a indiqué que « *la partie envers laquelle un engagement contractuel n'a point été exécuté a la faculté de forcer l'autre à l'exécution de la convention lorsque celle-ci est possible ; que le prononcé de mesures d'interdiction et de retrait, sous astreinte, destinées à assurer une telle exécution et le respect des engagements souscrits, entre dans les pouvoirs des juges du fond tenus de trancher le litige, tel que déterminé par les prétentions des parties, conformément aux règles de droit qui lui sont applicables* ». En l'espèce, il s'agissait d'un éditeur qui avait cédé à un second, le droit d'exploiter dans la collection du "Livre de Poche", pour une durée de cinq ans, une œuvre intitulée "La règle de quatre". En contrepartie, il s'interdisait, pendant la durée du contrat, de publier ou de laisser publier cet ouvrage dans une collection à grande diffusion dont le prix de vente ne serait pas au moins deux fois et demie supérieur à celui du livre de poche. Mais apprenant qu'en dépit de ces engagements il s'apprêtait à commercialiser l'ouvrage dans une collection dont le prix n'excéderait pas dix euros, le second éditeur l'avait assigné en référé en interdiction, sous astreinte, de la poursuite des actes de commercialisation, et en retrait de la vente des exemplaires mis sur le marché.

L'affaire fut renvoyée au fond par le juge des référés, et le tribunal de grande instance accueillit la demande. Cette première décision fut annulée. Les juges d'appel ont relevé qu'en interdisant au premier éditeur la poursuite de la commercialisation de l'ouvrage litigieux, alors qu'aux termes de l'article 1142 du Code civil, toute obligation de faire ou ne pas faire se résout en dommages-intérêts – en cas d'inexécution de la part du débiteur – et que le prononcé d'une mesure d'interdiction ressortit exclusivement au pouvoir conféré au juge des référés par l'article 809 du nouveau Code de procédure civile, les juges du fond avaient excédé leur pouvoir et méconnu les articles précités.

L'arrêt est cassé au motif qu'en sollicitant le prononcé d'une mesure visant à interdire, sous astreinte, la poursuite des actes de commercialisation entrepris par le premier éditeur en méconnaissance de ses engagements, le second n'a

---

[1317] Cass. civ. 1ère, 16 janvier 2007, Bull. civ. I, n°19, D. 2007, jur. p. 1119, note O. GOUT, RTD civ. 2007, p. 342, obs. J. MESTRE et B. FAGES ; CCC 2007, n°144, obs. L. LEVENEUR ; RDC 2007, p. 719, obs. D. MAZEAUD ; JCP 2007, I, p. 161, obs. M. MEKKI.

fait qu'user de la faculté reconnue à toute partie contractante de poursuivre l'exécution forcée de la convention lorsque celle-ci est possible. En conséquence, le prononcé d'une telle mesure, en ce qu'elle tend à l'exécution forcée de la convention, relève bien des pouvoirs du juge du fond.

813. Exécution forcée en nature d'une obligation de faire à caractère personnel – L'article 1142 du Code civil admet que le créancier puisse obtenir l'exécution forcée en nature des obligations de faire. Toutefois, selon la doctrine et la jurisprudence, les obligations à caractère personnel échappent toutefois à cette règle : « Pour ces dernières, toute contrainte, même par le procédé indirect de l'astreinte, serait moralement inadmissible, car elle mettrait en péril une liberté essentielle du débiteur » [1318]. En effet, l'exécution en nature des obligations se traduit, en principe, soit par un procédé de contrainte directe comme la saisie ou l'expulsion, soit le plus souvent par un procédé indirect tel que l'astreinte.
Ces différentes mesures ne sont que rarement applicables aux obligations de faire à caractère personnel, car selon la jurisprudence[1319], toute contrainte serait moralement inadmissible. Dès lors, les moyens de contrainte indirecte et la faculté de remplacement offerte par l'article 1144 du Code civil permettent presque toujours au créancier d'obtenir l'exécution en nature.

814. Certains auteurs définissent les obligations à caractère personnel comme « des obligations qui supposent nécessairement un fait personnel du débiteur parce qu'elles ont été contractées *intuitu personae* »[1320]. Il s'agit d'une définition assez large de la notion.
D'autres auteurs préfèrent adopter une vision plus restrictive ne retenant que les obligations qui mettent en jeu « des qualités irréductiblement individuelles du débiteur […], une liberté essentielle […] (et celles qui engagent) le tréfonds de la personnalité (qui sont) strictement personnelle »[1321].

815. Malgré la difficulté de trouver une définition précise de l'obligation à caractère personnel, la doctrine et la jurisprudence s'accordent à inclure dans cette catégorie, les obligations présentant un fort caractère d'*intuitu personae*

[1318] A. LEBOIS, « *Les obligations de faire à caractère personnel* », Rev. de dr., Asso. Henri CAPITANT, n°3, 2011.
[1319] Cass. civ. 1ère, 20 janvier 1953, JCP-G 1953, II, p. 7677, note P. ESMEIN.
[1320] H., L. et J. MAZEAUD et Fr. CHABAS, *Leçon de droit civil*, t. 2, vol. 1, *Obligations, Théorie générale*, 1998, *op. cit.*, n°935, p. 1031.
[1321] J. CARBONNIER, *Droit civil*, t. 4, *Les obligations*, 2000, *op. cit.*, n°372 ; P.-Y. GAUTIER, *Propriété littéraire et artistique*, PUF, 6ème éd., 2007, n°233 ; A. SÉRIAUX, *Manuel de droit des obligations*, PUF, 2006, n°62.

ou celles découlant de l'*affectio societatis*. Ainsi en est-il des obligations résultant du contrat de travail, celle du preneur dans le bail à nourriture ou bien encore l'obligation du professeur lié par un contrat d'enseignement. Retenant une conception restrictive des obligations à caractère personnel, la jurisprudence n'hésite plus à contraindre le débiteur de telles obligations à l'exécution en nature[1322].

816. En conséquence, une partie de la doctrine a pu considérer que l'article 1142 du Code civil visait uniquement à empêcher la contrainte physique sur la personne du débiteur[1323]. Dès lors que le recours de l'article échappe à cet impératif, l'exécution forcée en nature peut être prononcée et ce, même pour des obligations à caractère personnel. C'est notamment le recours à l'astreinte qui a réduit la portée de cet article.
D'autres auteurs se sont opposés à cette interprétation estimant que dès lors qu'une obligation revêt un caractère personnel, aucune contrainte, qu'elle soit directe ou indirecte, ne peut porter sur le débiteur sans mettre en péril une de ses libertés essentielles[1324].

817. Exécution aux dépens et *intuitu personae* – Par ailleurs, l'exécution aux dépens des obligations de faire semble *a priori* impossible en raison du caractère *intuitu personae* de l'obligation. Le débiteur est considéré dans ce cas comme étant irremplaçable. Or, l'impossibilité de remplacement n'est pas juridiquement reconnue. Certes, l'exécution aux dépens ne peut être considérée comme identique à l'exécution initialement envisagée. Néanmoins, rien n'interdit l'exécution aux dépens.
Il arrive toutefois que la loi ou la convention fassent exception à cela. Par exemple, il existe en droit de la propriété intellectuelle une impossibilité juridique de solliciter le bénéfice de la faculté de remplacement[1325] lorsqu'il s'agit d'une œuvre de l'esprit protégée par le droit moral de l'auteur, incluant un droit de divulgation. En effet, dans le contrat de commande d'œuvres d'art, si l'auteur refuse de livrer l'œuvre, toute contrainte directe ou indirecte en vue d'une exécution forcée en nature est contraire à sa liberté de création.

[1322] Cass. civ. 1ère, 4 décembre 1990, JurisData n°1990-003424 ; Bull. civ. I, 1990, n°282.
[1323] V. not., Ph. MALINVAUD, *Droit des obligations*, *op. cit.*, n°831 ; J. CARBONNIER, *Droit civil*, t. 4, *Les obligations*, PUF, 2000, *op. cit.*, n°373 ; H., L. et J. MAZEAUD et Fr. CHABAS, *Leçon de droit civil*, t. 2, vol. 1, *Obligations*, *Théorie générale*, 1998, *op. cit.*, n°935, p. 1031.
[1324] Ph. SIMLER, « *Contrats et obligations, classification des obligations, distinction des obligations de donner, de faire et de ne pas faire* », Jcl. Civ., art. 1136 à 1145, fasc. 10, 2004, n°109 ; B. FAGES, *Droit des obligations*, LGDJ, 2007, n°355 ; Ph. MALAURIE, L. AYNÈS et Ph. STOFFEL-MUNCK, *Les obligations*, 2007, *op. cit.*, n°1134.
[1325] A. LEBOIS, « *Les obligations de faire à caractère personnel* », art. préc., spéc. n°11.

818. Dans la célèbre affaire Whistler, le peintre refusait de livrer le portrait de lady Eden qui lui avait été commandé alors qu'il avait exécuté celui-ci, préférant restituer les fonds reçus. La cour d'appel de Paris avait relevé que le peintre n'était débiteur que d'une obligation de faire de sorte que le principe de la liberté créatrice excluait toute exécution forcée en nature[1326]. La Cour de cassation avait approuvé cette décision, se contentant d'octroyer des dommages et intérêts[1327]. Lorsque l'auteur d'une œuvre de l'esprit refuse de livrer l'œuvre commandée, ce n'est pas cette obligation de livraison qui fait obstacle à l'exécution forcée en nature, car au contraire, celle-ci pourrait très bien être forcée. C'est le droit de divulgation que l'auteur met en avant, ou plutôt son droit de non-divulgation excluant l'astreinte[1328]. L'obligation de délivrance intervient lorsque l'œuvre commandée est achevée, sauf que l'œuvre n'est achevée qu'au moment où l'auteur estime qu'elle l'est et qu'elle peut faire l'objet d'une divulgation[1329].

819. Dans cette affaire Whistler, le peintre avait pourtant exposé son œuvre publiquement avant de refuser de la livrer. Ainsi, aurait-on pu considérer qu'il avait exécuté son obligation de divulgation, permettant dès lors de forcer l'exécution de son obligation de délivrance. Mais les juges ont considéré que l'exposition était destinée à recueillir l'avis de la critique artistique et ne traduisait pas la volonté de l'auteur de livrer son œuvre au public. La décision de la Cour est critiquable sur ce point[1330]. L'exécution des contrats de commandes d'œuvres d'art ne peut toutefois pas faire l'objet d'une règle générale. La nature de l'œuvre commandée, la loyauté dans l'exécution du contrat ou l'abus dans l'exercice du droit moral sont autant d'éléments qui doivent permettre aux juges d'apprécier les cas d'espèce et de rendre une décision qui ne peut être systématique.

820. En droit du travail également, la loi fait parfois obstacle à la faculté de remplacement. Par exemple, lorsque la démission d'un salarié est irrégulière, l'employeur peut demander au juge d'ordonner au salarié de reprendre son activité. Néanmoins, l'exécution aux dépens se voit exclue, car il s'agirait

---

[1326] CA Paris, 2 décembre 1897, DP 1898, 2, p. 465, note M. PLANIOL.

[1327] Cass. civ., 14 mars 1900, DP 1900, 1, p. 497, note M. PLANIOL ; S. 1900, 1, p. 489.

[1328] T. civ. Charolles, 4 mars 1949, Gaz. Pal. 1949, 2, p. 176.

[1329] Article L. 121-2 du Code de la propriété intellectuelle, qui indique que l'auteur est le seul à disposer du droit de divulguer son œuvre et de déterminer les procédés et les conditions de divulgation.

[1330] Les circonstances de l'affaire ont d'ailleurs montré que le refus du peintre de livrer l'œuvre était en réalité inspiré par des considérations étrangères au droit moral. Whistler était en effet satisfait de son tableau, mais son refus de le livrer était guidé par des considérations financières.

d'une nouvelle embauche. La rupture abusive du contrat de travail par le salarié n'ouvre à l'employeur qu'un droit à des dommages et intérêts[1331].

821. En conclusion, seule « une approche très restrictive des obligations personnelles respecte le droit du créancier d'obtenir l'exécution en nature. Le juge ne devrait pas pouvoir faire échec à l'exercice de ce droit qui est « l'effet le plus direct du principe de la force obligatoire du contrat »[1332]. La Cour de cassation n'a pourtant pas adopté ce point de vue : elle laisse aux juges du fond la liberté d'apprécier l'opportunité de la demande d'exécution forcée[1333]. Cette approche remet en cause « le droit à l'exécution forcée qui ne devrait être écarté qu'en cas d'abus, c'est-à-dire seulement si la demande d'exécution en nature ne présente aucune utilité pour le créancier, qu'elle est révélatrice d'une intention de nuire au débiteur en lui imposant des frais exagérés »[1334]. En définitive, l'exécution en nature fait partie des options offertes au créancier lorsque ce dernier n'a pas obtenu satisfaction.

822. D'autres obstacles rendent également impossible l'exécution forcée en nature.

C. Les obstacles au recours à l'exécution forcée en nature

823. Impossibilité d'exécution forcée – Il existe cependant des hypothèses selon lesquelles l'exécution forcée est impossible.

824. Impossibilité matérielle – Ainsi, lorsqu'il ne reste rien à exécuter, il y a impossibilité matérielle. En l'occurrence, cette incapacité survient lorsque l'obligation porte sur une chose qui a été perdue. Mais il faut une impossibilité véritable et non de simples difficultés. Si l'impossibilité n'est que partielle, comme c'est notamment le cas lors de la violation d'une obligation négative ou d'un retard d'exécution. L'exécution reste alors possible, dans une certaine mesure. L'exécution et la réparation se cumulent.

825. Impossibilité juridique – Lorsqu'une règle juridique exclut l'exécution forcée, il s'agit d'une impossibilité juridique. Cet empêchement peut résulter

---

[1331] Article L. 1237-2 du Code du travail.

[1332] A. LEBOIS « *Les obligations de faire à caractère personnel* », art. préc., note61 citant : G. VINEY, « *Exécution de l'obligation, faculté de remplacement et réparation en nature en droit français* », art. préc., n°16, p. 182.

[1333] A. LEBOIS, « *Les obligations de faire à caractère personnel* », art. préc., note62 citant : Cass. Civ. 1ère, 3 oct. 1956 : Bull. civ. 1956, I, n°328.

[1334] A. LEBOIS, « *Les obligations de faire à caractère personnel* », art. préc., spéc. n°15.

de l'application d'un principe concurrent tel l'abus de droit ou le respect dû aux droits acquis par le tiers de bonne foi.

826. Impossibilité sociale – Certains auteurs parlent également d'une impossibilité sociale d'exécution, faisant référence à un arrêt de la chambre des requêtes où la Cour de cassation avait considéré que la réfection des travaux mal exécutés par un entrepreneur « *nécessitait la démolition à peu près complète de l'immeuble et occasionnerait une dépense de beaucoup supérieure au préjudice résultant de la défectuosité* »[1335]. Les juges du fond[1336] ont également rendu des décisions se fondant sur la disproportion existante entre l'intérêt du créancier à la démolition d'un immeuble construit en violation du cahier des charges et l'intérêt des acquéreurs de logements ainsi que l'ensemble de la Société au maintien des constructions irrégulières.

827. Ces décisions ont fait l'objet de vives critiques notamment, car l'idée d'impossibilité sociale d'exécution était basée sur le pouvoir souverain d'appréciation des juges du fond. La Cour de cassation est donc revenue sur cette jurisprudence, cassant l'arrêt précipité rendu par la cour d'appel de Montpellier le 30 juin 1961, au motif qu'« *ayant reconnu que l'exécution de la condamnation en nature sollicitée n'était pas impossible et que les demandeurs avaient intérêt à obtenir cette condamnation, la Cour, en refusant de la prononcer pour des raisons tenant à l'intérêt des tiers, a violé le texte ci-dessus visé (article 1143 du Code civil)* »[1337]. Cette nouvelle jurisprudence, confirmée en 1965[1338], a mis en avant la volonté de la Cour de cassation de considérer que l'exécution demeure possible malgré la disproportion entre l'intérêt du créancier et l'intérêt des tiers, voire de l'intérêt général. Conformément à l'article 1143 du Code civil, le créancier possède le droit d'exiger la démolition, car il s'agit là d'une mesure d'exécution. Néanmoins, en 1978[1339], les juges du fond ont décidé que la démolition était socialement impossible lorsque la suppression de

---

[1335] Cass. req., 23 mars 1909, D.1910, 1, p. 343.

[1336] V. not. : CA Aix-en-Provence, 4 janvier 1962. – CA Montpellier, 30 juin 1961.

[1337] Cass. civ. 1ère, 17 décembre 1963, S. J. 1964, II, p. 13609.

[1338] Cass. civ. 1ère, 10 novembre 1965, B.C.I, n°604, p. 458. En l'espèce, la cour d'appel de Caen avait refusé de condamner le défendeur à démolir l'ouvrage litigieux exécutés par lui au rez-de-chaussée d'un immeuble et portant atteinte aux droits personnels de propriété et de jouissance de plusieurs copropriétaires de cet immeuble ; les juges du fond s'étaient bornés à allouer une indemnité aux demandeurs, au motif que la remise à l'état d'origine entraînerait des travaux importants et coûteux, hors proportion avec le préjudice causé. L'arrêt a été cassé pour avoir violé l'article 1143 en refusant d'ordonner la démolition, alors que la condamnation en nature sollicitée par les demandeurs n'était pas impossible et que ceux-ci avaient intérêt à l'obtenir. – V. aussi, Cass. civ. 3ème, 21 janvier 1971, JCP 1971, IV, p. 49.

[1339] CA Grenoble, 5 octobre 1978, JCP-N 1979, II, p. 260.

l'immeuble destiné au logement de personnes disposant de faibles ressources aurait pour conséquences d'aggraver le problème du logement de membres de catégories sociales défavorisées.

828. Impossibilité légale – Le législateur lui-même peut exclure la possibilité pour le créancier d'obtenir l'exécution directe de l'obligation[1340]. Cet empêchement légal confirme l'impossibilité de fonder l'exécution forcée sur la force obligatoire du contrat, car cela impliquerait au contraire l'automaticité de la sanction. Boris Starck a même reconnu une « impossibilité économique ou juridique »[1341]. Il s'agit, selon cet auteur, d'une impossibilité d'exécution qui résulterait du fait que l'exécution, toujours possible en théorie, n'offrirait plus d'intérêt pour le créancier.

829. Impossibilité morale – Par ailleurs, une nouvelle idée a émergé, cherchant toujours à limiter l'exécution forcée en nature, considérant qu'il existerait une impossibilité morale à l'exécution forcée en nature. De ce fait, la « violence morale de l'exécution forcée indirecte serait incompatible avec le maintien de certaines libertés intellectuelles du débiteur (le droit moral d'un artiste sur son œuvre, par exemple) »[1342]. Il n'est toutefois pas certain que toute exécution forcée puisse être proscrite.

830. En matière de responsabilité délictuelle, on oppose la réparation en nature à celle par équivalent. Par analogie, les civilistes ont adopté la même approche entre l'exécution forcée en nature et l'exécution forcée par équivalent.

§2 – L'exécution forcée par équivalent

831. Le concept même d'exécution par équivalent prête à confusion, notamment par rapport à son autonomie à l'égard de la responsabilité contractuelle.
Certains auteurs nient l'existence même de la notion d'exécution par équivalent au profit du concept de responsabilité. Ils considèrent que « dire que les dommages-intérêts représentent un mode d'exécution par équivalent n'est en réalité qu'une image ; à proprement parler, une telle exécution est

---

[1340] P. WÉRY, « *L'exécution en nature de l'obligation contractuelle et la réparation en nature du dommage contractuel, Rapport belge* », *op. cit.*, n°9, p. 218.
[1341] B. STARCK, *Essai d'une théorie générale de la responsabilité civile considérée en sa double fonction de garantie et de peine privée*, Th. Paris, 1947.
[1342] G. FOREST, *Essai sur la notion d'obligation en droit privé*, *op. cit.*, n°369, p. 252.

inconcevable »[1343]. Il n'existerait donc qu'un seul mode d'exécution forcée aux côtés du mécanisme de responsabilité, celui de l'exécution forcée en nature.
D'autres auteurs, au contraire, rejettent le principe même d'une responsabilité contractuelle. Le raisonnement de ceux-ci considère que ladite responsabilité contractuelle ne serait que l'expression d'une exécution forcée par équivalent[1344].
Ainsi, il convient d'aborder l'exécution par équivalent en tant que mode d'exécution sous une forme équivalente (A), avant d'envisager la question de la réparation (B).

A. L'exécution sous une forme équivalente

832. Interrogation sur la notion de responsabilité contractuelle – Depuis de nombreuses années, une question fait rage au sein de la doctrine et divise les camps sur le fait de savoir si la responsabilité contractuelle existe, ou bien si les dommages et intérêts auxquels le débiteur est condamné à payer ne sont qu'une forme d'exécution forcée par équivalent[1345].

[1343] P. JOURDAIN, « *Réflexion sur la notion de responsabilité contractuelle* », in *Les métamorphoses de la responsabilité*, 6e journée R. SAVATIER, PUF, 1997, n°1, p. 69.
[1344] P. JOURDAIN, « *Réflexion sur la notion de responsabilité contractuelle* », *art. préc.*, p. 66. L'auteur faisant référence à des études récentes : L. LETURMY, « *La responsabilité délictuelle du contractant* », RTD civ. 1998, p. 839 ; Ph. RÉMY, « *La « responsabilité contractuelle » : histoire d'un faux concept* », *art. préc.*, et du même auteur, « *Critique du système français de responsabilité civile* », Droits et cultures 1996/1, p. 31 ; D. TALLON, « *L'inexécution du contrat : pour une autre présentation* », art. préc., et du même auteur, « *Pourquoi parler de faute contractuelle ?* », art. préc.
[1345] V. dans le sens de l'existence d'une responsabilité contractuelle : P. JOURDAIN, « *Réflexion sur la notion de responsabilité contractuelle*, art. préc., p.65 et s. – É. SAVAUX, « *La fin de la responsabilité contractuelle ?* », RTD civ. 1999, p. 1 et s. – Ch. LARROUMET, « *Pour la responsabilité contractuelle* », in *Mélanges CATALA*, Litec, 2001, p. 543 et s. – G. VINEY, « *La responsabilité contractuelle en question* », in *Mélanges J. GHESTIN*, LGDJ, 2001, p. 921 et s. V. pour la réfutation de son existence : Ph. LE TOURNEAU, *Droit de la responsabilité et des contrats*, Dalloz Action, 10ème éd., 2010-2011, n°802 et s., p. 320 et s. – D. TALLON, « *L'inexécution du contrat : pour une autre présentation* », art. préc., p. 223 et s. et du même auteur, « *Pourquoi parler de faute contractuelle ?* », art. préc., p. 429 et s. – Ph. RÉMY, « *La "responsabilité contractuelle" : histoire d'un faux concept* », art. préc., p. 323 et s. – J. SCHMIDT-SZALEWSKI, « *La force obligatoire à l'épreuve des avants-contrats* », RTD civ. 2000, p. 31, spéc. note 35. V. pour une position intermédiaire (la responsabilité contractuelle assumerait en même temps une fonction de réparation et une fonction de paiement) : J. HUET, *Responsabilité contractuelle et responsabilité délictuelle. Essai de délimitation entre les deux ordres de responsabilité*, Th. Paris, 1978.

La controverse sous-jacente[1346] n'est pas nouvelle. La question consiste à déterminer si l'obligation de réparer est une obligation nouvelle[1347] ou si au contraire, elle n'est que le prolongement de l'obligation inexécutée[1348].

833. Exécution forcée par équivalent – Lorsque l'exécution en nature n'est pas possible ou n'est pas souhaitée, le contrat se résout en dommages et intérêts. Plus précisément, quand, pour divers motifs l'exécution directe de l'obligation contractuelle ne peut pas lui être accordée, le créancier doit alors recourir à son succédané à savoir, les dommages et intérêts grâce auxquels il est rétabli dans une situation équivalant à celle que lui aurait procuré l'exécution *ad ipsam rem*. Il s'agit, dans cette hypothèse, du versement d'une somme d'argent,[1349] car, grâce à son caractère abstrait, la monnaie permet de se substituer à tous les biens[1350].

834. Exécution forcée indirecte – L'exécution par équivalent est également appelée exécution forcée indirecte, car elle consiste en la réalisation forcée des biens du débiteur. Le plus souvent, il y a saisi puis liquidation de ses biens afin de payer le créancier sur le prix. Il s'agit d'une forme d'exécution indirecte, car le créancier poursuit, quelle que soit la nature de la créance inexécutée, autre chose que ce qui lui était dû initialement. Le créancier attendait une prestation matérielle et obtient une somme d'argent à la place à titre de dédommagement. Lorsque le créancier est titulaire d'une somme d'argent, il est possible d'envisager que l'exécution forcée soit directe. Néanmoins, même pour les créances d'argent, l'exécution forcée est considérée comme indirecte. Par exemple, en cas de saisie, celle-ci porte sur une créance, c'est-à-dire un droit. Or, le créancier désire de l'argent. La créance se distingue des fonds qu'elle représente.

1346 V. pour un historique des confrontations doctrinales : P. GROSSER, *Les remèdes à l'inexécution du contrat : essai de classification*, *op. cit.*, n°352 et s., p. 462 et s.

1347 V. en ce sens : H. MAZEAUD, « *Responsabilité délictuelle et responsabilité contractuelle* », RTD civ. 1929, p. 550 et s., spéc. n°5, p. 555. V. également : M. VIRALLY, *La pensée juridique*, LGDJ, 1960, rééd. Éd. Panthéon-Assas, 1998, p. 69. – J.-L. BERGEL, *Théorie générale du droit*, 2003, *op. cit.*, n°34, p. 45 : « dans tous les cas, la violation d'une prescription juridique a pour effet de substituer à l'obligation initiale une autre obligation ».

1348 V. en ce sens : Cass. req., 9 mai 1881, DP 1882, 1, p. 13. – H. DE LA MASSUE, « *De l'absence de novation dans la résolution de l'obligation contractuelle* », RTD civ. 1932, p. 377, spéc. p. 381 et 383. – E. GAUDEMET, *Théorie générale des obligations*, 2004, *op. cit.*, p. 378.

1349 Cass. req., 20 mars 1912, D. 1913, I, pp. 247-248.

1350 Ch. BRUNEAU, *La distinction entre les obligations monétaires et les obligations en nature. Essai de détermination de l'objet*, Th. Paris II, 1984, p. 880.

835. En matière d'exécution forcée indirecte, nous retrouvons principalement trois opérations. Tout d'abord, la saisie. Il s'agit d'une procédure ayant pour but d'appréhender de manière forcée, les biens du débiteur. Ensuite vient l'adjudication, qui correspond à la vente forcée du bien saisi. Et enfin, intervient la distribution du prix de la vente entre les créanciers.

836. Nature juridique des dommages et intérêts : une exécution par équivalent – Une partie de la doctrine soutient la possibilité d'une exécution « par équivalent » par le biais du paiement de dommages et intérêts contractuels visant à satisfaire l'intérêt positif recherché par le créancier[1351]. Les dommages et intérêts permettent ainsi d'augmenter le patrimoine du créancier d'une valeur égale à celle qui aurait résulté de l'exécution conforme par le débiteur de sa promesse[1352].
Puisque le contrat est une opération économique, son objectif est le transfert de richesses du patrimoine du débiteur à celui du créancier. L'exécution contractuelle peut ainsi être mesurée en fonction de sa valeur. Que cette valeur entre dans le patrimoine du créancier par le biais d'une exécution conforme ou d'une exécution par équivalent, le résultat est identique d'un point de vue purement technique. Par le paiement des dommages et intérêts, « tout se passe comme si le contrat avait correctement été exécuté »[1353].

837. Les dommages et intérêts contractuels apparaissent donc simplement comme un mode d'exécution du contrat. Henri de Page enseignait d'ailleurs que « par l'exécution en équivalent, le créancier poursuit réellement l'exécution de son obligation. C'est l'obligation originaire qui subsiste, quoiqu'exécutée en équivalent »[1354]. Telle est, au demeurant, la raison pour

---

[1351] Ph. RÉMY, « *Critique du système français de responsabilité civile* », art. préc., p.31 et du même auteur, « *La « responsabilité contractuelle » : histoire d'un faux concept* », art. préc. ; M. FAURE ABBAD, *Le fait générateur de la responsabilité contractuelle - Contribution à la théorie de l'inexécution du contrat*, *op. cit.* ; Ph. LE TOURNEAU, *Droit de la responsabilité et des contrats*, 2006, *op. cit.* ; P. RÉMY-CORLAY, « *Exécution et réparation : deux concepts ?* », in *Exécution du contrat en nature ou par équivalent*, RDC 2005, p. 13.

[1352] M. FAURE ABBAD, *Le fait générateur de la responsabilité contractuelle - Contribution à la théorie de l'inexécution du contrat*, *op. cit.*, n°168, p.154 : « (…) les dommages et intérêts permettent d'enrichir ce patrimoine de la valeur qu'y aurait mis la prestation promise si elle avait été exécutée ». – D. ARTEIL, *L'exécution du contrat par un non-contractant*, *op. cit.*, n°16, p.11-12 : « Les dommages et intérêts contractuels augmentent alors le patrimoine du créancier de la valeur correspondant à celle qui serait résulté d'une exécution conforme par le débiteur ».

[1353] M. FAURE ABBAD, *Le fait générateur de la responsabilité contractuelle - Contribution à la théorie de l'inexécution du contrat*, *op. cit.*, n°168, p.154 : « c'est en cela qui les dommages et intérêts ne constituent pas une réparation ».

[1354] H. DE PAGE, *Traité élémentaire de droit civil belge*, tome 3, 1967, *op. cit.*, n°98, p. 130

laquelle les sûretés affectées à l'exécution de l'obligation garantissent de plein droit la créance de dommages et intérêts[1355].

838. La Cour de cassation a pareillement indiqué que « *les dommages et intérêts alloués au créancier au titre de l'inexécution de l'obligation ou d'un retard dans son exécution, constituent une modalité d'exécution de l'obligation de faire ou de ne pas faire* »[1356]. L'accent est donc mis sur le résultat final de l'opération, laissant de côté les modalités pour y aboutir. La satisfaction du créancier n'est pas oubliée. Les dommages et intérêts lui apporteront une satisfaction par équivalent.
Cependant, certains civilistes considèrent que les dommages et intérêts ne peuvent être envisagés comme un équivalent à l'exécution. Ils interviennent à titre de réparation du préjudice subi par le créancier du fait du comportement défaillant du débiteur.

B. La question de la réparation

839. Réparation des conséquences dommageables de l'inexécution – Une partie de la doctrine considère que l'octroi de dommages et intérêts en cas d'inexécution n'est pas une exécution par équivalent, mais une réparation des conséquences dommageables de l'absence d'exécution du contrat[1357]. Selon ces auteurs, il est totalement impropre de considérer le versement de dommages et intérêts contractuels comme l'équivalent d'une exécution puisque cette notion ne peut se réduire à une simple prestation pécuniaire. En effet, les dommages et intérêts ne tiennent pas compte, dans ce cas, de l'objectif initial recherché par les parties dans l'opération contractuelle puisqu'ils ne sont que la marque de l'échec du contrat. Les dommages et intérêts ne peuvent en aucun cas être considérés comme une quelconque forme d'exécution[1358].

840. Dès 1934, Henri et Léon Mazeaud déclaraient que « c'est malgré lui que celui qui n'exécute pas devient débiteur de dommages-intérêts ; c'est contre son gré qu'il est obligé de réparer le préjudice subi »[1359]. Plus

---

[1355] Cass. req., 5 mai 1881, D. 1882, I, p. 13.
[1356] Cass. soc., 4 décembre 2002, Bull. civ., IV, n°368, RDC 2003, p. 54, obs., Ph. STOFFEL-MUNCK ; RTD civ. 2003, p. 711, obs. critiques P. JOURDAIN.
[1357] M. FABRE-MAGNAN, *Droit des obligations, 1 – Contrat et engagements unilatéraux*, 2010, *op. cit.*, p.620 et s.
[1358] Ph. LE TOURNEAU, *Droit de la responsabilité et des contrats*, 2006, *op. cit.*, qui traite de l'exécution par équivalent dans son chapitre « La satisfaction du créancier ». Il fût l'un des premiers auteurs à dénoncer la "contamination" des contrats par le délictuel.
[1359] H. et L. MAZEAUD, *Traité théorique et pratique de la responsabilité civile délictuelle et contractuelle*, Sirey, 2ème éd., 1934, n°100, p. 103.

précisément, selon ces auteurs, « l'une des parties refuse d'exécuter l'obligation mise à sa charge par le contrat ou l'exécute mal ; de ce fait, l'autre partie subit un dommage. Alors naît une obligation nouvelle qui se substituera à l'obligation préexistante, soit entièrement, soit en partie : l'obligation de réparer le préjudice causé par l'inexécution ou la mauvaise exécution du contrat »[1360]. Ils poursuivent leur raisonnement en distinguant deux grands modes de réparation. Il y aurait d'une part, une réparation en nature, c'est-à-dire une "condamnation en nature" qui parviendrait à « supprimer, à effacer le dommage causé par la faute du défendeur, au lieu de laisser subsister ce dommage en procurant à la victime un simple équivalent »[1361]. Par ce type de condamnation, le débiteur est contraint « soit à exécuter son obligation positive, soit à s'abstenir de l'acte qui serait contraire à son obligation négative ou à détruire ce qu'il a fait en contrevenant à cette obligation »[1362]. D'autre part, Henri et Léon Mazeaud envisageaient la "réparation en équivalent" correspondant au fait que « le juge ne cherchera pas à effacer le dommage subi par la victime. Mais il s'efforcera de le compenser ; il prendra des mesures destinées à procurer à la victime un avantage qui soit l'équivalent du préjudice souffert »[1363]. Dans cette seconde hypothèse, le juge peut allouer des dommages et intérêts en réparation du préjudice subi. Cependant, pour ces auteurs, rien ne s'oppose à une condamnation à un équivalent non pécuniaire telle que la résolution judiciaire du contrat[1364] ou bien encore la fourniture d'un bien équivalent à celui détruit[1365].

841. Il ne peut donc pas y avoir d'exécution par équivalent de l'obligation primitive, mais bien une obligation nouvelle dont l'objet diffère totalement de celui de l'obligation contractuelle inexécutée. Les dommages et intérêts ont pour unique fonction de réparer le dommage causé par l'inexécution fautive de l'obligation originaire et non pas d'exécuter cette obligation sous

---

[1360] H. et L. MAZEAUD, *Traité théorique et pratique de la responsabilité civile délictuelle et contractuelle*, 1934, *op. cit.*, n°100, pp. 102-103.
[1361] H. et L. MAZEAUD, *Traité théorique et pratique de la responsabilité civile délictuelle et contractuelle*, 1934, *op. cit.*, n°2303, p. 348.
[1362] H. et L. MAZEAUD, *Traité théorique et pratique de la responsabilité civile délictuelle et contractuelle*, 1934, *op. cit.*, n°2303, p. 348.
[1363] H. et L. MAZEAUD, *Traité théorique et pratique de la responsabilité civile délictuelle et contractuelle*, 1934, *op. cit.*, n°2302, p. 347.
[1364] H. et L. MAZEAUD, *Traité théorique et pratique de la responsabilité civile délictuelle et contractuelle*, 1934, *op. cit.*, n°2319, p. 365.
[1365] H. et L. MAZEAUD, *Traité théorique et pratique de la responsabilité civile délictuelle et contractuelle*, 1934, *op. cit.*, n°2319, pp. 364-365.

une tout autre forme[1366]. On assiste alors à une dissociation entre l'obligation qui procède du contrat et celle qui découle de son inexécution fautive. Cette conséquence découle du fait que c'est la loi et non le contrat qui enjoint au débiteur de réparer le dommage qu'il a causé au créancier en versant des dommages et intérêts.

842. L'opération économique est perdue. Les dommages et intérêts apparaissent comme une compensation, mais qui n'est pas l'équivalent de la prestation due. Ainsi, le « fait que cette indemnisation compense la prestation inexécutée confère, sans doute, à cette condamnation pécuniaire une fonction économique analogue à celle de l'exécution, mais cette analogie ne suffit nullement à l'identifier juridiquement à l'exécution »[1367].

843. Cette seconde fonction attribuée à l'exécution forcée fait alors office de réparation en raison d'une violation de la norme objective, à savoir la dette. Lorsque les conditions de dommage et de causalité sont réunies, la violation de cette norme suffit à faire naître une obligation nouvelle de réparation, indépendamment de toute idée de droit subjectif. Cette réparation relève alors du mécanisme de responsabilité en se rattachant à l'élément dette de l'obligation, et non à celui de créance[1368].

844. L'élément "dette" de l'obligation du débiteur correspond à un devoir de payer. Ce dernier est imposé par un droit objectif dont la violation entraîne une sanction par le biais du mécanisme de responsabilité, c'est-à-dire la création entre les parties d'une obligation nouvelle de payer une somme d'argent. Lorsque le débiteur ne respecte pas ses engagements, il ne s'agit plus de réaliser le droit subjectif du créancier, lié à sa créance, mais d'effacer les conséquences dommageables du non-respect d'un devoir. C'est à ce stade que l'on retrouve une certaine similitude avec la responsabilité délictuelle puisque le débiteur se retrouve dans la même position que celle de l'auteur d'un dommage ayant transgressé un devoir général de civilité.

845. L'originalité du mécanisme de responsabilité contractuelle tient à la nature du préjudice. En effet, lorsque l'obligation est de nature contractuelle, le préjudice ne peut s'apprécier qu'en référence à la norme prévue au contrat. C'est cette idée qui se retrouve dans les dispositions de l'article 1150

[1366] H. et L. MAZEAUD, *Traité théorique et pratique de la responsabilité civile délictuelle et contractuelle*, 1934, *op. cit.*, n°98, p. 100 et s. – G. MARTY et P. RAYNAUD, *Droit civil*, tome 2, vol. 1, *Les obligations*, Sirey, 1962, n°508, p. 551. – M.-È. ROUJOU DE BOUBÉE, *Essai sur la notion de réparation*, *op. cit.*, p. 279.

[1367] G. VINEY, « *La responsabilité contractuelle en question* », art. préc., n°11, p.930.

[1368] G. FOREST, *Essai sur la notion d'obligation en droit privé*, *op. cit.*, n°364, p.249.

du Code civil : « *Le débiteur n'est tenu que des dommages et intérêts qui ont été prévus ou qu'on a pu prévoir lors du contrat, lorsque ce n'est point par son dol que l'obligation n'est point exécutée* ». Le système suisse de responsabilité civile est d'ailleurs basé sur ce schéma, opposant le devoir (responsabilité délictuelle) et l'obligation (responsabilité « contractuelle »)[1369].
En somme, que ce soit en matière de responsabilité ou d'inexécution : « la création de l'obligation de réparation est une conséquence édictée par le droit objectif de la violation d'un devoir »[1370].

846. Par ailleurs, certains auteurs distinguent les dommages et intérêts moratoires et compensatoires[1371]. Lorsque l'inexécution de l'obligation contractuelle cause au créancier un préjudice, il perçoit en indemnisation, des dommages et intérêts compensatoires. Cette « allocation d'une somme d'argent tend à la réparation au moyen d'une compensation qui vient équilibrer un dommage »[1372]. En revanche, quand l'exécution peut être obtenue, mais qu'elle a été retardée, le créancier reçoit des dommages et intérêts moratoires pour réparer le préjudice lié à ce surtemps.

847. Le créancier ne peut se considérer comme satisfait lorsque des dommages et intérêts lui sont alloués. Au mieux, la satisfaction du créancier résulte de la conclusion d'un nouveau contrat dont l'accomplissement matériel de la prestation découlant de cette nouvelle convention peut être observé comme exécutée. En définitive, "l'exécution par équivalent" ne peut être appréciée autrement que comme un abus de langage[1373].

848. Interrogation sur une éventuelle réparation en nature – À côté de l'exécution forcée en nature se pose la question d'une éventuelle réparation en nature, corollaire de la responsabilité contractuelle. La possibilité d'une

---

[1369] W. YUNG, « *Devoirs généraux et obligations* », art. préc., p. 163. – P. ENGEL, *Traité des obligations en droit suisse*, Staempfti éd., 2ème éd., 1997, n°208, p. 704, qui explique que pour les juristes suisses, le principe de la responsabilité contractuelle a vocation à s'appliquer à l'inexécution des obligations en général.

[1370] G. FOREST, *Essai sur la notion d'obligation en droit privé, op. cit.*, n°385, p.268.

[1371] A. COLIN et H. CAPITANT, *Traité de droit civil*, tome II, *Obligations Théorie générale, Droits réels principaux*, 1959, *op. cit.*, n°890, p.496.

[1372] G. MARTY et P. RAYNAUD, *Droit civil, Les obligations*, tome 1, *Les sources*, 1988, *op. cit.*, n°586, p.737.

[1373] P. JOURDAIN, « *Réflexion sur la notion de responsabilité contractuelle*, art. préc., p. 69 : « verser des dommages et intérêts, n'est pas exécuter, fût-ce par équivalent [...] Dire que les dommages et intérêts représentent un mode d'exécution par équivalent n'est en réalité qu'une image ; à proprement parler, une telle exécution est inconcevable ».

réparation en nature est contestée par une partie de la doctrine[1374], mais admise par la jurisprudence[1375] comme le prouve l'existence de décisions condamnant des entrepreneurs à remettre en état un bien mal construit[1376]. En effet, la réparation consiste en un « rétablissement de l'équilibre détruit par le dommage consistant à replacer, si possible, la victime dans la situation où elle serait si le dommage ne s'était pas produit »[1377]. Aussi, la « condamnation en nature, qui intervient lorsque l'exécution est impossible, a vocation à remplir cet office bien plus que le versement d'une somme d'argent »[1378]. Cette notion d'effacement d'une situation dommageable permet de déterminer l'objet de l'obligation à réparer. Il ne s'agit pas d'exécuter l'obligation contractuelle. Dans cette hypothèse, le juge n'est donc plus lié par les articles 1134 et 1243 du Code civil.

849. Par ailleurs, dans un arrêt de 1869, la Cour de cassation avait considéré que « *si le plus ordinairement la réparation du dommage est évaluée en argent, les termes de l'article 1382 n'excluent pas cependant d'une manière absolue tout autre mode de réparation* »[1379]. Selon cette interprétation, en employant le terme "réparer" sans aucune précision, les rédacteurs de l'article 1382 du Code civil n'entendaient écarter aucun mode de réparation[1380].
Plusieurs mesures ont ainsi pu être prononcées, recevant la qualification de réparation : la démolition d'une construction empiétant indûment sur le fonds voisin[1381], le droit pour le titulaire du fond dominant de demander la

---

[1374] Sur cette contestation : G. VINEY et P. JOURDAIN, Traité de droit civil - *Les effets de la responsabilité*, 2001, *op. cit.*, n°26 et s., p. 54 et s.

[1375] V. les décisions citées par G. VINEY, « *Exécution de l'obligation, faculté de remplacement et réparation en nature en droit français* », *art. préc.*, n°34, p. 196 et s.

[1376] Cass. civ. 3ème, 10 janvier 1990, Bull. civ. III, n°5.

[1377] G. CORNU (dir.), *Vocabulaire Juridique*, *op. cit.*, V° "Réparation".

[1378] G. FOREST, *Essai sur la notion d'obligation en droit privé*, *op. cit.*, n°386, p.268.

[1379] Cass. req., 6 décembre 1869, D. 1871, I, p. 56.

[1380] Dans ce sens : M. L. LAROMBIÈRE, *Théorie et pratique des obligations*, tome 3, Bruxelles, 1963, pp. 429-430. – C. DEMOLOMBE, *Cours de droit civil*, tome 15, Bruxelles, 1882, pp. 222-225. – R. DEMOGUE, *Traité des obligations en général*, tome 6, Rousseau éd., 1931, p. 325 et s. – R. SAVATIER, *Traité de la responsabilité civile en droit français*, LGDJ, 2ème éd., 1951, préf. G. RIPERT, n° 593 et s., p. 169 et s. – A. WEIL et Fr. TERRÉ, *Droit civil. Les obligations*, Dalloz, 2e éd., coll. Précis, 1975, n°782, pp. 854-855. – J. CARBONNIER, *Droit civil*, tome 4, *Les obligations*, PUF, 9ème éd., 1976, n°111, p. 431. – J. FLOUR et J.-L. AUBERT, *Droit civil, Les obligations*, vol. 2, Armand Colin, 1981, n°817 et 818, pp. 353-355.
Contra : F. LAURENT, *Principes de droit civil*, tome 20, Bruxelles et Paris éd., 1876, n°522, p. 566. – L. RIPERT, *La réparation du préjudice dans la responsabilité délictuelle*, Dalloz, 1933, pp. 13 à 15.

[1381] Cass. civ. 3ème, 01 octobre 1975, n° 74-11.512.

destruction de ce qui a été entrepris en contravention de la servitude[1382], les actions possessoires[1383] et les actions en revendications[1384], la publication du jugement de condamnation aux frais du responsable[1385], la sanction de l'abus de droit sous une forme non pécuniaire[1386], l'annulation des décisions des actionnaires majoritaires entachées d'abus[1387], le refus d'annulation du contrat pour erreur inexcusable[1388], la réparation, la reconstruction ou le remplacement d'un bien endommagé[1389], etc. Cette liste est bien entendu non exhaustive[1390].

850. Même si certains auteurs estiment que la réparation en nature n'existe pas[1391], d'autres ont adopté une vision plus modérée, refusant de ranger dans la catégorie de la réparation les condamnations visant simplement à faire cesser un état de fait illicite. Ainsi, René Savatier enseignait que la condamnation de ceux qui doivent « restituer un objet détenu sans droit, ou abandonner un empiétement sur autrui, ou mettre fin à une servitude usurpée, ou cesser une concurrence déloyale, ou interrompre l'usage irrégulier du nom d'autrui »[1392], n'est pas une véritable réparation. En effet, ces deniers sont « naturellement condamnés à la cessation de l'état de choses

---

[1382] H., L. et J. MAZEAUD et Fr. CHABAS, *Traité théorique et pratique de la responsabilité civile délictuelle et contractuelle*, tome 3, *op. cit.*, 1998, n°2304, p. 620. – Y. CHARTIER, *La réparation du préjudice dans la responsabilité civile*, Dalloz, 1983, n°375, p. 473.

[1383] H., L. et J. MAZEAUD et Fr. CHABAS, *Traité théorique et pratique de la responsabilité civile délictuelle et contractuelle*, tome 3, 1998, *op. cit.*, n°2304, p. 620. – Y. CHARTIER, *La réparation du préjudice dans la responsabilité civile*, *op. cit.*, n°398, p. 500.

[1384] C. DEMOLOMBE, *Cours de droit civil*, tome 15, 1882, *op. cit.*, n°690, p. 225. – M. PLANIOL, *Traité élémentaire de droit civil*, tome 2, LGDJ, 3eéd., 1905, n°895. – H., L. et J. MAZEAUD et Fr. CHABAS, *Traité théorique et pratique de la responsabilité civile délictuelle et contractuelle*, tome 3, 1998, *op. cit.*, n°2304, p. 616.

[1385] R. O. DALQ, *Traité de la responsabilité civile, Les Novelles, Droit civil*, tome 5, vol. II, Larcier éd., 1962, n°4177, p. 752. – Y. CHARTIER, *La réparation du préjudice dans la responsabilité civile*, *op. cit.*, n°401, pp. 505-506.

[1386] J. GHESTIN et G. GOUBEAUX, *Introduction générale, Traité de droit civil*, J. GHESTIN (dir.), LGDJ, 2ème éd., 1983, n°739, p. 660.

[1387] G. VINEY et P. JOURDAIN, *Traité de droit civil - Les obligations. La responsabilité : effets*, 2001, *op. cit.*, n°22, p. 30 et les réf. citées en note 28.

[1388] H. DE PAGE, *Traité élémentaire de droit civil belge*, tome 2, 1964, *op. cit.*, n°1026, p. 1068.

[1389] CA Besançon, 04 décembre 1946, Gaz. Pal., 1947, I, jur., p. 20. – M.-È. ROUJOU DE BOUBÉE, *Essai sur la notion de réparation*, *op. cit.*, p. 282.

[1390] V. les exemples cités par Y. CHARTIER, *La réparation du préjudice dans la responsabilité civile*, *op. cit.*, p. 497 et s. – R. SAVATIER, *Traité de la responsabilité civile en droit français*, 1951, *op. cit.*, p. 170 à 177. – J. VAN RYN, *Responsabilité aquilienne et contrats en droit positif*, Sirey, 1933, pp. 124-134.

[1391] L. RIPERT, *La réparation du préjudice dans la responsabilité délictuelle*, *op. cit.*, p. 12.

[1392] R. SAVATIER, *Traité de la responsabilité civile en droit français*, 1951, *op. cit.*, n°594, pp. 169-170.

illicites créé par eux. Mais il n'y a là, ni réparation, ni, par suite, responsabilité civile »[1393].

Les travaux de Mme Roujou de Boubée[1394] ont été les plus précis sur ce point, distinguant la réparation en nature du préjudice, les mesures de suppression de la situation illicite et celles qui visent à prévenir la production d'un dommage. Selon elle, tant que le créancier peut obtenir la prestation contractuelle promise, il faut se garder de parler de réparation en nature. Pour que la réparation en nature soit envisagée, il faut supposer que par la faute du débiteur, l'obligation contractuelle « n'est pas ou ne peut être exécutée »[1395].

851. Cependant, dans cette logique, l'existence d'une réparation, en lien avec la responsabilité contractuelle, n'exclut pas son cumul avec l'exécution forcée[1396]. Il existe des situations où exécution et réparation cohabitent. Par exemple, le créancier qui a obtenu l'exécution forcée de la prestation conclue peut tout de même demander à être indemnisé du préjudice résultant du retard dans l'exécution[1397]. La cohabitation de ces deux mécanismes juridiques dépend de la possibilité de condamnation à l'exécution forcée. En effet, si l'exécution forcée est prononcée et qu'elle a encore un intérêt pour le créancier, l'inexécution est réparée. Le créancier n'a ainsi rien perdu de ce qui était initialement prévu au contrat et n'a donc pas de préjudice à faire réparer. Seuls les retards dans l'exécution, ou certaines conséquences prévisibles de ce retard entraînent une réparation. Autrement dit, le paiement par le débiteur, même s'il y est judiciairement forcé, bloque la réparation, car dès lors que l'exécution forcée est prononcée, le préjudice lié à l'inexécution disparaît. En revanche, si l'exécution forcée est impossible, la seule arme restant à la disposition du créancier devient la réparation.

852. Définition du verbe « réparer » – En droit privé, la réparation s'entend de façon courante comme le synonyme de l'indemnisation. Cependant, la réparation est considérée comme étant intégrale alors que l'indemnisation peut n'être que partielle. Plus précisément, la réparation

---

[1393] R. SAVATIER, *Traité de la responsabilité civile en droit français*, 1951, *op. cit.*, n°594, pp. 169-170.

[1394] M.-È. ROUJOU DE BOUBÉE, *Essai sur la notion de réparation*, *op. cit.*, p. 282. V. également, G. MARTY et P. RAYNAUD, *Droit civil. Les obligations*, tome 1, 1988, *op. cit.*, n°583, pp. 735-736.

[1395] P. HÉBRAUD, « *Préface* », in M.-È. ROUJOU DE BOUBÉE, *Essai sur la notion de réparation*, *op. cit.*, p. 12.

[1396] P. GROSSER, *Les remèdes à l'inexécution du contrat : essai de classification*, *op. cit.*, n°636 et s., p. 820 et s.

[1397] E. MEYNIAL, « *De la sanction civile des obligations de faire ou de ne pas faire* », art. préc., p. 386.

correspond au dédommagement d'un préjudice par la personne qui est responsable civilement. La réparation intervient afin de rétablir l'équilibre détruit par le dommage consistant à replacer, si possible, la victime dans la situation où elle se trouverait si le dommage n'était pas intervenu[1398].

853. Henri et Léon Mazeaud, proposaient un terme plus neutre, celui de "condamnation en nature" ajoutant que le terme "réparation" doit s'entendre dans un sens plus large : « l'action en exécution tend à faire disparaître la situation dommageable causée par l'inexécution. [...] Elle tend à la "réparation" en nature des conséquences de cette faute ; l'exécution, à laquelle le jugement contraint le responsable de l'inexécution est bien, dans ce sens, une réparation en nature »[1399].

854. Par ailleurs, René-Lucien Morel avait proposé une intéressante distinction entre la "réparation-rétablissement" et la "réparation-dédommagement" mettant en lumière les deux idées, très différentes, présentes dans la notion de réparation. Selon cet auteur, « au figuré, le mot "réparation" est pris dans un double sens. Réparer, au figuré, cela signifie d'abord : *effacer*, *faire disparaître* ; on répare une faute, un oubli ou une erreur ; c'est la *réparation-rétablissement*, qui tend à placer le demandeur dans la même situation que si la faute n'avait pas été commise. Mais réparer signifie aussi : dédommager ; on répare le dommage que l'on a causé à quelqu'un ; c'est la *réparation-dédommagement* »[1400]. La frontière entre ces deux idées est ténue.

855. Toutefois, en matière contractuelle, il apparaît que la "réparation-rétablissement" est la plus courante et la plus adaptée. En effet, lorsque l'acheteur n'obtient pas la livraison de la chose, le juge condamne alors le débiteur à réparer son inexécution en livrant l'objet convenu. Le créancier, qui obtient par la voie judiciaire l'objet qu'il souhaitait, se retrouve alors dans la même situation que si la faute n'avait pas été commise. Il s'agit donc bien d'une réparation visant à rétablir le créancier dans une situation non dommageable.
La "réparation-rétablissement" s'assimile alors à l'exécution directe de l'obligation contractuelle tendant à mettre un terme à la situation illicite qui pourrait initier un préjudice ultérieur.

[1398] G. CORNU (dir.), *Vocabulaire Juridique*, *op. cit.*, V° « Réparation ».
[1399] H. et L. MAZEAUD, *Traité théorique et pratique de la responsabilité civile délictuelle et contractuelle*, 1934, *op. cit.*, n°2303, pp. 3349-350.
[1400] R.-L. MOREL, *Cours de droit civil approfondi*, in *Les cours de droit*, Paris, 1951-1952, p. 92.

856. Il existe, certes, des situations où la non-exécution du contrat entraîne un préjudice. Le juge peut alors cumuler les sanctions. Il prononce une "réparation-rétablissement" pour forcer le débiteur à exécuter le contrat et une "réparation-dédommagement" pour indemniser le créancier du préjudice qu'il aura subi. Il n'en demeure pas moins que la "réparation-rétablissement" apparaît comme un mode d'exécution contractuelle, judiciairement forcée. L'indemnisation du préjudice éventuellement subi par le créancier se fait par un moyen indépendant de l'exécution du contrat.

857. Les deux conceptions de la réparation sont proches, mais il convient de ne pas les confondre. Elles se distinguent entre l'exécution de l'obligation, d'une part, qui permet à l'opération contractuelle d'être réalisée, et d'autre part, au dédommagement du préjudice éventuel du créancier. Bien entendu, toute non-exécution contractuelle n'entraîne pas forcément un dommage à réparer. Il convient donc de bien analyser l'absence d'exécution pour pouvoir percevoir la réalisation de l'opération économique à travers la décision du juge.

858. Comme nous l'avons précédemment énoncé, ce n'est pas la satisfaction personnelle du créancier qui fera office de mesure quant à l'exécution du contrat, mais la satisfaction économique des deux parties relative à l'accomplissement de la prestation initialement conclue.

859. Intérêt de la distinction entre l'exécution en nature de l'obligation contractuelle et la réparation en nature du dommage – Deux conceptions s'opposent dans l'approche de la responsabilité contractuelle. Pour une partie de la doctrine, le créancier de l'obligation contractuelle dispose de trois possibilités : « réclamer la condamnation de son cocontractant à exécuter celle-ci ; demander qu'il soit condamné à réparer le préjudice causé par sa faute, soit en nature, soit par le versement de dommages et intérêts »[1401]. Cette dernière s'entend d'une technique compensatoire ; « elle constitue l'exécution, sous une forme non pécuniaire, de l'obligation légale qui pèse sur le responsable de réparer le préjudice que sa défaillance a causé »[1402].

860. D'autres auteurs souscrivent à une définition plus classique ramenant les droits du créancier de l'obligation inexécutée à obtenir soit l'exécution *in specie* de l'obligation ou, à défaut, son exécution par équivalent sous la

---

[1401] P. WÉRY, *L'exécution forcée en nature des obligations contractuelles non pécuniaires, Une relecture des articles 1142 à 1144 du Code civil*, *op. cit.*, n°122, p. 161.

[1402] P. WÉRY, *L'exécution forcée en nature des obligations contractuelles non pécuniaires, Une relecture des articles 1142 à 1144 du Code civil*, *op. cit.*, n°122, p. 161.

forme de dommages et intérêts. Il s'agit ici d'un mécanisme satisfactoire puisqu'il procure au créancier l'avantage que le contrat lui reconnaît.
Cette distinction n'est pas très aisée à établir : « la distinction entre réparation en nature et exécution est loin d'être toujours nettement tranchée : il est parfois bien difficile de discerner les techniques susceptibles de satisfaire le créancier, de celles qui ne pourront lui apporter qu'une compensation (...). Souvent on passe de manière insensible de l'exécution à la réparation »[1403].

861. L'intérêt pratique de cette distinction réside essentiellement dans la marge de manœuvre qui est laissée au juge pour prononcer sa sanction. Le juge du fond jouit d'une grande liberté lorsque la réparation en nature est au cœur du débat puisque l'article 1134 est écarté de la discussion. Il s'agit de réparer le préjudice subi par la faute du débiteur. Le juge a donc le pouvoir d'apprécier souverainement le mode d'indemnisation qui lui paraît le plus approprié sans même être lié par les conclusions des parties[1404].
En revanche, lorsque le juge est saisi d'une action en exécution de l'obligation contractuelle, il est tenu d'enjoindre au débiteur de s'exécuter *in specie*. Le souhait du créancier prédomine dans la présente situation, une prérogative qui lui est accordée par le contrat et qui ne peut céder qu'en présence d'une impossibilité d'obtenir cette exécution en nature ou d'un abus de droit.
La Cour de cassation veille à assurer ce primat de l'exécution en nature sur les techniques compensatoires du préjudice.

862. Synthèse – Les professeurs Le Tourneau et Cadiet furent les premiers à présenter l'exécution forcée, en nature ou par équivalent, comme un mode alternatif d'exécution contractuelle sous contrainte judiciaire. Les dommages et intérêts versés en cas d'inexécution de l'obligation n'ont pas pour objet de réparer un préjudice.
En revanche, leur fonction consiste à procurer au créancier, par équivalent, l'avantage qu'il attendait du contrat et qu'il n'avait pas encore obtenu. Pour reprendre la formule de ces auteurs à laquelle nous adhérons : « C'est en réalité un mode d'exécution du contrat, différent sans doute de celui qui était prévu (par équivalent) et souvent différé, mais mode d'exécution tout de même, ou mode de paiement puisque le paiement, faut-il le rappeler, est l'exécution d'une obligation quel qu'en soit l'objet »[1405].

[1403] M.-È. ROUJOU DE BOUBÉE, *Essai sur la notion de réparation*, *op. cit.*, p. 193. – G. MARTY et P. RAYNAUD, *Droit civil, Les obligations*, tome 2, vol. 1, 1962, *op. cit.*, p. 556. – A. WEILL et Fr. TERRÉ, *Droit civil. Les obligations*, 1975, *op. cit.*, n°428, p. 479.
[1404] En ce sens : Cass. civ., 23 mai 1911, D. 1912, I, p. 421.
[1405] Ph. LE TOURNEAU, *Droit de la responsabilité*, 2004, *op. cit.*, n° 219-1 et s.

863. Ainsi, lorsque l'exécution volontaire du contrat n'a pas été possible, s'offrent au créancier déçu plusieurs possibilités. Le créancier peut tout d'abord souhaiter maintenir le contrat tout en obtenant la prestation promise, en nature si possible. Il peut alors forcer le débiteur à l'exécution, soit directement lorsque cela est possible, nonobstant la lettre de l'article 1142 du Code civil, soit par la voie indirecte offerte par le mécanisme de l'astreinte. Le créancier peut aussi recourir aux articles 1143 ou 1144 du Code civil, prévoyant l'exécution aux dépens du débiteur.
De plus, le créancier peut également rechercher une exécution par équivalent, notamment en cas d'impossibilité d'exécution imputable au débiteur[1406], en demandant l'octroi de dommages et intérêts.

864. Nonobstant, l'exécution forcée en nature qui est par principe, « la seule qui respecte strictement la force obligatoire du contrat, en procurant au créancier la prestation qu'il attendait. Toutes les autres formes de sanction ne lui assurent qu'une satisfaction atténuée »[1407]. Même si cette satisfaction est atténuée ou simplement équivalente, elle est tout de même présente.

865. Il s'agit dès lors de considérer que l'exécution forcée, en nature ou par équivalent, est un mode alternatif d'exécution puisqu'elle nécessite le recours au juge. Mais l'exécution forcée n'a qu'un seul objectif, celui de réaliser l'opération économique le plus efficacement possible et offrir aux parties satisfaction, même si cette dernière n'est obtenue que par un équivalent. En d'autres termes, mieux vaut obtenir une exécution par équivalent que pas d'exécution du tout.

866. Enfin, si l'absence d'exécution a causé un préjudice au créancier, ce dernier peut en demander la réparation. Pour cela, le créancier se tourne vers les mécanismes de la responsabilité délictuelle. En conséquence, lorsque les dommages et intérêts sont versés afin de satisfaire le créancier, il s'agit d'une exécution forcée par équivalent. Et lorsqu'ils interviennent pour réparer un préjudice, il s'agit d'une indemnisation au titre de la responsabilité délictuelle. Selon nous, la responsabilité contractuelle n'est qu'un mythe. En cas de défaillance, seule l'exécution forcée peut être demandée, même si cette demande peut se cumuler avec une action en indemnisation.

[1406] D. TALLON, « *L'inexécution du contrat : pour une autre présentation* », art. préc., n°32 à 34, p. 233.
[1407] J. SCHMIDT-SZALEWSKI, *Droit des contrats*, Litec, coll. Jurispr. française, 1989, p. 28.

SECTION III : L'EXÉCUTION FORCÉE DES OBLIGATIONS DU CONTRAT DEPUIS LA RÉFORME DE 2016

867. L'exécution forcée en nature est tout d'abord évoquée au nouvel article 1217 du Code civil qui énumère les sanctions contre le débiteur coupable d'inexécution. Cet article fait expressément référence à « *l'exécution forcée en nature de l'obligation* », sans distinction selon la nature de l'obligation. Il n'est donc clairement pas repris dans cet article l'hypothèse de l'exécution forcée d'un contrat[1408]. Référence est faite ensuite à l'exécution en nature dans une sous-section qui comprend deux articles, l'article 1221 relatif à l'exécution directe en nature[1409] et l'article 1222 évoquant l'exécution aux dépens du débiteur[1410].

L'exécution forcée se distingue désormais entre celle qui sera accomplie par le débiteur lui-même (A) et l'exécution aux dépens du débiteur « B).

A. L'exécution par le débiteur

868. Jusqu'en 2016, nous avons vu dans la section précédente, la question de l'exécution forcée des obligations de faire était ambiguë. L'exécution forcée s'effectuait tantôt en nature, tantôt par équivalent. Il était entendu par bon nombre d'auteurs[1411] que le principe du droit positif était celui de l'exécution forcée en nature et l'exception, l'exécution forcée par équivalent. Le doute était cependant permis puisque l'ancien article 1142 du Code civil assurait que l'exécution forcée des obligations de faire se résolvait en dommages et intérêts, donc par équivalent, sauf dans un certain nombre d'exception, c'est-à-dire lorsque l'exécution forcée n'impliquait pas la personne du débiteur.

Le changement apporté par la réforme de 2016 est à première vue spectaculaire. En plus de regrouper les règles applicables à l'inexécution, l'article 1221 du Code civil semble valider le principe de l'exécution forcée en nature. Deux limites sont toutefois apportées.

869. La première limite envisagée tient à l'existence d'une impossibilité d'exécuter. Elle figurait déjà dans l'ancien article 1184 alinéa 2 du Code civil : « *la partie envers laquelle l'engagement n'a point été exécuté a le choix de forcer l'autre à l'exécution de la convention lorsqu'elle est possible* ». S'appuyant sur la jurisprudence, la doctrine avait mis en avant

---

[1408] Envisagé à l'article 1228 du Code civil.

[1409] Cet article peut se rapporcher de l'obligation de faire.

[1410] L'énoncé de cet article rappelle l'obligation de ne pas faire.

[1411] L'inverse était tout autant défendu.

trois types d'impossibilité, que nous avons développés dans la section précédente : l'impossibilité matérielle, juridique et morale. Il est d'ailleurs regrettable que cette trilogie n'ait pas été intégrée dans les nouvelles dispositions du Code civil.

870. La deuxième limite semble, en revanche, totalement novatrice puisqu'elle concerne le cas d'une disproportion manifeste entre le coût de l'exécution pour le débiteur et son intérêt pour le créancier. Dans sa version initiale, l'article 1221 du Code civil prévoyait que : « *le créancier d'une obligation peut, après mise en demeure, en poursuivre l'exécution en nature sauf si cette exécution est impossible ou si son coût est manifestement déraisonnable* ».

871. L'introduction de cette exception a fait l'objet de vives critiques de la part des commentateurs du projet. Il a été reproché à cette disposition d'aller à l'encontre de la jurisprudence qui considérait que si le créancier opte pour l'exécution forcée et qu'elle se heurte à aucune impossibilité, le juge devait alors l'ordonner, peu importans le coût pour le débiteur[1412] ou pour les tiers[1413]. Une autre critique virulente reprochait au texte de contrevenir au principe même de la force obligatoire du contrat et consacrer la violation efficace du contrat[1414]. Toutefois, ces critiques font surtout apparaître la confusion existante entre l'exécution en nature et la réparation en nature, d'autant que le coût de l'exécution forcée en nature n'est pas complètement étranger au droit positif[1415].

872. La nouvelle version de l'article 1221 a remplacé la référence au coût déraisonnable, retenant finalement la « *disproportion manifeste entre son*

[1412] Cass. civ. 1re, 16 janvier 2007, n°06-13.383, D. 2007, p. 1119, note O. GOUT ; RTD civ. 2007, p. 342, obs. J. MESTRE et B. FAGES ; RDC 2007, p. 719, obs. D. MAZEAUD et p. 741, obs. G. VINEY. – Cass. civ. 3ème, 15 février 1978, n°76-13.532 ; Cass. civ. 3ème, 18 juin 1975, n°74-10.297.

[1413] Cass. civ. 3ème, 3 avril 1996, n°94-14.485, RDI 1996, p. 427, obs. F. COLLART DUTILLEUR et J. DERUPPÉ.

[1414] V. not. : Th. GENICON, « *Notions nouvelles et notions abandonnées, réflexion sur une révolution des mots* », RDC 2015, p. 625, spéc. n°11, p. 629 ; L. LEVENEUR, « *Table ronde : Faut-il avoir confiance dans la réforme ?* », RDC 2015, p. 664. Contra : Y.-M. LAITHIER, « *Les règles relatives à l'inexécution des obligations contractuelles* », JCP 2015, n°21, p. 47 et s., spéc. n°14, p. 52.

[1415] Cf. not. article L. 217-9 du Code de la consommation ou bien encore, l'émergence du principe de proportionnalité dans des contentieux contractuels liés à des démolition d'ouvrage démontrant la prise en compte par les juges d'impératifs d'ordre économique : Cass. civ. 3ème, 21 janvier 2016, n°15-10.566, D. 2016, p. 257. - Cass. civ. 3ème, 15 octobre 2015, n°14-23.612, D. 2015, p. 2423, note C. DUBOIS ; JCP 2016, p. 51, note M. BÉHAR-TOUCHAIS ; RDI 2016, p. 27, obs. D. TOMASIN.

coût [de l'exécution] pour le débiteur et son intérêt pour le créancier ». La première observation qu'il est possible d'énoncer est que cette disproportion relève principalement de l'appréciation des juges du fond et qu'elle doit être « *manifeste* », c'est-à-dire exagérée. À l'inverse de l'article 1224 du Code civil pour la résolution judiciaire et la résolution unilatérale, il n'y a pas d'exigence d'une « *inexécution suffisamment grave* » pour ouvrir au créancier la voie de l'exécution forcée. Il n'y a donc pas de caractère minimum exigé dans l'inexécution et/ou du préjudice causé au créancier. La proportionnalité devient un outil de comparaison entre le coût de l'exécution forcée en nature pour le débiteur et l'intérêt pour le créancier. Cette solution n'est pas sans rappeler celles appliquées dans l'affaire dite des "cuves" où l'obligation de restitution en nature présentait un caractère disproportionné en cas de rupture du contrat. L'analyse concurrentielle avait permis de faire plier les juges[1416].
La Cour de cassation avait récemment envisagé une nouvelle limite au droit du créancier d'exiger l'exécution forcée en nature lorsque celui-ci avait, par sa faute ou sa négligence, contribué à l'inexécution des obligations du débiteur, ou s'il avait trop tardé à exercer son droit[1417]. Cependant, cette exception ne semble pas avoir été reprise par la réforme de 2016.
Il conviendra de voir si la Haute cour va persister à maintenir cette limite ou se conformer littéralement aux textes.

B. L'exécution aux dépens du débiteur

873. L'article 1222 du Code civil permet au créancier, après mise en demeure, dans un délai et un coût raisonnable, de « *faire exécuter lui-même l'obligation ou, sur autorisation préalable du juge, détruire ce qui a été fait en violation de celle-ci. Il peut demander au débiteur le remboursement des sommes engagées à cette fin* ». Cet article permet de faire une synthèse entre les anciens articles 1143 et 1144 du Code civil. Mais le principe est ici inversé.
Il ne s'agit plus d'une exception comme le laissait supposer le terme "toutefois" employé au début de l'ancien article 1143, mais d'un droit à une exécution indirecte.
La réforme de 2016 s'est évertuée à supprimer la classification tripartite des obligations. Cependant, force est de constater que même si cet article 1222 a

---

1416 Cass. com., 29 janvier 1985, Cons. Conc., 1987, Cah. dr. entrepr. 1987/6, note F. PÉROCHON ; D. 1988, somm. p. 295, obs. Ch. GAVALDA et Cl. LUCAS de LEYSSAC ; Cass. com., 18 février 1992, JCP 1992 III, p. 21897, note M. BÉHAR-TOUCHAIS ; D. 1992, p. 57, note C. HANNOUN ; D. 1992, somm. p. 396, obs. D. FERRIER.
1417 Cass. civ. 1ère, 2 octobre 2013, n°13-19.887, RDC 2014, p. 171, obs. Th. GENICON ; D. 2013, p. 2658, obs. M. BACACHE, A. GUEGAN-LECUYER et S. PORCHY-SIMON.

vocation à s'appliquer à toutes les obligations inexécutées par le débiteur, sa rédaction renvoie implicitement à la distinction entre les obligations de faire et de ne pas faire.
Notons que l'intervention préalable du juge est une nouvelle fois affirmée.

874. Le texte précise, en outre, que l'exécution aux dépens du débiteur doit se faire « *dans un délai et à un coût raisonnable* ». Cette exigence n'est pas sans rappeler l'obligation de limiter le dommage[1418].

875. Notons également que le créancier conserve la possibilité de demander des dommages et intérêts en plus de l'exécution forcée. Cette possibilité n'est pas expressément prévue par l'article 1221, mais l'article 1217 du même Code prévoit *in fine* la possibilité de cumuler les remèdes et notamment, les dommages et intérêts qui peuvent s'ajouter. Des questions demeurent pour l'heure incertaines, notamment la possibilité qu'il sera laissé aux contractants de déroger à ces règles par le biais de clauses. Par exemple, l'une des parties pourrait-elle renoncer par avance au droit de demander l'exécution forcée en nature ou au contraire, l'imposer malgré un coût disproportionné ?

876. En tout état de cause, « l'article 1221 du Code civil, loin de se présenter comme une rupture, ou une régression, propose donc, au contraire, un fondement légal à des solutions rendues et, sans doute, un support, pris en termes d'analyse économique à mesurer avec des arguments d'analyse traditionnelle ou morale visant à assurer au juge une plénitude d'option dans sa prise de décision »[1419].

877. Si l'exécution forcée s'apparente à un mode alternatif d'exécution du contrat, il en est de même pour l'inexécution efficace du contrat.

[1418] P. GROSSER, *Les remèdes à l'inexécution du contrat*, préc., n°607, et les références citées.
[1419] D. MAINGUY, *Le nouveau droit français des contrats, du régime général et de la preuve des obligations, d'après l'ordonnance du 10 février 2016*, ouvrage coll. sous la dir. de D. MAINGUY, UMR-CNRS 5815, ouvrage numérique, mise à disposition gracieuse, n°232.

CHAPITRE II

L'INEXÉCUTION EFFICACE

878. Présentation – Portalis déclarait que : « On est libre de prendre un engagement ou de ne pas le prendre ; mais on n'est pas libre de l'exécuter ou de ne pas l'exécuter quand on l'a pris. Le premier devoir de toute personne qui s'engage est d'observer les pactes qu'elle a consentis, et d'être fidèle à la foi promise »[1420]. Cependant, au fil de l'évolution de la réflexion des chercheurs en matière de droit des contrats, ainsi que leur ouverture à d'autres systèmes juridiques ou aux notions véhiculées par d'autres matières telles que l'analyse économique du droit, cette affirmation ne semble plus aussi péremptoire.

879. Notion d'efficacité – En s'introduisant dans notre droit à la fin du XXe siècle, la notion d'efficacité s'envisageait comme une efficacité protectrice du lien contractuel. Mais peu à peu, s'est développé un certain pragmatisme dans l'approche du contrat que l'on peut qualifier de destructeur du lien contractuel. En effet, il est des cas où le contrat ne présente plus d'intérêt pour l'une ou l'autre des parties.
Plutôt que d'attendre que le juge prononce sa résolution, certains auteurs se sont demandé s'il n'existait pas un autre moyen de sortir de ce contrat qui ne revêt plus de bénéfice pour l'un des contractants[1421]. Effectivement, l'efficacité, considérée dans son acception économique, veille à la meilleure allocation des ressources. Dès lors, l'inexécution peut être considérée comme efficace dans certaines circonstances.

880. Bien entendu, si l'on se place du côté de l'analyse traditionnelle du droit des obligations, qui caractérise l'exécution du contrat par l'extinction

---

[1420] P.-A. FENET, *Recueil complet des travaux préparatoires du Code civil*, tome 14, 1968, *op. cit.*, p. 113.

[1421] J. MESTRE, « *Rapport de synthèse* », in *L'efficacité du contrat*, G. LARDEUX (dir.), Dalloz, coll. Thèmes commentaires, 2011, actes du colloque Aix-Marseille III, 11 juin 2010, p. 91.

des obligations qu'il contient, alors la rupture du lien contractuel n'est envisageable qu'à titre de sanction.
Cependant, si la satisfaction des parties ou encore la réalisation de l'opération économique est au cœur de l'exécution contractuelle, alors une inexécution licite peut être appréhendée comme une forme dérivée d'exécution du contrat. L'exécution du contrat n'est, dans cette hypothèse, pas parfaite, mais l'inexécution est à même d'emporter la satisfaction des parties en réalisant, d'une manière différente, l'opération économique initialement convenue. Il s'agit en quelque sorte d'une exécution par le biais d'une inexécution. C'est en se référant à l'efficacité de ces différents mécanismes d'inexécution que nous pouvons déterminer leur valeur en tant que palliatif de l'exécution classique du contrat.

881. C'est ainsi que pour sortir d'un contrat qui n'est plus économiquement intéressant pour les parties, ou simplement parce que les parties désirent mettre fin à leur relation contractuelle, qu'il est possible d'envisager une inexécution comme une solution alternative préférable à une absence complète d'exécution ou à une négation pure et simple du rapport d'obligation. Une adaptation de l'exécution peut apparaître comme un moyen efficace soit en libérant le débiteur après une inexécution, soit en maintenant le contrat tout en modifiant les conditions de l'exécution. Cette adaptation n'est toutefois non pleinement satisfactoire pour le créancier (section I).

882. Par ailleurs, grâce à l'analyse anglo-américaine du contrat, plus pragmatique que le droit français, une autre forme d'inexécution, pleinement satisfactoire pour le débiteur, peut être envisagée. Il s'agit de la théorie de l'*efficient breach of contract*, traduit en droit français dans la thèse de la violation efficace du contrat (section II).

SECTION I – L'ALTÉRATION DE L'EXÉCUTION PARTIELLEMENT SATISFACTOIRE

883. Le courant solidariste, qu'il soit soutenu ou réfuté, n'a de cesse de promouvoir une certaine obligation de collaboration entre les contractants. En effet, dans de nombreuses situations, l'exécution du contrat telle qu'elle était prévue *ab initio*, ne s'impose plus. À cette fin, Mme Chabas[1422] a effectué un travail de recensement des cas où les droits potestatifs de se

---

[1422] C. CHABAS, *L'inexécution licite du contrat*, LGDJ, coll. Biblio. de dr. privé, tome 380, 2002, préf. J. GHESTIN.

délier offrent la possibilité de sortir du contrat. L'auteur nomme cela : l'inexécution licite (paragraphe I). L'objectif de cette notion est, néanmoins, d'assurer une certaine exécution du contrat. L'inexécution licite résulte directement du devoir de collaboration des parties.

884. Certaines dispositions de notre droit positif permettent ainsi au débiteur de se libérer, sans avoir complètement accompli ses obligations. Le créancier n'obtient donc pas une pleine et entière satisfaction, mais il n'en est pour autant pas complètement dépourvu.
En considérant la situation d'un autre point de vue, nous constatons qu'il est des hypothèses permettant de maintenir la pérennité du lien contractuel et ce, malgré l'inexécution (paragraphe II).

§1 – L'inexécution licite

885. Notion d'inexécution licite – Parler d'inexécution licite[1423] du contrat semble tant étonnant que paradoxal. Du point de vue de la technique contractuelle, l'inexécution licite s'entend d'un contrat non exécuté et non sanctionné par le droit. Une telle pratique paraît tout à fait choquante. Cependant, du point de vue de la théorie juridique, la vision de l'inexécution licite est toute autre.

886. Classiquement, l'inexécution se définit comme le « non-accomplissement d'une obligation qui peut être total ou partiel, résulter d'une omission ou d'une initiative, être dû à une faute de la part du débiteur (inexécution fautive) ou à une cause étrangère (inexécution fortuite) »[1424]. À cette définition, Mme Chabas propose d'y ajouter une ligne, à savoir : « ou être autorisé par le droit positif (inexécution licite) »[1425]. Selon cet auteur, l'inexécution licite correspond au « non-accomplissement d'une obligation qui peut être total, partiel ou temporaire, qui est autorisé par la loi, le juge ou les parties, mais qui s'exerce de façon volontaire en ce qu'il constitue l'exercice d'un droit »[1426].

887. La loi ou le juge, offrent de nombreuses autorisations au débiteur de ne pas exécuter son obligation, ou du moins de ne pas l'exécuter telle qu'elle

---

[1423] Selon l'expression de D. MAZEAUD, not. D. 1996, somm. comm. 329, n°9 et ses observations sous Cass. civ. 1ère, 17 novembre 1993, Rép. Déf. 1994, p. 1110, n°111 : l'auteur fait une comparaison entre le fait générateur de la clause pénale (une inexécution fautive, c'est-à-dire illicite) et le fait générateur de la clause de dédit (inexécution licite). – V. également pour une étude approfondie, C. CHABAS, *L'inexécution licite du contrat*, *op. cit.*

[1424] G. CORNU (dir.), *Vocabulaire Juridique*, *op. cit.*, V° « Inexécution ».

[1425] C. CHABAS, *L'inexécution licite du contrat*, *op. cit.*, n°4, p. 4.

[1426] C. CHABAS, *L'inexécution licite du contrat*, *op. cit.*, n°4, p. 4.

était initialement prévue dans le contrat, sans que cela n'affecte le contrat dans son entier. L'inexécution libère parfois le débiteur (A) ou alors maintient la pérennité du lien contractuel (B).

A. L'inexécution libératoire

888. Effet libératoire – Par principe, en raison de la force obligatoire du contrat, le débiteur ne peut se libérer de ses engagements qu'en exécutant son obligation. Or, il existe des hypothèses dans lesquelles le débiteur est libéré en dépit de son inexécution. Le créancier ne trouve ainsi pas une pleine et entière satisfaction, sans pour autant avoir la possibilité de réclamer l'exécution forcée, ni engager la responsabilité contractuelle de son cocontractant. Autrement dit, le débiteur est libéré de son obligation sans qu'aucune sanction n'entache son inexécution. En effet, avant toute exécution du contrat, le débiteur dispose d'un droit de revenir sur son engagement[1427].

889. Avant toute exécution – Avant tout commencement d'exécution, l'inexécution peut offrir un caractère libératoire. Cette inexécution peut revêtir la forme d'une faculté de dédit conventionnelle ou légale. Il peut également s'agir d'une faculté de rétractation.

890. Faculté de dédit conventionnelle – Avant toute exécution contractuelle et moyennant le paiement d'une indemnité, le débiteur peut choisir de ne pas exécuter son obligation. C'est ce qui est communément appelé la "faculté de dédit"[1428], c'est-à-dire une faculté de se rétracter, mais de façon onéreuse.
Ce mécanisme est principalement prévu pour les contrats de vente. L'article 1590 du Code civil dispose que : « *Si la promesse de vendre a été faite avec des arrhes chacun des contractants est maître de s'en départir, celui qui les a données, en les perdant, et celui qui les a reçues, en restituant le double* ». Il s'agit d'une clause[1429] par laquelle une partie se réserve le droit de revenir sur son engagement moyennant le versement d'un prix. Les "arrhes" correspondent à la somme d'argent perdue par la partie qui décide d'user de

---

[1427] Ph. BRUN, « *Le droit de revenir sur son engagement* », art. préc. V. également, S. MIRABAIL, *La rétractation en droit privé français*, LGDJ, coll. Biblio. de dr. privé, tome 284, 1997, préf. J.-P. MARTY ; I. DEMESLAY, « *Le droit de repentir* », Rev. jur. Ouest 1997, p. 153 et s. ; R. BAILLOD, « *Le droit de repentir* », RTD civ. 1984, p. 227 et s.

[1428] Y. DAGORNE-LABBÉ, *Contribution à l'étude de la faculté de dédit*, Th. Paris II, 1984 ; Ph. DELEBECQUE, « *L'anéantissement unilatéral du contrat* », in *L'unilatéralisme et le droit des obligations*, Economica, coll. Études juridiques, Ch. JAMIN et D. MAZEAUD (dir.), 1999 p. 61 et s.

[1429] L. BOYER, « *La clause de dédit* », in *Mélanges offerts à P. RAYNAUD*, Dalloz, 1985, p. 41 et s.

sa faculté de dédit. C'est cette somme d'argent, cette pénalité qui est nommée "dédit". Le dédit représente en somme « le prix de la liberté »[1430]. Les arrhes ne doivent toutefois pas être confondues avec les acomptes qui se définissent comme un paiement partiel destiné à être ultérieurement imputé sur le montant de la dette. La faculté de dédit se retrouve également dans d'autres contrats que la vente. Par exemple, dans les contrats de réservation d'hôtel. Il n'est ainsi pas rare que le client ait à payer des arrhes en garantie de son engagement. Cependant, rien n'interdit la faculté de dédit gratuite[1431].

891. Certains auteurs affirment que le jeu de la clause de dédit ne peut constituer une inexécution en raison de son caractère contractuel[1432]. Il s'agit là d'une simple exécution contractuelle puisque cette fuite du débiteur est prévue, en plus d'être autorisée par le contrat lui-même. Cependant, en utilisant cette clause, le débiteur n'exécute pas l'objet principal du contrat. L'inexécution du contrat est donc bien caractérisée.

892. La Cour de cassation est venue affiner l'analyse de la clause de dédit en considérant qu'il ne s'agissait pas d'une peine privée telle que la clause pénale et qu'en conséquence, elle ne pouvait pas être révisée. Cela signifie que le juge ne peut diminuer ou supprimer l'indemnité convenue[1433]. En d'autres termes, la faculté de dédit permet « *à l'une des parties de se soustraire à cette exécution* »[1434] ou permet « *aux parties de se libérer unilatéralement de leurs engagements* »[1435].

893. Notons également que la faculté de dédit se distingue de la clause pénale, car : « la faculté de dédit supprime le droit à l'exécution forcée du

---

[1430] C. CHABAS, *L'inexécution licite du contrat*, *op. cit.*, n°26, p. 25.

[1431] Cass. com., 30 octobre 2000, D. 2001, somm. comm., p. 3241, obs. D. MAZEAUD ; CCC 2001, n°21, obs. L. LEVENEUR.

[1432] D. MAZEAUD, obs. sous Cass. civ. 1ère, 17 novembre 1993, Rép. Déf. 1994, n°111, p. 1110. Cependant l'auteur est revenu sur sa position en adoptant les termes d'inexécution licite, obs. sous Cass. com., 2 avril 1996, *Sté Epidrim c/ Ferrand*, D. 1996, somm. comm. p. 329.

[1433] Cass. civ. 3ème, 9 janvier 1991, *Épx Maumy*, D. 1991, p. 481, note G. PAISANT ; Cass. com., 2 avril 1996, *Sté Epidrim c/ Ferrand*, D. 1996, somm. comm. 329, obs. D. MAZEAUD ; Cass. com., 14 octobre 1997, *Peuchet c/ Sté Nicolas et Cie SNC et autre*, D. 1999, p. 103, note Ch. WILLMANN ; Rép. Déf. 1998, art. 36753, n°15, obs. D. MAZEAUD ; Gaz. Pal. 1998, p. 701, note M. TAILLENS-DESSALLE.

[1434] Cass. com., 14 octobre 1997, *Peuchet c/ Sté Nicolas et Cie SNC et autre*, D. 1999, p. 103, note Ch. WILLMANN ; Rép. Déf. 1998, art. 36753, n°15, obs. D. MAZEAUD ; Gaz. Pal. 1998, p. 701, note M. TAILLENS-DESSALLE.

[1435] Cass. com., 2 avril 1996, *Sté Epidrim c/ Ferrand*, D. 1996, somm. comm. 329, obs. D. MAZEAUD.

contrat, la clause pénale le préserve »[1436]. En présence d'une clause de dédit, l'exécution du contrat ne dépend que de la seule volonté unilatérale du débiteur. Le créancier n'a pas d'options comme pour la clause pénale et encore moins de possibilités de s'opposer au choix du débiteur. C'est donc un droit potestatif[1437]. Mais cette faculté de dédit du débiteur ne peut être que temporaire puisque pour être mise en œuvre, il est nécessaire que le contrat n'ait pas encore été exécuté. Avant l'exécution du contrat, le débiteur a donc le choix de l'exécuter ou non. Au sein des droits potestatifs, cela se définit comme étant une « prérogative juridique qui permet à son titulaire de pouvoir, par un acte unilatéral de volonté, modifier une situation juridique incertaine, et cela suivant une alternative précise et prévisible »[1438].

894. Lorsque le débiteur choisit de se dédire, le contrat est anéanti comme s'il n'avait jamais existé[1439]. L'impact sur le contrat est donc de moindre mesure puisque l'exécution de ce dernier n'a pas commencé. Cela ne signifie pas pour autant que la faculté de dédit soit une modalité de l'obligation, une condition[1440]. Elle concerne bien plus le contrat que l'obligation.

895. Faculté légale de dédit ou de rétractation – La possibilité pour le débiteur de se "repentir", à savoir de renoncer à l'exécution, ne se limite pas à la faculté de dédit et peut prendre la forme d'un droit de rétractation. Il intervient chaque fois que le législateur veut protéger une personne présumée faible.
Très fréquent en droit de la consommation, le droit de rétractation va au-delà d'un simple délai de réflexion : « Quand un contractant bénéficie d'un droit de repentir, il peut revenir sur la parole qu'il a donnée, ne pas exécuter le contrat qui est valablement formé, sans que sa responsabilité puisse être engagée »[1441]. Même si l'ensemble du droit de la consommation ne se trouve pas dans le Code de la consommation, la vocation première de ce droit est de protéger le consommateur, autrement dit la partie jugée faible dans un contrat, dans le but de préserver un certain équilibre contractuel. Ce droit de

---

[1436] « Ch. BIQUEZ, *Les promesses de vente de fonds de commerce*, Th. Caen, 1958 », cité par D. MAZEAUD, *La notion de clause pénale*, *op. cit.*, n°319.
[1437] En ce sens : C. CHABAS, *L'inexécution licite du contrat*, *op. cit.* ; L. BOYER, « *La clause de dédit* », art. préc., n°9, p. 43 et s. ; S. MIRABAIL, *La rétractation en droit privé français*, art. préc., p. 177.
[1438] I. NAJJAR, *Le droit d'option. Contribution à l'étude du droit potestatif et de l'acte unilatéral*, LGDJ, coll. Biblio. de dr. privé, tome 85, 1967, préf. P. RAYNAUD, n°45.
[1439] Cass. civ. 1ère, 17 novembre 1993, *Épx Lobel c/ Sté Cramilly*, Bull. civ. I, n°337 ; Rép. Déf. 1994, art. 35891, p. 1110, n°111, obs. D. MAZEAUD.
[1440] H., L., J. MAZEAUD et Fr. CHABAS, *Leçon de droit civil*, tome 3, vol. 2, *Principaux contrats : vente et échange*, 7ème éd. par M. DE JUGLART, Montchrestien, 1987, n°805.
[1441] C. CHABAS, *L'inexécution licite du contrat*, *op. cit.*, n°49, p. 47.

rétractation est prévu par le Code de la consommation pour certains consommateurs. Nous retrouvons ce droit lorsque le consommateur a été démarché à son domicile[1442], lorsqu'il fait appel à une agence matrimoniale[1443] ou encore dans un crédit à la consommation[1444].
Depuis la loi du 13 décembre 2000[1445], tout acquéreur non professionnel d'un immeuble d'habitation, et non plus seulement neuf, dispose également d'un droit de rétractation après la signature de l'avant-contrat lorsqu'il est établi sous seing privé.
Les contrats visant à placer de l'argent bénéficient également d'un droit de rétractation. Cette règle s'applique, par exemple, pour un contrat d'assurance sur la vie et opérations de capitalisation[1446], les contrats assurant une retraite complémentaire[1447] ou encore le droit de révoquer son engagement pour les prélèvements d'organes[1448].

896. Le droit de rétractation et la faculté de dédit apparaissent comme des mécanismes assez similaires puisqu'ils nécessitent tous deux que le contrat soit formé, mais non encore exécuté. De même, que ce soit sous sa forme contractuelle ou sa forme légale, la faculté de repentir est nécessairement temporaire. Ce délai accordé au débiteur pour décider d'exécuter le contrat se retrouve pour le crédit à la consommation[1449], les contrats concernant l'acquisition d'un logement[1450], le courtage matrimonial[1451], le démarchage à

[1442] Article L. 221-18 du Code de la consommation.
[1443] Article 6, II, de la loi n°89-421 du 23 juin 1989, relative à l'information et à la protection des consommateurs ainsi qu'à diverses pratiques commerciales. V. J.-P. PIZZIO, « *Un apport législatif en matière de protection du consentement (Commentaire de l'article 6 de la loi du 23 juin 1989 relatif au courtage matrimonial)* », JCP 1990, I, p. 3432 ; M.-F. PEUERBACH-STEINLE, « *Courtage matrimonial et droit de repentir* », note sous Cass. civ. 1ère, 6 février 1995, PA 1996, n°98, p. 32 et H. LÉCUYER, « *Touche pas à mon droit de repentir* », note sous Cass. civ. 1ère, 13 janvier 1998, Dr. fam. 1998, n°48, p. 7.
[1444] Article L. 312-19 du Code de la consommation. V. G. RAYOND, « *Crédit à la consommation* », Juris-cl. Conc. Consom., 1997, fasc. 940, n°95 à 100.
[1445] Loi n°2000-1208 du 13 décembre 2000, relative à la solidarité et au renouvellement urbain.
[1446] Article L. 132-5-1 du Code des assurances.
[1447] Article L. 932-15 du Code de la sécurité sociale.
[1448] Article L. 1231-1 du Code de la santé publique.
[1449] Article L. 312-24 du Code de la consommation.
[1450] Article L. 271-1 du Code de la construction et de l'habitation, délai de sept jours à compter de la réception de la lettre par l'acquéreur.
[1451] Article 6, II, de la loi n°89-421 du 23 juin 1989, relative à l'information et à la protection des consommateurs ainsi qu'à diverses pratiques commerciales, délai de sept jours à compter de la signature du contrat : Cass. civ. 1ère, 6 février 1996, Bull. civ., I, n°69, CCC 1996, comm. n°65, note G. RAYMOND ; PA 1996, n°98, p. 32 : le jour de la signature de l'acte n'entre pas dans la computation du délai de sept jours prévu à l'article 6, II.

domicile[1452], les contrats de formation professionnelle[1453], pour l'acquisition d'une résidence de vacances à temps partagé[1454] et pour les contrats financiers[1455].

897. L'effet de la faculté légale de dédit est identique à celui de son homologue conventionnel : la libération gratuite du débiteur et l'anéantissement du contrat.

898. En cours d'exécution – Lorsque la phase d'exécution contractuelle est amorcée, mais non terminée, il est possible de se libérer du contrat en s'abstenant d'accomplir ses obligations. Il s'agit de la faculté de résiliation unilatérale et de la faculté de libération anticipée.

899. Faculté de résiliation unilatérale – La faculté de résiliation unilatérale correspond au droit octroyé à l'une des parties de mettre fin au contrat de manière non rétroactive et sans avoir à solliciter l'accord de son cocontractant.

900. Distinction entre la clause résolutoire et la "clause" de résiliation[1456] – Le terme résolution renvoie au vocabulaire de la sanction de l'inexécution tandis que la résiliation est empruntée à l'univers de la rupture des contrats à durée indéterminée, même si la clause de résiliation peut parfaitement intégrer un contrat à durée déterminée. M. Storck précise que « les clauses résolutoires doivent (...) être distinguées des clauses de résiliation, par lesquelles il est convenu qu'un contrat à durée déterminée pourra être résilié unilatéralement par l'un des contractants à l'occasion de la survenance d'un événement expressément visé, autre que la méconnaissance des engagements pris, ou même de manière arbitraire, par manifestation unilatérale de volonté d'une des parties[1457] ; de telles résiliations ne sont pas la sanction de l'inexécution d'une obligation par une des parties, et mettent

---

[1452] Article L. 222-8 du Code de la consommation, 14 jours, jours fériés compris, à compter de la commande ou de l'engagement d'achat.

[1453] Article L. 920-13 du Code du travail, le stagiaire dispose d'un délai de dix jours à compter de la signature du contrat pour se rétracter.

[1454] Article L. 224-79 du Code de la consommation.

[1455] Article L. 132-5-1 du Code des assurances : pendant le délai de trente jours à compter du premier versement ; Article L. 932-15 du Code de la sécurité sociale : pendant un délai de trente jours à compter du premier versement ou de la date à laquelle l'employeur effectue le premier décompte de la cotisation.

[1456] B. TEYSSIÉ, « *Les clauses de résiliation et de résolution* », Cah. Dr. entr. 1975/1, p. 13 ; M. STORCK, « *Dérogations à la résolution judiciaire : les clauses résolutoires* », Juris-cl. Civ., art. 1184, fasc. 20, 1997, n°6 et 10.

[1457] B. TEYSSIÉ, « *Les clauses de résiliation et de résolution* », art. préc.

fin uniquement pour l'avenir au contrat »[1458]. Il poursuit son raisonnement en affirmant que « les hypothèses de résolution de plein droit, par application d'une disposition légale ou règlementaire, reposent sur l'inexécution par une partie au contrat de ses engagements ; ces cas doivent être distingués des causes de résiliation de plein droit d'un acte juridique, pour survenance d'un événement expressément visé par le législateur : ces résiliations, qui mettent aussi fin au contrat, ne sont pas la sanction de l'inexécution d'une obligation, mais la conséquence de la modification de la situation d'une des parties »[1459].

901. C'est donc l'inexécution qui donne au débiteur le droit à résolution. Le contrat est alors anéanti de façon rétroactive soit depuis sa formation s'il s'agit d'un contrat instantané, soit depuis l'inexécution pour les contrats à exécution successive ou échelonnée. Cependant, rien n'empêche les parties, au nom de la liberté contractuelle, de stipuler que la clause n'a pas d'effet rétroactif. Si l'inexécution ouvre le droit à résolution, il n'en demeure pas moins que le titulaire de ce droit doit manifester sa volonté d'user de ce mécanisme. L'effet résolutoire de la clause n'est pas automatique.
Ainsi, la clause résolutoire peut n'avoir qu'un rôle comminatoire alors que la faculté de résiliation aura indubitablement un effet libératoire, puisqu'elle anéantit le contrat pour l'avenir seulement, même si une contrepartie financière peut être prévue. La faculté de résiliation unilatérale, à l'inverse de la clause résolutoire, n'a pas pour but de sanctionner le cocontractant en anéantissant de façon rétroactive le contrat. Elle offre toutefois la possibilité de se délier pour l'avenir d'un contrat dont le contractant ne veut plus.

902. La faculté de résiliation unilatérale peut en effet se définir comme « une faculté légale ou conventionnelle de cesser d'exécuter un contrat quel que soit le motif, ou pour un motif préétabli non inhérent au comportement des parties de façon gratuite ou moyennant le versement d'une "indemnité" »[1460]. Les deux clauses n'ayant pas le même effet, il peut être utile d'insérer les deux dans le contrat.

903. La réforme de 2016 apporte une innovation sur ce point puisqu'un terme unique a été choisi, celui de « résolution ». Malgré la charge juridique importante transportée par ce terme (conception judiciaire du terme, effet rétroactif, préalable à une inexécution grave, etc.), il a été préféré au terme « résiliation » qui est désormais affecté à la question de la rupture ordinaire

---

[1458] M. STORCK, « *Dérogations à la résolution judiciaire : les clauses résolutoires* », art. préc., n°10.
[1459] M. STORCK, « *Dérogations à la résolution judiciaire : les clauses résolutoires* », art. préc., n°6.
[1460] C. CHABAS, *L'inexécution licite du contrat*, *op. cit.*, n°93, p. 94.

d'un contrat à durée indéterminée ainsi qu'aux « clauses de résiliation » lesquelles dépendent de circonstances variées, liées ou non à l'exécution d'une obligation. Le terme « résiliation » se rencontre donc essentiellement en matière de rupture du contrat.

904. Ainsi, devant une inexécution illicite par le cocontractant, le créancier peut demander l'exécution forcée[1461], la résolution judiciaire[1462] ou faire usage de son droit de résolution en présence d'une clause résolutoire sans perdre son droit de demander la résolution judiciaire ou la nullité, demander le versement d'une somme d'argent en cas de clause pénale ou enfin, demander de résoudre le contrat unilatéralement, mais à ses risques et périls[1463].

905. Faculté de résiliation unilatérale dans les contrats à durée déterminée – Par la clause de résiliation unilatérale, les parties prévoient qu'en cas de survenance d'un événement déterminé, l'une des parties a la capacité de mettre unilatéralement fin au contrat[1464].

Dans les contrats à durée indéterminée, ces clauses ne présentent pas un grand intérêt puisque le droit de mettre fin à ce type de contrat est accordé à chacune des parties[1465].

C'est en généralisant le texte de l'article 1780 du Code civil à tous les contrats à exécution successive que la jurisprudence a considéré que « *si la partie qui met fin à un contrat à durée indéterminée dans le respect des modalités prévues n'a pas à justifier d'un quelconque motif*[1466]*, le juge peut néanmoins, à partir de l'examen de circonstances établies, retenir la faute faisant dégénérer en abus l'exercice d'un droit de rompre* »[1467]. Les parties n'ont donc besoin de ne justifier d'aucune raison particulière pour rompre unilatéralement un contrat à durée indéterminée, sous réserve de ne pas en abuser.

Les contractants peuvent éventuellement avoir un intérêt à prévoir certaines modalités[1468] telles qu'un préavis ou une indemnité de rupture.

[1461] Cass. civ. 1ère, 11 janvier 1967, Bull. civ. I, n°15.

[1462] Cass. com., 26 janvier 1953, Bull. civ. III, n°38.

[1463] Cass. com., 20 mai 1997, Bull. civ. IV, n°140, JCP 1998, I, p. 129, n°4, obs. G. VIRASSAMY; JCP 1998, II, p. 10125, note J.-F. KAMDEM.

[1464] Cass. civ. 1ère, 17 mai 2001, RTD civ. 2002, p. 98, obs. J. MESTRE et B. FAGES.

[1465] V. not. Cass. com., 6 novembre 2007, D. 2007, p. 3016, Dr. stés 2008, n°10, obs. H. HOVASSE.

[1466] *Contra* : M. FABRE-MAGNAN, « *L'obligation de motivation en droit des contrats* », in *Études J. GHESTIN*, LGDJ, 2001, p. 301 ; « *Obligation de motivation et droit des contrats* », RDC 2004, p. 555.

[1467] Cass. civ. 1ère, 21 février 2006, Bull. civ. I, n°82.

[1468] Cass. civ. 1ère, 3 avril 2001, RTD civ. 2001, p. 584, obs. J. MESTRE et B. FAGES.

Dans les contrats à durée déterminée[1469], ces clauses sont *a priori* valables dès lors qu'elles ne se heurtent pas à l'ordre public[1470].

906. Certains auteurs ont tenté de classer les différentes facultés de résiliation unilatérale en fonction de leur caractère discrétionnaire, sans résultats concluants. Ainsi, M. Azéma et Mme Pétel-Teyssié ont distingué les "facultés contrôlées de résiliation unilatérale anticipée" et les "facultés discrétionnaires de résiliation unilatérale anticipée"[1471]. Mais, ils se sont davantage intéressés à la faculté en elle-même que sur le droit qu'elle engendre.
De même, André Rouast a fondé son analyse sur la distinction entre les droits discrétionnaires et les droits contrôlés[1472]. Cependant, il semble impropre de parler de droit discrétionnaire en matière contractuelle. La faculté de résiliation unilatérale s'apparente davantage à un droit potestatif[1473] de ne plus exécuter le contrat. En effet, c'est par sa volonté que le débiteur use de son droit à mettre fin au contrat sans que le créancier ne puisse s'y opposer. La résiliation unilatérale n'ayant pas d'effet rétroactif, la rupture du contrat prend effet au jour de la décision du titulaire de ce droit, anéantissant le contrat pour l'avenir uniquement.

907. Mme Chabas s'est alors interrogée sur le fait de savoir si une partie possède ou non ce droit, estimant que : « On pourrait penser qu'en matière de contrat à durée déterminée, le débiteur ne détient jamais ce droit. Il s'est engagé pour un temps, il n'y a pas de raison pour qu'il puisse se délier de façon anticipée. Mais, on sait depuis longtemps que la loi offre parfois ce droit au débiteur. Seulement, elle le fait de manière différente suivant la matière qui est en question »[1474]. En analysant les différentes facultés de résiliation, cet auteur en conclut qu'il est possible de les classer en fonction du mode de création du droit qu'elles engendrent. En effet, le débiteur peut posséder ce droit dès la conclusion du contrat, sans qu'aucune condition ne vienne entraver la naissance de ce droit. Mais il arrive parfois que la survenance d'un événement déterminé soit nécessaire à faire naître le droit

---

[1469] Cass. com., 8 juin 1999, RTD civ. 2001, p. 585, obs. J. MESTRE et B. FAGES.
[1470] Cass. soc., 24 octobre 2000, RTD civ. 2001, p. 585, obs. J. MESTRE et B. FAGES.
[1471] J. AZÉMA, *La durée des contrats successifs*, *op. cit.* ; I. PÉTEL-TEYSSIÉ, *La durée d'efficacité du contrat*, Th. Montpellier, 1984.
[1472] A. ROUAST, « *Droits discrétionnaires et droits contrôlés* », RTD civ. 1944, p.1 et s.
[1473] B. HOUIN, *La rupture unilatérale des contrats synallagmatiques*, Th. Paris II, 1973, n°I-22 et s. ; B. CÉLICE, *Les réserves et le non-vouloir dans les actes juridiques*, LGDJ, coll. Biblio. de dr. privé, tome 84, 1968, préf. J. CARBONNIER, n°416 ; J. ROCHFELD, « *Les droits potestatifs accordés par le contrat* », in *Le contrat au début du XXIe siècle*, in *Études offertes à J. GHESTIN*, LGDJ, 2001, p. 746.
[1474] C. CHABAS, *L'inexécution licite du contrat*, *op. cit.*, n°102, p. 103.

de cesser l'exécution. La résiliation n'est donc plus *ad nutum*, mais conditionnée.

908. Droit de résiliation unilatérale *ad nutum* – Il semble quelque peu paradoxal d'accorder un droit de résiliation *ad nutum* dans un contrat à durée déterminée. Le législateur a toutefois envisagé cette hypothèse, même si ce droit est rarement bilatéral. Comme le précise Mme Houin, « ce droit de rupture, lié aux traits spécifiques du contrat ou né d'une sollicitude du législateur, est exceptionnel. Il est rarement accordé réciproquement aux deux parties, comme c'est la règle dans les contrats à durée indéterminée »[1475]. Le plus souvent, le législateur a prévu ce mécanisme afin de pallier la faiblesse du débiteur.

909. Promptement, nous pensons au droit du déposant de mettre fin au dépôt[1476] ou encore celui du commodant de récupérer la chose prêtée en cas de « besoin pressant et imprévu »[1477]. Cependant, ces contrats sont unilatéraux. Il semble délicat d'affirmer qu'il y a eu inexécution puisque le déposant et le commodant ne sont pas débiteurs.
En revanche, dans d'autres contrats, il est possible d'apercevoir un véritable droit de résiliation unilatérale *ad nutum*. C'est le cas par exemple du droit de retrait des personnes se prêtant à des recherches biomédicales, à tout moment, et sans engager leur responsabilité[1478]. De même, le locataire peut résilier son contrat, à tout moment, moyennant un préavis[1479].

910. Puisque ce droit de rompre le contrat unilatéralement est en principe envisagé par le législateur dans le but de protéger la partie faible au contrat, c'est en droit de la consommation que les exemples sont les plus fréquents. Le consommateur peut en effet résilier toute souscription faite à domicile ou non d'un abonnement à une publication quotidienne, ou assimilée[1480], ou

---

[1475] B. HOUIN, *La rupture unilatérale des contrats synallagmatiques*, *op. cit.*, n°II-75, p. 204.
[1476] Article 1944 du Code civil.
[1477] Article 1889 du Code civil.
[1478] Article L. 1122-1, alinéa 8, du Code de la santé publique.
[1479] Article 12 de la loi n° 89-462 du 6 juillet 1989 tendant à améliorer les rapports locatifs et portant modification de la loi n° 86-1290 du 23 décembre 1986.
[1480] Article L. 121-26 du Code de la consommation : « *le consommateur dispose d'un droit de résiliation permanent, sans frais ni indemnité, assorti du remboursement, dans un délai de quinze jours, des sommes versées au prorata de la durée de l'abonnement restant à courir* ».

retourner sans frais ni indemnités le matériel obtenu dans le cadre d'un contrat d'enseignement à distance[1481].

911. Il peut également arriver que ce soit l'économie même du contrat qui permette au débiteur de se délier. Il s'agit le plus souvent d'éviter de contraindre le débiteur qui, si cela va à l'encontre de sa volonté, n'exécutera pas correctement le contrat. Plutôt que de voir un travail bâclé, mieux vaut permettre au débiteur de sortir du contrat. Ainsi, l'article 1794 du Code civil dispose que : « *Le maître peut résilier, par sa seule volonté, le marché à forfait, quoique l'ouvrage soit déjà commencé, en dédommageant l'entrepreneur de toutes ses dépenses, de tous ses travaux, et de tout ce qu'il aurait pu gagner dans cette entreprise* ». De même, le souscripteur d'une assurance sur la vie peut rompre unilatéralement le contrat en ne versant pas sa prime, sans que l'assureur ne puisse l'y contraindre[1482].

912. Le droit de résilier unilatéralement le contrat peut également être offert de façon périodique. Plus précisément, en matière d'assurance, l'assuré et l'assureur disposent du droit de se retirer du contrat, chaque année, en prévenant l'autre partie deux mois avant l'échéance et sans avoir à payer d'indemnités[1483]. Une faculté triennale est aussi octroyée dans les baux commerciaux[1484] et le métayage[1485].
Enfin, l'article 2003 du Code civil prévoit que le contrat de mandat peut prendre fin par la seule révocation *ad nutum* du mandataire par le mandant.

913. Droit de résiliation unilatérale conditionné – Le droit de résiliation unilatérale n'est pas obligatoirement *ad nutum*. Il arrive fréquemment que ce droit naisse lors d'un événement bien précis.
Le droit des assurances a d'ailleurs prévu cette éventualité. L'article L. 113-16 du Code des assurances prévoit une faculté de résiliation pour l'assureur ou en faveur de l'assuré en cas de survenance d'un événement dans la situation de l'assuré, comme un changement de domicile, de situation matrimoniale, de régime matrimonial, de profession, de retraite professionnelle ou de cessation définitive d'activité professionnelle. La naissance du droit de résiliation unilatérale est donc subordonnée à la survenance d'événements futurs et hasardeux.

[1481] Article L. 121-33 du Code de la consommation : « *En cas d'exercice de ce droit de retour, le matériel est restitué au vendeur sans frais ou indemnités autres que les frais de réexpédition* ».
[1482] Article L. 132-20 du Code des assurances.
[1483] Article L. 113-12 du Code des assurances.
[1484] Article L. 145-4 du Code de commerce.
[1485] Article L. 417-2 du Code rurale et de la pêche maritime.

Certains auteurs ont vu dans ce type de clauses un « remède contre l'imprévision »[1486].

Il faut bien noter que « les difficultés de la situation du débiteur ne constituent pas une cause de résiliation ou de résolution des conventions »[1487]. C'est-à-dire que la simple survenance d'un événement embarrassant pour le débiteur ne peut lui offrir un droit potestatif de résiliation[1488].

914. Cependant, le législateur a prévu un nombre infini de droits de résiliation issus d'un événement déterminé. Ce droit de résiliation conditionné va alors dans le sens d'une inexécution licite du contrat. Nous retrouvons dans ce cas de figure l'hypothèse de l'assureur qui possède un droit potestatif de résiliation après la survenue d'un sinistre[1489] ; en cas d'aliénation d'un véhicule terrestre à moteur, navire ou bateau[1490] ; en cas de décès de l'assuré, d'aliénation de la chose[1491] ; parfois en cas de modification de la situation de l'assuré[1492], et sous certaines conditions, en cas d'aggravation du risque[1493]. Cette liste n'est pas exhaustive.

915. Il convient de retenir que le législateur cherche ainsi « à prémunir le débiteur contre des événements inattendus qui sont susceptibles de lui causer un préjudice. Plus précisément, c'est le fait de rester dans le lien contractuel qui constitue pour le débiteur un préjudice. Le législateur, malgré la force obligatoire du contrat, entend laisser la porte ouverte au débiteur, pour lui permettre de se délier, s'il le veut »[1494].

Cette porte de sortie offerte au débiteur par le législateur nécessite simplement un juste motif pour l'exercice de la résiliation unilatérale, même si ce dernier peut être soumis à l'appréciation des juges[1495] en cas de litige afin d'éviter tout abus de droit.

[1486] Ch. MOULY, *Les causes d'extinction du cautionnement*, Librairies techniques, Biblio. dr. entrepr., tome 10, 1979, préf. M. CABRILLAC, n°279 ; G. BRIÈRE DE L'ISLE, « *De la notion de contrat successif* », art. préc.

[1487] CA Paris, 21 décembre 1989, RTD civ. 1991, p. 115, obs. J. MESTRE.

[1488] Les juges offrent parfois au débiteur dont la situation a empiré, un droit de ne pas exécuter se traduisant par un délai de grâce ou un échelonnement des dettes. Ma Cour de cassation a d'ailleurs censuré une cour d'appel pour n'avoir pas recherché si la perte des revenus résultant d'une situation de chômage ne justifiait pas la défaillance du débiteur : Cass. civ. 3ème, 19 avril 1972, D. 1973, p. 205, note H. SOULEAU ; RTD civ. 1973, p. 581, obs. G. DURRY.

[1489] Article L. 191-6 du Code des assurances.

[1490] Article L. 121-11 et L173-14 du Code des assurances.

[1491] Article L. 121-10 du Code des assurances.

[1492] Article L. 113-16 du Code des assurances.

[1493] Article L. 113-4 du Code des assurances.

[1494] C. CHABAS, *L'inexécution licite du contrat*, *op. cit.*, n°112, p. 112.

[1495] Cass. com., 3 juillet 1997, CCC 1997, comm. n°176, note L. LEVENEUR.

916. En ce sens, il a été admis que le juge puisse reconnaître *a posteriori* la validité d'une rupture unilatérale de contrat. La première chambre civile de la Cour de cassation a considéré que : « *la gravité du comportement d'une partie à un contrat peut justifier que l'autre partie y mette fin de façon unilatérale à ses risques et périls* »[1496], « *peu important que le contrat soit à durée déterminée ou non* »[1497]. La validité *ex post* d'une résiliation unilatérale de contrat peut donc être reconnue pour des circonstances exceptionnelles commandées par l'urgence[1498], l'existence de rapports personnels devenus intolérables[1499] ou bien encore des manquements particulièrement graves de l'une des parties.

917. Effets de la faculté de résiliation unilatérale – La résiliation a pour effet de faire cesser le contrat. Elle produit ses effets pour l'avenir, c'est-à-dire de manière non rétroactive. La fixation du jour où le contrat cesse diverge en fonction de la nature des contrats. Ainsi, pour le mandat de droit commun, « *la révocation du mandat n'est opposable au mandataire qu'au jour où celui-ci a eu connaissance de la volonté du mandant, et non au jour où cette volonté s'est exprimée* »[1500]. En revanche, la révocation des mandats sociaux prendra effet au jour de la décision[1501]. Certains auteurs ont d'ailleurs démontré que le droit de résiliation unilatérale était un droit potestatif, car il a pour objet non une personne ou une chose, mais une situation juridique prenant effet au jour de la décision de son titulaire[1502].
La résiliation unilatérale exclut également par principe la responsabilité civile de son auteur à l'exception d'un exercice fautif ou abusif de cette faculté.
Toutefois, cette faculté de résiliation unilatérale n'est pas nécessairement gratuite ; elle peut être assortie d'une contrepartie[1503]. Les parties peuvent

---

[1496] Cass. civ. 1ère, 13 octobre 1998, Bull. civ. I, n°300, D. 1999, p. 197, note Ch. JAMIN ; JCP 1999, II, p. 10133, note N. RZEPECKI.

[1497] Cass. civ. 1ère, 28 octobre 2003, Bull. civ. I, n°211, JCP 2004, II, p. 10108, note C. LACHIÈZE ; Cass. civ. 1ère, 20 février 2001, bull. civ. I, n°40, D. 2001, p. 1568, note Ch. JAMIN.

[1498] T. civ. Seine, 31 juillet 1897, S. 1898, 2, p. 85 (expulsion d'un spectateur troublant la représentation) ; CA Paris, 14 octobre 1982, D. 1983, IR 494.

[1499] Cass. civ., 26 février 1896, S. 1897, 1, p. 187 ; Cass. civ., 25 avril 1936, DH 1936, p. 331 ; Cass. soc., 22 octobre 1991, D. 1992, p. 189, note crit. J.-P. KARAQUILLO.

[1500] Cass. civ. 3ème, 28 février 1984, Bull. civ. III, n°52.

[1501] Cass. com., 8 mars 1983, Bull. civ. IV, n°100.

[1502] B. HOUIN, *La rupture unilatérale des contrats synallagmatiques*, *op. cit.*, n°I-22 et s.

[1503] Il est courant de stipuler une résiliation sans indemnité. Néanmoins, l'article R. 132-1, 11° du Code de la consommation considère comme abusive, la clause qui « *subordonne, dans les contrats à durée indéterminée, la résiliation par le non-professionnel ou par le consommateur au versement d'une indemnité au profit du professionnel* ». Une indemnité de résiliation n'est donc pas toujours licite.

avoir fixé initialement dans le contrat une indemnité de résiliation. Ou alors, le montant de la contrepartie peut être déterminé lors de l'exercice de la faculté[1504]. En cas de conflit, c'est bien entendu le juge qui la fixera.
Enfin, la Cour de cassation a admis que la résiliation unilatérale d'un contrat interdépendant d'un autre entraîne la caducité de ce dernier[1505]. C'est la même solution que la jurisprudence avait déjà retenue en matière de résolution en chaîne[1506].

918. Il convient de bien distinguer la résiliation et la résolution. Si le contractant veut se libérer d'un contrat, il doit suivre les modalités d'exercice de la faculté de résiliation unilatérale, c'est-à-dire respecter un préavis, verser une contrepartie, etc. En revanche, s'il veut rompre le contrat en raison d'une inexécution de la part de son cocontractant, il doit se tourner vers la résolution judiciaire, la mise en œuvre de bonne foi de la clause résolutoire, ou bien encore déclarer lui-même la résolution unilatérale du contrat[1507].

919. Si l'inexécution du contrat peut avoir pour effet de libérer le débiteur, il existe toutefois des dispositions prévoyant expressément une faculté de libération anticipée.

B. La faculté de libération anticipée

920. Remboursement anticipé d'un prêt[1508] – Pour des raisons diverses et variées, il arrive que le titulaire d'un prêt souhaite le rembourser de manière anticipée. Il ne s'agit dès lors pas de l'exécution contractuelle telle qu'elle a été convenue au moment de la conclusion du contrat. Le remboursement

---

[1504] Une confusion est souvent faite entre l'indemnité conventionnelle de résiliation et l'indemnisation qui peut être demandée en cas d'exercice abusif de cette faculté. La frontière entre ces deux notions est ténue.
[1505] Cass. civ. 1ère, 4 avril 2006, RLDC 2006/28, n°2080 ; D. 2006, p. 2656, note R. BOFFA : « s'il est établi qu'un contrat de fourniture et un contrat d'exploitation forment un ensemble contractuel indivisible – la réalisation de l'exploitation constituant la seule cause du contrat de fourniture – la résiliation du contrat d'exploitation entraîne la caducité du contrat d'approvisionnement et libère ses signataires de leurs obligations ».
[1506] S. PELLÉ, *La notion d'interdépendance contractuelle. Contribution à l'étude des ensembles de contrats*, *op. cit.* ; S. BROS, *L'interdépendance contractuelle*, Th. Paris II, 2001 ; J.-B. SEUBE, *L'indivisibilité et les actes juridiques*, *op. cit.*
[1507] Pour plus de précisions sur la distinction entre résiliation et résolution, v. C. CHABAS, « *Résiliation et résolution –Distinction* », Dalloz, Rép. De dr. civ., octobre 2010, maj mars 2014.
[1508] J.-R. MIRBEAU-GAUVIN, « *Le remboursement anticipé en droit français* », D. 1995, chron. p. 46.

anticipé intervient, comme son nom l'indique, avant le terme initialement prévu. La fin du contrat est devancée.

921. L'article 1902 du Code civil dispose que, l'« *emprunteur est tenu de rendre les choses prêtées, en même quantité et qualité, et au terme convenu* ». Dès lors, un prêt à intérêt, notamment, ne peut être remboursé de façon anticipée. Le remboursement anticipé d'un prêt à intérêt serait désavantageux pour le prêteur, car cela le priverait d'une partie de sa rémunération. Or, le terme est supposé avoir été stipulé dans l'intérêt du débiteur. Pour cette raison, les contrats de prêts admettent parfois le remboursement anticipé moyennant le paiement de certaines indemnités.

922. S'agissant d'un mode alternatif d'exécution, les règles diffèrent selon que le remboursement anticipé porte sur un crédit à la consommation ou un crédit immobilier.

923. Crédit immobilier – Dans le cadre d'un crédit immobilier, l'emprunteur peut toujours rembourser tout ou partie du prêt. Le prêteur se voit octroyer le droit à une indemnité qui ne peut être supérieur à la valeur d'un semestre d'intérêt sur le capital remboursé, sans pouvoir dépasser 3% du capital restant dû[1509]. Le contrat de crédit ne peut d'ailleurs pas interdire les remboursements égaux ou inférieurs à 10% du montant initial du prêt, sauf s'il s'agit du solde.
Pour les contrats conclus après le 30 juin 1999[1510], aucune indemnité n'est due lorsque le remboursement est motivé par la vente du bien immobilier suite à une mutation professionnelle, le décès ou la cessation forcée de l'activité professionnelle de l'emprunteur ou de son conjoint.

924. Crédit à la consommation – Même en l'absence de stipulations prévoyant cette possibilité, il est toujours envisageable de rembourser par anticipation un crédit à la consommation. Dans ce cas, les intérêts et frais afférents à la durée résiduelle du contrat de crédit ne sont pas dus.
Une indemnité peut cependant être prévue pour l'emprunteur qui souhaite anticiper le remboursement de son crédit, sauf dans les cas énoncés à l'article L. 312-34 du Code de la consommation, c'est-à-dire pour les autorisations de découvert, si le remboursement anticipé est effectué en exécution d'un contrat d'assurance destiné à garantir le remboursement du crédit ou s'il intervient dans une période durant laquelle le taux du débiteur n'est pas fixe et s'il s'agit d'un crédit renouvelable.

[1509] Article R. 313-25 du Code de la consommation.
[1510] Loi n° 99-532 du 25 juin 1999 relative à l'épargne et à la sécurité financière.

925. Lorsque le remboursement anticipé est possible, certaines règles viennent encadrer le paiement des indemnités. Ainsi, si la somme du remboursement anticipé est supérieure à 10 000 euros, le prêteur peut exiger une indemnité n'excédant pas 1% du montant du crédit lorsque le délai entre le remboursement anticipé et la date de fin de contrat est supérieur à un an. Au-delà du délai d'un an, l'indemnité ne peut pas dépasser 0,5% du montant du crédit faisant l'objet du remboursement anticipé.
Dans tous les cas, l'indemnité éventuelle due au prêteur ne peut dépasser le montant des intérêts que l'emprunteur aurait payés durant la période comprise entre le remboursement anticipé et la date de fin du contrat de crédit convenue initialement.
Enfin, aucune indemnité autre ni aucun frais supplémentaire ne peuvent être mis à la charge de l'emprunteur en raison du remboursement anticipé de son crédit à la consommation.

926. Rachat du contrat d'assurance sur la vie – Par principe, chaque partie à un contrat à durée déterminée ne peut y mettre fin avant l'arrivée du terme, sauf en cas de manquement à ses obligations de la part de son partenaire contractuel ou si une disposition légale prévoit spécifiquement une telle rupture. Cette règle s'applique aux contrats d'assurance et notamment aux contrats d'assurance sur la vie, dont seul l'événement pris en compte par le contrat est susceptible de provoquer l'exécution de son obligation par l'assureur.
Cependant face à la durée d'engagement de ce type de contrat, il a très tôt été admis que l'on puisse y mettre fin avant l'échéance. On parle alors de rachat de contrat, c'est-à-dire une opération par laquelle l'assureur verse au souscripteur, de façon anticipée, tout ou partie de la provision mathématique de son contrat.

927. Avant la loi du 13 juillet 1930 relative aux contrats d'assurance, dite loi *Godart*, le rachat du contrat d'assurance sur la vie était admis par les assureurs au moyen d'une clause spéciale. Cette stipulation permettait au souscripteur de demander à son assureur que celui-ci lui "rachète" sa dette. Ainsi, l'assureur reversait une somme d'argent d'un montant correspondant à la réserve acquise par le souscripteur. Mais souvent, cette faculté de rachat était soumise à une pénalité, infligée au titre de la rupture unilatérale et sans motif de l'engagement contractuel. La loi de 1930 est venue imposer ce droit de rachat.
Aujourd'hui, l'article L. 132-21 du Code des assurances dispose qu'« *en cas de demande de rachat du contrat par le contractant, l'entreprise d'assurance ou de capitalisation lui verse la valeur de transfert du contrat dans un délai qui ne peut excéder deux mois* ». Il s'agit d'une disposition d'ordre public. C'est le contractant, c'est-à-dire le souscripteur, qui détient normalement ce droit.

928. Le rachat peut être total, et ainsi mettre fin au contrat avant son terme, ou partiel. En cas de rachat partiel, le contrat se poursuit. Néanmoins, la provision mathématique se voit réduite du montant des sommes versées au titre du rachat.

929. Contrats pouvant faire l'objet d'un rachat – L'article L. 132-23 du Code des assurances énumère les contrats ne comportant pas de valeur de rachat : les assurances temporaires en cas de décès, les rentes viagères immédiates ou en cours de service, les assurances de capitaux de survie et rente-survie, les assurances en cas de vie sans contre-assurance, les rentes viagères différées sans contre-assurance, et les contrats d'assurance de groupe en cas de vie dont les prestations sont liées à la cessation d'activité professionnelle.
En revanche, pour les autres assurances sur la vie et les opérations de capitalisation, l'assureur ne peut plus refuser le rachat. Et les contrats à versements libres ou à prime unique bénéficient également d'une possibilité de rachat immédiate.

930. Que ce soit par le biais d'une inexécution ou d'une exécution anticipée, dans ces hypothèses, le débiteur est libéré de ses engagements. Le contrat prend alors fin. Cependant, il arrive que l'inexécution n'aboutisse pas à la négation du lien contractuel.

§2 – La pérennité du lien contractuel en dépit de l'inexécution

931. Principe – Le droit positif comprend de nombreuses dispositions visant à autoriser la non-exécution du contrat, sans que cette inexécution ne remette pour autant en cause la pérennité du lien contractuel[1511] ou l'intégrité même du contrat. Ce type d'inexécution naît de la nécessité de faire perdurer sinon le contrat, au moins le lien contractuel. Parfois, la suspension de l'exécution entraîne une modification substantielle des obligations ou du contrat[1512].
Cependant, il est des hypothèses où le débiteur voit s'ouvrir la possibilité pour lui d'exécuter le contrat autrement (A). Parfois même, il peut bénéficier de la perspective de ne pas exécuter le contrat, temporairement (B). Dans ces situations, l'inexécution est alors considérée comme étant au service du contrat.

[1511] J. MESTRE, « *Du souci de pérennité contractuelle* », RTD civ. 1990, p. 653.
[1512] Ph. SOUSTELLE, *Les délais judiciaires différant l'exécution de l'obligation*, *op. cit.*

A. Le droit d'exécuter autrement le contrat

932. Tolérance jurisprudentielle – Il arrive fréquemment que par sa seule volonté, un contractant ait le droit de ne pas exécuter le contrat selon les termes convenus, sans que son cocontractant ne puisse s'y opposer. La plupart du temps, cet ajustement imposé est une modification non substantielle du contrat. Le professeur Lécuyer affirme d'ailleurs à cet effet qu'en droit commun, au nom de la bonne foi du débiteur, « la jurisprudence tolère que le débiteur ne respecte pas scrupuleusement les stipulations contractuelles, donc les modifie, mais sur des points nécessairement mineurs, sinon le but n'aurait pas été atteint »[1513].

933. Exemples – Ainsi, l'adaptation d'un commerce aux diverses formes de concurrence et aux demandes changeantes de la clientèle a été considérée comme une modification imposée, mais autorisée du contrat. Il est également admis que le locataire puisse adjoindre à l'activité prévue dans le bail, des activités connexes ou complémentaires[1514]. De la même façon, le droit au respect de l'œuvre ne saurait être absolu de sorte que l'auteur doit tolérer certaines modifications minimes de son œuvre, « si elles sont dûment justifiées[1515] ou ne sont qu'un détail, par exemple un texte reproduit avec quelques fautes d'orthographe[1516] »[1517].

934. Droit du travail – Même si cette notion de modification non substantielle a été abandonnée depuis, le droit du travail avait clairement délimité la possibilité pour l'employeur d'imposer unilatéralement un changement au salarié, considérant même que les « modifications non substantielles qui étaient des modifications mineures pouvaient, à la différence des précédentes, être imposées unilatéralement par l'employeur. Lorsque le salarié refusait d'exécuter le contrat de travail qui n'avait subi que des modifications non substantielles, il commettait une faute qui justifiait une sanction disciplinaire et éventuellement un licenciement »[1518].

[1513] H. LÉCUYER, « *La modification unilatérale du contrat* », in *L'unilatéralisme et le droit des obligations*, colloque 9 janvier 1998, Ch. JAMIN et D. MAZEAUD (dir.), Economica, coll. Études juridiques, 1999, p. 58, citant : Cass. req., 31 janvier 1887, S. 1887, 1, p. 420.
[1514] Article L. 145-47 du Code de commerce.
[1515] CA Paris, 28 août 1910, *aff. Sarah Bernhardt*, Ann. propr. ind., 1910, p. 191.
[1516] CA Lyon, 12 juin 1989, D. 1989, p. 234.
[1517] X. LINANT DE BELLEFONDS, *Droits d'auteur et droits voisins, Propriété littéraire et artistique*, Dalloz, coll. Encyclopédie Delmas, 2ème éd., 1997, p. 140.
[1518] J. PÉLISSIER, A. SUPIOT et A. JEAMMAUD, *Droit du travail*, Dalloz, 20e éd., 2000, n°361.

Depuis, la Cour de cassation a retenu une nouvelle distinction entre la modification du contrat et le changement des conditions de travail[1519].

935. Modification pour imprévision – Lorsque des circonstances nouvelles interviennent, il n'est pas rare que le juge octroie au débiteur un droit d'exécuter autrement, c'est-à-dire un droit à la modification du contrat pour imprévision. Le professeur Grynbaum y voit l'émergence d'un nouveau type de contrat qu'il nomme "contrat contingent" et qu'il définit comme « un contrat inexécuté en raison de la survenance d'un déséquilibre, qui, après avoir été adapté par le juge, devient un acte hybride, à la fois contrat et jugement, susceptible de connaître de nouvelles modifications »[1520]. Il n'en demeure pas moins que le contrat subsiste. Encore faut-il s'accorder sur le point de savoir si dans cette hypothèse il s'agit d'une inexécution, puisque le contrat n'est pas exécuté selon les prescriptions initiales, ou si l'on peut considérer qu'il est ici question d'une exécution contractuelle adaptée.

936. Face aux difficultés économiques du débiteur, le juge peut aussi chercher à alléger son endettement pour lui permettre de faire face à ses engagements. Certains auteurs voient dans ces décisions une véritable reconnaissance de la théorie de l'imprévision[1521], car il y a une prise en compte de la situation du débiteur et une intervention du juge pour réviser les conditions du contrat. La réduction de la dette du débiteur s'envisage également, non pas comme une faveur envers un débiteur dans une situation économique délicate, mais comme une sanction d'un comportement critiquable du créancier[1522].
Le débat n'est désormais plus opportun puisque la réforme de 2016 a intégré la révision du contrat en cas de changement des circonstances économiques à l'article 1195 du Code civil.

937. L'adaptation de l'exécution du contrat peut aussi résulter des difficultés liées à l'exécution elle-même. En cas de difficultés d'exécution, le débiteur

---

1519 Cass. soc., 1 juillet 1996, Bull. civ., V, n°278 ; Dr. social 1996, p. 976 ; JCP-E 1996, pan. P. 1090; JCP 1997, II, p. 22768, note Y. SAINT-JOURS; Rev. Jur. Soc. 8-9/96, n°900.

1520 L. GRYNBAUM, *Le contrat contingent, L'adaptation du contrat par le juge sur habilitation du législateur*, LGDJ, coll. Biblio. de dr. privé, tome 389, 2004, préf. M. GOBERT, n°21, p. 20.

1521 C. CHABAS, *L'inexécution licite du contrat, op. cit.*, n°284, p. 287.

1522 Cass. civ. 1ère, 8 juin 1994, JCP-E 1995, II, p. 652, note D. LEGEAIS ; Rev. dr. banc. et bours. 1994, p. 173 ; RTD com. 1995, p. 170 ; Grands arrêts de droit des affaires, 1995, n°38 : responsabilité du banquier, p. 430 et s. ; F. RIZZO, *Le traitement juridique de l'endettement*, PUAM, 1996, préf. J. MESTRE, n°203 et s.

ne peut en principe être libéré[1523]. Cependant, le droit reconnaît la possibilité de réduire les obligations du débiteur ou tout simplement, changer les modalités d'exécution. Ce droit d'exécuter le contrat autrement n'est possible que si l'exécution contractuelle demeure suffisamment satisfaisante[1524] : « La bonne foi empêche un contractant d'exiger une résolution totale lorsque l'exécution partielle lui procure une réelle satisfaction »[1525].

938. Ces différents exemples démontrent la volonté des juges de maintenir le lien contractuel des parties, lorsque cela se justifie, quitte à adapter l'exécution du contrat elle-même. Le débiteur peut ainsi se voir reconnaître le droit d'exécuter le contrat autrement, voire même de ne point l'exécuter temporairement.

B. Le droit temporaire de ne pas exécuter

939. Présentation – Le doyen Georges Ripert fut le premier à affirmer que les délais de grâce consacraient « le droit de ne pas payer ses dettes »[1526], qualifiant ainsi la suspension du contrat en une inexécution licite. Cependant, il est important de noter qu'il existe une distinction entre la suspension de l'obligation et la suspension du contrat.

940. Par exemple, l'article L. 113-3 du Code des assurances énonce très clairement que d'un côté il y a suspension de l'obligation de garantie, mais de l'autre l'obligation au paiement des primes reste en vigueur[1527]. Il s'agit bien ici d'une suspension de l'obligation d'exécuter sans pour autant qu'il y ait une suspension totale du contrat.
La suspension du contrat n'intervient que dans les situations où aucun des contractants ne doit exécuter : « Elle a pour effet de paralyser le contrat. Il ne peut y avoir résolution judiciaire, ni exécution forcée, ni dommages-intérêts moratoires, ni compensation. Seul demeure le lien contractuel »[1528]. Cette

---

[1523] Cass. civ., 4 août 1915, DP 1916, 1, p. 22. – Cass. civ., 17 novembre 1925, DH 1926, p. 35. – Cass. soc., 8 mars 1972, D. 1972, p. 340 : exécution devenue plus onéreuse pour le débiteur. – CA Paris, 21 décembre 1989, RTD civ. 1991, p. 115, obs. J. MESTRE : « *les difficultés de la situation du débiteur ne constituent pas une cause de résiliation ou de résolution des conventions* ».
[1524] Y. PICOD, *Le devoir de loyauté dans l'exécution du contrat*, *op. cit.*, n°167.
[1525] Fr. TERRÉ, Ph. SIMPLER et Y. LEQUETTE, *Droit civil, Les obligations*, Dalloz, coll. Précis, 11e éd., 2013, n°651, p. 700.
[1526] G. RIPERT, « *Le droit de ne pas payer ses dettes* », DH 1936, chron. p. 57.
[1527] Y. LAMBERT-FAIVRE, *Droit des assurances*, Dalloz, 10e éd., 1998, n°472 et s.
[1528] C. CHABAS, *L'inexécution licite du contrat*, *op. cit.*, n°346, p. 336.

technique de suspension du contrat existe depuis longtemps en droit du travail.

941. Le professeur Béraud précise d'ailleurs qu'il faut distinguer, dans les contrats de travail, la suspension périodique (temps de repos, congés payés) et les suspensions accidentelles (maladie, maternité, grève) ; la suspension n'intervenant qu'en cas de disparition du lien de subordination[1529].
De nombreuses inexécutions du contrat sont donc permises afin de préserver la pérennité du lien contractuel. Comme l'indique le professeur Ancel, l'inexécution, lorsqu'elle est licite, devient un instrument au service de la survie du contrat[1530].

C. La réduction du prix du contrat

942. Connue du droit de la vente[1531], le créancier insatisfait de l'exécution peut demander la réduction du prix. La réforme de 2016 a intégré ce remède à l'exécution non satisfactoire à l'article 1223 du Code civil prévoyant que : « *Le créancier peut, après mise en demeure, accepter une exécution imparfaite du contrat et solliciter une réduction proportionnelle du prix. S'il n'a pas encore payé, le créancier notifie sa décision de réduire le prix dans les meilleurs délais* ».
Nous sommes face à l'hypothèse où l'exécution du contrat est imparfaite. Le créancier n'est pas satisfait. Cependant, en diminuant le prix, le créancier retrouve une satisfaction et l'inexécution mineure du contrat devient licite et emporte même exécution du contrat. Dans cette situation, le créancier doit alors notifier sa décision, s'il n'a pas encore payé[1532]. Le débiteur peut, toutefois, refuser. Dans ce cas, s'engagera un débat judiciaire classique visant à apprécier le caractère satisfactoire ou non de l'exécution et la valeur de la réduction sollicitée par le créancier déçu.

943. Conclusion – En somme, l'inexécution licite ne peut en aucun cas être assimilée à une forme quelconque d'exécution du contrat.
Intervenant avant toute exécution ou en cours d'exécution, l'inexécution libératoire n'emporte pas la satisfaction du créancier et ne peut donc

---

[1529] J.-M. BÉRAUD, *La suspension du contrat de travail, Essai d'une théorie générale*, Sirey, coll. Biblio. dr. du travail, 1980, préf. J. PÉLISSIER, p. 15.
[1530] P. ANCEL (rapp.), « *Droit au recouvrement de sa créance ou droit de ne pas payer ses dettes ?* », in *Que reste-t-il de l'intangibilité du contrat ?*, Colloque Chambéry, 1997, Dr. et patrim. 1998, p. 88 et s., spéc. p. 96.
[1531] Cf. Article 1644 du Code civil relatif à l'action estimatoire ou l'article L. 211-1 du Code de la consommation.
[1532] Comp. PEDC, article 9:401 : « *La partie qui accepte une offre d'exécution non conforme au contrat peut réduire le prix. [...]* ».

s'assimiler à une exécution contractuelle. Le lien contractuel n'est d'ailleurs pas maintenu.
En revanche, les droits d'exécuter autrement, les droits temporaires de ne pas exécuter ou la diminution du prix permettent de maintenir le lien contractuel entre les parties. Ces derniers apparaissent, en fin de compte, comme une forme alternative d'exécution du contrat.

944. En 1973[1533], la Commission européenne confortait cette constatation lors d'un litige opposant les créanciers d'un commerçant surendetté à l'État autrichien dont la législation incriminée permettait à un commerçant surendetté de conclure, sous l'égide du juge, un concordat. Cet accord passé entre une structure en faillite et ses créanciers en vue d'obtenir une réduction de créance s'apparente à un droit d'exécuter autrement. Les requérants assimilaient ce concordat à une expropriation puisqu'il les privait de toute indemnisation. La Commission a confirmé cette mesure de clémence envers le débiteur. En plus d'être juste, le concordat est utile puisqu'il apparaît comme le moyen d'offrir au créancier une meilleure chance d'être désintéressé.

945. Toutes les inexécutions licites ne sont pas des équivalents de l'exécution contractuelle, mais certaines peuvent s'y apparenter dans certaines circonstances. Parfois, il a été admis que la rupture du contrat puisse également s'assimiler en une exécution contractuelle dès lors qu'elle est efficace. Cette efficacité de la rupture apporte alors satisfaction aux parties. C'est le cas de *l'efficient breach of contract*.

SECTION II – L'INEXÉCUTION SATISFACTOIRE

946. Accoler les termes « inexécution » et « satisfaction » semble relever d'une pure ineptie. En effet, l'inexécution s'entend du non-accomplissement d'une obligation. Or, nous l'avons vu, la satisfaction des parties découle avant tout de la réalisation de l'opération économique. Ce constat suggère donc une incompatibilité entre l'inexécution et la satisfaction.
Ces termes peuvent néanmoins être complémentaires. C'est ce que la thèse de la violation efficace du contrat tente de démontrer (paragraphe I). Mais son application, sans être complètement rejetée, est grandement remise en cause par la doctrine française (paragraphe II).

[1533] Commiss., 10 juillet 1973, *X c/ Autriche*, req. n°5479/72, Rec. des décisions, vol. 44, p. 54.

§1 – La thèse de la violation efficace du contrat

947. La thèse de la violation efficace symbolise hautement le primat de l'efficacité économique. En effet, cette théorie soutient l'idée qu'un contractant – en rompant son engagement ou en l'exécutant imparfaitement – peut tout à fait retirer un bénéfice supérieur au coût de la réparation qu'il aurait à verser au créancier. Initiée dans le système de la *common law* sous le terme d'*efficient breach of contract* (A), cette théorie a rapidement fait des émules au sein de la doctrine française (B).

A. La conception anglo-américaine de l'efficient breach of contract

948. ***Efficient breach of contract*** – L'*efficient breach of contract*[1534] prône la rupture du lien contractuel lorsque celui-ci ne représente plus « un optimum de création de richesses »[1535]. Cette doctrine constitue certainement un aspect du droit des contrats le plus révélateur de la logique conséquentialiste qui innerve le droit anglo-saxon[1536]. En d'autres termes, l'« évolution des circonstances et l'incomplétude quasi systématique du contrat de longue durée, qui ne peut prévoir toutes les évolutions possibles du contrat, ni ne confère la certitude de l'obtention d'un intérêt économique par le contrat, peuvent conduire l'une des parties à préférer par la suite une inexécution du contrat, étant donné le coût des investissements que nécessiterait pour lui son exécution en comparaison du coût, inférieur, qui générerait son inexécution »[1537]. En droit français, certains auteurs préfèrent parler de "violation efficace" ou d'"inexécution efficace"[1538]. Cette

---

[1534] N. MERCURO et S. G. MEDEMA, *Economics and the law, From Posner to Post-Modernisme*, Princeton University Press, New Jersey, 1997, p. 7 ; R. A. POSNER, *Economic analysis of law*, Little Brown, 1ère éd. Boston, 1972 et 4e éd. 1992; B. RUDDEN et P. JUILHARD, « *La théorie de la violation efficace* », RIDC 1986, p. 1015 et s. ; A. M. POLINSKY, *An introduction to law and economics*, Aspen publishers, 3e éd. 2006, p. 29 et s.; E. MACKAAY, « *La règle juridique observée par le prisme de l'économiste, Une histoire stylisée du mouvement de l'analyse économique du droit* », art. préc. ; I. R. MACNEIL, « *Efficient breach of contrat : circles in the sky* », Virginia law review, mai 1982, vol. 68, p. 947 et s.; S. LE GAC-PECH, *La proportionnalité en droit privé des contrats, op. cit.*, n°1001 et s. ; L. GRYNBAUM, *Le contrat contingent, L'adaptation du contrat par le juge sur habilitation du législateur, op. cit.*, n°145, p. 181 et s. ; M. FABRE-MAGNAN, *De l'obligation d'information dans les contrats - Essai d'une théorie, op. cit.*, n°82 et s.

[1535] L. GRYNBAUM, *Le contrat contingent, L'adaptation du contrat par le juge sur habilitation du législateur, op. cit.*, n°145, p. 115.

[1536] M. FONTAINE, « *Fertilisations croisées du droit des contrats* », art. préc., spéc. n°7.

[1537] A.-J. KERHUEL, *L'efficience stratégique du contrat d'affaires, Un champ d'action de la liberté contractuelle, op. cit.*, n°86, p. 92.

[1538] Cl. FLUET, « *La rupture efficace du contrat* », in *Droit et économie des contrats*, Ch. JAMIN (dir.), LGDJ, coll. Droit & éco., 2008, p. 155 et s., spéc. n°371.

terminologie est préférée à celle de la "rupture efficace" car il s'agit moins de souhaiter la rupture en elle-même du contrat que d'obtenir l'inexécution par le débiteur de ses obligations. Ainsi, selon cette théorie, une partie est en mesure de mettre fin à la relation contractuelle s'il est économiquement plus rentable, non pour elle, mais pour le marché, de ne pas exécuter plutôt que d'exécuter le contrat. C'est le critère de la réalité économique qui déclenche ce mécanisme juridique.

949. Exemples jurisprudentiels américains – La théorie de l'*efficient breach of contract* a été consacrée par la justice américaine dès 1985. En effet, dans sa décision *Lake River Corporation* contre *Carborundum Company*[1539], la Cour fédérale américaine a admis que dans certaines circonstances, il peut être judicieux et non blâmable de permettre à une partie au contrat de rompre le lien contractuel en versant des dommages-intérêts à l'autre partie.

En l'espèce, un fabricant de poudre abrasive utilisée dans la fabrication de l'acier (Carborundum Co.) avait conclu un contrat avec un fournisseur de service (Lake River Corpo.) pour que la poudre soit conditionnée dans ses entrepôts et envoyée aux clients du fabricant. Le fabricant s'était également engagé à mettre à la disposition du fournisseur une quantité minimum de poudre, fixée à l'avance par une clause contractuelle, dans le but d'assurer au fournisseur la réalisation de profits. Cette clause était assimilable à une clause pénale, car elle prévoyait que si cette quantité minimum n'était pas fournie par le fabricant, ce dernier restait tenu de payer la totalité des services sur la quantité minimum garantie par le contrat. En raison d'une hausse des coûts de production de la poudre, le fabricant s'est trouvé dans l'impossibilité de fournir la quantité prévue au contrat, tout en refusant de payer au fournisseur le prix correspondant à la quantité minimum garantie. Le fournisseur de service a alors intenté une action en paiement conformément à la clause pénale. Cependant, la Cour américaine a refusé de faire droit à la demande du fournisseur de service au motif que la clause contractuelle imposait au fabricant des coûts injustes, disproportionnés et trop importants. Selon les juges, cette clause pénale est interdite, car elle est uniquement destinée à punir le partenaire contractuel en cas d'inexécution. En conséquence, le fabricant est condamné à payer au fournisseur, les services effectivement réalisés et les pertes de profits subies par ce dernier, mais sans faire jouer la clause.

950. La théorie de la violation efficace intervient donc pour faire échec à une clause pénale dont le but était de dissuader toute rupture contractuelle,

---

[1539] *Lake River Corp.* v. *Carborundum Co,* 769 F.2d 1284 C.A.7 (Ill.), 1985, 9 août 1985.

efficace ou non. Notons tout de même que les juridictions américaines ne donnent aucun effet aux stipulations contractuelles comminatoires (*deterrent effect*). Seules les clauses de *liquidated damages*, qui reflètent une estimation raisonnable du dommage, sont acceptées.

951. Vis-à-vis d'une autre décision[1540], le juge Posner a pu préciser que seules certaines ruptures sont blâmables. Le promettant peut avoir découvert que sa prestation a davantage de valeur pour quelqu'un d'autre. Si c'est le cas, la primauté de l'efficacité permet alors de briser sa promesse, à condition que cela n'engendre pas de pertes réelles pour son cocontractant. S'il est obligé de payer plus que cela, la rupture efficace peut être dissuadée.

952. Cette vision pragmatique de l'exécution et de l'inexécution du contrat, ainsi que la prise en compte de l'efficacité contractuelle comme étalon d'appréciation de la poursuite de la relation contractuelle, a bien évidemment interpellé les civilistes français qui ont alors tenté de la transposer dans notre droit des contrats.

B. La réception en droit français de la thèse de l'efficient breach of contract

953. En droit français – Le droit privé, et notamment le droit des contrats, empreint d'une certaine analyse morale, voit ainsi l'inexécution d'un contrat comme un mal qu'il convient de systématiquement sanctionner. À l'inverse du système de *common law* qui favorise l'octroi de dommages et intérêts, le droit français défend traditionnellement le recours à l'exécution forcée. La thèse de la violation efficace apporte une alternative pertinente. Selon cette théorie, « si le contractant peut réaliser un gain en contractant avec un tiers en rupture du contrat initialement conclu, tout en dédommageant intégralement le cocontractant frustré, cette inexécution est souhaitable et mérite le soutien des tribunaux »[1541].

954. L'analyse économique du droit propose donc des solutions différentes. En effet, dans certaines situations, il est possible de constater qu'un contractant puisse ne plus avoir d'intérêt à exécuter le contrat, c'est-à-dire que la poursuite de la relation contractuelle ne lui apporte plus de satisfaction. La sauvegarde de ses propres intérêts prend alors le pas sur la sanction d'un comportement considéré comme fautif.

[1540] *Patton v. Mid Continent Systems Inc,* United States Court of Appeal, 841 F2d 742 (1988), 8 mars 1988.

[1541] E. MACKAAY et S. ROUSSEAU, *Analyse économique du droit, op. cit.*, n°1599, p. 437.

955. Initialement, chaque contractant estime que la prestation de son partenaire contractuel a autant, si ce n'est plus, de valeur que son propre engagement. L'exécution du contrat se fait dans cet esprit. Mais il est tout à fait possible qu'au fil du temps, la valeur de la prestation du cocontractant ne soit plus jugée comme étant satisfactoire, c'est-à-dire que la valeur de l'engagement de l'autre partie est jugée d'une valeur inférieure à la sienne. Ce contractant peut estimer qu'il aura tout intérêt à investir son temps, son argent, son savoir-faire ou autre, dans une relation contractuelle distincte. Selon les tenants de l'analyse économique du droit de la violation efficace, il y a dans ces circonstances une rupture des termes de l'échange[1542].

956. Cette théorie peut s'expliciter en prenant l'exemple d'un contrat de distribution exclusive montrant que : « un distributeur A conclu un contrat de distribution exclusive avec un fournisseur B et se rend compte que passé un certain délai un autre fournisseur C propose des produits identiques ou voisins moins chers, techniquement meilleurs, de meilleure image, etc. Si B refuse de renégocier le contrat, A retirera un bénéfice de l'inexécution de l'obligation d'exclusivité pour se fournir auprès de C. Nous sommes dans une situation d'inexécution efficace si B avait la possibilité de renégocier le contrat, et que B voit son préjudice réparé »[1543].

957. Le professeur Fabre-Magnan illustre également cette théorie supposant que : « A ait conclu avec B pour la vente d'une quantité de marchandises ; si au moment de l'exécution du contrat se présente un tiers C pour lequel l'utilité de ces marchandises est nettement supérieure à celle que leur reconnaît B, il serait préférable, pour l'utilité générale (la somme des utilités individuelles), que A n'exécute pas le contrat le liant à B et qu'il conclut le contrat avec C ; en effet, C ayant accepté de payer un prix supérieur à celui convenu avec B, A pourra retirer un bénéfice de l'opération malgré son obligation d'indemniser B du dommage subi par ce dernier du fait de l'inexécution du contrat »[1544]. En définitive, l'inexécution du contrat peut être considérée comme efficace dès lors qu'elle permet un bénéfice global pour les contractants.

[1542] Y.-M. LAITHIER, *Étude comparative des sanctions de l'inexécution du contrat*, *op. cit.* ; Cl. FLUET, « *La rupture efficace du contrat* », *op. cit.* ; J. ROCHFELD, « *La rupture efficace* », in *Droit et économie des contrats*, LGDJ, 2008, Ch. JAMIN (dir.), p. 169 et les références citées.

[1543] D. MAINGUY et J.-L. RESPAUD, *Droit des obligations*, 2008, *op. cit.*, n°255, p. 193.

[1544] M. FABRE-MAGNAN, *Droit des obligations, 1 – Contrat et engagements unilatéraux*, 2010, *op. cit.*, p. 692.

958. Richard A. Posner[1545] fut le premier à étudier cette théorie, même si depuis elle a été analysée à de nombreuses reprises. Selon cet auteur, au moment de la conclusion d'un contrat, chaque partie est rationnelle. Cette rationalité leur permet d'accorder plus de valeur, ou du moins tout autant, à la prestation reçue qu'à la prestation fournie. Le contrat est donc efficace par nature. Mais il peut arriver qu'au moment de son exécution, une des parties puisse trouver un meilleur moyen de placer ses ressources. Si le profit escompté par la rupture du contrat est supérieur au profit attendu par l'autre partie de l'exécution du contrat, et si les dommages et intérêts à verser sont limités à la perte du profit prévu, il y a alors une incitation à ne pas exécuter le contrat. Les membres de la *Chicago Law School*, dont Richard A. Posner fait partie, considèrent qu'un tel résultat est économiquement efficace et qu'il doit dès lors être encouragé par la loi elle-même. Ils estiment d'ailleurs que le droit de la *common law* classique favorise déjà cette théorie. Ce système refuse l'exécution forcée des contrats et n'admet, en cas d'inexécution, que des dommages et intérêts judiciaires équivalant au préjudice prévisible ou à des clauses qui en fixaient le montant à l'avance. L'octroi de dommages et intérêts apparaît dès lors comme la seule sanction envisageable de l'inexécution contractuelle puisque, par définition, l'exécution forcée empêche même le débiteur défaillant d'aller contracter ailleurs[1546].

959. Cependant certains auteurs défendent au contraire l'exécution en nature[1547]. Il faut toutefois reconnaître que l'exécution en nature n'est pas toujours envisageable. En effet, elle peut être résolument impossible si l'inexécution a été consommée, ou bien très coûteuse dans de nombreuses situations contractuelles. Pour éviter les coûts de transaction inhérents à une exécution forcée, les dommages et intérêts peuvent apparaître comme préférables tant d'un point de vue économique que pratique pour le créancier.

960. L'exécution forcée souffre aussi de nombreuses limitations d'ordre psychologique, matériel, mais également juridique et économique. En théorie, le droit français considère l'exécution forcée comme le remède privilégié face à une inexécution contractuelle. Néanmoins, l'exécution forcée n'est pas une solution toujours pratique pour le créancier. D'ailleurs, les dommages et intérêts sont statistiquement le remède le plus fréquent, car « la confiance étant sérieusement ébranlée par l'attitude de l'une des parties,

---

[1545] R. A. POSNER, *Economic analysis of law*, *op. cit.*
[1546] R. A. POSNER, *Economic analysis of law*, *op. cit.*, pp. 130 à 132.
[1547] A. SCHWARTZ, « *The case for specific performance* », Yale L. J., 1979, p. 271.

le créancier se garde bien, le plus souvent, de solliciter l'exécution directe de la part du débiteur, et opte avec raison pour la résolution ou pour la faculté de substitution »[1548].

961. Reconnaître une issue de sortie face à un contrat économiquement non efficace ou simplement plus souhaité est une idée tentante. La réforme du droit des contrats dévoilée en 2016 tend d'ailleurs à mettre en avant l'idée que l'exécution forcée en nature ne doit être prononcée que lorsqu'elle se justifie économiquement, vis-à-vis du marché, c'est-à-dire lorsqu'elle n'entraîne pas un surcoût pour le débiteur défaillant.
Sans être totalement abandonnée, la thèse de la violation efficace a fait l'objet de nombreuses critiques.

§2 – La remise en cause de l'application de la théorie de la violation efficace

962. La conception d'une violation du contrat, qui pourrait être considérée comme efficace, n'emporte pas l'adhésion de tous. Par exemple, il est important de rappeler qu'en droit français, une violation délibérée de son obligation constitue une faute dolosive, c'est-à-dire une faute commise dans l'intention de nuire ou avec la certitude qu'un dommage surviendra. En cela, la violation de l'obligation est sanctionnée.
De nombreux autres obstacles, tant juridiques qu'économiques, se dressent contre l'adoption d'une telle pratique dans le droit français des contrats (A). Si le droit des contrats ne semble pas offrir d'outils permettant de valider la violation efficace du contrat, le renfort de l'analyse économique du droit permet d'adopter une vision plus conciliante de ce concept émergent (B).

A. Les obstacles juridiques et économiques

963. Efficacité de la théorie remise en cause – La théorie de l'inexécution efficace a fait l'objet de vives critiques. Certains auteurs considèrent que la théorie de l'*efficient breach of contract* est déjà dépassée[1549]. Ils ont démontré que, tout comme la notion d'obligation essentielle issue des pays anglo-américains, cette théorie est arrivée dans notre droit au moment même

---

[1548] W. JEANDIDIER, « *L'exécution forcée des obligations de faire* », art. préc.

[1549] I. R. MACNEIL, « *Efficient breach of contrat : circles in the sky* », art. préc., p. 950 ; D. FRIEDMAN, « *The efficient breach fallacy* », Journal of legal studies, Chicago law school, janvier 1989, vol. XVIII (1), p. 1 et s.; D. R. HARRIS et C. G. VELJANOVSKI, « *The use of economics to elucidate legal concepts : The law of contract* », in *Contract and Organisation, Legal Analysis in the Light of Economic and Social Theory*, T. DAINTITH et G. TEUBNER (dir.), European Univ. Institute, Walter de Gruyter, 1986, n°5, p. 113.

où elle disparaissait dans sa contrée d'origine[1550]. Certains juristes, français ou américains[1551], sont allés jusqu'à critiquer le caractère « amoral »[1552] de cette théorie, lui reprochant d'oublier la « *specific performance* » et de ne pas prendre en considération les intérêts particuliers des contractants[1553]. D'autres ont critiqué « son risque d'inefficacité économique et la destruction de la confiance qu'une personne peut mettre dans la parole de son cocontractant et le crédit qu'elle peut lui accorder de ce fait »[1554].

964. Il est vrai que cette théorie est « totalement étrangère aux préoccupations des juristes français, en partie parce que leur culture contractuelle est beaucoup plus imprégnée de morale »[1555]. De plus, les juges français sont très peu formés à l'économie de sorte qu'il leur est très difficile de reconnaître si la rupture du contrat est ou non économiquement plus rentable pour le marché[1556]. De surcroît, cette théorie introduit une possibilité de rompre le contrat, moyennant indemnisation. Or, cette option remet largement en cause le concept du respect de la parole donnée ainsi que celui de la sécurité juridique.

965. Pour sa part, le professeur Grynbaum reproche à cette théorie d'adopter une politique contractuelle opportuniste ne prenant en compte « ni les coûts d'une éventuelle procédure, ni les risques de perte de réputation, qui sont essentiels »[1557]. Cet auteur estime que la théorie de la violation efficace ne peut trouver d'application que dans le droit anglo-américain qui fait peser sur la victime de l'inexécution un devoir de limiter son propre préjudice,

---

[1550] R. SEFTON-GREEN, *La notion d'obligation fondamentale : comparaison franco-anglaise*, LGDJ, coll. Biblio. de dr. privé, tome 336, 2000, préf. J. GHESTIN.

[1551] L. GRYNBAUM, *Le contrat contingent, L'adaptation du contrat par le juge sur habilitation du législateur*, *op. cit.*, n°146 et s. ; I. R. MACNEIL, « *Efficient breach of contrat : circles in the sky* », art. préc., p. 950 ; D. FRIEDMAN, « *The efficient breach fallacy* », art. préc., p. 1 et s.

[1552] L. GRYNBAUM, *Le contrat contingent, L'adaptation du contrat par le juge sur habilitation du législateur*, *op. cit.*, 1998, n°154.

[1553] D. FRIEDMAN, « *The efficient breach fallacy* », art. préc., pp. 23 et 24

[1554] B. RUDDEN et P. JUILHARD, « *La théorie de la violation efficace* », art. préc., n°45 et 66.

[1555] Ch. JAMIN, « *Révision et intangibilité du contrat, ou la double philosophie de l'article 1134 du Code civil* », art. préc., p. 49, note 38 ; J. GHESTIN, *Traité de droit civil, La formation du contrat*, LGDJ, 3ème éd., 1993, n°220.

[1556] E. LEMENNICIER, *Économie du droit*, *op. cit.*, p. 79 et s. : « quel type de compensation faut-il prévoir en cas de rupture du contrat ? » ; B. RUDDEN et P. JUILHARD, « *La théorie de la violation efficace* », art. préc., p. 1015 et s. ; R. A. POSNER, *Economic analysis of law*, *op. cit.*

[1557] L. GRYNBAUM, *Le contrat contingent, L'adaptation du contrat par le juge sur habilitation du législateur*, *op. cit.*, n°153, p. 122.

consacré sous la formule du *duty to mitigate*[1558]. Ce précepte est à l'opposé de la conception française dont la jurisprudence oblige la réparation intégrale du préjudice subi par le cocontractant.
De la même manière, les décisions fondées sur l'ancien article 1150 du Code civil[1559] privent d'effet toute clause limitative ou exonératoire de responsabilité en cas d'inexécution délibérée, car elles sont considérées comme étant dolosives[1560].

966. La théorie de l'inexécution efficace ne prend pas non plus en compte les effets externes que l'inexécution du contrat pourrait avoir sur un tiers, une tierce personne envers laquelle le débiteur n'est pas tenu de verser des dommages et intérêts. En prenant en compte ces effets externes, il est fort possible que l'inexécution du contrat ne soit plus du tout efficace.

967. Certaines critiques ont directement porté sur l'efficacité de l'inexécution du contrat. En effet, l'utilité pour le débiteur est mesurée au jour de l'exécution du contrat. L'utilité pour son cocontractant doit, dès lors, être calculée à cette même date. Or, le plus souvent, cette appréciation se fait rétroactivement au jour de la conclusion du contrat alors qu'au moment de l'exécution du contrat, l'utilité attendue par le créancier de la prestation a peut-être également augmenté.

968. Le professeur Fabre-Magnan explique que la question est alors de déterminer « si le profit escompté par le débiteur de l'inexécution du contrat suffit à compenser la perte que va subir le créancier du fait de cette inexécution devrait tenir compte de l'utilité éventuellement accrue de la prestation pour ce dernier depuis la signature du contrat »[1561].
En effet, la théorie de l'inexécution efficace, selon le juge Posner[1562] notamment, indique qu'il convient d'observer le bénéfice global pour les contractants. Ainsi, « supposons que A ait conclu un contrat de vente de marchandises avec B pour un prix PB. Avant l'exécution du contrat, un tiers, C, propose le prix PC pour ces marchandises ; soit DI le montant des dommages et intérêts que A devra payer à B en cas d'inexécution du contrat.

[1558] A. I. OGUS, « *Rapport anglais : Les remèdes* », in *Le contrat aujourd'hui : comparaisons franco-anglaises*, D. HARRIS et D. TALLON (dir.), LGDJ, 1987, p. 299 et s.
[1559] Repris désormais à l'article 1231-3 du Code civil.
[1560] Pour la clause exonératoire de responsabilité : Cass. req., 24 octobre 1932, DP 1932, 1, p. 176. – Pour la clause limitative de responsabilité : Cass. civ., 29 juin 1932, DP 1933, 1, p. 49.
[1561] M. FABRE-MAGNAN, *Droit des obligations, 1 – Contrat et engagements unilatéraux*, 2010, *op. cit.*, p. 693.
[1562] R. A. POSNER, « *Let us never blame a contract breaker* », 107 Mich. Law Rev., 2008/2009, p. 1349.

L'inexécution est efficace pour A si et seulement si : PC – DI > PB »[1563]. Alors qu'en définitive, puisque l'utilité attendue par le créancier a pu évoluer entre la formation du contrat et la nouvelle offre, la précédente équation est erronée. Il convient de ne retenir l'inexécution comme étant efficace qu'à la condition que : « (PC – DI) > (PB + *d*UB), où *d*UB représente la variation de l'utilité pour B de la prestation de A entre le jour de la conclusion et le jour de l'exécution du contrat, *d*UB pouvant donc être positive ou négative »[1564]. D'ailleurs, dans un souci d'égalité, le créancier devrait aussi avoir le droit de ne pas exécuter le contrat.

969. Enfin, l'*efficient breach of contrat* mesure son efficacité en termes de coûts économiques, facilement quantifiables. Or, certains coûts ne sont pas évaluables en argent comptant et ont pourtant une valeur dans la vie sociale. Nous pouvons par exemple citer les coûts psychologiques, la perte de réputation de nature à entraîner des difficultés à retrouver de nouveaux partenaires, la perte de confiance, etc.

970. Généraliser la théorie de l'inexécution efficace reviendrait à dissoudre une partie des liens sociaux puisqu'il serait recommandé de ne se préoccuper que de son propre profit, son intérêt personnel. Répandre cette théorie risquerait de mettre en péril la société tout entière, car le « respect de la parole donnée n'est pourtant pas qu'une considération morale dont on pourrait se débarrasser sans conséquence, mais une condition anthropologique de toute vie en société (…) La théorie de l'inexécution efficace prive en outre le contrat de l'une de ses principales fonctions : celle d'être l'instrument indispensable des prévisions individuelles, considération qu'on peut d'ailleurs également attacher à une analyse économique du contrat »[1565].

971. Les professeurs Juilhard et Rudden considéraient déjà en 1986 que la théorie de la violation efficace se causait du tort à elle-même, « à rechercher aveuglement l'efficacité théorique, on aboutit parfois à des résultats qui peuvent être la négation de l'efficacité économique réelle »[1566]. Selon ces auteurs, « ce paradoxe provient du fait que l'on prend la valeur objective,

---

[1563] M. FABRE-MAGNAN, *Droit des obligations, 1 – Contrat et engagements unilatéraux*, 2010, *op. cit.*, p. 692.
[1564] M. FABRE-MAGNAN, *Droit des obligations, 1 – Contrat et engagements unilatéraux*, 2010, *op. cit.*, p. 693.
[1565] M. FABRE-MAGNAN, *Droit des obligations, 1 – Contrat et engagements unilatéraux*, 2010, *op. cit.*, p. 693.
[1566] P. JUILHARD et B. RUDDEN, « *La théorie de la violation efficace* », art. préc., spéc. n°50, p. 1029.

globale, du contrat pour estimer la valeur subjective du bien pour chaque personne »[1567].

972. L'adoption en droit français de la thèse de la violation efficace ne semble ni juridiquement possible ni moralement souhaitable. Cependant, en se servant des outils économiques comme méthode d'analyse de ce mécanisme juridique, il est possible de trouver un compromis permettant son adaptation en droit privé.

B. Le renfort de l'analyse économique du droit

973. Rejet des critiques – Considérer que le créancier ne possède que deux options face à une inexécution contractuelle : soit un droit à l'objet du contrat emportant exécution forcée, soit un droit à une compensation monétaire sous forme de dommages et intérêts, est assez réducteur. Surtout, confrontée à la réalité contractuelle, cette vision binaire des remèdes offerts au créancier est assez limitée.

974. Mme Le Gac-Pech, considère face à cette dualité de solution que, le « parti selon lequel l'inexécution peut être économiquement plus utile que l'exécution, d'une part, et l'exécution forcée en nature ou par équivalent, d'autre part, permet d'affiner la réflexion relative au coût de la rupture et de renverser certaines idées reçues quant à la force obligatoire et à la structure même du contrat. Ce dernier cesse alors d'être conçu comme un échange de promesses pour devenir un bien porteur de simples expectatives, dont il convient de se détourner en cas d'*impractibility* notamment, autrement dit lorsque les données extérieures au contrat ont changé. Sous cet angle, l'accueil d'une semblable théorie viendrait sans doute compenser la trop grande rigidité du principe de l'intangibilité du contrat »[1568].

975. Hans Kelsen démontrait déjà que l'autonomie de la volonté ne pouvait justifier la force obligatoire du contrat[1569]. Aussi, lorsque les circonstances l'exigent, il peut être plus intéressant et plus efficace de réallouer les ressources plutôt que se contenter d'une simple réparation. Il ne s'agit pas de généraliser la théorie de la violation efficace, mais simplement d'admettre qu'il est parfois difficile de simplement se positionner du point de vue du débiteur ou du créancier.

[1567] P. JUILHARD et B. RUDDEN, « *La théorie de la violation efficace* », art. préc., spéc. n°50, p. 1029.
[1568] S. LE GAC-PECH, « *Rompre son contrat* », RTD civ. 2005, p. 223, spéc. n°54.
[1569] V. supra n°144.

En effet, le droit français prend position du côté du débiteur de l'exécution pour envisager la sanction appropriée. Le système de *common law* se place davantage du côté du créancier de l'inexécution, privilégiant la recherche de remèdes adéquats.

976. L'analyse économique du droit – qui ne doit évidemment pas se substituer aux autres analyses, mais s'y ajouter – montre que lors de la conclusion du contrat, chaque contractant rationnel accorde davantage de valeur à la prestation que son partenaire contractuel doit lui fournir qu'à celle qu'il doit lui-même apporter. Mais lorsque les circonstances extérieures changent, l'efficacité du contrat peut être remise en question. Dans ce cas, le contractant attribue plus de valeur à son inexécution qu'à son exécution. Ainsi, si le profit escompté de la rupture du contrat est supérieur à l'exécution contractuelle, le résultat de cette inexécution est économiquement efficace[1570].

977. Face à cette situation, il est possible d'évoquer la renégociation du contrat comme solution satisfaisante. Néanmoins, dans un monde sans coûts de transaction, ce mécanisme serait éventuellement efficace. Mais il s'agit là d'une utopie. La renégociation revendique un coût non négligeable qui peut s'avérer prohibitif. Dès lors, « l'utilité de la partie qui n'exécute pas est maximisée par son inexécution et l'utilité de la partie créancière de cette obligation est inchangée puisqu'elle voit sa perte compensée par des dommages-intérêts. L'utilité sociale générale est donc augmentée. L'inexécution est efficace lorsqu'elle permet un bénéfice global pour les contractants »[1571]. La théorie de la violation efficace vient alors justifier l'inexécution du contrat par le contractant qui a plus d'intérêt à sortir du contrat, pour en conclure un nouveau avec un tiers, qu'à le maintenir. Son partenaire contractuel n'est pas pour autant lésé puisqu'il obtient un dédommagement venant compenser la perte du profit attendu.

978. Mme Le Gac-Pech conclut son analyse sur la rupture du contrat en indiquant que : « L'analyse économique dépasse donc le strict cadre du lien contractuel pour inclure une « logique contractuelle ». On prétend alors rétablir l'équilibre du contrat initial en intégrant l'avantage retiré par la convention de substitution. Lorsqu'un débiteur rompt son engagement pour conclure un contrat plus profitable avec un tiers, le juge ne le condamnera pas nécessairement à s'exécuter s'il lui semble possible de faire profiter le

---

[1570] Définition de R. COOTER et Th. ULEN, *Law and Economics*, Prentice Hall, 6e éd., 2011, p. 290: « [...] a Breach of contract is more efficient than performance of the contract when the costs of performance exceed the benefits to all the parties ».

[1571] S. LE GAC-PECH, « *Rompre son contrat* », art. préc., spéc. n°58.

créancier du bénéfice retiré par le débiteur. Des considérations de justice distributive viennent supplanter une justice commutative. Le prix de la rupture se mesure alors à l'utilité retirée du second contrat. Si toutes les questions sont loin d'être levées, et si le juriste reste peu familier aux analyses économiques et aux calculs d'efficience, il semble néanmoins qu'une vraie politique du désengagement fondée sur l'utilitarisme du contrat doive être menée »[1572].

979. Proposition du professeur Eisenberg – Le professeur Eisenberg[1573] propose une synthèse intéressante à laquelle nous adhérons, fondée sur l'examen de la viabilité de l'opération. Il distingue deux hypothèses. Tout d'abord apparaît le cas dit d'*overbidding* où la proposition d'un tiers, intervenant après coup, surclasse le contrat conclu. Puis, l'hypothèse concernant le changement de circonstances économiques qui entraînerait l'exécution à perte des prestations. Cette seconde hypothèse soulève le problème, déjà évoqué, de la révision pour imprévision.

980. Reprenons le cas de l'*overbidding*. Il faut comprendre que ce cas de figure n'intéresse pas les biens fongibles, normalement disponibles sur le marché. En effet, le coût de remplacement pour le contractant frustré est égal au prix du marché et la rupture efficace n'a alors aucune raison de s'appliquer.

En revanche, lorsqu'il s'agit de biens relativement uniques, la rupture peut procurer un gain supérieur à l'utilité du premier contrat. Par exemple, une compagnie pétrolière conclut un contrat avec un distributeur de carburant, s'engageant à lui fournir 5 000 tonnes de fuel pour un montant total de 5 000 000 euros. Si quelques mois plus tard le fournisseur découvre qu'un autre distributeur est prêt à lui payer 10 000 000 euros pour la même quantité de fuel, le maintien du contrat initial peut être remis en cause. La rupture est considérée comme efficace si la compagnie pétrolière conserve un gain après avoir indemnisé le distributeur pour le dommage subi.

981. Synthèse – En somme, le critère de l'intérêt économique suffit à justifier la violation de ses engagements contractuels, ce qui caractérise une logique conséquentialiste poussée à l'extrême, fondée sur un raisonnement économique purement utilitariste. Néanmoins, à y regarder de plus près, la théorie de l'*efficient breach of contract* apparaît comme étant tout à fait

---

[1572] S. LE GAC-PECH, « *Rompre son contrat* », art. préc., *in fine*.

[1573] M. A. EISENBERG, « *The Structure of Corporation Law* », Columbia Law Review, 1989, p. 146 ; T. EGGERTSON, *Imperfect Institutions : Possibilities and Limits of Reform*, Ann Arbor, University of Michigan Press, 2005.

d'actualité contrairement à ce que suggèrent les pronostics de ces auteurs qui y sont opposés.

Il s'agit d'une méthode d'adaptation d'un contrat soit aux changements des circonstances économiques, soit au changement de la volonté des parties de rester liées par le contrat. Cette thèse valide le concept du "droit de faire une bonne affaire", comme c'est déjà le cas en matière de rétractation d'une promesse unilatérale de vente ou du dol de l'acheteur[1574].

Ici, le curseur est placé sur l'opération économique dont la réalisation doit s'adapter pour finalement apporter le moins d'insatisfaction possible aux contractants.

[1574] V. *supra* n°405.

CONCLUSION DE LA DEUXIÈME PARTIE

982. Le contrat apparaît désormais comme un outil juridique orienté vers la réalisation d'une opération économique contractualisée. Les conditions de sa formation demeurent décisives, notamment eu égard à sa validité. Toutefois, l'attention portée à sa finalité est devenue essentielle : la réalisation de l'opération économique doit être satisfactoire pour les parties.
Il ne s'agit pas d'apprécier l'exécution du contrat au travers du prisme d'une seule des parties. Si l'opération a été souhaitée par les parties, chaque contractant a un bénéfice à recueillir. Seul ce profit lui apportera satisfaction. Dès lors, l'exécution contractuelle peut revêtir diverses formes.

983. À l'instar de l'inexécution, l'exécution peut être individuelle ou collective, publique ou privée, provisoire ou définitive, totale ou partielle, complète ou incomplète, optimale ou non, efficace ou inefficace, etc. Mais l'exécution est avant tout volontaire ou forcée.

984. Lorsque l'exécution est volontaire, elle correspond à celle qui avait initialement été convenue. Dès la conclusion du contrat, le créancier bénéficie d'un véritable droit à obtenir du débiteur l'exécution de sa prestation contractuelle. Le mode normal d'exécution réside dans le paiement. Il s'agit de la seule méthode permettant d'octroyer au créancier une exécution emportant une satisfaction directe.
Du point de vue du créancier, l'exécution volontaire peut également être satisfactoire, mais de manière indirecte ou différée. Il arrive cependant que l'extinction légale des obligations ne permette pas au créancier d'obtenir la satisfaction. En revanche, le débiteur peut, quant à lui, se satisfaire de cette extinction puisqu'elle lui apporte la libération. Dans l'hypothèse où l'extinction est conventionnelle, il peut valablement être admis que le créancier trouve également un intérêt dans cette opération, sinon il n'y consentirait point.

985. Puisque la satisfaction du créancier est dépendante de l'action du débiteur, il n'est pas rare qu'il souhaite encourager l'exécution volontaire. Ainsi, le créancier peut recourir à divers outils juridiques permettant de garantir l'exécution. En d'autres termes, par le biais des stipulations contractuelles ou de mécanismes juridiques de garantie, le créancier cherche à assurer la réalisation optimale de l'opération.

986. En revanche, si le débiteur ne s'exécute pas, le créancier peut l'inciter à exécuter volontairement le contrat. À défaut, celui-ci use de son pouvoir de l'y contraindre. À l'origine, ce pouvoir de contrainte, inhérent au rapport d'obligation dont dispose le créancier, se traduisait par une exécution sur la personne du débiteur. La contrainte n'est désormais plus physique, mais matérielle, c'est-à-dire qu'elle s'exerce sur les biens du débiteur. La contrainte sur le débiteur peut même être d'ordre psychologique.

987. Lorsque l'exécution est contrariée, le créancier est donc amené à forcer judiciairement l'exécution, soit en nature, soit par équivalent. Nous maintenons que le paiement de dommages et intérêts peut faire office d'exécution par équivalent. Lorsque la somme allouée au créancier est supérieure au prix de l'exécution, alors il s'agit d'une indemnisation du préjudice subi du fait de l'absence d'exécution ou de l'exécution partielle du contrat.
Ce droit de l'exécution forcée suppose que certaines conditions soient remplies : le créancier doit établir que le débiteur a failli à ses engagements contractuels et refuse d'exécuter le rapport d'obligation, mais il doit également opter de manière effective pour cette voie judiciaire de l'exécution. Tandis que le créancier obtient l'exécution de son droit de créance, l'opération contractuelle est alors considérée comme étant réalisée et satisfactoire, bien que de manière non optimale. Le cas échéant, le créancier se tourne vers un autre moyen, la sanction, laquelle se traduit par la mise en jeu de la responsabilité du débiteur.

988. En considérant la situation du point de vue du débiteur, il est également possible d'envisager le contexte selon lequel l'exécution forcée n'est pas satisfactoire. Dès lors, il est concevable que ce soit l'inexécution qui devienne efficace. Il s'agit des hypothèses où le changement des circonstances économiques, des perspectives contractuelles ou simplement de la motivation des contractants favorisent une inexécution du contrat, soit pour libérer le débiteur, soit pour rompre un contrat qui n'est plus viable économiquement, ou simplement pour autoriser une exécution différente que celle initialement prévue.
Cet état de fait démontre la nécessité d'octroyer aux parties un moyen d'adapter le contrat, voire son exécution, en fonction des dynamiques économiques fluctuantes.
En somme, l'exécution contractuelle revêt différents aspects dont l'appréciation des diverses caractéristiques fluctue en fonction de l'angle d'approche : du point de vue du créancier, de celui du débiteur ou en fonction du marché.

Conclusion générale

989. L'exécution est une réalité. Elle est aujourd'hui ancrée dans la pratique des échanges, qu'ils soient ou non commerciaux. Ses manifestations sont visibles dans les relations d'affaires, mais l'exécution contractuelle aborde finalement tous les domaines de la vie juridique. Une étude d'ensemble s'imposait tout d'abord pour cerner les contours de cette notion certes courante, mais peu connue. Il était également nécessaire d'adopter une démarche cohérente dans l'appréciation des différents modes d'exécution que nous rencontrons dans notre droit contemporain et dans la pratique contractuelle.

990. La définition de la notion d'exécution contractuelle à travers la réalisation satisfactoire de l'opération économique ne fait désormais aucun doute. Comme nous avons pu le constater, les obligations ne sont en définitive que des outils techniques au service de cette finalité. Cette dernière constitue l'élément essentiel de la relation contractuelle. Il est alors possible de comprendre le déclenchement du mécanisme d'exécution grâce à la prise en compte de la dimension économique que revêt le contrat.

991. L'exécution contractuelle aborde des notions connues et d'autres plus incertaines que nous avons tenté d'expliciter. Ainsi, la détermination de la notion d'exécution contractuelle a révélé que sa construction s'est faite en parallèle de l'évolution de la perception du contrat. L'exécution et le contrat sont indissociables. Le dogme de l'autonomie de la volonté a initié l'idée que la force contraignante du lien de droit reposait sur l'unique volonté des contractants. Mais le principe de la force obligatoire du contrat a rapidement supplanté la loi comme fondement au rapport d'obligation contraignant. Les parties concluent le contrat, car elles sont libres de le faire, mais elles l'exécutent, car la loi les y oblige.

992. Au-delà de l'aspect conceptuel de l'exécution, l'approche économique du contrat a permis de caractériser les qualités substantielles de cette opération juridique. Cette dernière ne peut se limiter à l'exécution des obligations ou simplement se définir comme le pendant positif de l'inexécution, élément négatif de la relation contractuelle. L'exécution procède de la satisfaction des parties.

Dans cette perspective finaliste, l'exécution contractuelle se définit par la réalisation satisfactoire de l'opération économique. Les exigences de bonne foi et ses corollaires n'ont pour seule ambition que celle de permettre aux parties d'obtenir les bénéfices qu'elles attendaient du contrat.
Dans ce panorama, le lieu de l'exécution ainsi que sa durée ne revêtent pas un caractère primordial uniquement lors de la conclusion du contrat. Ces différents aspects revendiquent une influence directe sur l'exécution du contrat. De même, la prise en compte de l'aspect économique du contrat postule une certaine interchangeabilité des exécutants. La qualité de partie n'est pas figée au jour de la conclusion du contrat, mais peut évoluer au stade de l'exécution.

993. En outre, le rapport d'obligation, une fois né, revêt un caractère contraignant qui lui est inhérent et lui concède son caractère juridique. Les modalités de l'exécution traduisent ensuite un véritable droit à l'exécution pour le créancier, régi par des règles très strictes qui forment le droit de l'exécution. Le débiteur est en effet dans l'obligation d'exécuter la prestation attendue. La forme d'exécution la plus courante, mais aussi la plus classique est présentée à travers le paiement. Le débiteur procède par ce biais à une exécution volontaire parfaitement satisfactoire. S'il s'exécute volontairement, c'est en raison de la contrainte inhérente à l'existence même du rapport contractuel.
D'autres techniques permettent également d'aboutir à la réalisation de l'opération économique, mais la satisfaction du créancier peut être, dans ce cas, indirecte ou différée.

994. À défaut de la réalisation de l'exécution convenue, c'est-à-dire lorsque l'exécution a été contrariée, le créancier peut alors poursuivre l'exécution forcée du rapport d'obligation. L'exécution forcée s'effectue dès lors soit en nature, par le débiteur ou à ses dépens, soit par équivalent. Le cas échéant, si le créancier ne peut obtenir la réalisation judiciairement forcée de l'opération économique contractualisée, il conserve la possibilité de mettre en œuvre la responsabilité de son débiteur. Dans ce cas, le créancier obtient une indemnisation résultant d'une inexécution du rapport contractuel. Ainsi, l'exécution forcée correspond à un mode alternatif d'exécution ayant nécessité la mise en œuvre du pouvoir de contrainte du créancier. À l'inverse, la responsabilité du débiteur répond à l'idée de sanction. En somme, l'exécution forcée apparaît ainsi comme un mode d'exécution du contrat, mais un mode alternatif.

995. Par ailleurs, l'émergence de nouveaux besoins économiques, liés aux évolutions de l'environnement contractuel, a permis de mettre en avant la nécessité de développer des techniques contractuelles mieux adaptées à la finalité recherchée par les parties. Les praticiens ont ainsi pu très largement s'intéresser aux moyens de pallier l'exécution contrariée en recourant à une véritable inexécution efficace du contrat.

996. Ces données générales permettent d'expliquer des solutions existantes, mais également d'avancer de nouvelles propositions. En effet, ces différents développements ont mis en avant l'opportunité d'étendre, notamment, les mesures d'ajustement unilatéral du contrat. Ces adaptations du contrat à la réalité contextuelle ne peuvent se faire que sous la surveillance d'un juge. La nécessité pour ce dernier de faire parfois usage de son pouvoir de contrôle afin de stigmatiser les comportements manifestement contraires à l'intérêt économique poursuivi par les parties démontre, certes, un élargissement des pouvoirs du juge, mais surtout l'ouverture à la réalité économique.
La réforme du droit des obligations de 2016 obéit par certains aspects à cet impératif de réalisme tant juridique qu'économique. En imposant, notamment, l'obligation de renégocier le contrat en cas de changement des circonstances imprévisibles (article 1195) et en admettant la substitution d'une allocation de dommages et intérêts en cas d'exécution forcée en nature dont le coût serait manifestement déraisonnable (article 1221), le nouveau Code civil traduit une volonté législative de permettre l'adaptation du contrat à la réalité économique. Ce n'est plus la lettre du contrat ni son esprit qui priment, mais la réalisation optimale de l'opération économique souhaitée par les parties.
Au-delà du Code des procédures civiles d'exécution, l'adoption d'un Code général de l'exécution paraît tout à fait envisageable, voire souhaitable. Ce dernier regrouperait, certes, les voies d'exécution, mais également toutes les règles relatives à la structure et aux caractéristiques que l'exécution doit revêtir ainsi que les possibilités d'adaptation accordées aux contractants pour parfaire l'exécution du contrat.

997. La dimension morale du droit des contrats ne doit, toutefois, pas être complètement abandonnée au profit d'une appréciation purement économique. En effet, la finalité économique, même si elle constitue l'élément essentiel du contrat, ne saurait s'envisager de manière trop exclusive. Ne prendre en compte que la dimension économique du contrat pourrait compromettre la sécurité juridique et les fondements mêmes du contrat. L'analyse traditionnelle du contrat, et en particulier de son exécution, ne doit pas être délaissée. Elle doit simplement s'ouvrir aux différentes perspectives qui jalonnent le droit contemporain ainsi que la pratique contractuelle, car en définitive, la sécurité économique repose sur la sécurité juridique.

998. À l'évidence, cette étude ne prétend nullement avoir résolu toutes les questions soulevées lors de la présente approche relative à la notion d'exécution contractuelle. Le sujet s'avère trop vaste et complexe pour cela.

Quelle est dans ce cas l'ambition revendiquée par l'étude en question ? Une interrogation légitime qui puise sa réponse dans la volonté de révéler toute l'ampleur de ce phénomène lié à l'exécution du contrat, et ainsi d'en dégager les principales lignes directrices.

Bibliographie

I. OUVRAGES COLLECTIFS, RECUEILS DE TEXTES ET DICTIONNAIRES

ABRAHAM-FROI (G.), CAIRE (G.), HUGON (Ph.), LLAU (P.) et RENVERSEZ (F.), *Dictionnaire d'économie – Analyse, Auteurs, Institutions, Politiques économiques*, Sirey, 2e éd., 2002.

ALLAND (D.) et RIALS (S.) (dir.), *Dictionnaire de la culture juridique*, PUF, 2003.

ANCEL (B.), LEQUETTE (Y.) et BATIFFOL (H.), *Les grands arrêts de la jurisprudence française de droit international privé*, Dalloz, 3e éd., 1998.

BÉHAR-TOUCHAIS (M.) (dir.), *L'interdiction de se contredire au détriment d'autrui*, Economica, coll. Études juridiques, tome 12, 2001.

BOLLÉE (S.), LAITHIER (Y.-M.) et PÉRÈS (C.) (dir.), *L'efficacité économique en droit*, Economica, coll. Études juridiques, tome 33, 2010.

CABRILLAC (R.), *Dictionnaire de vocabulaire juridique*, Litec, 5e éd., 2013.

CAPITANT(H.) Asso., *La bonne foi* (Journées louisianaises), Litec, tome XLIII, 1994.

CAPITANT (H.), TERRÉ (Fr.) et LEQUETTE (Y.), *Les grands arrêts de la jurisprudence civile*, tome 2, *Obligations, Contrats spéciaux, Sûretés*, Dalloz, 12e éd., 2008.

CATALA (P.) (dir.), *Avant-projet de réforme du droit des obligations et de la prescription*, La documentation française, 2006.

CORNU (G.), *Vocabulaire juridique*, Association Henri Capitant, PUF, coll. Quadrige, 8e éd. Maj, 2009.

FAUVARQUE-CAUSSON (B.) (dir.), *La confiance légitime et l'Estoppel*, 17e Congrès international de droit comparé de l'Académie internationale de droit comparé Utrecht, Pays-Bas, 16-22 juillet 2006, Société de législation comparée, coll. Droit privé comparé et européen, vol. 4, 2007.

FOWLER (H. W.), COULSON (J.) et ONIONS (C. T.) (dir.), *Shorter Oxford English Dictionary on Historical Principles*, Oxford University Press, 3e éd., 1973.

GRAWITZ (M.), *Lexique des sciences sociales*, Dalloz, 8e éd., 2004.

GRYNBAUM (L.) et NICOD (M.) (dir.), *Le solidarisme contractuel*, Economica, coll. Études juridiques, N. MOLFESSIS (dir.), 2004.

JAMIN (Ch.) et MAZEAUD (D.) (dir.), *Les clauses abusives entre professionnels*, colloque Lille, 23 mai 1997, Economica, 1998 ; *La nouvelle crise du contrat*, Dalloz, coll. Thèmes et commentaires, 2012.
JESSUA (C.), LABROUSSE (C.), VITRY (D.) et GAUMONT (D.) (dir.), *Dictionnaire des sciences économiques*, par P. PICARD, PUF, 2001.
LAKEHAL (M.), *Dictionnaire d'économie contemporaine et des principaux faits politiques et sociaux*, Vuibert, 3ème éd., 2002.
LALANDE (A.), *Vocabulaire technique et critique de la philosophie*, PUF, coll. Quadrige, Dicos poche, 2010.
LE GAC-PECH (S.) (dir.), *La défaillance contractuelle, Quels remèdes ?*, larcier éd., coll. Contrats et patrim., tome 11, 2010.
LEWKOWICZ (G.) et XIFARAS (M.) (dir.), *Repenser le contrat*, Dalloz, coll. Méthodes du droit, 2009.
LINANT DE BELLEFONDS (X.), *Droits d'auteur et droits voisins, Propriété littéraire et artistique*, Dalloz, coll. Encyclopédie Delmas, 2ème éd., 1997.
LOUART (P.), *Encyclopédie de la gestion et du management*, R. LE DUFF (dir.), Dalloz, 1999.
MESTRE (J.), PUTMAN (E.) et VIDAL (D.), *Grands arrêts du droit des affaires*, Dalloz, 1995.
MOUSSERON (J.-M.), *Technique contractuelle*, Francis Lefebvre éd., 4e éd., par P. MOUSSERON, J. RAYNARD et J.-B. SEUBE, 2010.
TALLON (D.) et HARRIS (D.) (dir.), *Le contrat aujourd'hui : comparaison franco-anglaises*, LGDJ, coll. Bibliothèque de droit privé, tome 196, 1987.
REVOL (R.) (dir.), *Dictionnaire de Sciences économiques et sociales*, Hachette, 2012.

II. TRAITÉS, MANUELS, OUVRAGES GÉNÉRAUX ET COURS

ACCARIAS (C.), *Précis de droit romain*, tome 2, Cotillon, Paris, 3ème éd., 1882.
ANTONMATTTEI (P.-H.) et RAYNARD (J.), *Droit civil, Contrats spéciaux*, Litec, coll. Manuel, 5e éd., 2007.
ARISTOTE, *Éthique à Nicomaque*, Vrin, 1994, traduit par J. TRICOT.
ATIAS (Ch.), *Philosophie du droit*, PUF, coll. Thémis, 2e éd., 2004.
AUBERT (J.-L.), *Le Contrat, Droit des Obligations*, Dalloz, coll. Connaissance du droit, 2e éd., 2000 ; *Le contrat*, Dalloz, coll. Connaissance du droit, 3e éd., 2005 ; *Le Contrat, Droit des obligations*, Dalloz, coll. Connaissance du droit, 4e éd., 2010.
AUBRY (Ch.) et RAU (Ch. F.), *Cours de droit civil français, d'après la méthode de Zachariae*, 8 volumes, Techniques S. A éd., 1869-1879, tome 4, 1871, 5e éd., 1902 ; *Cours de droit civil français, d'après la méthode de*

Zachariae, tome 4, 1871, Marchal Billard éd., 6e éd. par Etienne BARTIN, 1935.
BÉNABENT (A.), *Droit civil, Les obligations*, Montchrestien, coll. Domat dr. privé, 8e éd., 2001 ; *Droit civil, Les obligations*, Montchrestien, coll. Domat dr. privé, 11e éd., 2007.
BERGEL (J.-L.), *Théorie générale du droit*, Dalloz, coll. Méthodes du droit, 4e éd., 2003.
BUFFELAN-LANORE (Y.) et LARRIBAU-TERNEYRE (V.), *Droit civil, Les obligations*, Sirey, coll. U., 13e éd., 2012.
BUGNET (M.), *Œuvres de POTHIER*, tome 2, 2ème éd., éd. Cosse et Maréchal, H. Plon, 1861.
CABRILLAC (R.), *Droit des obligations*, Dalloz, coll. Cours, 11e éd., 2014.
CALAIS-AULOY (J.), *Droit de la consommation*, Dalloz, 1986.
CARBONNIER (J.), *Droit civil*, tome 4, *Les obligations*, PUF, 9e éd., 1976 ; *Droit civil*, tome 4, *Les obligations*, PUF, coll. Thémis droit privé, 22e éd., 2000 ; *Flexible Droit, pour une sociologie du droit sans rigueur*, LGDJ, 10e éd., 2001 ; *Droit civil*, tome 1, *Introduction - Les personnes*, PUF, coll. Quadrige, 2004.
CAYROL (N.), *Droit de l'exécution*, LGDJ, coll. Domat dr. privé, 2013.
CHEVREAU (E.), MAUSEN (Y.) et BOUGLÉ (C.), *Introduction historique au droit des obligations,* Litec, coll. Cours, 2007 ; *Histoire du droit des obligations,* LexisNexis, coll. Cours, 2e éd., 2011.
COLIN (A.) et CAPITANT (H.), *Traité de droit civil*, tome II, *Obligations Théorie générale, Droits réels principaux*, Dalloz, 1959, refondu par L. JULLIOT DE LA MORANDIÈRE.
COLLART DUTILLEUL (Fr.) et DELEBECQUE (Ph.), *Contrats civils et commerciaux*, Dalloz, coll. Précis, 8e éd., 2007.
COURCELLE-SENEUIL (J.-G.), *Traité théorique et pratique d'Économie politique*, Guillaumin et Ce, 1858.
DALQ (R. O.), *Traité de la responsabilité civile, Les Novelles, Droit civil*, tome 5, vol. II, Larcier éd., 1962.
DELEBECQUE (Ph.) et PANSIER (F.-J.), *Droit des obligations, Régime général*, LexisNexis, coll. Cours, 6e éd., 2012.
DE PAGE (H.), *Traité élémentaire de droit civil belge*, tome 2, Bruylant, 1964 ; *Traité élémentaire de droit civil belge*, tome 3, Bruylant, 3e éd., 1967.
DEMOGUE (R.), *Traité des obligations en général, Source des obligations*, tome 2, Arthur – Rousseau éd., 1923 ; *Traité des obligations en général, Source des obligations,* tome 5, Arthur – Rousseau éd., 1925 ; *Traité des obligations en général*, vol. II, *Effets des obligations*, tome 6, Rousseau & cie éd., 1931.
DEMOLOMBE (C.), *Cours de Code Napoléon, Traité des contrats ou des obligations conventionnelles en général*, Auguste Durant et L. Hachette et cie éd., tome 1, 2e éd., 1870 ; *Cours de Code Napoléon, XXVII, Traité des contrats ou des obligations conventionnelles en général*, tome 4, Auguste

Durand et L. Hachette et Cie éd., Paris, 1876 ; *Cours de droit civil*, tome 15, Bruxelles, 1882.
DEROUSSIN (D.), *Histoire du droit des obligations*, Economica, 2007.
DEUMIER (P.), *Le droit spontané*, Economica, coll. Recherches juridiques, 2002, préf. J.-M. JACQUET.
DOMAT (J.), *Les lois civiles dans leur ordre naturel* PUAM, 1735.
DURANTON (A.), *Cours de droit français suivant le Code civil*, tome 17, *Du contrat de louage*, 3e éd., Paris, 1834.
ENGEL (P.), *Traité des obligations en droit suisse*, Staempfti, 2e éd., 1997.
FABRE-MAGNAN (M.), *Droit des obligations*, 1- *Contrat et engagement unilatéral*, PUF, coll. Thémis droit, 2e éd., 2010.
FAGES (B.), *Droit des obligations*, LGDJ, 2007.
FARJAT (G.), *Droit privé de l'économie*, t.2, *Théorie des obligations*, PUF, coll. Thémis, 1975.
FENET (P. A.), BIGOT DE PRÉAMENEU, in *Recueil complet des travaux préparatoires du Code civil*, Paris Videcoq, 1836, vol. XIII ; FAVART, *Recueil complet des travaux préparatoires du Code civil,* tome 14, Otto Zeller, 1968, réimpr. éd. 1827.
FLOUR (J.) et AUBERT (J.-L.), *Droit civil, Les obligations*, vol. 2, Armand Colin, 1981 ; *Droit civil, Les obligations*, tome 1, *L'acte juridique*, Armand Colin, 7e éd., coll. U., 1996 ; *Les obligations*, tome 2, *Le fait juridique*, Armand Colin, 7e éd., coll. U., 1997.
FLOUR (J.), AUBERT (J.-L.) et SAVAUX (É.), *Droit civil*, t. 1, *L'acte juridique*, 13e éd., Sirey, 2008 ; *Les obligations*, tome 3, *Le rapport d'obligation*, Sirey, 7e éd., 2011 ; *Droit civil, Les obligations, vol. 1, L'acte juridique*, 15e éd., Sirey, coll. Université, 2012.
GARELLO (P.), *Cours d'analyse économique du droit*, Université Paul Cézanne Aix-Marseille III, 2009/2010.
GARNIER (G.), *Abrégé élémentaire des principes de l'Économie Politique*, Paris, 1796.
GAUDEMET (E.), *Théorie générale des obligations*, Dalloz, réimpress. de l'éd. de 1937, 2004.
GAUDEMET (J.), *Droit privé romain*, Montchrestien, 2e éd., 2000
GAUTIER (P.-Y.), *Propriété littéraire et artistique*, PUF, 6e éd., 2007
GAZZANIGA (J.-L.), *Introduction historique au droit des obligations*, PUF, coll. Droit fondamental, 1992.
GÉNY (Fr.), *Science et Technique en droit privé positif*, tome 1, Sirey, 2e éd., 1922.
GHESTIN (J.), *Traité de droit civil, La formation du contrat*, LGDJ, 3e éd., 1993.
GHESTIN (J.) et BILLIAU (M.), *Traité de droit civil, Les obligations, Les effets du contrat*, 1992.

GHESTIN (J.), BILLIAU (M.) et JAMIN (Ch.), *Traité de droit civil, Les obligations, Les effets du contrat*, LGDJ, 2e éd., 1994 ; *Traité de droit civil*, tome III, *Les obligations - Les effets du contrat*, LGDJ, 3e éd., 2001.

GHESTIN (J.) et DESCHÉ (B.), *Traité des Contrats, La Vente*, LGDJ, 1990.

GHESTIN (J.) et GOUBEAUX (G.), *Introduction générale, Traité de droit civil*, J. GHESTIN (dir.), LGJD, 2e éd., 1983.

GIRARD (P. F.), *Manuel élémentaire de droit romain*, éd. Vaduz, 8e éd., 1929, maj par F. SENN.

GOMAA (N. M. K.), *Théorie des sources des obligations*, LGDJ, 1968, préf. J. CARBONNIER.

HALPERIN (J.-L.), *Histoire du droit privé français depuis 1804*, PUF, coll. Quadrige, 2001.

HAURIOU (M.), *Principe de droit public*, Dalloz Sirey, 2e éd., 1916.

HAYEK (F. A.), *Droit, législation et liberté*, vol. 1, *Règles et ordre*, PUF, coll. Libre échange, trad. R. AUDOUIN, 1980.

JACQUEMONT (A.), *Droit des entreprises en difficulté*, Litec, 7e éd., coll. Manuel, 2011.

JHERING (R.), *L'esprit du droit romain dans les diverses phases de son développement*, tome 4, Paris, A. Marescq, Aîné, 1880, 3e éd., trad. O. de MEULENAERE.

JOSSERAND (L.), *Cours de droit civil positif français*, tome 2, *Théorie générale des obligations*, Sirey, 3e éd., 1939.

JUBAULT (Ch.), *Droit civil, Les successions, Les libéralités*, Montchrestien, coll. Domat droit privé, 2e éd., 2010.

KANT (E.), *Doctrine du droit*, in *La métaphysique des mœurs*, 1ère partie, 1796 ; *Doctrine du droit, Critique de la raison pratique*, théorème IV, in Œuvres complètes, Paris, NRF-Gallimard, t.2, trad. FERRY et WISMANN, 1985.

KELSEN (H.), *Théorie pure du droit*, 1960, Dalloz, coll. Philo. du droit, traduc. Fr. de la 2e éd. par C. EISENMAN, Dalloz, 1962.

LAMBERT-FAIVRE (Y.), *Droit des assurances*, Dalloz, 10e éd., 1998.

LAPOYADE DESCHAMPS (C.), BLOCH (L.) et MORACCHINI-ZEIDENBERG (S.), *Droit des obligations*, Ellipses, 2e éd., 2008.

LAROMBIÈRE (L.), *Théorie et pratique des obligations ou commentaires des titres III et IV, Livre III du Code Napoléon*, Paris, 1885.

LAROMBIÈRE (M. L.), *Théorie et pratique des obligations*, tome 3, Bruxelles, 1963.

LARROUMET (Ch.), *Droit civil, t. 3, Les obligations, le contrat*, Economica, 2e éd., 1990 ; *Droit civil, t.3, Les Obligations – Le contrat*, Economica, 4e éd., 1998 ; *Droit civil, t.3, Les Obligations – Le contrat*, Economica, 5e éd., 2003.

LAURENT (F.), *Principes de droit civil*, tome 16, Bruxelles et Paris éd., 1875 ; *Principes de droit civil*, tome 20, Bruxelles et Paris éd., 1876.

LE TOURNEAU (Ph.), *Droit de la responsabilité et des contrats*, Dalloz Action, 2004 ; *Droit de la responsabilité et des contrats*, Dalloz action, 6e éd., 2006 ; *Droit de la responsabilité et des contrats*, Dalloz Action, 10e éd., 2010-2011.

LÉVY (J.-Ph.) et CASTALDO (A.), *Histoire du droit civil*, Dalloz, coll. Précis, 2002.

LUCAS (A. et H.-J.), *Traité de la propriété littéraire et artistique*, Litec, 2e éd., 2000.

MAINGUY (D.), *Le nouveau droit français des contrats, du régime général et de la preuve des obligations, d'après l'ordonnance du 10 février 2016*, ouvrage coll. sous la dir. de D. MAINGUY, UMR-CNRS 5815, ouvrage numérique, mise à disposition gracieuse.

MAINGUY (D.) et RESPAUD (J.-L.), *Droit des obligations*, Ellipses, coll. Cours magistral, 2008.

MALAURIE (Ph.), *Anthologie de la pensée juridique*, Cujas éd., 1996.

MALAURIE (Ph.) et AYNÈS (L.), *Droit civil, Les obligations*, Cujas, 4e éd., 1993 ; *Droit civil, Les obligations*, Cujas, 8e éd., 1997.

MALAURIE (Ph.), AYNÈS (L.) et STOFFEL-MUNCK (Ph.), *Les Obligations*, Defrénois, 3e éd., 2007 ; D*roit civil, Les Obligations*, Defrénois, 5e éd., 2011 ; *Droit civil, Les Obligations*, Defrénois, 6e éd., 2013.

MALINVAUD (Ph.), *Droit des obligations*, Litec, 10e éd., coll. Manuel, 2007.

MALINVAUD (Ph.) et FENOUILET (D.), *Droit des obligations*, Litec, 11e éd., 2010.

MARTY (G.) et RAYNAUD (P.), *Droit civil*, tome 2, vol. 1, *Les obligations*, Sirey, 1962 ; *Droit civil*, *Les obligations*, tome 1, *Les sources*, Sirey, 2e éd., 1988.

MARTY (G.), RAYNAUD (P.) et JESTAZ (Ph.), *Droit civil, Les obligations*, tome 2, *Le régime*, Sirey, 2e éd., 1989.

MAZEAUD (H. et L.), *Traité théorique et pratique de la responsabilité civile délictuelle et contractuelle*, Sirey, 2e éd., 1934.

MAZEAUD (H., L. et J.), *Leçons de droit civil*, tome 2, *Obligations*, *Biens*, Montchrestien, 2e éd., 1962.

MAZEAUD (H., L. et J.) et CHABAS (Fr.), *Leçon de droit civil*, tome 3, vol. 2, *Principaux contrats : vente et échange*, 7e éd. par M. DE JUGLART, Montchrestien, 1987 ; *Leçons de Droit civil*, tome 2, vol. 1, *Obligation, théorie générale*, Montchrestien, 9e éd., 1998.

MAZEAUD (H. et L.) et TUNC (A.), *Traité théorique et pratique de la responsabilité civile délictuelle et contractuelle*, Montchrestien, tome 1, 6e éd., 1965.

MONTANIER (J.-C.), *Le contrat*, PUG, 5e éd., 2005.

MOREL (R.-L.), *Cours de droit civil approfondi*, in *Les cours de droit*, Paris, 1951-1952.

MOUSSERON (J.-M.), *Technique contractuelle*, éd. Francis Lefebvre, 4e éd., 2010.
PÉLISSIER (J.), SUPIOT (A.) et JEAMMAUD (A.), *Droit du travail*, Dalloz, 20e éd., 2000 ; *Droit du travail*, Dalloz, 22e éd., 2004.
PLANIOL (M.), *Traité élémentaire de droit civil*, tome 2, LGDJ, 3e éd., 1905.
PLATON, *La République*, Flammarion, 2002, traduit par G. LEROUX.
PORTALIS (J.-É.-M.), *Discours préliminaire du premier projet de Code civil*, 1801.
POTHIER (R.-J.), *Traité des obligations, selon les règles tant du for de la conscience, que du for extérieur*, Paris, Debure éd., Orléans, J. Rouzeau-Montaut, 1765 ; *Traité des obligations*, Dalloz, rééd. 2011, préf. J.-L. HALPÉRIN.
POUMARÈDE (M.), *Droit des obligations,* Montchrestien, Lextenso éditions, coll. Cours, dir. B. BEIGNIER, 2e éd., 2012.
PUTMAN (E.), *Contentieux économique*, PUF, 1998.
RASMUSEN (E.), *Jeux et information. Introduction à la théorie des jeux*, De Boeck, 3ème éd., trad. F. BISMANS, 2004.
ROPPO (V.), *Il contratto*, Giuffré, coll. Trattato di diritto privato, 2001.
ROUBIER (P.), *Théorie générale du droit : histoire des doctrines juridiques et philosophie des valeurs sociales*, Sirey, 1946.
SALEILLES (R.), *Étude sur la théorie générale de l'obligation d'après le premier projet de Code civil pour l'empire allemand*, F. Pichon éd., 1ère éd. 1889, 3e éd. 1923 ; *Étude sur la théorie générale de l'obligation d'après le premier projet de Code civil pour l'empire allemand*, Libr. Cotillon, Paris, 2e éd., 1901.
SAVATIER (R.), *Traité de la responsabilité civile en droit français*, LGDJ, 2e éd., 1951, préf. G. RIPERT.
von SAVIGNY (F. C.), *Traité de droit romain*, tome VIII, 1860, trad. Ch. GUÉNOUX, Panthéon-Assas éd., coll. Les introuvables, rééd. 2002.
SCHMIDT-SZALEWSKI (J.), *Droit des contrats*, Litec, coll. Jurispr. française, 1989.
SÉRIAUX (A.), *Droit des obligations*, PUF, coll. Dr. fondamental, 1998 ; *Manuel de droit des obligations*, PUF, 2006.
STARCK (B.), ROLAND (H.)) et BOYER (L.), *Obligations*, tome 2, *Contrat*, Litec, 5e éd., 1995 ; *Droit civil*, *Les obligations*, tome 2, *Contrat*, Litec, 6e éd., 1998 ; *Droit civil, Les obligations*, tome 3, *Régime général*, Litec, 6e éd., 1999.
TERRÉ (Fr.), *Introduction générale au droit*, Dalloz, coll. Précis, 6e éd., 2003.
TERRÉ (Fr.), SIMLER (Ph.) et LEQUETTE (Y.), *Droit civil, Les obligations*, Dalloz, coll. Précis, 8e éd., 2002 ; *Droit civil*, *Les obligations*, Dalloz, coll. Précis, 10e éd., 2009 ; *Droit civil*, *Les obligations*, Dalloz, coll. Précis, 11e éd., 2013.

TROPLONG (R. T.), *Le droit civil expliqué suivant l'ordre des articles du Code : De l'échange et du louage, commentaires des titres VII et VIII du livre III du Code civil*, tome 1, C. Hingray éd., 1840.
TURGOT (A. R. J.), *Œuvre de Mr. TURGOT*, t.3, Paris, 1808.
VÉRON DUVERGER de FORBONNAIS (Fr.), *Éléments du Commerce*, tome 2, Paris, nvlle éd., 1795.
VINCENT (J.) et PREVAULT (J.), *Voies d'exécution et procédures de distribution*, Dalloz, 19e éd., 1999.
VINEY (G.) et JOURDAIN (P.), *Traité de droit civil - La responsabilité : effets*, LGDJ, 2e éd., 2001, J. GHESTIN (dir.).
WEBER (M.), *Économie et société*, tome 2, *L'organisation et les puissances de la société dans leur rapport avec l'économie*, Pocket, coll. Agora, 2003.
WEILL (A.) et TERRÉ (Fr.), *Droit civil. Les obligations*, Dalloz, 2e éd., coll. Précis, 1975 ; *Droit civil, Les obligations*, Dalloz, coll. Précis, 4e éd., 1986.
WÉRY (P.), *Droit des obligations*, vol. 1, *Théorie générale du contrat*, Larcier éd., coll. Précis de la Fac. de dr. de l'Univ. de Louvain, 2010.

III. OUVRAGES SPÉCIAUX, THÈSES ET MONOGRAPHIES

ABUDA (E. A.), *L'astreinte et l'exécution des obligations contractuelles*, Th. Poitiers, 1982.
ALBIGÈS (Ch.), *De l'équité en droit privé*, LGDJ, coll. Biblio. de dr. privé, tome 329, 2000, préf. R. CABRILLAC.
ALISSE (J.), *L'obligation de renseignements dans les contrats*, Th. Paris II, 1975.
AMIEL-COSME (L.), *Les réseaux de distribution*, LGDJ, coll. Biblio. de dr. privé, tome 256, 1995, préf. Y. GUYON.
ANCEL (M.-E.), *La prestation caractéristique du contrat*, Economica, coll. Recherches juridiques, 2002.
ARSAC-RIBEYROLLES (A.), *Essai sur la notion d'économie du contrat*, Th. Clermont I, 2005.
ARTEIL (D.), *L'exécution du contrat par un non-contractant*, LGDJ, Th. Poitiers, coll. de la Faculté de Droit et des Sc. Sociales, 2006, préf. R.-N. SCHÜTZ.
ATIAS (Ch.), *Le contentieux contractuel*, PUAM, 4e éd., 2008.
AUBRY (H.), *L'influence du droit communautaire sur le droit français des contrats*, PUAM, 2002, préf. Alain GHOZI.
AYNÈS (L.), *La cession de contrat et les opérations juridiques à trois personnes*, Economica, 1984, préf. Ph. MALAURIE.
AZÉMA (J.), *La durée des contrats successifs*, LGDJ, Biblio. de dr. privé, tome 102, 1969 préf. R. NERSON.
BANDRAC (M.), *La nature juridique de la prescription extinctive en matière civile*, Economica, coll. Droit civ., 1986, préf. P. RAYNAUD.

BARTHEZ (A.-S.), *La transmission universelle des obligations,* Th. Paris I, 2000.
BATIFOL (H.), *Conflits de lois en matière de contrats, Étude de droit comparé*, Sirey, 1938.
BÉHAR-TOUCHAIS (M.), *Le décès du contractant*, Economica, coll. Droit civil, 1988, préf. G. CHAMPENOIS.
BEKKER (E. J.), *Die Aktionen des römischen Privatrechts*, Berlin, 2 vol., 1871-1873.
BENZACAR (J.), *De la bonne foi. Ses effets sur les contrats du Ier au VIe siècle de l'Empire en droit romain*, Th. Bordeaux, 1890.
BÉRAUD (J.-M.), *La suspension du contrat de travail, Essai d'une théorie générale*, Sirey, coll. Biblio. dr. du travail, 1980, préf. J. PÉLISSIER.
BICHERON (F.), *La dation en paiement*, Panthéon-Assas éd., coll. Thèses, 2006, préf. M. GRIMALDI.
BILLIAU (M.), *La délégation de créance, Essai d'une théorie juridique de la délégation en droit des obligations*, LGDJ, coll. Biblio. de dr. privé, tome 207, 1989, préf. J. GHESTIN.
BIQUEZ (Ch.), *Les promesses de vente de fonds de commerce*, Th. Caen, 1958.
BOISMAIN (C.), *Les contrats relationnels*, PUAM, 2005, préf. M. FABRE-MAGNAN.
BOYER (L.), *La notion de transaction – Contribution à l'étude des concepts de cause et d'acte déclaratif*, Sirey, 1947, préf. J. MAURY.
BOYER (Y.), *L'obligation de renseignements dans la formation du contrat*, Th. Aix-en-Provence, 1977.
von BRINZ (A.)
- *Kritische Blätter zivilistischen Inhalts*, Erlangen, 1853.
- *Lehrbruch des Pandekten*, vol. II-1, Erlangen, 2e éd., 1879.
BROS (S.), *L'interdépendance contractuelle*, Th. Paris II, 2001
BRUNEAU (Ch.), *La distinction entre les obligations monétaires et les obligations en nature. Essai de détermination de l'objet*, Th. Paris II, 1984.
de CALLATAY (E.), *Études sur l'interprétation des conventions*, Bruxelles, Bruylant, Paris, LGDJ, 1947.
CALMES (C.), *Du principe de la protection de la confiance légitime en droit allemand, communautaire et français*, Dalloz, 2001.
CARVAL (S.), *La responsabilité civile dans sa fonction de peine privée*, LGDJ, Bibl. dr. privé, tome 250, 1995, préf. G. VINEY.
CASSIN (R.), *De l'exception tirée de l'inexécution dans les rapports synallagmatiques (exceptio non adimpleti contractus) et de ses relations avec le droit de rétention...*, Th. Paris, 1914.
CATALA (N.), *La nature juridique du payement*, LGDJ, 1961, coll. Biblio. de dr. privé, tome 25, préf. J. CARBONNIER.

CATHIARD (A.), *L'abus dans les contrats conclus entre professionnels : L'apport de l'analyse économique du contrat*, PUAM, 2006, préf. X. LAGARDE.
CÉLICE (B.), *Les réserves et le non-vouloir dans les actes juridiques*, LGDJ, coll. Biblio. de dr. privé, tome 84, 1968, préf. J. CARBONNIER.
CERMOLACCE (A.), *Cause et exécution du contrat*, PUAM, 2001, préf. J. MESTRE.
CHABAS (C.), *L'inexécution licite du contrat*, LGDJ, coll. Biblio. de dr. privé, tome 380, 2002, préf. J. GHESTIN.
CHARTIER (Y.), *La réparation du préjudice dans la responsabilité civile*, Dalloz, 1983.
CHIREZ (A.), *De la confiance en droit contractuel*, Th. Nice, 1977.
COMPARATO (F. K.), *Essai d'analyse dualiste de l'obligation en droit privé*, Dalloz, 1964.
CONTAMINE-RAYNAUD (M.), *L'« intuitus personae » dans les contrats*, Th. Paris I, 1974.
COOTER (R.) et ULEN (Th.), *Law and Economics*, Prentice Hall, 6e éd., 2011.
CROCQ (P.), *Propriété et garantie*, LGDJ, coll. Biblio. de Th., tome 248, 1995, préf. M. GOBERT.
DABIN (J.), *La philosophe de l'ordre juridique positif spécialement dans les rapports de droit privé*, Sirey, 1929.
DAGORNE-LABBÉ (Y.), *Contribution à l'étude de la faculté de dédit*, Th. Paris II, 1984.
DAI DO (V.), *Le rôle de l'intérêt privé dans le contrat en droit français*, PUAM, 2004, préf. J. MESTRE.
D'AUZON (O.), *Modèles de contrats commerciaux*, Eyrolles éd., 2e éd., 2007.
DEBILY (E.), *L'exécution forcée en nature des obligations contractuelles non pécuniaires*, Th. Poitiers, 2002.
DELEBECQUE (Ph.), *Les clauses allégeant les obligations dans les contrat*s, Th. Aix-Marseille, 1981.
DENIS (D.), *L'astreinte judiciaire. Nature et évolution*, Th. Paris, 1973.
DEREUX (G.), *De l'interprétation des actes juridiques privés*, Th. Paris, 1905.
DERRIDA (F.), GODÉ (P.) et SORTAIS (J.-P.), *Redressement et liquidation judiciaires des entreprises, Cinq années d'application de la loi du 25 janvier 1985,* Dalloz, 3e éd., 1991.
DERUPPÉ (J.), *La nature juridique du droit du preneur à bail et la distinction des droits réels et des droits de créance*, Th. Toulouse, 1952.
DESGORCES (R.), *La bonne foi dans le droit des contrats : Rôle actuel et perspectives*, Th. Paris II, 1992.
DIEUX (X.), *Le respect dû aux anticipations légitimes d'autrui, Essai sur la genèse d'un principe général de droit*, Bruylant, 1995.

DISSAUX (N.), *La qualification d'intermédiaire dans les relations contractuelles*, LGDJ, 2007, coll. Biblio. de dr. privé, tome 485, préf. Ch. JAMIN.
DRAGU (R.), *De l'exécution en nature des contrats*, Th. Paris, 1936.
DREIFUSS-NETTER (Fr.), *Les manifestations de volontés abdicatives*, LGDJ, 1985.
DUPRÉ-DALLEMAGNE (A.-S.), *La force contraignante du rapport d'obligation (Recherche sur la notion d'obligation)*, PUAM, 2004, préf. Ph. DELEBECQUE.
EGGERTSON (T.), *Imperfect Institutions : Possibilities and Limits of Reform*, Ann Arbor, University of Michigan Press, 2005.
ESMEIN (P.), *L'obligation et la responsabilité contractuelle, Le droit privé au milieu du XXe siècle. Études offertes à Georges Ripert*, LGDJ, tome 2, 1950.
ETIENNEY (A.), *La durée de la prestation, Essai sur le temps dans l'obligation*, LGDJ, coll. Biblio. de dr. privé, tome 475, préf. Th. REVÊT.
FABRE-DUBOUT (H.), *La localisation du contrat : entre lieux et espace*, PUAM, 2007, préf. J. MESTRE.
FABRE-MAGNAN (M.), *De l'obligation d'information dans les contrats - Essai d'une théorie*, LGDJ, coll. Biblio. de dr. privé, tome 221, 1992, préf. J. GHESTIN.
FAGES (B.), *Le comportement du contractant*, PUAM, 1997, préf. J. MESTRE.
FARJAT (G.), *Pour un droit économique*, PUF, coll. Les voies du droit, 2004.
FAURE ABBAD (M.), *Le fait générateur de la responsabilité contractuelle, contribution à la théorie de l'inexécution du contrat*, LGDJ, 2003, coll. de la Faculté de droit et des sciences sociales de Poitiers, préf. Ph. RÉMY.
FAVRE (P. G.), *Le transfert conventionnel de contrat, Analyse théorique et pratique*, Schulthess Verlag, 2005.
FEREY (S.), *Une histoire de l'analyse économique du droit, Calcul rationnel et interprétation du droit*, Bruylant, coll. Droit et Économie, 2008.
FLATTET (G.), *Les contrats pour le compte d'autrui. Essai critique sur les contrats conclus par un intermédiaire en droit français*, Th. Paris, 1950.
FONTAINE (M.) et VINEY (G.), *Les sanctions de l'inexécution des obligations contractuelles*, Bruylant, 2001.
FOREST (G.), *Essai sur la notion d'obligation en droit privé*, Dalloz, coll. Nvlle Biblio. de Thèses, vol. 116, 2012, préf. F. LEDUC.
FRIEDMAN (D.), *Law's Order : What Economics has to do with Law and why it matters*, Princeton University Press, 2000.
FROSSARD (J.), *De la distinction des obligations de moyens et des obligations de résultat*, LGDJ, 1965, préf. R. NERSON.
GAUDEMET (E.), *Étude sur le transport de dette à titre particulier*, Th. Paris, 1898.

GAUDEMET-TALLON (H.), *Les conventions de Bruxelles et de Lugano*, LGDJ, 2e éd., 1996.
GERBAY (Ph.), *Moyens de pression privés et exécution du contrat*, Th. Dijon, 1976.
GHESTIN (J.), *Cause de l'engagement et validité du contrat*, LGDJ, 2006.
GHOZI (A.), *La modification de l'obligation par la volonté des parties*, LGDJ, coll. Biblio. de dr. privé, tome 166, 1980, préf. D. TALLON.
GOMAA (N. M. K.), *Théorie des sources de l'obligation* LGDJ, Biblio. de dr. privé, tome 88, 1968, préf. J. CARBONNIER.
GOUNOT (E.), *Le principe de l'autonomie de la volonté en droit privé, Contribution à l'étude critique de l'individualisme juridique*, Th. Dijon, 1912.
GRIMONPREZ (B.), *De l'exigibilité en droit des contrats*, LGDJ, coll. de la Fac. de dr. et des sc. soc. de Poitiers, 2006, préf. Cl. OPHÈLE.
GROSSER (P.), *Les remèdes à l'inexécution du contrat : essai de classification*, Th. Paris I, 2000.
GRYNBAUM (L.), *Le contrat contingent, L'adaptation du contrat par le juge sur habilitation du législateur*, LGDJ, coll. Biblio. de dr. privé, tome 389, 2004, préf. M. GOBERT.
HOCHART (C.), *La garantie d'éviction dans la vente*, LGDJ, 1993, préf. J. GHESTIN.
HONTEBEYRIE (A.), *Le fondement de l'obligation solidaire en droit privé*, Economica, 2004, préf. L. AYNÈS.
HOUIN (B.), *La rupture unilatérale des contrats synallagmatiques*, Th. Paris II, 1973.
HOUTCIEFF (D.), *Le principe de cohérence en matière contractuelle*, PUAM, , 2001, préf. H. MUIR WATT.
HUBERT (F.), *Essai d'une théorie juridique de la délégation en droit français*, Th. Poitiers, 1899.
HUET (J.), *Responsabilité contractuelle et responsabilité délictuelle. Essai de délimitation entre les deux ordres de responsabilité*, Th. Paris, 1978.
JACQUES (P.), *Regard sur l'article 1135 du Code civil*, Dalloz, coll. Nvlle Biblio. de Th., 2005, préf. Fr. CHABAS.
JACQUIER (S.), *Le pouvoir du juge sur le contrat d'auteur*, PUAM, 2001, préf. P.-Y. GAUTIER.
JARROSSON (Ch.), *La notion d'arbitrage*, LGDJ, coll. Biblio. de dr. privé, tome 198, 1987, préf. B. OPPETIT.
JEULAND (E.), *Essai sur la substitution de personne dans un rapport d'obligation*, LGDJ, coll. Biblio. de dr. privé, tome 318, 1999, préf. L. CADIET.
KERHUEL (A.-S.), *L'efficience stratégique du contrat d'affaires, Un champ d'action de la liberté contractuelle*, PUAM, Institut de droit des affaires, 2010, préf. J. MESTRE.

KIRAT (Th.) et MARTY (Fr.), *Économie du droit et de la réglementation*, Gualino, 2007.
KOSTIC (G.), *L'« intuitus personae » dans les contrats de droit privé*, Th. Paris V, 1997.
KRAJUSKI (D.), *L'« intuitus personae » dans les contrats*, Th. Toulouse I, 1998.
KUATÉ TAMEGHE (S. S.), *La protection du débiteur dans les procédures individuelles d'exécution*, L'Harmattan éd., coll. Logiques juridiques, 2005, préf. J.-Fr. OVERSTAKE.
LAFFONT (J. J.), *Économie de l'incertain et de l'information, vol. 2 du Cours de Théorie Microéconomique*, Economica, 1991.
LAITHIER (Y.-M.), *Étude comparative des sanctions de l'inexécution du contrat*, LGDJ, coll. Biblio. de dr. privé, tome 419, 2004, préf. H. MUIR WATT.
LAPP (Ch.), *Essai sur la cession de contrat synallagmatique à titre particulier*, Th. Strasbourg, 1950.
LARROUMET (Ch.), *Les opérations juridiques à trois personnes en droit privé*, Th. Bordeaux, 1968.
LEDOUBLE (D.), *L'entreprise et le contrat*, Litec, 1980.
LE GAC-PECH (S.), *La proportionnalité en droit privé des contrats*, LGDJ, coll. Biblio. de dr. privé, tome 335, 2000, préf. H. MUIR WATT.
LEMENNICIER (E.), *Économie du droit*, Cujas, coll. Théories éco., 1991.
LE TOURNEAU (Ph.)
- *Les contrats de concession*, Litec, coll. Aff. et Fin., 2003.
- *Responsabilité civile professionnelle*, Dalloz Réf, 2e éd., 2005.
- *Les contrats de franchisage*, Litec, 2e éd., 2007.
LIBCHABER (R.), *Recherches sur la monnaie en droit privé*, LGDJ, coll. Biblio. de dr. privé, tome 225, 1992, préf. P. MAYER.
LOKIEC (P.), *Contrat et Pouvoir, Essai sur les transformations du droit privé des rapports contractuels,* LGDJ, coll. Biblio. de dr. privé, tome 408, 2004, préf. A. LYON-CAEN.
LONIS-APOKOURASTOS (V.), *La primauté contemporaine du droit à l'exécution en nature*, PUAM, 2003, préf. J. MESTRE.
LOPEZ SANTA MARIA (J.), *Les systèmes d'interprétation des contrats*, Th. Paris, 1968.
LUCAS-PUGET (A.-S.), *Essai sur la notion d'objet du contrat*, LGDJ, coll. Biblio. de dr. privé, tome 441, 2005, préf. M. FABRE-MAGNAN.
MACKAAY (E.) et ROUSSEAU (S.), *Analyse économique du droit*, Dalloz, coll. Méthode du droit, 2e éd., 2008.
MAILLET (J.), *La théorie de Schùld et Haftung en droit romain, Exposé et examen critique*, Th. Aix-en-Provence, 1944.
MAÎTRE (G.), *La responsabilité civile à l'épreuve de l'analyse économique du droit*, LGDJ, coll. Droit & Économie, 2005, préf. H. MUIR WATT.

MARCILLE (R.), *De l'exécution en nature des obligations de faire et de ne pas faire*, Th. Rennes, 1931.
MARKOVITS (Y.), *La directive CEE du 25 juillet 1985 sur la responsabilité du fait des produits défectueux*, LGDJ, coll. Biblio. de dr. privé, tome 211, 1990, préf. J. GHESTIN.
MARTIN de la MOUTTE (J.), *L'acte juridique unilatéral*, Th. Toulouse, 1951.
MAZEAUD (D.), *La notion de clause pénale*, LGDJ, coll. Biblio. de dr. privé, tome 223, 1992, préf. Fr. CHABAS.
MERCURO (N.) et MEDEMA (S. G.), *Economics and the law, From Posner to Post-Modernisme*, Princeton University Press, New Jersey, 1997.
MESTRE (J.), *La subrogation personnelle*, LGDJ, Bibl. dr. privé, tome 160, 1979.
MEYER (P.), *OHADA, Droit de l'arbitrage*, Bruylant, 2002.
MIRABAIL (S.), *La rétractation en droit privé français*, LGDJ, coll. Biblio. de dr. privé, tome 284, 1997, préf. J.-P. MARTY.
MORÉTEAU (O.), *L'estoppel et la protection de la confiance légitime*, Th. Lyon, 1990.
MOULY (Ch.), *Les causes d'extinction du cautionnement*, Librairies techniques, Biblio. dr. entrepr., tome 10, 1979, préf. M. CABRILLAC.
MOULY-GUILLEMAUD (C.), *Retour sur l'article 1135 du Code civil, Une nouvelle source du contenu contractuel*, LGDJ, coll. Biblio. de dr. privé, tome 460, 2006, préf. D. FERRIER.
NAJJAR (I.), *Le droit d'option. Contribution à l'étude du droit potestatif et de l'acte unilatéral*, LGDJ, coll. Biblio. de dr. privé, tome 85, 1967, préf. P. RAYNAUD.
OGUS (A.) et FAURE (M.), *Économie du droit : le cas français*, éd. Panthéon Assas, 2002.
OURY-BRULÉ (M.), *L'engagement du codébiteur solidaire non intéressé à la dette, Article 1216 du Code civil*, LGDJ, coll. Biblio. de dr. privé, tome 372, préf. C. FERRY.
OVERSTAKE (J.-F.), *Essai de classification des contrats spéciaux*, LGDJ, coll. Biblio. de dr. privé, tome 267, 1969, préf. J. BERTHE DE LA GRESSAYE.
PARAISO (F.), *Le risque d'inexécution de l'obligation contractuelle*, PUAM, coll. de l'Institut de droit des affaires, Centre de droit économique, 2011, préf. Ch. ATIAS.
PASQUIER (T.), *L'économie du contrat de travail, Conception et destin d'un type contractuel*, LGDJ, coll. Biblio. de dr. social, tome 53, 2010, préf. A. LYON-CAEN.
PAULIN (Ch.), *La clause résolutoire*, LGDJ, coll. Biblio. de dr. privé, tome 259, 1998, préf. J. DEVÈZE.
PELET (J.), *La théorie dualiste de l'obligation et son application au droit suisse*, Th. Lausanne, 1937.

PELLÉ (S.), *La notion d'interdépendance contractuelle, Contribution à l'étude des ensembles de contrats*, Dalloz, coll. Nvlles Biblio. des Thèses, Paris, 2007, préf. J. FOYER et M.-L. DEMEESTER.
PENIN (O.), *La distinction de la formation et de l'exécution du contrat, Contribution à l'étude du contrat acte de prévision*, LGDJ, coll. Biblio. de dr. privé, tome 535, 2012, préf. Y. LEQUETTE.
PÉTEL-TEYSSIÉ (I.), *La durée d'efficacité du contrat*, Th. Montpellier, 1984.
PICOD (N.), *La remise de dettes en droit privé français*, Dalloz, coll. Nvlle biblio. de Th., vol. 128, 2013, préf. C. SAINT-ALARY-HOUIN.
PICOD (Y.), *Le devoir de loyauté dans l'exécution du contrat,* LGDJ, coll. Bibliothèque de Dr. Privé, tome 208, 1989, préf. G. COUTURIER.
PICQ (M.), *La distinction entre les contrats à exécution instantanée et les contrats à exécution successive*, Thèse Grenoble-II, 1994.
PIETTE (G.), *La correction du contrat*, PUAM, 2004.
PIMONT (S.), *L'économie du contrat,* PUAM, 2004, préf. J. BEAUCHARD.
POLINSKY (A. M.), *An introduction to law and economics*, Aspen publishers, 3e éd. 2006.
POPA (E. A.), *Les notions de "debitum" (Schuld) et d'"obligatio" (Haftung) et leur application en droit français moderne*, Th. Paris, E. Muller éd., 1935.
POSNER (R. A.), *Economic analysis of law*, Little Brown, 1ère éd. Boston, 1972 ; *Economic analysis of law*, Little Brown, 4e éd. Boston, 1992.
POUGHON (J.-M.), *Histoire doctrinale de l'échange*, LGDJ, coll. Biblio. de dr. privé, tome 194, 1987, préf. J.-P. BAUD.
RAFFRAY (J.-G.), *Les substitutions de contractants dans l'exécution du contrat*, Th. Montpellier, 1977.
RANOUIL (V.), *L'autonomie de la volonté : Naissance et évolution d'un concept*, PUF, 1980.
RICHARD (A.), *Le paiement de la dette d'autrui*, PUAM, coll. du Centre Pierre Kayser, 2007, préf. J.-B. DONNIER.
RIGALLE-DUMETZ (C.), *La résolution partielle du contrat*, Dalloz, Nvlle biblio. de Th., vol. 30, 2003.
RIPERT (G.), *Le régime démocratique et le droit civil moderne*, LGDJ, 1948 ; *La règle morale dans les obligations civiles*, LGDJ, 4e éd., 1949 ; *Aspects juridiques du capitalisme moderne*, LGDJ, 2e éd., 1951.
RIPERT (L.), *La réparation du préjudice dans la responsabilité délictuelle*, Dalloz, 1933.
RIZZO (F.), *Le traitement juridique de l'endettement*, PUAM, 1996, préf. J. MESTRE.
ROCHEFORT (R.), *La société des consommateurs*, Odile Jacob éd., 1995.
ROCHFELD (J.), *Cause et type de contrat*, LGDJ, coll. Biblio. de dr. privé, tome 311, 1999, préf. J. GHESTIN.

RONTCHEVSKY (N.), *L'effet de l'obligation*, Economica, coll. Droit civil, série Études et Recherches, 1998, préf. A. GHOZI.
ROUHETTE (G.), *Contribution à l'étude critique de la notion de contrat*, Th. Paris I, 1965.
ROUJOU DE BOUBÉE (M.-È.), *Essai sur la notion de réparation*, LGDJ, coll. Biblio de dr. privé, tome 135, 1974, préf. P. HÉBRAUD.
ROUSSILLE (M.), *La compensation multilatérale*, Dalloz, coll. Nvlle biblio. de Th., 2006, préf. Jacques BÉGUIN.
SAVATIER (R.), *Vision économique du droit des obligations et des créances*, Morano Editore, 1966.
SEFTON-GREEN (R.), *La notion d'obligation fondamentale : comparaison franco-anglaise*, LGDJ, coll. Biblio. de dr. privé, tome 336, 2000, préf. J. GHESTIN.
SEUBE (J.-B.), *L'indivisibilité et les actes juridiques*, Litec, coll. Biblio. dr. entrepr., tome 40, 1999, préf. M. CABRILLAC.
SEYRAT (S.), *Le bon père de famille*, Th. Paris 2, 1985.
SIBONY (A.-L.), *Le juge et le raisonnement économique en droit de la concurrence*, LGDJ, coll. Droit et économie, 2008, préf. G. CANIVET.
SOUSTELLE (Ph.), *Les délais judiciaires différant l'exécution de l'obligation*, Th. Saint-Etienne, 1996.
STARCK (B.), *Essai d'une théorie générale de la responsabilité civile considérée en sa double fonction de garantie et de peine privée*, Th. Paris, 1947.
STOFFEL-MUNCK (Ph.), *Regards sur la théorie de l'imprévision, Vers une souplesse contractuelle en droit privé français contemporain,* PUAM, 1994, av.-propos A. SÉRIAUX, préf. R. BOUT ; *L'abus dans le contrat, Essai d'une théorie*, LGDJ, coll. Biblio. de dr. privé, tome 337, 2000, préf. R. BOUT.
STORCK (M.), *Essai sur le mécanisme de la représentation dans les actes juridiques*, LGDJ, coll. Biblio. de dr. privé, tome 172, 1982, préf. D. HUET-WEILLER.
THIBIERGE (L.), *Le contrat face à l'imprévu*, Economica, coll. Recherches juridiques, 2011, préf. L. AYNÈS.
TIAN-PANCRAZI (M.-E.), *La protection judiciaire du lien contractuel*, PUAM 1996.
VALLEUR (F.), *L'Intuitus Personae dans les contrats*, Th. Paris, 1938.
VAN RYN (J.), *Responsabilité aquilienne et contrats en droit positif*, Sirey, 1933.
VIDAL (L.), *L'équilibre financier du contrat dans la jurisprudence administrative*, Bruylant, Bruxelles, 2005.
VIRALLY (M.), *La pensée juridique*, LGDJ, 1960, rééd. Éd. Panthéon-Assas, 1998.
VOLANSKY (A. Al.), *Essai d'une définition expressive du droit basée sur l'idée de bonne foi*, L. Chauny et L. Quinsac éd., 1929.

VOUIN (R.), *La bonne foi. Notion et rôle actuels en droit privé français*, LGDJ, 1939.
WEILLER (L.), *La liberté procédurale du contractant*, PUAM, 2004, préf. J. MESTRE.
WÉRY (P.), *L'exécution forcée en nature des obligations contractuelles non pécuniaires. Une relecture des articles 1142 à 1144 du Code civil*, Kluwer éd. juridiques Belgique, 1993.
WINDSCHEID (B.), *Lehrbruch des Pandektenrechts*, tome II, Francfort, 1906.
WOOG (J.-C), SARI (M.-C.) et WOOG (S.), *Stratégie contentieuse du créancier*, Dalloz, 2e éd., 2006.
ZERVOS (Ch.), *Pablo PICASSO*, Cahiers d'Arts éd., 1938.

IV. ARTICLES, CHRONIQUES ET ÉTUDES

ABBATUCCI (S.) et SABLIER (B. et V.), « *Crise de l'acier : le retour de l'imprévision dans les marchés de travaux* », AJDA 2004, p. 2192.
ABECASSIS (C.), « *Les coûts de transaction : état de la théorie* », Réseaux 1997, vol. 15, n°84, p. 9.
ALBIGÈS (Ch.), « *Le développement discret de la réfaction du contrat* », in *Mélanges M. CABRILLAC*, Litec-Dalloz, 1999, p. 3.
ALLIX (D.), « *Réflexion sur la mise en demeure* », JCP 1977, I, p. 2844.
ANCEL (P.), « *Droit au recouvrement de sa créance ou droit de ne pas payer ses dettes ?* », in *Que reste-t-il de l'intangibilité du contrat ?*, Colloque Chambéry, 1997, Dr. et patrim. 1998, p. 88 ; « *Force obligatoire et contenu obligationnel du contrat* », RTD civ. 1999, p. 771 ; « *Contrat de fait et comportements sociaux typiques* », RDC 2004, p. 1087 ; « *Le juge et l'inexécution du contrat* », in *Le renouveau des sanctions contractuelles*, F. COLLART DUTILLEUL, C. COULON (dir.), Economica, 2007, p. 103.
ANSELME-MARTIN (O.), « *Étude critique du devoir d'exécuter les conventions de bonne foi* », PA, 22 janvier 1997, n°13.
ANTONMATTEI (P.-H.), « *Les éléments du contrat de travail* », Dr. soc. 1999, p. 330.
ARTZ (J.-F.), « *La suspension du contrat à exécution successive* », D. 1979, chron. p. 95.
ATIAS (Ch.), « *L'équilibre renaissant de la vente* », D. 1993, chron. p. 1 ; « *La défense à exécution provisoire de l'astreinte liquidée* », D. 1995, p. 272.
ATIYAH (P. S.), « *L'évolution du droit anglais de l'accord vers la reliance et l'exclusion de la responsabilité pour vices dans la vente de marchandises* », *in Le contrat aujourd'hui : comparaisons franco-anglaises*, D. TALLON et D. HARRIS (dir.), LGDJ, 1987, p. 57.
AUBERT (J.-L.), « *À propos d'une distinction renouvelée des parties et des tiers* », RTD civ. 1993, p. 263.

AUBRY (H.), « *L'apport du droit communautaire au droit français des contrats : la notion d'attente légitime* », RID comp. 2005, p. 628.
AUROUX (S.), « *La notion de notion* », in *Encyclopédie de philosophie universelle, tome 2 : les notions philosophiques*, PUF, 1990, S. AUROUX (dir.), p. 11.
AYNÈS (L.), « *Les clauses de circulation du contrat* », in *Les principales clauses des contrats conclus entre professionnels*, PUAM, 1990, p. 131 ; « *Cession de contrat : nouvelles précisions sur le rôle du cédé* », D. 1998, chron. p. 25.
AYNÈS (L.) et HONTEBEYRIE (A.), « *Pour une réforme du Code civil en matière d'obligation conjointe et d'obligation solidaire* », D. 2006, p. 2113.
AZOULAY (M.), « *L'élimination de l'intuitus personae dans le contrat* », in *La tendance à la stabilité du rapport contractuel*, P. DURAND (dir.), LGDJ, 1960, p.1.
BAILLOD (R.), « *Le droit de repentir* », RTD civ. 1984, p. 227.
BARADUC-BÉNABENT (E.), « *L'astreinte en matière administrative* », D. 1981, p. 95.
BARANÈS (W.) et FRISON-ROCHE (M.-A.), « *Le souci de l'effectivité du droit* », D. 1996, p. 301.
BAYER (E.), « *La propriété du contrat* », PA, 2006, n°43, p. 6.
BAZIN (E.), « *La résolution unilatérale du contrat* », RRJ 2000, p. 1381.
BÉHAR-TOUCHAIS (M.), « *Le banquier et la caution face à la défaillance du débiteur* », RTD civ. 1993, p.737.
BELLIVIER (F.) et SEFTON-GREEN (R.), « *Force obligatoire et exécution en nature du contrat en droit français et anglais : bonnes et mauvaises surprises du comparatisme* », in *Mélanges GHESTIN*, LGDJ, 2001, p. 91.
BÉNABENT (A.), « *Rapport français* », in *La bonne foi* (Journées louisianaises), Asso. H. CAPITANT, Litec, tome XLIII, 1994, p. 293.
BESSON (A.), « *La notion de déchéance en matière d'assurance* », RGAT 1936, p. 225.
BILLIAU (M.), « *La délégation* », Rép. dr. civ. Dalloz, 1993, n°13.
BILLIAU (M.) et JAMIN (Ch.), « *Cession conventionnelle de contrat : la portée du consentement du cédé* », D. 1998, chron. p.145.
BIOY (X.), « *Notions et concepts en droit : interrogations sur l'intérêt d'une distinction...* », in *Les notions juridiques*, Economica, 2009, G. TUSSEAU (dir.), p. 23.
BONNEAU (T.), « *La durée dans les contrats* », J.-Cl. Contrats-distribution, fasc. 70, 1990, p.9.
BORE (J.), « *La liquidation de l'astreinte comminatoire* », DS 1966, p. 159.
BORRICAND (J.), « *La clause résolutoire expresse dans les contrats* », RTD civ. 1957, p. 433.
BOUCARD (F.), « *L'analyse juridique de l'assurance de groupe en matière de crédit* », RGDA 2002, p. 644.

BOULAY (J.-C.), « *Réflexion sur la notion d'exigibilité de la créance* », RTD com. 1990, p. 339.
BOURDALLE (N.) et LASSERRE-CAPDEVILLE (J.), « *Le développement jurisprudentiel de l'obligation de mise en garde du banquier* », Banque et droit, mai-juin 2006, p. 17.
BOURSIER (D.), « *Une analyse lexicométrique de la décision juridique. Règles, standards et argumentation* », in *Droit et cultures*, Rev. trim. d'anthropologie et d'histoire, L'Harmattan, 2002/1, p. 105.
BOYER (L.), « *La clause de dédit* », in *Mélanges offerts à P. RAYNAUD*, Dalloz, 1985, p. 41.
BRIÈRE DE L'ISLE (G.), « *De la notion de contrat successif* », D. 1957, chron. p.153.
von BRINZ (A.), *Der Begriff Obligatio,* Grünhut's Zeitschrift für das privat und öffentliche Recht der Gegenwart, 1874, p.11 ; *Obligation und Haftung*, Archif für die Civilistische Praxis, n°70, 1886, p.3.
BROUSSEAU (É.), « *La sanction adéquate en matière contractuelle : une analyse économique* », PA 2005, p. 43.
BRUN (Ph.), « *Le droit de revenir sur son engagement* », in *Que reste-t-il de l'intangibilité du contrat ?*, colloque Chambéry, Dr. et patrim. 1998, p. 78.
BRUNET (F.), « *Les clauses d'exécution forcée* », Cah. dr. entrepr., 1975/1, p. 9.
BUFFET (J.), « *La réforme de l'astreinte* », Rapport de la Cour de cassation, La documentation française, 1997, p. 67.
BÜRGE (A.), « *Le Code civil et son évolution vers un droit imprégné d'individualisme libéral* », RTD civ. 2000, p. 1.
BURTON (S. J.), « *Breach of contract and the common law duty to perform in good faith* », Harv. L. Rev., vol. 94, p. 371.
CABRILLAC (M.), « *Remarques sur la théorie générale du contrat et les créations récentes de la pratique commerciale* », in *Mélanges G. MARTY*, Toulouse, 1978, p. 235 ; « *Les accessoires de la créance* », in *Mélanges A. Weill*, Dalloz-Litec, 1983, p. 107 ; « *L'article 1196 : la porte entrouverte à l'admission de l'imprévision* », RDC 2015, p. 771.
CADIET (L.), « *Interrogations sur le droit contemporain des contrats* », in *Le droit contemporain des contrats*, Economica, 1987, n°45, p. 33.
CALAIS-AULOY (J.), « *L'attente légitime, une nouvelle source de droit subjectif ?* », in *Mélanges Y. GUYON*, Dalloz, 2003, p. 171.
CAMPANA (M.-J.), « *La situation des créanciers* », in *Les innovations de la loi sur le redressement judiciaire des entreprises*, RTD com. 1986, n° hors-série, p. 184 ; « *L'effacement des dettes* », Gaz. Pal., 27 février 2003, n°58, p. 44.
CARBONNIER (J.), « *Notes sur la prescription extinctive* », RTD civ. 1952, p. 171.
CARBONNEAU (C.) et PANSIER (F.-J.), « *Du renouveau de la notion de partie* », Rép. Def. 2000, art. 37110, p. 284.

CAYROL (N.), « *Aléa monétaire et nominalisme* », J.-Cl. Civ., Art. 1235 à 1270, fasc. 20.

CHABAS (C.), « *Résiliation et résolution –Distinction* », Dalloz, Rép. De dr. civ., octobre 2010, maj mars 2014.

CHABAS (Fr.), « *La réforme de l'astreinte* », D. 1992, p. 299.

CHAMPAUD (C.), « *Contribution à la définition du droit économique* », D. 1967, chron., p. 215.

CHARBONNEAU (C.) et PANSIER (Fr.-J.), « *Du renouveau de la notion de partie* », Rép. Déf. 2000, art.37110, p. 284.

CHARTRAND (S.-G.) et DE KONINCK (G.), « *La clarté terminologique pour plus de cohérence et de rigueur dans l'enseignement du français (suite)* », in *Québec français*, 2009, p. 154.

CHEVALIER (J.), « *For intérieur et contrainte institutionnelle* », in *Le for intérieur*, C. HAROCHE (dir.), PUF, 1995, p. 251.

CHEVRIER (É.), « *Ne pas confondre novation et substitution de contrat* », D. 2001, p. 2826

CHOLET (D.), « *La novation de contrat* », RTD civ. 2006, p.467.

CHRISTIANOS (V.), « *Injonction de faire et protection judiciaire du consommateur* », D. 1990, p. 92.

COASE (R. H.), « *The Nature of the Firm* », Economica, 1937, traduit en français : *La nature de la firme*, Rv. Fr. d'Éco., 1987, n°1, p. 135 ; « *The Firm, the Market and the Law* », University of Chicago Press, 1988, p. 95 ; *The Problem of the Social Cost*, Journal of Law and Economics, 1960, p. 1.

COLLART-DUTILLEUL (F.), « *Les contrats préparatoires à la vente d'immeuble, les risques de désordre* », Dr. et partim. 1995, p. 58.

CORNIL (G.), « *Debitum et obligatio. Recherches sur la formation de la notion d'obligation romaine* », in *Mélanges Paul Frédéric Girard*, tome 1, Paris, 1912, p. 199.

CORNU (G.), « *Du sentiment en droit civil* », in *Annales de la faculté de droit de Liège*, 1963, p. 189 ; « *L'évolution du droit des contrats en France* », Journées de la SLC, 1979, RIDC, n°spéc., vol. 1, p. 447.

COUDRAIS (M.), « *L'obligation naturelle, une idée moderne ?* », RTD civ. 2011, p. 453.

COUTANT-LAPALUS (Ch.), « *L'impact des règles relatives à l'effet du contrat* », RDI 2016, p. 348.

COUTURIER (G.), « *La réintégration des salariés non spécialement protégés, actualité ou prospective ?* », Dr. soc. 1981, p. 248.

CRÉVOULIN (J.-M.), « *Regards croisés sur les clauses aménageant les obligations et les clauses relatives à la responsabilité* », Table ronde, RLDC 2008, n°46 (suppl.), p. 59.

CROS (M.-L.), « *Les contrats à exécution échelonnée* », D. 1989, chron. p. 49.

DAUCHY (P.), « *Une conception objective du lien d'obligation : les apports du structuralisme à la théorie du contrat* », in *APD*, tome 26, 1981, p. 273.

DEBOISSY (F.) et WICKER (G.), « *Droit du contrat et droit du marché : éléments pour une problématique* », RDC 2006, p. 1321.
DE LA MASSUE (H.), « *De l'absence de novation dans la résolution de l'obligation contractuelle* », RTD civ. 1932, p. 377.
DELEBECQUE (Ph.), « *Que reste-t-il du principe de validité des clauses de responsabilité ?* », D. aff. 1997, p. 235 ; « *Transport rapide, redéfinir le retard* », BTL, 1999, n°2793 ; « *L'anéantissement unilatéral du contrat* », in *L'unilatéralisme et le droit des obligations*, Economica, coll. Études juridiques, Ch. JAMIN et D. MAZEAUD (dir.), 1999 p. 61.
DELMAS-SAINT-HILAIRE (J.-Ph.), « *L'adaptation du contrat aux circonstances économiques* », in *La tendance à la stabilité du rapport contractuel*, P. DURAND (dir.), LGDJ, 1960.
DEMESLAY (I.), « *Le droit de repentir* », Rev. jur. Ouest 1997, p. 153.
DEPREZ (J.), « *Rapport* », in *Les sanctions attachées à l'inexécution des obligations contractuelles*, Travaux de l'Asso. H. CAPITANT, 1964, p. 62.
DIESSE (F.), « *La bonne foi, la coopération et le raisonnable dans la Convention des Nations Unies relative à la vente internationale de marchandises* », JDI 2002, n°1, p. 55.
DRAKIDIS (P.), « *Des effets à l'égard des tiers de la renonciation à la compensation acquise* », RTD civ. 1955, p. 238.
DROZ (G.), « *L'interprétation, par la Cour de justice des Communautés, des règles de compétence judiciaire européenne en matière de contrat* », D. 1997, chron. p. 287.
DUPARC (C.), « *L'ordre de l'exécution des obligations contractuelles* », RRJ 2005, p. 137.
EISENBERG (M. A.), « *The Structure of Corporation Law* », Columbia Law Review, 1989, p. 146.
ESMEIN (A.), « *L'origine et la logique de la jurisprudence en matière d'astreinte* », RTD civ. 1903, p. 5.
FABRE-MAGNAN (M.), « *L'obligation de motivation en droit des contrats* », in *Études offertes à J. GHESTIN*, LGDJ, 2001, p. 301 ; « *Obligation de motivation et droit des contrats* », RDC 2004, p. 555.
FAGES (B.), « *L'inexécution du contrat – Typologie des remèdes* », in *Droit des contrats*, LAMY, J. MESTRE (dir.), nov. 2011, n°368-10.
FAUVARQUE-COSSON (B.), « *Rapport général* », in *La confiance légitime et l'estoppel*, B. FAUVARQUE-COSSON (dir.), 17e Congrès international de droit comparé de l'Académie internationale de droit comparé Utrecht, Pays-Bas, 16-22 juillet 2006, Société de législation comparée, coll. Droit privé comparé et européen, vol. 4, 2007, p. 11.
FERRAND (F.), « *La fondamentalisation de l'exécution forcée* », in *Le droit de l'exécution forcée : entre mythe et réalité*, C. BRENNER (dir.), EJT, 2007, p. 13.
FERRARY (M.), « *Dynamique des réseaux sociaux et stratégies d'encastrement social* », Rv. d'éco. industr., n°129-130, 2010, p. 171.

FLAMENT (L.), « *Le raisonnable en droit du travail* », Dr. soc. 2007, p. 16.
FLUET (Cl.), « *L'analyse économique du droit* », Rv. d'Économie appliquée, t. XLIII, n°3, 1990, p. 53 ; « *La rupture efficace du contrat* », in *Droit et économie des contrats*, Ch. JAMIN (dir.), LGDJ, coll. Droit & éco., 2008, p. 155.
FONTAINE (M.), « *Fertilisations croisées du droit des contrats* », in *Le contrat au début du XXIe siècle, Études offertes à J. GHESTIN*, LGDJ, 2001, p. 347.
FORTI (V.), « *L'absorption de l'objet par le contenue du contrat* », LPA 31 octobre 2014, p.6.
FORTIER (V.), « *Le contrat de commerce international à l'aune du raisonnable* », JDI 1996, p. 315.
FOYER (J.), « *Injonction de faire* », Rép. pr. civ., n°7, p. 1.
FREJAVILLE (M.), « *L'astreinte* », DH 1949, p. 1.
FRIEDMAN (D.), « *The efficient breach fallacy* », Journal of legal studies, Chicago law school, janvier 1989, vol. XVIII (1), p. 1.
FRISON-ROCHE (M.-A.), « *Remarques sur la distinction de la volonté et du consentement en droit des contrats* », RTD civ. 1995, p. 573 ; « *L'État, le marché et les principes du droit interne et communautaire de la concurrence* », PA 1995, n°59, p. 4 ; « *Le contrat et la responsabilité : consentements, pouvoirs et régulation économique* », RTD civ. 1998, p. 45.
- « *Pourquoi se soucier de l'analyse économique du droit ? Le point de vue d'un juriste* », in *Lettre de la Mission de recherche Droit et Justice*, n°17, 2004, p. 11.
FRISON-ROCHE (M.-A.) et TERRÉ (Fr.), « *Sociologie du droit économique* », in *L'année sociologique*, vol. 49, 1999.
FULLER (L. L.) et PERDUE (W.), « *The Reliance Interest in Contract Damages* », 46 Yale L. J. 52, 1936.
GAHDOUN (P.-H.), « *Les apports de la théorie réaliste de l'interprétation de la notion de contrat* », D. 2005, p. 1517.
GAILLARD (E.), « *L'interdiction de se contredire au détriment d'autrui comme principe général du droit du commerce international* », Rev. arb. 1985, p. 241.
GENICON (Th.), « *Contrat et protection de la confiance* », RDC 2013, n°1, p. 336 ; « *Notions nouvelles et notions abandonnées, réflexion sur une révolution des mots* », RDC 2015, p. 625.
GHESTIN (J.), « *Le juste et l'utile dans les contrats* », D. 1982, chron. p. 1 ; « *L'effet rétroactif de la résolution des contrats à exécution successive* », in *Mélanges P. Raynaud*, Dalloz, 1985, p. 203 ; « *La notion de contrat* », D. 1990, p. 147 ; « *La distinction entre les parties et les tiers au contrat* », JCP-G 1992, p. 3628 ; « *Nouvelles propositions pour un renouvellement de la distinction des parties et des tiers* », RTD civ. 1994, p. 777.
GINESTET (C.), « *La qualification des sûretés* » (première partie), Rép. Déf., 30 janvier 1999, n°2, p. 80.

GOUNOT (E.), « *La liberté des contrats et ses justes limites* », in Semaine Social de France 1938, *La liberté et les libertés dans la vie sociale*, 30e session Rouen, p. 334.
GRYNBAUM (L.), « *La notion de solidarisme contractuel* », in *Le solidarisme contractuel*, Economica, coll. Études juridiques, L. GRYNBAUM et M. NICOD (dir.), 2004, p. 25.
GRUA (Fr.), « *Sur les ordres de paiement en général* », D. 1996, chron. p. 172 ; « *Nature de la monnaie* », J.-Cl. Civ. Code, App. Art. 1235 à 1270, fasc. 14, n°56 ; « *L'obligation et son paiement* », in *Mélanges Y. GUYON, Aspects actuels du droit des affaires*, Dalloz, 2003, p. 481.
GUELFUCCI-THIBIERGE (C.), « *De l'élargissement de la notion de partie au contrat… à l'élargissement de la portée du principe de l'effet relatif* », RTD civ. 1994, p. 275 ; « *Libres propos sur la transformation du droit des contrats* », RTD civ. 1997, p. 357.
GUYON (Y.), « *La fraternité dans le droit des sociétés* », Rev. sociétés 1989, p. 439.
HARRIS (D. R.) et VELJANOVSKI (C. G.), « *The use of economics to elucidate legal concepts : The law of contract* », in *Contract and Organisation, Legal Analysis in the Light of Economic and Social Theory*, T. DAINTITH et G. TEUBNER (dir.), European Univ. Institute, Walter de Gruyter, 1986, p. 113.
HAYEK (F. V.), « *The use of knowledge in society* », American Economic Review, vol. X, septembre 1945, p. 519.
HÉBRAUD (P.), « *L'exécution des jugements civils* », RIDC 1957, p. 173 ; « *Préface* », in M.-È. ROUJOU DE BOUBÉE, *Essai sur la notion de réparation*, LGDJ, 1974.
HEINIS (M.), « *Le contentieux de la remise de dette d'aide personnalisée au logement* », RDI 1995, p. 497.
HETZEL (P.), « *Comportements et attentes des consommateurs occidentaux, Perspectives et réalités* », in *Clés pour le siècle*, Dalloz, 2000, p. 177.
HIEZ (D.), « *La nature juridique de la dation en paiement* », RTD civ. 2004, p. 199.
HOUSSARD (E.), « *L'économie du contrat* », Rv. Jur. De l'Ouest, 2002/01, p. 7.
HOUTCIEFF (D.), « *Contribution à l'étude de l'intuitus personae* », RTD civ. 2003, p. 3.
ISSA-SAYEGH (J.), « *Paiement : Caractères généraux. Parties. Effets* », Juris-cl. Notarial. Contrats et obligations, art.1235 à 1248, fasc. 20, novembre 1995.
IZORCHE (M.-L.), « *Circulation de contrat* », J.-Cl. contrats distribution 1995, fasc. 160 ; « *Paiement* », Rép. dr. civ. Dalloz 2000, n°9 et s.
JAMET-LE GAC (S.), « *De l'utilité de la bonne foi, Analyse économique de la bonne foi dans et pour l'exécution des contrats* », in *Annales de l'École doctorale, Rv. de doctrine des doctorants*, Lille 2, Ester éd., n°6, 1998, p. 81.

JAMIN (Ch.), « *Révision et intangibilité, ou la double philosophie de l'article 1134 c. civ.* », in *Que reste-t-il de l'intangibilité du contrat ?*, Dr. et patrim., mars 1998, p. 46 ; « *Henri Capitant et René Demogue : notation sur l'actualité d'un dialogue doctrinal* », in *Mélanges Fr. TERRÉ*, Dalloz, 1999, p. 125 ; « *Plaidoyer pour le solidarisme contractuel* », in *Le contrat au début du XXIème siècle, Etudes offertes à J. Ghestin*, LGDJ, 2001, p. 442 ; « *Une brève histoire politique des interprétations de l'article 1134 c. civ.* », D. 2002, chron. p. 901 ; « *Quelle nouvelle crise du contrat ?* », in *La nouvelle crise du contrat*, Dalloz, coll. Thèmes et commentaires, Acte du colloque, 14 mai 2001, Lille, Ch. JAMIN et D. MAZEAUD (dir.), 2003, p. 7 ; « *Économie et Droit* », in *Dictionnaire de la culture juridique*, D. ALLAND et S. RIALS (dir.), PUF-Lamy, 2003, p. 578 ; « *Le procès du solidarisme contractuel, brève réplique* », in *Le solidarisme contractuel*, Economica, coll. Études juridiques, L. GRYNBAUM et M. NICOD (dir.), 2004, p. 160.

JEANDIDIER (W.), « *L'exécution forcée des obligations contractuelles de faire* », RTD civ. 1976, p. 700.

JESTAZ (Ph.), « *L'obligation et la sanction : à la recherche de l'obligation fondamentale* », in *Mélanges Pierre Raynaud*, Dalloz, 1985, p. 273.

JOSSERAND (L.), « *Le forçage du contrat* », in *Études Gény*, tome 2, Sirey, 1934, p. 340.

JOURDAIN (P.), « *L'obligation de sécurité* », Gaz. Pal. 1993, doct. p. 1171 ; « *Réflexion sur la notion de responsabilité contractuelle* », in *Les métamorphoses de la responsabilité*, 6e journée R. SAVATIER, PUF, 1997, n°1, p. 69 ; « *À la recherche de la réfaction du contrat, sanction méconnue de l'inexécution* », in *Mélanges Ph. LE TOURNEAU, Libre droit*, Dalloz, 2007, p. 449.

JULIENNE (M.), « *Obligation naturelle et obligation civile* », D. 2009, p. 1709.

KAYSER (P.), « *L'astreinte judiciaire et la responsabilité civile* », RTD civ. 1953, p. 209.

KELSEN (H.), « *La théorie juridique de la convention* », in *Le problème du contrat*, APD, 1940, p. 33.

KHAIRALLAH (G.), « *Variété : Le « raisonnable » en droit privé français, développements récents* », RTD civ. 1984, p. 439.

KRIEGK (J.-F.), « *Le bicentenaire du Code civil, "péristyle de la législation française"* », Gaz. Pal. 3 janvier 2004, n°3, p. 2.

LAGARDE (P.), « *Sur le contrat de travail international : analyse rétrospective d'une évolution mal maîtrisée* », in *Mélanges G. LYON-CAEN, Les transformations du droit du travail*, Dalloz, 1989, p. 83.

LAGARDE (X.), « *Remarques sur l'actualité de la mise en demeure* », JCP-G 1996, I, p. 3974.

LAITHIER (Y.-M.), « *La prétendue primauté de l'exécution en nature* », RDC 2005, p. 161 ; « *À propos de la réception du contrat relationnel en droit français* », D. 2006, chron. p. 1003 ; « *Clause pénale et dommages-*

intérêts incitatifs », in *Droit et économie des contrats*, Ch. JAMIN (dir.), LGDJ, 2008, n°345 ; « *Les règles relatives à l'inexécution des obligations contractuelles* », JCP 2015, n°21, p. 47.
LAMBERT-FAIVRE (Y.), « *Fondement et régime de l'obligation de sécurité* », D. 1994, chron. p. 81.
LANDO (O.) et BEALE (H.), « *Principles of European Contract Law, Part I and II, combined and revised* », Prepared by the commission of european contract law, Kluwer Law International, 2000.
LARDEUX (G.), « *Droit positif et droit prospectif de l'unilatéralisme dans le contrat* », in *L'efficacité du contrat*, G. LARDEUX (dir.), Dalloz, coll. Thèmes commentaires, 2011, actes du colloque Aix-Marseille III, 11 juin 2010, p. 3.
LARROUMET (Ch.), « *Obligation essentielle et clause limitative de responsabilité* », D. 1997, chron. p. 145 ; « *La cession de contrat : une régression du droit français ?* », in *Mélanges M. CABRILLAC*, Dalloz et Litec, 1999, p. 151 ; « *Pour la responsabilité contractuelle* », in *Mélanges CATALA*, Litec, 2001, p. 543.
LEBOIS (A.), « *Les obligations de faire à caractère personnel* », Rev. de dr., Asso. Henri CAPITANT, n°3, 2011.
LÉCUYER (H.), « *Touche pas à mon droit de repentir* », Dr. fam. 1998, n°48, p. 7 ; « *La modification unilatérale du contrat* », in *L'unilatéralisme et le droit des obligations*, colloque 9 janvier 1998, Ch. JAMIN et D. MAZEAUD (dir.), Economica, coll. Études juridiques, 1999, p. 58.
LEDUC (F.), « *Réflexions sur la convention de prête-nom, contribution à l'étude de la représentation imparfaite* », RTD civ., 1999, p. 283.
LE GAC-PECH (S.), « *Rompre son contrat* », RTD civ. 2005, p. 223 ; « *Vers un droit des remèdes* », PA 2007, p. 7.
LELOUP (J.-M.), « *La création de contrats par la pratique commerciale* », in *L'évolution contemporaine du droit des contrats*, PUF, Journées René SAVATIER, 1986, p. 167.
LE NABASQUE (H.), « *Le développement du devoir de loyauté en droit des sociétés* », RTD com. 1999, p. 273.
LEOTY (D.), « *La nature juridique de la dation en paiement : la dation en paiement, paiement pathologique ?* », RTD civ. 1975, p. 12.
LEQUETTE (Y.), « *Bilan des solidarismes contractuels* », in *Mélanges P. DIDIER*, Economica, 2008, p. 247.
LEREBOURS-PIGEONNIÈRE (P.), « *La contribution essentielle de R. Saleilles à la théorie générale de l'obligation et à la théorie de la déclaration de volonté* », in *L'œuvre juridique de Raymond Saleilles*, Paris, 1914.
LEROY (Y.), « *La notion d'effectivité du droit* », Dr. et soc., 2011/3, p. 175.
LE TOURNEAU (Ph.) et POUMARÈDE (M.), « *Le devoir de loyauté* », Rep. dr. civ., Dalloz, janv. 2009, maj mars 2014, n°70-74.

LETURMY (L.), « *La responsabilité délictuelle du contractant* », RTD civ. 1998, p. 839.
LEVENEUR (L.), « *Le forçage du contrat*, in *Que reste-t-il de l'intangibilité du contrat ?* », Dr. et patrim., 1998, p. 69 ; « *Le solidarisme contractuel : un mythe* », in *Le solidarisme contractuel*, Economica, coll. Études juridiques, L. GRYNBAUM et M. NICOD (dir.), 2004, p. 173 ; « *Table ronde : Faut-il avoir confiance dans la réforme ?* », RDC 2015, p. 664.
LEVY (J.-Ph.), « *Le consensualisme et les contrats, des origines au Code civil* », Rev. sc. morales et politiques, 1995, p. 209.
LIBCHABER (R.), « *Demeure et mise en demeure en droit français* », in *Les sanctions de l'inexécution des obligations contractuelles, Études de droit comparé*, Biblio. de la faculté de dr. de l'Univ. catholique de Louvain, Tome XXXII, 2001, p. 113 ; « *Réflexions sur les effets du contrat* », in *Propos sur les obligations et quelques autres thèmes fondamentaux du droit, Mélanges offerts à J.-L. AUBERT*, Dalloz, 2005.
LOKIEC (P.), « *Le droit des contrats et la protection des attentes* », D. 2007, p. 321.
LONIS-APOKOURASTOS (V.), « *La primauté contemporaine du droit à l'exécution en nature* », RDC 2005, p. 161.
LOQUIN (É.), « *Les clauses dissuasives des litiges* », J.-cl. Contr. Distrib., n°1, fasc. 135, n°9, p. 4.
LUCAS DE LEYSSAC (C.), « *L'obligation de renseignements dans les contrats* », in *L'information en droit privé*, Travaux de la conférence d'agrégation, Y. LOUSSOUARN et P. LAGARDE (dir.), LGDJ, 1978, p. 305.
LYON-CAEN (G.), « *L'obligation implicite* », APD 2001, tome 44, p. 109.
MACKAAY (E.), « *La règle juridique observée par le prisme de l'économiste, Une histoire stylisée du mouvement de l'analyse économique du droit* », RIDE 1986, p. 68 ; « *L'efficacité du contrat – une perspective d'analyse économique du droit* », in *L'efficacité du contrat*, G. LARDEUX (dir.), Dalloz, coll. Thèmes commentaires, 2011, actes du colloque Aix-Marseille III, 11 juin 2010, p. 31.
MACNEIL (I. R.), « *Efficient breach of contrat : circles in the sky* », Virginia law review, mai 1982, vol. 68, p. 947 ; « *Reflections on Relational Contract* », Journal of Institutional and Theoretical Economics, 1985, p. 541.
MAINGUY (D.), « *Remarques sur les contrats de situation et quelques évolutions récentes du droit des contrats* », in *Mélanges en l'honneur de M. CABRILLAC*, Dalloz, Litec, 1999, p. 165 ; « *La liberté de l'entreprise face à ses partenaires* », in Asso. H. Capitant, *Entreprise et liberté*, Dalloz, 2008, p. 21.
MARÉCHAL (C.), « *L'estoppel à la française consacré par la Cour de cassation comme un principe général du droit* », D. 2012, p. 167.
MARMAYOU (J.-M.), « *Remarques sur la notion d'indivisibilité des contrats* », RJ com. 1999, p. 292.

MARTIN (D. R.), « *L'engagement de codébiteur solidaire adjoint* », RTD civ. 1994, p. 49 ; « *La stipulation de contrat pour autrui* », D. 1994, chron. p. 145 ; « *Consécration d'une figure : la stipulation de contrat pour autrui* », D. 2008, p. 1954.
MARTIN (X.), « *De l'insensibilité des rédacteurs du Code civil à l'altruisme* », RHD 1982, p. 610.
MAS (D.), « *Injonction de payer* », Rép. pr. civ., mars 1997.
MAZÉ (A.) et MÉNARD (C.), « *Private ordering, collective action, and the self-enforcing range of contracts* », European Journal of Law and Economics, 2010, p. 148.
MAZEAUD (D.), « *Le juge face aux clauses abusives* », in *Le juge et l'exécution du contrat,* Colloque IDA Aix-en-Provence, PUAM, 1993, avant-propos J. MESTRE, p. 23 ; « *Loyauté, solidarité, fraternité : la nouvelle devise contractuelle ?* », in *Mélanges Fr. TERRÉ*, 1999, p. 603 ; « *Le nouvel ordre contractuel* », RDC 2003, p. 285 ; « *Solidarisme contractuel et réalisation du contrat* », in *Le solidarisme contractuel*, Economica, coll. Études juridiques, L. GRYNBAUM et M. NICOD (dir.), 2004, p. 59 ; « *Regards positifs et prospectifs sur "Le nouveau monde contractuel"* », PA du 7 mai 2004, n°92, p. 47 ; « *Le juge et le contrat, variations optimistes sur un couple illégitime* », in *Mélanges J.-L. AUBERT*, Dalloz, 2005, p. 235 ; « *La politique contractuelle de la Cour de cassation* », in *Mélanges Ph. JESTAZ*, Dalloz, 2006, p. 371 ; « *La confiance légitime et l'estoppel : Rapport Français* », in *La confiance légitime et l'estoppel*, B. FAUVARQUE-COSSON (dir.), 17e Congrès international de droit comparé de l'Académie internationale de droit comparé Utrecht, Pays-Bas, 16-22 juillet 2006, Société de législation comparée, coll. Droit privé comparé et européen, vol. 4, 2007, p. 249 ; « *La confiance légitime et l'estoppel : Rapport Français* », RIDC 2006, p. 363 ; « *Le droit des obligations et l'efficacité économique* », in *L'efficacité économique en droit*, S. BOLLÉE, Y.-M. LAITHIER et C. PÉRÈS (dir.), Economica, coll. Études juridiques, tome 33, 2010, n°6, p. 71.
MAZEAUD (D.) et LAITHIER (Y.-M.), « *La nature de la sanction : satisfaction du bénéficiaire des dommages et intérêts ou primauté de l'exécution forcée en nature ?* », RDC 2012, p. 681.
MAZEAUD (H.), « *Responsabilité délictuelle et responsabilité contractuelle* », RTD civ. 1929, p. 550.
MEILHAC-REDON (G.) et MARMOZ (F.), « *Cause et économie du contrat, un tandem au service de l'interdépendance des contrats* », PA 2000, n°260.
MEKKI (M.), « *Le discours du contrat : quand dire, ce n'est pas toujours faire* », RDC 2006, p. 297 ; « *Les incidences du mouvement de contractualisation sur les fonctions du contrat* », in S. CHASSGNARD-PINET et D. HIEZn (dir.), *La contactualisation de la fonction normative*, Dalloz, coll. Thème et commentaires, 2008, p. 323 et s ; « *L'ordonnance*

n°2016-131 du 10 février 2016 portant réforme du droit des contrats, du régime général et de la preuve des obligations. Le volet régime des obligations et de la preuve : parfaire un peu et refaire beaucoup », D. 2016, p. 608.
MESTRE (J.), « *De la notion de clause pénale et de ses limites* », RTD civ. 1985, p. 372 ; « *D'une exigence de bonne foi à un esprit de collaboration* », RTD civ. 1986, p. 101 ; « *L'évolution du contrat en droit privé français* », in *L'évolution contemporaine du droit des contrats, Journées R. SAVATIER*, Publi. de la Faculté de droit et des sciences sociales de Poitiers, PUF, 1986, p. 45 ; « *Une nouvelle figure dans le paysage contractuel français : la cession judiciaire de contrat* », RTD civ. 1987, p. 538 ; « *La "purge" des dettes par l'article 169 de la loi du 25 janv. 1985* », Rev. pro. co. 1989, p. 390 ; « *Du souci de pérennité contractuelle* », RTD civ. 1990, p. 653 ; « *Juge et loi du contrat international de travail* », in *Le salarié expatrié (aspects juridiques, fiscaux et de gestion*, PUAM, 1991, p. 38 ; « *L'économie du contrat* », RTD civ. 1996, p. 901 ; « *L'article 1131 du code civil au service de la lutte contre les clauses abusives dans les relations entre professionnels* », RTD civ. 1997, p. 418 ; « *Rupture abusive et maintien du contrat* », RDC 2005, p. 99 ; « *Rapport de synthèse* », in *L'efficacité du contrat*, G. LARDEUX (dir.), Dalloz, coll. Thèmes commentaires, 2011, actes du colloque Aix-Marseille III, 11 juin 2010, p. 91.
MEURISSE (J.), « *Dommages-intérêts compensatoires, dommages-intérêts moratoires et mise en demeure* », JCP 1947, I, p. 667.
MEYNIAL (E.), « *De la sanction civile des obligations de faire ou de ne pas faire* », Rev. prat. 1884, p. 385.
MIRBEAU-GAUVIN (J.-R.), « *Le remboursement anticipé en droit français* », D. 1995, chron. p. 46.
MOLFESSIS (N.), « *Force obligatoire et exécution : un droit à l'exécution en nature ?* », RDC 2005, p. 37.
MORAND (C.-A.), « *La sanction* », APD 1990, p. 293.
MORIN (G.), « *La désagrégation de la théorie contractuelle du Code* », APD 1940, p. 8.
MOURY (J.), « *De l'indivisibilité entre les obligations et les contrats* », RTD civ. 1994, p. 255 ; « *Une embarrassante notion : l'économie du contrat* », D. 2000, chron. p. 382.
MOUSSERON (J.-M.), « *La gestion des risques par le contrat* », RTD civ. 1988, p. 481.
MUIR WATT (H.), « *Pour l'accueil de l'estoppel en droit français* », in Mélanges Y. LOUSSOUARN, Dalloz, 1994, p. 303 ; « *Reliance et définition du contrat* », in *Prospectives du droit économique, Dialogues avec Michel Jeantin*, Dalloz, 1999, p. 57 ; « *Du contrat "relationnel". Réponse à François Ost* », in *Association Henri Capitant des Amis de la Culture juridique Française, La relativité du contrat*, Journées nationales, tome IV,

Nantes (1999), LGDJ, 2000, p. 169 ; « *La modération des dommages en droit anglo-américain* », PA 2002, n°232.

NSIE (E.), « *Les remises de dettes consenties aux débiteurs en difficulté »s*, Rev. pro. co. 1998, p. 138.

O'DRISCOLL (G.), « *Justice, efficiency and the economic analysis of law ; a comment on FRIED* », The Journal of Legal Studies, vol. 9, n°2, juin 1980.

OGUS (A. I.), « *Rapport anglais : Les remèdes* », in *Le contrat aujourd'hui : comparaisons franco-anglaises*, D. HARRIS et D. TALLON (dir.), LGDJ, 1987, p. 29.

OPPETIT (B.), « *Le rôle du juge en présence des problèmes économiques en droit civil français* », in *Le rôle du juge en présence des problèmes économiques*, Asso. Henri Capitant, Dalloz, tome 22, 1970, p. 185.

PAISANT (G.), « *Dix ans d'application de la réforme des articles 1152 et 1321 du Code civil relative à la clause pénale (Loi du 9 juillet 1975)* », RTD civ. 1985, p. 647.

PASTOR (J.-M.), « *Le juge de la légalité opposé à l'estoppel* », Dalloz actu. 10 juillet 2014.

PELLIER (J.-D.), « *Réflexions sur l'imprévision dans le projet de réforme du droit des contrats* », LPA 2015, n°228, p.8.

PENNEAU (A.), « *L'article 1134 du code civil et l'abus du droit d'user d'une clause résolutoire* », D. 2006, p. 1796.

PÉRÈS (C.), « *Rapport introductif* », in *L'efficacité économique en droit*, S. BOLLÉE, Y.-M. LAITHIER et C. PÉRÈS (dir.), Economica, coll. Études juridiques, tome 33, 2010, p. 1.

PERRARD (M. J.), « *La mise en demeure et les dommages- intérêts compensatoires* », JCP 1947, I, p. 466.

PERRET (L.), « *Une philosophie nouvelle des contrats fondée sur l'idée de justice contractuelle* », Rev. gén. 1980, p. 537.

PERRUCHOT-TRIBOULET (V.), « *Le droit de payer pour autrui* », PA 2001, n°166, p.12.

PEUERBACH-STEINLE (M.-F.), « *Courtage matrimonial et droit de repentir* », PA 1996, n°98, p. 32

PICOD (Y.), « *Remise de dette* », Rép. civ. Dalloz ; « *L'obligation de coopération dans l'exécution du contrat* », JCP 1988, I, p. 3318 ; « *L'exigence de bonne foi dans l'exécution du contrat* », in *Le juge et l'exécution du contrat*, Colloque IDA, Aix-en-Provence, 28 mai 1993, PUAM, 1993, p.70.

PIERCHON (M.), « *Le travail à domicile* », Jurisp. soc. Lamy 2002, p. 4.

PIERI (G.), « *Obligation* », in *Vocabulaire fondamental du droit*, APD 1990, tome 35, p. 221.

PIERRARD (M.-J.), « *Les procédés de preuve du paiement* », RTD civ., 1948, p. 429.

PIZZIO (J.-P.), « *Un apport législatif en matière de protection du consentement (Commentaire de l'article 6 de la loi du 23 juin 1989 relatif au courtage matrimonial)* », JCP 1990, I, p. 3432.
POSNER (R. A.), « *Let us never blame a contract breaker* », 107 Mich. Law Rev., 2008/2009, p. 1349.
POUGHON (J.-M.), « *Une constante doctrinale : l'approche économique du contrat* », Droits, Revue Française de Théorie Juridique – Le contrat, n°12, 1990, p. 58.
RAYNAUD (P.), « *La renonciation à un droit* », RTD civ. 1936, p. 763.
RAYOND (G.), « *Crédit à la consommation* », Juris-cl. Conc. Consom., 1997, fasc. 940, n°95 à 100.
RÉMY (Ph.), « *Critique du système français de responsabilité civile* », Droits et cultures 1996, p. 31 ; « *La « responsabilité contractuelle » : histoire d'un faux concept* », RTD civ. 1997, p. 343 ; « *Ouverture* », in *Les concepts contractuels français à l'heure des Principes européens des contrats*, R. RÉMY-CORLAY et D. FENOUILLET (dir.), Dalloz, coll. Thèmes et commentaires, 2003, p. 12.
RÉMY-CORLAY (P.), « *Exécution et réparation : deux concepts ?* », in *Exécution du contrat en nature ou par équivalent*, RDC 2005, p. 13.
RIPERT (G.), « *Le droit de ne pas payer ses dettes* », DH 1936, chron. p. 57.
ROCHFELD (J.), « *Les droits potestatifs accordés par le contrat* », in *Le contrat au début du XXIe siècle*, in *Études offertes à J. GHESTIN*, LGDJ, 2001, p. 746 ; « *Les modes temporels d'exécution du contrat* », RDC 2004, p.47 ; « *Remarques sur les propositions relatives à l'exécution et à l'inexécution du contrat : la subjectivation du droit de l'exécution* », RDC 2006, p. 113 ; « *La rupture efficace* », in *Droit et économie des contrats*, LGDJ, 2008, Ch. JAMIN (dir.), p. 169.
ROUAST (A.), « *Droits discrétionnaires et droits contrôlés* », RTD civ. 1944, p. 1 ; « *Déchéances protectrices et déchéances répressives dans le droit des successions* », RTD civ. 1952, p. 1.
ROUHETTE (G.), « *La force obligatoire du contrat* », in *Le contrat aujourd'hui : comparaisons franco-anglaises*, D. TALLON et D. HARRIS (dir.), LGDJ, 1987, p. 27.
ROUVIÈRE (Fr.), « *L'envers du paiement* », D. 2006, p. 481.
RUDDEN (B.) et JUILHARD (P.), « *La théorie de la violation efficace* », RIDC 1986, p. 1015.
de SAINTE MARIE (A. E.), « *La durée du contrat et la réforme du droit des obligations* », D. 2011, p. 2672.
SAINT-JOURS (Y.), « *Réflexions sur le problème de la réintégration des représentants du personnel des délégués syndicaux illégalement licenciés* », D. 1970, chron. p. 41.
SALEILLES (R.), « *De la cession de dettes* », in *Annales de droit commercial français, étranger et international*, 1890, doctr, p. 1.

SALLÉ DE LA MARNIERRE (S.), « *La déchéance comme mode d'extinction d'un droit* », RTD civ. 1933, n°4, p. 1043.
SAUTEL (O.), « *Sur la déchéance en droit privé (contribution à la théorie de la permanence de la cause)* », D. 1999, chron., p. 488.
SAVAUX (É.), « *La fin de la responsabilité contractuelle ?* », RTD civ. 1999, p. 1 ; « *L'introduction de la révision ou de la résiliation pour imprévision, Rapport français* », RDC 2010, p. 1057.
SAVAUX (É.) et SCHÜTZ (R.-N.), « *Exécution par équivalent, responsabilité et droits subjectifs* », in *Mélanges Jean-Luc AUBERT*, Dalloz, 2005, p. 271.
SCHILLER (S.), « *L'effacement des dettes permet-il un nouveau départ ? Comparaison franco-américaine* », RIP comp. 2004, p. 655.
SCHMIDT-SZALEWSKI (J.), « *La force obligatoire à l'épreuve des avant-contrats* », RTD civ. 2000, p. 31.
SCHÜTZ (R.-N.), « *L'exécution des promesses de vente* », Rép. Def. 1999, art. 37021, p. 833.
SCHWARTZ (A.), « *The case for specific performance* », Yale L. J., 1979, p. 271.
SEILLAN (Y.), « *L'acte abdicatif* », RTD civ. 1966, p. 681.
SÉRIAUX (A.), « *Conception juridique d'une opération économique : le paiement* », RTD civ. 2004, p. 225.
SERLOOTEN (P.), « *Vers une responsabilité professionnelle ?* », in *Mélanges offerts à P. HÉBRAUD*, 1981, Univ. de sc. soc. de Toulouse, p. 805.
SERVERIN (E.), « *Lectures socio-juridiques sur l'État et le contrat* », in *Approche critique de la contractualisation*, LGDJ, coll. Droit et Société, tome 16, p. 106.
SHOM (R.), « *Des Begriff des Forderungrechts* », Grünhut's Zeitschrift n°4, 1877, p. 457.
SIMLER (Ph.), « *Novation* », J.-cl. Notarial, fasc. 102 ; « *Remise de dette* », J.-Cl. Civ., art. 1282 à 1288 ; « *Contrats et obligations, classification des obligations, distinction des obligations de donner, de faire et de ne pas faire* », Jcl. Civ., art. 1136 à 1145, fasc. 10, 2004, n°109 ; « *Contrats et obligations, Délégation* », Juris-Cl. civ., Art. 1271 à 1281, fasc. 40, 2005 ; « *L'énigmatique sort de l'obligation du délégué envers le délégant tant que l'opération de délégation n'est pas dénouée* », in *Propos sur les obligations et quelques autres thèmes fondamentaux du droit, Mélanges offerts à J.-L. Aubert*, Dalloz, 2005, p. 304.
SINAY (H.), « *La résiliation judiciaire des contrats de travail face à la réintégration des délégués irrégulièrement licenciés* », D. 1971, chron. p. 263 ; « *Un tournant majeur du droit du travail : les arrêts Perrier* », D. 1974, chron. p. 235.
SMORTO (G.), « *La justice contractuelle* », RIDC 2008, p. 583.

SOURIOUX (J.-L.), « *À la recherche de la notion de droit fondamental* », in *Par le droit, au-delà du droit*, J.-L. SOURIOUX, LexisNexis, 2011, p. 196.
STAPYLTON-SMITH (D.), « *La promesse unilatérale de vente a-t-elle encore un avenir ?* », AJPI 1996, p. 568.
STEINMETZ (F.), « *La clause pénale* », Cah. dr. entrepr., 1975, 1, n°3, p. 20.
STEYN (J.), « *Contract law : fulfilling the reasonable expectations of honest men* », The Law quarterly review, 1997, p. 433.
STOFFEL-MUNCK (Ph.), « *Le contrôle a posteriori de la résolution unilatérale* », Dr. et partr., mai 2004, p. 75.
STORCK (M.), « *Dérogations à la résolution judiciaire : les clauses résolutoires* », Juris-cl. Civ., art. 1184, fasc. 20, 1997.
STOYANIVITCH (V.), « *La théorie du contrat selon E. B. Pachoukanis* », APD 1968, tome 13, p. 89.
SURRANDE (S.), « *Contrat de commande* », J-cl. Propr. litt. et artistique, fasc. 390.
SUSSET (E.), « *Les enjeux de l'analyse économique du droit* », in *L'Économie du droit dans les pays de droit civil : quelle place pour l'économie dans la construction des règles juridiques ?,* Colloque CREDES, Univ. Nancy II, 28-29 juin 2000, Labyrinthe 2001/2, n°9, Hermann éd., p. 111.
TALLON (D.), « *Les remèdes* », in *Le contrat aujourd'hui : comparaison franco-anglaises*, D. TALLON et D. HARRIS (dir.), LGDJ, 1987, p. 271 ; « *L'inexécution du contrat : pour une autre présentation* », RTD civ. 1994, p. 223 ; « *Pourquoi parler de faute contractuelle ?* », in *Droit civil, procédure, linguistique juridique, Écrits en hommage à G. Cornu, P.U.F. 1994*, p. 429.
TANCELIN (M.), « *La justice contractuelle : expérience et perspectives au Québec* », RIDC 1978, p. 1009.
TERRASON DE FOUGÈRES (A.), « *Sanction de la rétractation de promettant avant la levée de l'option* », JCP-N 1995, I, p. 194.
TERRÉ (Fr.), « *Le doute et le droit : synthèse* », in *Le doute et le droit*, Dalloz, coll. Philo. du dr., 1994, p. 1 ; « *Le contrat à la fin du XXème siècle* », Rv. des sc. morales et politiques, 1995, p. 314.
TEYSSIÉ (B.), « *Les clauses de résiliation et de résolution* », Cah. dr. entrepr., 1975/1, p. 13.
THÉRY (Ph.), « *Rapport introductif : La notion d'exécution* », in *L'exécution*, XXIIIe Colloque des Instituts d'Études Judiciaires, Lyon, 19 et 20 novembre 1999, L'Harmattan, 2001, p. 9 ; « Exécution », in *Dictionnaire de la culture juridique*, D. ALLAND et S. RIALS (dir.), PUF, coll. Quadrige, 2003, p. 678.
TOLÉDO (A. M.), « *La compensation conventionnelle. Contribution plus particulière à la recherche de la nature juridique de la compensation conventionnelle in futurum* », RTD civ. 2000, p. 265.

TOSI (J.-P.), « *L'adhésion du destinataire au contrat de transport* », in *Mélanges Ch. MOULY*, t. II, Litec, 1998, p. 175.
VALLENS (J.-L.), « *L'effacement des dettes du débiteur en liquidation judiciaire* », PA, 19 septembre 1997, n°113, p. 4.
VASSEUR (M.), « *Essai sur la présence d'une personne à un acte juridique accompli par d'autres* », RTD civ. 1949, p. 1753.
VÉNANDET (G.), « *La stipulation pour autrui avec obligation acceptée par le tiers bénéficiaire* », JCP-G 1989, I, p. 3391.
VÉRON DUVERGER de FORBONNAIS (Fr.), « *Principes économiques* », in *Mélanges d'économies politiques*, t.1, Paris, Guillaumin et Ce, nvlle éd., 1847, p. 176.
VIALATTE (Th.), « *De l'effet extinctif de la réunion sur une même tête de qualités contraires et ses limites* », RTD civ. 1978, p. 567.
VIAL-PEDROTTI (B.), « *Bail à Loyer* », Juris-Cl. 2001, fasc. 263.
VILLEY (M.), « *Préface historique aux notions de contrat* », in *Sur les notions du contrat*, APD, tome XIII, 1968, p. 1.
VINCENT (J.), « *L'extension en jurisprudence de la notion de solidarité passive* », RTD civ. 1939, p. 601.
VINEY (G.), « *Exécution de l'obligation, faculté de remplacement et réparation en nature en droit français* », in *Les sanctions de l'inexécution des obligations contractuelles –Études de droit comparé*, M. FONTAINE et G. VINEY (dir.), Bruylant/LGDJ, 2001, p. 167 ; « *La responsabilité contractuelle en question* », in *Mélanges J. GHESTIN*, LGDJ, 2001, p. 921.
VIVANT (M.), « *L'informatique dans la théorie générale du contrat* », D. 1994, p. 117.
WÉRY (P.), « *L'exécution en nature de l'obligation contractuelle et la réparation en nature du dommage contractuel, Rapport belge* », in *Les sanctions de l'inexécution des obligations contractuelles – Études de droit comparé*, M. FONTAINE et G. VINEY (dir.), Bruylant/LGDJ, 2001, p. 205.
WHITTAKER (S.), « *Un droit à la prestation plutôt qu'un droit à l'exécution ? Perspectives anglaises* », RDC 2005, p. 49.
WIGNY (P.), « *Responsabilité contractuelle et force majeure* », RTD civ. 1935, p. 19
WILLIAMSON (O. E.), « *Transaction Costs Economics : The Governance of Contractual Relations* », Journal of Law and Economics, 1979, n°22, p. 233.
WILLMANN (C.), « *La bonne foi contractuelle et les convictions religieuses* », JCP-E 1999, p. 900.
YUNG (W.), « *Devoirs généraux et obligations* », in *Festgabe (Mélanges) für Wilhelm Schönenberger*, Freibourg, 1968, p. 163.
ZELCEVIC-DUHAMEL (A.), « *La notion d'économie du contrat* », JCP 2001, I, p. 300.
ZÉNATI (F.) et FOURNIER (S.), « *Essai d'une théorie unitaire de la prescription* », RTD civ. 1996, p. 339.

Index alphabétique

(Les chiffres renvoient aux numéros de paragraphes)

– A –

Abus de droit : 278-279
Adjonction de débiteurs : 530, 683
Affectio contractus : 301
Affectio societatis : 815
Agence (théorie) : 394
Analyse économique du droit : 20 s.
Arbitrage : 335
Astreinte : 803
- en droit du travail : 371
- clause : 644, 654-661, 670
- contrainte : 808, 812-816
Asymétrie d'information : 391
Attentes légitimes : 219-222, 229-230
Audit d'exécution : 254-259
Autonomie de la volonté : 144

– B –

Bail rural : 303
Bonne foi : 264, 314, 317, 333, 334, 613, 698
Bon père de famille : 369, 743

– C –

Cause : 284
- objective : 121
- subjective : 122
Cautionnement : 275, 297, 418, 530, 533, 641, 711
Cession de contrat : 125, 440
- conventionnelle : 453 s.
- judiciaire : 472 s.
- légale : 469 s.
- distinction avec la cession de créances : 453
- conception dualiste : 455
- conception moniste : 456
- consentement du cédé : 458 s.
- domaine : 461
- effets : 463
Cession de créances : 77, 112, 453, 455, 515, 595
Cession de dette : 112, 113, 455, 460, 461, 497, 521, 598
Clause :
- abusives : 168, 329, 650
- *best efforts* : 288, 291
- d'astreinte : 654
- d'audit : 257 s.
- de déchéance : 672 s.
- de résiliation : 900, 905
- de non-concurrence : 310, 378, 424-425
- de non-réaffiliation : 310, 425
- de restitution en nature : 326, 670
- *due diligence* : 291
- *reasonable care* : 291

- pénale : 645 s., 893, 904, 949-950
- pénale abusive : 649
- résolutoire : 277, 278, 663-672
Cloud computing : 258
Compensation : 553, 583 s.
- principe : 583-584
- exceptions : 586
- conventionnelle : 587
- judiciaire : 589
- légale : 585
Confiance légitime : 235-237
Conflits de loi : 344, 347, 361
Confusion : 553, 582, 615 s.
- principe : 615
- effets : 615
Consensualisme : 161, 169-171
Consideration : 502
Contentieux de la légalité : 340
Contrainte : 80, 81 s., 152, 570 s., 682, 732 s., 736-737, 740, 813
- du for intérieur : 703 s.
- exécution : 735 s.
- judiciaire : 735 s.
Contrat :
- acte de prévision : 135-143
- assurance : 162, 297, 303, 387, 408, 471, 475, 478, 482-483, 486, 669, 674-675, 895, 911-913, 924, 926 s., 940
- bail : 277, 297, 348, 370, 408, 410, 454, 470-472, 647-648, 660, 670, 692, 697, 932
- bail commercial : 370
- conception finaliste : 34 s., 74-75
- concession commerciale : 299
- concession exclusive : 355, 417
- définition : 132 s.
- distribution : 301, 348, 363, 956
- durée déterminée : 413
- durée indéterminée : 413
- exécution instantanée : 406-407, 409, 415, 462
- exécution successive : 229, 256, 406, 408-409, 415, 462, 629, 637, 728, 901, 904
- fourniture : 364, 410
- fourniture d'accès internet : 355
- franchise : 104, 257, 425
- hétérogènes : 412
- homogènes : 412
- incomplétude : 141, 255, 286, 948
- informatique : 301, 462
- interprétation : 172-179
- *joint venture* : 259
- mandat : 296, 299-301, 418, 441, 494, 514, 632, 912, 917
- modification : 420-422, 934-935
- objet : 95-96, 120,290, 301, 310, 369, 397-398, 495, 505, 552, 692, 973
- prêt : 369, 709
- rachat : 926-930
- relationnel : 223-224
- réservation d'hôtel : 890
- sous-contrat : 523 s.
- sous-location : 454, 524
- sous-traitance : 258, 524, 531
- transport : 121, 298, 307-308, 319 s., 475, 482, 545
- travail : 162, 285, 292-295, 301, 348, 363, 365, 371 s., 408, 410, 418, 425, 510 s., 647, 815, 820, 934
- voir électronique : 365
Coûts de transaction : 165, 383-389, 958, 977

– D –

Défaillance contractuelle : 274, 297, 303, 534, 645, 667, 729 s., 859
- notion : 740
- illustrations : 741
- distinction avec l'inexécution : 729

Délégation : 453, 455, 520, 521 s., 582, 597
- distinction avec la novation : 522
- parfaite : 521, 597

Dédit : 888 s.
- conventionnel : 890 s.
- légal : 895 s.

Dette :
- contribution à : 81, 89, 686, 688
- effacement : 619 s.
- rapport à : 687
- reconnaissance : 612, 709
- remise : 617, 629, 630-635

Devoir :
- de coopération : 239, 293, 301-302, 307, 309-310, 313, 315-318, 327-328, 341
- de fidélité : 73, 299-300
- d'informer et de s'informer : 397
- de loyauté : 291 s., 314, 323, 325, 341, 818
- de persévérance : 296
- de proportionnalité : 310 s.
- de simplifier l'exécution : 307
- de transparence : 298
- de vigilance : 297

Discharge : 618

Dol : 38, 255, 265-266, 274, 396, 601, 845, 962, 965, 981

Dommage contractuel : 225

Dommages et intérêts : 225, 234, 274, 297, 483, 544, 585, 589, 637, 646, 653, 666, 693, 398, 719-720, 736, 746, 753, 818, 832, 836 s. 839 s., 953, 958-960, 966, 968, 973, 987, 996
- moratoires : 659, 719, 721, 753, 846, 940
- compensatoires : 719, 753, 846, 861
- nature juridique : 836-838

Droit économique : 25

Droit communautaire : 25, 102, 105, 107, 329, 354, 357 s.

Droit de la consommation : 17, 314, 696, 895, 910

Droit de rétractation : 890-894

Droit des successions : 442, 444, 469, 482, 574, 615

Droit des sûretés : 600-601, 641, 679 s., 837

Durée d'exécution : 345, 409 s.

Duty to mitigate : 965

– E –

Échange : 181 s.

Économie du contrat : 117-127

Économie du droit : 27

Édition : 301, 307, 345, 372, 507-509, 812, 933

Effacement de dettes :
- principe : 617-618
- judiciaire : 619 s.
- partiel : 625
- légal : 626 s.

Effectivité : 14, 331, 529, 671

Effet relatif : 435 s., 473-474, 483, 487, 489

Efficacité: 8, 19, 34 s., 69, 73, 105-106, 246-248, 259-260, 341, 603, 674, 700, 733 s., 879 s., 945, 951, 963 s.

Efficience: 21, 31, 33 s., 249, 283 s., 978
Efficiency: 35
Efficient breach of contract : 948 s.
Équité : 323-324
Estoppel : 330-341
Établissement de crédit : 297, 333
Exception d'inexécution : 367, 723-726
Exécution :
- définition : 68 s., 242 s.
- divisible : 411-413
- modes : 543
- conception restrictive : 544
- conception extensive : 545
- objet : 5552
- refus : 747 s.
Exécution aux dépens : 810 s., 817 s., 863, 873 s.
Exécution forcée en nature : 41, 125, 545, 651-653, 767 s., 772 s.
- principe : 773 s.
- impossibilité matérielle : 824
- impossibilité juridique : 825
- impossibilité sociale : 826-827
- impossibilité légale : 828
- impossibilité morale : 829
Exécution forcée par équivalent : 544, 841 s.
- nature juridique des dommages et intérêts : 836
Exécution volontaire : 543
- qualification : 546
- types : 551
- recherchée : 552 s.
- encouragée : 640 s.
- renforcée : 677 s.
- incitée : 702 s.
- exhortée : 717 s.
Expromission : 519, 597
Externalités : 382 s.
Extinction des obligations : 553, 582, 602, 605 s.
- modes légaux : 607 s.
- modes conventionnels : 629 s.

– F –

Faillite civile : 621
For intérieur : 703 s.
Force contraignante : 553-554, 605, 682-683, 772 s., 991
Force obligatoire : 60-61, 70, 73, 105, 131, 132 s., 232, 327, 342, 421, 424, 435, 450, 458-459, 4887,489, 518, 535, 548, 550, 587, 638, 653, 706, 759, 763, 788-789, 794, 821, 828, 864, 871, 888, 915, 974-975, 991.

– G –

Garantie :
- d'exécution : 641 s.
- contre l'éviction : 692-693
- contre les vices cachés : 697-699
- de délivrance conforme : 695
- légale de conformité : 696
- distinction avec les sûretés : 679
Gestion contractuelle: 252-253
Gestion d'affaires : 494, 499

– H –

Haftung : 84 s.

– I –

Imprévision : 38, 168, 253, 323, 327 s., 420, 913, 979
- modification : 935
- théorie : 936
Indivisibilité : 412, 684-685
Information : 390 s.
Inexécution licite : 885 s.
Interprétation (directive) : 272
Interruption : 611 s.
Intuitu firmae : 507
Intuitu personae : 257, 458, 462, 498 s., 572, 814-815, 817 s.
- approche classique : 503
- caractère : 501
- contrat d'édition : 507-509
- contrat de travail : 510
- spécificité : 502

– J –

Jus fraternitatis : 301

– K –

Kaldor-Hicks : 37

– L –

Lex mercatoria : 347
Liberté contractuelle: 52, 149, 161-169, 260, 342, 379, 420, 579, 587-588, 901
Lieu d'exécution : 344 s., 351 s.
- compétence judiciaire : 352 s.
- *lex contractus* : 362 s.
- livraison : 348, 353, 364
- paiement : 348
- prestation de service : 355, 371
Localisation (théorie) : 344
Loyauté :
- de l'employeur : 292-293
- du salarié : 294

– M –

Manquement contractuel anticipé : 749
Mauvaise foi : 264, 274, 276 s., 297, 308, 333, 665, 698
Mise en demeure : 15, 545, 653, 671, 718 s., 752 s., 756, 870 s., 942
- principe : 718
- ambiguïté de l'acte : 719, 753
- objectif : 720
- non exigée : 754

– N –

Négociation : 141, 165, 327 s., 374, 377 s., 290 s., 400, 420
Non-contractant : 434 s.
- définition : 434
- intervention requise : 514 s.
- limites à son intervention : 434 s.
Novation : 412, 431, 514, 519 s., 532, 715
- principe : 591 s.
- conséquences : 602
- effets : 599 s.
- de contrat : 418-419
- par changement d'obligation : 594

- par changement de créancier : 595
- par changement de débiteur : 532, 596

– O –

Obligation:
- à caractère personnel: 677, 813 s.
- analyse dualiste : 81 s.
- analyse moniste : 92 s.
- civiles et naturelles: 427 s.
- contestées : 512
- dépersonnalisation : 101 s.
- d'information: 256, 303, 391, 396, 399
- de confidentialité : 378, 425
- de discrétion : 425
- de donner : 404, 495 s., 793, 796, 798, 811
- de faire : 405 s., 498, 500, 511, 524-525, 780, 782-784, 793, 802, 810, 813, 838
- de faire ou de ne pas faire : 545, 692, 720, 754, 806, 810-812
- de mise en garde : 304-305
- de moyens : 287 s., 322, 403, 743
- de résultat : 321, 404, 475, 742, 744-745
- de sécurité: 319-322, 475
- objet : 95, 109
- objectivisation : 108 s.
- post-contractuelles: 424 s.
- solidaire: 686 s.
- sous condition suspensive : 512

Overbidding : 979-980

– P –

Paiement : 557 s.
- définition : 559 s.
- dualité : 563
- nature juridique : 564 s.
- objectivisation : 569 s.
- dation en paiement : 573 s.

Pareto : 37, 312, 382, 393

Parole donnée (respect) : 171, 233, 262, 549-550, 777, 792, 964, 970

Partie :
- à l'exécution : 435 s.
- acquisition volontaire : 441 s.
- attribution légale : 467 s.
- contractantes : 173, 435
- définition : 438

Préjudice :
- inutilité : 760

Prescription extinctive :
- principe : 608 s.
- effets : 613

Procédure civile : 339 s., 589, 782, 812

Procédure collective : 472, 619, 633, 587

Projet de réforme du droit des contrats : 57, 329, 345

Promesse de payer :
- principe : 708
- distinction avec la reconnaissance de dette : 709
- validité : 714
- effets : 715 s.
- dette d'autrui : 711
- propre dette : 712
- dette d'autrui et propre dette : 713

Promesse unilatérale de vente : 461, 981

– R –

Réforme du droit des contrats de 2016 : 8, 70, 73, 81, 99, 113, 128, 175, 177, 297, 319, 328, 329, 379, 414, 431, 451, 479, 498, 520, 552, 557, 559, 567, 589, 592, 600-661, 671, 724, 737, 766 s., 770 s., 868, 872, 873, 903, 936, 942, 961, 996
Régimes matrimoniaux : 165, 449, 634
Reliance: 231, 232-234, 339
Remboursement anticipé : 920 s.
Remise de dette :
- principe : 630 s.
- conditions : 632-634
- effets : 635
Remèdes : 42, 640, 719, 731 s., 753, 875, 973, 975
Renonciation à un droit : 629
Réparation : 544
- en nature : 839 s.
Résiliation :
- amiable : 636 s.
- clause de : 900, 905
Résiliation unilatérale : 413, 899 s.
- effet libératoire : 901
- dans un CDD : 905
- droit potestatif : 906
- *ad nutum* : 908
- effets (généralité) : 917
Résolution : 329, 334, 483, 499, 636, 663 s., 693, 757 s., 767 s., 803, 840, 872, 879, 900 s., 917
- partielle : 412, 765
Responsabilité contractuelle : 7, 125, 274, 426, 475, 655, 831 s., 888
- contestation : 832, 845, 859
Rétractation : 895 s.
Révocation : 638

– S –

Satisfaction : 216 s.
Schuld : 84 s.
Solidarisme contractuel : 222, 290, 314, 318, 341, 883
Solidarité : 686 s., 713
Stipulation pour autrui : 474 s., 530
- conditions : 476 s.
- effets : 482 s.
Surendettement : 619, 621
Suspension : 610 s.

– T –

Tiers : 433 s.
- définition : 440
- à l'exécution : 491 s.
- exécution des obligations pécuniaires : 518 s.
- exécution des obligations non pécuniaires : 523 s.

– V –

Vente : 63, 77, 132, 162, 191, 914, 202 s., 321, 334, 345, 353, 368, 390, 407, 409, 461, 482, 576, 621 s., 694, 697, 835, 890, 923, 942, 957, 968
- en viager : 278

Table des matières

Sommaire 7

Principales abréviations 9

Introduction générale 11

I. La mutation conceptuelle du contrat 15
II. L'apport de l'analyse économique du droit à l'étude de la notion d'exécution contractuelle 20
III. Les conséquences de la prise en compte de la dimension économique du contrat sur son exécution 26

PREMIÈRE PARTIE
LA DÉTERMINATION DE LA NOTION D'EXÉCUTION CONTRACTUELLE

TITRE I – L'approche conceptuelle de l'exécution contractuelle 41

CHAPITRE I – Les fondements du caractère obligatoire de l'exécution du contrat 43

SECTION I – La construction de la notion d'exécution du contrat .. 44

§1 – L'évolution de la conception de la notion d'exécution du contrat45

A. L'émergence de la prise en considération de la notion d'exécution du contrat 46

B. De l'exécution de l'obligation à l'exécution du contrat 53

§2 – La légitimisation de la notion d'exécution du contrat 74

A. De l'autonomie de la volonté à la force obligatoire du contrat 74

B. Les corollaires de la force obligatoire du contrat 85

SECTION II – Les objectifs de l'exécution contractuelle 93

§1 – La logique de l'échange, phénomène économique 94

A. Les connexions entre l'économie et le contrat 94

B. L'évolution de la conception de l'échange 96

§2 – La complexité de l'échange, phénomène juridique 98
A. L'émergence de l'intérêt juridique pour l'échange 98
B. De l'échange à la vente 99
§3 – La réhabilitation de l'échange, phénomène juridico-économique 100
A. L'opposition conceptuelle entre droit et économie 100
B. La complémentarité entre l'économie et le droit 102

CHAPITRE II – Les qualités substantielles de l'exécution contractuelle105

SECTION I – La détermination fonctionnelle de l'exécution 105
§1 – La satisfaction du créancier 106
A. La prise en compte par le droit français de la satisfaction du créancier 106
B. L'analyse anglo-américaine de l'appréciation de la satisfaction du créancier 112
§2 – La réalisation de l'opération économique 115
A. La définition de l'exécution contractuelle 116
B. Les outils au service d'une exécution efficace 119
SECTION II – Les caractéristiques de l'exécution contractuelle 123
§1 – L'exigence de bonne foi dans l'exécution du contrat 123
A. La notion de bonne foi dans l'exécution contractuelle 124
B. Les corollaires à l'exécution de bonne foi 135
§2 – Les renforts conceptuels au service de l'exécution contractuelle146
A. L'idée de justice et d'équité 147
B. La cohérence contractuelle 153

TITRE II – L'approche sturcturelle de l'exécution du contrat 163

CHAPITRE I – La dimension spatiale et temporelle de l'exécution contractuelle 165

SECTION I – Le lieu de l'exécution du contrat 166
§1 – Les compétences découlant du lieu de l'exécution 168
A. La compétence judiciaire 168
B. Le lieu d'exécution et la lex contractus 172

§2 – La gestion contractuelle du lieu d'exécution.............................. 174
A. L'importance du lieu en matière d'exécution.............................. 174
B. L'impact de la localisation de l'exécution sur le contrat.............. 175
SECTION II – Le moment de l'exécution du contrat.......................... 178
§1 – La préparation de l'exécution.. 179
A. La période précontractuelle... 179
B. Le rôle central de l'information... 184
§2 – L'exécution durant la vie du contrat.. 189
A. L'exécution du contenu obligationnel du contrat......................... 189
B. Les modes temporels d'exécution du contrat................................ 191
§3 – L'exécution après le contrat... 196
A. L'exécution d'un nouveau contrat... 196
B. L'après-contrat.. 199

CHAPITRE II – Les acteurs de l'exécution contractuelle...................... 205

SECTION I – L'exécution par les parties... 206
§1 – L'acquisition volontaire de la qualité de partie............................ 207
A. Le moment de l'acquisition de la qualité de partie....................... 207
B. Les mécanismes traduisant la volonté d'être lié au contrat............ 214
§2 – L'attribution légale de la qualité de partie.................................. 221
A. La cession légale ou judiciaire de contrat.................................... 222
B. La spécificité de la stipulation pour autrui................................... 224
SECTION II – L'exécution par un tiers... 229
§1 – L'exécution volontaire par un tiers non obligé.............................. 230
A. Le principe du paiement par autrui... 230
B. Les limites posées à l'intervention volontaire d'autrui.................. 233
C. Les cas particuliers de l'intervention requise du tiers.................... 240
§2 – La coopération du tiers à l'exécution du contrat........................... 240
A. L'association du tiers en matière d'obligations pécuniaires............ 241
*B. La collaboration du tiers en matière d'obligations non pécuniaires*243

Conclusion de la première partie.. 247

DEUXIÈME PARTIE

L'APPRÉCIATION DE L'EXÉCUTION DU CONTRAT

TITRE I – L'exécution convenue 255

CHAPITRE I – La recherche de l'exécution volontaire 257

SECTION I – L'exécution satisfactoire 258

§1 – L'exécution par la satisfaction directe du créancier 259

A. Le paiement 260

B. L'objectivation du paiement 264

§2 – L'exécution par satisfaction indirecte ou différée du créancier . 268

A. La compensation 269

B. La novation 273

SECTION II – L'extinction non satisfactoire 280

§1 – Les modes légaux d'extinction sans exécution 281

A. La prescription extinctive 281

B. La confusion 284

C. L'effacement des dettes 285

§2 – Les modes conventionnels d'extinction sans exécution 290

A. La remise de dette 291

B. La résiliation amiable et la révocation 293

CHAPITRE II – L'encouragement de l'exécution volontaire 297

SECTION I – La garantie de l'exécution contractuelle 297

§1 – Les garanties de l'exécution par le mécanisme des clauses contractuelles 298

A. Les menaces pécuniaires pesant sur le débiteur 299

B. Les menaces pesant sur les droits contractuels du débiteur 308

§2 – Le renforcement de l'exécution 313

A. La consolidation de l'exécution 314

B. Les garanties légales de bonne exécution 318

SECTION II – L'incitation à l'exécution volontaire du contrat 322

§1 – La contrainte du for intérieur 323

A. Le principe de la contrainte spontanée 323

B. Les manifestations de la contrainte du for intérieur 324

§2 – L'exhortation à l'exécution après un commencement d'inexécution 327

A. La mise en demeure encourageant l'exécution 327

B. L'exception d'inexécution 329

TITRE II – L'exécution contrariée 333

CHAPITRE I – L'exécution contrainte 337

SECTION I – Le déclenchement du recours à la contrainte 338

§1 – L'absence d'exécution du rapport d'obligation par le débiteur . 338

A. Le constat de la défaillance du débiteur 339

B. Le refus d'exécution par le débiteur 342

§2 – Le choix du créancier de recourir à l'exécution forcée 344

A. Avant la réforme de 2016, existence d'une option entre l'exécution forcée et la résolution du contrat 344

B. La situation post-réforme 348

SECTION II – L'exécution judiciairement forcée avant la réforme de 2016 349

§1 – L'exécution forcée en nature 349

A. L'exécution forcée en nature, conséquence de la force contraignante 350

B. Le régime de l'exécution forcée en nature 357

C. Les obstacles au recours à l'exécution forcée en nature 368

§2 – L'exécution forcée par équivalent 370

A. L'exécution sous une forme équivalente 371

B. La question de la réparation 374

SECTION III : L'exécution forcée des obligations du contrat depuis la réforme de 2016 385

A. L'exécution par le débiteur 385

B. L'exécution aux dépens du débiteur 387

CHAPITRE II – L'inexécution efficace ... 389

SECTION I – L'altération de l'exécution partiellement satisfactoire 390

§1 – L'inexécution licite ... 391

A. L'inexécution libératoire ... 392

B. La faculté de libération anticipée ... 404

§2 – La pérennité du lien contractuel en dépit de l'inexécution ... 407

A. Le droit d'exécuter autrement le contrat ... 408

B. Le droit temporaire de ne pas exécuter ... 410

C. La réduction du prix du contrat ... 411

SECTION II – L'inexécution satisfactoire ... 412

§1 – La thèse de la violation efficace du contrat ... 413

A. La conception anglo-américaine de l'efficient breach of contract 413

B. La réception en droit français de la thèse de l'efficient breach of contract ... 415

§2 – La remise en cause de l'application de la théorie de la violation efficace ... 418

A. Les obstacles juridiques et économiques ... 418

B. Le renfort de l'analyse économique du droit ... 422

Conclusion de la deuxième partie ... 427

Conclusion générale ... 429

Bibliographie ... 433

Index alphabétique ... 467

Questions juridiques aux éditions L'Harmattan

Dernières parutions

LES OBJECTIFS DE LA RÉGULATION ÉCONOMIQUE ET FINANCIÈRE
Sous la direction de Gabriel Eckert et Jean-Philippe Kovar
Les buts de la régulation économique et financière impriment profondément le droit de la régulation mais semblent avoir considérablement évolué depuis une trentaine d'années. Ainsi l'objectif traditionnel de la construction de marchés concurrentiels, dans des secteurs anciennement sous monopole ou très fortement réglementés, est complété par de nouveaux objectifs extraconcurrentiels. La diversité des buts assignés aux régulateurs oblige les autorités de régulation à opérer une conciliation des objectifs au risque de dénaturer leur office.
(Coll. Logiques Juridiques, 28.50 euros, 276 p.)
ISBN : 978-2-343-11504-7, ISBN EBOOK : 978-2-14-003398-8

LA RESPONSABILITÉ CIVILE DES ENSEIGNANTS EN CAS D'ACCIDENT SCOLAIRE
Brusorio Aillaud Marjorie
Le régime de responsabilité civile des enseignants en cas d'accident scolaire fut envisagé dans le Code civil dès 1804 puis modifié en 1899 et 1937. La loi est actuellement inadaptée et critiquée à la fois par les victimes et les enseignants, mais les tentatives de la jurisprudence pour la réformer se révèlent insuffisantes. Il faut rechercher un autre fondement pour engager la responsabilité civile de l'enseignant ou un autre débiteur que ce dernier, afin que les victimes d'accidents scolaires obtiennent facilement réparation.
(Coll. Logiques Juridiques, 55.00 euros, 750 p.)
ISBN : 978-2-343-11346-3, ISBN EBOOK : 978-2-14-003367-4

SPORT ET DROIT EUROPÉEN
Miège Colin
Le droit européen a eu une influence déterminante sur le sport, à mesure que celui-ci devenait une activité économique à part entière. Lorsque le sport a été intégré dans les compétences de l'Union par le traité de Lisbonne en 2007, les organisations sportives avaient déjà subi de plein fouet l'impact du droit européen avec notamment l'arrêt Bosman de 1995. Voici un panorama complet des règlements ou décisions de justice qui ont eu un impact sur le sport depuis les débuts de la construction européenne.
(Coll. Le Droit aujourd'hui, 34.00 euros, 328 p.)
ISBN : 978-2-343-11822-2, ISBN EBOOK : 978-2-14-003468-8

LES INNOVATIONS CRIMINOLOGIQUES
Sous la direction de Erwan Dieu
Ce livre s'attelle à circonscrire la théorie et la pratique des modèles d'évaluation et d'accompagnement des auteurs et victimes d'infractions via des présentations d'outils d'exercices et de programmes. Les populations visées sont variées : problèmes d'addiction, de violence,

d'infraction sexuelle ou conjugale, etc. Au sein des différents chapitres, des présentations de méthodes concrètes explicitent les modèles qui aujourd'hui démontrent des effets pertinents.
(Coll. Logiques des pénalités contemporaines, 39 euros, 406 p.)
ISBN : 978-2-343-11337-1, ISBN EBOOK : 978-2-14-003517-3

70 ANS DE JUSTICE PÉNALE DES MINEURS
Entre spécialisation et despécialisation
Beddiar Nadia
L'année 2015 marque la célébration des 70 ans de l'ordonnance du 2 février 1945 relative à l'enfance délinquante. Par ce texte, la France a institué, après bien d'autres pays, une justice et un traitement pénal des mineurs véritablement spécifiques. Cet anniversaire offre l'occasion de revenir sur le passé, d'aborder le présent et de se projeter dans l'avenir de cette justice qui se veut singulière. Cet ouvrage permettra au lecteur d'apprécier la richesse des débats et les enjeux fondamentaux de ce sujet pour notre société.
(Coll. Colloques et rencontres, 20.50 euros, 196 p.)
ISBN : 978-2-343-11815-4, ISBN EBOOK : 978-2-14-003530-2

LA JURISPRUDENCE ET LA DOCTRINE
Barraud Boris
La jurisprudence est l'un des phénomènes juridiques les plus problématiques, comme source du droit réel mais non officielle. Ce livre retrace son parcours dans l'histoire de la pensée juridique, longtemps dominée par le légicentrisme. Il s'intéresse également à la difficile identification doctrinale des jugements, arrêts et décisions à portée jurisprudentielle. Il s'attache enfin à la jurisprudentialisation du droit, qui constitue l'une des données les plus remarquables du droit contemporain, ainsi qu'aux critiques que la doctrine adresse à un droit trop abandonné au « gouvernement des juges ».
(Coll. Le Droit aujourd'hui, 29.00 euros, 290 p.)
ISBN : 978-2-343-11552-8, ISBN EBOOK : 978-2-14-003187-8

MESURER LE PLURALISME JURIDIQUE
Une expérience
Barraud Boris
Cet ouvrage propose une approche et une analyse scientifiques et statistiques du pluralisme juridique. Défini en tant que coexistence de sources étatiques et non étatiques de règles de droit, le pluralisme juridique appelle à la fois une réponse théorique et empirique. Ce livre procède à une enquête de terrain et pose les jalons de ce travail scientifique visant à évaluer l'effectivité du pluralisme juridique en n'ayant d'égards que pour les seuls faits normatifs.
(Coll. Le Droit aujourd'hui, 32.00 euros, 308 p.)
ISBN : 978-2-343-11264-0, ISBN EBOOK : 978-2-14-003156-4

ANNALES DE LA FACULTÉ DE DROIT ET SCIENCE POLITIQUE DE NICE
Année 2016
Strickler Yves
Comme les éditions précédentes, ces annales de l'année 2016 parcourent des domaines très variés passant par l'histoire (affaire Calas), l'actualité (laïcité, statut du Ministère public, relations amoureuses au travail, lanceur d'alertes etc.) sans négliger les questions de principe (la liberté académique).
(Coll. Droit privé et sciences criminelles, 36.00 euros, 354 p.)
ISBN : 978-2-343-11519-1, ISBN EBOOK : 978-2-14-003271-4

L'EXPERTISE SOUS LE REGARD DE LA PSYCHANALYSE
« Faux-Pas » ou la question des mères
Villa-Portenseigne Arlette
C'est toujours un enrichissement personnel et professionnel pour un-e psychologue que d'être nommé-e par la justice pour éclaircir les zones d'ombre qui obscurcissent la vérité. De pratique hospitalière en expertises judiciaires, la psychanalyse a fait voyager l'auteure de cet ouvrage

dans tout ce qu'il y a d'intime dans l'être humain. Au-delà des crimes dont la chronique se fait régulièrement l'écho, ce livre émerge d'une réflexion sur la pratique. Croisant les démarches des juges, des soignants et des travailleurs sociaux, il témoigne des ressources de la clinique face aux itinéraires complexes des individus confrontés à la loi.
(Coll. Psycho-Logiques, 17.50 euros, 164 p.)
ISBN : 978-2-343-11083-7, ISBN EBOOK : 978-2-14-003119-9

LE DROIT DU BIEN-ÊTRE ANIMAL DANS LE MONDE
Évolution et universalisation
Brels Sabine
En ce début de XXIe siècle, les consciences s'éveillent de plus en plus à la protection des animaux. La société reconnaît aujourd'hui la sensibilité de ces êtres vivants et le droit à la protection de leur bien-être contre les souffrances évitables qui leur sont infligées. Un tournant s'opère et modifie profondément notre rapport aux animaux dans la société comme dans le droit. Cet ouvrage fait état de la protection juridique du bien-être animal à l'échelle mondiale et de la possibilité d'établir une protection universelle à l'ONU.
(Coll. Le Droit aujourd'hui, 42.00 euros, 500 p.)
ISBN : 978-2-343-10666-3, ISBN EBOOK : 978-2-14-003201-1

MÉLANGES EN L'HONNEUR DU DOYEN ROGER BERNARDINI
Parcours pénal
Les « mélanges » sont un recueil d'articles rédigés par ses amis en hommage à un maître. Le doyen Roger Bernardini a été un grand serviteur de l'Université et fait partie de ces professeurs qui marquent les esprits. Ses amis ont choisi, pour intitulé de ses mélanges « Parcours pénal », champ qu'il n'a jamais cessé d'arpenter, d'explorer, d'approfondir et de rénover.
(Coll. Droit privé et sciences criminelles, 32.50 euros, 315 p.)
ISBN : 978-2-343-10962-6, ISBN EBOOK : 978-2-14-002983-7

OHADA
Traité de fiscalité des entreprises (première édition)
Amboulou Hygin Didace
La politique fiscale est souvent reconnue comme le domaine par excellence où chaque État exerce sa souveraineté économique en fonction de ses réalités, ses objectifs et ses potentialités. Mais pour réussir l'intégration économique de l'espace OHADA, encourager les investissements, assainir l'environnement des affaires et atténuer la pression fiscale sur les entreprises, les États doivent harmoniser, unifier ou coordonner leurs politiques fiscales. C'est l'objet de ce traité.
(Coll. Études africaines, 29.00 euros, 278 p.)
ISBN : 978-2-343-10523-9, ISBN EBOOK : 978-2-14-003211-0

OHADA
Code des investissements et des activités économiques (première édition)
Amboulou Hygin Didace
Pour mieux accompagner les opérateurs économiques de toutes origines et promouvoir ainsi les investissements, les États membres de l'OHADA disposent chacun d'une législation et d'une réglementation qui régissent l'ensemble des activités économiques, celles des petites et moyennes entreprises et celles des petites et moyennes industries. En attendant l'harmonisation de ces différentes législations, les voici présentées pour chaque État concerné.
(Coll. Études africaines, 42.00 euros, 464 p.)
ISBN : 978-2-343-10520-8, ISBN EBOOK : 978-2-14-003208-0

OHADA
Traité de droit des transports de marchandises par route et des opérations de dédouanement (première édition)
Amboulou Hygin Didace
Pour mieux comprendre la place qu'occupe le droit des transports dans la politique d'intégration économique des États membres de l'OHADA, ce livre analyse en profondeur les dispositions

de l'Acte uniforme du 22 mars 2003 et celles de la Convention de Genève dite «CMR» du 19 mai 1956 encore applicable, ces deux législations étant complémentaires et relatives au contrat de transport de marchandises par route. Grâce à une actualité juridique récente et sélectionnée, ce livre s'impose comme un outil de travail de référence, avec un apport remarquable sur la procédure de dédouanement.
(Coll. Études africaines, 31.00 euros, 306 p.)
ISBN : 978-2-343-10524-6, ISBN EBOOK : 978-2-14-003213-4

OHADA
La construction du marché commun africain et la problématique de l'harmonisation des traités régionaux
Amboulou Hygin Didace
Comment vaincre les résistances et les réticences des États et construire un marché commun en Afrique ? Comment supprimer les barrières douanières et fondre en une seule toutes les unions économiques sectorielles ? Comment harmoniser les traités régionaux (UEMOA, CEEAC, CEMAC, CEDEAO) ? La construction du marché commun africain exige une politique de solidarité entre les États membres et leurs ressortissants, en suscitant une forte adhésion aux valeurs d'intégration, de démocratie et de citoyenneté. Ce livre traite les questions qui peuvent accélérer l'assimilation du droit OHADA et faciliter la construction de l'Union africaine.
(Coll. Études africaines, 23.50 euros, 222 p.)
ISBN : 978-2-343-10521-5, ISBN EBOOK : 978-2-14-003207-3

OHADA
La problématique du conflit de normes et de compétences dans la situation de coexistence des juridictions communautaires
Amboulou Hygin Didace
Depuis l'entrée en vigueur du traité en 1993, l'OHADA dispose d'une Cour commune de justice et d'arbitrage. Toutefois, dans ce même espace économique, se juxtaposent, entres autres, la Cour de justice de la CEMAC, la Cour de justice de l'UEMOA et la Cour de justice de la CEDEAO, celle de la CEAAC n'étant pas encore fonctionnelle. Comment gérer leur cohabitation et quelle solution apporter à la question du conflit de normes et de compétences ? C'est l'objet de ce livre.
(Coll. Études africaines, 28.00 euros, 272 p.)
ISBN : 978-2-343-10522-2, ISBN EBOOK : 978-2-14-003210-3

LE JURIDIQUE
Cahiers de l'IREA n°9 - 2017
Au sommaire de ce numéro : Situation du travail domestique au Cameroun : indicateurs de vulnérabilité et violations des droits (Alain Roger Boulla Meva'a, Adonis Toukoo et Célestin Pierre Mboua) ; Migrations, à la fois problème et solution pour l'Europe - quelles mesures prendre en Afrique pour mettre fin aux migrations massives ? (Claude Garrier) ; Les transformations du principe d'équilibre budgétaire : la problématique (Pierre Belebenie) ; De la suspension de l'exercice des droits politiques pour la consolidation des droits de l'homme : respect ou violation de la charte africaine de la démocratie, des élections et de la gouvernance - l'expérience du Burkina-Faso est-elle extrapolable en RD Congo ? (Dieudonné Kalindye Byanjira)...
(Coll. Cahiers de l'IREA, 22.50 euros, 224 p.)
ISBN : 978-2-343-11607-5, ISBN EBOOK : 978-2-14-003247-9

DÉLINQUANCE SÉRIELLE ET POLICE JUDICIAIRE
Impini Jean-François
Sérialité de la délinquance, information judiciaire, analyse criminelle sérielle désignent des notions familières mais peu étudiées par les sciences criminelles. Postulant l'idée assez commune d'une délinquance largement réitérante, l'ouvrage tente de dérouler le fil logique que pourrait suivre l'investigation policière pour exploiter de façon systématique ce caractère sériel des infractions.
(Coll. Sécurité et société, 37.50 euros, 372 p.)
ISBN : 978-2-343-11147-6, ISBN EBOOK : 978-2-14-002864-9

L'HARMATTAN ITALIA
Via Degli Artisti 15; 10124 Torino
harmattan.italia@gmail.com

L'HARMATTAN HONGRIE
Könyvesbolt ; Kossuth L. u. 14-16
1053 Budapest

L'HARMATTAN KINSHASA
185, avenue Nyangwe
Commune de Lingwala
Kinshasa, R.D. Congo
(00243) 998697603 ou (00243) 999229662

L'HARMATTAN CONGO
67, av. E. P. Lumumba
Bât. – Congo Pharmacie (Bib. Nat.)
BP2874 Brazzaville
harmattan.congo@yahoo.fr

L'HARMATTAN GUINÉE
Almamya Rue KA 028, en face
du restaurant Le Cèdre
OKB agency BP 3470 Conakry
(00224) 657 20 85 08 / 664 28 91 96
harmattanguinee@yahoo.fr

L'HARMATTAN MALI
Rue 73, Porte 536, Niamakoro,
Cité Unicef, Bamako
Tél. 00 (223) 20205724 / +(223) 76378082
poudiougopaul@yahoo.fr
pp.harmattan@gmail.com

L'HARMATTAN CAMEROUN
TSINGA/FECAFOOT
BP 11486 Yaoundé
699198028/675441949
harmattancam@yahoo.com

L'HARMATTAN CÔTE D'IVOIRE
Résidence Karl / cité des arts
Abidjan-Cocody 03 BP 1588 Abidjan 03
(00225) 05 77 87 31
etien_nda@yahoo.fr

L'HARMATTAN BURKINA
Penou Achille Some
Ouagadougou
(+226) 70 26 88 27

L'HARMATTAN SÉNÉGAL
10 VDN en face Mermoz, après le pont de Fann
BP 45034 Dakar Fann
33 825 98 58 / 33 860 9858
senharmattan@gmail.com / senlibraire@gmail.com
www.harmattansenegal.com

www.ingramcontent.com/pod-product-compliance
Lightning Source LLC
LaVergne TN
LVHW011103300926
849160LV00008B/264